彭林 主編

朱軾全集

第三册 儀禮節略（下）

復旦大學出版社

本册總目

儀禮節略（下）

高瑞傑　整理

目録

儀禮節略第十七卷……（八三一）

儀禮節略第十二卷

喪禮

喪期中

軾按：帶存所纂喪期，就一人之身臚列，若斬，若齊，若期、功，若緦麻，凡喪服厚薄隆殺之倫，瞭若指掌。然一服之中，又不無厚薄隆殺焉。予乃分標五目，而彙輯諸爲正、爲加、爲降、爲恩、爲義、爲從、爲報諸服于各條下，俾讀者比類而觀，可思乎服之所以異而同，同而異焉。

斬衰三年。

喪服：父。

喪服傳：爲父何以斬衰也？父至尊也。疏：天無二日，家無二尊，父是一家之尊。尊中至極，故爲之斬也。

君。

傳：君至尊也。

喪服四制：門内之治恩掩義，門外之治義斷恩。資于事父以事君而敬同，貴貴、尊尊，義之大者也。故爲君亦斬衰三年，以義制者也。

父爲長子。

傳：何以三年也？正體于上，又乃將所傳重也。庶子不爲長子三年，不繼祖也。

喪服小記：庶子不爲長子斬，不繼祖與禰故也。

朱子語類：庶子之長子死，亦服三年。○問：周制有大宗，乃有立適之義。立適以爲義，故父爲長子三年。今大宗之禮廢，無立適之法。子各得以爲後，則長子、少子，當爲不異。庶子不得爲長子三年，不必然也。父爲長子三年者，亦不可以適庶論也。朱子答曰：宗子雖未能立，然服制自當從古。愛禮存羊，不可妄有改易也。漢時宗子法已廢，然其詔令猶云賜民爲父後者爵一級，豈可謂宗法廢而諸子皆得爲父後乎？

軾按：庶子者，父之庶子也。不繼祖者，自死者言之，謂雖長子，不繼祖也。不繼祖與禰者，合死者與庶子自身言之，謂死者不繼祖，庶子自身不繼禰也。必合言之者，以子之不繼祖，由父不繼禰也。小記補足傳文，傳意謂不繼祖者不服三年，正見正體傳重者，必服三年也。先王制禮，如此等類，真仁至義盡，今雖改杖期，亦必練、祥、禫而後可。

爲人後者。 後大宗也。

雷次宗曰：此文當云「爲人後者爲所後之父」。闕此五字者，以其所後之父，或早卒，今所後，其人不定。或後祖父，或後高曾祖，故闕之。見所後不定故也。

傳：何以三年也？受重者，必以尊服服之。重謂宗廟之屬，尊服，謂斬衰。何如而可以爲之後？同宗則可爲之後。疏：同宗則可爲之後，以其大宗子，當收聚族人，非同宗則不可。謂同承别子之後，一宗之内，若别宗同姓，則亦不可，以其收族故也。何如而可以爲人後？支子可也。疏：支子可者，以其他宗適子，當家自爲小宗。小宗當收斂五服之内，亦不可闕，則適子不得後他宗，故取支子。繼公曰：必支子者，以其不繼祖禰也。爲所後者之祖，父母，妻，妻之父母，昆弟，昆弟之子，若子。注：若子者，爲所爲後之親，若親子。

喪服小記：爲殤後者，以其服服之。

吴草廬曰：此記爲殤後者服而言，故明其格例，言丈夫已冠，則不爲殤。明此殤，年雖十九已下，若其已冠，則爲成人，有爲人父之道。此爲後者當服之如父。

曾子問：孔子曰：「宗子爲殤而死，庶子弗爲後也。」徐云：此庶子即宗子之弟也，言宗子殤殁，庶子即爲父後，不必爲宗子後，故云庶子弗爲後也。

軾按：吾里人某，家稍裕，無嗣，年六十，議繼昆弟子。伯氏二男，幼當繼，其母泣，子問故。曰：「女嗣叔父母，不復爲吾子，半生恩勤，爲人育子，不甘也。」其子亦泣曰：「忍以百畝賣所生乎？」遂不繼。明年某卒，議立弟子，又弗從。某妻訟諸有司，伯氏長子請終養叔母，祔祭叔父于祖廟，財產盡歸叔女，有司是之，此可愧世之貪財而争爲後者矣。禮何如而可爲之後？同宗則可爲之後。同宗者，同大宗也。大宗可爲後，明乎小宗之不可後已。何爲不可？爲人後者，不得已也。非宗子而無後，祔于祖廟，宗子主之，即不立後何害？在彼可不立，而我乃舍其父母而强爲之後，仁人孝子，固如是乎？禮所謂不可，就爲後者言之也。田汝成云：昆弟異居者當立後，幽以慰死，明以養生，敦彝倫，彌禍亂也。竊意生雖異居，死得祔祭，烏用立後？即夫亡遺妻，以從子養世叔母，無不可者。丘文莊謂有大名顯宦，不宜絶，此寓賢賢貴貴于親親之中，庶幾近是。然必實有德業聞望，爲家國光，若不虞之譽，非分之榮，無足算也。惟生時繼養，各隨所願，但必昭穆相當，亦不得以疏越親，致起他日争端。世俗以兄弟子爲後，必先長房，此于經傳律文無據。竊意長兄之子，有年長于季父者，以之爲後，亦似不倫。更有出繼後，而所後自生子者，既有親子，爲後者得歸本生。所後父母卒，無論親疏，服不杖期，又或出繼後，親昆弟没，本生父反無嗣者，亦當歸宗，而附所後于廟。他日有兩子，仍以支子嗣所後爲適孫可耳。

漢石渠議：大宗無後，族無庶子，己有一適子，當絶父祀以後大宗不？戴聖云：大宗不可絶，言適子不爲後者，不得先庶耳。族無庶子，則當絶父以後大宗。通典：魏劉德問：爲人後者，支子可也，長子不以爲後。同宗無支子，惟有長子。長子不後人，則大宗絶，後則違禮，如之何？田瓊答曰：以長子後大宗，則成宗子禮。諸父無後，祭于宗家，後以其庶子還承其父。軾按：既云適子不爲後，又云當絶父以後大宗。二説相齟齬，且各有礙處。所貴乎大宗者，以統攝族人也。禮云：適子、庶子，祗事宗子、宗婦，雖貴富，不敢以貴富入宗子之家。雖衆車徒，舍于外，以寡約入。子弟猶歸器，衣服裘衾車馬，則必獻其上，而後敢服用其次也。若非所獻，則不敢以入于宗子之門。人情每不相下，獨降心宗子而莫敢抗者，尊祖故也。顧以平日宗小宗子之庶子，一旦立爲大宗，向之爲所宗者，今皆俯而宗之，亦大覺不倫。而況有家有國，統緒相承，正宗絶而旁親入繼，以支庶越適長，理有不安，勢亦難能。若夫絶父以後大宗，尤人子之所不忍也。謂大宗廢而族屬無統固已，然孝子之心，祇知有親，烏計其他？孟子謂瞽瞍殺人，舜負而逃，棄天下如敝屣。以此推之，遑爲大宗恤乎？細繹二説，似各有宜。士庶之宗，所關者輕，輕則不得奪人之適。天子、諸侯之宗，所關最重，重故不得自恤其私。然養于生時，與立于死後，又有不同。鞠育之恩，等于毛裏，故降所生而非薄，若死後承統，則義不掩恩。如以爲人後者爲之子，而等所生于伯叔，斯亦有所未當。此宋哲宗、明世宗之不可同日語也。

晉何承天問：亡未周而立後，將服殘月，以亡月爲周，抑以出後日爲制服之始？荀伯子曰：出後晚，異于聞喪晚而税服也，應以亡月爲周。難者曰：假令甲死已再期，弟乙携二子遠歸，始聞喪，以長子丙後甲，丙弟丁爲伯父追周服。丙以出後之故，反緦縞旬日而除，深淺舛錯，不是過也。以此言之，則止服殘月，未爲通論。必當以出後日爲制服之始。荀伯子曰：甲死，婦女持服已再周，將即吉矣，而來繼之子，門庭凶素，此婦女無由避此凶居，别卜吉宅，又不可使婦女歌于内，而嗣子哭于外。以此知追服亦未爲便，不若待服除，出後爲當。軾按：喪無無主，已議立後，刻不容緩。若待即吉，何如不立？且萬一服未除，而母又死，將奈何？此事理之必不可者也。婦女雖已除喪，所天不復，縞素婺居，何有于吉？假令親子遠出，父卒數年而歸，將以不便于母竟不制服耶？愚謂先服本服，未及期，或五月、九月而出後者，以亡月爲周。已踰練，及始聞喪，自當追服。又有殁後數十年始立後者，日月已遥，無事税服。蓋服必稱情，年久哀思不動，猶爲制服，是亦僞矣。嘗比類而觀，女子三年，服内被出歸，則當服其殘月。若已踰三年，未聞追服斬衰也。又亡後數月而子生，亦止再期二十五月而釋，決不補服未生以前之月數。又適母死，而後庶子生，亦無追服之理。以此推之，可知久而爲後者可不服也。

柴紹炳立後説：父子之倫，天性也。生我者謂之父，我生者謂之子。故曰：父母生之，續莫大焉。君親臨之，厚莫重焉。乃世有無子而立後者，非其子而强爲之子，非其父母而强爲之父母，則已借矣。議者以凡爲立後者，必其宗人子姓，且親兄弟子也，雖不立後，有父子之道，而況重以嗣續，又何疑與？然古者於父之兄弟，謂之世父、叔父。於兄弟之子，謂之猶子。世父、叔父之於父，猶子之於子，必有間焉。一旦舍其父母，而後於世父叔父，於天性謂何？此先王禮由義起，蓋有所大不得已也。案儀禮喪服傳曰：爲人後者，服喪三年，以受重者，必以尊服服之。何如而可爲之後？同宗則可爲之後。何如而可以爲人後？支子可也。又曰：爲人後者，爲其父母服期，不二斬也。何以不二斬？持重於大宗者，降其小宗也。爲人後者孰後？後大宗也。曷爲後大宗？大宗者，尊之統，收族者也，不可以絶，故族人之支子後大宗也。適子不得後大宗。由此言之，支子後大宗，適子不得後大宗。非夫人而可以立後，非夫人而可以爲人後也，明矣。禮稱別子爲祖，繼別爲宗，繼別者爲大宗，百世不遷。繼禰者爲小宗，五世則改。以大宗爲適長相承，合族所統，不可以一朝中斬，令忽諸母祀，故以小宗之支子爲後。繫以父子之名，實承祖宗之重。此人於此，雖欲逡巡顧其私親而不得。繼體專隆，本生降殺，先王揆之於大小輕重，而禮由義起，豈顧爲矯易人父子乎哉？詩云：「哀哀父母，生我劬勞。」生我者謂之母，而有繼母，事之如吾母，此厭於父也。生我者謂之父，而有所後父，事之如吾父，此臨以祖也。故曰：支子後大宗，與前子視繼母等。束之以誼，聊之以恩，正復孝慈無間，本其始事，皆有大不得已也。若在小宗支子，寧復紛紛繼立邪？何者？以小宗後小宗，以支子後支子，彼無不可絶之道，此無不得已之情。忽然捐本生，稱繼嗣，於情也拂，於禮也過，君子深非之。昔孔子射于矍相之圃，子路出延射曰：「賁軍之將，亡國之大夫，與爲人後者，不入。」夫與爲人後，而至於賁軍亡國者同斥，正謂非大宗而棄本生，類乎有利者爲之爾，嗟乎！士君子講明禮義，篤於天性，有身爲小宗支子，固不可狗俗而强爲人後，亦不可挾私而强人爲之後也。然則生也不幸無嗣，死竟同於若敖氏之鬼與？禮稱殤與無後者，從祖祔食，正爲小宗支子之絶嗣者設爾，又何必强爲立後，自干大宗也？或曰：諸葛亮在蜀，以己未有子，先求兄瑾子喬爲後，其後亮生子瞻，而諸葛恪被吴門誅，仍令喬子攀還奉瑾祀，此於義何居？夫亮非適長，似殊大宗。然諸葛兄弟三人，各仕一國，正禮所謂别子爲祖者也。繼别爲宗，豈容遽絶？亮之求喬爲後，攀之還奉瑾祀，可謂允協也。或又曰：近世陽明王氏曰：古者士大夫無子，則爲之置後，無後者鮮矣。後世人情偷薄，始有棄貧賤而不問者。古所謂無後，大抵皆殤子之類也。然則古昔無問大小宗，無不立後者。夫陽明所稱士大夫置後，亦與諸葛繼别之意相通。至云無後皆殤子，此語未的。案禮又云：支子不祭殤與無後者。殤與無後，明屬兩條。注云：庶子不得立廟，故不祭己之殤與兄弟之無後者，必於宗子祭祖之時，與祭於祖廟也。蓋庶子兄弟無子，固不得更爲立後，祇當祔食於祖考爾。是知支庶卑賤，何容越分求繼？若夫富貴亢宗，亦得爰於别子之義，而謀爲立後者。必辨賢明序，斟酌情理之中焉。近世溺於私見，假父乞兒，母愛子抱，嗚呼！螟蛉之負，禽獸之道也。春秋書「莒人滅鄫」，以明異姓爲後者，等於覆宗絶祀矣。雖然，即宗人而立之爲後者，亦必有大不得已存焉。故禮於爲人後者，借曰持重大宗，而原據天性，未嘗没其本生之實，奪其父之名也。自漢儒執公羊傳「爲人後者爲之子」之説，後人則又附會而益甚焉。如宋之議濮，本朝之議興獻，皆欲易爲伯叔，不得稱考，此尚謂之有天性也邪？予痛末俗不悟後宗之義，而拘繼絶之論，且又争爲人後，翻然薄於所生者，是狥父子之文，而喪父子之實，賊恩敗禮，宜爲孔氏之所深擯也，故爲立後説如此云。

妻爲夫。妻者，齊也，言與夫齊也。

敉繼公曰：此亦主言士妻之禮，以通上下。凡婦人之爲服者，皆倣此。

郊特牲：夫也者，夫也。注：夫之言丈夫也。

傳：夫，至尊者也。疏：妻爲夫者，上從天子，下至庶人，皆同爲夫斬衰也。夫至尊者，雖是體敵齊等，夫者，猶是妻之尊敬，以其在家天父，出則天夫，是其男尊女卑之義，故同之于君父也。

喪服小記：婦人不爲主而杖者，姑在爲夫杖。注：姑不厭婦。疏：舅主適婦喪，則厭適子，使不杖。今有姑主子喪，恐姑爲主，則亦厭婦，故明之。夫是移天之重，姑在，婦雖不爲主而杖也。

妾爲君。

敖氏曰：妾與臣同，故亦以所事爲君。春秋傳曰：男爲人臣，女爲人妾。

傳：君，至尊也。注：妾謂夫爲君者，不得體之，加尊之也，雖士亦然。○疏：妾賤于妻，故次妻後，既名爲妾，不得名壻爲夫，故加其尊名，名之爲君也。雖士亦然者，士身不合名君。至于妾之尊夫，與臣無異。是以雖士妾，得稱士爲君也。

女子子在室爲父。

無男昆弟，則長女杖。

子嫁反在父之室，爲父三年。注：謂遭喪後而出者，始服齊衰期。出而虞，則受以三年之喪。受既虞而出，則小祥亦如之，既除喪而出則已。凡女行於大夫以上曰嫁，行於士庶人曰適人。○疏：鄭知遭喪後被出者，若父未死被出，是在室與上文同，何須設此經，明是遭喪後被七出者。云出而虞，則受以三年之喪受者。若未虞而出，是出而乃虞，虞後受服，與在室之女同也。云既除喪而出則已者，此謂既小祥而出者，以其嫁女爲父母期。至小祥已除矣，乃被出，不復爲父更著服也。

喪服小記：爲父母喪未練而出，則三年。既練而出，則已。未練而反則期，既練而反則遂之。疏：女出嫁爲父母期。若父母喪未小祥，而被夫出，歸值小祥，則隨兄弟服三年之受。既已絶夫族，故其情更隆于父母也。若父母喪已小祥，而女被出，其期服已除。若反本服，須隨兄弟之節。兄弟小祥之後，無服變節，于女遂止也。未練而反則期者，謂先喪，而爲夫所出。今未小祥而夫命已反，則還夫家。至小祥而除，是依期服也。既練而反則遂之者，若還家已隨兄弟小祥，服三年之受，而夫命反之，則猶遂三年乃除，隨兄弟故也。

方慤曰：女出嫁則恩隆于夫家，被出則恩復隆于父母，得反則恩復隆于夫家。既練反，則服不可中道而除，故遂其三年，凡此所謂以仁起禮也。

軾按：女嫁移所天于夫，故降其父母期。若被出而返在室，與男子同。記云：既練則已，于義未協，當夫几筵未徹，闔門縞素，昆弟衰杖，哀至則哭，而被出之女，靦然食稻衣錦于其間，安乎不安？至云反者，夫悔而欲反之，非此女即返于夫家也。女子于父母之喪，除服而後歸，親迎在途，聞喪則反，寧有出而遭喪，乃汲汲于反，而不待服之終者乎？且既返矣，能卒期乎，能遂三年乎？或曰：女子被出而夫命反，幸也，亦父母之所樂得也。必待終服，是拒夫命，恐終貽父母罹矣。若然，則主人奠而告曰：女某，被出在室，今以壻命反，恩復隆于夫家，不能終三年之喪云云。告畢，釋服而往，未爲不可。若未周，則必待終期而後反，以嫁女本服期故也。

父卒，然後爲祖後者服斬。

朱子語類：適孫承重，庶孫是長，亦不承。儀禮：期喪條内注説，國君有疾，不能爲祖父母、曾祖父母服，則世子斬。又曰：君喪皆斬，説已分明，天子無期喪。凡有服，則必斬三年。

唐順之答汪生書：遠道走使，詢及繼祖母喪服，深知謹禮之意。然此在禮經甚分曉，本非有疑以相聚訟也。只爲不解「承重」二字，而惑於俗人代父相沿爲服之説，是以其論紛紜而難通爾。承重者，禮之所謂受重也，如何謂之重？謂祭統也。古者立主謂之重，宗廟謂之重。禮曰：爲人後者三年。解之者曰：爲人後者，受重於人。受重者，必以尊服服之也。禮曰：父卒，然後爲祖後者斬。解之者曰：爲祖後者，受重於祖。受重者，必以尊服之也。爲人後者，以旁枝後其大宗。爲祖後者，以適孫後其祖。雖其本末疏戚不同，而其所以必爲之三年者，則皆以爲後之故。爲後者，受重之謂也，不獨如是而已。禮經固有爲曾祖後云者，爲高祖後云者。爲曾祖後者，謂若父與祖，或以疾廢，與先曾祖而死者也。爲高祖後者，謂若父與祖與曾祖，或以疾廢，與先高祖而死者也。爲曾祖後，則爲曾祖斬；爲高祖後，則爲高祖斬。若以代父爲説，則是父之所齊期者，吾代爲之斬，父之所齊五月者，吾代爲之斬，此其本末倒置甚矣，又何以爲代乎？爲曾祖斬，則謂之代祖也可。爲高祖斬，則謂之代曾祖也可。代父之説，又何施乎？此其鄙野舛駁，絶不可準於經典。然世耆儒先生，亦往往以此爲説，余竟不知其何所起也。禮爲祖後者服斬，不言服祖之妻何服？非略之也，蓋發凡於爲人後者章中矣。曰：爲人後者，爲所後之妻，若子。以旁枝後其族人，猶服其所後之妻若子。況以適孫後其祖，而不以若子之服服其祖之妻者乎？由此言之，爲其祖加服云者，自爲受重也，非爲父也。爲其祖母加服云者，自爲祖也，亦非爲父也，此祖服也。禮曰：繼母如母，則繼祖母如祖母也，爲祖而服其繼祖母。豈論其有出無出乎？且謂之繼，則是不論其有出無出，而爲之服者，固非其所出，以繼母之服，不論其有出無出而隆殺之也，何獨疑於繼祖母焉？夫有出而加服，無出而降服，此古所以制媵妾之等，然非所以施之於適也。禮：己之妻，適子之妻，不敢以無出降，而況於祖母乎？以我友有好古謹禮之意，不敢不悉所聞，更與知禮者司之。

軾按：承祖重者，爲祖斬衰三年，爲祖母繼祖母亦然。其父爲庶長，則于適祖母，及所生祖母皆然。又或曾祖母後祖亡，亦然。若旁親外親，仍照本服。

王志長曰：父没爲祖父服斬之制，不見於斬衰三年章。祖父没爲祖母齊衰三年之制，不見於齊衰三年章，何也？夫禮固可推而知也，喪服莫重於斬三年，父乃施於長子，此非報服也，爲宗廟之重也。父爲祖而斬其長子，則長子爲父而斬其祖。故傳曰：何以三年也？正體於上，又乃將所傳重也。庶子不得爲長子三年，不繼祖也，而長子於父没必斬其祖父明矣。喪服所以不可無傳也夫。

萬斯大承重説：或問祖亡於父後，而曾祖尚存。孫承重乎，且否乎？曰：以古禮言之，重爲先祖祭祀之重，曾祖而在，重猶在曾祖之身。然業有曾孫而爲曾祖，則既老且衰，重遂有已傳、未傳之别，何則？古人七十曰老而傳，八十齊喪之事弗及，故喪服父爲長子斬。傳曰：正體於上，又乃將所傳重也。老而傳重，則重在祖身，祖因得立其長子以爲適子。長子而没，即立長孫以爲適孫。如是而祖亡，則祖身之重，孫即承之矣。其或曾祖未傳重，則祖在日，猶爲曾之適子而已。未立爲適曾孫，逮祖亡而後立，祖無重可傳，孫亦無重可承也。曰：然則重有已傳、未傳之别，孫即有承重、不承重之殊乎？曰：據禮經唯言傳重，無言承重者。故儀禮於孫主祖喪，止曰父卒，然後爲祖後者服斬。雜記載喪祭祝辭，止曰哀孫，皆不言承重。故喪服於爲人後者，曰受重。後人制禮，定爲承重之孫。蓋以上有傳，則下有承，以别於爲人後者之受重，義非不當。第專施之於孫主祖喪，則意實未該，何則？重爲先祖祭祀之重，父死子繼，豈獨非承，彼爲人後而曰受重，亦父死子繼也。承重與受重，果有殊乎？今以子死孫承，謂主祖喪爲承重，是重之義，專指祖喪矣。豈知孫爲祖後而服斬？乃代其父爲喪主，非關承重乎？曰：五服莫重於斬，唯子爲父服之。孫爲祖本齊，今因父亡而服斬，以爲喪主。不謂之承重可乎？曰：吾不謂祖喪服斬之非重，第言禮必本於經，承重之稱，生於傳重；傳重之義，由乎主祭，即安得專指孫主祖喪而言承重也。曰：先祖之重，雖在曾祖，就曾孫言，祖父之祭，亦重也，得不謂之承重乎？曰：曾祖尚存，則祖禰無廟，止得祔食於曾之祖稱，祔食則無尸，其祭僅同於厭，而未全乎重，安得遽稱承重也？曰：然則孫主祖喪，宜何稱？曰：稱之爲適孫可也。古人有適子者無適孫，稱之爲適孫，即知適子之既亡，而孫代爲喪主矣。且稱之爲適孫，即知先祀之重在其身，不必更言承重矣。故苟拘於承重之稱，則曾祖尚存者，有傳重、未傳重之别，而孫居祖喪者，因有承重、不承重之疑。唯以適孫爲稱，無論曾祖亡而當服斬，即曾祖存而亦當服斬。無論曾祖重已傳而當服斬，即曾祖重未傳而亦當服斬。蓋服斬者，孫代父主喪，而致其誠，而重之。在曾祖者，仍無嫌於身之未承也，不既兩全而無失乎？曰：記謂父不主庶子之喪，祖而曾之適子也，則曾祖主其喪矣。曾孫雖服斬，豈得主之乎？曰：喪禮繁委，非老者能勝。故記云：老者不以筋力爲禮。又云：七十唯衰麻在身，飲酒食肉處於内，親喪且然，況子喪乎？故必孫爲主無疑也。孫既爲主，可以齊衰將事乎？故必服斬無疑也。或唯唯而退。

汪琬父卒未殯適孫爲祖服辨：禮，父在爲祖期；父卒，爲祖後者服斬。此喪服傳之明文也。後儒若賀循、徐廣之徒，乃言父亡未殯而祖亡，適孫不敢服祖重。謂父尸尚在，不忍變於父在也。愚以爲不然，禮，殯而後成服。父既前卒，則先成父服，而後成祖服。當其成祖服之時，父尸已殯矣。夫何不敢服重之有，祖無適子，而猥云不忍。不忍於父，而忍於其祖，則父之心能安，父之目其能瞑邪？爲長子傳曰：正體於上，又乃將所傳重也。是父生存已許其子傳祖父之重矣，及其没也，適孫顧不敢申祖服，然則主祖之喪者，當誰屬乎？將遂無主乎，抑别立長子而爲之主也。其於傳重之義，失之遠矣。小記：父母之喪偕，先葬者不虞，待後事。雜記：有父之喪，如未没喪而母死，其除父之喪也，服其除服。卒事，反喪服。如三年之喪，則既潁，其練、祥皆行。由是言之，父卒尚不得以餘尊厭母，安有適孫爲祖，而不敢服重者哉。然後知賀、徐皆妄説也。庾蔚之言：賀循所記，謂大夫士，又非也。爲祖後者，自天子達，士庶皆同，則其服不得有異。

軾按：有適子者無適孫，又没則承祖重，祖父俱没，則承曾祖重。無適長孫，則適次孫承之。無適孫，則庶長承之。若有適孫，庶子不得承重也。或云：父亡祖在，而曾祖没，祖自承重，所不待言。假而曾祖没，三月、五月之外，祖又亡，則祖之適孫，即曾祖之適曾孫，不知曾祖之練、祥、禫，以死之日計月，抑以祖亡，曾孫承重之日爲始乎？賀循謂父未殯，服祖以周。以父尸尚在，人子未可以代重也。汪氏謂不忍于父，而忍于祖，父心何以安？目何以瞑？力詆賀説之非。意父未殯而祖亡，孫當承重，祖後曾祖亡，曾孫或可不代重與？曰：祖亡曾祖之後，曾孫不代重，似也。然饋奠拜賓，必有主人，非適曾孫如何？既爲主人，安得不服尊服。

婦爲舅。

張鼎思琅邪代醉編：子夏喪服傳：婦爲舅姑齊衰五升，十一月而練，十三月而祥，十五月而禫。服青縑衣，以俟夫之終喪，習俗以婦之服青縑，謂其尚在喪制，因亦同夫之喪紀三年。貞元中，因倉曹參軍蕭據狀，下禮院，詳定，博士李岧議，開元禮：婦爲舅姑，女子適人爲其父母，皆齊衰不杖期。喪服傳曰：女子適人爲父母，何以期也？婦人不貳斬也。父母之喪，尚止周歲。舅姑之服，無容三年。李涪曰：舅姑之服，當以岧言爲正。吴澄曰：婦人不貳斬者，不貳天地，降己之父母而期，爲夫之父母亦期。王柡曰：禮經女子出適，以父母三年之喪析而爲二，故舅姑父母皆爲期喪。宋乾德三年，判大理寺尹拙、少卿薛允中，奏三年之内，几筵尚存。夫居苫塊之中，婦被綺羅之飾，夫婦齊體，哀樂不同，齊衰三年，於義爲稱。詔從之，遂爲定制。宋人蓋未講服青縑之制故也。

二程全書：古者婦服舅姑以期，今以三年，於義亦可。但名未正，此亦謂之從服，從夫也。蓋與夫同奉几筵而已，不可獨無服也。

政和禮：凡夫爲祖、曾祖、高祖承重者，妻從夫斬。

萬斯大學禮質疑：晉賀循云：夫爲祖、曾祖、高祖後者，妻從服如舅姑，此從喪服傳父卒然後爲祖後者服斬之文而推之也。故家禮及今制，妻爲夫黨服圖，於凡承重，皆云並從夫服。而世俗承重者，母在則妻不從，其誤實始於虞喜。孔瑚問喜曰：玄孫爲後者，其妻從服，姑止服緦。近輕遠重，情實有疑。喜答以有適子者無適孫，又若宗子之母在，則不服宗子妻。推此知玄孫爲後，姑在婦猶爲庶，不得傳重。傳重之服，理當在姑。宋庾蔚之更推之曰：有適孫，無適孫婦。祖父自以姑爲適，由是世俗相沿。姑在婦不從服，迄於今不變。愚謂宗子母在而族人不服其妻，蓋體宗子不死其父之心，而尊其所尊，且以婦壓於姑，故不爲之服，非以重其姑也。夫承重而妻從服，爲喪禮之內主也。兩者義別，各不相蒙。內則云：舅没則姑老。婦所祭祀賓客，每事必請於姑，觀此則知宗子母雖存，而凡吉凶內主之重，皆其妻承之。故喪服傳云：有適子者無適孫，孫婦亦如之，亦如云者，就適孫而言。無適孫，亦無適孫婦也。適子死而立適孫，已娶即爲適孫婦，於其祖之喪也。母在則服婦服之常，孫婦主喪者，則進服婦爲舅姑之服，各盡其道，並行而不悖。虞喜之言，抑何據非所據乎？且古來吉凶之禮，率成於夫婦。故國君取夫人之辭曰：請君之玉女，與寡人共有敝邑，事宗廟社稷。昏禮：父命子親迎曰：往迎爾相，承我宗事。故凡儀禮喪祭，稱爲主人者，皆宗子也。稱爲主婦者，皆宗子之妻也。此之謂夫婦親之，安有宗子既娶妻，而母尚主重之事也哉？賈氏不察於宗子母在，族人不爲其妻服。援王制八十，齊喪弗及，謂宗子母未七十，母自與祭，不知王制指男子爲言，婦人舅没姑老，則固不以年計也。蔚之又云舅没姑老，授祭事於子婦，是既知孫承重者，妻承重已，乃其云有適婦無適孫婦，祖服自以姑爲適何也？如其言，是一孫婦之身，主祭則爲適，服祖則爲庶，義無一定，若謂雖主祭亦庶也。吾未聞庶孫婦而可以主祭，亦未聞夫既爲適孫，而妻不得爲適孫婦者也。故夫父死母爲內主者，唯子幼未娶者耳，已娶未不主重者也。主重，未有不從服者也。即玄孫爲後，妻主，姑存者，重在爲主，不論遠近。縱姑緦，婦服此得其常，豈近輕重之謂乎？若必如虞説，將古禮無曾玄婦服者，其夫服斬而妻吉服以爲主可乎？故曰婦人從夫。

軾按：舅没姑老，婦乃爲主。萬氏謂有婦，母即不爲內主，於經傳無據。

又按：有主人，即有主婦，厥任均也。昏禮：婦見舅姑舅姑禮之，舅姑降自西階，婦降自東階，以著代也。三年之內，主人主婦，同奉几筵，乃夫方苦塊，而婦已即吉，于情安乎？後世改杖期爲斬衰三年，斯爲至當。○爲曾祖後斬衰同，母在以傳重，止常服大功，未當。意喪事雖不主，衰麻在身，必三年。

家禮：爲人後者承其祖。

孝慈録：子爲母。爲適母同。

按：周制，子爲母，父在齊衰期。又殁，齊衰三年。至唐乃定爲齊衰三年，不分父在父殁，宋元同，明增爲斬，今因之。

明太祖實録：洪武七年十一月壬戌朔，孝慈録成。先是，貴妃孫氏薨，敕禮官定喪服之制。禮部尚書牛諒等進曰：「周禮、儀禮，父在爲母服期年，若庶母則無服。」上曰：「父母之恩一也，而喪服低昂若是，其不近於人情甚矣。」乃敕翰林學士宋濂等曰：「養生送死，聖王之大政；諱亡忌疾，衰世之陋俗。三代喪禮，節文猶詳，而散失於衰亂，厄於暴秦。漢唐以降，莫能議此。夫人情有無窮之變，而禮爲適變之宜，得人心之所安，即天理之所在。爾等其考定喪禮。」於是濂等考得古人論服母喪者凡四十二人，願服三年者二十八人，服期年者十四人，奏之。上曰：「三年之喪，天下之通喪。今觀願服三年喪，比服期年者加倍，則三年之喪，豈非天理人情之所安乎？」乃立爲定制，子爲父母，庶子爲其母，皆斬衰三年。適子、衆子爲庶母，皆齊衰杖期，仍命以五服喪制並著爲書，使内外有所遵守。

孝慈録：爲人後者，爲所後母，及所後祖母。女在室爲母，女嫁反在室，爲母。適孫爲祖母承重，及曾高祖母承重。婦爲姑，庶子爲所生母。

徐健庵曰：明初定大明令、集禮，妾子爲所生母俱齊衰期，至洪武七年，孝慈録成，改爲斬衰三年，説見前。

孝慈録：子爲繼母，子爲慈母，子爲養母。夫爲人後，則妻從服。庶子之妻，爲夫之所生母。

疏齊衰三年。

父卒，則爲母。 注：尊得申也。〇疏：直云父卒爲母足矣，而云則者，欲見父卒三年之内而母卒，仍服期。要父服除後而母死，乃得申三年，故云則以差其義也。

軾按：父在則期，父殁則三年，經文甚明。賈疏：除服，乃得申三年之論，謬甚。

爾雅：母爲妣。疏：廣雅云：母，牧也，言育養子也。妣，媲也，媲匹於父。

繼母如母。 疏：繼母，謂己母早卒，或被出之後，繼續己母，喪之如親母，故云如母。見生事死事，一皆如母也。

傳：繼母何以如母？繼母之配父，與因母同，故孝子不敢殊也。注：因，猶親也。

慈母如母。 疏云：如母者，生禮死事，皆如己母。

傳：慈母者何也？傳曰：妾之無子者，妾子之無母者。父命妾曰：女以爲子；命子曰：

女以爲母。若是，則生養之，終其身如母，死則喪之三年如母，貴父之命也。注：此謂大夫之妾也，不命，則亦服庶母慈己之服可也。大夫之妾子，父在爲母大功，則士之妾子爲母期矣。父卒則皆得申也。○疏：傳別舉傳者，子夏引舊傳證己義故也。云妾之無子者，謂舊有子，今無者，失子之妾，有恩慈深，則能養他子以爲己子。若未經有子，恩慈淺，則不得立後，而養他子。云生養之終其身者，唯據終慈母之身而已，明三年之後不復如是也。故小記云：慈母不世祭，亦見輕之義也。云貴父之命者，一非骨肉之屬，二非配父之尊，但唯貴父之命故也。鄭知謂大夫士之妾，非天子諸侯之妾者。案記云：公子爲其母練冠，麻衣，縓緣，既葬除之，父没乃大功，明天子庶子亦然，何有命爲母子爲之三年乎？云服庶母慈己之服者，小功章君子子爲庶母之慈己者。注云：大夫及公子之適妻子，備三母。有師母、慈母、保母，皆服之。是爲庶母慈己者服小功也。然大夫之適妻子不命爲母，子以慈己加服小功，可知云大夫之妾子，父在爲其母大功者。大功章云：大夫之庶子，爲其母是也。云士之妾子，爲其母期者。期章云：父在爲母，不可言士之妾子爲其母。鄭知者，推究其理，大夫妾子厭降爲母大功，士無厭降，明如衆人服期也。云父卒則皆有申者，士父在已申矣，但大夫妾子，父在大功者，父卒與士皆得申三年也。

喪服小記：爲慈母之交母無服。注：恩不能衣。○疏：慈母父雖命爲母子，本非骨肉，故慈母之子，不爲慈母之父母服者，恩所不及也。

軾按：慈母雖由父命，然必實有育養之恩，匪惟襁褓恩勤，推燥居濕，分肌損氣已也。即成童已往，衣之食之，何莫大非慈，荀子所謂衣被之者是也。然則何别于養與乳耶？曰：養母謂養同宗及三歲以上遺棄之子，乳則受傭而哺其子者，皆非父妾也。又喪小記爲慈母後者，爲庶母可也。意爲後以承重也，庶母、庶祖母，何重之可承，且此子自有母，既爲他母後，將自絶其母乎？如疏云爲己母不異，是兩後矣，有是理乎？慈愛育之，恩以重服，爲庶母、祖庶母皆報也。

母爲長子。疏：爲長子齊衰者，以子爲母齊衰，不得過於子爲己也。若然，長子與衆子爲母，父在期，若夫在爲長子，豈亦不得過於子爲己服期乎？而母爲長子，不問夫之在否，皆三年者，子爲母有降屈之義，父母爲長子，本爲先祖之正體，無厭降之義，故不得以父在而屈也。

傳：何以三年也？父之所不降，母亦不敢降也。注：不敢降者，不敢以己尊，降祖禰之正體。○疏：斬衰章云：正體於上，將所傳重，是父不降之故，故於母亦云不敢降也。

張子曰：禮稱「母爲長子斬三年」，此理未安。父存，子爲母期，母如何却服斬？此爲父只一子，死則世絶，莫大之戚，故服斬。不如此，豈可服斬？

郝敬曰：案長子與父母同服，此制禮者敬宗之義。然子爲母齊三年，必父卒然後可。母爲長子齊三年，則是父在亦然矣。父能厭母，而不能降子，則母輕。母不敢降子，則母愈輕矣，此亦義之當質者。

萬斯大曰：母爲長子齊衰三年，此母專指宗子之妻，非凡爲母者，皆爲長子三年也。據經云父之所不降，母亦不敢降。是母之服重，從乎父也。上斬衰章「父爲長子」，傳曰：正體於上，又乃將所傳重也。注云：重其繼祖禰之正體，又以其將代己爲宗廟主也。是父之服重，尊乎祖也。故傳又云庶子不得爲長子三年，不繼祖也。小記亦曰：庶子不爲長子斬，不繼祖與禰故也。然則庶子之妻，其服長子也，亦從庶子而殺矣，豈得三年乎？當與爲衆子不杖期同。又小記云：妾爲君之長子與女君同。此記云妾爲君之長子，惡笄有首布總。然則母之爲長子，因父爲隆殺，妾爲君之長子，視女君爲輕重可也。

妾爲君之長子。

喪服小記：妾爲君之長子，與女君同。注：不敢以恩輕，輕服君之正統。

妾從女君而出，則不爲女君之子服。注：妾爲女君之黨服，得與女君同。而今俱出，女君猶爲子期，妾於義絶，無施服。

盧植曰：謂俱有過而出，女君爲其子服期。疑妾當從服，故言不也。

爲所後者之妻。疏：妻謂死者之妻，即爲人後者之母也。

孫爲祖母承重。

喪服小記：祖父卒，而后爲祖母後者三年。注：祖父在，則其服如父在爲母也。

顧炎武曰：適孫承重之服。喪服小記曰：祖父卒而後爲祖母後者三年。是知祖父尚存，雖當爲祖母承重，亦降爲期也，以父在爲母推之也。

變除篇：父卒爲君母。謂庶子爲適母。繼母爲長子。爲人後者，爲所後祖母。爲曾高祖後者，爲曾高祖母。本文孫爲祖後者，父卒爲祖母，上至高祖母。

齊衰杖期。

父在爲母。

傳：何以期也？屈也。至尊在，不敢伸其私尊也。父必三年然後娶，達子之志也。疏：家無二尊，故於母屈而爲期。不直言尊，而言私尊者，其父非直於子爲至尊，妻於夫亦至尊。母於子爲尊，夫不尊之，故言私尊也。

敖繼公曰：喪妻者，必三年然後娶，禮當然耳，非必專爲達子心喪之志也。蓋夫之於妻，宜有三年之恩，爲其不可以不降於母，是以但服期而已。然服雖有限，情則可伸，故必三年然後娶，所以終牉合之義焉。若謂惟主於達子之志，則妻之無子而死者，夫其可以不俟三年而娶乎？

馬融曰：屈者，子自屈於父，故周而除母服也。父至尊，子不敢伸母服三年。

胡翰曰：期之喪，子爲父屈，而三年之喪，母爲長子得遂。揆其輕重，蓋不侔矣。唐賈氏謂子於母，屈而從期，心喪三年。若喪父而無服，由子貢以義起之也。子貢以孔之施於門人者，還以報之。苟施於母子之間，則疏衰裳齊，非若師之無服也。服斷以期而猶爲心喪，則是外屈於父之尊，而内存喪母之哀，其服何以表衷也？期亦僞而已矣。後世之言禮者，不以父降其母，而使子得伸其尊，誠非過矣。

軾按：先王制禮，行道之人弗忍也。孰非情踰于禮者哉，而可謂之僞哉？

徐健庵曰：父在爲母，不止期歲也。雜記曰：期之喪十一月而練，十三月而祥，十五月而禫。注云：父在爲母，則是古人之於母，既欲全父之尊，而減其三歲之期。又欲達子之志，而加其一時之服。凡所以體恤其子者，無不至也。故名雖爲期，而其實十有五月者，相去止十月耳。如此，方與他期服有異，而人子處此，亦得少展其情。至漢魏以後，又益以心喪之禮，則與父卒爲母者，特減其十月之服，而其所以居喪之實固未嘗異也。乃唐人欲增爲三年，謂何至與伯叔母同制，豈知伯叔母之期服，曷嘗有祥禫之禮乎哉？

通典：庾氏問徐廣曰：母喪已小祥，而父亡未葬，至母十三月，當伸服三年，猶厭屈而祥耶？答曰：案賀循云：父未殯而祖亡，承嫡猶期，此不忍變父在也，故自用父在服母也。禮：

靈筵不得終三年也。禮云：三年之喪，既葬，乃爲前喪練祥，則猶須後喪葬訖，乃得爲前喪變服練祥也。〇母喪既練而父亡，爲母伸服。劉表諸儒及太始制皆云：父亡未葬，而祖亡，承祖嫡者，不敢服祖重，爲不忍變於父在也。凡父在之日，母久已亡，寧可以父亡而變之乎？意謂立服之旨，皆定於始制之日。女子大功之末可嫁，既嫁必不可五月而除其服。男子在周服之內，出爲族人後，亦可九月而除乎？父爲大夫，子爲父後，降伯叔父大功。或已兩三月日而父亡，寧可得伸服周乎？是知凡服皆以始制爲斷，唯有婦人於夫氏之親，被遣義絶，出則除之。

軾按：徐廣立服定于始制之論，膠固不通。男子在周服之内，出爲人後，自不得九月而除。若女子既嫁，烏能終服？果欲守禮，只得卒服而嫁。賀循謂父未殯而祖殁，不忍變父。後儒譏其知有父不知有祖，若以父後母卒，而不爲母三年，是亦知有父不知有母矣。子爲母期者，屈于父也。父既殁，無所厭矣，忍不爲母伸乎？

顧炎武日知録：爲父斬衰三年，爲母齊衰三年，此從子制之也。父在爲母齊衰杖期，此從夫制之也。家無二尊，而子不得自專。所謂夫爲妻綱，父爲子綱，審此可以破學者之疑，而息紛紜之説矣。〇父在爲母，雖降爲期，而心喪之實，未嘗不三年也。傳曰：父必三年然後娶，達子之志也。假令娶于三年之内，將使爲之子者，何服以見？何情以處乎？理有所不可也。抑其子之服于期，而申其父之不娶于三年，聖人所以損益百世而不可改者精矣。

軾按：子天父，妻天夫，故同服斬衰三年。母者子之所獨尊，父則子與母所同尊也。古禮：父在爲母齊衰杖期，非薄于母也。至尊在，不敢伸其私尊，且必如是而後母心始安也。先王制禮，惟其義盡，是以仁至。後世增爲三年，又改齊爲斬，情伸而義屈矣。或曰：論語：子生三年，然後免于父母之懷。三年之喪，天下之通喪也。中庸：三年之喪，達乎天子。父母之喪，無貴賤一也。孟子：如喪考妣三年。古人爲母，何嘗非三年？曰：以常理論，固三年也。有不三年者，屈于父耳。

妻。 敖繼公曰：下章傳曰：父在則爲妻不杖。然則此爲妻杖，謂無父者也。

方慤曰：父母在，則爲妻不杖，不稽顙。爲尊者厭，不敢盡禮于私喪也。母在父没，則爲妻亦不稽顙，則容杖矣。然於拜贈之時，亦稽顙焉，凡以别于父在之時也。

汪琬曰：鄭玄謂在嫡子不杖，庶子杖，蓋援小戴禮喪服小記也。又曾子問女未廟見而死，壻不杖。雜記父母在不杖。其説不同，今律文不分嫡庶，父母在皆不杖。

喪服小記：父在庶子爲妻，以杖即位可也。 注：舅不主婦之喪，子得伸也。○疏：雜記云：爲妻，父母在不杖，亦是庶子，而云不杖者，謂同宫者也。若妻次子，既非嗣，亦同妾子之限。

徐乾學祖父母在妻喪用杖議：陳都諫子敬，父文和公，世爲嫡。子敬有妻喪，其父母已没，獨繼祖母在，或問喪服用杖乎？余曰：然。或曰：家禮及明律皆言父母在不杖，本朝律文亦然。今繼祖母在，都諫當承重，與父母在同，安得用杖？曰：古人重妻服，既爲之杖，又爲之練、禫，同於父在爲母。所以報其三年之斬，異於他服之齊衰期年者也。儀禮注：適子父在則爲妻不杖，以父爲之主也。庶子雖父在，亦以杖即位。故喪服小記曰：父在庶子爲妻，以杖即位可也。適子父没即爲妻製杖，其母之存亡不論也。惟雜記云：父母在不杖，不稽顙。而賈公彦分别言之，謂父爲適婦主喪，故父在不敢爲妻杖。若父殁母在，不爲適婦之主，爲妻，雖得杖，而不得稽顙也。盡杖與不杖，顯有差等。當杖而不杖，是無故貶降其匹耦，古人不爲。故惟適子父在不爲妻杖，其他無不杖者矣。自唐增母服爲齊衰三年，宋代因之，明又加爲斬衰，由是母服與父服並重，母在爲妻亦不杖。家禮及律文，咸由斯義也。今繼祖母在，孫應承重者。服雖與父母同，然禮律但言父母在不杖，不言祖父母在不杖，則爲妻製杖，夫復何疑？曰：孫爲祖母承重，既與父母不殊，杖安得有異？曰：子爲父母三年，正服也。孫爲祖父母承重亦三年，加服也。加服與正服自有差别，夫安得盡同？

雜記：宗子母在爲妻禫。注：宗子之妻，尊也。〇疏：宗子爲百世不遷之宗也。賀氏曰：父在適子爲妻不杖，不杖則不禫。若父没母存，則爲妻得杖。又得禫，凡得禫，凡適子皆然。嫌畏宗子尊，厭其妻。故特云宗子母在爲妻禫，宗子尚然。則其餘適子，母在爲妻禫可知。

張子曰：喪之有禫何也？所以致厚也。三年之喪，其禫者，所以欲占及三年也。齊衰之喪禫者，所以欲占及二年也。宗子母在爲妻禫，則庶子母在不爲妻禫。以其不承重，不敢致厚於妻子也。庶子在父之宫，則爲其母不禫，以厭降也。宗子而爲其妻禫，以承其重，所以敬宗也。自命士以上，父子皆異宫。適士，其庶子異宫，皆爲母禫矣。

徐健庵曰：小記云：爲父母妻長子禫。又曰：宗子母在爲妻禫，則是夫之服妻，亦十一月而練，十三月而祥，十五月而禫，與父在爲母同矣。夫子之於母，厭於父而不得遂，則於期之外，而加以祥禫之制可也。夫之於妻，其服原止於期尚何不遂之有，而亦加以祥禫之制哉？曰：此欲達子之志而然也，父在爲母，期不足以盡其情，故展之至於十五月，然必父於我母，亦有祥禫之制，其子始得依父祥禫之節，而行其服。否則父已釋服於期歲，而子敢延至於十五月乎？乃知古人之體恤子心，而不欲輒奪其服，如此其委曲而周至也。不然，妻服杖期，亦云足矣。何至更加以祥禫，竟與母服無異哉？

軾按：夫妻齊體也，妻爲夫斬衰三年，夫以杖期報，未爲厚也，不祥禫可乎？如健庵先生言：是祥禫之制，止當行于母與妻，不知爲長子又何以祥禫也？

出妻之子爲母。

傳：出妻之子爲母期，則爲外祖父母無服。傳曰：絶族無施服，親者屬。注：在房而及曰施。親者屬，母子至親，無絶道。

敖繼公曰：此於其外親，但云外祖父母，見其重者耳。絶族謂父族與母族相絶，而不爲親也。絶族無施服，言所以爲外祖父母無服。親者屬，言所以爲出母期。

出妻之子爲父後者，則爲出母無服。傳曰：與尊者爲一體，不敢服其私親也。

敖繼公曰：言爲父後，則無父矣。與尊者爲一體，釋爲父後也。母不配父，則子視之爲私親。母子無絶道，固當有服，然有服則不可以祭，故爲父後則不敢服。

徐邈曰：非其所生，則無服也。

喪服小記：爲父後者，爲出母無服也者，喪者不祭故也。

軾按：子不爲母服，何以爲子？或曰：釋服而祭可也，或曰：齊衰卒哭而除，亦視乎子之所自致耳。

又按：此所謂出母，生母也。父與母雖絶，而子不得絶所生。若繼母如母，以配父也。爲人後者，後父因而後母也。二者父與之絶，子亦絶之矣。慈母養母，不無撫育之恩，視所生則有間焉，均無既出之服也。

父卒，繼母嫁，從，爲之服報。疏：父卒繼母嫁者，欲見此母爲父已服斬衰三年，恩意之極，故子爲之一期，得伸禫杖。但以不生己，父卒改嫁，故降於己母一期而已。從爲之服者，爲本是路人，暫與父牉合，父卒還嫁，便是路人，子仍著服，故生從爲之文也。報者，喪服上下并記云報者十有二，無降殺之差，感恩者皆稱報。若此子念繼母恩終，從而爲報。母以子恩不可降殺，即生報文。餘皆倣此。

傳：何以期也？貴終也。注：嘗爲母子，貴終其恩。

馬融曰：繼母爲己父三年喪，禮畢，嫁後夫，重成母道，故隨爲之服。繼母不終己父三年喪，則不服也。王肅曰：從乎繼而寄育則爲服，不從則不服。○服也則報，不服則不喪。

雷次宗曰：凡言報者，繼母服亦如此。

朱子曰：儀禮事之精麤，都載在裏面，其間曲折難行處，他都有箇措置得恰好，因舉一項父卒繼母嫁從爲之服報。傳曰：何以期也？貴終也。嘗爲母子貴終其恩，此爲繼母服之義。

軾按：從字有二解，一作仍字義，謂繼母已嫁，仍爲著服，以嘗爲子母，貴終其恩也。一作相從之從，父殁無大功以上親，繼母改嫁，而子從之往也。繼母于子，非有骨肉天性之親，以其配父而母之，以配其父而子之耳，既已改嫁，母子之誼安在，而猶依依相從，可謂能終者矣，是亦先王之所貴也，故爲制期。云報者，謂以繼母服已之服報繼母，亦見母子有終之意。

祖父在，適孫爲祖母。

喪服小記：祖父卒，而后爲祖母後者三年。注云：祖父在，則其服如父在爲母也。

俞汝言曰：禮杖期，亦如父在爲母期年也。今既父在爲母三年，亦應加服三年。

子爲嫁母。

顧湄曰：嫁母服，經無文。檀弓疏：謂繼母嫁從爲之服，則親母可知。

通典：漢石渠議：問父卒母嫁，爲之何服？蕭太傅云：當服周。爲父後，則不服。韋玄成以爲父没則母無出義，王者不爲無義制禮。若服周，則是子貶母也，故不制服也。宣帝詔曰：婦人不養舅姑，不奉祭祀，不下慈子，是自絶也。故聖人不爲制服，明子無出母之義，玄成議是也。石渠禮議：又問夫死妻稚子幼，與之適人，子後何服？韋玄成對：與出妻子同服周。或議以爲子無絶母，應三年。蜀譙周據繼母嫁猶服周，以親母可知，故無經也。

朱子語類：題不養出母議後云：禮無嫁母之服，而律令有之。禮於嫁母雖不言親而言繼，又有出母之服，皆舉輕以明重，以見親母之嫁者，不可無服，則與律令之意初不殊也。禮於爲父後者，但言出母無服，而不及嫁母。是亦本輕以別重，而見嫁母應有服也。某貢士之妾母，雖非父卒子幼而更嫁，然無七出之罪，其去也有故。則是嫁母，非出母也。樂平令尹誤以爲出母，謂當無服，故余正父辨之，然但正嫁母之名，而不論其所以不爲出而當有服之義。又題其篇端曰：不養出母，又但論其與古之出母不同，不可從於不喪之文，則亦自相矛盾，而反以證成令尹之説矣。予懼夫覽者之不能無疑，故書此以質焉。正父欲使其人養此母，予聞之：母嫁而子從者，繼父爲之築廟於家門外，使子祀之，而妻不與，説者以爲恩雖至親，族已絶矣。夫不可二故也，既嫁母，生不可與於祭，死不可祔於廟，則亦不可養於家矣。爲之子者，率其婦子就母之家，或舍其側而養之，則於禮也得矣。母之無家者，築室於外可也。

孝慈録：適子、衆子爲庶母。

羅虞臣原子曰：或問大明令與集禮皆曰爲庶母緦，獨孝慈録則曰：適子、衆子與其妻爲夫之庶母各杖期。夫三書皆時王制也，其言輕重不相侔，使今人有妾母之喪服，將焉適從耶？原子曰：士爲妾母緦，古禮也。古者大夫以上爲庶母無服，庶人無妾，故無其制。今庶人既得立妾，則其服必同於士。然孝慈録載諸杖期之條，何也？以父妾母之名也，妾爲夫之適子爲祖後者齊衰三年，爲衆子期，而子乃報之緦，不已爲薄乎？且庶母之子，爲己之昆弟，則相爲服期。今也於其母則緦，於其子則期，子母之間，輕重頓殊，求之禮情，深非至理，故子之服妾母當以孝慈録爲準。曰：然則服緦之制可廢乎？曰：何可廢也？衆子爲妾母杖期，不以父存没得爲之服也。若長子爲父後爲宗廟主，夫喪則不祭，乃以父妾之賤，而廢尊者之祭可乎？禮爲父後者爲出母無服，爲不祭故也。母子至親，尚不敢以私廢祭，況父妾乎，則長子爲父後者，決無服妾母杖期之理也。夫庶子爲父後，猶爲其生母緦，以此明之，則適子之不爲妾母期可知也。若父在服之可也，謂己未代父祭也，然則爲父後者，服之如何？曰：禮：君子子爲庶母慈已者小功，鄭玄曰：此大夫公子適妻之子也。言君子子，則父在也。父在故以慈已，加小功，父卒則緦。今長子爲父後，獨不可以此相準乎？是故父在與衆子同服期，父殁則緦。此禮義之至中者也，亦於時王之制得相發明矣。

呂坤四禮疑：庶母之有子杖期矣，無子無服乎？且母之名，生於父，不生於子。若云無服，是爲庶母服者，兄弟之故，非父之故也。及考諸禮家所載，庶母期，而不分有子無子，會典及孝慈録更明。蓋父妾爲長子、衆子期，不分有子無子，則長子、衆子于父妾，安得不爲之服？豈宜分有子無子乎？且服制長幼尊卑，未有不報者。夫適與妾不報服，猶云名分稱尊，諸子不尊於父妾，父妾爲之期，而諸子不報，有是禮乎？律文經文不失，而注者失之。〇有子稱庶母，無子可稱。禮云：士爲其貴妾緦，又云攝女君者，不爲女君之母家服，兹非庶母乎？又云士不名長妾。長妾，衆妾之長也，兹非庶母乎？若以有子稱庶母，則所謂貴妾長妾而無子，將何稱乎？

孝慈録：適子、衆子之妻，爲夫之庶母。

齊衰不杖期。

祖父母。

傳：何以期也？至尊也。疏：祖爲孫，止大功。孫爲祖，何以期也？祖至尊，故爲孫降至大功，似父母於子降至期也。

汪琬曰：或問禮與律有繼母而無繼祖母之文，然則繼祖母不當服與？曰：非也。言祖母，則繼祖母統其中矣。蓋繼祖母與祖庶母有辨。繼祖母之歿也，祔于廟，而祖庶母不祔。夫既祔于廟，爲之孫者，方歲時享祀之，而可以無服乎？故曰：言祖母，則繼祖母統其中矣。

又曰：或問祖庶母宜何服？曰：其祖免乎？禮：大夫以上爲庶母，無服。何祖庶母服之有？然則律文服庶母期矣，顧亦無祖庶母服者何與？曰：疏也，無恩也，斯則爲之祖免可也。

軾按：祖庶母，祖妾之有子者，叔父斬衰，父亦杖期，而孫以無服之身，厠置其間，終覺未安。以意酌之，當服緦。

世父母叔父母。疏：伯言世者，欲見繼世。

爾雅：父之晜弟，先生爲世父，後生爲叔父。父之兄妻爲世母，父之弟妻爲叔母。疏：繼世以嫡長，先生於父，則繼世者也，故曰世父。説文叔作尗，許慎曰：從上小，言尊行之小者。

傳：世父、叔父，何以期也？與尊者一體也。疏：雖非至尊，既與尊者爲一體，故加期也。

馬融曰：與父一體，故不降而服期。

敖繼公曰：世叔父，本是大功之服，以其與父一體，故當加一等也。以五服差族之親爲四緦麻，從祖之親爲三小功，則從父之親宜爲二大功也。而禮爲從父昆弟大功，世叔父期，以此傳考之，則世叔父之期，乃是加服，從父昆弟之大功，則其正服也。

然則昆弟之子何以亦期也？旁尊也，不足以加尊焉，故報之也。

敖繼公曰：加尊者，謂以其尊加之也。昆弟之子本服亦大功，世叔父不以本服服之，而報以其爲己加隆之服者，以己非正尊，不足以尊加之故也。加尊而不報者，如父於衆子，祖於庶孫之類是也。昆弟之子，雖不在此條，然其即爲世叔父之服者，而世叔父亦以此服之。義有不同，故并釋之。

軾按：三年之喪，加隆焉耳。其實杖期便是第一等重服，伯叔本爲第二等，當是大功。以與父一體，故服期，爲伯叔加期，猶爲父母加三年也。伯叔報亦期者，以非正尊也，各盡其道焉耳。

父子一體也，夫妻一體也，昆弟一體也。故父子首足也，夫妻牉合也，昆弟四體也。

敖繼公曰：言首足牉合四體者，皆所以釋其爲一體也，此又申言與尊者一體之義。雖三者並言，而其旨則惟主於昆弟，蓋世叔父乃其父之昆弟，所謂與尊者一體。

故昆弟之義無分，然而有分者，則辟子之私也。子不私其父，則不成爲子。故有東宮，有西宮，有南宮，有北宮。異居而同財，有餘則歸之宗，不足則資之宗。

張子曰：子不私其父，則不成爲子，古之人曲盡人情如此。若同宮有叔父伯父，則爲子者，何以獨厚於其父？爲父者，又烏得而當之。

敖繼公曰：此承上文而言。父子夫妻昆弟，俱是一體。然父子、夫妻不分，而昆弟則分，似乖於一體之義，故言其禮之不容不分者以釋之。東宮、西宮、南宮、北宮，蓋古者有此稱，或有之以爲氏者，故傳引之，以證古之昆弟，亦有分而不同宮者焉，異居而同財，則其所以分之意可見矣。宗謂大宗、小宗，同禰者也。

世母、叔母，何以亦期也？以名服也。 疏：世母叔母是路人，以來配世叔父則生母名。既有母名，則當隨世叔而服之，故云以名服也。

黄乾行曰：伯叔母入配伯叔父，其分尊。姑姊妹，其分卑。故先王制服，爲伯叔母齊衰期，姑姊妹降服大功。此以義制服，尊尊之義也。然以情而言，目異姓而入，其情輕。姑姊妹同氣，由骨肉而出，其情重。故於喪伯叔母，則踊不絶地，其服雖重，而哀不至。於喪姑姊妹，則踊絶於地，其服雖輕，而哀至。此以情居喪，親親之仁也。

昆弟。 注：昆，兄也，爲姊妹在室亦如之。

雷次宗曰：經於伯叔父下無姑文，於昆弟下無姊妹文，於衆子下無女子子文者。以未成人則爲殤，已成人則當出，故皆不見於此也。

爾雅：男子先生爲兄，後生爲弟。疏：廣雅云：兄，況也，況于父，又謂之晜。弟，悌也，言順于兄。

通典兄弟罪惡絶服議：晉劉智釋疑問曰：昆弟骨肉，以罪惡流死者，諸侯有服否？智答曰：凡以罪惡徒者絶之，國君於兄弟有罪者亦絶也。舊説諸侯於兄弟有弔服，服衰絰，此不服，則無衰絰，素服而已，不弔臨其喪也。諸侯之身，體先君，奉祭祀，是以不得盡其情於所絶耳，然則不爲父後者，則服之矣。

爲衆子。注：衆子者，長子之弟，及妾子，女子在室亦如之。士謂之衆子，未能遠别也；大夫則謂之庶子，降之爲大功；天子國君不服之。

通典爲廢疾子服議：晉劉智釋疑問曰：今有狂癡之子，不識菽麥，不能行步，起止了無人道，年過二十而死者，或以爲禮無廢疾之降殺，父當正服服之耶？以爲殤之不服，爲無所知耶？此疾甚於殤，非禮服所加也。禮之所不及，以其從例所知故也，不宜服矣，此二者將焉從？智答曰：無服之殤，未至於成人，以其於生性自然未成，因斯而不服，以漸至於成人，順乎其理者也。至於廢疾，多感外物而得之，父母養之，或不盡理，而使之然。仁人痛深，不忍不服，故禮不爲作降殺，不得同殤例也。王徽之問劉玢廢疾兄女服記云：其夫有廢疾，又無子，傳重者，舅爲之服小功。又云：長子有廢疾，降傳重也。此二條，皆以其廢疾降適從庶，謂如此雖非適長而有廢疾，既無求昏許嫁禮，且慶弔烝嘗，皆不得同之於人，不知當制服不。劉玢答：若適子有廢疾，不得受祖之重，則服與衆子同在齊衰，蓋以不堪傳重，故不加服，非以廢疾而降也。子婦之服，例皆小功，以夫當受重，則加大功。若夫有廢疾，則居然小功，亦非降也。喪服經齊衰章，爲君之祖父，傳曰：從服也。鄭注曰：爲君有祖之喪者，祖有廢疾不立也，從服例降本親一等。君服斬，故從服周，惟孫不敢降祖，此亦是廢疾不降之一隅也。○宋庾蔚之以爲疾病者，不愈而亡，彌加其悼，豈有禮無降文，情無所屈，而自替其服者耶？殤服本階梯以至成人，豈可以病者準之，篤其愛者，以病彌可悲矣。薄其恩者，以病則宜棄矣。病有輕重，參差萬緒。故立禮者，深見其情。杜而不言，無降之理，略可知矣。嫡不爲後，是其去傳重之加，非降其本服。劉智劉玢所言，近爲得理矣。

昆弟之子。

傳：何以期也？報之也。疏：此兩相爲服。不言報者，引同己子。

檀弓：喪服，兄弟之子，猶子也，蓋引而進之也。

顧湄曰：今人稱兄弟之子，有稱猶子者，當本諸此，而失其義矣。此言人爲兄弟之喪服，猶己之子期，非所施於平日，豈遂可爲親屬之定名。朱子曰：猶字訓如，本不是稱呼，只是記禮者之辭，如下文嫂叔之無服，姑姊妹之薄也，豈可沿此遂稱嫂爲無服，而名姑姊妹以薄乎？蓋古人於兄弟之子，直稱父子。漢疏廣謂兄子受曰：宦成名立，懼有後悔，豈如父子相隨出關？蔡邕與叔父質爲程璜所陷，邕自陳曰：如臣父子欲相傷陷，自晉以來，始有叔姪之稱，亦無稱猶子者。

適孫。

傳：何以期也？不敢降其適也。有適子者，無適孫，孫婦亦如之。

郝敬曰：適子早死，立適子之適子繼宗，曰適孫，死則祖爲之期。祖爲孫大功常也，以其繼體，加隆焉。若使適子在，等孫耳，無適庶之異也。

萬斯大曰：祖爲適孫不杖期。傳曰：有適子者，無適孫，孫婦亦如之。此言適子在，則長孫與庶孫同，祖爲之大功，長孫之婦，亦與庶孫婦同，祖爲之緦也。古人子雖多惟主長子一人爲後，曰適子。有適子，則適子之長子，未即爲適孫，必適于亡，始立爲適孫，以爲祖後。下文云父卒，然後爲祖後者服斬是也。適子在，既不立適孫，則適子之長子婦，亦不得爲適孫婦。蓋夫庶亦庶，夫適亦適，婦人從夫之義也。鄭氏乃謂適婦在，則亦爲庶孫之婦，是不夫之從，而以姑爲主，豈禮也哉？

爲人後者，爲其父母報。疏：此謂其子後人，反來爲父母服者，欲其厚於所後，薄於本親，抑之，故次在孫後也。若然，既爲本生不降斬至禫杖章者，亦是深抑，厚於大宗也。言報者，既深抑之，使同本疏，往來相報之法故也。

雷次宗曰：據無所厭屈，則周爲輕。言報者，明了於彼，則名判於此。故推之於無尊，遠之以報服。女雖受族於人，猶存父子之名，故得加尊而降之也。

敖繼公曰：言其以别於所後者也，父母爲支子服，率降於爲已者一等，此支子出爲人後者，爲其父母期，其父母亦報之以期，而不服降者，以其既爲所後者之子，統不可二，故不敢以正尊加之而報之也。

軾按：不降服者，明無二統，非故推而遠之也。雷次宗謂不若女嫁，猶存父子之名。是何相絶之甚歟？即經文又何以言爲其父母也。

傳：何以期也？不貳斬也。何以不貳斬也？持重於大宗者，降其小宗也。爲人後者孰後，後大宗也？曷爲後大宗？大宗者，尊之統也。禽獸知母而不知父，野人曰：父母何算焉？都邑之士，則知尊禰矣。大夫及學士，則知尊祖矣。諸侯及其大祖，天子及其始祖之所自出。尊者尊統上，卑者尊統下。大宗者，尊之統也。大宗者收族者也，不可以絶，故族人以支子後大宗也。適子不得後大宗。

朱子語類：問某人不肯丁所生母憂，曰：禮爲所生母不杖齊期，律文許申心喪。若所父再娶，亦當從律，某人是也。又問若所生父與所繼父俱再娶，當持六喪乎？曰：固是。又問先儒争濮議事，曰：此只是理會稱親，當時蓋有引戾園事，欲稱皇考者。又問稱皇考是否？曰：不是。〇又曰：爲人後者，爲其父母服期年，有父母之稱。濮議引此爲證，欲稱皇考，當時雖以衆人争之得止，而至今士大夫猶以爲未然。蓋不知禮經中，若不稱爲其父母，别無稱呼，只得如此也。〇又曰：且如今人爲所生母齊衰不杖期，爲所養父母斬衰三年。以理觀之，自是不安。然聖人有存亡繼絶之道，又不容不安。○又曰：今法爲所生父母心喪三年，此意甚善。

吕枏曰：爲人後者爲其父母者何？曰：重生我也。雖後於人，生身之恩，不可忘也。然則何以不斬？子夏曰：不二斬也。持重於大宗者，降其小宗也。故漢唐宋間，由藩王入承大統，於其父母猶稱皇考、皇妣者，其亦不講於大宗也哉。

汪德輔曰：或謂爲人後者，當易其父母之名，從所後者爲屬，而使之無二，是未考於禮也。蓋父母之服不降，使明所後者重而已，非遂以爲當變其親也。親不當變，則名可得而易乎？名不可得而易，則期服雖除，心喪三年，禮不可變也，而謂輒以絶其親乎？不絶其親，而能使其屬之疏者，相與爲重；親之厚者，相與爲輕。在以禮義名其内，而不在於惡其爲二，而强易其名於外也。經曰：爲人後者，爲其父母報。此其名之見於經，未嘗易也。經既不易，則凡爲人後者，生曰本親父母，没曰考妣，禮之正也。

軾按：孔子等爲人後者于賁軍之將、亡國之大夫，先儒每以爲疑。萬斯大謂「人後」爲「人役」之誤。竊意爲人役者，尚未至如賁軍亡國之甚。與賁軍亡國同惡者，莫如爲人後。嘗試思之，屬毛乎？離裏乎？有三年之愛乎？孰非人子，獨降爲期，于女安乎？而有不得不爾者，後大宗子也。後大宗子者，後宗子之父、之祖、之繼别之宗也。祖宗重，故父爲輕，是以降于彼，而降于此。不然，而後非所後，是父人而自絶其父矣。比之釋氏之空桑，妾婦之外成，夫何異焉？其可恥，又不翅賁軍已也。

女子子適人者，爲其父母、昆弟之爲父後者。

傳：爲父何以期也？婦人不貳斬也。婦人不貳斬者何也？婦人有三從之義，無專用之道。故未嫁從父，既嫁從夫，夫死從子。故父者子之天也，夫者妻之天也，婦人不貳斬者，猶曰不貳天也，婦人不能貳尊也。

爲昆弟之爲父後者，何以亦期也？婦人雖在外，必有歸宗，曰小宗，故服期也。

敖繼公曰：歸宗者，所歸之宗也。婦人雖外成，然終不可忘其所由生，故以本宗爲歸宗也。歸云者，若曰：婦人或不安於夫家，必以此爲歸然也，其於爲父後者特重，以其爲宗子也。以私親言之，故曰小宗。其昆弟，雖繼別猶謂之小，所以別於大家之宗也。

繼父同居者。

傳：何以期也？傳曰：夫死妻稚子幼，子無大功之親，與之適人，而所適者亦無大功之親，所適者以其貨財爲之築宮廟，歲時使之祀焉，妻不敢與焉，若是則繼父之道也。同居則服齊衰期，異居則服齊衰三月。必嘗同居，然後爲異居。未嘗同居，則不爲異居。注：妻稚，謂年未滿五十。子幼，謂年十五已下。子無大功之親，謂同財者也，爲之築宮廟於家門之外，神不歆非族，妻不敢與焉。恩雖至親，族已絶矣，夫不可二，此以恩服爾。未嘗同居，則不服之。

郝敬曰：前夫子，謂母再嫁之夫，曰繼父。同居，則恩猶父也，雖非血屬，死亦爲期。傳引舊傳，明同居之義，見所以爲服也。夫死妻稚子幼，無親與子再適人，非得已也。子稱其人爲同居繼父，非泛然同居也。設使子有大功之親，則不得依他人爲父；使其人有大功之親，則亦不得養他人爲子。或私其財貨，不與同利，易其宗姓，使不得自奉其先祀。或私其妻，預欲絶之，使鬼神不享。有一於此，則恩誼薄，烏得稱父？必是數者兼備，又獨父孤子，終身相依。如此，真繼父矣，然後可爲齊衰期年。

若三者備，始同居而後異居，則但可爲齊衰三月。若初未嘗同居，於前數者無一焉，路人耳，三月不可，況期年乎？

喪服小記：繼父不同居也者。必嘗同居，皆無主後。同財而祭其祖禰爲同居，有主後者爲異居。

汪琬曰：儀禮喪服傳繼父同居章：夫死、妻稚、子幼，子無大功之親，與之適人，而所適者，亦無大功之親。以其貨財爲之策宫廟，歲時使之祀焉，妻不敢與，則繼父之道也。汪子曰：此孤子隨母更適者也，或爲大宗之世適與？或支子與？吾皆不能知也。苟其爲大宗之適也，則家必有廟，無所事於更築。在禮禰無廟，則與祖同廟。爲繼父者，如之何其代爲之築也？且彼無大功之親矣，獨無小功以下諸親乎哉？宗法而既行也，舉族之父兄子弟，方推宗子而重焉。有餘財則必歸之，雖以之立廟可也。安有顛連而入繼父之家者，又安有藉繼父之財，而始爲宫廟者哉？苟其支子而已，則雖爵爲大夫士，猶當祭於宗子之家，而不當有廟，況幼孤乎？爲繼父者，分之賄財可也，遺之宫室什器車馬衣服可也。犯非禮而爲之築宫廟，此暱愛之私，不可之甚者也。傳言所適亦無大功云云，喪服小記又言皆無主後同財而祭其祖禰爲同居，則是繼父無子者也。繼父無子，其可撫妻之前子爲子與？語曰：神不歆非類，民不祀非族。制禮者宜禁之之不暇，而顧倡此説以導之，吾不信也。吾嘗考諸春秋崔杼娶東郭姜，姜以其孤棠無咎入，卒兆大亂於齊。蓋同居之禍如此，此亂宗之端，敗家絶祀之所自昉，後世宜以爲鑒，不可以禮文藉口也。嗟乎！三禮唯儀禮最古，然其説猶有難信者，況乎大小戴禮，半爲漢儒所附會哉？蓋古書之錯亂，不可知也久矣。善哉！傳玄之言曰：父無可繼之理。此禮焚書之後，俗儒妄造也。

顧炎武日知録：夫物之不齊，物之情也。雖三王之世，不能使天下無孤寡之人，亦不能使天下無再適人之婦。且有前後家，東西家，而爲喪主者矣。假令婦年尚少，夫死而有三五歲之子，則其本宗大功之親，自當爲之收恤。又無大功之親，而不許之從其嫁母，則轉於溝壑而已。於是其母所嫁之夫，親之如子，而撫之以至於成人。此子之於若人也，名之爲何，不得不稱爲繼父矣。長而同居，則爲之服齊衰期。先同居而後別居，則齊衰三月。以其撫育之恩，次於生我也。爲此制者，所以寓恤孤之仁，而勸天下之人不獨子其子也。若曰：以其貨財爲之築宮廟，此後儒不得其説而爲之辭。

軾按：傳言兩無大功之親，所適者分以貨財，使築宮廟而祀。藉非養于所適，其爲溝壑無疑。此魏人所謂四孤，爲公嫗服也。賈疏謂三者具，乃爲同居繼父。愚意重在子無大功之親，父死母嫁，子幼無依。必所適亦無大功親者，使彼有大功親，則無事此子之服之，且無望其服之也。至以貨財築宮廟，汪鈍翁力斥其非。愚意此子無大功之親，是一身而三世之宗祀繫焉。繼父分之貨財，使得有室有家，以祀其先人，恩莫大焉。歲時祀者，謂將來，非謂現在同居時也。疏云築宮于家門之外，則誠謬矣。又分與貨財，不必定是築室。必云然者見繼父于此子，亦若有堂構之義者然，更妙在妻不敢與三字。婦人再醮，雖屬萬不得已，然既已失節，難保聖善。吾見有逐子以其夫者矣，又或背夫而私其子，凡此皆由所適之刻薄寡恩，故婦人阿之而背之。今曰不與者，見所適者厚于此子，實出愛憐孤幼之意，非以其母故也。其母且若不知後夫之厚其前子者，如是而後可謂繼父，繼父云者，以此子無父而有父。猶言二天之戴云爾，非因配其母而繼父之也。

傳：何以期也？從服也。

姑姊妹女子子適人無主者，姑姊妹報。

敖繼公曰：爲姑姊妹女子子出適者，降爲大功。今以其無主，乃加於降服一等而爲之期。其姑姊妹於昆弟姪，亦不容不以其所服者服之。云報者，服期之義，生於已而不在彼故也。女子子適人者，爲父母自當期，固不必言報矣。然父母爲已加一等而已，於父母不復加者，其亦以婦人不能貳斬也與。

爾雅：父之姊妹爲姑，男子謂女子先生爲姊，後生爲妹。

傳：無主者，謂其無祭主者也。何以期也？爲其無祭主故也。

妾爲女君。

傳：何以期也？妾之事女君，一以女之事舅姑等。

婦爲舅姑。

爾雅：婦稱夫之父曰舅，稱夫之母曰姑。

傳：何以期也？從服也。

王志長曰：婦爲舅姑期，非輕舅姑也，重斬也。男子非父不天，父在則母降矣。女子非夫不天，從夫則父母降矣。何也？無二天也，無二天，故無二斬也。或曰：婦體夫，何以期也？曰：婦之尊舅姑也，以舅姑之子爲天也。舅姑死而服斬，是貳其天也，故不敢也。或曰：諸侯爲天王，大夫士爲其國君服斬，從子服父之義也。婦事舅姑，同乎子，何以期也。曰：諸侯之於天王，大夫士之於其國君，義服也。義而斬，重也，所以疏也。期而正，輕也，所以親也。

顧炎武曰：婦事舅姑，如事父母，而服止於期，不貳斬也，然而必喪則未嘗不三年矣。故曰：與更三年喪不去。

喪服小記：婦當喪而出，則除之。

夫之昆弟之子。注：男女皆是。○疏：檀弓云：兄弟之子猶子也，蓋引而進之，進同己子，故二母爲之，亦如己子服期也。云男女皆是者，據女在室與出嫁，與二母相爲服，同期與大功，故子中兼男女也。

敖繼公曰：世母叔母，服之也，其女子子在室亦如之。

傳：何以期也？報之也。疏：報之者，二母與子本是路人，爲配二父而有母名，爲之服期，故二母報子，還服期。若然，上世叔之下，不言報者，二父本是父之一體，又引同已子，不得言報，至此本疏，故言報也。

馬融曰：伯母叔母報之。

陳銓曰：從於人者宜服大功，今乃周者，報之也。

女子子爲祖父母。

傳：何以期也？不敢降其祖也。注：經似在室，傳似已嫁，明雖有出道，猶不降。

爲姑在室。

喪服不杖期章世父母、叔父母。鄭注云：爲姑在室亦如之。

爲姊妹在室。

喪服不杖期章昆弟注云：爲姊妹在室亦如之。

爲女子子在室。

喪服不杖期章爲衆子注云：女子子在室亦如之。

適子父在爲妻。

喪服不杖期章妻傳注云：適子父在，則爲妻不杖，以父爲之主也。

士妾爲君之衆子。

喪服大功章：大夫之妾爲君之庶子。鄭注云：士之妾，爲君之衆子亦期。

舅姑爲適婦。

舊唐書禮儀志：太宗因修禮官奏事之次，言及喪服，有親重而服輕者，亦附奏聞，於是侍中魏徵、禮部侍郎令狐德棻等，奏適子婦舊服大功，請加爲期，從之。秘書監顔師古奏曰：舅姑爲婦，其服太輕，冢婦止於大功，衆婦小功而已。但著代之重，事義特隆，饋奠之勤，誠愛兼極，略其恩禮，有虧慈惠，猶子之婦，並服大功。己子之妻，反有減降，以類而言，未爲允協。今請婦期服，衆婦大功，既表授室之親，又答執笲之養。叔仲之後，諸婦齊同，則周洽平均，更無窒礙矣。

開寶禮：父所生庶母。

吴肅公曰：讀禮間甚矣，古者之重爲後也，父母至爲之三年也，不亦久乎？斬不已厚乎？庶子之子爲祖後，則不喪其父之母也，謂父何哉？嗚呼，不已薄乎？

政和禮：嫁母、出母爲其子。

車垓曰：父卒而母嫁，與父在而母出，則於吾父有絶義矣。故子爲之降服杖期，然母之於子，則義不絶也，故仍爲子服不杖期。

政和禮：繼母嫁，爲前夫之子從己者。

車垓曰：子無母，而以繼母爲母矣。及父卒，又從繼母再嫁而寄育焉，則繼母亦視之如子可也。故爲義服不杖期，即父母爲衆子之服也。

孝慈録：爲適長子。

吕柟曰：古者父母爲適長子三年。傳曰：正體於上，又乃將所傳重也。又曰：父之所不降，母亦不敢降也。其爲衆子，則亦不杖期也。夫異之以三年，則已尊；同之於衆子，則已卑。夫衆子同於兄弟之子而已矣，其可并適長子而同之耶？今制爲長子婦期，爲衆子婦大功，必爲長子杖期，爲衆子不杖期也。爲長子不杖期，其記録之誤乎？

俞汝言曰：禮斬衰三年。記云：爲長子杖，則其子不以杖即位。今既非三年，亦應杖期。齊衰不杖期，似太輕。

孝慈録：妾爲夫之長子、衆子與所生子。

儀禮迄家禮長子三年，衆子、己子期年，孝慈録總爲期年，會典、今律文因之。

明律：妾爲家長父母。

今律文：前夫之子，從繼母改嫁於人，爲改嫁繼母。

徐健庵曰：古禮杖期，今改爲不杖期者，殺於親生之母也。然非從往彼家，則不必制服。

齊衰五月。

開元禮：爲曾祖父母。

舊唐書禮儀志：太宗貞觀十四年，因修禮官奏事之次，言及喪服。帝曰：喪禮有親重而服輕者，皆許奏聞。於是侍中魏徵禮部侍郎令狐德棻等奏曾祖父母，舊服齊衰三月，今請增爲齊衰五月。詔從之。

開元禮：女子子嫁者、未嫁者，爲曾祖父母。

吕枏曰：夫五月者，小功之服也。何以不歸之小功？曰：將爲尊者服也，不敢以卑者服服之耳，故稱齊衰，尊祖也。古無齊衰五月，今有齊衰五月，爲曾祖父母者何？曰尊祖也。何以齊衰五月也？曰：期嫌於祖，則已重。齊衰三月嫌於高祖，則已輕，故齊衰五月。古者三月，非所以達曾孫之志也。曾孫女，雖適人不降者何？明不可無祖也。祖不可降也。曾孫適人而遇服曾祖，天下之難得也，惡乎而可降？

胡翰曰：古者爲曾祖父母齊衰三月，而不及高祖父母。説者謂兼高祖而言，則其服同，其月日亦同也。今禮家之爲曾祖父母齊衰五月，爲高祖父母齊衰三月，則其服同，其月日不同矣。以經考之，服之數盡於五。緦麻三月，小功五月，等而至於高、曾。減其月日，以是爲差，其服制則一以齊衰爲斷也。且疏云：爲父加隆三年，則爲曾祖宜大功，爲高祖宜小功。苟以齊衰之服，從大功、小功之月日，亦若可爲也。古之制禮者，所以不出乎二者之間，而一斷以三月之制，豈無其義乎？故尊極而恩殺，爲高、曾三月者，後世不必易也。至尊在，不敢伸其私尊。爲母齊衰期者，古禮不必盡從也。何以權之禮以義起？而緣乎人情者也。

汪琬曰：案閩清陳氏曰：服父三年，服祖期，則曾祖宜大功，高祖宜小功，而皆齊衰三月者，不敢以大小功旁親之服，加乎至尊，故重其齊麻，尊尊也；減其月數，恩殺也，此禮所謂上殺。服適子三年，庶子期，適孫期，庶孫大功，則曾孫宜五月，而與玄孫皆緦麻三月者，曾孫服曾祖三月，曾祖報亦如之。曾祖尊也，故加齊衰；曾孫卑也，故服緦麻，此禮所謂下殺。如此則不應加服五月，然喪服經傳正文，本無高祖、玄孫服。

齊衰三月。

丈夫、婦人爲宗子、宗子之母、妻。注：婦人，女子子在室，及嫁歸宗者也。

敖繼公曰：丈夫、婦人于宗子，宗子之母、妻。若在叔嫂之列者，則不服之。

徐健庵曰：敖氏之言非也。族之男女皆爲宗子，及其母妻服，豈有在嫂叔之列者，獨不爲之服乎？此蓋以宗子論，不以嫂叔論，故服之無嫌也。

傳：何以服齊衰三月也？尊祖也，尊祖故敬宗。敬宗者，尊祖之義也。宗子之母在，則不爲宗子之妻服也。疏：宗子母在，則不爲妻服者，謂宗子父已卒，宗子主其祭。王制云：八十齊衰之事不與，則母七十亦不與。今宗子母在，未年七十，母自與祭，母死宗人爲之服。宗子母七十已上，則宗子妻得與祭，宗人乃爲宗子妻服也。必爲宗子母妻服者，以宗子燕食族人於堂，其母妻亦燕食族人之婦於房，皆序以昭穆。故族人爲之服也。

雷次宗曰：言尊祖故敬宗，明祖已没也。無由施於尊者，但敬宗以致尊祖之心。

庶人爲國君。

注：不言民而言庶人，庶人或有在官者，天子畿内之民服天子亦如之。○疏：庶人在官者，謂府史胥徒，經言庶人兼在官者言之。云畿内之民亦如之者，畿内千里，專屬天子。故知爲天子，亦如諸侯之境内也。

繼父不同居者。

敖繼公曰：爲繼父同居者期，而爲異居者不降一等爲大功，乃服此服者，恩同於父，不敢以卑服褻之也。繼父於子，同居、異居，皆不爲服。知不爲服者，二章無報文，且齊衰三月，不可用於卑者也。

吕坤曰：萬物一本，母百可也，父可二乎？伯父、叔父、仲父、季父，謂伯仲叔季於我父也，一本而同行者也，猶嫌於父而諸之。外父、外祖父，同尊而異姓者也，雖稱曰父而外之，父没矣，可繼乎？母緣父有，父不緣母有也。儀禮有繼父，聖人名之乎？謬矣。設母三嫁三從，將三繼父乎？終始不同居則無服，無服而父之可乎？曰：當以何稱？曰：從母所嫁曰姨夫，姑所嫁曰姑夫，尊我故因我而名之爾。母之再嫁，即稱母夫厚矣。親不忘母，尊不忘父，不亦可乎。

軾按：繼父猶言仲父、亞父，非以母故而父之也。吕坤母夫之説謬甚。

曾祖父母。

敖繼公曰：曾，猶重也，謂祖之上，又有祖也。

傳：何以齊衰三月也。小功者，兄弟之服也。不敢以兄弟之服服至尊也。注：正言小功者，服之數盡於五，則高祖宜緦麻，曾祖宜小功也。據祖期，則曾祖宜大功，高祖宜小功也。高祖、曾祖皆有小功之差，則曾孫、玄孫爲之服同也。重其衰麻，尊尊也；減其日月，恩殺也。○疏：何以三月者，怪其三月太輕，齊衰又重，故問也。云小功兄弟之服者，案下記傳云：凡小功以下爲兄弟，故云然也。服之數盡於五，自斬至緦是也。云高祖宜緦麻，曾祖宜小功者，據爲父期而言，故三年問云：至親以期斷。然則何以三年也？曰：加隆焉爾也。是本爲父期，則爲祖宜大功，曾祖宜小功，高祖宜緦麻。爲父加隆三年，則爲祖宜期，曾祖宜大功，高祖宜小功。故云：高祖、曾祖，皆有小功之差，此鄭總釋傳小功兄弟之服，其中含有高、曾二祖而言之也。云曾孫、玄孫爲之服同者，曾祖中既兼有高祖，則曾孫、玄孫各爲之齊衰三月也。云尊尊者，既不以兄弟之服服至尊，故重其衰麻，謂以義服六升衰九升冠，此尊尊也。云恩殺者，減五月爲三月，因曾、高於己，非一體，是恩殺也。

沈括曰：予爲喪服後傳書成，熙寧中，欲重定五服敕，而予預討論。雷鄭之學闕謬固多，其間高祖玄孫一事，尤爲無義。喪服但有曾祖齊衰三月，曾孫緦麻三月，而無高祖、玄孫服。先儒皆以謂服同曾祖、曾孫，故不言可推而知。或曰：經之所不言，則不服。皆不然也。曾，重也，由祖而上者，皆曾祖也。由孫而下者，皆曾孫也，雖百世可也。苟有相逮者，則必爲服喪三月。故雖成王之於后稷，亦稱曾孫，而祭禮祝文，無遠近皆曰曾孫，禮所謂以五爲九者，謂旁親之殺也。上殺下殺，至於九。旁殺至於四，而皆謂之族。族昆弟父母，族祖父母，族曾祖父母，過此則非其族也。非其族，則謂之無服。惟正統不以族名，則是無絶道也。

敖繼公曰：兄弟之服，大功以下皆是也。小功者，據當爲曾祖之本服言也。曾祖本小功，以其爲兄弟之服，不宜施於至尊，故服以齊衰三月焉。此其日月雖減於小功，而衰麻之屬，實過於大功，且專爲尊者之服，是以日月之多寡有所不計。禮有似殺而實隆者，此之謂與？曾祖之父本服在緦麻，若以此傳義推之，則亦當齊衰，而經不言之者，蓋高祖、玄孫，亦鮮有相及者也。

軾按：傳言小功者，兄弟之服，謂小功十升布之服，非謂小功五月之期也。顧不用小功布者，謂其輕也，齊衰重矣。胡爲而斬以三月，三月不輕于小功乎？此禮頗無倫次，後世改爲五月最當。

女子子嫁者、未嫁者，爲曾祖父母。

鄧元錫曰：女子子適人者，爲其私親皆降，唯高曾祖父母不降，爲昆弟爲父後者不降何也？不足以一斬焉，故得以全恩，其嫁而無主後者，亦加隆焉以全恩，此權制者也。

郝敬曰：案女子嫁者，爲其父母降一等，不降其祖與曾祖何也？尊服自期已下，唯齊衰三月，大功已下，服至尊者不用。故傳曰：不敢以兄弟之服服至尊。父母三年，可降爲期；祖之齊衰期，降則大功；曾祖之齊衰三月，降則無服。故齊衰三月者，古人濟尊服之窮，而通其變，不可以復降也，故居尊服終。

開元禮：高祖父母。女子子在室，及嫁者，亦如之。

朱子語類：沈存中説喪服中，曾祖齊衰服，曾祖以上皆謂之曾祖。如此，則皆合有齊衰三月服，看來高祖死，豈有不爲服之理？須合行齊衰三月也。存中又云高祖齊衰三月，不特四世祖爲然，自四世以上，凡逮事，皆當服衰麻三月，高祖蓋通稱爾。

呂柟曰：爲高祖父母何？曰：尊祖也。何以三月也？曰：其數若緦，父之父，推之往也，其服若期；祖之祖，推之來也。玄孫女雖適人不降何？曰：亦猶夫曾孫女之於曾祖也。蓋孫女遇服高祖，古今之所難得者也，惡乎而可降？傳不見高祖，或仍祖也。軾按：女子雖嫁，于尊服皆不敢降，所以降其父者，不可二斬故耳。

儀禮節略第十三卷

喪禮

喪期下

大功九月。

姑姊妹、女子子適人者。

傳：何以大功也？出也。

檀弓：姑姊妹之薄也，蓋有受我而厚之者也。注：欲其一心於學厚之者，姑姊妹嫁大功，夫爲妻期。○疏：未嫁之時，爲之厚；出嫁之後，爲之薄。蓋有夫壻受我之厚，而重親之，欲一心事於厚重，故我爲之薄。

從父昆弟。注：世父、叔父之子也，其姊妹在室亦如之。○疏：謂之從者，世叔父與祖爲一體，又與己父爲一體，緣親以致服，故云從也。

敖繼公曰：世叔父之子，謂之從父昆弟者，言此親從父而別也，故以明之，從祖之義亦然。

通典衆兄弟罪惡絶服議：宋庾蔚之謂夫聖人設教，莫不敦風尚俗，睦親糾宗者也。每抑其侈薄之路，深仁悌之誨。公族有罪，素服不舉，恩無絶也。若凶悖陷害，則應臨事議其罪，豈但不服而已。

爲人後者，爲其昆弟。

傳：何以大功也？爲人後者，降其昆弟也。疏：案下記云：爲人後者於是昆弟降一等，故大功也。若然，於本宗餘親皆降一等。

敖繼公曰：其姊妹在室亦如之。

記：爲人後者，於兄弟降一等報。注：言報者，嫌其爲宗子不降。○疏：謂支子爲大宗子後，反來爲屬族親兄弟之類降一等，嫌其爲宗子不降者，以其出降本親。又宗子尊重，恐本親爲宗子有不降服之嫌，故云報以明之，言報是兩相爲服也。

敖繼公曰：此爲兄弟，於本服降一等，止謂同父者也。禮爲宗子服，自大功之親，以至親盡者，皆齊衰，但有月數之異爾。比報云者，昆弟與姊妹在室者，但視其爲己之月算也，而服亦齊衰。惟姊妹適人者，則報以小功也。

俞汝言爲人後者爲其伯叔父母服議：案：禮爲人後者，爲其本生服降一等，其伯叔父母宜何服？許子大辛曰：服小功。禮爲伯叔父母齊衰期年，從伯叔父母小功五月，齊衰降則小功也。俞子曰：禮無明文，事有比附，爲叔父之長殤大功九月，中殤大功七月，出嫁女爲伯叔父母大功九月，爲人後者比於嫁女，爲伯叔父母降一等，比於叔父之長殤，不亦可乎？若曰小功，是降二等矣。許子又曰：如伯叔無大功之服何？曰：豈惟伯叔，爲其父，豈有齊衰期年之服乎哉？伯叔無服大功者正也，服大功者降也。且降服之制，重於正服。禮無明文，而從其重者，庶有合乎？故爲本生伯叔父母服，宜大功九月。

庶孫。

適婦。注：適婦，適子之妻。○疏：其婦從夫而服其舅姑期，其舅姑從子而服其婦大功，降一等者也。

注：婦言適者，從夫名。○疏：父母爲適長三年，今爲適婦不降一等服期者，長子本爲正體於上，故加至三年，婦直是適子之妻，無正體之義，故直如於庶婦一等大功而已。

陳銓曰：婦爲舅姑服周，舅姑爲婦宜服大功，而庶婦小功者，以尊降之。此爲婦大功，故傳釋不降。

女子子適人，爲衆昆弟。注：父在則同，父没乃爲父後者服期也。

敖繼公曰：昆弟云衆，對爲父後者立文也，是亦主言父没者之禮矣。禮：女子子成人而未嫁，或逆降其旁親之期服。此言已適人者，乃爲其昆弟大功，則是其旁親之期服之不可以逆降者，惟此爾。

記：凡妾爲私兄弟如邦人。注：嫌厭降之也。私兄弟，目其族親也。女君有以尊降其兄弟者，謂士之女爲大夫妻，與大夫之女爲諸侯夫人，諸侯之女爲天王后者。父卒，昆弟之爲父後者，宗子亦不敢降也。

敖繼公曰：亦嫌屈於其君，而爲私親，或與邦人異也。此經正言妾之服，其私親者，惟有爲父母一條，其餘則皆與爲人妻者，並言於凡適人者，及嫁者、未嫁者，爲其親屬之條中。恐讀者不察，故記言此以明之。

徐健庵曰：妾之服其私親，經凡數條，不杖期章則言公妾以及士妾爲其父母，大功章則言大夫之妾爲世父母、叔父母，姑姊妹下記文則言凡妾爲私兄弟如邦人，則是古人之於妾，未嘗絶其天性之親，而不令制服也。乃後之制禮者，於妾父母之服，則仍從儀禮之制，其他世叔父母姑姊妹兄弟，則未嘗一及焉。豈妾於此獨不當行服乎？説者謂妾之服，與女子子適人者同，故不别見也。既不著於正條，亦當附注其下。今考諸家之注文亦無之，則是竟絶之也。嗚呼！舉天下皆得服其骨肉之親，而獨於妾絶之，亦已甚矣。或曰古之所謂妾，其娣姪也，娣姪爲媵者，多是諸侯與卿大夫之女，即他國之媵，亦皆出自諸侯卿大夫，或與夫人内子同祖父者，故宜有服。若獨適服其所親，而同祖父母之娣姪不服焉，非人情矣，似與後人所置妾不同，故三代以後議禮者略焉。然從來典册所載，如陶丹、周浚之妾，亦多出自名家望族，或爲女宗，或持門户者，亦不少矣，豈得一概以厮養下賤目之？且古禮非特妾於諸親有服也，即妾之子亦於外家諸親有服。記所謂庶子爲後者，爲其外祖父母從母舅無服，不爲後如邦人是也。乃後代禮家，亦舉此而盡削之，遂使妾不得盡禮於諸親，而妾之子亦不得盡禮於外家之親，何其薄也？後之制禮者，取先王之廢典而酌復之，庶乎人皆得申其情矣！

姪丈夫、婦人，報。

敖繼公曰：必言丈夫、婦人者，明男女皆謂之姪也。若但云姪，則嫌若偏指昆弟之女然，故兩見之。經凡於爲姪之服，皆指姑之已適人者而言。蓋以姪或成人，或在下殤以上，則姑亦鮮有在室者矣。姪之婦人，在室適人同。

傳：姪者，何也？謂吾姑者，吾謂之姪。疏：姪之名，惟對姑生稱。若對世叔，惟得言昆弟之子，不得姪名也。

馬融曰：適人降其昆弟，故大功也。嫁姑爲嫁姪服也，俱出也。

陳銓曰：此言昆弟，非父後者也。

夫之祖父母、世父母、叔父母。

傳：何以大功也？從服也。夫之昆弟，何以無服也？其夫屬乎父道者，妻皆母道也。其夫屬乎子道者，妻皆婦道也。謂弟之妻婦者，是嫂亦可謂之母乎？故名者，人治之大者也，可無慎乎？注：道，猶行也，謂弟之妻爲婦者，卑遠之，故謂之婦。嫂者尊嚴之稱，嫂猶叟也，叟，老人稱也，是謂序男女之别爾。若己以母婦之服服兄弟之妻，兄弟之妻以舅子之服服己，則是亂昭穆之序也。治，猶理也。父母、兄弟、夫婦之理，人倫之大者，可不慎乎？大傳曰：同姓從宗合族屬，異姓主名治際會。名著而男女有别。

朱子曰：傳意本謂弟妻不得爲婦，兄妻不得爲母。故反言以詰之曰：若謂弟妻爲婦，則是兄妻亦可謂之母矣，而可乎？言其不可爾。

吕柟曰：婦人爲夫之祖父母、世叔父母，兄弟之子婦，兄弟之女適人者，上何不從夫，下何以從夫也？曰：上焉者夫之所尊也，下焉者夫之所親也。夫之所尊，先我而有者也。我自外入也，可降。夫之所親，後我而有者也，彼自内出也，可不降也。

爲人後者，其妻爲舅姑。

汪琬曰：或問禮爲舅姑齊衰期，故爲本生舅姑大功。今律文既易期爲三年斬矣，而獨於夫本生如故，其降等不太甚歟？曰：不然也。兄弟之子服伯叔父母期，則爲人後者，服本生父母如之。兄弟之子之婦，服夫之諸父諸母大功，則夫爲人後者，服夫本生亦如之。此固相準而制服者也，律文未嘗與禮異也，何降等太甚之有？

軾按：婦爲舅姑，既改杖期爲斬衰三年。爲人後者之妻，於本生舅姑，應從夫服不杖期。今制大功，自是議論之疏，鈍翁準伯叔之論非是，使本生爲再從三從之親，將準爲緦麻可乎？

唐律：衆子婦。

舊唐書禮儀志：貞觀十四年，太宗因修禮官奏事之次，言及喪服。帝曰：喪禮有情重而服輕者，咸許奏聞。於是侍中魏徵侍郎令狐德棻，奏衆子婦舊服小功，今請與兄弟子婦同爲大功，從之。

儀禮經傳通解續：問魏徵以兄弟子之婦同於衆子婦，先師朱文公曰：禮經嚴適，故儀禮適婦大功，庶婦小功，此固無可疑者。但兄弟子之婦，則正經無文，而舊制爲之大功，乃更重於衆子之婦，雖以報服使然。然於於親疏輕重之間，亦可謂不倫矣。故魏公因太宗之問而正之，然不敢易其報服大功之重，而但升適婦爲期，乃正得嚴適之義。升庶婦爲大功，亦未害於降殺之差也。前此未喻，乃深譏其兄弟子婦，而同於衆子婦，爲倒置人倫，而不察其實，乃以衆子婦而同於兄弟子之婦也，幸更詳之。朱子又曰：徵奏云，衆子婦舊服小功，今請與兄弟子之婦同服大功，儀禮無兄弟子婦之文，不知何據以爲大功，而重於庶婦。謂徵意必以衆子豈兄弟之子皆期，而其婦之親疏倒置如此，使同爲一等之服爾，亦未見其倒置人倫之罪也。

開元禮：爲兄弟之女適人者，報。

車垓曰：在室兄弟之女，本不杖期。今既適人，則爲他家婦矣，故爲之降服大功也。

開元禮：爲人後者，爲其姑姊妹在室者報。

車垓曰：姑姊尋在室，本不杖期。今既爲人後，則以所後之宗爲重矣，故皆降服大功也。

政和禮：爲兄弟之子婦。

政和禮：爲夫兄弟之子婦。

車垓曰：婦人既爲夫兄弟之子服不杖期矣，則宜爲其妻服大功也，此則俗所謂伯叔母爲孫婦服也。

開元禮：出母爲女子子適人者。女報同。

徐駿曰：女在室爲嫁母出母降服齊衰杖期。今已適人，又降一等，故服大功九月。

政和五禮新儀：女適人者爲姑姊妹兄弟，及兄弟之子。

車垓曰：女在室於伯叔父母姑姊妹，本皆不杖期親也。既已適人，則所重在夫家矣，故於此數親皆降服大功也。

政和五禮新儀：女適人者爲伯叔母。

政和五禮新儀：姑姊妹兄弟，爲兄弟姪爲人後者。

車垓曰：己於兄弟之子，本皆不杖期親也。今彼既出爲人後，則與己又疏遠矣，故爲之降服大功也。若爲親伯叔父後，則不降。

小功五月。

從祖祖父母，從祖父母報。注：祖父之昆弟之親。

馬融曰：從祖祖父母者，曾祖之子，祖之昆弟也。正服小功，從祖父母者，從祖父之子，是父之從父昆弟也。云報者，恩施欲見兩相爲服，故云報。

朱子曰：唐時所添服制，有差異處。如親伯叔期，堂伯叔宜是大功，乃便降爲小功，不知何意。

萬斯同曰：父之兄弟期，則祖之兄弟宜大功，乃降至小功者，亦猶祖父期，而曾祖父直降至三月也。五服惟兄弟行遞降一等，而其他則否者，所謂四世而緦服之窮也。不然，則服及五世矣。

軾按：親伯叔期，加隆也。正服止大功，故堂伯叔降一等，即爲小功。

從祖昆弟。

從父姊妹。

孫適人者。注：孫者，子之子。女孫在室，亦大功也。

爲人後者。爲其姊妹適人者。注：不言姑者，举其亲者，而恩轻者降可知。

敖繼公曰：經於爲人後者，惟見其父母昆弟姊妹之服，餘皆不見。是於本服降一等者，止於此親爾。所以然者，以其與己爲一體也。然則自此之外，凡小宗之正親旁觀，皆以所後者之親疏爲服，不在此數矣。此姊妹之屬，不言報，省文也。記曰：爲人後者於兄弟降一等報。

湛若水曰：姊妹期也，何以小功？以爲人後降也，以適人又降也。

爲外祖父母。

傳：何以小功也？以尊加也。疏：外親之服，不過緦麻，今乃小功，故發問。以尊加也者，以言祖者，祖是尊名，故加至小功。言爲者，以其母之所生，情重，故言爲也。

馬融曰：母之父母也，本服緦。以母所至尊，加服小功，故曰以尊加。

敖繼公曰：尊云者，爲其爲母之父母也。子之從其母而服母黨者，當降於其母二等。母爲父母期，子爲外祖父母小功，宜也，非以尊加也。

記：庶子爲後者，爲其外祖父母無服。不爲後，如邦人。疏：以其與尊者爲一體，既不得服所出母，是以母黨皆不服。

汪琬曰：或問禮有庶子爲其外祖父母從母舅之服，而律文無之，何也？曰：古者諸侯卿大夫之妾，姪娣爲媵者多。若後世之爲妾者，皆庶姓也，其父母兄弟姊妹，往往有不可考者，律文不寫之服，蓋以賤故絀也。然則庶子之服其生母也，今且與適母同矣。夫使伸其私於母，而獨絀於母之黨，母乃稍失倫歟？曰：非也，小不可加大，卑不可陵尊，賤不可干貴，聖人之立制也。姑以此示適庶之閑焉，此律交之微意也。故庶子得爲適母之黨服，而不得爲生母之黨服。鄉先生姚文毅公亦以無服爲善也。

萬斯大曰：身爲庶子，於其生母之黨，欲尊而親之，則嫌於干適；將薄而遠之，則疑於賤母。事處兩難，據經斯得。儀禮喪服傳：子爲母黨之服，小功緦麻章明著之，即妾子爲君母黨之服，小功緦麻章亦明著之，獨不見妾子爲其生母黨之服，惟喪服記有曰：庶子爲後者，爲其外祖父母從母舅無服，不爲後如邦人。愚反覆思之，乃知古者妾子於生母之黨，一如適子之於母黨，無異服也。古者妾不得體君，於私家得遂。故公妾以及士妾爲其父母期，大夫之妾爲世父母、叔父母、姑姊妹大功。而記又言凡妾爲私兄弟如邦人，是妾得服其私親也。妾既得服其私親，則其子從母而服其私親，不亦宜乎？然其爲父後，而於外祖父母從母舅無服，則何也？古人於子無問衆寡，以一人爲後，妾子而立爲父後，則與尊者爲一體，不敢服其私親。此無論於生母黨無服，即爲其生母，父在服期，父卒三年者，亦降而止於緦也。嗚呼！古人之於妾子，以其分雖異而情則同。故於其服母黨也。正傳雖略其文。而後記則明其制。蓋使之得爲服者。所以厚私恩。使之不得爲服者。所以尊先統，仁之至，義之盡也。乃或者疑於所謂外祖父母從母舅者，即君母之黨，不知君母之黨。大傳所謂徒從也。小記曰：徒從者，所從亡則已。故喪服傳曰：君母在，不敢不從服；君母不在，則不服。此即爲後者亦然。故小記又曰：爲君母後者，君母卒，則不爲君母之黨服。若夫生母之黨，則屬從也。小記曰：屬從者，所從雖没也服。唯爲父後，則不問母之存否，業承先統，不得更顧其私恩，故不爲之服。果若所疑，彼妾子於君母之父母從母，已見於小功。於君母之昆弟，已見於緦麻。此又奚復贅言不爲後如邦人也哉？要知古人之妾不同，有有私家者，有無私家者。曲禮所謂大夫之姪娣，士之長妾，此有家者也。所謂買妾不知其姓，此無家者也。無家者已矣，有家者未有不爲之服也。所以然者，天下無無父之人，天下亦無無母之人也。家禮八母服圖云：庶子爲父後者，爲其母緦，爲其母之父母兄弟姊妹無服，蓋本儀禮而文義更明，第不言不爲後如邦人，然可因之而想見。今制唯妾子服母三年，妾爲其母服期，而無妾母黨之服。其有私親者，視之如僕隸等。嗚呼！妾母之私家，自適子異視之可也，身爲妾子，而亦異視之，其何以慰母心哉？亟爲之説，以告妾子之有私親者。〇又曰：記云：庶子爲後者，爲其外祖父母從母舅無服。不爲後，如邦人。是古者妾子，於其生母之黨，皆有服，唯爲父後者則否。後世喪禮皆因之，朱子家禮圖亦明著之。而今制直削之不載，人皆不知有此禮。妾子於母家，視同奴隸。愚以爲天下無無父之人，亦無無母之人。子生於是母，而以其名位之卑，遽忘乎母之所自，於情於理，豈曰能安？因取此條詳爲之説，以告凡爲妾子者，而或者謂古禮固然然以言乎今，實有未可拘者。即如三吳間大家，往往取僕婢之女以爲妾。妾既有子，子於生母，固自無嫌。而獨母之父母兄弟姊妹，於此子素有主僕之分。不容居外祖父母從母舅之名，既無其名，安從制服。余乃慨然曰：此世衰道微，先王之禮教不明，不能正身齊家。而惟色之求，遂使末流之弊，一至於此也。君子於此，亦惟正其本源而已矣。曲禮云：大夫不名姪娣，士不名長妾。妾之有，亦禮所不禁，然而買妾之法，唯曰不知其姓則卜之，不聞取諸僕婢之女也。坊記有言，諸侯不下漁色。説者曰：諸侯不内娶。若下娶本國卿大夫之女，則如漁者之於魚，但以貪欲之心求之也。推此。則爲卿大夫而下娶僕婢之女以爲妾，不謂之漁色而何？古者仕於家曰僕。禮運曰：卿大夫與家僕雜居齊齒，非禮也。況可下漁其色，至使其絶母黨之親乎？君子知其然，慎獨以誠其意，軌物以約其身。閨門之内，琴瑟宜焉。主僕之間，尊卑秩焉。不必其有妾也。不得已而有妾，必娶之以道，使妾之有子者，得母其母。其母之父母兄弟姊妹。得居其子之外祖父母從母舅之稱，生而存也則親之，死而喪也則服之。子心既安，母心亦慰，是則正其本源之謂也。不此之務，而惟色是求，何怪乎此禮之同於贅疣者哉？

服問傳曰：母出則爲繼母之黨服。母死則爲其母之黨服，爲其母之黨服，則不爲繼母之黨服。注：雖外親亦無二統。

黃乾行曰：陳氏以母死爲繼母，其母爲出母，非也。案吴文正公曰：母出謂己母被出，而父再娶，己母義絶，子雖不絶母服，而母黨之恩則絶矣，故服繼母之黨，而不服己母之黨也。母死，謂若己母死而父再娶，己母祔廟，則仍服己母之黨，既服己母之黨，則又更無服繼母之黨之理也。凡以雖外親，亦無二統，此説是也。若如陳説，則繼母若死，仍爲出母之黨服。案：禮爲出母齊衰杖期，而爲父後者無服，心喪而已，豈有尚服其黨之理哉？故斷以吴氏之言爲正。

汪琬曰：或問先儒言前母之黨，當爲親，而不言其服，何以無服也？曰：禮爲其母之黨服，則不爲繼母之黨服。宗無二統，外氏亦無二統。前母之子，不服後母之黨，則後子不逮事前母者亦如之也。禮從服者，所從亡則已。前母既亡，如之何其有從服歟？○又曰：或問繼母如母，何以不服繼母之黨也？曰：鄭玄謂外氏不可二也，庾蔚之亦謂若服繼母之黨，則亂於己母之出故也。禮：慈母與繼母同。喪服小記曰：爲慈母之父母無服，則其不服繼母之黨宜也。嗟乎，爲人後者言若子，繼母言如母。夫謂之如與若者，蓋其父母之文同，而情異者也，故不得已而爲繼母之黨服。虞喜謂縱有十繼母，惟當服次其母者之黨，此説殆近是矣。

喪服小記：爲母之君母，母卒則不服。

羅虞臣曰：妾女之子，爲外祖之適母。據母之存亡爲制，母在則女服其適母期，子從而服小功，母死則無服，故記曰：爲母之君母，母卒則不服。正謂此也。人有疑爲母之適服，不當仍爲其生母。然爲母之適母與生母，各有正條，爲適母爲徒從，爲生母爲屬從。徒從者，所從亡則已；屬從者，所從雖没，服也。由此觀之，則母之適與生母，並服無疑也。

通典爲前母黨服議：晉蔡謨答王濛問曰：前母之黨，應爲親，不疑喪服，但問尊卑長幼拜敬之禮也，代多此事，而所不同。惠帝時，尚書令滿武秋，是曹彦真前母之兄，而不爲外親，相見如他人。吾昔以問江思悛，悛以爲人疑服繼母之黨，不服前母者，以不相及也。繼祖母亦有不相及者，而皆與其黨爲親，何至前母而獨疑之？吾謂此言，是魏時長沙人王毖，身在中國，遇吴魏隔絶，更娶妻生昌。昌父母亡後，吴平聞毖前妻久亡，昌爲前母追服，時人疑之。武皇帝詔使朝臣通議，安平獻王孚以爲禮與祖父母離隔，未嘗相見者不追。如獻王此議，則前母之黨，不應爲親也。獻王所據，是鄭氏之説，吾謂鄭義爲失。時卞仁、劉叔龍議，謂昌應服三年，吾以卞、劉議爲允。何琦前母黨議曰：夫子曰：必也正名乎！正名者，理道之本，禮之大者也。文條或闕，而附例可明。禮云：生不及祖父母昆弟，而父税喪，已則不。若與祖乖違，父既没而聞喪，豈可拘以本制不税，而廢其正服乎？若未生而伯叔母終，今爲伯叔父後，繼嗣之道雖同，原情之實則異。今必從於所養，而反疑於爲本乎？諸侯國人，生不及先代之君，於其陵廟亦必曰君也，此公義之正名也。前母之尊，固家人正稱也，其易如皦日。太康初，博議王昌前母服，少府卞粹以爲，母之非親而服三年者非一也。前母名同尊正，義存配父，蓋已生不及，故無其制，非於義不可也。元康中，有改葬前母，而疑其服。司徒左長史胡濟以爲前母父之元妃，所生則家之適長，應制如改葬之服，於時二代無曰不允。自兹以來，行之不殊。禮：母卒自爲母之黨服，母出則不爲母之黨服，而爲繼母之黨服。故尊其所從，則不敢不服。服有所逼，則不得自申。外服無二，而必宜有一。如向所論必所繼不及伯叔母黨，居然可見矣。明以名禮爲制者，不計恩逮與否也。荀訥曰：人有與前母家爲親者，有否者，訥直率意而答之，謂不應親。又問傳曰：繼母之與父與因母同。然則前母之配父，理不異於繼母，何以不爲親也？答曰：所以不與前母之黨爲親者，恩情不相及故也。縱令有母之父母尚存，父執子壻之禮而敬事之，則其子固不可以不拜之。猶不得以外祖父母爲名，名之不正，則非親也。

軾按：前母，父之元配也。假而母父母在，父方舅之姑之，即母之兄弟，父亦兄之弟之。而爲子者，乃路人之，不知何以對厥父，悖理滅情，莫甚于此。至追服前母，則大無謂。文生于情，前母後子生不相及，何有于哀？何有于服？

親母無黨服繼母黨議：後漢鄭志趙商問鄭玄曰：禮母亡則服其黨，不服繼母黨，以外氏不可二也。若母黨先滅亡無親，己所未服，服繼母黨否？玄答曰：此所問權也，非禮之正。假令母在，本自都無親黨，何所服邪？權者由心。○宋庾蔚之：謂母亡禮應服其母之黨，不服繼母之黨。不可以母黨先已滅亡，而服繼母之黨。若服繼母之黨，則亂於己母之出也。

母出有繼母非一當服次其母者議：晉劉智釋疑曰：親母出，則服繼母之黨，繼母既卒，則不服也。虞喜通疑曰：縱有十繼母，則當服次其母者之黨也。蜀譙周云：其母没，自服其母之黨，則繼母之黨無服，出母之子爲繼母之黨服，則爲其母之黨無服也。○宋庾蔚之曰：禮，己母被出，則服繼母之黨。繼母雖亡，己猶白服，不得舍前以服後，當如喜議，服次其母者之黨也。

徐健庵曰：外祖父母之名，總之則一，分之則有十二。子爲母之父母，一也，即此條爲外祖父母是也；前母子爲後母之父母，二也，服問母出則爲繼母之黨服是也；後母子，爲前母之父母，三也，通典爲前母黨服議是也；庶子爲適母之父母，四也，喪服本章爲君母之父母是也，君母在則服，不在則不服；庶子爲繼適母之父母，五也，通典爲繼適母黨服議是也；庶子爲生母之父母，六也，喪服記庶子爲父後者，爲其外祖父母無服是也；不爲後則服，爲人後者，爲所後母之父母，七也，斬衰章爲所後者之妻之父母若子是也；爲人後者，爲所生母之父母，八也，儀禮無文，會典及今律俱緦麻三月；庶女之子，爲母之適母，九也，小記爲母之君母是也；母卒則不服，女之子，爲母之生母，十也。經不言服，原子謂有服者是也，慈母之子，爲慈母之父母，十一也，小記爲慈母之父母無服是也。出妻之子，爲母之父母，十二也，杖期章出妻之子爲外祖父母無服是也；嫁母之子，爲母之父母，十三也，儀禮無文，會典及今律，壻於妻之父母，雖嫁出猶服，則外孫宜有服。凡若此者，其在於古，有服有不服，今則無有不服。所不服者，惟庶子爲生母之父母而已，獨怪後母之子，於前母之家，猶已外家也，乃以爲恩不相及而不服，甚至滿武秋爲曹彦真前母之兄而相見如路人，不亦可異之甚乎？蔡謨、江思悛之論，可謂當矣。

開元禮：母出爲繼母之父母兄弟從母。母卒，則爲其母之黨服，不爲繼母之黨服。

喪服小記：爲慈母之父母無服。注：恩不能及。

慈母與妾母，不世祭也。

通典慈祖母服議：晉劉智釋疑問云：案喪服小記：慈母之父母無服，孫宜無服慈祖母矣。又曰：慈母與妾母不代祭。孫不祭慈祖母，何服之有？智曰：禮爲親母黨服，爲繼母之黨不服，不妨孫服繼祖母。傳：何以小功也？以名加也。外親之服，皆緦也。注：外親異姓，正服不過緦。丈夫婦人姊妹之子男女同。○疏：以名加者，以有母名加至小功，外親以本非骨肉情疏，故聖人制禮無過緦也。

雷次宗曰：夫二親恩等，而中表服異。君子類族辯物，本以姓分爲判。故外親之服，不過於緦，於義雖當，求情未愜。苟微有可因，則加服以申心。外祖有尊。從母有名，故皆得因之加以小功也。舅情同二人而名理闕無因，故有心而不獲遂也。然情不止於緦，亦以見於慈母矣。至於餘人，雖有尊名而不得加者，服當其義，情無不足也。

朱子答姨舅殊服之問云：姨舅親同而服異，殊不可曉。禮傳但言從母以名加，然舅亦有父名，胡爲獨輕。來諭以爲從母乃母之姑姊妹而爲媵者，恐亦未然。蓋媵而有子，自得庶母之服，況媵數有等差，不應一女適人，而一家之姑姊妹皆從之也。且禮又有從母之夫之文，是則從母固有嫁於他人者矣。若從媵者小功，則不知不從者，又當服何服？凡此難以强通，後王變而通之，未爲過也。○又曰：母之姊妹服，反重於母之兄弟，緣於兄弟既嫁則降服，而於姊妹之服則未嘗降，故於舅服緦，於從母服小功也。

汪琬曰：案姊妹相爲服，朱子云不降，今考喪服傳訖律文，既嫁皆降大功，當是兩人皆嫁不更降也。姑識於此，以竢知禮者。

劉績三禮圖母黨服説：外親之服皆緦也，以有祖父母之尊，加外祖父母小功。有從母之名，加從母夫婦小功。於舅不加者，以母而及從母，又及其夫，猶以父而及從父，又及其妻，餘皆疏遠也。

徐健庵曰：從母之夫無服，經有明文，乃劉氏忽刱此説，何也？得毋因丈夫婦人四字，誤以丈夫爲從母之夫邪？不守經傳，而妄爲無稽之論，其誰信之。

軾按：姨舅等也，爲姨小功，舅緦，何也？曰：子從母降一等，女子已嫁，爲兄弟大功，子降一等，故爲舅緦。若姊妹，出嫁與在室同，子從母降一等爲小功，姊妹猶兄弟也，何以出嫁不降？曰：俱出也。且男女異長，姊妹較兄弟爲尤親，故服無降。

夫之姑姊妹娣姒婦，報。

爾雅：夫之姊爲女公，夫之女弟爲女妹。

長婦，謂稚婦爲娣婦。娣婦，謂長婦爲姒婦。

傳：娣姒婦者，弟長也。何以小功也？以爲相與居室中，則生小功之親焉。注：娣姒婦者，兄弟之妻相名也。長婦謂稚婦爲娣婦，娣婦謂長婦爲姒婦。○疏：據二婦互稱，謂年小者爲娣，故云娣。弟是其年幼也，年大者爲姒，故云姒。長是其年長，假令弟妻年大，稱之曰姒。兄妻年小，稱之曰娣。是以左氏傳穆姜是宣公夫人，大婦也。聲伯之母，是宣公弟叔肹之妻，小婦也。聲伯之母不聘，穆姜云：吾不以妾爲姒。是據二婦年大小爲娣姒，不據夫年爲小大之事也。

馬融曰：妻爲夫之姊妹姑也。娣姒婦者，兄弟之妻相名也。長稚自相爲服，不言長者，婦人無所專，以夫爲長幼，不自以年齒也。妻雖小，猶隨夫爲長也。先娣後姒者，明其尊敵也。報者，姑報姪婦也。言婦者，廟見成婦乃相爲服。

敖繼公曰：爲夫之姑姊妹，從服也，乃小功者，惟從其夫之降服也。記曰：夫之所爲兄弟服，妻降一等。此爲從服，故姑姊妹言報，娣婦固相爲矣。亦言報者，明其不以夫爵之尊卑而異也。先娣後姒，則娣長姒稚明矣。〇又曰：婦人於夫之昆弟，當從服，以遠嫌之故而止之，故無服。假令從服亦僅可以及於其昆弟之身，不可以復及其妻也。然則娣姒婦無相爲服之義，而禮有之者，則以居室相親，不可無服故爾。然二人或有並居室者，有不並居室者，亦未必有常共居室者，而相爲服之義。惟主於此者，蓋本其禮之所由生者言也。

政和禮：女在室及適人者，爲兄弟姪之妻。謂兄弟之妻，及姪之妻也。

徐健庵曰：儀禮：夫之姊妹報，即此兄弟之妻。儀禮夫之姑報，即此姪之妻是也。明律女婦爲夫黨服圖，爲夫之親姑，及夫之姊妹，並小功，即此報服，特古文簡而今文詳耳。〇又曰家禮亦載此條，會典同宗五服圖，凡姑姊妹女及孫女在室，或已嫁被出而歸，服並與男子同。考男子服嫂及弟婦，皆小功五月，服姪婦大功九月，女亦應同。是則今姪婦之服，重於宋制矣。然宋制不分在室適人，今則止在室者爲然。是適人之女爲姪婦仍當降小功，爲兄弟妻又當降緦麻矣，此與前説不同，則律文之所不晰也。

庶婦。

喪服小記：適婦不爲舅後者，則姑爲之小功。注：謂夫有廢疾他故，若死而無子，不受重者。小功，庶婦之服也。凡父母於子，舅姑於婦，將不傳重於適，及將傳所重者非適，服之皆如庶子、庶婦也。

郝敬曰：禮：舅姑爲適婦大功，爲庶婦小功，不爲後謂適婦無子，而其舅先死，是不爲舅後，則姑爲之降服小功，殺之也。

君母之父母，從母。注：君母，父之適妻也。從母，君母之姊妹。○疏：此謂妾于爲君母之父母姊妹，如適妻子，爲之同也。

傳：何以小功也？君母在，則不敢不從服。君母不在，則不服。注不敢不服者。恩實輕也。凡庶子爲君母如適子。

馬融曰：君母者，母之所君事者。從母者，君母之姊妹也。妾子爲之服小功也，自降外祖服緦麻，外無二統者。○又曰：從君母爲親服也，君母亡無所復厭，則不爲其親服也，自得申其外祖小功也。

敖繼公曰：君母在，則不敢不從服者，以其配父，尊之也。君母不在，則不服者，别於己之外親也。此庶子雖服其君母之父母姊妹，彼於此子，則無服也。蓋庶子以君母之故，不得不服其親，而彼之視己，實非外孫與姊妹之子，故略而不服。

郝敬曰：服爲哀節，戚爲喪本。服由情生，貌以節情。仁人之於喪，非以不敢不服服也，欲服而不敢服則有之，不欲服而不敢不服，則幾乎偷矣。君母在不敢不服，斯禮也，雖聖人無如之何。聖人於禮，人情爾，人情所不敢，聖人因之尊尊親親，所以不得不相爲用也。

喪服小記：爲君母後者，君母卒，則不爲君母之黨服。疏：爲君母後者，謂無適立庶爲後也。妾子於君母之黨，悉徒從。若君母卒，則不服君母之黨。今既君母没，爲後者嫌同於適服君母之黨，故特明之。

通典繼適母黨服議：賀循問徐邈曰：禮從，適母亡，則不服其黨。今庶子既不自服氏，亦以適黨爲徒從乎？答曰：古者庶子自服所生之黨，故以適母黨爲徒從，故適母亡，則不服其黨。今庶子既不自服其外氏，而叙適母之親矣。謂宜以名，而服應推重也。古今不同，何可不因事求中?○宋庾蔚之案:禮,適母之黨徒從。徒從者,所從亡則已。適母雖有三四,應服見在者之黨。但今人復服所生之黨,則適母之黨,非復徒從。適雖没,猶宜服之。但外氏無二統,不可悉服,宜以始生所遇適母之黨。若己生悉不及,宜服最後者之黨也。

君子子爲庶母慈己者。注:君子子者,大夫及公子之適妻子。

傳:君子子者,貴人之子也。爲庶母何以小功也?以慈己加也。

軾按:君子者,君之子也。注謂大夫及公子,以公子爲大夫。凡非公子爲大夫者,可類推也。貴人,適妻也。慈己者,内則所謂三母是也。若妾子母死而養于他妾,是則所謂慈母,當服斬衰三年矣。

唐律:爲舅。始貞觀。

秘書監顔師古議曰:外氏之親,俱緣於母。母舅一列,等屬齊尊。姨既小功,舅乃緦麻。曲生異議,慈亦未安。秦康孝思,見舅如母。語其崇重,寧非密戚。三月輕服,靡副本心。愚請爲舅小功,同於姨服,則親疏中節,名數有倫。

開元五年,制下百官議舅服。刑部郎中田再思議曰:母之昆弟,情切渭陽。翟酺訟舅之冤,甯氏宅甥之相,我之出也,義亦殷焉,不同從母之尊,遂降小功之服。依諸古禮,有爽俗情。

今貶舅而崇姨，是陋今而榮古，此並太宗之制也，行之百年矣。輒爲刊復，實用有疑。

唐律：爲兄弟妻。

爾雅：女子謂兄之妻爲嫂，弟之妻爲婦。

唐律：爲夫之兄弟。

爾雅：夫之兄爲兄公，夫之弟爲叔。

檀弓：嫂叔之無服也，蓋推而遠之也。

子思之哭嫂也，爲位，婦人倡踊。

大傳：其夫屬乎父道者，妻皆母道也。其夫屬乎子道者，妻皆婦道也。謂弟之妻婦者，是嫂亦可謂之母乎？名者，人治之大者也，可無慎乎。

舊唐書禮儀志：貞觀十四年，太宗因修禮官奏事之次，言及喪服，太宗曰：同爨尚有緦麻之恩，而嫂叔無服，未爲得宜，集學者詳議，餘有親重而服輕者，亦附奏聞。於是侍中魏徵、禮部侍郎令狐德棻等奏議曰：臣聞禮所以決嫌疑，定猶豫，别同異，明是非者也。非從天降，非從地出，人情而已矣。夫親族有九，服術有六，隨恩以薄厚，稱情以立文。記曰：兄弟之子，猶子也，蓋引而進之也。嫂叔之不服，蓋推而遠之也。禮：繼父同居，則爲之期。未嘗同居，則不爲服。從母之夫，舅之妻，二夫人相爲服。或曰：同爨緦，然則繼父之徒，並非骨肉，服重由乎同爨，恩輕在乎異居，故知制服雖繫於名，亦緣恩之厚薄者也。或有長年之嫂，遇孩童之叔，劬勞鞠養，情若所生，分饑共寒，契闊偕老。譬同居之繼父，方他人之同爨，情義之深淺，寧可同日而哉？在其生也，愛之同於骨肉。及其死也，則曰推而遠之。求之本源深所未喻，若推而遠之爲是，則不可生而共居；生而共居之爲是，則不可死同行路，重其生而輕其死，厚其始而薄其終，稱情立文，其義安在？且事嫂見稱載籍非一，鄭仲虞則恩禮甚篤，顔弘都則竭誠致感，馬援則見之必冠，孔伋則哭之爲位，此並躬踐教義，仁深孝友。察其所尚之旨，豈非先覺者歟？但於其時，上無哲王，禮非下之所議，遂使深情鬱乎千載，至理藏於萬古，其來久矣，豈不惜哉？今屬欽明在辰，聖人有作，爰命秩宗，更詳改正。臣等奉遵明旨，觸類旁求，詳參厥中，申明聖旨。謹案嫂叔舊無服，今請服小功五月報，其弟妻及夫兄亦小功五月。制可之。

顔師古嫂叔服議：原夫服紀之制，異統同歸，或本恩情，或申教義，所以慎終追遠，敦風萬俗。輕重各順其適，名實不可相違。喪過乎哀，易象之明訓，其易寧戚，聖道之遺旨。所議兩條，實爲舛駁，特降緦絰，俾革遺謬，歷代之所不寤，儒者於是未詳，超然遠覽，獨照深致。竊以舊館脱驂，尚云出涕，鄰里有殯，且輟巷歌。況乎昆弟之妻，嚴親是奉，夫之昆弟，貴業本同。遂乃均諸百姓，絶於五服，當其喪没，闔門縞素。已獨晏然，玄黄莫改，静言至理，殊非弘通，無益關防，實開偷薄，相爲制服，孰謂非宜。在昔子思、仲尼之胄，爲位哭嫂，事著禮文。哭既施位，明其慘怛，苟避凶服，豈曰稱情？愚謂昆弟之妻服當五月，夫之昆弟咸亦如之，則親疏中節，名數有倫，帷簿之制更嚴，内外之序增睦。

張子全書：韓退之以少孤，養於嫂，故爲嫂服加等。大抵族屬之喪，不可有加。若爲嫂養，便以有恩而加服，則是待兄之恩至薄。大抵無母，不養於嫂，更無處可養。若爲族屬之親，有恩而加等，則待己無恩者，可不服乎哉？昔有士人，少養於嫂，生事之如母，死自處以齊衰。或告之非先王之禮，聞而遂除之。惟持心喪，遂不復應舉，人以爲得體。

朱子語類：問嫂叔無服，而程先生云：後聖有作，須爲制服。答曰：看推而遠之，便是合有服。但安排不得，故推而遠之。若有鞠養恩義，心自住不得，如何無服？真卿曰：當如同爨緦，今法從小功。○朱子曰：嫂叔無類，不當制服。他服皆以類從，兄弟又太重，弟婦亦無服，嫂婦於伯叔亦無服。今皆有之，姪婦却有服，皆報服也。○又答叔嫂之服云：若如來諭，則此服有二。弔服加麻，一也；兄弟妻降一等，二也。不知二者將孰從乎？又所謂兄弟同居者，乃爲小功以下，却不知此降一等者之服，又是何兄弟也？凡此於禮文，皆有未明，幸考詳以見諭。○又曰：叔嫂無服，不是小節目，後來多失之。

吴澄曰：人有嫂之喪者，其父母爲之服大功、小功，其子爲之服齊衰不杖期，豈有己身立於父母妻子之間，而獨同於無喪之人也哉？雖曰無服，亦如弟子爲師若喪父而無服，孔子爲顔淵若子而無服爾。又如父在爲母，雖期而釋服，猶終心喪，至於再期。蓋有服者，服其服，居喪次，雖寢寐亦不釋去。嫂叔以其無屬，故不制服，俾夜常服於身，居喪次以終其月數。然其身當弔服加麻，不飲酒，不食肉，不處内。如弟子爲師，期後爲母之例，俟其父母妻之服既除，然後吉服如無喪之人也。推而遠之者，文雖殺而情未嘗不隆。魏鄭公所議，不明古聖人情文隆殺之深意，程子以爲無屬是矣。而又謂同居，豈可無服？則亦未免於徇俗也。

王廷相曰：檀弓云：叔嫂之無服也，蓋推而遠之也。自唐以來，皆爲之制小功矣，而吴氏復非之，然邪？曰：此解經之蔽也。緣情飾服，以義制禮，古今一道也。先王制禮，豈無不盡者乎？古經閲世，豈無舛遺者乎？而膠柱以持論，未有不疏於義而乖於情者矣。子思之哭嫂也爲位，嫂可以爲位而哭，謂推而遠之乎？謂避嫌乎？不然，是子思之犯禮矣。推此禮也，雖制服亦可也。程子亦曰：古者叔嫂無服，只爲無屬，今之有服亦是，豈有同居之親而無服者？雖然，此自同居之義論之也。婦人從夫而有從服，兄與弟相服矣，從夫而相爲昆弟之服，昆弟亦報之服，其大義自正。固執於推遠之説者，解經之蔽也。

張鼎思瑯琊代醉編記云：嫂叔之無服也，蓋推而遠之也。吴澄曰：喪有以恩服者，子爲父母之類是也。以義服者，婦爲舅姑之類是也。從父之妻，名以母之黨而服。從子之妻，名以婦之黨而服。兄弟之妻，不可名以妻之黨。其無服者，推而遠之也。唐魏鄭公等議云：或有長年之嫂，育童孩之叔。其在生也，同於骨肉。及其死也，推而遠之。求之本原，深所未喻。嫂叔之服，請從小功。後世嫂叔之服，始於徵等之議。

顧炎武日知録：謂弟之妻婦者，其嫂亦可謂之母乎？蓋言兄弟之妻，不可以母子爲比，以名言之，既有所閡而不通；以分言之，又有所嫌，而不可以不遠。記曰：嫂叔之無服也，蓋推而遠之也。夫外親之同爨猶緦，而獨兄弟之妻，不爲制服者，以其分親而年相亞，故聖人嫌之。嫌之故遠之，而人爲之坊。不獨以其名也，此又傳之所未及也。存其恩於娣姒，而斷其義於兄弟。

夫聖人之所以處此者精矣。○嫂叔雖不制服，然而曰無服而爲位者，惟嫂叔。子思之哭嫂也爲位，何也？曰：是制之所抑，而情之不可闕也。然而鄭氏曰：正言嫂叔，尊嫂也。若兄公與弟之妻，則不能也，此又足以補禮記之不及。

軾按：古嫂叔無服，後世增爲小功，於情得矣，然終不得議古人無服之非。大傳言服術，曰親親，曰尊尊。嫂叔異姓無親親之誼，同列無尊卑之分，近在家庭，禮别嫌疑，至當不易之論也。程子謂嫂叔何嫌？則授受不親不相通問之禮，不幾贅歟？或謂妻從夫服，止降一等，應服大功。喪服記：夫之所爲兄弟服，妻降一等是也。竊意嫂叔無服見檀弓，夫之昆弟無服，見本篇。記言乃後儒杜撰，當從勉齋删之。況婦爲夫之姑姊妹，在室亦服小功，是亦降夫二等也。

顯慶禮：甥。

爾雅：謂我舅者，我謂之甥也。

舊唐書禮儀志：高宗顯慶二年，九月，修禮官長孫無忌等奏曰：依古喪服，甥爲舅緦麻，舅報甥亦同此制。貞觀年中，八座議奏：舅服同姨，小功五月。而今律疏，舅報於甥，服猶三月。謹案：旁尊之服，禮無不報，己非正尊，不敢降也。故甥爲從母五月，從母報甥小功，甥爲舅緦麻，舅亦報甥三月，是其義矣。今甥爲舅，使同從母之喪，則舅宜進甥以同從母之報。脩律疏人不知禮意，舅報甥服，尚止緦麻，於例不通，禮須改正。今請脩改律疏，舅報甥亦小功。

政和禮：女適人者，爲從父兄弟。

開元禮：爲從祖姑在室者報，祖之姊妹。

開元禮：爲從祖姑姊妹在室者報。從祖姑者，從祖之女，於己爲從姑。從祖姊妹者，從祖之孫女，於己爲再從姊妹。

開元禮：爲適孫之婦。

徐健庵曰：儀禮於適婦大功，於庶婦小功，於庶孫之婦緦麻。則適孫之婦宜小功，而經不言者，文脱爾。

政和禮：爲人後者，爲其從父兄弟。

徐健庵曰：從父兄弟本大功，今爲人後，故降而小功。但爲人後，有後從父者，有後再從者，及族父者，愈遠則服愈輕，於其本親甚有至於無服者。今爲此制，則不論其所後之遠近，但於其本親降一等爾。

政和禮：女適人者，爲其兄弟姪之爲人後者。

徐健庵曰：兄弟及姪本大功，故出爲人後，降而小功。儀禮有爲人後者，爲其姊妹適人者，則此條亦包在内。

緦麻三月。

族曾祖父母。○族祖父母。○族父母。○族昆弟。注：族曾祖父者，曾祖昆弟之親也。族祖父者，亦高祖之孫，則高祖有服明矣。○疏：此即禮記大傳云：四世而緦，服之窮也。名爲四，緦麻者也。族曾祖父母者，己之曾祖親兄弟也。族祖父母者，己之祖父從父昆弟也。族父母者，己之父從昆弟也。族昆弟者，己之三從兄弟，皆名爲族。族，屬也，骨肉相連屬，以其親盡，恐相疏，故以族言之耳。此四緦麻，己同出高祖，己上至高祖爲四世，旁亦四世，旁四世有服，於高祖有服明矣。鄭言此者，齊衰三月章，直見曾祖父母，不言高祖，以爲無服，故鄭從下鄉上推之，高祖有服可知。

庶孫之婦。

敖繼公曰：庶孫之婦緦，則適孫之婦小功也。小功章不見之者，又脱耳。夫之祖父母於庶孫之婦，其本服當小功，以别於適孫之婦，故亦降一等而在此。

從祖姑姊妹適人者，報。疏：此本服小功，因出適，故降一等在緦麻。

車垓服制通釋曰：從祖姑者，父之堂姊妹，己之堂姑也。從祖姊妹者，己之再從姊妹，與己同曾祖者也。在室則皆爲小功親，既適人，則爲降服緦麻也。

政和禮：女適人者，爲同堂兄弟之子，及女之出嫁者。

車垓曰：此從父兄弟之子女，與己同祖者也。在室則小功，今既適人，則降服緦麻也。

政和禮：女適人者，爲從祖兄弟姊妹。

車垓曰：此再從兄弟姊妹，與己同曾祖者也。在室皆小功，今既適人，則降服緦麻也。

外孫。 注：女子子之子。○疏：以女出外適而生，故云外孫。

爾雅：女子子之子爲外孫。

敖繼公曰：此服亦男女同，外孫爲外祖父母小功。不報之者，以其爲外家之正尊與？

湛若水曰：外孫何以緦也？外也。

吕柟曰：爲外孫何？曰：報也。視己之孫，則降三等矣。

車垓曰：外孫者，女所生之子也。外孫爲外祖服小功，而外祖爲外孫止服緦麻也。夫外孫爲外祖服小功者，由母而推之也，故重；而外祖爲外孫服緦麻者，由女而推之也，故輕。

庶子爲父後者，爲其母。 疏：此爲無冢適，唯有妾子。父死，庶子承後，爲其母緦也。

傳：何以緦也？傳曰：與尊者爲一體，不敢服其私親也。然則何以服緦也？有死於宫中者，則爲之三月不舉祭，因是以服緦也。

馬融曰：承父之體，四時祭祀，不敢申私親服，廢尊者之祭，故服緦也。○又曰：緣先人在時，哀傷臣僕，有死宫中者，爲缺一時不舉祭，因是服緦也。

軾按：死于宫中者，謂臣僕也，以所生比臣僕，仁者不爲斯言。

郝敬曰：案適庶之分嚴已，然母以子貴，理亦至公，豈得謂爲私親？制禮者主尊適，而於人情亦甚闕矣。官中有死者，非所以況於生我也。世儒動引春秋附會，春秋未嘗輕絶人母子，後儒鑿説耳。

吴肅公曰：古庶子之爲父後者，爲母緦。噫！忍歟？妾爲君之長子三年，衆子期，爲其子亦期，曾不得食報其所生也歟？夫服兹獨無報者歟？

士爲庶母

傳曰：何以緦也，以名服也。大夫以上爲庶母無服。

疏：以名服者，以有母名，故有服。大夫以上無服者，以其降故也。

俞汝言曰：爲庶母，謂父有子妾也。子兼男女言，俗不服生女庶母者，非是。

貴臣貴妾。

傳：何以緦也？以其貴也。

喪服小記：士妾有子而爲之緦，無子則已。

張文嘉齊家寶要：夫之於妾，律不制服。竊以妾雖不敢偶適，而業居小星之列。若其子或顯達，則母以子貴，朝廷而有榮誥之封。今其所生子，固儼然在苫塊之中，而適子及衆子，且皆爲之服杖期之衰而已，獨若途人焉。不惟其所生子，必有恫然於懷，而撲之此衷，恐亦有所不忍者矣。喪服曰：大夫爲妾服緦麻。小記曰：士爲有子妾服緦麻，無子則已。似亦義之所當出，而人情之所安也。○但律既無明文，不敢妄行僭用。凡有生子女之妾，當爲之心喪三月。哭臨受弔，但衣袒免，而於三月之內，不行慶禮，不舉宴會，不赴人酒食，庶於禮義兩盡。○計狀宜書袒免生某頓首，率男治喪哀子某泣血稽顙拜。或有止其名，不用袒免者亦可。

乳母。注：謂養子者，有他故，賤者代之慈己。

傳：何以緦也？以名服也。疏：以名服者，有母名，即爲之服緦也。

荀子曰：乳母，飲食之者也，而三月。

敖繼公曰：此亦蒙士爲之文也。士之妻自養其子，若有故，或使賤者代食之，故謂之乳母，其妾子亦然。若於大夫之子，則慈母之外，又有乳母。內則曰：大夫之子有食母。鄭氏以爲即此乳母是也。大夫之子，父沒乃爲之服。

從祖昆弟之子。注：族父母爲之服。○疏：從祖昆弟之子者，再從兄弟之子。族父母爲之服者，據彼來呼己爲族父母，爲之服緦也。

敖繼公曰：爲族曾祖父，族祖父，族父，族昆弟，皆緦。其族昆弟固相爲矣，此條則族父報，然則族曾祖父於昆弟之曾孫，族祖父於從父昆弟之孫，以其爲旁親卑者之輕服，故略之而不報與？○案：經但見族父爲此服，注兼言族母者，足經意也。婦人爲夫黨之卑屬，與夫同。

徐健庵曰：族父爲從祖昆弟之子服，則族曾祖父必爲昆弟之曾孫服，族祖父必爲從父昆弟之孫服，非略之而不報，直文不具耳。

曾孫。疏：據曾祖爲之緦。不言玄孫者，此亦如齊衰三月章，直見曾祖，不言高祖。以其爲曾、高同，爲曾、玄亦同，故二章皆略不言高祖玄孫也。

爾雅：孫之子曾孫。注：曾，猶重也。

敖繼公曰：此曾祖爲之服也，以本服之差言之。爲子期，爲孫大功，則爲曾孫亦宜小功。乃在此者，以曾孫爲己齊衰三月，故己亦爲之緦麻三月，蓋不可以過於其爲已之月數也。不分適庶者，以其卑遠略之，且不可使其庶者無服也。

父之姑。注：歸孫爲祖父之姊妹。

爾雅：王父之姊妹爲王姑。

敖繼公曰：此從祖之親。乃緦者，以其爲祖父之姊妹，於屬爲尊。故但據已適人者言之，其意與姑爲姪者同。不言報者，亦以非其一定之禮故也。

從母昆弟。

傳：何以緦也？以名服也。

爾雅：從母之男子，爲從母昆弟。

馬融曰：姊妹子相爲服也，以從母有母名，以子有昆弟名。

敖繼公曰：從母姊妹亦存焉。外親之婦人，在室適人同。又曰：名謂昆弟之名，母於姊妹之子小功，子無所從也，惟以名服之。從母以名加，此以名服。子於母黨，其情蓋可見矣。然則有可從而不從者，所以遠别於父族與？

甥。

傳：甥者何也？謂吾舅者，吾謂之甥。何以緦也？報之也。疏：報之者，甥既服舅以緦，舅亦爲甥以緦也。

敖繼公曰：亦丈夫婦人同。

壻。注：女子子之夫也。

爾雅：女子子之夫爲壻。說文曰：壻者，女之夫也，從士從胥。聞一知十爲士，胥者，有才知之稱。故女之夫爲壻也。

傳：何以緦也？報之也。疏：報之者。壻既從妻而服妻之父母，妻之父母遂報之服。馬融曰：壻從女而爲己服緦，故報之以緦也。

車垓曰：說文云：壻者，女之夫也。婦翁爲壻義服緦麻，而壻典婦翁服亦同也。或謂翁壻相與情分似不薄，而服制若是之輕何也？蓋先王制服，惟本宗爲重，於異姓則輕。翁之與壻，本異姓也。兄一以妻而親，一以女而親。又其相聚之日少，而相違之日多。服由是而推，宜乎其緦也。或者又謂舅甥亦異姓，而服則小功何也？蓋舅之服由母而推，甥之服由姊妹而推，故其重加於翁壻一等耳。

妻之父母。

爾雅：妻之父爲外舅，妻之母爲外姑。

傳：何以緦？從服也。注：從於妻而服之。

繼公曰：從期服而緦，是降於其妻三等矣。妻從夫降一等，子從母降二等，夫從妻降三等，差之宜也。

喪服小記：世子不降妻之父母。

應鏞曰：天子、諸侯降其妻之父母，而世子上不敢擬於尊者。儲副韜潛，而未有君道也。

服問：有從重而輕，爲妻之父母。妻齊衰而夫從緦麻，不降一等，言非服差。有從有服而無服，公子爲其妻之父母。注：凡公子厭於君，降其私親，女君之子不降也。○疏：雖爲公子之妻，猶爲父母期，是有服也。公子被厭不從妻服父母，是從有服而無服也。

通典：宋庾蔚之謂夫妻一體之親，而謂之妻父母徒從，失之甚矣。言應服者，辨之已詳，或疑外氏無二統，則妻之父母，亦不宜二。意以爲母之兩三，親繼不同，妻子三四，於己猶一，非其例也。

車垓曰：爾雅云妻之父母曰外舅外姑，其壻爲之義服緦麻三月也。若妻亡別娶亦服，若妻之親母，雖改嫁被出亦服。

徐健庵曰：世子不降妻之父母，而公子反無服何也？豈諸侯可以厭公子，不可以厭世子耶？蓋緣世子得遂其妻服，而公子於妻，則在五服之外，緦冠麻衣，既葬而即除。彼於妻既不服，則妻之父母又何服之有？

姑之子。注：外兄弟也。

傳：何以緦？報之也。疏：外兄弟者，姑是內人，以出外而生故也。姑舅之子，兩相爲服，故云報之也。

車垓曰：己於姑之子女，所謂外兄弟姊妹者也。己爲其母服大功，而爲其子則服緦麻也。夫爲出嫁姑服大功者，由吾父之同氣也，故重；於姑之子女服緦麻者，由其父之異姓也，故輕。

吕柟曰：爲舅之子，姑之子，母姨之子者何？曰：從父母也。是故從父則及其表兄弟，從母則及其内兄弟。舅姨，母兄弟之在内者也。姑，父兄弟之在外者也。

舅。注：母之兄弟。

爾雅：母之晜弟爲舅。

傳：何以緦？從服也。

敖繼公曰：從於母之大功而緦也，母於昆弟之爲父後者期，子乃不從之，而服小功者，亦可以見從服一定之制矣。

爲所後者妻之昆弟若子。

記：庶子爲後者，爲其舅無服。不爲後，如邦人。疏：以其與尊者爲一體，既不得服所出母，是以母黨皆不服。

舅之子。注：内兄弟也。

傳：何以緦？從服也。疏：内兄弟者。對姑之子云：舅子本在内，不出，故得内名也。從服者，亦是從於母而服之。不言報者，爲舅既言從服。其子相施，亦不得言報也。

程子曰：報服。若姑之子爲舅之子服是也。異姓之服，只推得一重，若爲母而推，則及舅而止。若爲姑而推，可以及其子。故舅之子無服，却爲姑之子服。既與姑之子服，姑之子須報之也。故姑之子，舅之子，其服同。

軾按：程子論與傳異，然必竟子從母服，舅之子爲姑之子，乃是報服也。

車垓曰：己於舅之子女，所謂内兄弟姊妹者也，己爲舅服小功矣，則宜爲其子服緦麻也。夫内兄弟與外兄弟皆服緦麻者，親同服亦同也。然姑則父之姊妹也，舅則母之兄弟也，其親亦同，而服乃不同者何也？蓋姑之服由父之同氣推之也，故重；舅之服，由母之異姓推之也，故輕。

傳：爲所後者妻之昆弟之子，若子。

夫之諸祖父母，報。

馬融曰：妻爲夫之諸祖父母服所服者四，其報者二。曾祖正小功，故妻服緦不報也。從祖祖父旁尊，故報也。

敖繼公曰：夫之所爲服小功者，則妻爲之緦。若於夫之祖父母之行而服此者，惟其從祖祖父母耳，似不必言諸。然則此經所指者，其夫之從祖祖父母，及從祖父母與？但言諸者，疑文誤且脱也。

萬斯同曰：馬氏謂夫之諸祖父母所服者四，所報者二，而不明指其人，何也？愚案所服者四，謂曾祖父母也、從祖祖父母也、從祖父母也、外祖父母也。所報者二，謂從祖祖父母也、從祖父母也。

唐律：爲從父兄弟子之婦。

唐律：爲夫從父兄弟之子婦。

政和禮：爲兄弟孫之婦。

車垓曰：兄弟之孫，親姪孫也。己爲親姪孫服小功，則宜爲其妻服緦麻也。

政和禮：爲夫兄弟孫之婦。

政和禮：爲外孫之婦。

車垓曰：外祖爲外孫服緦麻矣，而爲外孫婦亦服緦麻者，亦引而進之之義也。

徐健庵曰：儀禮夫之諸祖父母報條。注指爲夫之從祖祖父母、外祖父母，則以上五條，即夫之諸祖父母所報之人也。

君母之昆弟。

傳：何以緦？從服也。注：從於君母而服緦也。君母在，則不敢不從服；君母卒，則不服也。

敖繼公曰：庶子從君母之服，惟止於此，不及其昆弟之子，與從母昆弟，異於因母也。若爲父後則服之，蓋其禮當與爲人後者同也。

爲夫之從父昆弟之妻。疏：夫之從父昆弟之妻，同堂娣姒，降於親娣姒，故緦麻也。

傳：何以緦也？以爲相與同室，則生緦之親焉。注：同室者，不如居室之親也。○疏：發問者，以本路人，夫又不服之。今相爲服，故問之。以大功有同室同財之義，故云相與同室，則生緦之親焉。

敖繼公曰：小功章云：夫之姑姊妹娣姒婦報。是章惟兄此服，不及夫之從父姊妹者，文不具耳。此亦言其所以有服之由也，其義與娣姒婦，以居室之故而有服者同。

記：改葬緦。注：謂墳墓以他故崩壞，將亡失尸柩者也。改葬者，明棺物毁敗，改設之如葬時也。其奠如大斂，從廟之廟，從墓之墓，禮宜同也。服緦者，臣爲君也。子爲父也，妻爲夫也。必服緦者，親見尸柩，不可以無服，緦三月而除之。

唐律：爲玄孫。

車垓曰：曾祖父母曾孫服緦麻，而高祖父母爲玄孫亦同。若當承重者，則服不杖期。

唐律：爲夫之曾高祖父母。

萬斯同曰：禮有夫之諸祖父母條，反無夫之曾祖父母條，殊爲闕典。然諸祖父母既有服，則曾祖父母豈有無服之理乎？此可推而知也。○又案儀禮：曾孫爲曾祖止三月，故妻亦止三月，至唐加曾祖爲五月矣，則其妻亦可遞加，而乃仍三月者何也？若謂從服須降一等，則夫齊衰而婦小功衰。已爲降矣，不必再滅其月數。然後爲降也，乃究與玄孫婦同服，亦當時慮不及之爾。

唐律：爲夫之從父姊妹在室及適人者。

車垓曰：夫之從父女姊妹者，即夫之同堂姊妹也，夫爲之服大功，則妻以堂嫂而服緦麻，雖適人不降也。

唐律：爲夫之舅及從母。

唐律：爲姊妹子之婦。

唐律：爲甥之婦。

開元禮：爲族曾祖姑在室者，報。

車垓曰：族曾祖姑者，曾祖之親姊妹也。己爲曾祖服齊衰五月矣，則宜爲其姊妹服緦麻三月也。

徐駿五服集證：爲族曾祖姑者是曾祖之姊妹也，出嫁則無服。

開元禮：爲族祖姑在室者，報。

車垓曰：族祖姑者，祖之堂姊妹也，己爲祖之親姊妹小功矣，則宜爲其堂姊妹緦麻也。

徐駿曰：祖之同堂姊妹，謂之族祖姑，出嫁則無服。

開元禮：爲族姑在室者，報。

車垓曰：族姑者，吾父之再從姊妹，吾高祖之曾孫女也，故宜爲服緦麻。

徐駿曰：父之再從姊妹，謂之族姑，出嫁則無服。

政和禮：爲兄弟之曾孫。女在室同。

車垓曰：兄弟之曾孫，姪孫之子也。己爲姪孫小功矣，則宜爲其子緦麻也。

政和禮：爲從父兄弟之孫。女在室同。

車垓曰：從父兄弟之孫，即堂兄弟之孫也。己爲堂兄弟之子小功矣，則宜爲其孫緦麻也。

政和禮：爲夫兄弟之曾孫。

政和禮：爲夫同堂兄弟之孫。即從父兄弟之孫。

開元禮：爲族姊妹。

車垓曰：族姊妹者，己之三從姊妹，與己同高祖者也，故亦宜爲服緦麻。

徐駿曰：族姊妹者，即曾祖親兄弟之曾孫女，己之三從姊妹，同出於高祖者也，出嫁則無服。

開元禮：爲人後者，爲本生外祖父母。

車垓曰：人子於母之父母本小功，今既爲人後，則爲之降服緦麻也。於所後家之外祖父母，却當爲服小功。

開元禮：女適人者，爲祖父母報。

車垓曰：從祖父者，父之堂兄弟，己之堂伯叔也。本小功之親，今既適人，則降服緦麻也。

政和禮：爲夫從父兄弟之女適人者。

車垓曰：此夫同堂兄弟之女也。在室本小功，今適人則爲降服緦麻也。

家禮：爲從父兄弟之女出嫁者。

車垓曰：從父兄弟之女者，即堂兄弟之女，己之堂姪女也。在室則爲小功親，既適人，則爲降服緦麻也。

開元禮：爲兄弟之孫女適人者，報。

車垓曰：兄弟之孫女者，己之親姪孫女也。伯叔祖父於姪孫女本小功，既適人，則爲降服緦麻也。

開元禮：爲夫之從祖兄弟之子。

徐駿曰：此夫再從兄弟之子，謂之再從姪。服緦麻三月，報之也，女在室者亦同。

唐禮儀志：舅母。

徐健庵曰：舅母之服，唐朝既制於前，宋初復遵於後，而服制令諸書不載者，蓋前此禮院及刑法司所執，姨舅嫂叔，皆加至大功；婦翁女壻，皆加至小功。至天聖時，學士孫奭，請兩制详定，因並舅母服而削之也。夫舅母無服，雖本古禮，然檀弓有同爨服緦之言。明皇既定之爲制，則後世因而仍之，於禮亦無害。儻以古禮所無，不可增益，則後世之增益古禮者，不知凡幾矣，何獨於此條斷斷也？

開元禮：迄今律文俱無。此制定於開元禮既成之後，故不復補載。至政和禮諸書，則此制已革，故無可載也。

政和五禮新儀：女適人者，爲兄弟之孫。

家禮：迄今律文俱無。疑統於儀禮父之姑内。

政和禮：爲夫兄弟之孫女適人者。

車垓曰：伯叔祖母爲在室姪孫女，本小功。今彼既適人，則降服緦麻也。

政和禮：女適人者，爲從祖祖父母，爲從祖祖姑。

車垓曰：此祖之親兄弟姊妹，在室則皆小功。今既適人，則降服緦麻也。

政和禮：女適人者爲從祖姑。

車垓曰：此父之同堂姊妹，在室小功。今既適人，則降服緦麻也。

朱子家禮：爲從兄弟之妻。

家禮：爲夫之從父兄弟。

家禮：爲夫之從祖祖姑。

家禮：爲夫之從祖姑在室者。

家禮：爲同爨。

檀弓：從母之夫，舅之妻。二夫人相爲服，君子未之言也。注：二夫人，猶言此二人也。時有此二人同居，死相爲服者，甥居外家而非之。或曰同爨緦。

張子曰：此是甥自幼居於從母之家，或舅之家，孤穉恩養，直如父母，不可無服，所以爲此服也。非是從母之夫，與舅之妻相對，如何得此稱？既言從母與舅，故知是甥爲二夫人者爲之服也。

朱子語類：黄文問從母之夫，舅之妻，皆無服，何也？曰：先王制禮，父族四，故由父而上，爲從曾祖服緦麻，姑之子、姊妹之子、女子子之子，皆有服，皆由父而推之故也。母族三，母之父、母之母、母之兄弟，恩止於舅。故從母之夫，舅之妻，皆不爲服，推不去故也。妻之族二，妻之父、妻之母，粗看似乎雜亂無紀，仔看看皆有意義存焉。○又云：從母之夫，舅之妻，二人相爲服。這恰似難曉。往往是外甥在舅家，見得舅母與姨夫相爲服，其本來無服，故異之也。

吴澄曰：禮爲從母服小功五月，而從母之夫則無服，爲舅服緦麻三月，而舅之妻則無服。時有妻之姊妹之子，依從母家同居者，又有夫之甥依舅家同居者。念其鞠養之恩，故一爲從母之夫服，一爲舅之妻服。二夫人謂妻之姊妹之子，與從母之夫也，謂夫之甥，與舅之妻也。見其二家有此二人者相爲服，然禮之所無，故曰君子未之言也。又記或人之言，以爲有同居而食之恩，則雖禮之所無，而可以義起此服也。張子義是，注疏非也。

郝敬曰：二夫人，猶言此二人。一人則妻姊妹之子也，幼依母姨夫家；一人則夫之外甥也，幼依舅母家。同居恩養，如父母。故一人爲其母姨夫服，一人爲其舅母服，故曰相爲服，此禮經所不載，故曰君子未之言。因引或人語明之。

家禮：爲朋友。

喪服記：朋友麻。注：見心喪章。

孝慈録：嫁女爲同堂姊妹之出嫁者。

袒免。

大傳：四世而緦，服之窮也。五世袒免，殺同姓也。六世親屬竭矣。

馬晞孟曰：服有五者，蓋其親有隆殺，則服有精粗。故四世緦者，服之精，乃其服之窮也。至於五世，則宜其無服，而先王不忍遂絶之也。故爲之袒免之禮，所以殺同姓也。免者，如冠，廣一寸，加之於首，所以示其吉。袒者，袒其體，所以示其凶。吉凶相半，此其所以爲殺同姓也。

文王世子：族之相爲也，宜弔不弔，宜免不免，有司罰之。

陳祥道曰：五世而親屬盡，故爲之免；六世而親屬竭，故弔之而已。宜弔不弔，宜免不免，有司罰之則緦麻而上，宜服不服者可知也。

問喪：或問曰：免者以何爲也？曰：不冠者之所服也。禮曰：童子不緦，唯當室緦。緦者其免也，當室則免而杖矣。

方愨曰：不緦則不杖，不杖則不免，此童子之正也。童子以幼，故不服族人之緦。至當室，雖未冠亦責以成人之備禮矣。

奔喪：聞遠兄弟之喪，既除喪而后聞喪，免袒成踊。

注：小功緦麻不税者也，雖不服猶免袒。

喪服記：朋友皆在他邦，袒免，歸則已。

馮善家禮集説：或問國朝之制，本族五服之外爲袒免親，遇喪葬則素服尺布纏頭，此可爲法。然近今功緦之服，亦多尺布纏頭而已。曾未及月，或甫及葬，又悉除之，甚可歎也。然則親近而無服者，雖同於此，亦何害乎？

車垓曰：袒免親，蓋五服之外，五世之親也。袒謂偏脱一袖也，臨喪而袒，所以示哀苦之勞也。免謂裂布廣寸，自項向前，交於額上，却遶髻，如著掠頭也。古者五服之人，將帶首絰，必先之以免。故於五世之親，而以袒免爲服也。然袒免之儀，其廢久矣。故今之人，雖齊衰帶绖，而亦未嘗免也。是以五世之親，不爲袒免之服。止於成服之日，白襴縞巾，弔哭而日。

己身爲本宗親不載服紀。

曾祖之姊妹適人。謂之族曾祖姑。及夫。

祖之姊妹之夫。謂之從祖祖姑之夫。

祖之同堂姊妹適人。謂族祖姑。及夫。

從祖叔父中下殤。謂之堂叔。是父之堂弟。

父姊妹之夫。謂之姑夫。姊妹之夫。

父之同堂兄弟中下殤。謂之從祖叔父。及妻。

父之同堂姊妹中下殤。謂之從祖姑。及夫。

父再從兄弟中下殤。謂之族伯叔。

父再從姊妹適人，并長中下殤謂之族姑。及夫。

再從兄弟中下殤是族伯叔之子。及妻。

再從姊妹中下殤及夫。

三從兄弟長中殤。謂之族兄弟。及妻。

三從姊妹適人。并長中下殤。謂之族姊妹。及夫。

同堂兄弟之子中下殤。謂之堂姪。

同堂兄弟之女中下殤。及夫。

再從兄弟之子長中下殤，謂之再從姪。及妻。

再從兄弟之女適人，并長中下殤及夫。

三從兄弟之子。

三從兄弟之女。

同堂兄弟之孫長中下殤。謂之堂姪孫。及妻。

同堂兄弟之孫女適人，并長中下殤，及夫。

兄弟之孫中下殤。謂之姪孫。

兄弟之孫女中下殤，及夫。

兄弟之曾孫長中下殤。謂之姪曾孫。及妻。

兄弟之曾孫女適人，并長中下殤及夫。

適曾孫長中下殤，及妻。

適曾孫女長中下殤，并適人，及夫。

適玄孫長中下殤，及妻。

適玄孫女長中下殤，并適人，及夫。

同堂姊妹之夫。

兄弟女之夫。謂之姪女夫。

姑之孫及妻，并姑之孫女及夫。

女之孫及妻，并女之孫女及夫。

外甥婦之適人。

己身爲母黨無服之親。

母之祖父母。

母之兄弟子之妻。

母之姊妹之女適人。

母之兄弟之妻。

母之姊妹之夫。

母之堂兄弟姊妹。

母之兄弟中下殤。

母之姊妹中下殤。

母之同堂兄弟之子及妻。

母之同堂姊妹之女及夫。
母之兄弟之孫及妻。
母之兄弟之孫女及夫。
女適人者，爲本宗親，不載服紀。
曾祖之兄弟及妻。
曾祖之姊妹及夫。
祖之同堂兄弟及妻。
祖之同堂姊妹及夫。
祖之姊妹之夫。
父之姊妹之夫。
父之再從兄弟及妻。
父之再從姊妹及夫。
父之同堂姊妹之夫。
姊妹之夫。
三從兄弟及妻。

三從姊妹及夫。
從祖兄弟長中下殤及妻。
從祖姊妹長中下殤及夫。
從父兄弟中下殤。
從父姊妹中下殤及夫。
同堂兄弟之子長中下殤及妻。
同堂兄弟之女適人並長中下殤及夫。
再從姪及妻。
再從姪女及夫。
兄弟之孫長中下殤。
兄弟之孫女，長中下殤并適人，及夫。
堂姪孫，及妻。
堂姪孫女，及夫。
姪曾孫，及妻。
姪曾孫女，及夫。

兄弟女之夫。
姑舅之女。
母之兄弟姊妹。
妻爲夫之親，不載服紀。
夫曾祖兄弟，及妻。
夫曾祖姊妹，及夫。
夫堂祖兄弟，及妻。
夫堂祖姊妹，及夫。
夫祖姊妹適人，及夫。
夫從祖父長中下殤。
夫之父再從兄弟，及妻。
夫之再從姊妹，及夫。
夫族伯叔父母。
夫族姑，及夫。
夫堂姑長中下殤。

夫之父妹中下殤。

夫之從兄弟中下殤。

夫之再從兄弟及妻。

夫之三從兄弟及妻。

夫之兄弟中下殤。

夫之姊妹中下殤及夫。

夫之從父姊妹適人及夫。

夫之三從姊妹及夫。

夫之兄弟，女之夫。

夫之同堂兄弟之子長中下殤。

夫同堂兄弟之女長中下殤，并適人，及夫。

夫再從兄弟之子長中下殤，及妻。

夫再從兄弟之女長中下殤，并適人，及夫。

夫之兄弟之孫長中下殤。

夫之母兄弟之妻。

緦麻親有四。

曾祖兄弟。

祖從父兄弟。

父之再從兄弟。

身之三從兄弟。

袒免者，據禮有五。

高祖兄弟。

曾祖從父兄弟。

祖再從兄弟。

父三從兄弟。

身之四從兄弟。

殤大功九月七月。

子女子子之長殤中殤。注：殤者，男女未冠笄而死，可傷者也。女子子許嫁不爲殤也。疏：鄭知是未冠笄者，以小記云：男子冠而不爲殤，女子笄而不爲殤，故知之也。中殤或從上，或從下，是則殤有三等，制服惟有二等者，欲使大功下殤有服故也。若服亦三等，則大功下殤無服矣，聖人之意然也。

傳曰：何以大功也？未成人也。何以無受也？喪成人者其文縟，喪未成人者其文不縟，故殤之經不樛垂，蓋未成人也。年十九至十六爲長殤，十五至十二爲中殤，十一至八歲爲下殤。不滿八歲以下，爲無服之殤。無服之殤，以日易月。以日易月之殤，殤而無服，故子生三月，則父名之，死則哭之，未名則不哭也。注：縟，猶數也。其文數者，謂變除之節也。不樛垂者，不絞其帶之垂者。雜記曰：大功以上散帶。以日易月，謂生一月者，哭之一日也。殤而無服者，哭之而已。爲昆弟之子、女子子亦如之。凡言之者，可以兼男女。又云女子子者，殊之以子，關適庶也。

郝敬曰：以日易月，應服七月者，哀傷不過七日。應服九月者，哀傷不過九日，如不飲酒不作樂之類。

叔父之長殤中殤。○姑姊妹之長殤中殤。○昆弟之長殤中殤。○夫之昆弟之子女子子之長殤中殤。○適孫之長殤中殤。○大夫之庶子。爲適昆弟之長殤中殤。○公爲適子之長殤中殤。○大夫爲適子之長殤中殤。注：公，君也。諸侯、大夫不降適殤者，重適也。天子亦如之。

其長殤皆九月纓絰，其中殤七月不纓絰。注：絰有纓者，爲其重也。自大功已上，絰有纓，以一條繩爲之；小功已下，絰無纓也。

殤小功五月。

叔父之下殤。○適孫之下殤。○昆弟之下殤。○大夫庶子爲適昆弟之下殤。○爲姑姊妹女子

子之下殤。疏：自叔父已下，至女子子之下殤，八人皆是。成人期，長殤中殤大功，已在上殤大功章。此下殤小功，故在此章也。仍以尊者在前，卑者居後。

馬融曰：本皆周服下殤降二等，故小功也。

爲人後者，爲其昆弟從父昆弟之長殤。

馬融曰：成人服大功也。長殤降一等，故小功也。

〖傳：問者曰：中殤何以不見也？大功之殤中從上，小功之殤中從下。

爲夫之叔父之長殤。

馬融曰：成人大功長殤，降一等，故服小功也。

昆弟之子，女子子，夫之昆弟之子，女子子之下殤。

馬融曰：伯叔父母爲之服也。成人在周，下殤降二等，故服小功也。

爲姪庶孫丈夫婦人之長殤。

馬融曰：適人故還爲姪，祖爲庶孫。成人大功，長殤降一等，故小功也。言丈夫婦人者，明姑與姪，祖與孫疏遠，故以遠辭言之。

殤緦麻三月。

庶孫之中殤。注：庶孫者，成人大功，其殤中從上，此當爲下殤。言中殤者，字之誤爾。又諸言中者，皆連上下也。

馬融曰：祖爲孫，成人大功，長殤降一等，中下殤降二等，故服緦也。言中則有下，文不備爾。

從祖父，從祖昆弟之長殤。注：不見中殤，中從下。

馬融曰：成人服小功，長殤降一等，故緦麻也。中下殤無服，故不見也。

從父昆弟姪之下殤。疏：從父昆弟，成人大功。長中殤在小功，故下殤在此章也。

馬融曰：降二等，故服緦也。

敖繼公曰：單言姪者，前既以丈夫婦人言之，此無嫌也。又以前章例之，則爲人後者，爲其昆弟之下殤，亦當在此，經文闕爾。

夫之叔父之中殤下殤。注：言中殤者，中從下。

馬融曰：妻爲之服也，成人在大功。中下殤降二等，故服緦也。

從母之長殤報。 疏：從母者，母之姊妹，成人小功，故長殤在此。中下之殤則無服，故不言。案小功章，已見從母報服，此殤又云報者。以前章見兩俱成人，以小功相報，此章見從母與姊妹子，亦俱在殤死，相爲報服，故二章並言報也。

馬融曰：成人小功，長殤降一等，故緦也。

夫之姑姊妹之長殤。 疏：夫之姑姊妹，成人，婦爲之小功，長殤降一等，故緦麻也。

馬融曰：成人服小功，長殤降一等，故服緦也，中下殤降二等無服也。

敖繼公曰：夫之姊無在殤者，此云姊，蓋連妹而立文爾。古者三十而娶，何夫姊之殤之有？

從父昆弟之子長殤。○昆弟之孫之長殤。

馬融曰：成人小功，長殤降一等，故服緦也。

傳：長殤中殤降一等，下殤降二等。齊衰之殤，中從上。大功之殤，中從下。注：齊衰、大功，皆明其成人也。大功之殤，中從下，則小功之殤亦中從下也，此主謂妻爲夫之親服也。凡不見者，以此求之。

杜佑曰：上文謂丈夫之爲殤者服，此謂婦人爲夫之親服。五服之中，親者上附，疏者下附。

開元禮：爲從父姊妹之中殤、下殤。

開元禮：**爲從祖姑姊妹之長殤。**

開元禮：爲人後者爲其兄弟之中殤、下殤。

開元禮：爲人後者爲其姑姊妹之中殤、下殤。

開元禮：爲人後者爲其從父兄弟之長殤。

殤服總論。

喪服小記：丈夫冠而不爲殤，婦人笄而不爲殤。

檀弓：戰于郎，公叔禺人遇負杖人保者息，曰：使之雖病也，任之雖重也，君子不能爲謀也，士弗能死也。不可。我則既言矣。與其鄰童汪踦往，皆死焉。魯人欲勿殤童汪踦，問於仲尼，仲尼曰：能執干戈以衛社稷，雖欲勿殤也，不亦可乎？

春秋僖公九年，秋七月，乙酉，伯姬卒。○公羊傳：此未適人，何以卒？許嫁矣。婦人許嫁字而笄之，死則以成人之喪治之。○穀梁傳：内女也，未適人，不卒。此何以卒也？許嫁笄而字之，死則以成人之喪治之。

文公十有二年，二月，庚子，子叔姬卒。○公羊傳：此未適人，何以卒？許嫁矣。婦人許嫁，字而笄之，死則以成人之喪治之。其稱子何？貴也。其貴奈何？母弟也。

通典：凡臣不殤君，子不殤父，妻不殤夫。漢戴德云：七歲以下，至生三月殤之以日易月，生三月哭之，朝夕即位，哭葬於園，既葬止哭，不飲酒食肉，畢喪各如其日月。此獨謂父母爲子，與昆弟相爲爾。

朱子曰：凡爲殤服以次降一等，應服期者，長殤降服大功九月，中殤七月，下殤小功五月，應服大功已下，以次降等。

邵賓日格子曰：童汪踦以戰死，魯人問於孔子，喪勿殤，是故有有功而勿殤，有有德而勿殤，有封拜而勿殤，其亦可也。

喪遇閏月。

以閏月除。白虎通德論：三年之喪，不以閏月數何？以其言期也。期者復其時也，大功以下月數，故

張子全書：大功以下算閏月，期已上以期斷，不算閏月。三年之喪禫祥，閏月亦算之。

吕坤四禮疑：喪不計閏，謂在二十七月之中也。閏月遭喪，無補閏之禮。閏前當禫，無待閏之禮，期值閏亦不計。

軾按：喪三年，再期也。再期者，三見親死之日也，故閏在再期之内，則不計閏。若死于閏月，即從閏月起算，如甲年閏二月死，至乙年正月，即是一期。又越月而禫，以月數也。以月數，則并閏數之。故大功以下，喪皆計閏。

心喪。

檀弓：事師無犯無隱，左右就養無方，服勤至死，心喪三年。

孔子之喪，門人疑所服。子貢曰：昔者夫子之喪顔淵。若喪子而無服，喪子路亦然。請喪夫子，若喪父而無服。

孔子之喪，二三子皆絰而出。注：尊師也。出謂有所之適，然則凡弔服加麻者，出則變服。群居則絰，出則否。注：群謂七十二弟子相爲朋友服。子夏曰：吾離群而索居。

張載曰：群居則絰，出則否，喪常師之禮也。絰而出，特厚於孔子也。

漢書夏侯勝傳：勝遷太子太傅，卒官。賜冢塋，葬平陵。太后爲勝素服五日，以報師傅之恩，儒者以爲榮。

荀淑傳：淑建和三年卒。李膺時爲尚書，自表師喪。陳實傳實卒於家，海内赴者三萬餘人，制衰麻者，以百數。

延篤傳：篤爲平陽侯相，以師喪棄官奔赴。

二程全書：師不立服，不可立也。當以情之厚薄，事之大小處之。如顔、閔於孔子，雖斬衰三年可也。其成己之功，與君父並，其次各有淺深，稱其情而已。下至曲藝，莫不有師，豈可一概制服？

伊洛淵源録：胡文定答其子宏，其一如子弟之於父兄，居則侍立，出則杖屨，服勤至死，心喪三年。若子貢、曾子之於仲尼，近世吕與叔、潘康仲之於張横渠是也。

道學傳：黄榦受業朱熹，熹卒訃聞，榦持心喪三年。

喪服記：朋友麻。注：朋友雖無親，有同道之恩，相爲服緦之經帶。

朱子曰：喪服五服皆用麻，朋友麻，是加麻於弔服之上。麻謂絰也。

朋友皆在他邦，袒免，歸則已。注：謂服無親者。當爲之主，每至袒時，則袒。袒則去冠，代之以免。已，猶止也，歸有主則止也，主若幼少則未止。

檀弓：曾子曰：朋友之墓有宿草而不哭焉。注：宿草謂陳根也，爲師心喪三年，於朋友期可也。

賓客至，無所館。夫子曰：生於我乎館，死於我乎殯。

孔業子秦莊子死。孟武伯問於孔子曰：古者同寮有服乎？答曰：然。同寮有相友之義，貴賤殊等，不爲同官。聞諸老聃，昔者虢叔、閎天、太顛、散宜生、南宮适五臣，同寮比德以贊文武，及虢叔死，四人者，爲之服朋友之服，古之達理者行之也。

後漢書 獨行傳：范式字巨卿，張劭字元伯，相與爲友。劭尋卒，式忽夢見元伯而呼曰：「巨卿，吾以某日死，當以爾時葬。子未我忘，豈能相及？」式怳然覺寤，便服朋友之服，投其葬日，馳往赴之。式未及到，而喪已發引，既至壙，將窆，而柩不肯進。其母撫之曰：「元伯豈有望邪？」遂停柩。移時，乃見有素車白馬，號哭而來。其母望之曰：「是必范巨卿也。」既至，式因執紼而引柩，於是乃前，式遂留止次，爲脩墳樹，然後乃去。

李白集上安州裴長史書：昔與蜀中友人吴指南同遊於楚，指南死於洞庭之上，白禫服慟哭，若喪天倫，炎月伏尸，泣盡而繼之以血。行道聞者，悉皆傷心。猛虎前臨，堅守不動，遂權殯於湖側。便至金陵數年來觀，筋肉尚在，遂丐貸營葬於鄂城之東，故鄉路遠魂魄無主，禮以遷窆，式昭朋情。

家禮：爲朋友緦麻三月。

軾按：儀禮朋友麻，家禮爲朋友緦麻三月，而今律文不載，非缺也。同德之謂友，同業之謂友，相勸也，相規也，友得我而德益進，我得友而業益修。若是者，闕里諸賢而下，若二程、張、邵、韓、范、司馬，以及考亭、東萊、宣公庶幾無愧，彼管、鮑、雷、陳，相知耳，相好耳，以爲朋友，則未也。然則近代之無朋友久矣，泛泛者，何服之有？至如李白之禫服痛哭，范式之素車白馬，其于故人之意，厚矣夫。

追服。

檀弓：曾子曰：小功不稅。注：據禮而言也。日月已過，乃聞喪而服曰稅，大功以上然，小功輕，不服。則是遠兄弟終無服也。注：言相離遠者，聞之恒晚。而可乎？

喪服小記：生不及祖父母、諸父、昆弟，而父稅喪，已則否。注：謂子生於外者也。父以他故居異邦而生己，己不及此親存時歸見之。今其死，於喪服年月已過，乃聞之。父爲之服，已則否者，不責非時之恩於人所不能也，當其時則服。稅讀如無禮則稅之稅。稅喪者，喪與服不相當之言。

淳于纂曰：據降而緦小功者。稅之，蓋正親而重骨肉也。今父在則祖周，父亡則三年，此非重歟？若但以不見則割其至親之本愛，而忍惻怛之痛，使與諸父母昆弟同制，此其可乎？尊祖之義，於是疏矣。

降而在緦小功者，則稅之。

陳澔曰：降者殺其正服也。如叔父及適孫，正服皆不杖期，死在下殤，則皆降服。小功如庶孫之中殤，以大功降而爲緦也。從祖昆弟之長殤，以小功降而爲緦也如此者，皆服之。檀弓曾子所言小功不稅。是正服小功，非謂降也。凡降服重於正服，詳見儀禮。

通典小功不稅服議：晉元帝制曰：小功緦麻，或垂竟聞問，宜全服，不得服其殘月，以爲永制。束晳問步熊，熊答曰：禮已除不追爾，未除當追服五月。賀循曰：小功不稅者，謂喪月都竟，乃聞喪者爾。若在服內，則自全五月。徐邈答王詢曰：鄭玄云：五月之內追服。王肅云：服其殘月。小功不追，以恩輕故也。若方全服，與追何異？宜服餘月。○宋庾蔚之謂鄭王所說，雖各有理，而王議容朝聞夕除，或不容成服，求之人心，未爲允愜。若服其殘月，人心得寧，則應多少不同。今喪寧心制，既無其條，則是前朝已自詳定，無服殘月之制。

韓愈與李祕書論小功不稅書：曾子稱小功不稅，則是遠兄弟終無服也，而可乎？鄭玄注云：以情責情。今之士人，遂引此不追服小功。小功服最多，親則叔父之下殤，與適孫之下殤，與昆弟之下殤。尊則外祖父母，常服則從祖祖父母。禮治人情，其不可不服也明矣。古之人行役不踰時，各相與處一國。其不追服，雖不可猶至少。今之人男出仕，女出嫁。或千里之外，家貧計告不及時，則是不服小功者恒多，而服小功者恒鮮矣。君子之於骨肉，死則悲哀而爲之服者，豈率於外哉？聞其死，則悲哀，豈有間於新故死哉？今特以計告不及時，聞死出其月數，則不服，其可乎？愈常怪之，近出弔人，見其顔色慼慼，類有喪者，而其服則吉。問之，則云：小功不稅者也。禮文殘缺，師道不傳，不識禮之所謂不稅，果不追服乎？無乃别有所指，而傳注失其宗乎？伏惟兄道德純明，躬行古道。如此之類，必經於心而有所決定，不惜示及，幸甚幸甚。

譚綸奏請補服父喪疏：嘉靖四十年三月十九日，臣以參政丁父憂，回籍守制。本年十一月，伏蒙聖恩起復，領浙兵往江西殺賊，至四十一年九月賊平，具奏終制。未幾又以倭奴政陷興化府，蒙聖恩再起臣領浙兵往福建殺賊，授臣節，時計臣父之喪，甫及大祥。烏鳥之私，缺然未盡，而不敢請者。竊念皇上所以奪臣於衰絰之中，誠以勢猖狂，故以金革之事責之於臣，而臣不敢不强起任事，乃者山海之鬼，次第蕩平。臣惟我朝成憲，凡人子執親之喪，不計閏二十七箇月。夫官制給由，必計閏，而守制不計閏者。蓋推人子無窮之心，雖加一日愈於已之意。伏念臣亦人子也，遭臣父之喪，雖已服除，然臣居苫塊，前後纔十四月爾，餘皆在墨衰之中。夫起復墨衰，既已居位而食禄，固非閏月之比，乃貪位嗜進，不一哀訴於君父之前，以求盡一日之私，則臣父爲無子，臣心爲無親，臣復何面目立於皇上盡倫盡制之朝乎？伏望皇上憫臣缺然未盡之情，無所解於其心之私，敕下該部，查照不計閏之例，放臣回籍，追補喪制。制終之日，赴湯蹈火，惟陛下所命。

餘論。

喪服四制：凡禮之大體，體天地，法四時，則陰陽，順人情，故謂之禮。訾之者，是不知禮之所由生也。夫禮，吉凶異道，不得相干，取之陰陽也。喪有四制，變而從宜，取之四時也。有恩有理，有節有權，取之八情也。恩者仁也，理者義也，節者禮也，權者知也。仁義禮知，人道具矣。

方慤曰：恩則有所愛，故曰仁；理則有所宜，故曰義；節則有所制，故曰禮；權則有所明，故曰知。四者廢一不可，取之者，謂取而法之也。

馬晞孟曰：天地者，禮之本也。陰陽者，禮之端也。四時者，禮之柄也。人情者，禮之道也。恩理所以厚其死，節權所以存其生。厚其死者，故爲父斬衰三年。爲君亦斬衰三年，存其生者。故曰毁不滅性，不以死傷生也。

其恩厚者，其服重，故爲父斬衰三年，以恩制者也。門内之治，恩揜義。門外之治，義斷恩。資於事父以事君，而敬同。貴貴尊尊，義之大者也。故爲君亦斬衰三年，以義制者也。

三日而食，三月而沐，期而練，毁不滅性，不以死傷生也。喪不過三年，苴衰不補，墳墓不培，祥之日鼓素琴，告民有終也，以節制者也。資於事父以事母而愛同，天無二日，土無二王，國無二君，家無二尊，以一治之也。故父在爲母齊衰期者，見無二尊也。杖者何也？爵也。三日授子杖，五日授大夫杖，七日授士杖。或曰擔主，或曰輔病。婦人、童子不杖，不能病也。百官備，百物具，不言而事行者，扶而起。言而后事行者，杖而起。身自執事而后行者，面垢而已。秃者不髽，傴者不袒，跛者不踊，老病不止酒肉。凡此八者，以權制者也

大傳：服術有六：一曰親親，二曰尊尊，三曰名，四曰出入，五曰長幼，六曰從服。

馬晞孟曰：術者，言其所由。服之制有五，而術則有六，其詳至於如此者。所謂喪多而其服五，上附、下附是也。親親者，門内之喪，門内之喪，則必以恩掩義，而以父母爲首，故爲父母斬衰，此親親之重也。尊尊者，門外之喪，門外之喪，則必以義斷恩，而以君與臣爲首，故爲君斬衰，此尊尊之重也。名者，自彼而適我也。出入者，自我而遷彼，若姑姊妹之服是也。方姑姊妹之未出，則其服重；其已出，則其服輕，所謂姑姊妹有受我而厚之者也。從服者，言其以類相從，而非正服也。

陸佃曰：親親，下所謂自仁率親是也。尊尊，下所謂自義率祖是也。三曰名，所謂名曰輕、名曰重是也。四曰出入，所謂一輕一重是也。鄭氏謂用恩則父母重而祖輕，用義則祖重而父母輕，是之謂出入。吴澄曰：服術謂古先聖人制服之道，其一親親之服，承上文人道之親親，下治子孫者而言。子至親也，故適長子斬衰三年，同於父，衆子齊衰期同於祖。子之下，其親者孫，故適孫齊衰期，亦同於祖，衆孫則大功九月，孫之下其親曾、玄，並緦麻三月，此親親之下殺也。其二尊尊之服，承上文人道之尊尊，上治祖禰者而言，父至尊也，故斬衰三年，其父之重，無以加，父之上，其尊者祖，故齊衰期；祖之上，其尊曾、高，並齊衰三月，此尊尊之上殺也。其三名服，其四出入之服，承上文人道之男女有别，别之以禮義者而言，入者，彼女來配此男，母者，配父之名，其尊齊於至尊之父，故服三年之衰，與父同，但齊其斬而已。妻者配己之名，其親比於至親之子，故服期年之齊衰，與子同，又加之以杖也，而妻之於夫，則比於至尊之父，故服三年之斬衰，移其所天之父，以天其夫也。婦者，配子之名，故服大功九月、小功五月，伯母、叔母，其名同於父之配，視已尊一等，故服齊衰期；昆弟之子之婦，其名同於子之配，視已卑一等，故服小功五月；唯兄弟之妻，其名不可同於己之配，爲其與己同等，故無服。出者，此女往配彼男，故姑姊妹女子子，在室齊衰期，出嫁則降大功九月；入者，雖已出嫁或被出，或無子而復歸本宗，則仍服在室未嫁之本服也。其五長幼之服，承上文人道之長長，旁治昆弟者而言。長者謂昆，幼者謂弟，昆弟相爲服齊衰期也。同祖者從昆弟，則服大功九月；同曾祖者再從昆弟，則服小功五月；同高祖者昆弟，則服緦麻三月，此長幼之旁殺也。由長而上，則有旁尊之殺。父之親昆弟爲從父，則服齊衰期；父之從昆弟爲再從父，則服小功五月；父之族昆弟族父，則服緦麻三月；祖之親昆弟爲從祖，則服小功五月；祖之從昆弟爲族祖，及曾祖之親昆弟爲族曾祖，並服緦麻三月。由幼而下，則有旁卑之殺，子之從昆弟爲親昆弟之子，則服齊衰期；子之再從昆弟，爲從昆弟之子，則服小功五月子之族兄弟；爲再從昆弟之子，則服緦麻三月；孫之再從昆弟，爲親昆弟之孫，則服小功五月；孫之族昆弟，爲從昆弟之孫，及曾孫之族昆弟，爲親昆弟之曾孫，並服緦麻三月。以上喪服之五術，本乎人道之四親，皆爲親之服也。非親而服者，不在此數。其六從服，謂非己之正服，從於人而服也，故殿於五術之後。

從服有六：有屬從。注：子爲母之黨。有徒從。注：臣爲君之黨。有從有服而無服。注：公子爲其妻之父母。有從有無服而有服。注：公子之妻爲公子之外兄弟。有從重而輕。注：夫爲妻之父母。有從輕而重。注：公子之妻爲其皇姑。

吕本中曰：從輕而重，所因者自輕，而己從之，乃反重也。從重而輕，妻爲重，又其父母當重，而己反輕。從無服而有服，所從者自無，而己反有。從有服而無服，所從者自有，而己乃無服。

吴澄曰：從服之目又六：屬從者，屬，謂親屬，以親屬故爲其黨服，妻從夫服夫家旁尊旁卑之親，子從母，服母黨之親也。徒從者，徒，空也，與彼非親屬，空爲其黨服，子爲母之君母，庶子爲君母之親，妾爲女君之黨也。從有服而無服者，其夫爲其昆弟有服，妻從夫而爲夫之兄弟則無服，公子之妻爲其父母有服，夫從妻，而公子爲君所厭，爲妻子父母則無服也。從無服而有服者，其夫爲兄嫂弟婦無服，妻從夫而娣姒婦相爲小功，則有服也。公子被君厭，爲母之父母姊妹無服，妻從夫而爲公子之外祖父母及從母，皆緦，則有服也。從重而輕者，姑雖出嫁，猶爲姪服大功九月爲重，其子從母而爲内兄弟服緦則輕，妻爲其父母服期爲重，夫從妻而服外舅外姑皆緦，則輕也。從輕而重者，公子爲君所厭，爲其母練冠爲輕，妻從夫而爲公子之母服期，則重也。

自仁率親等而上之，至于祖，名曰輕。自義率祖，順而下之，至于禰，名曰重。一輕一重，其義然也。注：自，猶用也。率，循也。用恩，則父母重而祖輕。用義，則祖重而父母輕。恩重者爲之三年，義重者爲之齊衰。然，如是也。

方慤曰：因親以推祖，則以階而升，故曰等而上之；由祖以及禰，則即世以降，故曰順而下之。或自仁率，或自義率，而下止言其義然者。義，宜也，宜輕而輕，宜重而重，是亦義而已。

輔廣曰：親親，仁也，逆而上之則漸輕，故至於祖名曰輕。尊尊，義也，順而下之則漸重，故至於禰，名曰重。輕則齊衰三月，重則斬衰三年。一輕一重，其義則然，非人之所能爲也。

吴澄曰：因上文有從重而輕，從輕而重之語，遂申釋制服輕重二字之義，恩愛之心無限極，故於至親之服斬衰三年者，仁也。然仁雖限極，以漸而減殺焉。循親之重服，等差而上，至祖，則減爲齊衰期。又至祖上之祖，則爲齊衰三月，愈殺而輕矣。事宜之理，有裁制，故於曾、高祖之服齊衰三月者，義也，義雖有裁制，然以漸而加隆焉，循曾高祖之輕服，順序而下，至祖，則加爲齊衰期，又至祖下之禰則加爲斬衰三年，愈隆而重矣，皆事理之宜如是也。

四世而緦，服之窮也。五世祖免，殺同姓也。六世親屬竭矣。

絶族無移服，親者屬也。

張子曰：君子之澤，五世而斬。小人之澤，五世而斬。澤斬於五世，則恩可知矣，故四從六世爲絶族。而從旁及之服，特親者，各以親疏屬之也。服不及於六世，而昏姻乃百世不通者。仁之所施有宗，而義之所別，不可已也。然所謂絶，非特此也，喪服出妻之子爲母期，則爲外祖父母無服。傳曰：絶族無施服，親者屬也。謂妻於夫家，與族齒，其出也與族絶，族絶，則爲外祖父母無服，此所謂無施服。然夫妻則合有絶族，子母至親無絶道，故爲出母期。謂親者屬，禮記作移，喪服傳作施，蓋古者移、施通用也。

吴澄曰：高、曾、祖、禰之子、孫、曾、玄爲族，移，推而旁及之也。高祖之族，其服旁及者，族曾祖、族祖、族父、族兄弟，皆緦。曾祖之族，其服旁及者，從祖、再從父、再從兄弟，皆小功。族子緦，祖之族，其服旁及者，從父期，從兄弟大功，再從子小功。族孫緦，禰之族，其服旁及者，昆弟從子皆期，從孫小功，族曾孫緦。出乎此爲絶族，族絶則無旁及之服矣。若在族内，爲高、曾、祖、之禰親者，各以于之屬，孫之屬，曾孫之屬，玄孫之屬，而服之也。

服問傳：曰：有從輕而重；公子之妻，爲其皇姑，注：皇，君也，諸侯妾子之妻，爲其君姑齊衰，與爲小君同，舅不厭婦也。有從重而輕，爲妻之父母。注：妻齊衰而夫從緦麻，不降一等，言非服差。有從無服而有服，公子之妻，爲公子之外兄弟。注：謂爲公子之外祖父母從母緦麻。有從有服而無服，公子爲其妻之父母。注：凡公子厭於君，降其私親女君之子，不降也。○疏：此四條明從服輕重之異。公子之妻，爲其皇姑公子謂諸侯之妾。子也，皇姑即公子之母。諸侯在，尊厭妾子，使爲母練冠。諸侯没，妾子得爲母大功，而妾子妻不辨諸侯存没。爲夫之母期也，其夫練冠是輕也。而妻爲期是重，故云從輕而重。謂之皇姑者，此妾既賤，若準云姑，則有適女君之嫌。今加皇字，自明非女君，而此婦所尊，與女君同，故云君姑也。公子之妻爲公子之外兄弟者，謂公子之外祖父母也。公子被厭，不服已母之外家，是無服也妻猶從公子而服公子外祖父母從母緦麻，是從無服而有服也。經唯云公子外兄弟，知非公子姑之子者，以喪服小記：云夫之所爲兄弟服。妻皆降一等。夫爲姑之子緦麻，妻則無服。今公子之妻爲之有服，故知公子之外祖父母從母也。此等皆小功之服，凡小功者，謂爲兄弟。若同宗直稱兄弟，以外族，故稱外兄弟也。

陸佃曰：公子之妻，爲其皇姑。謂之皇姑者，死而後稱姑，避小君也。先儒謂春秋之義，妾母稱夫人，若小君在，上堂稱妾，下堂稱夫人，天一而已矣。夫，妻之天也，雖其父母猶降，雖其舅姑猶降，即妻齊衰，夫亦齊衰，是相報也。故先王制服，爲妻之父母，其輕重不倫如此。婦之黨，爲昏兄弟；壻之黨，爲姻兄弟，又各謂其外家之黨爲外兄弟。喪服傳曰：何如則可謂之兄弟？小功以下爲兄弟。小功以下，親不足言也，謂之兄弟可。故曰：四海之内皆兄弟也，公子不服其母，故爲其妻之父母無服。

傳曰：罪多而刑五，喪多而服五。上附、下附列也。

喪服小記：親親以三爲五，以五爲九。上殺，下殺，旁殺，而親畢矣。注：已上親父，下親子，三也。以父親祖，以子親孫，五也。以祖親高祖，以孫親玄孫，九也。殺謂親益疏者，服之則輕。

方慤曰：親親之道，成於三，窮於九。夫道生一，一生二，二生三，三生萬物，萬物有生，則有成矣。人道上由父生，下以生子，身居其中，然後人道成焉，此謂成於三，變而爲九，是所謂九族，而人道盡於此矣，此之謂窮於九。曰上殺者，遠近之殺也。曰下殺者，尊卑之殺也。曰旁殺者，親疏之殺也。遠近之殺者，近者隆，而遠者殺故也。尊卑之殺者，尊者隆而卑者殺故也。所謂親疏者，亦若是而已。不曰隆而曰殺者，親愈上則愈殺於遠，親愈下則愈殺於卑故也。所謂旁殺者，亦若是而已。三殺既畢，則九族之外也。絶族無移服，故曰而親畢矣。

馬晞孟曰：親親以三爲五，以五爲九，而不言七者，以其上而高曾者，皆爲遠祖也。下而曾、玄者，皆爲遠孫也。凡喪服之道，以近爲親，是故上殺者，有緦麻而無功衰，以其相遠也。旁殺之親，有大功有小功者，以其相近也。近者至於親親而不尊，遠者至於尊尊而不親。唯其親而不尊，故九月、五月之喪，功衰而已，唯其尊而不親。故雖齊衰之喪，亦有三月者也。曾者，增之也；高者，積而上之謂也；玄者，久而小之謂也。

陳祥道曰：書與詩序皆言九族，特周禮小宗伯、儀禮士昏、禮記仲尼燕居特言三族者，三族父子孫也；九族，高祖至玄孫也。三族舉其本，九族極其末。舉三族，則九族見矣。白虎通夏侯、歐陽、何琦、如淳之徒，以父族四、母族三、妻族二爲九族，其説蓋以詩之葛藟刺平王不親九族，而言謂他人父、謂他人母；頍弁刺幽王不親九族，而言豈伊異人，兄弟甥舅；角弓亦刺不親九族，而言兄弟昏姻，無胥遠矣，則所謂九族者，非特内宗而已。是惡知詩人之所生者，因内宗而發哉？彼謂父族四者，父之姓爲一族，父女昆弟適人者子爲二族，己女昆弟適人者子爲三族，己女適人者子爲四族。母族三者，母之父母爲一族，母之昆弟爲二族，母之女昆弟爲三族。妻族二者，妻之父爲一族，妻之母爲二族。然於母之母，則合而爲一族。妻之父母，則離而爲二可乎？爾雅於内宗皆曰族，於母妻曰黨而已。又禮小功之末，可以嫁娶。妻之黨，固無妨於嫁娶。昏禮不容，慮其不虞也。然則九族之説，當從孔安國、鄭康成爲正，此經則九族殺之差也。

陸佃曰：族之以喪紀論者，孔氏云上至高祖，下及玄孫，爲九族，此斥同姓而兼死言之也。族之以親屬論者，歐陽氏云：父族四，母族三，妻族二，爲九族，此斥生而兼異姓言之也。以此經考之，則孔氏之言爲是。以詩頍弁、角弓考之，則九族異姓在焉，於歐陽氏之言爲當也。夫以喪紀言服者，推而上之極於高祖，引而下之極於玄孫者，何也？蓋曾祖之上，其祖謂之高祖，尊者以親屬高遠也；曾孫之下，其孫謂之玄孫，卑者於親屬微昧也，故喪紀於是盡焉。以親屬言族者，母族三，有母之母姓；父族四，無父之母姓者，蓋屈於父之姓故也，此父在爲母期之意也。然則母之姓，於母之父姓，何以無屈？曰：理有等，恩有殺，於同姓之族嚴，於異姓之族略，仁義之道也。母族三，有母之女昆弟適人者，而妻族二，無妻之昆弟適人者何也？蓋女子謂姊妹之夫爲私，以其非正親故也。妻之姊妹，於已則非正親，其不在族中也宜矣。

親親、尊尊、長長，男女之有别，人道之大者也。 注：言服之所以隆殺。○疏：親親，謂父母也。尊尊，謂祖及曾祖高祖也。長長，謂兄及旁親也。不言卑幼，舉尊長則卑幼可知也。男女之有别者，若爲父斬，爲母齊衰，姑姊妹在室期，出嫁大功，爲夫斬，爲妻期之屬，是男女之有别也。

吴澄曰：此一條，舊本與上殺、下殺、旁殺而親畢之文不相屬，其實當相屬，故鄭注以爲言服之隆殺。蓋以結上親親三五九之意也，親親之三五九，以一家所親之親，合爲一而言也，此條之親親，在尊尊、長長、男女有別之先，以一家所親之親，分爲四而言也。親親，謂親而非尊非長者，大傳謂之下治子孫，此章所謂下殺之親，正子孫之服，與從族旁親之子孫也。尊尊，謂親而又尊者，大傳謂之上治祖禰，此章所謂上殺之親，王父祖與從族旁尊之父祖也。長長，謂親而又長者，言長則兼幼矣，大傳謂之旁治昆弟，此章所謂旁殺之親，正昆弟，與從族旁長旁幼之昆弟也。男女之有別，謂他姓之女，來爲本姓婦；本姓之女，往爲他姓婦者，是爲内治夫婦之親，大傳之服術，所謂名服出入服也。獨皇氏不取鄭注，謂此是記者言別事，不論服之隆殺。澄初亦頗然其説，而以此爲泛論。親親者，父子之倫；尊尊者，君臣之倫；長長者，兄弟之倫；男女有別者，夫婦之倫。該五倫之四，故曰人倫之大。其後細味上下文意，又觀大傳，與此章文意大同小異，乃知己説爲非，而鄭注爲審。但孔疏所釋親親尊尊之服未當爾，故特據大傳上治下治旁治之説，以定尊長之服焉。

從服者，所從亡則已。注：謂若爲君母之父母、昆弟、從母也。屬從者，所從雖没也服。注：謂若自爲己之母黨。

曲禮：夫禮者，所以定親疏，決嫌疑，别同異，明是非也。疏：定親疏者，五服之内，大功已上服，麤者爲親；小功已下服，精者爲疏，故周禮小史掌定繫世辨昭穆也。決嫌疑者，若妾爲女君期，女君爲妾，若報之，則太重，降之則有舅姑爲婦之嫌，故全不服，是決嫌疑者。孔子之喪門人疑所服，子貢曰：昔者夫子喪顔回，若喪子而無服，喪子路亦然，請喪夫子若喪父而無服，是決疑也。别同異者，賀瑒云：本同今異，姑姊妹是也；本異今同，世母、叔母及子婦是也。明是非者，得禮爲是，失禮爲非，若主人未斂，子游裼裘而弔，得禮，是也；曾子襲裘而弔，失禮，非也。但嫌疑同異是非之屬，在禮甚衆，各舉一事爲證，而皇氏具引今亦略之。

吕大臨曰：伯母、叔母疏，衰踊不絶地；姑姊妹之大功，踊絶於地。爲祖父母齊衰期，爲曾祖父母齊衰三月，此所以定親疏也。嫂叔不通問，嫂叔無服，君沐粱、大夫沐稷、士沐粱，燕不以公卿爲賓，以大夫爲賓，此所以決嫌疑也。己之子與兄弟之子異矣，引而進之，同服齊衰期。天子至於庶人，貴賤異矣，而父母之喪，衰疏之服，食粥之食，無貴賤一也。大夫爲世父母、叔父母，衆子、昆弟、昆弟之子，降服大功，尊同則不降，此所以别同異也。

文王世子：喪紀以服之輕重爲序，不奪人親也。

三年問：三年之喪，二十五月而畢。

問傳：期而小祥，又期而大祥，中月而禫。

雜記：期之喪，十一月而練，十三月而祥，十五月而禫。

喪服小記：再期之喪，三年也；期之喪，二年也；九月、七月之喪，三時也；五月之喪，二時也；三月之喪，一時也。

吴澄曰：再期、一期、九月、七月、五月、三月者，喪節之隆殺也；三年、二年、三時、二時、一時者，氣運之久近也，隆殺在人者也，久近在天者也。故祭以存親者，亦以盡乎人之禮。除喪以順變者，亦以從乎天之道。人禮之當盡者，可有窮已；天道之當從者，不得不然也。

徐師曾曰：九月、七月，大功也。儀禮大功章有中殤七月之文，以實歷之月言之，則再期、九月、七月、五月、三月，以歲時之氣言之，則三年、二年、三時、二時、一時也。期以上，以年計，功緦以時計，服之隆殺有此五等，凡取義於人情、天道而已。

二程全書：問喪止於三年何義？曰：歲一周，則天道一變，人心亦隨以變。唯人子孝於親，至此猶未忘，故必至於再變，猶未忘，又繼之以一時。

朱子語類：母之姊妹，服反重於母之兄弟，緣於兄弟嫁則降其服，而姊妹不降故也。舅於甥之妻有服，妻於夫子舅無服，亦可疑。恐是舅從文而推之，故廣；甥之妻從夫而推之，故狹。朋友加麻於弔絰之上，麻謂絰也。

吴澄服制考詳序：凡喪禮制爲斬、齊、功、緦之服者，其文也。不飲酒，不食肉，不處内者，其實也。中有其實，而外飾之以文，是爲情文之稱，徒服其服，而無其實，則與不服等爾。雖不服其服，而有其實者，謂之心喪。心喪之實，有隆而無殺，服制之文，有殺而無隆，古之道也。愚嘗謂服制當一以周公之禮爲正，後世有所增改者皆溺乎其文，昧乎其實，而不究古人制禮之意者也。爲母齊衰三年，而父在爲母杖期，豈薄於其母哉？蓋以夫爲妻之服既除，則子爲母之服亦除，家無二尊也。子服雖除，而三者居喪之實如故，則所殺者三年之文而已，實固未嘗殺也。女子在室，爲父斬，既嫁則爲夫斬，而爲父母期。蓋曰子之所夫者父，妻之所天者夫，嫁而所天於夫，則降其父，婦人不貳斬者，不貳天也，降己之父母而期，爲夫之父母亦期，期之後，夫未除服，婦已除服，而居喪之實如其夫，是舅姑之服期，而實三年也。豈必從夫服斬，而後爲三年哉？喪服有以恩服者，有以義服者，有以名服者：恩者，子爲父母之類是也；義者，婦爲舅姑之類是也；名者，爲從父從子之妻之類是也。從父之妻名以母之黨而服，從子之妻名以婦之黨而服，兄弟之妻不可名以妻之黨。其無服者，推而遠之也。然兄弟有妻之服，己之妻有娣姒婦之服，一家老幼俱有服。己雖無服，必不華靡於其躬，宴樂於其室，如無服之人也。同爨且服緦，朋友尚加麻，鄰喪里殯，猶無相杵巷歌之聲，奚獨於兄嫂弟婦之喪，而恝然待之，如行路之人乎？古人制禮之意，必有在，而未易以淺識窺也。夫實之無所不隆者，仁之至；文之有所或殺者，義之精，古人制禮之意蓋如此。後世父在爲母三年，婦爲舅姑，從夫斬、齊，並三年，爲嫂有服，爲弟婦亦有服，意欲加厚於古，而不知古者子之爲母，婦之爲舅姑，叔之於嫂，未嘗薄也。愚故曰：此皆溺乎其文，昧乎其實，而不究古人制禮之意者也。古人所勉者，喪之實也，自盡於己者也；後世所加者，喪之文也。表暴於人者也，誠僞之相去何如哉？

徐駿五服集證：周喪制，將死比生，而定立二十七月。凡人之生日，與死日皆同其數。假令人於子年十二月三十日生，至丑年正月一日稱二歲，謂兩日經二年也。又至寅年十二月三十日，謂經二十五月而稱三歲。假令人於卯年十月十日死，至辰年十月十日爲一周年，謂經十三月，漸二周之度，謂之小祥。又至巳年十月十日通數二十五月，漸經三年之度，謂之大祥。孔子云：喪不過三年。蓋三年之喪，其孝子痛切之至，五内分崩，必盡節哀之禮，而無損傷之過也。二十五月，雖越三年，亦不忍便服吉服，又服禫素之衣兩月，共二十七月，則踰月從吉也。踰月從吉者，自父母死日，實數二十七月外，次二十八月一日，方始釋服從吉。禮云：徹晦至朔爲餘月是也。

呂坤四禮疑：孫與祖爲體，祖愛孫，不異父之於子。杖妻不杖祖，何也？玄孫女、曾孫女、孫女，出嫁不降高曾祖祖父母，曰：不敢降也。玄孫婦、曾孫婦、孫婦，乃敢降我高曾祖、祖父母乎？或曰：義服也。出母、嫁母皆杖，而不杖本生父母，或曰欲推而遠之也。母妻與父稱三族，父族九世四面三從，凡四十有八。母族始自小功，凡四；妻族止於外舅姑凡二，何隆殺也？父母於女，伯叔父母於姪女，無亦當稍别乎。或曰：猶子也。夫親姑夫姊妹小功，不分室嫁，女嫁於兄弟妻、姪妻不報服，何也？孤甥依舅母，有乳哺衣食昏嫁成家者，舅母死，緦亦不及焉，無乃忍乎？先王之外女也，不如路人。父母死，父族絶，寧用東西南北家，獨不許女壻主喪，何其疏？而女之服上下通乎七世，旁推及於三從，又何親也？服圖母家直名外親忍矣，而舅之子，又稱内兄弟何也？禮也有義，先王精意，必自有説。儒者當講求焉，不可習矣而不察也。○母族之殺何也？曰母喪期，母家安得不殺？妻族之甚殺何也？曰：母族殺，妻族安得不甚殺？今母喪已三年矣，且與父等矣，而二族似亦稍隆，庶於士庶之家，人情爲近。○喪禮：先王所制以制放逸忘哀之情，故謂之制。制以三年爲重，故適長子不在，適長孫承祖之重，謂之承重。五服者，三年、一年、九月、五月、三月，五等之衣服也。十制者，斬衰三年、齊衰三年、齊衰杖期、齊衰不杖期、齊衰五月、齊衰三月、大功九月、小功五月、緦麻三月，祖免在次，十等之制度也。齊衰與斬衰，布麻有麤細，五齊衰，布麻無麤細，祖免雖極輕，亦先王禮制，但不成服，故不可入五服爾。○疑服有四：曰正義加降，正服，禮稱情也；義服，情從禮也；加服，禮從情也。三者皆隆，降服，禮裁情也。○降服，非君子之所忍也。服所降以明禮，稱所本以明情。○三年重喪也，降爲期，稱重期，期降大功，稱期功，小功降緦，稱功緦，仁之至、義之盡也。故曰加服不稱本服，降服不忘本服，厚道也。

舊唐書張柬之傳：聖曆初，柬之爲鳳閣舍人，時弘文館直學士王元感著論云：三年之喪，合三十六月。柬之駮之，曰：三年之喪，二十五月，不刊之典也。謹案春秋魯僖公三十三年十二月乙巳公薨，文公二年冬公子遂如齊納幣，左傳曰禮也，杜預注云：僖公喪終此年十一月，納幣在十二月，士昏禮納采納徵，皆有玄纁束帛，諸侯則謂之納幣。蓋公爲太子，已行昏禮，故傳稱禮也。公羊傳曰：納幣不書，此何以書？譏。喪娶在三年之外，何以譏？三年之内不圖昏。何休注云：僖公以十二月薨，至此冬未滿二十五月，納采、問名、納吉，皆在三年之内。故譏。何休以公十二月薨，至此冬十二月，纔二十四月，非二十五月，是未三年而圖昏也。案經書十二月乙巳公薨，杜預以長曆推，乙巳是十一月十二日，非十二月，書十二月是經誤。文公元年四月，葬我君僖公，傳曰緩也。諸侯五月而葬，若是十二月薨，即是五月，不得言緩，明知是十一月薨，故注僖公喪終此年。至十二月而滿二十五月，故丘明傳曰禮也。據此推步杜之考校，豈公羊之所能逮？況丘明親受經於仲尼乎？且二傳何、杜所争，唯争一月，不争一年。其二十五月除喪，由來無别，此則春秋三年之喪，二十五月之明驗也。尚書伊訓云：成湯既没，太甲元年，惟元祀，十有二月，伊尹祠于先王，奉嗣王祇見厥祖。孔安國注云：湯以元年十一月崩，據此則二年十一月小祥，三年十一月大祥，故太甲中篇云：惟三祀十有二月朔，伊尹以冕服奉嗣王歸于亳，是十一月大祥訖，十二月朔日，加王冕服，吉而歸亳也，是孔言湯元年十一月之明驗。顧命云：四月哉生魄，王不懌，是四月十六日也。翼日乙丑王崩，是十七日也。丁卯命作册，度是十九日也。越七日癸酉，伯相命士須材，是四月二十五日也，則成王崩，至康王麻冕黼裳，中間有十日，康王方始見廟，則知湯崩在十一月，淹停至殯訖，方始十二月，祇見其祖。顧命見廟訖，諸侯出廟門俟，伊訓言祇見厥祖，侯甸群后咸在，則崩及見廟，殷周之禮並同。此周因於殷禮，損益可知也。不得元年以前別有一年，此尚書三年之喪，二十五月之明驗也。禮記三年問云：三年之喪，二十五月而畢，哀痛未盡，思慕未忘，然而服以是斷之者，豈不送死有已，復生有節。又喪服四制云：變而從宜，故大祥鼓素琴，告人以終。又間傳云：期而小祥，食菜果。又期而大祥，有醯醬。中月而禫，食酒肉。又喪服小記云：再期之喪三年也，期之喪二年也。九月、七月之喪，三時也。五月之喪，二時也。三月之喪，一時也。此禮記三年之喪，二十五月之明驗也。儀禮士虞禮云：期而小祥，又期而大祥，中月而禫，是月也吉祭。此禮周公所制，則儀禮三年之喪，二十五月之明驗也。此四驗者，並禮經正文，或周公所制，或仲尼所述，吾子豈得以禮記戴聖所修，輒欲排毀。漢初高堂生傳禮，既未周備，宣帝時少傅后倉因淹中孔壁所得五十六篇，著曲臺記，以授弟子。戴德、戴聖、慶溥三人，合以正經，及孫卿所述，並相符會，列於學官，年代已久。今無端構造異論，既無依據，深可歎息。其二十五月，先儒考校，唯鄭康成注儀禮中月而禫，以中月間一月，自死至禫，凡二十七月。又解禫云：言澹澹然平安之意也。今皆二十七月，復常從鄭議也。踰月入禫，禫既復常，則二十五月爲免喪矣。二十五月、二十七月，其議本同。竊以子之於父母喪也，有終身之痛，創巨者日久，痛深者愈遲，豈徒歲月而已乎？故練而慨然者，蓋悲慕之懷未盡，而踊擗之情已歇，祥而廓然者，蓋哀傷之痛已除，而孤邈之念更起。此皆情之所致，豈外飾哉？故記曰：三年之喪，義同過隙。先王立其中制，以成文理。是以祥則縞帶素紕，禫則無所不佩。今吾子將徇情棄禮，實爲乖僻。夫棄衰麻之服，襲錦縠之衣，行道之人皆不忍也。直爲節之以禮，無可奈何，故由也不能過制爲姊服，鯉也不能過期哭其母。夫豈不懷懼名教逼己也，至若孔、鄭、何、杜之徒，並命代挺生，範模來裔，宮牆積仞，未易可窺。但鑽仰不休，當漸入勝境，詎勞終年矻，虛肆莠言？請所有揣摘先儒，願且以時消息。時人以柬之所駁，頗合於禮典。

通典杜佑議曰：中月而禫，鄭玄以中月爲閒月，王肅以中月爲月中，致使喪期不同制度非一。歷代學黨，議論紛紜。宗鄭者，則云祥之日鼓素琴孔子彈琴笙歌，乃省哀之樂，非正樂也。正樂者，八音並奏，使工爲之者也。案鄭學之徒，不云二十五月，六月、七月之中，無存省之樂也，但論非是禫後復古所作正樂爾。故鄭注喪服四制祥之日鼓素琴，云爾以存樂也。君子三年不爲樂，樂必崩；三年不爲禮，禮必壞。故祥日而存之，非有心取適而作樂。三年之喪，君子居之。若駟之過隙，故雖以存省之時，猶不能成樂。是以孔子既祥，五日彈琴而不成聲。禮記所云二十五月而畢者，論喪之大事畢也，謂除衰絰與堊室爾，餘哀未盡，故服素縞麻衣，著未吉之服。伯叔無禫，十三月而除；爲母妻有禫，是十五月而畢；爲君無禫，二十五月而畢；爲父長子有禫，二十七月而畢。明所云喪以周斷者，禫不在周中也。禮記二十五月畢者，則禫不在祥月，此特爲重喪加之以禫，非論其正祥除之義也。三年之喪，二十五月而畢者，論其正。二十七月而禫者，明其加。宗王者，案禮記云：三年之喪，再周二十五月而畢。又檀弓云：祥而縞，是月禫，徙月樂。又魯人有朝祥而暮歌者，子路笑之。夫子曰：踰月則其善也。又夫子既祥，五日彈琴而不成聲，十日而成笙歌，又祥之日鼓素琴。以此證無二十七月之譚也。案上學之徒，難曰若二十五月大祥，二十七月而禫，二十八月作樂。則二十五月，二十六月，二十七月。三月之中，不得作樂者，何得禮記云：祥之日鼓素琴，孔子既祥，五日彈琴，十日笙歌。又喪大記云：禫而内無哭者，樂作矣故也。孟獻子禫，縣而不樂，此皆禫月有樂之義，豈合二十八月，然始樂乎？鄭學之徒，嫌祥、禫同月，卜用遠日，無中月之義者，祥禫之祭，雖用遠日，若卜遠日不吉，則卜近日。若卜近得吉，便有中月之義也。所以知卜遠不得吉，得用近日者，以吉祭之時卜近，不吉得卜遠日。故禮記云：旬之内日近某日，旬之外日遠某日。特牲饋食云：近日不吉，則筮遠日。若吉事，得而遠則凶事得用近，故有中月之義也。禮記作樂之交，或在禫月，或在異月者。正以禫祥之祭，或在月中，或在月末故也。喪事先遠日，不吉則卜月初，禫在月中，則得作樂，此喪大記禫而内無哭者，樂作矣故。孟獻子禫，縣而不樂之類皆是也。祥之日鼓琴者，特是存樂之義，非禫後之樂也。夫人倫之道，以德爲本，至德以孝爲先。上古喪期無數，其仁人則終身滅性。其衆庶有朝喪暮廢者，則禽獸之不若。中代聖人，緣中人之情，爲作制節，使過者俯而就之，不及者跂而及之。至重者斬衰以周斷，後代君子，居喪以周。若駟之過隙，而加崇以再周焉。禮記云：再周之喪，二十五月而畢。至於祥禫之節，其文不備。先儒所議，互有短長，遂使歷代習禮之家，翻爲聚訟，各執所見，四海不同，此皆不本禮情而求其禮故也。夫喪本至重，以周斷，後代崇加以再周，豈非君子欲重其情，而彰孝道者也。何乃惜一月之禫，而不加之，以膠柱於二十五月者哉？或云孝子有終身之憂，何須過聖人之制者，二十七月之制行尚矣。遵鄭者，乃過禮而重情；遵王者，則輕情而反制，斯乃孰爲孝乎？且練、祥、禫之制者，本於哀情不可頓去，而漸殺也。故間傳明云再周而大祥，素縞麻衣；中月而禫，禫而纖，無所不佩。中猶間也，謂大祥祭後，間一月而禫也。據文勢，足知除服後一月服大祥服，後一月服禫服。今俗所行禫，則六旬，既祥縞麻闕而不服，稽諸制度，失之甚矣。今約經傳，求其適中，可二十五月終而大祥，受以祥服，素縞麻衣。二十六月終而禫，受以禫服。二十七月終而吉，吉而除。徙月樂，無所不佩。夫如此，求其情而合乎禮矣。

朱子曰：二十五月祥後即禫，當如王肅於是月禫，徙月樂之説爲順。今從鄭氏之説，雖禮宜從厚，然未爲當，喪禮當從儀禮爲正。○喪禮只二十五月，是月禫，徙月樂，又曰中月而禫，猶曰中一以上而祔。漢書亦云間不一歲，即鄭注儀禮爲是，杜佑亦從此説。但與檀弓所云是月禫，及踰月異旬之説不合。今既以二十七月爲期，此等不須細討，自致其哀足矣。

儀禮節略第十四卷

喪禮

喪服

斬衰。用極麤生麻布爲之。凡衣裳旁及下際，皆不緝。

斬衰裳。上曰衰，下曰裳，皆斬。三升布爲之。

苴绖。在首在腰皆曰绖，以有子麻爲之。麻有子則粗惡，故以爲斬衰之绖。

苴杖。爲父苴杖，以竹爲之。大如腰绖，其長短以當每人之心爲節。

絞帶。亦以苴麻爲之。

冠繩纓。以六升布爲冠，又屈條繩爲武，垂下爲纓。

菅屨。以菅草爲屨。

傳曰：斬者何？不緝也。苴絰者，麻之有蕡麻子者也。苴絰大搹，搹，扼也。以搹爲度，不可寸數，註中人之搹圍九寸。左本本謂麻根。在下，去五分一以爲帶。齊衰之绖，斬衰之帶也。去五分一以爲帶，大功之絰，齊衰之帶也。去五分一以爲帶，小功之绖，大功之帶也。去五分一以爲帶，緦麻之絰，小功之帶也。去五分一以爲帶，此釋苴絰之文。苴杖竹也，削杖桐也，各齊其心，皆下本。本，根也，下本順其性也。杖者何爵也？無爵而杖者何？擔主也。爵，謂有爵之人。無爵，謂庶人。擔，假也，假之以杖，使爲喪主，謂適子也。非主謂衆子。而杖者何？輔病也。童子何以不杖？不能病也。婦人何以不杖？亦不能病也。童子婦人皆謂非主者，若童子當室則皆杖矣。絞帶者，繩帶也。絞之則爲繩矣。冠繩纓，條屬右縫。通屈一條繩，從額上約之，後交過兩廂，各至耳爲武，綴之，各垂于頤下結之，武纓皆上著冠也。條屬者，以一條繩爲纓，而又屬于武。右者，喪冠三辟積，大功以上，其縫向右。冠六升，外畢。謂冠于武而畢之。外畢者，別于吉也。鍛而勿灰。但以水濯，不加灰治。衰三升，菅屨者，菅菲也，外納。收其餘向外也。

齊衰。

疏衰裳齊。疏：麤也。

牡麻絰。

冠布纓。以七升布爲冠。

削杖。以桐木爲之。方其下。其長短亦以齊人心爲節。爲母削杖。

布帶。亦以七升布爲帶。

疏屨。

傳曰：齊者何，緝也。牡麻者，枲麻也。苴，惡色。枲，好色。故問傳曰：斬衰貌若苴，齊衰貌若枲。牡麻絰，右本在上。爲父，左本在下，陽統于內也。爲母，陰統于外，故右本在上也。冠者沽功也。沽猶麤也。疏屨者，藨蒯之菲也。齊衰期杖者，不杖者，三月者服皆同。

傳曰：問者曰：何冠也？曰：齊衰、大功，冠其受也；緦麻、小功，冠其衰也。帶緣各視其冠。受，承也。凡重服有變除，脱重服，承以輕服也。五服者以升數多少爲差，衰至麤，升數最少。冠差細于衰，每變除則以冠之布，爲衰之布。故曰：冠其受也。緦麻、小功無受布，但冠其衰，冠衰布同，故曰冠其衰也。帶緣謂喪服內中衣，用布緣之，各視其冠者，謂齊衰以至緦麻。其冠衰之緣，亦各以其冠布爲之。

聶崇義曰：斬衰，冠衣相受。凡喪制服所以表哀，哀有隆時殺時，其服乃隨哀隆殺。故初服麤惡，至葬後練後大祥後漸細加飾，是以冠受。節録。

徐健庵曰：儀禮喪服篇：斬衰、齊衰皆言冠，大功以下不言冠何也？蓋齊衰言布纓，則大功以下，亦布纓可知也。斬衰言條屬，則齊衰以下，亦條屬可知也。其異者，惟緦麻則澡纓。澡謂澡治之，所謂有事其布也。小功以下則左縫，及布之升數有不同耳。其冠之形制，無不同也。

遠按：受服惟三年期九月之喪，其月數少者，皆即其冠衰終喪，無變除也。故曾高祖之喪，雖齊衰無受服。

大功服。

布衰裳。大功布，其鍛治之功麤沽之。斬衰冠六升不加灰。此七升，言鍛治可以加灰矣。

牡麻絰。

大功布衰裳。牡麻絰，無受者，子、女子子之長殤中殤。

傳曰：何以大功也？未成人也。何以無受也？喪成人者其文縟，喪未成人者其文不縟。故殤之絰，不樛垂，蓋未成人也。男女未冠笄而死者爲殤。子，謂適子，本斬衰；女子子本齊衰，今以其殤，降在大功，在正服大功之上，義服齊衰之下。縟猶數也，其文數者，謂變除之節也。樛，敖繼公曰：當作繆，絞也。凡喪至小斂，大功以上皆散帶垂，至成服絞之，今至成服亦不絞，以示未成人，與成人異。

其長殤皆九月，纓絰。其中殤七月，不纓絰。纓即絰之散垂者，五服無七月之服。惟大功中殤有之，七月絰無纓。則小功以下，絰無纓可知。

大功布衰裳，牡麻絰纓，布帶。三月受以小功衰，即葛，九月者。此言喪成人大功之服，輕于殤服。大功言絰纓，因輕以見重，則齊衰以上可知，且見小功以下之纓也，至三月説大功布衰裳，而以小功布衰裳受之。脱麻絰帶，就葛絰帶也。此三月受服，上皆同之，受衰止于此也。

繐衰服。

繐衰裳，牡麻絰，既葬除之者。此諸侯大夫爲天子之服。天子七月而葬，葬即除之，在大功之下，小功之上。

傳曰：繐衰者，何以小功之繐也。凡布細而疏者，謂之繐，治其縷如小功而成布。細其縷者，以恩輕也。升數少者，以服至尊也。

按：七月之服，在五服之外。今制無繐衰，亦無殤服，以儀禮所載并録之。

小功服。用功細小精密，故名小功。

小功布衰裳，澡麻帶絰，五月者。此殤小功，本齊衰功之親。今以其殤，降在小功，故在成人小功之上。澡者，治去莩垢，不絶其本。殤大功言無受，不言月數；此言五月，不言無受，互見爲義也。

小功布衰裳，牡麻絰，即葛，五月。此成人小功變麻即葛。不易衰，無受服也。

緦麻服。以細如絲者爲衰裳，以澡治莩垢之麻爲絰帶，故曰緦麻。

緦麻三月者。

傳曰：緦者，十五升抽其半。有事其縷，無事其布，曰緦。抽，猶去也。十五升去半，爲七升半，八十縷爲升，蓋六百縷也。比他服之布爲稍疏，比他布之縷爲最細。細者所以見其爲輕喪，疏者所以明其非吉布。朱子曰：十五升抽其半，是一簆只用一縷。按五服之布，以升數多少爲序。今小功十二升，而緦麻正七升半，似乎小功細于緦麻，不知緦麻本是十五升之細布，而抽去七升，其縷極細，而成布則疏，大抵至澆薄之布也。

雜記：緦冠繰纓。注：繰當爲澡。按：緦冠衰，皆治縷不治布，而纓則又澡治之也。

婦人服。

妻爲夫，妾爲君，女子子在室爲父，布總，箭笄，髽，衰三年。此言婦人服之異於男子者，總，束髮。既束其本，又總其末也。箭笄，篠也。髽，露紒也。以麻自項而前，交于額上，却繞紒也。自卒斂至終喪不變，此與牡麻絰結本皆與男子異，其同者杖屨也。言衰不言裳者，婦人不殊裳，衰無衽。男子裳開兩邊露衣，故用衽屬衣兩旁，以掩交際之處。婦人衰，下如深衣。縫之以合前後，而邊不開，故不須衽以掩之也。

傳曰：總六升，長六寸，箭笄長尺，吉笄尺二寸。總六升者，首飾象冠數。長六寸，謂出紒後所垂爲飾也。此斬衰之總，指卒哭以前者也。

女子子適人者爲其父母，婦爲舅姑，惡笄有首，以髽，卒哭。子折笄首，以笄布總。

傳曰：笄有首者，惡笄之有首也。惡笄者，櫛笄也。折笄首者，折吉笄之首也。吉笄者，象笄也。何以言子折笄首而不言婦？終之也。婦人以飾事人，雖居喪不可頓去脩容，故惡笄有首，至卒哭。女子子哀殺，歸于夫家，折吉笄之首，而著布總，櫛笄以櫛之木爲笄。折笄首者，女歸夫家，則以吉笄易凶笄，又不可純吉，故折其首也。終之也者，言婦于舅姑，則惡笄以終喪也。

服制。

儀禮喪服記：凡衰外削幅，裳内削幅，幅三袧。此記衰裳之制，用布多少尺寸之數。凡衰總五服言，削猶殺也。外削内削云者，謂之邊幅向外向内也。幅三袧者，言爲裳之法，前三幅，後四幅，每幅皆三辟襵之，布七幅，每幅闊二尺二寸。若不辟積其要中，則束身不得就，故須辟積要中也。裳前三幅，後四幅者，前爲陽，後爲陰，象陰陽也。注疏語多不可解，妄臆纂之。

若齊裳内衰外。齊，緝也。五服之衰，一斬四緝。裳内衰外者，亦猶上言外内。此衰還向外展，裳還向内展也。

負廣出於適寸。負，負版也。以一方布置于背上，上著領下，垂放之，以在背上，故名負。適，辟領也。負之廣無定數，以出于適旁一寸爲度也。

適博四寸，出於衰。博，廣也，辟領向外謂之適，左右各廣四寸，反摺向外，即今之開肩窩，但餘布不縫于領中，而著之于外也。衰博四寸當心，辟領左右各四寸，則當中闊八寸矣，皆反摺向外，則出于衰外左右各六寸矣。適者，以孝子哀戚之情，專適于父母，不兼念餘事也。

楊復曰：喪服制度，惟辟領一節，沿襲差誤，自通典始。案喪服記云：衣二尺有二寸。蓋指衣身自領至要之長而言之也。用布八尺八寸，中斷以分左右，爲四尺四寸者二，又取四尺四寸者二，中摺以分前後，爲二尺二寸者四。此即尋常度衣身之常法也。合二尺二寸者四，疊爲四重，從一角當領處，四寸直下，取方横裁入四寸，乃記所謂適博四寸，注疏所謂辟領四寸是也。按適即辟領，何爲而異其名也？辟，猶開也，從一角當領處取方裁開入四寸，故曰辟領。以此辟領四寸，反摺向外，加兩肩上，以爲左右適，故曰適，乃疏所謂兩相向外各四寸是也。辟領四寸，既反摺向外，故後之左右，各有四寸虚處，當而相並，謂之闊中。前之左右，亦各有四寸虚處，當而相對，亦謂之闊中，疏所謂闊中八寸是也。此衣身所用布之處，與裁之之法也。注又云：加辟領八寸，而又倍之者，謂別用布一尺六寸。横闊八寸，又縱摺而中分之，其下一半裁斷左右兩端各四寸，除去不用，只留中間八寸，以加後之闊中，元裁辟領各四寸處，而塞其闕，當相並處，此所謂加辟領八寸是也。其上一半全一尺六寸，不裁，以布之中間從項上分左右，對摺向前垂下，以加于前之闊中，與原處，當肩相對處相接，以爲左右領也。夫下一半，加于後之闊中者，用布八寸，而上一半，從項而下，以加前之闊中者，又倍之，而爲一尺六寸焉，此所謂而又倍之者也。此則衣領所用之布，與裁之之法也。古者衣服吉凶異制，故衰服領與吉服領不同，而其制如此也。注又云：凡用布一丈四寸者周身八尺八寸，衣領一尺六寸，合爲一丈四寸也。此是用布正數，若負衰帶下及兩衽，又在此數之外矣。但領必有袷，此布何從出乎？曰：衣領用布闊八寸，而長一尺六寸。古者布幅闊二尺二寸，衣領用布闊八寸之外，更餘闊一尺四寸，長一尺六寸。可以分作三條，施于袷而適足無餘欠也。

衰長六寸，博四寸。衰綴于外衿之上，廣袤當心。衰之言摧也，以孝子有哀摧之志也。〇前有衰，後有負版，左右有辟領孝子哀戚，無所不在也。

衣帶下尺。謂衣要也。此蓋舉上衣之度而言，人身有長短，不可概以尺寸計之。惟于束帶之處，其下按長一尺，使足以掩裳際也。

衽二尺有五寸。衽所以掩裳際也。用布二幅，各長三尺五寸。每幅上下各從一頭直量入一尺，先于上頭所量一尺處，從左横裁入中間六寸，又于下頭一尺處從右横裁入中間六寸。然後從上六寸尋下六寸處，斜裁開，分兩片，各長二尺五寸，其兩片整一尺處爲上，裁六寸處爲下。兩片重疊，以裁開處相向垂下，如燕尾狀，綴在衣身兩旁當腋下。蓋過帶下尺，以掩裳之旁際分開者，用布二幅者，前後各一幅也。

此本家禮儀節，乃本注疏之意也。王廷相、黄宗羲皆駁之，以爲衣必有袷，而後可掩其胸體。若如鄭賈之説，是衣皆無衽，如對衿比甲之制矣。當心正中，其膚體必是暴露，豈事理之順適。今用布二尺五寸，交斜裁之，狹頭向上，廣頭向下，下辟領五寸，綴于衣身之旁，上以承領，下與衣齊。在左者爲外衽，在右者爲内衽，此定制也云云，此節録王、黄二先生語，徐健庵善之。

袂屬幅。屬，連也。古者布闊二尺二寸。凡用布爲衣，皆去邊幅一寸爲縫殺。屬幅者，不削其邊幅，取整幅爲袂也。必不削幅，欲與衣身同，縱横皆二尺二寸，正方也。

衣二尺有二寸。自領至要二尺二寸，前後合計四尺四寸。

袪尺二寸。袪，袖口也。尺二寸，圍之則二尺四寸，足以容中人之併兩手。吉時拱尚左手，喪時拱尚右手，袂二尺二寸，縫其下一尺，留尺二寸不縫也。

裳。

裳用布七幅，其長短隨人身，前縫三幅作一聯，後縫四幅作一聯，前後不相聯，每幅作三帆，合計前後二十一帆。其作帆子，于每幅布上頭將入要處，用指提起布少許，摺向右，又提起少許摺向左，兩相湊著，用線綴住，而空其中間，以爲帆子。其大小隨人肥瘦，大約如今人裙帆。但裙帆向一邊順去，此則兩邊相向耳。其縫也，邊幅皆向内，前三後四，七幅同作一要，要兩頭各有帶。

婦人服制。

按：疏衽下云：此謂男子之服，婦人則無，以婦人之服連衣裳，衰無帶下，又無衽也，詳前衰三年注。

温公書儀：斬衰婦人用極麤生布爲大袖，及長裙。皆不緝。衆妾以背子代大袖。○齊衰用布稍細者爲背子及裙。緝邊。○大功以生白絹爲背子及裙。家禮用稍熟布。○小功、緦麻，婦人勿著華采之衣而已。小功但用麻布稍熟細，緦麻别小功，但用熟麻布極熟細者。

朱子曰：婦女之服，古禮不可考，用温公書儀可也。又曰：温公儀，凶服斬衰古制，而功、緦却又不古制，是何説也？古者五服皆用麻，但布有麤細差等，皆有冠、絰，但功、緦之絰小爾。

檀弓：衰與其不當物也，寧無衰。注：惡其亂禮。疏：此語通于五服。

遠按：注疏皆以不當物爲精麤廣狹不應法制，陸佃、馬希孟之論皆同。惟黄幹引左傳屠蒯諫晉平公語曰：服以將禮，禮以行事。事有其物，物有其容。今君之容，非其物也。○以此驗之，物者心貌哀慼之實。以稱其服，若介胄則有不可犯之色也。蓋哀感者喪禮之實，衰者外飾之容。若但服衰於身，而心貌無哀慼之實者，寧如不服衰也，此爲得之。

齊衰不以邊坐，大功不以服勤。喪服宜敬，坐起必正，不可著衰而偏倚也。言齊衰則斬衰可知，大功雖輕，然亦不可著衰服爲勤勞之事也。

張子曰：齊衰不以邊坐，有喪者專席而坐可也。

縣子曰：綌衰繐裳，非古也。綌，葛也。繐，疏布。時尚輕細，有喪者不服麤衰。但疏葛爲衰，繐布爲裳，故云非古也。

方慤曰：古之五服，自斬至緦，一以麻。若以綌爲衰，以繐爲裳，則取其輕涼而已，非古制也。

黄幹曰：今按衰服衣衽袂袪帶下，自斬至緦皆同。惟衰負版左右辟領，據儀禮注云：前有衰，後有負版。左右有辟領，孝子哀戚之心，無所不在。疏云：衰者，孝子有哀摧之志。負者，負其悲哀。適者，指適緣于父母，不念餘事。若然，則此衰負版左右辟領三者。惟子爲父母用之，旁親皆不用與。

楊復曰：家禮至大功，乃無衰負版辟領者，蓋家禮乃初年本也。後先生之家所行之禮，旁親皆無衰負版辟領。若此之類，皆從後來之議論定者爲正。按旁親指期服之旁親也。

丘氏曰：凡喪服上曰衰，下曰裳，五服皆惟于斬、齊二服，又用布一片當心，亦謂之衰。意者古人因此特用以爲名稱歟？不然，何功、緦之稱，則專取于用功治絲之義，而於此乃獨以其上衣爲名哉？必不然也。儀禮注所謂孝子感戚之心，無所不在，就其重者言爾，豈具服者于其旁親皆無衰戚心，特假是以爲文具哉？節録。

徐健庵曰：儀禮喪服經大功、小功，皆言布衰裳。又言大功衰、小功衰者，不一而足，即緦麻三月下注疏，亦言布衰裳，則五服未有不用衰者。且鄭注言五服之衰，一斬四緝，賈疏言凡衰者，總五服而言，而開元禮、政和禮大功以下，亦俱言衰裳，則古人未嘗謂功緦不用衰也，乃温公書儀則齊衰不用衰，而易以寬袖襴衫。朱子家禮則自大功以下俱不用衰，後之言禮者，率以二先生之言爲準，於是輕喪皆不知有衰矣。余往年過松江上海，見有功、緦之喪者，皆準古禮制衰服，歎其風俗淳厚。今世士大夫，共討論而脩明，所謂以禮爲服制，以興太平者也。

遠按：喪服以布一片，長六寸，博四寸，綴于當心，謂之衰。疏云謂孝子有哀摧之志也，而喪服衣身，統謂之衰，其因此一片而得名歟？將無此一片，即不得謂之衰歟？夫哀摧之心，凡在五服之中，莫不有之，惟子於父母，視旁親有加焉。先王制禮，行道之人皆弗忍也，故弔服亦謂之衰。若曰：凡衰同制，皆有衰負辟領，豈緦衰弔服亦同于斬衰之制乎？又疏云：適者指適緣于父母，不念餘事，豈緦、小功之喪？指適緣于所喪之旁親，并父母之存者而不念之乎？喪服傳曰：子不私其父，則不成其爲子。竊疑衰負辟領之制，惟齊、斬之服有之，大功以下不盡同也。要之五服皆用麻布，以麤、細爲差等，通謂之衰。若温公書儀齊衰用寬袖襴衫，功、緦用生白絹，則并衰而去之，實戾于古，文公家禮似無可議也。丘氏之言，未敢以爲然，知禮之士尚其酌之。

五服升數。

服有降服，有正服、有義服，而其别有升數。其變有有受，有無受。八十縷爲一升，麤者升數少，細者升數多。遠按：降服從重而輕，視正服爲重。如爲人後者，爲本生父母本斬衰，而降爲齊是也。義服從輕而重，視正服爲輕。如繼父本無服，而同居陞爲齊衰是也，故斬衰無降服。

斬衰。正服三升，義服三升半，冠六升，受服六升，冠七升。

齊衰。降服衰四升，正服衰五升，義服衰六升，冠七升。舊説正服冠八升，義服冠九升。受衰七升。舊説正八升，義服九升。冠八升。舊説正九升，義十升。

大功。降服衰七升，正服衰八升，義服衰九升，冠十升。舊説義服十一升。受衰十升。舊説義十二升。冠十一升。舊説義十二升。

小功。降服十升，正服十二升。舊説十一升，義服十三升。舊説十二升。冠升同，無受。

緦麻。衰十五升，抽其半。冠升同，無受。

斬衰先斬布而後製，故言斬衰者，斬先衰；疏衰先製而後緝，故言疏衰者，衰先齊。春秋傳曰：斬然在衰絰之中。雜記曰：三年之喪如斬，期之喪如剡。削也則斬者其痛甚，剡其哀殺也。疏者，麤也，斬衰固麤矣。不曰疏者，麤不足以言之也。齊衰合麤，大功、小功言功，緦麻言緦，則人功漸著，而緦又加密矣。先儒謂父在爲母齊衰五升，冠八升。既虞，受衰八升、冠九升。父卒，爲母齊衰四升，冠七升。既虞，受衰七升，冠八升。喪服記云：齊衰四升，冠七升。間傳亦曰：爲母，既虞受衰七升，蓋自父卒言之，其説是也。以上節録陳祥道禮書。

朱子曰：今人齊衰用布太細，又大功、小功皆用苧布，恐皆非禮。大功須用市中所賣火麻布稍細者，或熟麻布亦可小功須用虔布之屬。古者布帛精麤皆有升數，所以説布帛精麤不中度，不鬻於市。今更無此制，聽民之所爲所以倉卒難得中度者，只得買來。自以意擇製之爾，又曰喪服葛中極麤，非若今之細者。

冠。

既夕記：冠六升，外縪纓，條屬厭。縪，謂著于武也。武，謂冠卷。以冠前後皆著于武，從武下向外之，謂之外縪。厭，伏也。以其冠在武下，過鄉上，反著冠，冠在武下，故云厭也。五服之冠皆厭，但此冠上下據斬衰而言也。

喪服記：斬衰冠六升，受冠七升，齊衰冠七升，受冠八升，繐衰冠八升。

雜記：喪冠條屬，以別吉凶。三年之練冠，亦條屬右縫，小功以下左。條屬右縫，解見前。吉冠纓武異材，凶冠纓武其材，故云别吉凶。練冠小祥之冠，雖微入吉，亦條屬右縫。吉冠則襵上辟縫向左，左陽也；凶冠縫向右，陰也。小功以下輕，故辟縫向左，同居冠也。

大白冠，緇布之冠，皆不緌。委武玄縞而後緌。大白冠，大古之白布冠也。緇布冠，黑布冠也。二冠無飾，故皆不緌。委武，冠卷也。玄縞二冠，先者别卷，後乃可緌。

檀弓：喪冠不緌。吉冠既結共纓，而垂其餘者爲飾，謂之緌。喪服斬衰冠以繩爲纓，齊衰以下以布爲纓，結于頷下，而不垂。蓋喪從質，不如吉冠之有飾也。

古者冠縮縫，今也衡縫。故喪冠之反吉，非古也。古，殷時也。直縫辟積少而質，横縫則辟積多而文。古吉凶冠皆直縫，今吉冠横縫，而喪冠直縫，與吉冠相反。

玉藻：縞冠玄武，子姓之冠也。縞冠素紕，既祥之冠也。武用玄是吉，冠用縞是凶，孫爲祖喪，既祥。父喪未除，不純吉也。紕緣邊也，縞是生絹，近于吉冠，用縞而但緣以素。吉事先見，而猶有禫之餘哀也。

冠制。

丘氏補儀節：斬衰冠梁。褙厚紙爲之，廣三寸。長足以跨頂前後，用稍細麻布裹之，就摺其布爲細㡓子三條，直過梁上，其輒俱向右，是謂三辟積。其梁之兩頭盡處，卷曲向外，以承武，是謂外縪。武。用麻繩一條，折其中，從額上約之。至頂後，交過前，各至耳邊。結住以爲武。纓。又以武之餘繩，垂下結于頤下。〇按：禮喪冠條屬，疏謂纓武同材，今世俗別用繩爲之，非。合冠制。先將冠梁折彎，安在武內。又于冠梁兩頭盡處，各出少許于外向上，却將武安在其上，向外縫之，垂纓兩旁下結。

軾按：喪冠無梁。丘氏考究未詳，論見後。

齊衰冠制，俱同惟武用布。

按：世俗齊衰以下冠武。往往背紙爲材，用布裹之。別以布爲纓。非儀禮條屬之制，不可用。

大功冠制同齊衰。

小功冠辟積向左，餘同大功。

緦麻冠澡纓，餘同小功。

黃榦曰：案五服喪冠，其制之異者，有四：升數之不同一也，繩纓之與布纓澡纓二也，右縫之與左縫三也，勿灰之與灰四也。其制之同者亦四：條屬一也，外畢二也，辟積之數三也，廣狹之制四也。

括髮，免，髽。

儀禮士喪禮：卒斂，主人括髮袒，衆主人免于房，婦人髽于室。

朱子曰：括髮是撮，髮爲髻。注疏云：如著幓頭，所謂幓頭，如今之掠頭編子。自項而前，交于額上，却繞髻也。遠按：親始死，去冠而但存笄纚。至小斂，并纚去之，用麻白項後交于額前，却繞于髻，曰括髮。女子去笄纚露紒，亦以麻繩自項後交于額前，却繞于髻，曰髽。衆主人謂齊衰以下也，亦去笄纚，以布自項後交于額前，却繞子髻，曰免。其制大抵如此，前賢之論不一，摘其近理者録于左。

萬斯同曰：括髮免髽之制，注疏謂者以麻自項而前，交于額，却繞於髻，惟免用布爲異，是三物而一製也。愚竊有疑焉。括髮之式，自注疏而外，諸家從無別解。愚謂按此二字之義，則必其制足以括盡其髮而無餘也。若止用麻一條，果足以括盡其髮乎？蓋古者有纚以韜髮，纚用繒爲之，廣幅長六尺。親始死，冠去而纚猶存，至小斂并纚去之，而易以括髮，其製必與纚相似。蓋纚用繒，而括髮用麻布，此時不可以服繒，故易之以麻布也。不然，括髮既用麻繩矣。又以麻繩爲絰，而加于括上，豈人之首所能容乎？此括髮之可疑者一也。免之式，鄭氏因謂未聞文引舊説以爲如冠狀，夫曰如冠狀，則非以一寸之布，自項而繞于額矣，得毋自解而自背之乎？善乎吕與叔之言曰：免以布爲卷幘，以約四垂短髮而露其髻于冠，禮謂之闕項冠，必先著此闕項，而後加冠。故古者有罪免冠，而闕項存，因謂之免是説也，不勝于布廣一寸之説乎？此免之可疑者二也。髽之式，鄭司農謂麻與髮相半結之，馬季長謂屈布爲巾，高四寸。惟鄭氏謂如幓頭爾，昔夫子誨兄子以髽，戒以毋縱縱，毋扈扈。釋者謂縱縱，太高也；扈扈，太廣也。倘如注疏，亦以麻自項而交于額，則本無高廣之形，何必戒之以縱縱、扈扈乎？鄭司農之説，杜元凱用之，雖若勝于康成，終不若馬氏高四寸之説，與孔子之言有合也，此髽之可疑者三也。凡此三説，非敢故違乎注疏，但以昔賢原有别解，何必鄭氏之是而他説之非乎？愚故聊述臆見，以質正于知禮者焉。○或謂經言括髮以麻，而子謂用麻布，則與免而以布何别乎？不知括髮以麻者，蓋未成之布，故謂之麻。免而以布者，乃已成之布，故謂之布也。若如注疏之説，自項而前交于額上乎？則束髮不能固，將交于額下乎？則于髮不能括，無一而可也。故愚以爲其制必當如纚也。

徐健庵曰：人子始遭父喪，鄭注謂將斬衰者笄纚，蓋去冠而但存笄纚也。陳用之非之，謂始死有易冠，無去冠。而敖繼公用其説，謂當易之以素冠。若是，則鄭氏之説非乎？愚以爲親始死，徒跣扱衽，無容，哀之至也豈有下則徒跣扱衽，而上仍著冠者乎？夫冠所以爲飾，此何時也，而尚存其飾也。孝子之心，固謂遭禍之深，以罪人自處也。倘猶加冠以爲飾，是視親死無異于平日矣，豈人情之所忍哉？此鄭氏笄纚之説，誠有所據而不可非也。

喪大記：卒斂，主人袒。括髮以麻，婦人以髽。

檀弓：袒括髮，變也。去飾，去美也。袒括髮，去飾之甚也。有所袒，有所襲，哀之節也。

喪服小記：斬衰括髮以麻，爲母。括髮以麻，免而以布。爲母，初喪至小斂後，與爲父同。至尸出堂拜賓之後，爲母，則不復括髮，乃著布免，踊而襲絰帶，以至成服，故云免而以布也。

問喪：或問曰：冠者不肉袒，何也？曰：冠至尊也，不居肉袒之體也，故爲之免以代之也。身無飾者，不敢冠。冠爲褻尊服，肉袒則著免。然則秃者不免，傴者不袒，跛者不踊，非不悲也。身有錮疾，不可以備禮也。故曰喪禮惟哀爲主矣，女子哭泣悲哀，擊胸傷心；男子哭泣悲哀，顙觸地，無容，哀之至也。免而袒，袒而踊，先後之次也。有一疾，則廢一禮。女子不踊，惟擊胸。男子不踊，惟顙，皆可以爲哀之至也。

汪琬曰：宋儒程大昌嘗辯袒免，謂免如字，不當如鄭氏音問。予始愛其文，久而考之禮經，則程子所辯未合也。程子曰：不應別立一冠名之爲免，予則曰：布廣一寸，從項交額而却繞于紒，是固不成其爲冠也。鄭氏亦未嘗以冠名之也。程子曰：解除吉冠之爲免，如免冠之免。予則曰：此非禮經意也。禮秃者不免，謂其無紒可繞，故不免也。又或問曰：免者以何爲也。曰：不冠者之所服也。洵如經言，則不止于不冠而已，如之何借免冠以爲釋也？程子曰：哀絰冠裳，俱有其制，而袒免則元無冠服，故經莫得而記。予則曰：經文有之矣，程子未之詳也。禮奔喪者，自齊衰以下，入門左，中庭北面，哭盡哀，免麻於序東，是免用麻也。斬衰括髮以麻，爲母括髮以麻，免而以布，是免用布也。布與麻者，免之制也，其可謂之無其制與？程子曰：禮男子冠而婦人笄，男子免而婦人髽，是冠與免對也，故得以免冠爲免。予則曰：非也。冠與笄對，免與髽對者也，髽不止于除笄而免獨止于免冠乎？左傳韓之戰，穆公獲晉侯。穆姬登臺履薪，使以免服衰絰逆，則免之有服審矣。程子又釋喪小記曰：父母皆應以麻括髮，而古禮母皆降父，故減麻用布，而特言免以明之。予則曰：此又非也。經文上言括髮，而下言免，則免與括髮不同，不可以合釋之也。有免而括髮者焉，母喪是也。有免不括髮者焉，屬及五世之變是也。先儒之立言也，雖不能無淳駁，而其音釋必有所師承，未可據以爲疑也。

髽　笄　總

喪服小記：齊衰，惡笄以終喪。

男子冠而婦人笄。此言其吉者。男子免而婦人髽。此言其凶者，男子去冠縰而免，婦人則去笄縰而髽。斬衰髽用麻，齊衰髽用布，皆名露紒。蓋始死去冠，猶存笄縰，小斂并纚去之，非免與髽無以約髮也。或免或髽，特以別男女，非有他義也。

箭笄終喪三年。笄所以卷髮，箭笄最重，女子在室爲父也。惡笄，齊衰之笄。女爲母，婦爲舅姑也，皆終喪，有除無變也。

總。總以束髮，既束其本，又總其末。楊復婦人首飾圖云：自斬至緦，成服皆布總。斬衰總六寸，期與大功總八寸，小功、緦麻同一尺，皆終喪，吉總當尺二寸也。

家禮蓋頭。用稍細麻布爲之。凡三幅，長與身齊，不緝邊。丘氏曰：雖非古制，是亦古禮婦人出而擁蔽其面之意。

布頭帤。音需，用略細布一條爲之，長八寸，用以束髮根，而垂其餘于後，此即所謂布總也。儀禮：子在室爲父布總。傳曰：總長六寸。注：六寸，出髻外所垂之飾也。曾子問縞總。注：縞，白絹也，長八寸，今世俗婦女有服者，用白布束髻上，謂之孝圍，亦是此意。但彼加于髻上，而不束髮，亦不垂其餘，竹削竹爲之，即儀禮所謂箭笄也。傳曰：箭笄長尺，今但取可以約髮，不必太長也。

絰帶

士喪禮：苴絰大鬲，下本在左，要絰小焉，散帶垂，長三尺，牡麻絰，右本在上，亦散帶垂。苴絰，斬衰之絰，要五分去一。牡麻絰，齊衰之絰。○左本、右本，纓皆在左。麻所重者本，重者纓，苴本爲纓。牡麻絰有本而不以爲纓，輕重之别也。左尊右卑，故纓皆在左。散，不絞也。長三尺，見帶下之，垂與大帶同。

婦人之帶，牡麻結本，在房。婦人斬衰亦有苴絰帶，則結本與男子散麻異也。

既夕記：三日絞垂。謂大功以上至成服，絞要帶之散垂者，小功以下初即絞之。

檀弓：絰也者，實也。麻在首、在要皆曰絰。分言之，則首曰絰，要曰帶，實明孝子有忠實之心也。

禮書曰：喪服有二帶，絰帶象大帶，絞帶象革帶。斬衰絰帶、絞帶，皆以麻。齊衰以下，絰帶以麻，絞帶以布。然絰帶之麻，有苴者，有牡者，有澡者，有不澡者，有有本者，有純本者。其施之于身有散者，有不散者。斬衰苴絰，齊衰大功繐衰小功牡麻絰，殤而小功澡麻。苴者，麻之有蕡者也。牡者，枲麻也。澡者，治莩垢者也。苴色惡，澡色潔，枲則不惡不潔，而適輕重之中，故自齊衰至小功皆用之也。小記曰：下殤小功澡麻，不絶其本，屈而反以報之。服問曰：麻之有本者，變三年之葛，有本，謂大功以上，小功以下澡麻斷本。既練，遇麻斷本者，于免絰之。又曰：小功之麻，不變大功之葛，以有本者爲稅。則大功以上有本，小功以下絶本，小功雖絶本而不澡，特下殤之在小功者澡之。澡之則于小功爲重，以其本非小功也。

檀弓：婦人不葛帶。謂婦人既虞卒哭，其絰以葛易麻，要帶則始終是麻，婦人所重在要，有除無變也。

間傳：斬衰，既虞卒哭，去麻服葛，葛帶三重。男子易要絰以葛，婦人易首絰以葛。葛帶三重，謂男子葬後以葛絰易要之麻絰，差小于前。蓋以三股葛合爲一繩，故曰葛帶三重也。

期而小祥，要絰不除。男子除乎首，婦人除乎帶。男子何以除乎首也？婦人何以除乎帶也？男子重首，婦人重要。除服者先重者，易服者易輕者。

杖。

士喪禮：三日成服杖。

既夕記：杖下本，竹桐一也。本謂根。下本，順木之性也。

喪服小記：苴杖，竹也。削杖，桐也。苴，黯也。至痛内結，形色外章，心如斬斫，貌必蒼苴，所以衰裳絰杖俱備苴色。竹體圓性直，履四時而不改。子爲父，禮申痛極，自然圓足有終身之痛，故斬而用之，無所厭殺。削，殺也，削奪其貌，不使苴也。桐明其外雖被削，而心本同也，且桐隨時凋落，示外被削殺，服從時除，而終身之心當與父同也。

虞杖不入于室，祔杖不升於堂。虞在寢祭後，不以杖入室。祔在廟祭後，不以杖升堂，皆哀殺之節也。

絰殺五分而去一，杖大如絰。

練，筮日筮尸，視濯，皆要絰杖，繩屨。有司告具而後云杖。臨事去杖，敬也。筮日筮尸，有司告事畢，而後杖，拜送賓。

庶子不以杖即位。適子執杖進阼階哭位，庶子至中門外去杖。父不主庶子之喪，則孫以杖即位可也。祖不厭孫，孫得申也。父在庶子爲妻，以杖即位可也。父不主庶子之妻，故庶子得申也。

婦人不爲主而杖者，姑在爲夫杖。姑不厭婦。母爲長子削杖，女子子在室，爲父母。其主喪者不杖，則子一人杖。主喪，乃同姓攝主者。無子執杖，則推長女杖。子一人，謂長女也。

雜記：爲長子杖，則其子不以杖即位。辟尊者也。

爲妻。父母在，不杖，不稽顙。

問喪：或問曰：杖者何也？曰：竹桐一也，故爲父苴杖。苴杖，竹也。爲母，削杖。削杖，桐也。或問曰：杖者以何爲也？曰：孝子喪親，哭泣無數，服勤三年，身病體羸，以杖扶病也，則父在不敢杖矣，尊者在故也。堂上不杖，辟尊者之處也。堂上不趨，示不遽也，此孝子之志也，人情之實也，禮義之經也。非從天降也，非從地出也，人情而已矣。

喪服四制：杖者何也？爵也。三日授子杖，五日授大夫杖，七日授士杖。謂爲君喪。或曰：擔主。擔，假也。假之以杖，使爲喪主，謂適子也。或曰：輔病。婦人童子不杖，不能病也。百官備，百物具，不言而事行者，扶而起。謂天子諸侯。言而後事行者，杖而起。謂大夫士。身自執事而后行者，面垢而已。謂庶民。禿者不髽，傴者不袒，跛者不踊，老病不止酒肉。凡此八者，以權制者也。

徐健庵曰：削杖之制，孔仲達、陳可大輩謂削之使方以象地，書儀家禮則謂上圓下方，乃開元禮獨謂削杖圓之，而敖繼公引杜元凱説證削杖爲圓。諸説紛紜，然則當何從？愚按小記言杖大如絰，絰之形既圓，則杖形亦圓可知，況桐之言同，謂其制同之于父也，何必取天圓地方之説乎？書儀上圓下方，亦以其意爲之爾，較之孔疏益無所取象矣。汪琬曰：或問禮無爵者，非擔主不杖。然則庶人居三年之喪，亦有不杖者歟？曰：無之。古人之居喪也，哭踊無算，水漿不入口者三日。既殯食粥，朝一溢米暮一溢米，如是則無不病者。故曰：非擔主而杖，爲輔病也。夫安得有不杖者與？今人之居喪也，哭泣不哀，飲食居處如故，其違禮也多矣，而又逆億古人之不能病，不亦悲夫？

屨。

既夕記：屨外納。收餘末向外，取醜惡不事飾也。

喪服小記：齊衰三月與大功同者，繩屨。以麻繩爲之。

檀弓：練繩屨，無約。約者，屨鼻頭有飾爲行戒。

丘氏補：斬衰屨。用菅草，或粗麻，餘收向外。婦人麻鞵，齊衰屨。或草或麻，餘收向内。婦人麻鞵。或布。大功屨。用麻布。小功屨。用白布。

按：周禮屨人職：屨有約繶純，純。緣也，所以緣屨口也。繶。互底相接之縫，綴條于其中。約。謂之拘狀如刀衣，所以受繫穿貫者也。著屨舄之頭，以爲行戒。戒猶偪，所以自偪束也。綦。屨繫也，屬于跟後者，以兩端向前而結之。

受服詳五服升數。

徐健庵曰：古之喪服自三年至九月，皆有受服。以初喪之衰，疏而易壞，故至卒哭即易其衰，而受之以成布。書儀之不言受服者，以有居喪常服也。家禮既不言居喪之常服，又不言葬後之受服，將齊、斬之衰可服至三年、期年之久乎？抑葬後即除衰服，但存齊衰、斬衰之名乎？凡此皆朱子之偶失，而後人之所當補也，乃秦溪瓊山，亦竟未有補之者，于此書寧無遺憾哉？

遠按：受服惟小功以下無之，其月數少，不必變也。斬衰卒哭獻畢，乃餞賓，出。丈夫脱于廟門外，變麻，受之以葛。婦人葛絰而麻帶，丈夫以冠爲受衰婦人衰六升，受服降初服三等，受冠降初冠一等，大功以上同也。賈氏斬衰章疏云：斬衰初服，至葬後，練後，大祥後，漸細加飾。斬衰裳三升，冠六升。既葬以其冠爲受衰，裳六升，冠七升。小祥又以其冠爲受，間傳期而小祥，練冠縓緣要絰不除，又期而大祥。素縞麻衣，中月而禫，禫而纖，此喪服變除之漸也。古人衰不離身，故有受服。今人則齊、斬之衰，止于暫時一服。功衰以下，罕有製者，受服則竟不知矣，此詩人所以傷悲于素衣素冠也。古制尚存，庶幾有好禮者尚能行之。

司馬温公曰：古者既葬，練、祥、禫，皆有受服，變而從輕。今世俗無受服，自成服至大祥，其衰無變，故于既葬別爲家居之服，是亦受服之意也。

練。

喪服四制：父母之喪，期十三月而練冠。

問傳：期而小祥，練冠縓緣，要絰不除。男子除乎首，婦人除乎帶。

檀弓：練，練衣黄裏縓緣。練，小祥也。小祥著練冠，練中衣，中衣非正服，以承衰者，爲黄袷裏。縓，淺絳色，以縓緣中衣領，及袖口也。葛要絰。去首絰，惟餘要葛。繩屨無絇。繩屨，大功屨也，至小祥受之。吉屨有絇，此不純吉也。角瑱。瑱，充耳也。人君平常用玉，初喪亦無。小祥微飾，以角爲之。鹿裘衡長袪。鹿皮色曰：故喪用以爲裘，狹而短袂無袪小祥稍飾，則更易作横廣大者又長之，又設其袪也。袪裼之可也。裼，裘上又加衣也。吉時裘上皆有裼衣，喪則無之。小祥稍文，故裼之也。

遠按：小祥之時，要尚葛絰，而黄裏縓緣，亦覺不倫此又今人之所不肯爲，古禮之未可從者。

雜記：期之喪，十一月而練。

服問：三年之喪，既練矣。有期之喪，既葬矣，則帶其故葛帶。絰期之絰，服其功衰。遠按：此言服從其重者也。期服既葬之葛，輕于斬衰之練葛。期服既葬之功衰，重于三年之練服。期服既葬不除首絰，而三年之練則首絰已除。今宜從其重者，故帶從三年之練，而衰皆從期服也。

吕柟曰：練去首絰，負版辟領衰繩屨，猶要絰不除婦人去要絰，則奚冠奚衰。奚帶，曰其衰猶斬也。其升同大功，故禮曰服其功衰。不言裳者，衰之長或可以掩裳，其今之直領長衫而不緝者乎？今大夫士以下，練而白布齊，是斬衰一年也。既葬而白布齊，是斬衰三月也。

縞。

檀弓：祥而縞。大祥也。縞，縞冠素紕也。

間傳：又期而大祥，素縞麻衣。玉藻：縞冠素紕，既祥之冠也。麻衣緣之以布，無采飾也。若有采飾，則深衣矣。

雜記：子游曰：既祥雖不當縞者必縞，然後反服。此言受弔也。大祥之後，有來弔者。雖不當祥祭縞冠之時，亦必著祥服以受之，然後反服素縞麻衣。

萬斯同曰：此節注疏以爲受弔，記文未嘗言弔，此説之無據者也。陸農師以爲既祥當縞，若有他喪，雖不當縞，亦必著縞以終前喪。然後反他喪之服，記文未嘗言他喪，此亦説之難信者也。愚以爲大祥之時，止妻妾子女有服，其他期親以下，皆已除服，當此祥祭，寧有不來與祭者乎？既來與祭，自不可用吉服，是必易之以縞冠。至事訖，而後反吉服也。即如孫爲祖父，既除期喪，猶服縞冠玄武，以父服未終，而子不敢純吉，則當祖祥祭之時，其必用縞冠可知矣。隱括原文。

遠按：萬先生此論，實勝前人。按：本文不當縞者，言不當縞之人，非言不當縞之時也。但所指甚廣，凡來助祭皆當易其吉服。若孫之縞冠玄武，又不獨祭時爲然矣。

纖。

問傳：中月而禫，禫而纖，無所不佩。黑經白緯曰纖。禫祭之時，玄冠朝服，祭訖首著纖冠，身著素端黄裳，以至吉祭，乃從吉也。

兼服。

問傳：除服者，先重者，易服易輕者。易服。謂先有重服。後遭輕喪。欲變易前喪也。易服者何？爲易輕者也。斬衰之喪，既虞卒哭，遭齊衰之喪。輕者包，重者特。既虞卒哭，斬衰受服之節也。輕重謂絰帶也，男子輕要，婦人輕首。男子可以齊衰要帶，包斬衰之帶。婦人可以齊衰之首絰，包斬衰之首絰，故云輕者包。男子重首，婦人重要，男子特留首絰，婦人特留要絰，故云重者特也。

既練，遭大功之喪，麻葛重。此大功可易斬衰之節也。斬衰至練，男子除首絰而存葛帶，婦人除要帶而存葛絰。遭大功之喪，男子著大功之麻帶，婦人著大功之麻絰，是重麻也。至大功虞卒哭，男子帶練之葛帶，絰期之葛絰。婦人絰練之葛絰，帶期子葛帶，所謂重葛也。大要服從其重者，與前既練遭輕喪義同。

齊衰之喪，既虞卒哭。遭大功之喪，麻葛兼服之。此言大功可易齊衰期服之節也。兼服之者，即前文輕者包重者特之義。

斬衰之葛，與齊衰之麻同。齊衰之葛，與大功之麻同。大功之葛，與小功之麻同。小功之葛，與緦麻之麻同，麻同則兼服之。此言有上服，既虞卒哭，遭下服之差也。五服葛與麻麤細相同，則得服後服之麻，兼前服之葛也。

兼服之。服重者，則易輕者也。服重者，前文重者特也。易輕者，前文麻葛兼服之也。○遭後服輕喪，雖易前喪之服。至後服既葬之後，還須反服其前喪之服也。

雜記：有父之喪，如未没喪而母死，其除父之喪也，服其除服，卒事，反喪服。

雖諸父兄弟之喪，如當父母之喪，其除諸父昆弟之喪也，皆服其除喪之服。卒事，反喪服。

喪服小記：父母之喪偕，先葬者不虞祔。待後事，其葬服斬衰。喪先輕而後重，祭先重而後輕。先葬者，謂母也，後事謂葬父也。

餘論

帶存所纂喪服制，主鄭賈註疏，參以文莊儀節，於正經靡所牴牾，而禮意尚少發明，爰增録先儒議數十則，以臆附論其後，敢謂古制果如是，庶幾據所見而了然心口間耳。

朱子語類：問古者男子殊衣裳，婦人不殊裳。今以古人連屬之衰，加於婦人，而以殊裳之制加於男子，則世俗之見，皆以爲怪，而不以爲禮也，將如之何？朱子答云：若考得古制分明，改之固當。若以爲難，從俗無害。○問周大述先生説，云：衰服不比尋常衫領邪帛盤旋者，只用直布一條，夾縫作領，如州府承避衫領。然黄寺丞又述先生語云：如承局衫領者非古制，當如深衣直領，未知是否？朱子答云：周説誤也。古制直領，如今婦人之服，近年禮官不曉，乃改云且襴衫。又於其下，注云：謂上領不盤，遂作上領襴衫，黄寺丞説近是而未詳。○問喪服之制。朱子答曰：衣帶下尺。鄭注云：腰也，廣尺足以掩裳上際。廖西仲云：以布半幅，其長如衣之圍，横綴於衣下，謂之腰。如今道服之横攔，但綴處稍高爾。儀禮衰服用布有尺寸，衣只列帶處，此半幅，乃綴於下，以接之，廖説是也。○問喪服記云：衽二尺有五寸。注謂凡用布三尺五寸。周丈云：三尺五寸布，裁爲兩處，左右相沓，一邊之衽也，彼邊亦然。然廖丈圖説，惟衰服後或有之，似只用三尺五寸之布。裁爲兩衽，分爲左右，亦相沓在後，與心聲啓圖合，恐不掩裳之兩際如何？朱子答曰：詳廖之圖，及釋録示，又批於原書行間云。衽既以丈尺計之，合如廖説，可更分於兩旁自足以掩之矣。

朱子因論喪服曰：今人吉服，皆已變古。獨喪服，必欲從古，恐不相稱。閎祖云：雖是如此，但古禮已廢，幸此喪服尚有古制，不猶愈於俱亡乎？仕卿亦以爲然。先生曰：禮時爲大。某嘗謂衣冠本以便身，古人亦未必一一有義。又是逐時增添，名物愈繁。若要可行，須是酌古之制，去其重複，使之簡易然後可。又云一人自在下面做，不濟事，須是朝廷理會，一齊與整頓過。又云康節説某今人，須著今時衣服，忒煞不理會也。○子升因問喪禮如温公儀，今人平時既不用古服，獨於喪禮服之，恐亦非宜兼非禮不足哀有餘之意，故向來斟酌，只以今服加齊經。曰：論來固是如此。只如今因喪服尚存古制，後世有願治君臣，或可因此舉而行之。若一向廢了，恐後來者，愈不復識矣。○問喪禮服。今人亦有欲用古制者，時舉以爲吉服既用今制，而獨喪服用古制。恐徒駭俗，不知當如何？曰：駭俗猶些小事，但恐考之未必是爾。若果考得是，用之亦無害。○又曰：温公儀，凶服斬衰古制，而功緦又不古制，是何説也？古者五服皆用麻，但布有差等，皆有冠經，但功緦之經小爾。

敖繼公曰：適辟領之布旁出者也。云博四寸，又云出于衰，則出於衰者，非謂其博也。然則博者其從之廣與？凡爲衣必先開當頂之處，其上下之度，相去四寸。左右之度，則隨其人之肥瘠而爲之，闊狹不定也。凡吉衣皆方翦之，所謂方領是也。此凶服亦方領，其異者，則但翦其上下之相去四寸者，而不殊其左右之布，使連於衣而各出於肩上之兩旁，以爲適，所謂適博四寸也。以其横之闊狹不定，故不著其出於衰之寸數，唯言出於衰而已。

困學紀聞：布八十縷爲一升。鄭注升當作登。登，成也。吴仁傑曰：今織具曰篯。以成之多少，爲布之精麤。大率四十齒爲一成，而兩縷共一齒正合康成之説。

馮善家禮集説或問程氏遺書云：古者八十縷爲一升，斬衰三升布，則是二百四十絲，於今之布已爲細，緦麻十五升，則是千有二百絲，今蓋無有矣。案程氏之説，則今緦麻當用何等布？曰問傳云：緦麻十五升。去其半，則用六百絲布。正是今之稍麤麻布，宜用之。但云斬衰三升布爲細，則比今之俗稱冷布者，已爲麤矣。若三升布更嫌細，則恐非三升織不成布矣。右衰。

朱子語類：問今之墨衰，便於出入，而不合禮經。如何？曰：若能不出，則可以不服。但有出入治事，只得服之。喪服四制説，百官備，百物具。不言而事行者，扶而起。言而後事行者，杖而起。身執事而後行者，面垢而已。蓋惟天子諸侯如得全申其禮，庶人皆是自執事，不得申其禮。

王廷相集：或問三年之喪，衣服何如？曰：衰練之服。雖不能備，而縞冠麻衣絰帶終制，一日不可墨其衰，庶乎喪之大節也。

馮善家禮集説：或問墨衰今宜服之否？曰：未葬服斬衰，葬後服葛衫。今人服生麻布衫，小祥換練服，墨衰不必服也。右墨衰。

楊復曰：儀禮婦人不殊裳。衰如男子衰，下如深衣無帶下。又無衽夫衰如男子，未知備負版辟領之制與否？下如深衣，未知裳用十二幅與否？此雖無文可明，但衣身心二尺二寸，袂必屬幅。裳必上屬於衣，裳旁兩幅必相連屬，此所以衣不用帶下尺，裳旁不用衽也。今考家禮，則不用此制。婦人用大袖長裙蓋頭，男子衰服純用古制，而婦人不用古制，此則未詳。

丘濬曰：愚案此言，則婦人亦有衰服，但衰與裳相連，而無帶下與衽爾。今無可據，雖不敢爲負版辟領之制，然亦宜用極麤生布，如深衣制度爲之，上身外其縫，裳用十二幅，内其縫，斬衰則不緝，齊衰下則緝之，然既謂之衰，則亦宜於衣左衿上如男子服制，綴布一片以爲衰。雖未必盡合古制，然猶仿佛古人遺意之一二，如此則女皆古服矣。謹書所見如此，以俟知禮君子質焉。

胡翰曰：朱子定禮，男子自緦以上，莫不悉遵乎古，而婦人之服，豈宜以俚俗參之？若大袖遮頭竹布頭帬之屬，考之於古何服也？古者婦人不殊裳，非無衰也，其衰之下與男子異爾，非今大袖也。檀弓注云：去纚而露髻。夫云露髻，則以麻繞額與髻爾，非今遮頭也。婦人不冠，布總箭笄。傳云：總六尺，長六寸，箭笄長尺，猶今與頭爾，而今云竹布，亦非制也。五禮廢久矣，惟喪服民間尚多用之，今冢子斬衰裳、苴絰杖、絞帶、冠繩纓、菅屨即位而有事於外，冢婦大袖遮頭竹釵布頭帬即位而有事於内，何啻黄鍾大吕，而間以師延靡靡之樂，犧尊龍勺，而置之玉杯象箸之間，其淆也甚矣，是非朱子意也，門人不察之過也。問喪大記云：親始死，雞斯徒跣，説者謂雞斯當作笄纚。夫纚以黑繒韜髮，士冠禮所謂纚廣終幅長六尺者，以之即吉可也，而凶事去之，此又漢儒之不察也。

汪琬曰：或問婦人可以不衰乎？曰：不可。服以飾情，情貌相配，吉凶相應，故衰之爲服，所以表中誠也。婦人者何獨不然？由是言之，是雖旁親猶不可以不衰，而況妻爲夫，妾爲家長，女子子爲父母乎？右婦人衰。

吕柟曰：吉冠纓武異材，喪冠纓武同材，斬衰之冠則又異於他衰冠也，故繩纓以辨布纓澡纓也。約屬以辨布武澡武也，右縫以辨小功緦麻也，外畢以辨吉冠也，故天子右縫十有二幓，皇太子親王右縫九幓，皇孫諸王右縫七幓，卿大夫右縫五幓，士及庶人右皆三幓。服圖説曰：古者五服皆三，朱子曰天子當十二梁，群臣如其本品。○文皇后之喪，期，東宫親王熟布練冠九幓，皇孫熟布冠七幓，皇孫女熟布蓋頭，則大夫士亦可例降也。今大夫士皆熟縑裹大帽，不然則熟麻帽，然其廢冠則一也。古者婦人去要葛帶，今不帶；古者練冠縓緣，今不縓緣。不縓緣可，不帶不可。天子白羅袍，銀帶，絲鞋，白羅軟角巾，卿大夫士布襴衫，宋王淮之議也。

董文驥喪冠纓武條屬辨：鄭釋喪服斬章，苴絰謂首絰，象緇布冠，闕項冠，繩纓謂通屈一條繩爲武，垂下爲纓，釋雜記喪冠條屬以别吉凶亦同。賈孔遂謂喪冠纓武同材，其説非也。喪冠自有武，武爲冠卷，古者居冠屬武，則喪冠之武不屬於冠，而其材當亦用布爲之。升數同於冠，雖斬衰至重，未聞繩之可以爲武也。喪冠自有纓條屬之制，其材蓋通屈一條繩若布爲纓，左頭屬冠，遶頤而上，右頭亦屬冠，略如吉冠之組紘，非如吉冠之組纓，左右以二組，兩頭自笄而下結之頤下，而有所垂爲緌也。故雜記云：以别吉凶，吉冠之組繫之笄，不屬之冠，喪冠之纓則屬之冠，此吉凶冠纓之别也。且喪服首絰大搹，右本在上，朱子謂以麻尾藏麻根之下，麻根搭麻尾之上，綴殺之，則此麻絰，固著於冠武之外，遶額環項。若如舊説，又將一繩，約額至項，交過兩耳上綴之冠下，垂之頤而交結之，則是額上項後，内一繩爲武，外一繩爲絰，有兩繩相累矣。内若布武，尚可加以繩絰，内而繩武，豈復可加以繩絰。兩繩累於額項，安得固哉？且喪服傳本文止言冠繩纓條屬，據鄭解是繩武纓條屬也。添注武於纓之外，本文所無，故知喪冠纓武雖相屬，而材則别也。愚意非居冠，冠武不相屬，則著喪冠者，先著布冠，後著布武以固冠，而繩布之纓，其條本屬武彄於頤下，麻絰加於武外，遶於額項，制略如此。右冠。

朱子語類：問周丈以爲苴絰著於冠武，稍近上處，廖丈以爲繫冠於絰上，絰在武下，未知孰是？朱子答云：絰當在武之外。○問：又案禮經五分去一以爲帶，始疑帶即絞帶，續又觀齊衰以下，帶用布，不用麻，則布帶必難以圍量，喪服所指須有别義，但未知絞帶大小以何爲定？書儀謂以細繩帶繫於其上，恐指絞帶。然絞帶以束腰，絰以爲禮，則絰在上矣，未知然否？朱子答曰：吉服先繫革帶，如今之皮束帶，其外又有大帶，以申束衣，故謂之紳。凶服先繫絞帶，一頭作環，一頭穿之，而反扱於腰間，以象革帶，絰帶則兩頭皆散垂之，以象大帶。此等處，疏文甚詳，何不熟考而問邪？○問大帶束衣，腰絰則之，革帶以佩玉珮及事珮，絞帶則之。喪服無佩，既有腰絰，絞帶何用？朱子答曰：絞帶象革帶，革帶是正帶。以束衣者，不專爲佩而設，大帶乃申束之爾。○問三禮圖：苴絰之製，作繩一圈者，而圈之又似以麻橫纏，與畫者不同，而與先儒所言環絰相似。周丈云：當只用一大繩，自喪冠額前繞向後結之，或以一繩兩頭爲環，别以小繩束其兩環，然未明左本在下之制。近得廖西仲畫圖，乃似不亂麻本末，紐而爲繩，屈爲一圈。相交處，以細繩繫定，本垂於左，末屈於内，似與左本在下之制相合，不知當如何？朱子答曰：未曉所疑，然廖説近之。○問書儀要絰交結處，兩旁相綴白絹帶繫之。周丈云：綴小帶於衰服上以繫絰，廖丈則謂以二小繩綴於腰絰相交處，以紐繫腰帶，如大帶之紐約用組也。二説孰是？朱子答云：廖説與温公之説似是，注疏本文可更考之。

蒲道源西軒王先生行實：家禮婦人無要絰，先生則以儀禮爲主而用之，但視男子之制爲小爾，童稚則不冠。右經。

開元禮：斬衰苴竹杖，其大如腰絰，長齊其心，本在下，主婦亦杖，諸婦則不杖，童子不杖，其當室者則免而杖。大祥去杖，齊衰三年，齊衰杖周，皆桐杖。大如腰絰，通圓之，長齊其心，本在下，十三月小祥除。

政和禮：爲父杖竹而苴，爲母杖桐而削，其大皆如要絰，其長皆齊心。

温公書儀：爲父截竹爲杖，高齊其心，本在下。爲母上圓下方，亦本在下。

家禮：苴杖用竹，高齊心本在下。○凡婦人皆不杖，楊復曰：愚案家禮、書儀服制：婦人不杖。與問喪、喪大記、喪服小記不同，恨未得質正。

吕柟禮問：杖何以竹？何以桐？天地之體，陰陽之義也。竹杖圓，節著於外。桐杖方，心通於内也。何以言苴？言削？言苴，貌若苴。言削，辨其爲方也。婦人何以不杖？猶童子不病之説也。其後世乎，古者君之喪，三日子夫人杖，五日大夫世婦杖；大夫之喪，三日主人主婦室老杖；士之喪，三日主人主婦杖。庶人亦杖者何？父母之喪，無貴賤一也。以輪人闗轂輠輪而廢，魯叔孫州仇之過也。

吕坤四禮疑：父竹母桐，父圓母方，夫婦何以？曰：槐而半之，是齊體所分也。桐邪竹邪槐邪？不可必得，土宜可也，棺椁之餘可也。○杖父以竹者，觸處皆痛也。桐者，痛同於父也。圓象天也，母削其下令方，以象地也。妻將何以？昔者吾弟喪妻，吾令槐木圓杖半分其下，生也比耦，死也分形。槐者懷也，故持其半以象之，不欲使同母也，妻爲夫亦然。

徐健庵曰：夫服斬衰。古禮斬衰皆苴杖，則夫杖亦用竹也。妻服齊衰，古禮齊衰皆削杖，則妻杖亦用桐也。吕氏改而用槐，不知何本。右杖。

楊復曰：婦人屨，經傳無明文。惟周禮屨人云：命婦有散屨。注云散屨去飾。又云祭祀而有散屨者，惟大祥時。

呂枏曰：麻屨者，繩屨也。豐者菅屨外納，練而後麻屨。今也線履，必也菅屨。右屨。

黄幹曰：練再受服，經傳雖無明文，謂既練而服功衰，則記禮者屢言之。服問曰：三年之喪，既練矣。期之喪，既葬矣，則服其功衰。雜記曰：三年之喪，雖功衰不弔。又曰有父母之喪尚功衰，而附兄弟之殤，則練冠是也。案大功之布有三等，七升、八升、九升，而降服七升爲最重。斬衰既練而服功衰，是受以大功七升布爲衰裳也，故喪服斬衰章賈氏疏云：斬衰初服麤，至葬後練後大祥後，漸細加飾。斬衰裳三升，冠六升。既葬後，以其冠爲受衰，裳六升，冠七升。小祥又以其冠爲受衰，裳七升，冠八升。女子之嫁，反在父之室。疏云：至小祥受衰七升，總八升。又案間傳小祥練冠。孔氏疏云：至小祥，以卒哭後冠受其衰，而以練易其冠。而横渠張子之説，又曰練衣必鍛煉大功之布以爲衣。故言功衰，功衰上之衣也。以其著衰於上，故通謂之功衰。必著受服之上，稱受者，以此得名受。蓋以受始衰斬疏之衰，而著之變服。其意以喪久變輕，不欲摧割之心，亟忘於内也。據横渠此説，謂受以大功之衰，則與傳記注疏之説同，謂鍛煉大功之布以爲上之衣，則非特練中衣，亦練功衰也。又取成服之初衰，長六寸博四寸，綴於當心者，著之於功衰之上。是功衰雖漸輕，而長六寸博四寸之衰猶在，不欲哀心之遽忘也。此説則與先儒異，今並存之，當考。右練。

通典：宋庾蔚之謂服問云：麻之有本者，變三年之葛。既練遇麻斷本者，於免絰之，次云小功不易喪之練冠，因説麻之有本，乃能變正服之葛。又云殤長中，變三年之葛，終殤之月算，而反三年之葛，是非重麻。爲其無卒哭之税，下殤則不，當是論周殤之大功。若是大功之殤，記當明之。周殤最在上，所以不言周爾。鄭玄謂周殤長中，自大功，不復指明殤服之異，不於卒哭而變上服之葛。又明下殤之麻，雖不斷本，以其幼賤，亦不能變上服之葛。問傳大明斬衰變受之節，因備列五服麻葛之分，緦小功之麻，不變上服之葛，已自別見。故此雖并言，而在兼服之例，是以不復曲辨。若如鄭説，謂大功親之殤者，其如緦小功之絰。麻既斷本，又與三年之葛大小殊絶，安得相變邪？

又曰晉杜預云：若父母同日卒，其葬先母後父，皆服斬衰。其虞祔先父後母，各服其服，卒事，反服父服。若父已葬而母卒，則服母之服。至虞訖，反服父之服。既練則服母之服，喪可除，則服父之服以之。訖，而服母之服。○賀循云：父之喪服未竟，又遭母喪，當父服應竟之月，皆服祥祭之服，如除喪之禮。卒事，反母之喪服也。

晉東晳問曰：有父母之喪，遭外緦麻喪，往奔不？步熊答曰：不得也。若外祖父母喪，非適子可往。若姑姊妹喪，適庶皆宜往奔也。傅純云：禮先重後輕，則輕服臨之。輕服臨者，親亡新哀，以表新情，亦明親親不可無服。及其還家，復著重者，是輕情輕服已行故也。今新死者在千里，表應服者以官役爲限，奔臨無由，乃以重包之。夫重服自前亡，非闕新死，則新死無服也。豈應服之親，卒爲無服，宜制新輕之衰，以當往臨之服。若新亡除既了，則反服先重，自然包之。前後二喪，人情與服，得兩濟乎？或難曰：服以禮爲主，體有臨喪之衰，而無便制之服。如便制輕衰，恐非禮也。答曰：禮是經通之制，魯築王姬之館于外，春秋以爲得禮之變，明變反合禮者，亦經之所許也。

居親喪除旁親服議：晉賀循云：雖有父母之喪，皆爲期大功之服祥除，各服其除喪之服，如常除之節。小功已下，則不除，轉輕也，降而爲小功則除之。殷允有兄子喪，應除兄服，與徐邈書云：其晨當著吉服除服不？當竟此日以吉服接客，當兄舊服見客邪？又云：禮云服其服，卒事，反喪服。庾太尉大喪中，除妻服，白袷對客終日，今齊服既同，且下流，宜無嫌於變吉服也。竟此一日，然後反喪服邪？

婦人有夫喪而母亡服議：晉羊祖延問曰：外生車騎婦，先遭車騎喪，斬衰服也。後遭母喪，齊衰服也。禮爲兩制服，有所變易邪？案曾子問曰：君喪已殯，臣有父母喪，歸家即往殷事，應依此不？往服何服？賀彦先答曰：禮，女子適人，服夫三年，而降其父母。傳曰：不貳斬。既不貳斬，則不得舍其所重，服其所降，有分明矣。國妃有車騎斬衰之服，宜以包母齊衰，無兩服之義。唯初奔，當有母初喪之服，以明本親之恩。成服之日，故宜反斬衰之服，此輕重之義也。又禮君不厭臣，君既殯，又有父母之喪，與君俱三年，故有歸家之義，而猶云有君喪者不敢私服，何除之有？以此言之，雖君父兩服，當其兼喪，以君衰爲主，而不以己私服爲重也。

兼親服議：宋庾蔚之謂一人身，而内外兩親，論尊卑之叙，當以己族爲正，昭穆不可亂也。論服，當以親者爲先，親親之情，不可没也。或族叔而是姨弟，若此之類皆是也。禮云：夫屬父道，妻皆母道。夫屬子道，妻皆婦道，此言本無親也。若本有外屬之親，則當推其尊親之宜。外親不關母婦之例，無嫌昭穆之亂，故可得隨其所親而服之。若外甥女爲己子婦，則不用外甥之服，是從親者服也。外姊妹而爲兄弟之妻，亦宜用無服之制。兄弟妻之無服，乃親於外親之有服。若從母爲從父昆弟之子婦，則不可以服禮待之。由外親之屬，近而尊也，其餘皆可推而知矣。

朱子語類：問三年之喪，而又遇期喪。當服期喪之服以臨其喪，卒事，而反初服。或以爲方服重，不當改而衣輕，不知如何？朱子答曰：或者之説非是。

邵寶喪禮雜説：喪有常服而所遭不能無變，變之所值，服之所難，故服有成，有受，有練，有禫。其常也，有易，有包，有特，有重，有兼，其變也。三日斂而成服，期小祥而練，除首之絰，受以功衰，又期而大祥，中月而禫。當其時，服其服，所謂常也。如此是固無庸於論者，唯夫斬衰之喪，既虞卒哭，而遭齊喪，則男子有易要絰，婦人有易首絰。所謂包者，男子有仍首絰，婦人有仍要絰。所謂特者，斬喪既練，遭大功之喪，有男婦首要皆麻。所謂重麻者，有男婦首要皆葛。所謂重葛者，齊喪虞卒哭。遭大功之喪，男以功麻易齊帶之葛，而首猶齊葛。婦以功麻易齊首之麻，而要猶齊葛。所謂兼服者，有斬葛齊麻，以至功葛緦麻。前喪既葬，後喪初斂。男要婦首，易而兼服者，彼一時也，此一時也。物以時變，新故重輕，參伍伸屈，而無失乎恩義之中，所謂變也。又如此夫，是之謂難，苟類而推之，則一人之身，周旋五服之内雖日有變不虞也，而況其常乎？

王廷相並有喪服説：並有父母之喪，如之何？曰：父已葬，而有母之喪，則服母之服。既虞也，反服父之服。既練也，則服母之服，不以輕掩重也。其除父之喪也，服其除服。卒事，反母服，母先而父後也，亦如之。曰：祖父之喪將練而父亡，何如？曰：持重於祖，兼主於父，禮也。練祥禫祭也，服其除服，卒事，反父服曰：父喪未終，而祖父没，何如？曰：適孫爲父後者承重，禮也。父雖練也，猶服其承服。其除父之喪也，服其除服，卒事，反承服。諸父昆弟之亡也，當其父母之喪，則何如？曰：其初喪也，服諸父昆弟之服，反而適次也。反喪服，其除喪也，服其除服，卒事，反喪服，外親之喪亦如之。有所後父之喪，本生父母亡，如之何？曰：已殯則服其服而往哭之，襲而歸，反喪服。已葬，則俟其殯而歸。反喪服，其除喪也，服其除服，卒事，反喪服。曰：不亦輕本生乎？曰：禮有所重，斬不可以離次也。

吕坤四禮疑：斬衰而遇功緦，成服制其服而哭之，月朔服其服而哭之，精矣哉，禮也。輕不奪重，哭泣人，不服其服，薄之云乎？卑當尊，幼當長，雖以緦功易斬衰可也。○重喪遭輕喪，即以重喪臨之，於禮無害，謂之不忘吾親之喪可也，謂之總括緦、功之喪亦可也。若借數日之輕，於禮固精，即不服輕者之服，而吾身固非羔裘玄冠也，於死者奚薄乎？視三年之喪不哭弔者，情理猶爲近矣。若居父母之喪，而高曾祖及伯叔祖、伯叔父姑死，居妻子之喪，而舅姑兄弟姊妹死，彼服雖功緦，亦當暫成功緦之服，入其門，會其葬，即服其服可也。此以尊長卑幼爲輕重，而服非所論矣。

宋纁四禮初編：父喪未滿而遭母喪，則當除父喪之時，服除喪之服，以行大祥之禮。行事畢，即服母喪之服。若母喪未葬，而值父喪之二祥，則不得服祥服。以祥祭爲吉，未葬爲凶，不忍於凶時行吉禮也。居母喪遭父喪者亦然。右兼服。

魏禧與宗子發論未葬不變服書：向見足下先人未葬，免喪而服不除，此古人之道。足下行之於今日，敬服，禧竊有疑者，古者葬有定期，士踰月，庶人可知。喪服小記云：久而不葬者，惟主喪者不除。又曰：三年而後葬者，必再祭。其祭之間，不同時而除喪，則古有不得速葬其親者矣。疏曰：再祭者，練祥之祭。兩祭不可同舉，亦不可同時除服。然則不變服者，非止不即吉也，必不變其初喪之服。喪禮廢闕久矣，三年之内不能行者，皆是。南方土薄多蟻水，又拘牽形家言，爲俗已久。或貧不能買地營葬，有動延至十年以外内者，顧衰絰如初喪之服。禧愚以爲在今日似爲難行，且先王制禮，衰麻苴絰，以物興情，使不及者勉而至。足下既免喪，其能不飲酒食肉乎？不入内乎？不大懽笑乎？不與慶會賓筵乎？假令此數者，一一如平人，而獨不變衣冠，則文存而實亡也。文存實亡，徒駭人耳目，近於爲名。夫死者以歸土爲安，人子所宜日夜竭力，不幸力不能。禧愚以爲上之心喪而無服，次忍其嗜欲之篤者一二事，以拂性而警動於心，次不炫服采色，與優伎之戲是亦亡於禮者之禮也。或言喪禮有進無退，故輕不可以反重，未葬除服而即吉，及其葬，將吉服乎？大不可也。以斬衰葬，則是退而反重矣。竊謂古者改葬緦，穀梁傳曰：舉下緬也。蓋去喪緬遠，故舉其最下者，而韓愈於免喪而葬者，亦云近代以來，事與古異，安能取未葬不變服之例爲之重服？又引江熙言禮天子、諸侯易服而葬，以爲交於神明，不可以純凶。是在喪當葬，猶宜易以輕服。況既遠而反純凶以葬乎？禧愚以爲免喪而葬，此改葬之服。大祥以上，以本服葬。人子之不孝，莫大於生不能養死不能葬，人生而不養者少，死而不葬，不必其不省者皆是也。足下酷貧，仰無所告訴，非世俗不葬比，然當視其急如父母之饑不得食。如已身陷囹圄而求脱，當不在不變服，南昌胡心仲好飲酒，其先君子殉義樂平，服除貧不克歸葬，心仲乃爲戒。既葬而後飲酒，蓋若是者，類推而行之，其亦可矣。

汪琬與友人論葬服書：蒙足下見示諄諄，以古無葬服爲疑，僕請得申其説，而足下試詳擇焉。古人之居喪也，葬不踰時。故先王不制此服，至孔子世，其遵三月、五月之制而行之者固已少矣，殆非獨近世然也。考諸春秋，列國之葬其君，往往緩不及禮，故公羊氏譏之，謂之不能葬。然猶在未終喪以前，當無有不衰絰者也。近世士大夫，溺於陰陽家之説，其營葬也尤緩，有及數年者矣，有及十年二十年者矣，如此而不爲之制衰絰，可不可也。葬凶事也，啓殯而祖，屬引而行，即壙而窆，當此之時，主人或踊或哭，其不得以吉服將事審矣。禮有之曰久而不葬，唯主喪者不除。蓋久而不葬，主喪者之過也。又曰：爲兄弟反服其服。然則主人主婦而外，亦無有純乎襲吉者也。近世士大夫自終喪之後，或從事四方，或服官政於朝。既不能不除其服，而臨葬又不爲之服，是忍於死其親也，而可乎？昔者司徒文子，問於子思曰：喪服既除，然後葬，其服何服？子思曰：三年之喪，未葬，服不變，除何有焉？由是言之，葬其有無服者與？爲人子者，夫亦返諸心而已，假令祖也，行也，窆也。或可以不踊不哭，是雖用言服將事，其亦何嫌之有？如其有所不能，而顧諉之曰：古無葬服。然則當用何服以葬與？僕故謂今之葬服，猶不失禮之遺意者，殆以是也。足下盍審思之。右葬服。

林大春與趙汝泉書：喪服之制，既祥易練，亦禮也。然而士家鮮服練服者，爲其近於禫也，時未期不忍遽變也，蓋孝子之志也。至於大祥之後，不得不服禫者制也，爲其逼於初也。夫禫者，淡然舒緩之義也。情無窮，而制有限，不敢過也。詩曰：庶見素冠兮，棘人欒欒兮，勞心博博兮，譏不能終三年之制者也。夫素冠即禫服也，世人至祥而止不能服，是以素冠不見，而詩人思之也。由此觀之，禫服之制必行無疑也。案制有官者，遇禫服，素圓領，冠素冠，束帶，今似不安，謂宜易以素巾大帶斜領，此亦禮之稱也。且夫當禫而負重衰，是逼初戚也，驟爾易吉，是忘親也，故君子不忍也，是先王制禮之微意也。是以人子於親没之後，遠庖廚，屏羞薦，於是有蔬食終身，不與高位，絶綺麗之觀，去珠玉之飾。於是有卉布終身，不事游宴，聞絲竹管弦之音，而慘然不樂。於是有野處終身，不奉通都貴人，以極耳目之娱，是謂君子有終身之喪也，非以服之謂也。故曰：先王制禮之微意也，不可不省察也。唯足下高明而裁擇之，幸甚。

萬斯大曰：喪服之重者，有變，有除。所以然者，親喪至痛，日月甚長，而衰麻之麤，不可以久。故每因吉祭而爲變除之節，觀先王制禮，雖曰親喪外除，而所以節哀順變者，尚使之由漸之輕，故哭踊亦皆有節。蓋不如是，賢者無由俯而就，不肖者無所跂而及，此禮遂不可以傳，不可以繼也。内哀且當以漸殺，外服自宜以漸輕。彼夫始死不食，既殯食粥，既葬蔬食，小祥而菜果，大祥而醯醬，禫而醴酒，飲食以漸而加也。始死居倚廬，既列柱楣，小祥堊室，大祥復寢，禫而牀，居處以漸而進也，何獨衣服而不然乎？孔子之論喪曰：戚容稱其服。言内心之哀，視外以爲之節也。是則服之變除，蓋與哀情相終始矣，然變者則不遽除，而除者不更變，故變有受，而除無受。夫變則變矣，而謂之受者何也？孝子於此，有不忍遽變之心。若人爲之，而己受之者然也。考禮，喪冠爲父六升，既卒哭，受七升，爲母七升。既卒哭，受八升，至練而易爲練冠，祥而更易爲縞素，禫更易而纖，此冠之變也。喪衰爲父三升，既卒哭，受以成布六升，爲母四升。既卒哭，受以成布七升，練後易衰，不見於經。雜記曰：有父母之喪，尚功衰。服問曰：三年之喪。既練矣，服其功衰。注疏謂練後之衰，升數與大功同，故曰功衰也。又間傳注云：大祥除衰杖，此衰之變也。初喪承衰之衣，於經無所考。觀檀弓云：練，練衣黄裏縓緣，則未期，不練不緣可知。故大祥又變而麻衣，禫後始變而素端黄裳，此衣之變也。若夫首要之絰，父喪以苴麻，母喪以牡麻，男子、婦人所同也。卒哭後，男子以葛絰變要麻，婦人以葛絰變首麻。蓋男子重首，婦人重要。輕者變，而重者不變。故既練男子除首絰，而要葛猶存。婦人除要絰，而首葛不去。間傳及小記，所謂除喪者先重者此也。至於屨，父喪初以菅，母喪以藨蒯。卒哭後，父與母同，而練後，皆易以麻，檀弓所謂練繩屨無絇者此也。合而觀之，冠也、衰也、衣也，男之要帶，婦之首絰也，屨也，皆變而不遽除者也。男之首絰，婦之要帶也，則除而不更變者也，喪服之變除者蓋如此。嗚呼！古人於親喪居處飲食衣服，無一日之安，其於變除也，猶有所不忍，特重違禮制，必不得已而後受，後世人子不能如古人之一日，止唯衣服異於平時，然綺縠其中，而衰麻其外，素縞於暫，而雜服於恒，群相習以爲固然，莫或有覺其非者，此無論不知有變除之節，亦且無所用其變除之節。噫！古今人不相及，何至於親喪而亦有如此哉？

徐健庵曰：喪禮自成服之後，莫要於卒哭，受服一節。蓋斬衰之布以三升，齊衰之布以四升，其服至麤而易環，勢必不能久。故既虞、卒哭，三升者受以六升，四升者受以七升也。豈唯三年者有受，即期年九月者亦莫不有受。自唐開元禮，迄於明之集禮，練服、禫服則有之，而卒哭受服之制皆廢。是必既葬以後，竟不服齊、斬之服而後可也。如猶將服之，則初喪至麤之服，其能歷三歲之久而不壞乎？蓋由唐世以降，士大夫惑於地理，既不克三月而葬則無所憑以爲變除之節，而又篤信釋氏七七百日之邪説。如開元禮、政和禮諸書，陰用其實，而陽諱其名，大抵當七七之期，或百日之期，則釋去衰麻，而易以平常之素服。至小祥之後，原無衰服可易，故諸議禮之家亦因之而不載也。嗟夫！古者喪服之變除，絰則有除，而衰但有變，故可謂之斬衰三年、齊衰三年也。後世未嘗以齊、斬終其期，則於古人名服之義，果有合焉否邪？今兹篇所載，大都先王之禮詳，而後代之禮略，非故略之也，欲詳之而不可得也。至於練、禫之服，開元禮諸書所載者，則已分見於衰絰諸篇，故不重載云。○又案戴德喪服變除，崔氏變除，古人論禮，皆以爲據。隋書經籍志載喪服經傳義疏甚多，唐書藝文志存者漸不多矣。以今考之，喪服變除，不可以不講也。止就斬衰三年言之，自雞斯扱衽，至於成服，自吉而之凶也。自筮宅至虞，純是凶禮，而間用吉也。自卒哭至服除，自凶而之吉也。親始死，雞斯徒跣，扱上衽。上衽，深衣之前衽也。孔子嘗曰：始死，羔裘玄冠者，易之而已。謂易去朝服，著深衣也。崔氏變除以爲十五升白布深衣也，此變服之始也。庶人無朝服，唯深衣。飯含之時，主人出南面左袒，扱諸面之右，實米唯盈，主人襲反位。疏謂袒左袖，扱於右掖之下，帶之内也，變之次也。小斂環絰，士素委貌，大夫以上素爵弁，而加此。戴德喪服變除，以爲素章甫冠。章甫、委貌，一也，變之三也。卒斂馮尸，主人髻袒，去笄纚而紒也。散帶垂，絰苴絰之外，更有絞帶。鄭康成以爲絰象大帶，絞帶象革帶也，變之四也。春尸夷于堂，主人拜賓，即位。襲絰于序東，謂拜賓時袒。拜訖，襲衣，加要帶首絰于序東。士喪禮先踊而襲絰，諸侯則襲絰而踊。變之五也。大斂，主人及親者卒塗，主人復位，襲。既殯，脱髦。諸侯禮，小斂主人脱髦，髻髮以麻。士既殯脱髦，於死者俱第三日。變之六也。殯之明日成服杖，士二日而殯，大夫三日而殯，皆於第三日成服。喪服斬衰裳，苴絰，杖，絞帶，冠繩纓，菅屨，於是始備。記曰：三日絞垂。謂小斂日要絰，大功以上散帶垂，於成服日絞之也。蓋變者七，而成服，人子之至痛矣。筮宅則免絰，聽上則去杖，不純凶也，此成服後變一也。既夕禮丈夫髽，散帶垂。髽，猶免也。男子免，而婦人髽。崔氏變除云：男子散帶，婦人髽，與未成服時同其服則如喪服，以啓殯亦見尸柩，故變同小斂也，變二也。自殯官祖而啓，遷于祖，正柩，主人襲，爲朝祖變也，二也。將載，主人先祖，乃載，載訖而襲，爲載變也，三也。商祝御柩，乃祖，既祖訖，乃踊而襲，爲將祖變也，四也。公賵而祖送于門外襲，五也。君親臨喪，變服無有定時，賵有一定儀節。主人祖，柩車乃行出官襲，爲柩行變也，六也。從柩不可無飾，於道，得免而行。若葬遠，則著冠，至郊乃著免，七也。檀弓云：弁絰葛而葬，接神之道，不可以純凶也。鄭氏以爲唯天子諸侯變服而葬，崔氏變除云：天子、諸侯自服素弁，以葛爲環絰，大夫則素弁加環絰，士則素委貌加環絰，似大夫士亦弁絰，但未明在脱載之時乎。窆之時，贈之時乎？其變服八也。屬引，主人袒，乃窆。窆而襲，九也。贈用制幣玄纁，贈卒，更袒而拜賓，拜已，乃襲，九也。反哭者，皆冠，及郊，而去冠著免，反哭于廟，十也。虞之日，主人及兄弟如葬服，葬服者，即既夕禮丈夫髽，散帶垂也，有故不依時而虞，主人以下皆冠，及虞則皆免，十一也。自筮宅至虞，有此十一節，卒哭主人説于廟門之外，言既卒哭，當變麻受之以葛也。婦人説首絰，不説帶。明旦爲祔期，因祔變之，此除服之始，變之一也。斬衰三升，既虞卒哭，受以成布六升，冠七升。疏曰：三升、四升、五升之布，其縷麤疏，未爲成布，六升以下，其縷漸細，與吉布相參，故稱成布也。是以初死之冠六升布爲衰，而更以七升布爲冠，葬後哀殺，衰冠亦隨而變輕也。以葛帶代麻帶，又差小於前五分去一，又以布帶易絞帶，去菅屨，受齊衰蒯藨屨，變之二也。練，筮日，筮尸，視濯，皆要絰，杖，繩屨，有司告具，而後去杖。筮日筮尸，有司告事畢，而後杖，拜送賓，變之三也。十三月小祥而練，以卒哭後之冠七升布爲衰裳，謂之功衰，而更以八升布爲冠，練冠，練中衣，以黄爲内，縓爲飾，明外除也。中衣非正服，但承衰而已。是時去首絰，唯餘要葛，繩屨無絇，大功繩麻屨也。鹿裘衡長袪，袪裼之可也。前此裘狹而短，袂又無袪，至小祥稍飾，更作横廣大者也，又長之。又設其袪，而加裼，變之四也。再期而大祥，朝服而筮尸，變之五也。大祥白屨無絇，并去絰杖，繩屨。喪服小記曰：除成喪者其祭也，朝服縞冠，未純吉也。既祭素縞麻衣，釋禫之禮云：玄衣黄裳，則是禫祭玄冠矣。黄裳者，未大吉也。既祭，乃服禫服，朝服綅冠，踰月吉祭，乃玄冠朝服。既祭玄端而居，復平常也。從祥至吉，又有數變。祥祭朝服縞冠，變之六也。祥訖，素縞麻衣，七也。禫祭，玄冠、黄裳，八也。禫訖，朝服綅冠，九也。踰月吉祭，玄冠朝服，十也。既祭，玄端而居，十一也。自卒哭至除服，有此十一節，斬衰重服，唯既殯成服以後，虞卒哭以前，三月之内，具衰裳絰杖帶冠纓屨之制，卒哭而後，以次除殺，雖曰斬衰三年，其實喪服以時變除，創巨痛深，莫如此三月爲甚，然有故乘惡車而出，或爲經營宅兆，未必朝夕居廬，又笠宅則去絰，聽上則去杖，三月之内，容有不純用凶服者。至葬後，哀情漸減，服遂漸變，從輕以復其初，先王制禮，最重者送死大事，而又恐以死傷生。故喪服有變除，哭踊有時候，所以節其哀，而順其變。其間輕重等殺，皆因人情而爲之制。雖自後人觀之，以爲委曲繁重，而揆之天經地紀，有斷乎不可廢，秩乎不可紊者。苟明於變之節文，則於禮也思過半矣。○又案聖人之立制，因人情而爲之者也。哀重則服重，哀輕則服漸輕，始死充充如有窮，既殯瞿瞿如有求而弗得，既葬皇皇如有望而弗至。練而慨然，祥而廓然。喪服之重輕，遂即以是爲斷，賢者過之，不肖者不及。或哀已盡，而引而致之於禮或哀未盡，而使之自割以禮。故其變除有漸，謂之中制。曹風之思見素冠素衣，是十三月之練服。思見素韠，是大祥祭服。疏所謂從初嚮末思之，亦可以知其變除之有漸也。右變除。

附論

衣身。

軾按：衰服長二尺二寸。舊説用布二幅，中屈爲前後葉，是左右共用布八尺八寸也。古布幅廣二尺二寸，二幅則四尺四寸矣。衣身不應若是之寬，今裁衣者，布幅闊，則就一幅平中裁開，爲左右兩葉，仍以兩邊幅相向，合當處。予初意古喪服或如是，是要身闊如布幅二尺二寸，合前後爲四尺四寸也。袂之制，用布二幅，各長二尺二寸，綴衣身之左右，平中分摺，前後各一尺一寸。其横闊，則屬幅。屬，全也，謂用全一幅也，左右各一幅二尺二寸，合之身中一幅二尺二寸，通爲六尺六寸，中人兩手合抱五尺，兩袂各反摺一尺，除去合，實寬四尺，及兩手腕，不掩指，以便作事。由此言之，則衣身用布一幅爲近似，而有可疑者，周尺八寸，四尺止今三尺二寸，不及手腕，將露肘矣。或曰：及用布綴于袂爲袪，袪與袂不同材，詩所謂「羔裘豹袪」是也。頃讀困學記聞，范蜀公謂漢專以十寸爲尺，周兼用十寸八寸爲尺。意布廣二尺二寸者，其謂十寸之尺歟？不然，縱續布于袂，終恐身中二尺二寸爲太窄也。然服必稱身，身有大小，用布不無多寡，且從身不從布，三幅何必不殺？一幅何必不續？若如鄭注拘定一丈四寸，無少增損，不知童于衰，安所用一丈四寸與？至袪尺二寸，以圍圓言之。袂之圍二尺二寸，袖口疊其下一尺，故止尺二寸。若如賈疏袪尺二寸，以複襵言之，圍之爲二尺四寸，則必袂之圍亦四尺四寸，前後各二尺二寸，與衣身等矣，有是理乎？且四尺四寸之袂，合一尺，亦當有三尺四寸，何止二尺四寸耶？疊之説，出宋儒，毛大可疑衰四際皆外展，不應疊，因謂用布尺二寸，續于袂，反摺于肘，而下開不合。此説杜撰，無據，愚意疊亦可外展。且凡衣皆袪窄于袂，殺而裁之，正不必合其下也。衣帶下尺者，朱子語類廖西仲云：以布半幅，其長如衣之圍，横綴于衣下，謂之腰，如今道服之横襴，但綴稍高耳。愚意帶，束也，上衣下裳，衣必蓋于裳上。今衣止二尺二寸，不足掩裳，故用布半幅，長如衣之圍，横接于衣下，以束衣裳相際之處，布半幅，寬一尺一寸。以邊幅一寸爲合，而垂其斬而不緝者于下，故曰衣帶下尺。

適。

斬衰先縫合後兩葉當脊處，留上四寸不縫，即將不縫之四寸，連前二葉，左右各横裁入四寸。横裁直不裁，將所裁開之布，轉摺于左右肩上。此記所謂適，注疏所謂辟領也。辟，開也，裁開衣身之上，左右各四寸爲肩窩，凡衣皆然。但吉服止開前，不開後，所開之布，横直，除去不用，衰服則并前後開之，以便反摺于左右兩肩，左右既各裁開四寸，轉摺于外，則前後各有八寸空處，即疏所謂闊中八寸也。于是用布一幅，直長一尺六寸，横寬八寸，又將此八寸直摺中分，于兩頭各裁去一半四寸，中間八寸不裁，如凸字形，將中間之一半八寸，加于後，以補當空處。其一半全一尺六寸，從項後轉屈向前垂下，以加于前之闊中，與原處相接爲領。毛西河謂裁製之法，損贏補虧，必順其理，未有故毁而又填之者，不知前後俱開四寸，乃可反摺肩上。若如吉服止開前，則不得反摺爲適矣。

負板，衰。

負板用布一方，横置背上，上縫領下，下垂不綴。其布直長一尺八寸，《記》云出于適一寸，謂兩邊各搭過適一寸，適連闊中止一尺六寸，故知負板布長一尺八寸也。云負，以其在背也。云板，以其布方板，横直一尺八寸也。布幅二尺二寸，意以四寸縫于領内爲夾領，垂于外者，止一尺八寸也。布既縫于領下，勢必由後而轉于前，不獨兩肩出邊一寸，前亦蓋于適外，是適在負板之下，不露于外也。衰長六寸。廣四寸。衰，摧也。孝子之心，悲哀摧傷，衰以表之，故綴左衿，而廣袤當心。

衽。

《記》：衽二尺有五寸，其制不可考。若云用布一幅，或云用二幅。其裁之法，上下各從一頭，直量入一尺。先于上頭所量一尺處，從左横裁入中間六寸，又于下頭所量一尺處，從右横裁入中間六寸。然後從上邊所裁六寸處，斜裁向下邊所裁六寸處，分爲兩片，各長二尺五寸。此裁衽之法，諸説無以異也。至云用一幅者，以廣頭向上，狹頭向下，綴于衣襟之左右各一片，其廣頭相沓于胸際，此用一幅制也。云用二幅者，各以兩片斜處相向，兩廣頭相疊，縫于腋下。左右各兩片，其兩片正處，一搭于前，一搭于後，此用二幅制也。二説俱本注疏，謂以掩裳旁際，然兩頭相沓胸際，若合，則襟不可開；不，又無貴相沓矣。且衰長六寸當胸，又何處著衽乎？不如兩幅之説爲差當也。黄宗羲、王廷相又力詆注疏之非。其略云：衽用布一幅，長二尺五寸。斜尖尾狀，施于領下，作内外襟，不如是，則衣無襟，如今人對衿比甲，不惟無以掩胸際，且衣前之衰。安待廣衺當心也。愚意衰廣四寸以二寸綴于左，而空其半二寸搭于右，未嘗不當心也。衰既綴于左而搭于右，必别有物以繫之，可掩胸際，即謂之外襟亦可。大抵古人衣服之制，多不可考，經文止言衽二尺五寸，其裁與用之法，皆由後人臆度，非有確據。朱子謂考之不盡是，無寧從俗。

冠。

既夕記：冠六升，外縪，纓條屬厭。竊意厭者，以布爲冠，無纚無梁，其冠帖然，曲禮所謂厭冠是也。家禮用布廣三寸，紙糊爲材，謂冠頂也。以方三寸布爲頂，又用布一幅，圍繞前後左右，而上縫于頂。上窄下寬，故于其上爲三辟積，而右其縫。三辟積者，意前兩角兩辟積，後居中一辟積也。縫即辟積之，摺而之也。張子謂横繞布，直縫無文。陳用之謂一幅之材，順經爲辟積，則少而質。順緯爲辟積，則多而文。喪冠無文，故直縫。直者，就布言之，布横，故順經而直也。武，謂冠口之圈，以一條繩，從額上約之，至項後，交過前，各至耳畔綴之爲武，而垂其餘以結于頤，故又謂纓。纓即武之餘，所謂纓武同材是也。冠在武内，以冠口之布，反向外而于武，故謂外縪。纓條屬者，屬著纓條于冠外也。吉冠，武在冠内，即于武上安柱，轉後爲梁，喪冠武著于外，可知其無梁也，故曰纓條屬厭。此斬衰冠也，齊衰三年冠同，但布比斬衰次等麤生，又以布爲武纓，杖期，比三年布稍細，不杖期，又細于杖期。大功用稍熟布，制俱同。小功用稍熟細布，緦麻用極細熟布，辟積俱向左。

絰帶。

士喪禮：苴絰，大鬲，下本在左，要絰小焉，散帶垂。按：苴，麻之有子者也。首絰用有子麻，不去莩垢，單股紐之，圍圓一鬲。鬲，扼也，拇指與第二指一扼也。本，麻根也。先將麻根安在冠之左邊當耳處，故曰左本，却將其餘從冠前向右邊圍轉頂後。過至左邊原起頭處。即以麻尾加在麻根上綴之，故曰左本在下，本在尾下，尾厭于本上也。又用小繩二條，一繫左耳邊，一繫右耳邊。合二繩結于頤下，各垂其末爲纓，所以固絰也。要絰，帶也，用雙股苴麻爲之。一股之本，與一股之尾，攙互絞爲繩，較者絰小五分之一，圍身而結之。其兩頭各餘麻三尺不絞，所謂散垂也，至成服方絞之。其相結處，以小繩繫之。蓋絰從身後圍向前，不勾搭爲結，第以小繩繫而合之也。要絰之内，又有絞帶，亦用苴麻爲繩，較要絰又小五分之一。其法，以一股麻屈其中爲彄于，乃合而絞之，束時以彄當腰左，繞向身後。由右轉至左，乃以其末梢穿入彄子内，反向右扱而垂之。絞帶象革帶，以束身。要絰似大帶，在絞帶之外。首絰，婦人同男子，齊衰以下，右本在上。以牡麻爲之，惟小功殤服，用澡治莩垢之麻。緦麻亦用澡麻，要絰，年五十不散垂，婦人不散垂。齊衰、大功牡麻爲之，小功以下，斷本不散垂。殤服小功，澡麻不斷本，詘而反以報之，緦麻亦用澡麻。絞帶，齊衰以下。布爲之，婦人俱同男子，其絰帶麤細之制，五服遞小五分之一。

括髮。免。髽。

三者之名殊而制一，喪大記始死雞斯作笄纚，謂去冠而露笄纚也。至小斂，則并笄纚去之，故髮須括。括，收也，收髮使不散也。鄭康成謂以麻自項而前交于額，却繞于髻，萬斯同謂麻亦布也。以未成布而謂麻，不同于免之已成布也。免亦以括髮，以其先冠素冠，至此始去冠而括髮，故又以免名。男子謂之括髮免，婦人謂之髽。王廷相曰：括髮免髽，皆髮在内，而以麻與布裹其外。男主外，故以外物爲稱，自麻與布言之也。女主内，故以内物爲稱，自髮言之也。鄭注謂布廣一寸，馬季長謂廣四寸，萬氏以一寸不足括髮，不如馬説與孔子毋縱縱扈扈之義合，所見頗確。愚意用布闊四寸，兩頭漸殺，長足自項交前繞于髻。又析其末，可以結。此三者之制，無以異也。又毛西河謂免本絻字，讀作綰。春秋衛靈公卒，晉納衛太子于戚，使太子絻而入是也，于義亦通。

婦人服飾。

大袖長裙背子之制，出書儀，朱子因之。然衰以表哀，男子、婦人，其哀一也。服不應有異，儀禮衰三年。注云：服上曰衰，下曰裳。此但言衰不言裳者，婦人不殊裳。衰如男子，衰下如深衣。深衣則衰無帶下，又無衽可知。婦人斬衰，其負板適衰，與男子同。齊衰期以下，亦男女無異也。至若男子冠而婦人笄，笄以卷髮，有笄即有總。總者，束髮之謂。注云：既束其本，又總其末也。笄以竹爲之，總以布爲之，所謂布總箭笄也。自斬至緦，皆布總。布之升數，同男子冠。斬衰長六寸，期大功八寸，小功緦一尺，斬衰箭笄，齊衰惡笄。惡者，木理粗惡也。大功以下，吉笄而折其首。首者，刻鏤摘頭也。折之者，去之也，以其吉也。吉而用之，故折去其飾。

齊衰惡笄，則不折首。不折者，以别于女子之在室者也。女子已嫁，降服期。婦爲舅姑，爲從服。儀禮開元禮，俱服期，故皆惡笄而折其首。注疏謂婦人以飾事人，雖喪服亦必修容，其謬甚矣。今制婦斬衰三年，與女子在室同，則亦當惡笄折首矣。布總笄，俱自成服至終喪，婦人質，除而不變也。家禮布頭帬，即總。竹，即箭笄。蓋頭之制，則無矣髽亦始終不變，但男子括髮免時，髽而不笄，成服則笄總以髽耳。

葬服。

按檀弓：弁絰葛而葬。與神交之道也，有敬心焉。注云：接神之道，不可以純凶，故天子諸侯變服而葬。又云踰時哀衰而敬生，敬則服有飾。大夫士三月而葬，未踰時。愚意哀生于愛慕之誠，不敬即不可謂哀，故曰敬爲大。哀次之，若待哀衰而敬生，是哀則不敬。敬即不哀矣，有是理乎？況骨肉歸土，永錮重泉，較柩在室時，其哀痛方有甚焉，謂之哀衰可乎？今人斬衰臨窆，庶爲合理。

墨衰。

左傳：晉文公未葬，襄公伐秦師。墨衰絰，此墨衰所自始也。竊意喪家服具，必用素樸，以孝子有哀素之心也。衰而墨，是檀弓所謂不當物也，何如不衰？

葬後常服。

司馬温公曰。古有受服，變而從輕，今無之。故别爲居常之服，白布襴衫布帶麻屨。竊意期而練，大祥而縞，禫而纖。以次遞更，亦大無難，士夫家何憚不爲。

練，縞，纖。

期年之練，祥之縞。禫之纖，俱以冠言，猶云皮弁服爵弁服也。小祥祭畢，冠練冠，服七升布之功衰。中衣黄裏縓緣，葛要絰，繩屨無絇。大祥去衰杖，祭畢，縞冠素紕。縞，生絹近吉。紕，緣邊也。麻衣，麻衣十五升布深衣謂之麻者。純用無飾，素裳，白屨無絇，禫祭畢，而纖冠。黑經白緯，無采飾，服素端，黄裳，以至吉祭。家禮於大祥陳禫服，是縞冠麻衣，即禫服也。纖冠素端，則在二十七個月之後矣。

黄裏縓緣。

按：諸色纁最華美，玄黄近質。故詩曰：「載玄載黄，我朱孔陽。」縓類纁而淺。爾雅纁三染，縓一染。縓與黄本吉服色，練服以爲緣裏，節哀也。論語君子不以紺緅飾。朱註：緅，絳色。三年之喪，以飾練服。孔子不以緅飾常服，其以爲練服可知。徐師曾謂初期用采色太驟，帶存謂要絰未除，黄裏縓緣爲不倫，皆知者過之之見也。大祥釋衰麻衣，即十五升布深衣也。以純用布無采飾，故不名深衣，而名麻衣。小祥，黄裏縓乃承衰之中衣，大祥去衰，止服麻衣，非若練服之爲承衰中衣，故反不用黄裏縓緣也。毛大可謂大祥衰用十五升布深衣，既名深衣矣，復謂之衰可乎？又云中衣仍用布，反不以縓黄爲裏緣。蓋外凶已除，中哀未忘，是又似以深衣爲中衣矣。既云外凶除，安得又目深衣爲中衣，前後矛盾實甚。

未葬不變服。

喪小記：久而不葬，唯主喪者不除，其餘以麻終月數者，除喪則已，謂有事礙，不得依月葬者。主人兄弟，雖踰三年，不得祥除，期以下，則麻終月數，不得變葛。蓋服麻至服限竟而除之，有除無變也。然必藏其服，至葬而反服之，葬畢即除，虞祔則用吉服矣。記三年而後葬者，必再祭。其祭之間，不同時而除喪，謂未葬其親。雖當練祥之月，不可除服，必待葬畢而後除，然其除也，又有漸焉。必再祭而後除，不可同時也。故葬而虞，卒哭而祔，次月而練，次月而祥，再次月而禫焉。

改葬服。

儀禮：改葬緦，謂有故而遷葬，親見柩，不可不制服以表哀，故服緦，三月而除之。注疏謂臣爲君，子爲父母，妻爲夫，父爲長子，皆情之最篤者也。然則期功以下，將何服乎？曰：服仍緦也，但葬而除之。至鄉里親厚之人來與葬者，去華飾可耳。

弔服。

古弔服有錫衰緦衰疑衰三者。鄭司農云：錫麻之滑易者，十五升去其半。有事其布，無事其縷。緦亦十五升去其半，有事其縷，無事其布。按：事，治也。以水濯治，去其垢也。治縷較治布爲難，而治縷之布。又光滑于治布之布，故緦輕于錫。或曰：緦爲五服之一，不應輕于錫。意緦麻三月之緦，不治縷，即治亦不如弔服之功多與？曰：想應如是，或别有不同然無可考，似不必强作解，疑之爲言擬也。吉服十五升，疑衰則十四升，是擬于吉也。疑則布縷皆有事，故又輕于緦。古者王爲三公六卿錫，爲諸侯緦，爲大夫士疑。諸侯爲卿大夫及士有朋友之恩者錫，爲同姓士緦，爲異姓士疑，大夫相爲弔錫，于士同諸侯，三衰皆弁絰。弁絰者，加環絰于弁也，環絰大如緦之絰，以一股麻爲骨，又以一股麻爲繩纏之，如環然，故謂環絰。士庶人弔服，禮無明文。鄭注士相弔，素弁疑衰，庶人相弔素委貌，白布深衣，此似近理。徐健庵謂弁爲貴服，恐士之弔不當用；敖氏有士用素冠之説，較鄭説爲勝。魏晉以白帢單衣爲貴賤通用之弔服，然而吉慶之事亦用之，則未可純謂之凶服也。諸史載天子弔服，必備列古之三衰，但襲其名而不襲其實，其所用以弔者，亦惟白帢單衣也。後世名實之相乖，往往如此。至于臣民之弔服，益無一定之制，至朱子家禮，但言凡弔皆素服。又注云各隨其人所當服之衣而用縞素者，其言雖未有指實，其禮實不得不如是也。又謂朱子幞頭三帶用白生絹，無異吉服，當易以葛衣葛帶。愚意有友朋親厚之恩者，用葛衣帶綿素服帶。其汎汎者，用白生絹亦可。但取哀素之義正，不嫌其通于吉，亦猶疑衰之擬吉意也。

儀禮節略第十五卷

喪禮

喪具

徐乾學曰：喪具者，自初終至下窆。凡附身附棺，及筮宅，祖奠，穿隧，掩坎之所掩，皆是也。檀弓言喪具，君子恥具。注云：辟不懷也，思也，未即辦具，是辟不思親之事也。遠按：言不堅其親之生也。又曰：一日二日而可爲也者，君子弗爲，則苟非一二日易爲之事，其必講求之精矣。古人六十歲制，七十時制，八十月制，九十日制。惟絞紟衾冒，死而後制，但云辟不懷而已，臨時倉卒迷瞀，爲之奈何。

掩。

士喪禮：掩，練帛，廣終幅，長五尺，析其末。裹首也，兩端皆析爲二，結于頤下，又還結于項中。

瑱。

士喪禮：瑱用白纊，充耳也。

瞑目。

士喪禮：瞑目用緇，方尺二寸，䞓裏，著組繫。覆面者也，充以絮，四角有繫于後結之。

鬠笄。

士喪禮：鬠笄用桑，長四寸，纋中。鬠用組乃笄。鬠，結也，會髪爲紒也。桑之爲言喪也。纋，笄之中央以安髪，以組束髪，乃笄也。僅四寸者，不冠故也。

布巾。

士喪禮：布巾環幅不鑿。此亦覆面者。方二尺二寸，環幅，廣袤等也。大夫以上當鑿巾以飯，蓋賓爲之含，恐其憎穢故鑿之。士則子自含其親，露面以含，故不鑿也。

冒。質。殺。

士喪禮：冒，緇質，長與手齊，殺，掩足。冒，韜尸者，制如直囊。上曰質，下曰殺。殺以韜足而上，質以韜首而下。上玄下纁，象天地也。凡質長與手齊，準死者身爲之，初無寸量也。

雜記：冒者，何也？所以揜形也。自襲以至小斂，不設冒，則形，是以襲而後設冒也。

喪大記：君錦冒，黼殺，綴旁七。大夫，玄冒黼殺，綴旁五。士，緇冒赬殺，綴旁三。凡冒，質長與手齊，殺三尺。此言尊卑之差也。質殺作兩囊，各縫合一頭，又縫一邊，餘一邊不縫。其不縫之邊，上下安帶，綴以結之，或七或五或三也。

衾。

士喪禮：緇衾赬裏無紞。紞，被識也，以組紃爲之，綴之領側，以別上下。生時被有識，死則去之。蓋斂或順或倒，不必別也。

喪大記：小斂君錦衾，大夫縞衾，士緇衾，皆一。大斂布紟，二衾，君大夫士一也。

紟。

喪大記：紟五幅無紞。紟，禪被也。

夷衾。

喪大記：自小斂以往，用夷衾。夷衾質殺之裁，猶冒也。夷衾所用，上齊于手，下三尺，所用繒色，及長短制度，如冒之質殺，但不復爲囊及旁綴也。

絞。

喪大記：小斂布絞，縮者一，橫者三，大斂布絞，縮者三，橫者五。小斂之絞，廣終幅，每幅兩端，皆析爲三片。大斂之絞，直者，用布一幅，裂作三片，亦析兩頭；橫者，用布二幅，裂作六片，用五片。

釋言：以囊韜其形曰冒，覆其形使勿惡也。己衣，所以束之曰絞紟。絞，交也，交結之也。紟，禁也，禁繫之也。

遠按：冒以韜尸，欲其固也，使勿惡之説非是。

明衣。

士喪禮：明衣裳用布。所以親身，爲主潔也。

記：設明衣，婦人則設中帶。中帶若今之褌襂。

明衣裳用幕布，袂屬幅，長下膝，有前後，裳，不辟，長及轂，縓綼緆緇純。幕布，帷幕之布。屬幅，不削去邊幅，使相著也。此衣長至膝下，裳前三幅，後四幅，不辟積，則其要廣，而前後相掩者深。旁不開，體不見矣。縠，足跗也，長及縠，爲蔽足也。一染謂之縓，今紅也。七入爲緇，黑色也。飾裳在幅曰綼，在下曰緆。飾衣曰純，謂領與袂。衣以緇，裳以縓，象天地也。

角枕，角柶。

周禮天官玉府：大喪其含玉，復衣裳。角枕，角柶。角枕以枕尸也。

士喪禮：楔齒用角柶。柶，狀如匕，以角爲之，滑也。

喪大記：小臣楔齒用角柶。

燕几。

士喪禮：綴足用燕几。綴猶拘也，拘之使不辟戾，可著履也。

記：綴足用燕几，校在南，御者坐持之。校，脛也。尸南首，幾脛在南，以拘足也。

喪大記：綴足用燕几，君大夫士一也。

檀弓：毁竈以綴足。此殷禮也。毁竈之甓，以綴足，周則用燕几也。

握手。

士喪禮：握手，用玄，纁裏，長尺二寸，廣四寸，牢中旁寸，著組繫。注：牢讀爲摟，樓謂削約握之中央以安手也。疏此衣在手，故言握手，廣五寸，牢中旁寸，則中央廣三寸也。中央足容四指，指一寸，則四寸。四寸之外，仍有八寸，皆廣五寸也。

記：設握，裏親膚，繫鉤中指，結于掔。掔，掌後節中也。手無決者，以握繫一端繞掔，還從上自貫，反與其一端結之。裹親膚，據從手内置之，長尺二寸，中掩之，手纔相對也。兩端各有繫，先以一端繞繫一匝，還從上自貫，又以一端鄉上鉤中指，反與繞掔者結于掌後節中。

釋名：握，以物著尸手中，使握之也。

決。

禮儀：設決麗于掔，自飯持之，設握乃連掔。

纊極。

士喪禮：決用正王棘。若擇棘，著組繫，纊極二。正，善也。王棘與擇棘，皆可以爲決，極以沓指放弦，令不挈也。決與棘，皆用于右手，象生時所有事也。決著右擘，極韜食指將指，生以象骨爲決，韋爲極，死以是二者爲之，明不用也。

含貝，飯珠。

士喪禮：貝三，實于笲。稻米一豆，實于筐。貝，水物，古者以爲貨。笲，竹器。

檀弓：飯用米貝，弗忍虛也。不以食道，用美焉爾。

雜記：天子飯九貝，諸侯七，大夫五，士三。此夏禮，周禮天子含飯用玉。

周禮太宰：大喪贊贈玉含。贈玉，既窆所以送先王。

典瑞：大喪，共飯玉、含玉。注：飯玉，碎玉以襍米。含玉，柱左右䫭及在口中者。贈玉，蓋璧也。疏：飯玉，天子飯以黍，諸侯用粱，大夫用稷。天子之士用粱，諸侯之士用稻。其飯用玉，亦與米同時。含玉有數有形，亦與飯同時行之。

春秋公羊傳：含者，無口實也。緣生以事死，不忍虛其口。天子以珠，諸侯以玉，大夫以璧，士以貝。春秋之制也，文家加飯以稻米。

大戴禮：天子飯以珠，含以玉。諸侯飯珠，含以璧。大夫飯以珠，含以貝。

春秋説題辭：口實曰含，象生時食也。

白虎通德論：所以有飯含何？緣生食今死不欲虛其口，故含。用珠寶物何也？有益死者形體，故天子飯以玉，諸侯以珠，大夫以米，士以貝也。

遠按：飯含二事，諸書互異。雜記稱飯貝，周禮稱飯玉。大戴禮、禮稽命徵稱飯珠含璧，皆似以珠玉貝爲米，而非五穀之米。故檀弓言不以食道，用美焉爾。白虎通以爲有益死者形體，乃士喪禮，言稻米一豆實于筐。賈疏：天子飯以黍，諸侯飯用粱，大夫用稷。天子之士用粱，諸侯之士用稻，今世俗皆本家禮淅米爲飯，果宜用五穀之米乎？竊謂米人尸口，必臭穢生蟲，恐不宜也。又白虎通天子諸侯七用珠玉貝，而大夫用米，大夫卑于天子諸侯，而尊于士，乃獨用米，似米亦珠玉貝之類，而非五穀，敢質之博雅君子。

夷牀。

喪大記：浴水用盆，沃水用枓。枓，酌水器。

夷牀以遷尸。夷，傷也。移尸于堂日夷堂，牀曰夷牀，衾曰夷衾。

浴牀。

浴牀亦曰夷牀。

駔圭。

周禮典瑞：駔圭璋璧琮琥璜之渠眉。疏：璧琮以斂尸。于大斂加之。圭璋璧琮琥璜，此六玉，斂尸首足背腹左右。六玉兩頭皆有孔，又于兩孔之間爲溝渠。于溝之兩畔，稍高爲眉瑑，以組穿聯之。

重。

士喪禮：重木刊鑿之。以木爲之，鑿其前爲二孔，而以簪貫之，爲縣鬲之用。

檀弓：重，主道也。殷主綴重焉，周主重徹焉。始死未作主，以重主其神。既葬作主，及虞而埋之，後世設魂帛以代重也。

明旌。

士喪禮：爲銘，各以其物，亡則以緇長半幅，䞓末長終幅，廣三寸，書名于末，曰某氏某之柩。竹杠長三尺，置于宇西階上。雜帛爲物，大夫之所建也。亾，無也，無旗，不命之士也。半幅一尺，終幅二尺。杠，銘橦也。宇，梠也。

檀弓：銘，明旌也，以死者爲不可別已，故以其旗識之，愛之斯録之矣，敬之斯盡其道焉爾。不可別，謂形貌不見也。愛之而録其名，敬之而盡其道，非虛文也。

書儀：明旌以絳帛爲之，廣終幅，三品以上長九尺，五品以上八尺，六品以下七尺。書曰：某官某公之柩，以竹爲杠，長準銘旌，置屋西階上。遠按：古禮士三尺，不命之士緇赬共長三尺、廣三寸，書名于末。

魂帛。

家禮：魂帛，潔白絹爲之。設椸于尸南，覆以帕。置椅桌其前，置魂帛于椅上。設香爐杯注酒果于桌子上，是爲靈座。倚銘旌于椅左，俟葬畢有祠板，則埋魂帛潔地。按：士民之家，未嘗識重，皆用魂帛，魂帛亦主道也。禮：大夫無主者，束帛依神。今且從俗，貴其簡易。

棺。椁。

後漢書：趙咨曰：棺椁之造，自黄帝始。

吕氏春秋：美棺椁，所以備螻蟻也。

白虎通德論：所以有棺椁何？所以掩藏形惡也，不欲令孝子見其毀壞也。棺之爲言貌，所以藏尸令貌全也。椁之爲言廓，所以開廓辟土，無令迫棺也。○有虞氏瓦棺，今以木何？虞尚質故用瓦，夏后氏益文，故易之以塈周，謂塈木相周，無膠漆之用也。殷人棺椁，有膠漆之用。周人寖文，牆置翣，加巧飾。喪葬之禮，緣生以事死。生時無，死亦不敢造。太古之時，穴居野處，衣皮帶革，故死衣之薪内，藏不飾。中古之時，有宫室衣服，故衣之幣帛，藏以棺椁，封樹識表，體以象生。

文説：棺，關也，所以掩尸。

釋名：棺，關也，關閉也。

棺。椑。

檀弓：天子之棺四重，水兕革棺被之，其厚三寸，杝棺一，梓棺二，四者皆周。杝棺即椑也。内又有水兕革棺，梓棺一爲屬，一爲大棺，四重之棺，上下四方，悉周匝。惟槨不周，下有茵，上有抗席故也。

喪大記：君大棺八寸，屬六寸。此即二梓棺也。椑四寸。此即杝棺。上大夫大棺八寸，屬六寸。無椑棺下大夫大棺六寸，屬四寸。士棺六寸。無屬，不重也。君蓋用漆，三衽，三束。大夫蓋用漆，二衽，二束。士蓋不用漆，二衽，二束。古棺木無釘，用皮束合之，衽合棺縫際也。棺兩邊各有衽，爲牝牡合縫，每當衽，以牛皮束之。君與大夫，棺上蓋則用漆也。

檀弓：棺束，縮二衡三，衽每束一。衽，小要也，其形兩頭廣，中央小。先鑿棺邊及兩頭合際處，作坎形，連棺蓋底合束之，使相固也。

釋名：棺束曰緘。緘，咸也。古者棺不釘也，旁際曰小要，其約要小也。又謂之衽。衽，任也。任制際會，使不解也。

君即位而爲椑，歲一漆之，藏焉。謂諸侯也，諸侯無木兕革棺。

按：疏訓藏焉謂藏物于中，似贅，謂椑棺每年一漆，漆後即藏之也。

后木曰：喪，吾聞諸縣子曰：夫喪不可不深長思也。買棺外内易，我死則亦然。

徐師曾曰：言養生不足以當大事，惟送死可以當大事。人子事親，舍是無所用其力，一有不謹，則他日不可復追，此所以不可不深長思也。是以買棺藏親，必外内易治，不少有後日之悔，此特深思之大者，故特舉而言之。縣子此言，可爲萬世人子事親之法。

節録先儒語。

劉璋曰。凡送死之道，惟棺與椁爲親身之物，孝子所宜盡心。初喪擇木，恐倉卒難得，灰漆亦不能堅完。或值暑月，恐難久。古者國君即位而爲椑，歲一漆之，非豫凶事也。其木油杉爲上，毋事高大。惟棺周于身，椁周于棺，棺内外皆用布裹漆，務令堅實，嘗見前人掩壙之後，以松脂溶化灌于棺外。其厚尺餘，後爲人侵掘，松脂歲久凝結愈堅，斧斤不能加，得免大患。

二程全書：古人之葬，欲比化者不使土親膚。今奇玩之物，尚保藏固密，以防損汙，况親之遺骨，當如何哉？地中之患，惟蟲與水，所謂無使土親膚，不惟以土爲污，有土則有蟲，蟲之侵骨，甚可畏也。

惟木堅縫完，則不能入。求堅莫如柏，欲完莫如漆。然二物亦不可保，柏有入土數百年而不朽者，有數十年而朽者。人多以爲柏心不朽，而心之朽者，見亦多矣。高閌曰：伊川先生謂棺之合縫，以松脂塗之，則縫固而木堅。注云：松脂以本性相入，而又利水，今人所謂瀝青是也。須以少蚌粉與黄蠟清油合煎之，乃可用，不然則裂矣。王文禄葬度：合棺油杉爲上，但假者多耳。莫若用柏，紫經杉，棺僅容身，不用太寬，匠製若經匣樣，底蓋不用鐵釘，用蘇木作錠筍，底蓋對牆合處，每邊鑿二孔，筍作錠樣，分三片。先揷左右二片入孔分開，中一片鍼下錠凹處到劄住矣，且免鐵繡壞板，釘擊震尸。陳龍正曰：棺不可太寬，尤忌大高，必使高闊相等，環視見方爲妥，高則上空既無用，而壙勢因之不得不高，必勢因之不得不薄，棺中無用之空虚，損壙外宜厚之封土，豈善計哉？蓋不宜用釘，釘縫漏氣，又釘長出，亦使壙高，其弊多端，慎勿泥古。古人亦有未詳審處，木惟杉最善，不蛀不朽，又無躁性。有財則買杉板，乃千年老杉。近根之幹，壅頓沙土中者，川陜深山所生，無財則買大杉木堅老者爲之。伊川先生獨尚柏心，柏過燥，恐于初死骸骨未便。又且易蛀，想宋時未起沙板之説也。既得良木，命良工試配已畢，臨攏合時，一切縫罅，先用絞浄真生漆，厚調生麪銀硃，塗嵌其間。然後推敲成就，雖有小小鬆隙之處，皆爲硃漆充塞，無不泯合之患矣。試真漆法，取少許抹青竹上，少頃即乾，乾而粘綴不可剔剥者真，否則已浸入桐油，其性懈矣。硃漆獨乾，其驗也，故可以助漆之堅，解漆之滛，棺外凡遇縫處，亦用硃漆塗之。棺底須塗令遍，棺内止以少許抹縫，餘處不可多用，恐骸骨近木，不宜近漆。俗用瓦灰豬血調塗，又以麻布糊縫，真同兒戲，土中無物不朽，此數物徒增汙穢。不須十年，必皆解散脱落。又棺外以硃漆周圍塗數遍，外以真生漆蓋之，張文嘉齊家寶要棺木沙枋爲上，非貴價者，不能堅美。然中間多有破損，巧手補綴，未易辨識。一售其欺，反不若杉木之爲愈也。或取三四丈平木，及裏溪之頭段爲佳，但要色老而紅赤，縷細而堅實者。取其木心，候其乾燥，即可用也。又一法，合縫時，先以艌船之油灰塗其内，覆綿紗二三層。其固甚于松脂，外面灌生桐油數次。此法尤爲簡便，利于貧者，然總非預辦不得。

櫬。槥。

疏：櫬，親身棺也，以親近其身，故以櫬爲名。

小爾雅：有尸謂之柩，空棺謂之櫬。

槥，師古曰：槥櫝謂小棺。

説文：櫝，小棺，又曰槥。

裏棺。鐕。

丧大记：君裏棺用朱緑，用雜金鐕。大夫裏棺用玄緑，用牛骨鐕。士不緑。裏棺，謂以繒貼棺裏也。鐕，釘也，張幼倫曰：鐕字，説文云：綴著物者，則緑字疑皆爲綴字之誤，言綴繒于棺也。鐕，即今漆工所用之灰屑也。君用雜金屑，最爲堅好，大夫用牛角屑次之。今民間用瓦屑，即此鐕也。士不綴，無裏也，古者棺不用釘。

椁

檀弓：既殯旬而布材與明器。材，棺材也。布，王安石曰：陳也。

喪大記：君松椁，大夫柏椁，士雜木椁。

檀弓：柏椁以端，長六尺。端，題湊也。天子柏椁，黄腸爲裏，而表以石。端，猶頭也。積柏材作椁，並葺材頭，以此木之端首，題湊向内。○以柏木黄心，致累椁外，謂之黄腸。木頭皆向内，故云題湊。椁材每段長六尺，而方一尺也。

棺飾。

柳。車上覆爲柳，釋名：輿棺之車，其蓋曰柳。柳，聚也，衆飾所聚，亦其形如僂也，亦曰鱉甲，以鱉甲亦然也，故喪車曰廣柳車。

檀弓：設蔞翣，爲使人勿惡也。蔞即柳也。

周禮：縫人衣翣柳之材。

池。織竹爲之，如小車笭。衣以青布，加于柳上。柳象宫室，懸池于荒之爪端，若承霤然。天子居有四注，柳亦四池，諸侯柳闕其後一池，大夫二池。

檀弓：池視重霤。屋有重霤，以木爲之，承于屋霤。引木而霤于地，死時柳車，亦象宫室也。

帷荒 皆所以衣柳也。在旁曰帷，在上曰荒。

牆 即帷荒也。釋名：輿棺之車，其旁曰牆，似屋牆也。

士喪記：巾奠乃牆。巾奠訖，商祝乃飾棺牆。

檀弓：周人牆置翣。棺，飾也。小爾雅：大扇謂之翣。釋名：齊人謂扇爲翣，比似之也。翣有黼有畫，各以其飾名之，使人持之以夾喪車。在路則障車，在椁則障柩也。

周禮：御僕，大喪持翣。

禮器：天子葬，五重八翣。諸侯三重六翣。大夫再重四翣。

世本：武王作翣。

家禮：翣以木爲筐，如扇，而有兩角。高廣二尺，高二尺四寸，衣以白布，柄長五尺。黼翣畫黼，黻翣畫黻。畫翣畫雲氣，其緣皆爲雲氣，皆畫以紫準格。

振容 振，動也。容，飾也，以絞繒爲之。長丈餘，如幡，畫幡上爲雉，懸于池下爲容飾，車行則幡動也。

屋也，于荒下用白錦爲屋，在路象宫室也。

褚以皮爲之。棺横束有三，每束兩邊屈皮爲紐，所以聯帷荒也。

紐居柳之中央，形圓如車蓋。高三尺，徑三尺餘，旁象蓋甃，上下合縫，褋采爲之，形如瓜分然。

齊戴之言值也，所以連繫棺束之紐，與外畔柳材，使相當值，因而結前後披也。

戴釋名：披，擺也。柩車行，所以披持棺者，有紐以結之謂之戴。車兩旁，使人持之若四馬六轡然，備傾倚也。

披既夕記：設披。

周禮司士：大喪，作六軍之士執披。作謂使之也。

魚凡池必有魚，故此車池，縣絞雉。又縣銅魚振容間，若車行，則魚跳躍上拂池也。

揄絞　揄，翟也，采青黄之間曰絞。

雜記：大夫不揄絞，屬于池下。人君之柳，其池繫絞繒于下，而畫翟雉名曰振容。又有銅魚在其間，大夫去振容，士去魚。○屬，係也。大夫池上得有揄絞，不得係于池下，士亦然。

既夕：商祝飾柩，一池，紐。前經後緇，齊三采，無貝。

周禮：縫人，喪縫棺飾焉。

喪大記：飾棺，君龍帷，三池，振容，黼荒。火三列，黻三列，素錦褚，加僞。當作帷。荒，纁紐八，齊五采五貝，黼翣二，黻翣二，畫翣二，皆戴圭。魚躍拂池，君纁戴六，纁披六。大夫畫帷，二池，不振容，畫荒，火三列，黻三列，素錦褚，纁紐二，玄紐二，齊三采三貝，黻翣二，畫翣二，皆戴綏，魚躍拂池，大夫戴前纁後玄，披亦如之。士布帷，布荒，一池，揄絞，纁紐二，緇紐二。齊三采一貝，畫翣二，皆戴綏。士戴前纁後緇，二披用纁。

輁軸。

士喪禮：升棺用軸，蓋在下。輁狀如牀，軸狀如轉轔，刻兩頭爲輁，以木關其轔之中央，而轉之，軹之旁前後共四輪，又各有一軸以横貫其桯于輪也。

既夕：遷于祖，用軸。謂朝祖廟也。

龍輴。其制似輁軸亦長丈二尺，廣四尺，取稱于柩前，一轅，畫龍于轅，加赤雲氣。君殯以輴車，備火之虞，上有四周。

喪大記：君殯用輴欑，至于上畢，塗屋。攢，菆也，置棺輴内，以木藂聚輴之四邊，木高于棺，加幕于上。然後以木頭相湊鄉内，象槨上之四注，以覆之，如屋形，以泥塗之。天子輴，畫之以龍。

君葬用輴。

木車。不漆者。○此始遭喪所乘。

素車。以白土堊車，此卒哭所乘。

藻車。藻，水草蒼色，以蒼土堊車。○此既練所乘。

駹車。車邊側有漆布。○此大祥所乘。

漆車。凡漆不言色者皆黑。○此禫所乘。

周禮巾車：王之喪車五乘。

祥車　生時所乘，葬時用爲魂車。

曲禮：祥車曠左。

蜃車　蜃，路也。柩路載柳，四輪迫地而行，有似于蜃，因名。

周禮遂師：大喪，共蜃車之役。

遣車　一日鸞車。將葬，盛所苞奠遣送之車。

雜記：遣車視牢具。疏布輤，四面有章，置于四隅。言車多少，各如所包，遣奠牲體之數也。大夫以上，乃有遣車，轄其蓋也。四面皆有鄣蔽，以隱翳牢肉。

檀弓：國君七个，遣車七乘；大夫五个，遣車五乘。

周禮巾車：大喪節遣車，遂廞之，行之。廞，興也，謂駕之、行之，使人以次舉之以如墓也。飾，謂飾之如生存之車，但麁小爲之耳。

虎賁氏：及葬，從遣車而哭。其車既有牲體，王之魂魄所馮依也。

校人：大喪飾遣車之馬。

皮車。革車。 皮車，遣車之革路。

周禮司裘：大喪，廞裘飾皮革。明器之車，以皮飾之，事死如事生之意。

車僕：大喪廞革車。

輀 喪車也。

大轝

思陵録：大昇轝，其制下爲底，而蓋以殿宇，四柱皆旋安揷，夾以青障。左刻青龍，右刻白虎，前後各有朱扉，前揖黄緣簾。上乘朱雀，後爲龜蛇，以象玄武。

家禮：古者柳車制度甚詳，今不能然，但從俗爲之，取其牢固平穩而已。其法用兩長杠，杠上加伏兔，附杠處爲圓鑿，别作小方牀，以載柩。足高三寸，旁立兩柱，柱外施圓柄，令八鑿中，長出其外。柄鑿之間，須極圓滑，以膏塗之，使其上下之際，柩嘗適下，兩柱近上，更爲方鑿，加横扃之。兩頭出柱外者，更加小扃杠，兩頭施横杠，横杠上施短杠。短杠上或更加小杠，仍多作新麻大索，以備札縛，此皆切要實用不可闕者。但如此制，而以衣覆棺，亦足以少華道路，或更欲加飾，則以竹爲之格以綵結之。上如撮焦亭，施帷幔，四角垂流蘇而已。然亦不可太高，恐多罣礙，不須太華。徒爲觀美。若道路遠，決不可爲此虚飾，但多用油單裹柩，以防雨水而已。某舊爲先人飾棺，考制度，作帷幭，延平先生以爲不切，而今禮文覺繁多，使人難行。後圣有作，必是裁減了方始行得耳。

幕

釋名：結也，在表之稱也。

周禮：幕人，大喪共帷幕，帟綬。帷以帷堂，或與幕張之于庭，帟以飾柩。

檀弓：布幕，衛也。縿幕，魯也。幕以覆棺，爾雅：縓帛縿，魯用帛也。

帟

幕之小者，所以承塵。

周禮：幕人，三公及卿大夫之喪，共其帟。

掌次：凡喪，王則張帟三重，諸侯再重，孤卿大夫一重。

遂師：大喪，使帥其屬，以幄帟先道野役。

檀弓：君于士有賜帟。

布帷。姚翼家規通俗編：用棉布三疋，聯爲一。用竹八根，以繩綴之。令役者八人執之，圍婦女于中，隨柩後行，庶不與男子襍，及爲觀者窺也。

竹格。加大轝之上，以覆棺者，欲加飾，則以綵結之，此虚文也。若陸路則多用油單，以防雨水。

折。既夕：折横覆之。折，猶庋也。方鑿連木爲之蓋如牀，而縮者三，横者五，無簀。窆事畢，加之壙上，以承抗席。横陳之者，爲苞筲以下，缔于其北便也。覆之，見善面也。

抗木。

既夕：抗木横三縮二。抗，禦也，所以禦止土者，其横與縮各足掩壙也。

記：抗木刊。兩面皆剥削之。

抗席。

既夕：加抗席三。席所以禦塵。既陳抗木于折北，又加此抗席三領于抗木之上。

茵。

既夕：加茵，用疏布緇剪有幅，縮二横三。茵所以梢者，剪淺也，幅緣之。

士喪禮：茵著用荼，實綏澤焉。荼，茅秀也。綏，廉薑也。澤，澤蘭也。皆取其香，且禦濕。

引。紼。引，車索也。繩屬梢曰紼，屬車曰引。

既夕：屬引。引柩車之索，屬之于車。言引，見用力也。

曲禮：助葬必執紼。

檀弓：弔于葬者，必執引。若從柩，及壙，皆執紼。引在前，屬車上以導柩也。行于路，必執之。或亦有不執者，紼在旁。屬棺上，以弼柩也。若下棺時，雖不執引，亦必執紼，助之以力也。

綍。 行道曰引，至壙將窆曰綍。

喪大記：凡封用綍，去碑負引。封，即窆也。凡柩車及壙，説載，除飾，而屬紼于柩之緘。又樹碑于壙前，後以紼繞碑間之鹿盧輓棺而下之。此時棺下窆，使輓者皆繫紼，而繞要負引，在碑外背碑而立，漸漸應鼓聲而下，備失脱也。

撥。

鄭氏曰：撥，可撥引輴車，所謂紼也。陸佃曰：撥雖不可知，然謂之撥，則以撥輴可知。榆性堅忍，然以性沈難轉，故設撥。鄭氏謂所謂紼，非是。

榆沈。

謂以木澆榆白皮之汁。有急以播地，于引車滑也。

綷。

釋名：懸下壙曰綷。綷，將也，徐徐將下之也。

功布。

既夕：商祝拂柩，用功布。功布，灰治之布。商祝執功布以御柩。居柩車之前。若道有低昂傾欹，則以布爲抑揚左右之節，使引者執披者知之。

翿。即翿。

周禮鄉師：及葬執翿。翿，羽葆幢也。爾雅：翿，翳也，以指揮挽柩之役，正其行列。

旐。

爾雅：緇，廣充幅，長尋曰旐。以黑色之帛廣全幅，長八尺，屬于杠，名旐。

禮論：問下殤有旐否。徐邈答曰：旐以題柩耳，無不有旐。

茅。

喪大記：大夫葬，御棺用茅。

紙錢。

唐書王璵傳：漢以來葬喪，皆有瘞錢。後世里俗稍以紙寓錢爲鬼事，至是璵皆用之。周顯德六年，世宗慶陵攢土，發引之日，百官設祭于道旁。翰林院紙錢大若盞口，餘令雕印字文，文之，黄曰泉臺上寶，白曰冥遨亞寶。

封演見聞記：紙錢，今代送葬爲鑿紙錢。積錢爲山，盛加雕飾，昇以引柩。按古者享祀鬼神，有圭璧幣帛，事畢則埋之。後代既寶錢貨，遂以錢送死，漢書稱盜發孝文園瘞錢是也。率易從簡，更用紙錢，乃後漢蔡倫所造。其紙錢，魏晉已來，始有其事。今自王公逮于匹庶，通行之矣。凡鬼神之物，其象似，亦猶塗車芻靈之類。古埋帛，今紙錢則皆燒之，所以示不知神之所爲也。

戴埴鼠璞：法苑珠林載紙錢起于殷長史，唐王璵傳載漢以來，皆有瘞錢。後里俗稍以紙寓錢，王璵乃用于祠祭，今儒家以爲釋氏法，于喪祭皆屏去。今謂不然，之死而致死之，不仁；之死而致生之，不知。謂之明器，神明之也。漢之瘞錢近于之死而致生，以紙寓錢，亦明器也，與塗車芻靈何以異？俗謂果資于冥塗則可笑。

方相。

周禮方相氏：掌蒙熊皮，黄金四目，玄衣朱裳，執戈揚盾。大喪，先匶及墓。入壙，以戈繫四隅，毆方良。方良，罔兩也。

鄭鍔曰：喪則使之前驅，以避凶邪。葬則使入壙繫罔兩，以安神靈，亦厭勝之説。

魌頭。

隋書禮儀志：四品以上用方相，七品以上用魌頭。

馮善家禮集説：今人用竹爲格，用紙糊人，執戈長丈餘，道柩先行，謂之開路神，其代方相之遺意與？

姚翼家規通俗編：周禮方相氏狂夫四人，家禮大夫之喪用二人爲魌頭，今俗用竹爲格，糊紙爲人，長丈餘，執戈導柩先行，謂之開路神，方相之遺意也。從古從今，無所不可。

明器。

既夕：陳明器于乘車之西。明器，藏器也。

檀弓：孔子曰：之死而致死之，不仁而不可爲也。之死而致生之，不知而不可爲也。是故竹不成用，瓦不成味。味當作沬，靧也。木不成斲，琴瑟張而不平，竽笙備而不和，有鐘磬而無筍虡。不懸之也。其曰明器，神明之也。之，往也。往送死者，而即以死者待之。無愛親之心也，以生者之禮待之，無燭理之明也，故爲明器，以有知無知之間待之。備物而不可用，謂之明器者，蓋以神明之道待之也。陳祥道曰：周官凡施于神者，皆曰明。故水曰明水，火曰明火之類，皆神之明也。

仲憲言于曾子曰：夏后氏用明器，示民無知也。殷人用祭器，示民有知也。周人兼用之，示民疑也。曾子曰：其不然乎？其不然乎？夫明器，鬼器也。祭器，人器也。夫古之人，胡爲而死其親乎？

李格非曰：明有象，幽無形。以有象之器，事無形之鬼，故曰明器。以其對于祭器，故亦曰凶器。以人道而事鬼神，故曰祭器。以其對于凶器，故亦曰生器。生器則文而不功，明器則具而不用。有生器，具之以適墓。象死道，有明器。具之而不用，明不復用也。由死道以思其生，由不用以思其死，皆所以重孝子之哀也。

孔子謂爲明器者，知喪道矣，備物而不可用也。哀哉！死者而用生者之器也，不殆于用殉乎哉。其曰明器，神明之也。謂之明器者，是以神明之道待之也。

書儀：明器刻木爲車馬、僕從、侍女，各執奉養之物。象平生而小，多少之數，依官品。喪葬令：五品六品明器許用三十事，非升朝官者，許用十五事，并用盤碟瓶盂之類。下帳。爲牀帳茵席倚桌之類。

家禮：造明器，與書儀同。

朱子語類：答明器之問云：禮既有之，自不可去。然亦更在斟酌，今人或全不用也。喪事都不用冥器，糧缾之類，無益有損。棺槨中，都不着世俗所用者一物。

明弓矢。

周禮司弓矢：大喪共明弓矢。

頌琴。

左傳：初穆姜使擇美檟，以自爲櫬與頌琴。欲以送終。頌琴，琴名。

顧曰：頌琴明器之屬，即既夕有燕樂器，周官廞樂器，檀弓琴瑟張而不平是也。

熬筐。

士喪禮：熬黍稷，各二筐，有魚腊。熬之設于棺旁，所以惑蚍蜉。

周禮小祝：大喪設熬。

苞。

既夕：苞二。所以裹遣奠羊豕之類。

葦苞。

記：葦苞長三尺一編。葦草長，截取三尺，一道編之，用便易故也。

書儀：既夕禮苞二注：所以裹奠羊豕之肉。檀弓：國君七个，遣車七乘。雜記：遣車視牢具。或問曾子曰：君子既食，則裹其餘乎。曾子曰：大享既饗，卷三牲之俎，歸于賓館，父母而賓客之，所以爲哀也。晉賀循用腐一篋，以代所苞牲體。今遣奠既無牲體，又生肉經宿則臭敗，不若用循禮得事之宜。然遣奠之時，亦當設脯。既奠，苞以蒲篋，或箱，或竹掩耳，或席簟之類苞之皆可也。

筲。

既夕：筲三，黍稷麥。筲，畚插類。

記：菅筲三，其實皆瀹。筲用菅草，黍稷皆淹而漬之。

書儀：既夕禮：筲三，黍稷麥。今但以竹器，或小罌，貯五穀各五升可也。

罋。

既夕：罋三，醯醢屑，幂用疏布。屑，薑柱之屑也。幂，覆也。

書儀：既夕禮：罋三，醯醢屑。注：薑柱之屑也。今但以小罌二，貯醯醢。

朱子曰：苞筲罋，以盛羊豕五穀酒醯醢。雖古人不忍死其親之意，然實非有用之物，且脯肉腐敗，生蟲聚蟻，尤爲非便，雖不用可也。

甒。

既夕：甒二，醴酒，幂用功布。甒亦瓦器。

桁。

既夕：皆木桁，久之。桁，所以庋苞筲甕甒也。久當爲炙，炙謂以蓋案塞其口。

阮氏、梁正等圖云：桁制，若今之几狹而長，以盛藏具，實未見聞。

聶崇義曰：苞筲等燥物，直苞塞之，無幂，甕甒等濕物。直炙塞其口，又加幂覆之。

瓦器。

後漢禮儀志：東園武士，執事下明器。瓦鐙一，瓦竈二，瓦釜二，瓦甑一，瓦十二，瓦案九。瓦大杯十六，瓦小杯二十。瓦飯槃十，瓦酒樽二。

芻靈，俑。

檀弓：孔子謂爲芻靈者善，謂爲俑者不仁。不殆于用人乎哉。芻靈，束茅爲人馬，謂之靈者，神之類。俑，偶人也。埤蒼云：木人送葬，設關而能俑跳，故名之曰俑。

塗車

檀弓：塗車芻靈，自古有之，明器之道也。塗車，以泥塗爲車也。

茅馬，木馬。

後漢書光武紀：帝曰，古者帝王之葬，皆陶人瓦器，木馬茅馬。

金石録：唐文德皇后墓表，無金玉之寶玩，用之物。木馬寓人，有形而已。

賵方。

既夕：書賵于方，若九，若七，若五。方版也，有賵奠賻贈者，書其名與其物于版。九七五，言行數也。所送有多少，故行數亦不同也。

遣策。

既夕：書遣于策。策，簡也。遣，猶送也。謂所當藏物，編連爲策，不編爲簡。

蔡邕獨斷：策，簡也。其制長二尺，短者半之。

衡。

喪大記：君封以衡，君命毋譁，以鼓封。衡平也。諸侯物多棺重，恐柩不正。下棺之時，以大木横貫，使人以紼直繫棺束。自旁平持而下，又繫鼓爲節。

籠。

周禮遂師：及窆，抱磨共丘籠。籠，盛土器。下棺之時，遂師帥執紼之人，各歷適而紋數之。下棺之後，以壙上土，反覆而爲丘壟，皆須籠器盛土也。

荼。

周禮：掌荼，掌以時聚荼，以共喪事。荼，茅莠以禦溼也。

葦。蒲。

周禮稻人：喪紀共其葦事。葦，以闉壙禦溼之物。

澤虞：喪紀共其葦之事。葦，以闉壙，蒲以爲抗席。

蜃。

周禮：掌蜃，掌斂互物蜃物，以共闉壙之蜃。互物蚌蛤之屬闉，塞也。將井椁，先塞下，以蜃禦溼也。

黄腸題凑。

漢舊儀：天子陵中，明中，高丈二尺四寸，周二丈，内梓宫，次梗椁，柏黄腸題凑。

堲周。

檀弓：夏后氏堲周。堲者，火之餘燼，蓋治土爲四周于棺之坎也。

鐵帳。鐵盆。鐵山。

宋史禮志：進玄宫，有鐵帳覆梓宫。鐵盆，鐵山，用然漆燈。

銅斗。

王莽時，三公亾，皆賜銅斗，一在冢外，一在冢内。

灰隔。

朱子語類：先生葬長子，其壙用石，上蓋厚一寸許，六段横凑之，兩旁及底，五寸許，内外皆用石灰，雜炭末，細沙，黄泥，築之。問椁外可用炭灰雜沙土否？曰：只純用炭末，置之椁外，椁内實以和沙石灰。或曰：可純用灰否？曰：純灰，恐不實。須襍以過沙，久之灰沙相乳入，其堅如石。椁外四圍上下一切實以炭末，約厚七八寸許，既辟溼氣，免水患。又截樹根不入，樹根遇炭，皆生轉去，以此見炭灰之妙。蓋炭是死物無情，故樹根不入也。抱村子曰：炭入地，千年不變。問范家用黄泥拌石灰實椁外如何？曰：不可，黄泥久之亦能引樹根。又問古人用瀝青，恐地氣蒸熱，瀝青溶化，棺有偏限，却不便。曰：不曾親見用瀝青利害，但書傳間多有用者，不知如何？節録華氏廬得集，多用三沙，先鋪厚數寸在底，下平實築之。下棺之後，細築四旁，與蓋相平，則以杉木去皮爲段，長過棺底之闊，密横排一二層于蓋上。更以輕煤細灰，稠調泥水縫隙，及其兩頭，近土則易朽。須三沙更包之，横木之上，厚加三沙一二尺，細細輕築，以實爲度，便如一塊三沙相似。若無水滰，三沙自然膠硬如石矣，如此庶幾可勝在上之重土，不致便頹壓于棺内。待乎年深世久，骨肉既銷，木亦當灰，俱化爲土矣。製三沙法，黄沙石灰乾黄泥，細節各五石爲率，和匀，預造五斗糯米，下一石水之酒，俟熟可飲，則濾和三沙，乾溼得所，堆聚而之，俟熟過，入壙内堅築。

魏禧灰椁紀事：造灰椁者，于下窆先三四日，取上好塊頭石灰數千斤，用水灑過，令化，以米節節嫩灰貯用。其麤頭未化者，再用水灑，節出嫩灰，將麤頭另貯。若人力有餘，臨期灑灰令化，即用築之尤妙，用灰之法，不可太燥，燥則不粘；不可太溼，溼則氣散。臨時須以少水灑之，拌匀，用手輕捏成團，重捏即散爲度。○既鋤土穴，周圍仍以火砌椁，其闊狹度容棺。棺之外，頭脚兩旁，各空一尺，以灰下。灰多不過二尺，少不過五寸，須看地勢穴情，以定灰之厚薄。○甎椁外，有空隙處。先用無沙石好黄泥築之，輕築令椁牆緊靠，以便築灰。然四圍椁牆，須逐節砌高，一邊下灰，一邊下土。若頓爾高砌，牆内空虚則築外土時，便震傴椁牆偏内矣。○穴内先用嫩灰一二寸鋪底，置棺其上，四旁下灰。築齊棺面，平鋪灰于上築之。每遍只可一二寸，先以脚躧實，然後用槌輕築，漸漸至重槌。忌太重，重則剥灰。用槌之法，不論人數，以人多爲妙。且行且築，須槌跡粘連一路，周而復始。度築灰堅至六分，便下新灰更築。太堅，則上下不相粘，面上一層不妨略厚，須築至極堅，灰面發光。槌響作金石聲，更築少許爲度。○築灰既完，仍用火甎，接四圍椁牆，卷砌其上，成一甎椁。若穴淺壙不宜高大者，不用卷砌，即加灰頭黄泥可也。○甎椁之上，用灰頭和匀上好黄泥，堅築數十，亦以穴之淺深爲度。○墓前煖土，若地穴原有餘土，必不可掘去。若穴勢淺卸無餘土，仍當用黄泥堅築之。蓋墓久崩壞，多由煖土不堅實故也。

又曰：昔先君子築大父母壙墓，用純灰椁，不用三合土，以爲三合土易上滲氣，而灰椁純燥，地氣久蒸，結爲鐵石，蓋有所受之也。際瑞等葬先父母，遂用此法。問又益以私意，因悉書而記之。禧嘗謂送死者衣衾之華美，不如棺之精密，棺之精密，不如墓之堅緻。蓋衣衾雖美，不過慰炫一時，棺木亦數月未歸土時所重。遠按三者不可偏重，衣棺取足以朽肉朽骨，豈爲觀美？魏先生此論，未達送死之理矣。若壙墓堅緻，直千百年不壞之墓也。今人苟且造壙，或久暴不葬，而專美衣衾。是所謂非徒無益，而又害之者。又或酒食僧道，縻費不貲，至于營葬，則吝財苟成，其亦惑矣。先君子曰：宜薄斂宜厚葬，故先父母之喪。斂用布素，棺不華漆。夫薄斂則内無物可欲，葬厚則外無隙可乘。人非財力寡弱，其于父母骨肉送死之際，安可不講于此哉？

碑。桓楹。

檀弓：公室視豐碑，三家視桓楹。豐碑，斲大木爲之，于椁前後四角樹之，穿其中爲一大孔，于此孔中着轆轤，轆轤兩頭，各入碑木。以紼之一頭繫棺緘，以一頭繞轆轤。下棺之時，人各背碑而立，負紼末頭，聽鼓聲，以漸却行而下之也。天子六綍四碑，綍即紼也。天子之葬，掘地爲方壙，漢書謂之方中。南畔爲羨道，以蜃車載柩，至壙，説而載以龍輴，羨道而入。至方中，乃屬紼于棺之緘，從上而下棺入于椁中，此時用碑綍也。桓楹不似碑形，如大楹耳。桓，亭郵表也，謂亭郵所立表木，即今之橋旁表柱也，亦謂之碑。故喪大記云：諸侯大夫二碑也。時公室僭天子，三家僭諸侯，故云視豐碑、視桓楹也。諸侯四綍二碑。

釋名：碑，被也，此本王莽時所設也。施其轆轤以繩其上，以引棺也。臣子近述君父之功美，以書其上，後人因焉。故無建于道陌之頭顯見之處，名其文，就謂之碑也。

摯虞文章流別論：古有宗廟之碑，後世立碑于墓頭之衢路，其所載者銘詞也。

文心雕龍：碑者，埤也。上古帝王，始號封禪，樹石埤岳，故曰碑也。周穆紀迹于弇山之石，亦石碑之意也。又宗廟有碑，樹之兩楹，事止麗牲，未勒勳績，而庸器漸闕，故後代用碑，以石代金，同乎不朽，自廟徂墳，猶封墓也。

封演見聞記：墓前碑碣，未詳所起。按：儀禮廟中有碑，所以繫牲，并視日景。禮記公室視封碑。天子、諸侯有棺之柱，其上有孔，以貫綍索，懸棺而下，取其安審，事畢因閉壙。中臣子或書君父勳伐于上，後又立之于隧口，故謂之神道，言神靈之道也。古碑上，往往有孔，是貫繂索之像。前漢碑甚少，後漢蔡邕、崔瑗之徒，多爲人立碑。魏晉之後，其流寖盛。隋氏制，五品以上立碑，螭首龜趺，趺上不得過四尺，載在喪葬令。近代碑稍衆，有力之家，多輦金帛以祈作者。雖人子罔極之心，順情虚飾，遂成風俗。蔡邕云：吾爲人作碑多矣，惟有道無愧詞。隋文帝子齊王攸薨，僚佐請立碑。帝曰：欲求名，一卷史書足矣。若不能，徒爲後鎮石子。誠哉是言也。

尚書故實：古碑皆有圓孔，蓋碑者悲也，本墟墓間物，每墓有四，初葬穿繩相孔以下棺，乃古懸窆之禮。後德政碑，亦作圓孔，不知根本甚矣。

陳祥道禮書：公食大夫禮：庶羞陳于碑内，庭實陳于碑外。燕禮：賓自碑内聽命。聘禮：醯醢百罋，夾碑十分以爲列，賓自碑内聽命。祭義曰：君牽牲入廟門，麗于碑。士昏禮：賓入廟門。鄉飲酒禮：賓入庠門。鄉射：賓入序門。皆三揖至于階，而三揖之中，有當碑揖，則諸侯大夫士之宫，皆有碑矣。鄭氏曰：宫必有碑，所以識日景，引陰陽也。凡碑引物者，宗廟則麗牲焉。其材，宫室以石，窆用木。禮：天子之窆豐碑，諸侯桓楹。大夫二碑，魯之季也。公室視豐碑，三家視桓楹。窆碑如桓楹，則宫室碑制可知。

宋祁筆記：碑者，施于墓則下棺，施于廟則繫牲，古人因刻文其上。

事祖廣記：管子曰：無懷工封泰山，刻石紀功。秦漢以來，始謂刻石曰碑，蓋因喪禮豐碑之制也。刻石當以無懷爲始，而名焉，自秦漢也。

朱子語類：古人惟冢廟有碑。廟中者，以繫牲。冢上四角四碑，以繫牽下棺。棺既下，則埋于四角，所謂豐碑也。或因而刻字于其上，後人凡碑則無不刻之，且于中間剜孔，則不知何用？今會稽大禹廟有一碑，下廣而上小，不方不圓，尚用以繫牲云。是當時葬禹之物，上有隸字，蓋後人刻之也。

神道碑。

事祖廣記：晉宋之世，始又有神道碑，天子及諸侯皆有之。按：後漢中山簡王，詔爲之脩冢塋，開神道。注云：墓前開道，建石柱以爲標謂之神道，則是神道之名在漢已有之，晉宋後易以碑刻之。

碑額。 用真字八分書，謂之題額，篆字謂之篆額，題曰某公之墓。

碣。

後漢書注：方者謂之碑，圓者謂之碣。李斯所造。

立碣。隋書：七品以上立碣，高四尺。圭首，方趺。若隱淪道素，孝義著聞者，雖無爵，奏，聽立碣。

誌石。

馮鑑續事始：按：西京襍記：前漢杜子夏臨終，作文，其死命刊石埋于墓前，墓志恐因此始。

封演見聞記略：王儉所著喪禮云：施石誌于壙裏，禮無此制，魏侍中繆襲改葬父母，墓下埋文。原此旨，將以千載之後，陵谷遷變，欲後人有所聞知其人，若無殊才異德者，但紀姓名，歷官，祖父，姻媾而已。若有德業，則爲銘文。

遠按：唐宋墓誌，流傳者多。夫墓誌之出，墓之不幸也。然不幸而墓崩，後人見其誌，庶幾有憐而掩之者，亦不謂無益也。唐李輔光墓在涇陽之原，其墓志後銘，有云，水竭原遷，斯文乃傳，數百年後，竟成讖語，而輔光亦因之以傳矣。墓中人，苟非大不肖，人亦未有不憐之者，惟曹操、秦檜之流，則當不使人知之耳。

家禮：誌石用二片，其一爲蓋，刻云某官某公之墓。其一爲底，刻云某官某公諱某字某，某州某縣人。考諱某，某官；母某氏，某封，某年月日生，歷官遷次，某年月日終，某年月日葬于某鄉某里某處，娶某氏，某人之女。子男某，某官。女適某官某人。婦人夫在，則蓋刻云某官姓名某封某氏之墓；夫亾，則云某官某公某封某氏，某底叙年若干。適某氏，因夫與子，致封號。葬之日，以二石字面相向，鐵束而埋之。

語類：問政和禮九品以下至庶人無誌，温公有之，今當何從？朱子答云：誌石爲久遠之計，埋于土中，有何僭禮？須在壙上二三尺，縱遇畚鍤，猶可得止，勿置壙中。陳淳安卿問曰：某問誌石之制，在士庶當如何題？温公謂當書姓名，恐所未安。夫婦合葬者，所題，又當如何？曰：宋故或進士，或處士，某君。夫人某氏之墓，下略記名字鄉里年歲子孫及葬之年月。

陳龍正家矩：節録 誌石專防發掘，須令易見，宜仰字于面，但以甎覆之，離壙前數尺，淺埋之。孟子葬母，自刻跪像埋之墓前，後遇掘者，遂知爲孟母墓，聖賢蓋惟欲人之早見之也。遠按：仰面淺埋之説不可從，孟子刻跪像事，亦不知見何書。

窆石。

圖經：禹葬于會稽，取石爲窆。

會稽志：禹廟窆石遺字，直寶文閣王順伯復齋金石録定爲漢刻。

趙明誠金石録：漢窆石銘末，建元年五月。

墓銘。

祭統：銘者，自名也。自名以稱揚其先祖之德，而明著之後世者也。爲先祖者，莫不有美焉，莫不有惡焉。銘之義，稱美而不稱惡，此孝子孝孫之心也。其先祖無美而稱之，是誣也。有善而弗知，不明也。知而弗傳，不仁也。此三者君子之所恥也。

按祭統所言，實鼎銘，非墓銘也。而後世誌墓，實取義于此，此銘文之所本也。荀子銘誄繫世，敬傳其名也。繫世，謂著其傳襲，若今之譜牒。

釋名：銘，名也。述其功美，使可稱名也。

墓表。

家禮：墳高四尺，立小石碑于其前，亦高四尺，趺高尺許，表墓石立于墓前。司馬公説別立小碑，但須闊尺以上。其厚居三之二，主首，而刻其面，如誌之蓋，乃略述其世系名字行實，而刻于其左，轉其後右而周焉。婦人則俟夫葬乃立，面如夫亡誌蓋之例云。

表墓石，就地埋定，上題云：某人之墓，無文詞。墓雖無碑者，亦當立此石。

華表。

燕昭王墓前華表，見續齊諧記。

城門華表柱，見搜神後記。

券臺。

清異録：葬家聽術士説，例用朱書鐵券，若人家契帖，標四界，及主名，意謂亾者居室之執守，不知爭地者誰耶？瘞墓前，甃石。若甎表之，面方長，高不登三尺，號曰券臺。

金九皋抱甕集：墓前地名明堂，一名券臺。朱子語録云：不曉所以，後見唐人文集中，言某朝改爲券臺。按今地理書，有券臺之説。券，契也，埋地契處，曰券臺。地用磚石爲之，上書財若干緡，爲死者用財，葬于此。山神土地，不得爭競，貧無力者，遇祭祀，則以藉尊俎，謂土筵席。

墓圖。

古金石例：墓圖作方石碑，先畫墓圖。有作圖象者，内畫墓樣，各標其穴，某人。其石嵌之祭堂壁上，無祭堂，則嵌圍牆上，宗支圖碣二，一埋中宫之外，一立中宫之上。太原以墳塋中心爲宅神，亦中宫之義也。祭堂瓦花圖，皆寫云某氏千秋，墓甎亦然。南陽宗資墓前，有人得古花頭瓦，其花頭刻云：宗氏千秋。今石刻在中州刺史宅，凡祭堂二，于中宫左右建也。

石人。風俗通：方相氏，葬日入壙，敺罔象。罔象好食死人肝腦，人臣不能備方相，乃立其象于墓側。

石虎。風俗通：罔象畏虎與柏，故頂上栽柏，路前立虎。

松柏。禮經云：天子墳高三雉，諸侯半之，大夫八尺，士四尺。天子樹松，諸侯樹柏，大夫樹楊，士樹榆。說文云：天子樹松，諸侯樹柏，大夫榆，士楊。左傳：中壽，爾墓之木拱矣。又曰：樹吾墓檟，殷周以來，墓樹有尊卑之制也。

軾按：檀弓曰：喪具，君子恥具。具也而恥乎哉？注曰：辟不懷也。然則何不曰不忍具？豫也，備也，惟豫故備也。無論限於分，屈於財，而不得備。不能備，即此沾沾求備之心。若曰，如是而可無憾耳。夫存一如是而無憾之心，則其爲哀已淺，君子惡乎哀之淺也。謂物以表哀，哀不足而物是務。具物也，具文也，施之他人他事，且不可，親死之謂何？而忍出此，尚得謂有人心乎？此則君子之所爲恥也。顧人非甚不肖，誰不知哀其親？其忘之者，有移之者也。夫孰有重于親者，而使得移之，則亦未嘗返而求之心焉耳。朱子語類：或問哀慕之情，易得間斷，如何？曰：此如何問得人？孝子喪親，哀慕之情，自是心有所不能已，豈待抑勒？只是時時思慕，自哀感，所以説祭思敬，喪思哀，只是思著，自是敬，自是哀。愚請一思字，曲盡孝子深情。思，慕也。生而愛，死而哀，均慕也。帝舜大孝，只是終身慕父母，少艾妻子利禄，舉無足奪此心，斯之謂不忘其親，没而哀，亦猶是也。今朋友相與莫逆，忽而生死睽違。雖日月已遥，回想平生笑語，不禁泣下，矧人子抱終天之痛乎？入户而思所歷也，登堂而思所作也，居處思所安也，飲食思所嗜也。出無所告而思，反無所面而思也。無所省無所定，而思無間乎晨夕也，無時無事而不思，斯無時無事而不哀矣。阮籍初聞母喪，留客圍碁決賭，飲酒既醉，嘔血數升，哀毁骨立，彼獨非人情乎？始則制其思而哀弗動，繼乃不能已于思而哀劇矣。忘哀者，人子之通病，思則治病之要藥與？吾願爲人子者，生事死哀，念念不忘父母，毋徒習爲具文已也。

儀禮節略第十六卷

祭禮

祠堂

君子將營宫室，先立祠堂於正寢之東。祠堂之制，三間外爲中門，中門外爲兩階，皆三級。東曰阼階，西曰西階，階下隨地廣狹，以屋覆之，令可容家衆叙立。又爲遺書衣物祭器庫及神廚於其東，繚以周垣，别爲外門，常加扃閉。若家貧地狹，則止立一間，不立廚庫，而東西壁下，置立兩櫃，西藏遺書衣物，東藏祭器，亦可。正寢，謂前堂也，地狹則於聽事之東亦可。凡祠堂所在之宅，宗子世守之，不得分析。〇凡屋之制，不問何向背，但以前爲南，後爲北，左爲東，右爲西，後皆放此。爲四龕以奉先世神主。祠堂之内，以近北一架爲四龕，每龕内置一卓。大宗及繼高祖之小宗，則高祖居西，曾祖次之，祖次之，父次之。繼曾祖之小宗，則不敢祭高祖，而虚其西龕一。繼祖之小宗，則不敢祭曾祖，而虚其西龕二。繼禰之小宗，則不敢祭祖，而虚其西龕三。若大宗世數未滿，則亦虚其西龕，如小宗之制。神主皆藏於櫝中，置於卓上南向，龕外各垂小簾，簾外設香卓於堂中，置香爐香盒於其上。兩階之間，又設香卓，亦如之。非嫡長子，則不敢祭。其父若與嫡長同居，則死而後其子孫爲立祠堂於別室，且隨所繼世數爲龕，俟其出而異居，乃備其制，若生而異居，則預於其地立齋以居，如祠堂之制，死則因以爲祠堂。

司馬温公曰：所以西上者，神道尚右故也。○或問廟主，自西而列。朱子曰：此也不是古禮。○問諸侯廟制。太祖居北而南向，昭廟二在其東南，穆廟二在其西南，皆南北相重，不知當時。每廟一室，或共一室，各爲位也。曰：古廟制自太祖而下，各是一室。陸農師禮象圖可考，西漢時高祖廟文帝顧成廟，各在一處。但無法度，不同一處。至東漢明帝謙貶太廟，及群臣家廟，悉如今制，以西爲上也。至禰處，謂之東廟，今大廟之制亦然。

軾按：家禮四龕並列，以西爲上。若并祀始祖，其位如何？曰：自宗法廢，祀始祖者，無定主故另爲祠堂。今欲與四世並祀，只得依古制。中奉始祖南向，左昭右穆各二。易世則高祧，而孫居祖位。

旁親之無後者，以其班祔。伯叔祖父母祔於高祖，伯叔父母祔於曾祖。妻，若兄弟，若兄弟之妻，祔於祖。子姪祔於父，皆西向。○程子曰：無服之殤不祭。下殤之祭，終父母之身。中殤之祭，終兄弟之身。長殤之祭，終兄弟之子之身。成人而無後者，其祭終兄弟之孫之身，此皆以義起者也。

楊氏復曰：按祔位謂旁親無後，及卑幼先亡者。祭禮：纔祭高祖畢，即使人酌獻祔於高祖者，曾祖祖考皆然，故祝文云：以某人祔食尚饗。

置祭田。初立祠堂，則計見田，每龕取其二十之一，以爲祭田。親盡則以爲墓田，後凡正位祔位，皆放此，宗子主之，以給祭用。上世初未置田，則合墓下子孫之田，計數而割之，皆立約聞官，不得典賣。**具祭器。**牀席倚卓盥盆火爐酒食之器，隨其合用之數，皆其貯于庫中，而封鎖之，不得他用。無庫則貯于櫃中，不可貯者，列于外門之內。**主人晨謁於大門之內。**

主人謂宗子主此堂之祭者，晨謁，深衣焚香再拜。**出入必告。**主人主婦，近出，則入大門瞻禮而行，歸亦如之，經宿而歸，則焚香再拜。遠出經旬以上，則再拜焚香。告云：某將適某所，敢告。又再拜而行，歸亦如之。但告云：某今日歸自某所，敢見。經月而歸，則開中門，立于階下，再拜。升自阼階，焚香告畢，再拜，復位，再拜，餘人亦然，但不開中門。○凡主婦，謂主人之妻。○凡升降，惟主人由阼階主婦及餘人。雖尊長，亦由西階。○凡拜，男子再拜，則婦人四拜，謂之俠拜。其男女相答拜亦然。**正至朔望則參。**正至朔望，前一日，灑掃齋宿，厥明夙興，開門軸簾，每龕設新果一大盤于卓上。每位茶盞托，酒盞盤，各一。于神主櫝前設束茅聚沙于香卓前，别設一卓于阼階上，置酒注盞盤一于其上。酒一瓶于其西，盥盆帨巾各二，于阼階下東南。有臺架者在西，爲主人親屬所盥，無者在東，爲執事者所盥，巾皆在北。主人以下盛服，入門就位。主人北而于阼階下，主婦北面于西階下。主人有母，則特位于主婦之前。主人有諸父諸兄，則特位于主人之右，少前，重行西上。有諸母姑嫂姊，則特位主婦之左，少前，重行東上。諸弟在主人之右，少退。子孫外執事者，在主人之後，重行西上。主人弟之妻，及諸妹，在主婦之左少退。子孫婦女内執事者，在主婦之後，重行東上，立定。主人盥帨，升，啓櫝。奉諸考神主，置於櫝前，主婦盥帨。升，奉諸妣神主，置于考東。次出祔主，亦如之。命長子長婦，或長女盥帨升，分出諸祔主之卑者，亦如之。皆畢，主婦以下，先降，復位。主人詣香卓前，降神焚香，再拜，少退立。執事者，盥帨，升，開瓶，實酒千注，一人奉注詣主人之右，一人執盞盤，詣主人之左。主人跪，執事者皆跪。主人受注，斟酒，反注，取盞盤奉之，左執盤，右執盞，酬于茅上。以盞盤授執事者，俛伏，興，少退，再拜，降，復位。與在位者皆再拜，參神，主人升，執注，斟酒，先正位，次祔位，次命長子斟諸祔位之卑者。主婦升，執茶筅，執事者執湯瓶隨之，點茶，如前。命長婦，或長女，亦如之。子婦執事者，先降，復位。主人與主婦分立於香卓之前，東西再拜，降，復位。與在位者，皆再拜，辭神而退。○冬至則祭始祖畢，行禮如上儀，望日不設酒，不出主。主人點茶，長子佐之，先降。主人立於香卓之南，再拜，乃降。餘如上儀。

劉氏璋曰：司馬温公註影堂雜儀，凡月朔則執事事者，於影堂裝香，具茶酒常食數品。主人以下，皆盛服，男女左右叙立如常儀。主人主婦，親出祖考以下祠版，置於位，焚香。主人以下俱再拜。執事者，斟祖考前茶酒，以授主人。主人跪酹茶酒，俛伏，興。帥男女俱再拜，次酹祖妣以下，皆徧。納祠版，出，徹。月望不設食，不出祠版，餘如朔儀。影堂門無事常閉，每旦子孫詣影堂前唱喏，出外歸亦然。若出外再宿以上歸，則入影堂再拜，將遠適，及遷官。凡大事，則盥手焚香，以其事告，退各再拜。有時新之物，則先薦于影堂。忌日則去華飾之服，薦酒食如月朔，不飲酒，不食肉，思慕如居喪。禮：君子有終身之喪，忌日之謂也。

俗節則獻以時食。節如清明、寒食、重午、中元、重陽之類。凡鄉俗所尚者，食如角黍。凡其節之所尚者，薦以大盤，間以蔬果，禮如正至朔日之儀。

問俗節之祭如何？朱子曰：韓魏公處得好，謂之節祀，殺於正祭。但七月十五日，用浮屠，設素饌祭，某不用。○又答張南軒曰：今日俗節，古所無有，故古人雖不祭而情亦自安。今人既以此爲重，至於是日，必具殽羞相宴樂，而其節物亦各有宜。故世俗之情，至於是日，不能不思其祖考，而復以其物享之。雖非禮之正，然亦人情之不能已者，且古人不祭，則不敢以燕。況今於此俗節，既已據古而廢祭，而生者則飲食宴樂，隨俗自如。非事死如事生，事亡如事存之意也。又曰朔旦家廟用酒果，望旦用茶，重午、中元九日之類，皆名俗節。大祭時每位用四味，請出木主，俗節小祭，只就家廟，止二味。朔旦俗節，酒止一上，斟一盃。○楊氏復曰：時祭之外，各因鄉俗之舊，以其所尚之時。所用之物，奉以大盤，陳於廟中，而以告朔之禮奠焉，則庶幾合乎隆殺之節，而盡乎委曲之情，可行於久遠而無疑矣。

有事則告。如正至朔日之儀。但獻茶酒，再拜訖，主婦先降復位，主人立於香卓之南，祝執版立於主人之左，跪讀之，畢，興。主人再拜，降，復位，餘並同，祝文隨宜。

或有水火盜賊，則先救祠堂，遷神主遺書，次及祭器，然後及家財。易世則改題主而遞遷之。○以上家禮。

王制：天子七廟，三昭三穆，與太祖之廟而七。注：此周制。七者，大祖及文王武王之祧，與親廟四。大祖，后稷，殷則六廟，契及湯與二昭二穆；夏則五廟，無大祖，禹與二昭二穆而已。諸侯五廟，二昭二穆，與太祖之廟而五。注：太祖，始封之君，王者之後不爲始封之君廟。大夫三廟，一昭一穆與太祖之廟而三。注：大祖，别子始爵者。大傳曰：别子爲祖，謂此雖非别子，始爵者亦然。士一廟。注：謂諸侯之中士下士。名曰官師者，上士二廟。庶人祭于寢。注：寢，適寢也。

祭法：天下有王，分地建國置都立邑。設廟祧壇墠而祭之。乃爲親疏多少之數。是故王立七廟，一壇，一墠，曰考廟，曰王考廟，曰皇考廟，曰顯考廟，曰祖考廟，皆月祭之。遠廟爲祧，有二祧，享嘗乃止，去祧爲壇，去壇爲墠。壇墠有禱焉祭之，無禱乃止，去墠曰鬼。諸侯立五廟，一壇，一墠，曰考廟，曰王考廟，曰皇考廟，皆月祭之，顯考廟，祖考廟，享嘗乃止。去祖爲壇，去壇爲墠，壇墠有禱焉祭之，無禱乃止，去墠爲鬼。大夫立三廟，二壇，曰考廟，曰王考廟，曰皇考廟，享嘗乃止，顯考、祖考無廟，有禱焉，爲壇祭之，去壇爲鬼。適士二廟，一壇，曰考廟，曰王考廟，享嘗乃止，顯考無廟，有禱焉，爲壇祭之，去壇爲鬼。官師一廟，曰考廟，王考無廟而祭之，去王考爲鬼。庶士、庶人無廟，死曰鬼。注：祧之言超也，超上去意也。封土曰壇，除地曰墠。王、皇，皆君也。顯，明也。祖，始也。名先人以君，明始者，所以尊本之意也。享嘗，謂四時之祭。適士，上士也。官師，中士、下士、庶士、府史之屬。此適士云顯考無廟非也，當爲皇考字之誤。

楊復曰：按祭法與王制不同。王制天子七廟，三昭三穆與太祖之廟而七。祭法則序四親廟二祧太祖以辨昭穆。王制諸侯五廟，與太祖之廟而五。祭法則三親廟月祭，高太祖享嘗，以見隆殺。王制大夫三廟，一昭一穆與太祖之廟而三。祭法但有三親廟，而高太無廟，有二壇，爲精禱之祭而已。王制士一廟，祭法分適士二廟，官師一廟。又祭法有考、王考、皇考、顯考、祖考之稱，王制無之。祭法有壇有墠，或二壇無墠，或一壇無墠，王制無之。大抵王制略而祭法詳。又按：三壇同墠之説，出于金縢，乃因有所禱而爲之，非宗廟之外，預爲壇墠，以待他日有禱也。考經爲之宗廟以鬼享之，非去墠爲鬼也。晋張融謂祭法去祧爲壇，去壇爲墠，去墠爲鬼。皆衰世之法，則所言難以盡信。

問喪：祭之宗廟以鬼享之，徼幸復反也。注：説虞之義。○疏謂虞祭于殯宫，神之所在，故稱宗廟，尊而禮之，冀其魂神復反也。

祭義：宰我曰：吾聞鬼神之名，不知其所謂。子曰：氣也者，神之盛也。魄也者，鬼之盛也。合鬼與神，教之至也。注：氣謂噓吸出入者也。耳目之聰明爲魄，合鬼神而祭之，聖人之教致之也。○疏：人之死，其神與形體分散各别。聖人以生存之時神形和合，今雖身死，聚合鬼神似若生人而祭之，是聖人設教時致之，令其如此也。

吴澄曰：氣謂人之魂氣，死則其魂氣之靈爲神；魄謂人之體魄，死則其體魄之靈爲鬼。盛猶言張旺也，生時之魂魄，即死後之鬼神。死者茫昧而難知，生者顯著而易見。以生比死，則生而顯著者爲盛。因其盛者，可以知其茫昧者也。生則魂魄合而爲人，死則魂魄分而爲神爲鬼。聖人制禮，合聚已分離之魂魄而報祭之，以此教民，其義理奥妙，故爲教之極致也。

衆生必死，死必歸土，此之謂鬼。骨肉斃于下，陰爲野土。注：陰讀爲依蔭之蔭。言人之骨肉蔭于地中，爲土壤。○疏：鬼，歸也。歸土之形，故謂之鬼，陰爲野上，覆説歸土之義。

吴澄曰：此言人之體魄，死則爲鬼也。體魄之能活動爲生，不活動爲死。既死則不留于人間，而歸于土，故名之曰鬼。歸于土者，人之骨肉，死則斃壞于地下，朽腐而爲野中之土地。

其氣發揚于上，爲昭明，焄蒿悽愴，此百物之精也，神之著也。注：焄，謂香臭也。蒿，謂氣蒸出貌也。上言衆生，此言百物，明其與人同也，不如人貴爾。○疏：此釋人氣爲神。言人生時，形體與氣合共爲生，死則形與氣分。其氣之精魂，發揚而升于上爲神靈光明也。若百物之氣，或香或臭，烝而上出，其氣蒿然，人聞之情有悽有愴也。百物之精者，人氣揚于上，爲昭明。百物之精氣爲焄蒿，悽愴，人與百物共同。但精識爲多，故特謂之神。此經論人，亦因人神言百物也。

吴澄曰：此言人之魂氣，死則爲神也，未死則魂氣在人之身，既死則其魂氣散布，升舉于上，而爲昭明，與天之昭明者混爲一。其昭明者，即其魂氣之焄蒿悽愴者也。焄如火氣之上烝，蒿如木氣之上抽，悽愴如金氣水氣之涼寒，此即百物之精氣也。以其著也，故名之曰神，此與上文對言，而其文交錯不齊。氣發揚于上，對骨肉斃于下而言；爲昭明，對爲野土而言；焄蒿悽愴，對死必歸土而言；百物之精，對人生必死而言；衆生百物皆兼人物，神之至也，對此之爲鬼而言。

因物之精，制爲之極，明命鬼神，以爲黔首則，百衆以畏，萬民以服。注：明命，猶尊名也。尊極于鬼神，不可復加也。黔首，謂民也。則，法也，爲民作法，使民亦事其祖禰。鬼神，民所畏服。○疏：言聖人因人與物死之精靈，遂造爲尊極之稱，故尊名人及萬物之精，謂之鬼神，以爲萬民之法則也。既敬之以鬼神，下皆敬畏之。故百衆以畏，萬民以服。

聖人以是爲未足也，築爲宫室，設爲宗祧，以别親疏遠邇。教民反古復始，不忘其所由生也。衆之服自此，故聽且速也。注：自，由也，言人由此服于聖人之教也。聽，謂順教令也。速，疾也。朱子曰：昭明君蒿悽愴，此言鬼神之氣，所以感觸人者。昭明乃光景之屬，君蒿氣之感觸人者，悽愴如漢書所謂神君至，其風肅然之意。

輔廣曰：昭明君蒿悽愴，言氣之發揚如此，不必分人物言之。不言人而言物者，言物，則所該者博也。

禮記講義：大凡有生者必有死，雖骨肉斃而化于下，而其氣則發揚于上。其光燄爲昭明，其氣象爲君蒿。或感動人于若有若無之間，則又使人悽愴而不能自已。是孰爲此，是聰明性識，爲百物之爽，而神之不可焉者也。

徐師曾曰：此每合鬼與神而爲至教之意。聖人以尊名鬼神，未稱其意，故又築爲宮室而廟祀之。而其爲宮室也，有宗廟、有祧廟，以別其親而邇者爲宗，其祭數；疏而遠者爲祧，其祭疏。凡若此者，蓋以宗祧魂魄，一脈相傳，正事故身所始及由生者。今爲宮室宗祧，使鬼神有所棲止，祭祀有所憑依，是乃反之于昔，則追復受氣之始。念之于今，則不忘賦形之由。聖王緣人情而制禮，始此，故人人心服而聽命且速也。

朱董祥曰：原鬼神天地絪緼之氣，凝結而爲人。凝結之質解，而絪緼不散，則歸而爲鬼也。神者，鬼之伸，正直之氣發揚于上，則伸而爲神。人之死，魂升而魄降，是魂氣無不升。然其生也不直，則其升也不達，則旁流而從魄以没于地。先王知鬼神之情狀，爲之制喪祭之禮，始死則升屋以復之。三日而斂，則立重以依之，設奠以定之。三月而葬，則立主以神之，虞以安之，祔以翼之，朝夕享祀以通之，三年不離以守護之。五世而遷，百年而祭始畢，皆以子孫之力維之以伸也。三代而下，禮樂不講，鬼神之道不明。儒者恐入于虚誕而不言，佛老見其偏而妄言之，世遂以鬼神爲高遠難明之事矣。不知有天地，則有人，有人則有鬼神。天地鬼神，與人爲一者也。易曰：大人者，與天地合其德，與日月合其明，與四時合其序，與鬼神合其吉凶。先天而天弗違，後天而奉天時。天且弗違，而況于人乎？況于鬼神乎？夫鬼神，有天地之神，有人死而伸之神。天地之神，日月星辰山川稷之靈是也。人死之神，孝忠節義之氣之伸是也。天地之神，與天下同吉凶；山川社稷之神，與一方同吉凶。孝忠節義之神，與其類同吉凶，鬼則私其子孫耳。故天子祭天地，有土者各祭其所當祀，士得祀其師友，庶人惟得祀其先。後世人不知學禍福之來，不反其行事之得失，誣諸鬼神。孟子曰：禍福無不自己求之者。易曰：吉凶者，失得之象也；悔吝者，憂虞之象也，于鬼神何尤？夫人之生，性本于天，而其身必自父祖而有。其死也，亦必自禰而祖、而曾、而高，高五世而祭盡，以其伸也。是故子孫之成立，非祖父百年之積累雖榮不久；而祖父之神靈，非子孫百年維護之，則升而不達，而爲厲爲祟。古之人，所以速葬立主，而嚴祭祀也。天地之道，有幽有明。人者，天地之明；鬼神者，天地之幽。幽者，天地之根；明者，天地之華。不知幽，則不知明之根。不知天地，則不知人之根；不知鬼神，則不知生之始、死之終。易曰：仰以觀于天文，俯以察于地理。是故知幽明之故，原始反終。故知死生之説，精氣爲物，游魂爲變，是故知鬼神之情狀。且夫人事之大，莫大于死生。鬼神者，與死生相關者也。世謂聖人不詳，可置勿論。不知聖人之論鬼神，詳于六經祭禮之中。聖人之論死生，詳于易卦始終之内。明祭之理，始終之義，則知鬼神之所以爲鬼神，而祖先歲時之祭，不敢不誠。外神求福之禱祀，不敢從俗。鬼得親其子孫，神咸享其正祭。天地陰陽之和，在鬼神之安，安鬼神，務使天下無僭祭，無淫祀。鬼之祭，統于宗；神之祭，專于所守。嗚呼！鬼神之不明于天下久矣。

父母既没，必求仁者之粟以祀之，此之謂禮終。注：喻貧困，猶不取惡人物以忘其親。

孝經：爲之宗廟以鬼享之。春秋祭祀以時思之。注：立廟祔祖之後，則以鬼禮享之。寒暑變移，益用增感，以時祭祀，展其孝思也。

爾雅釋宫：宫謂之室，室謂之宫。注：皆所以通古今之異語，明同實而兩名。牖户之間謂之扆。注：牕東户西也。禮云：斧扆者，以其所在處名之。其内謂之家。注：今人稱家，義出于此。東西牆謂之序。注：所以序别内外。西南隅謂之奥。注：室中隱奥之處。西北隅謂之屋漏。注：詩曰：尚不愧于屋漏。其義未詳。東北隅謂之宧。注：宧見禮，亦未詳。東南隅謂之窔。注：禮曰：埽室聚窔，窔亦隱闇。柣謂之閾。注：閾，門限。

棖謂之楔。注：門兩旁木。楣謂之梁。注：門户上横梁。樞謂之椳。注：門户扉樞。樞達北方謂之落時。注：門持樞者，或達北穩以爲固也。落時謂之戺。注：通二名也。兩階間謂之鄉。注：人居南鄉，當兩階間。中庭之左右謂之位。注：群臣之側位也。門屏之間謂之宁。注：人君視朝所宁立處。屏謂之樹。注：小牆當中門。閎謂之門。注：詩曰：祝祭于祊。正門謂之應門。注：朝門。觀謂之闕。注：宫門雙闕。宫中之門謂之闈。注：謂相通小門也。其小者謂之閨，小閨謂之閤。注：大小異名。衖門謂之閎。注：左傳曰：盟諸僖閎。閎，衖頭門。門側之堂謂之塾。注：夾門堂也。橛謂之闑。注：門閫。闔謂之扉。注：公羊傳曰：齒著于門闔。所以止扉謂之閎。注：門辟旁長橛也。左傳曰：高其閎。閎，長杙，即門橜也。瓴甋謂之甓。注：甗甎也。今江東呼瓴甓。宫中衖謂之壼。注：巷閤間道。廟中路謂之唐。注：詩曰：中唐有甓。堂途謂之陳。注：堂下至門徑。室有東西廂曰廟。注：夾室前堂。無東西廂有室曰寢。注：但有大寢。無室曰榭。注：榭即今堂堭。四方而高曰臺，狹而脩曲曰樓。注：脩長也。〇疏：此明寢廟樓臺之制也。凡太室有東西廂，夾室及前堂有序牆者曰廟，但有太室者曰寢。月令仲春云：寢廟必備。鄭注云：前曰廟，後曰寢。以廟是接神之處，其處尊，故在前。寢衣冠所藏之處，對廟爲卑，故在後。

漢書：自高祖至宣帝，各立廟于陵旁，而京師無太廟。至宣帝時，韋玄成建議，廟在大門内，不敢遠親也。今宗廟異處，昭穆不序，宜入就太祖廟，而序昭穆如禮。從之，于是始立廟于京師。

後漢書：明帝崩，遺詔無起寢廟，藏主于世祖廟更衣室。章帝不敢違，間祠于更衣，四時合祭于世祖廟，及章帝崩亦如之，自此遂爲定制。

隋書禮儀志：北齊建國王及五等開國執事官，散官從二品以上，皆祀五世。五等散品，及執事官，散官，正三品以下，從五品以上，祭三世。三品以上，牲用一太牢。五品以下，少牢。執事官，正六品以下，從七品以上，祭二世，用特牲。正八品以下，達于庶人，祭于寢，牲用特豚，或亦祭祖禰。諸廟悉依其宅堂之制，其間數，各依廟多少爲限，其牲皆子孫見官之牲。

王珪傳：珪既貴獨不作家廟，四時祭于寢，爲有司所劾，帝爲立廟媿之，不罪也，世以珪儉不中禮少之。

李涪刊誤：士大夫立私廟，不合奏請。禮：適士立二廟，庶人祭于寢，累代禮文，不易斯義。開元十二年，敕一品許祭四廟，三品許祭三廟，五品二廟，適士亦許祭二廟。爾後禮令，並無革易。古者廟建于家，家主之喪，則殯于西階之上。又曰喪不慮居，爲無廟也。則知居不違廟，禮典昭然。近代顯居上位，率多祭寢，亦嘗發問，皆曰官品未宜。有位至將相者，奏請之辭，則曰臣官階並及三品，準令合立私廟，是不知舊制，妄有論奏廟貌申敬，用展孝思。豈于霜露之情，合俟朝廷之命？蓋以將同列戟，先白有司，既展哀榮宜遵典故，原其奏請之因。蓋立廟不在其家別于坊遷吉地，乃爲府縣申奏，或有官居顯重，慎慮是宜。營構之初，亦自聞奏，相習既久，致立廟須至聞奏。

宋史禮志：群臣家廟，本于周制。適士以上，祭于廟。庶士以下，祭于寢。唐原周制，崇尚私廟。五季之亂，禮文大壞。士大夫無襲爵，故不建廟，而四時寓祭室屋，慶歷元年，南郊赦書，應中外文武官並舊式立家廟，已而宋庠又以爲言，乃下兩制，禮官詳定其制度，官正一品平章事以上，立四廟。樞密使知樞密院事參知政事樞密副使，同知樞密院事簽書院事，見任前任，同宣徽使尚書節度使，東宮少保以上，皆立三廟，餘官祭于寢。凡得立廟者，許適子襲爵以主祭。其襲爵世降一等，死即不得作主祔廟。别祭于寢，自當立廟者，即祔其主。其子孫承代，不計廟祭寢祭。並以世數疏數遷祧，始得立廟者不祧。以比始封，有不祧者，通祭四廟五廟，廟因衆子立，而適長子在，則祭少適長子主之，適長子死，即不傳其子。而傳祭廟者之子，凡立廟聽于京師，或所居州縣。其在京師者，不得于裏城及南郊御路之側，仍别議襲爵之制。既以有廟者之子孫，或官微不可以承祭，而朝廷又難盡推襲爵之恩，事竟不行。大觀二年議禮局，言所有臣庶祭禮。請參酌古今，討論條上，斷自聖忠。于是議禮局議執政以上祭四廟，餘通祭三廟。古無祭四世者，又特從官以至士庶，通祭三世，無等差多寡之别，豈禮意乎？古者天子七世，今太廟已增爲九室，則執政視古諸侯，以事五世，不爲過矣。先王制禮，以齊萬有不同之情，賤者不得僭，貴者不得踰。故事二世者，雖有孝思追遠之心，無得而越。事五世者，亦當跂以及焉。

今恐奪人之恩，而使通祭三世，狥流俗之情，非先王制禮等差之義。可文臣執政官武臣節度使以上，祭五世，文武升朝官祭三世，餘祭二世。應有私第者，立廟于門内之左，如狹隘。聽于私第之側，力所不及，仍許隨宜。又詔，古者寢不踰廟，禮之廢失久矣。士庶堂寢踰度僭禮，有七楹、九楹者，若一旦使就五世三世之數，則當徹毁居宇，以應禮制，豈得爲易行？可自今立廟，其間數視所祭世數，寢間數不得踰廟。事二世者，寢聽用三間，議禮局言禮記 王制：諸侯五廟，二昭二穆與太祖之廟而五。所謂太者，蓋始封之祖。不必五世，又非臣下所可通稱。今高祖以上一祖，未有名稱，欲乞稱五世祖，其家廟祭器，正一品。每室籩豆各十有二，簠簋各四，壺尊罍鉶鼎俎篚各二，尊罍加勺冪，器各一，爵各一，諸室共用。胙俎罍洗一，從一品。籩豆簠簋，降殺以兩，正二品。籩豆各八，簠簋各二，餘皆如正一品之數。詔禮制局製造，仍取旨以給賜之。紹興十一年二月癸丑，詔太師左僕射魏國公秦檜，合建家廟，命臨安守臣營之，太常請建于其私第中門之左，一堂五室，五世祖居中。東二昭，西二穆，堂飾以黝堊，神板長一尺，博四寸五分，厚五寸八分，大書某官某大夫之神座，貯以帛囊，藏以漆，歲四享，用孟月柔日行之，具三獻。有司言時享用常器常饌，帝倣政和故事，命製祭器賜之。其後太傅昭慶節度平樂郡王韋淵、太尉保慶節度吴益、少傅寧遠節度楊存中，並請建家廟，賜以祭器。隆興二年四月庚辰，少保四川宣撫使吴璘請用存中例，從之。乾道八年九月，詔有司賜少保武安節度四川宣撫使虞允文家廟祭器，如故事。淳熙五年七月户部尚書韓彦古，謂以賜第造父世忠家廟，如存中。十二月少傅保寧節度衛國公史浩，請建家廟，量賜祭器。嘉泰元年，太傅永興平原郡王韓胄，奏曾祖琦效忠先朝，奕世侑食，家廟猶闕，請下禮官考其制建之。二年，循忠烈王張俊，開禧三年鄜武僖王劉安世子孫，相繼有請，皆從之。嘉定十四年八月，詔右丞相史彌遠，賜第遵淳熙故事，賜家廟，命臨安守臣營之。禮官討論祭器，並如胄之制，彌遠請并生母齊國夫人周氏，及祔妻魯國夫人潘氏于生母别廟，皆下有司賜器。景定三年，詔丞相賈似道賜家廟，命臨安守漕營度。禮官討論賜祭器，並如儀。

宋敏求春明退朝録：皇祐中，宗衮請置家廟下兩制，禮官議以爲廟室當靈長。若身没而子孫官微，即廟隨毁。請以其子孫襲三品階勳及爵，庶常得奉祀。不報。

葉夢得石林燕語：士大夫家廟。自唐以後，不復講。慶曆元年，郊祀赦書，聽文武官皆立廟，然朝廷未嘗討論，立爲制度，無所遵守，故久之不克行。皇祐二年，初祀明堂，宋莒公爲相，乃始請下禮官定議。于是請平章事以上，立四廟。東宫少保以上立三廟，而其詳皆不盡見。文潞公爲平章事，首請立廟于洛，終無所考據，不敢輕作。至和初知長安，因得唐杜佑舊廟于曲江。猶是當時舊制，一堂四室，旁爲兩翼。嘉祐初，遂倣爲之，兩廡之前，又加以門，以其東廡藏祭器，西廡藏家牒。祊在中門之右，省牲展饌滌濯等在中門之左，别爲外門，置庖廚子中門外之東南。堂中分四室，用晉荀安昌公故事，作神板，而不爲主。唐周元陽祀録，以元日、寒食、秋分合夏至爲四時祭之節，前祭皆一日致齋，在洛則以是祭。或在他處，則奉板自隨，倣古諸侯載遷主之義。公元豐間始致仕歸洛，前此在洛無幾，則廟不免猶虚設。乃知古今異制，終不盡行也。

王栐燕翼詒謀録：慶曆元年，十一月郊祀赦文，功臣不限品數，賜私門立戟，文武臣僚，許立家廟。已賜門戟，給官地脩建，此循唐制也。故有兄弟同居，而各置門以列戟者，想是時必有立戟之人。特近代此制不舉，無能舉舊事以言者。若家廟則終不能行，至皇祐二年十二月甲申朔，復頒三品以上家廟之制，從宋庠之請也。然一時議者，欲令立廟之子孫，襲其封爵，世降一等。自國公而至封男，凡五世，而封爵之卑者，僅一二世。或又疑襲封公爵，惟三恪先聖之後有之。此制一行，數世之後必多。又子孫或初命卑官，不應襲公侯之爵。議終不決，竟尼不行。是不詳考前代之制也，君子惜之。

朱子宫室考：宫室之名制不盡見于經。其可考者，宫必南鄉。廟在寢東，皆有堂有門。其外有大門，周禮建國之神位，右社稷，左宗廟。宫南鄉而廟居左，則廟在東也。寢廟之大門，一曰外門，其北蓋直寢，故士喪禮注：以寢門爲内門、中門。凡既入外門，其鄉廟也，皆曲而東行，又曲而北。按：士冠禮：賓立于外門之外，主人迎賓入。每曲揖，至于廟門。注曰：入外門將東曲揖，直廟將北曲又揖是也。又按聘禮：公迎賓于大門内。每門每曲揖，及廟門。賈氏曰：諸侯五廟，太祖之廟居中。二昭居東，二穆居西。每廟之前兩旁有隔牆，牆者有閤門。諸侯受聘于太祖廟太祖廟以西，隔牆有三大門，東行至太祖廟。凡經三閤門，故曰每門也。大夫三廟，其牆與門亦然，故賓問大夫迎賓入，亦每門每曲揖。乃及廟門，其説當考。大夫士之門，惟外門内門而已，諸侯則三，天子則五，庠序則唯有一門，鄉飲酒射禮，主人迎賓子門外，入門即三揖至階是也。

堂子屋，南北五架，中脊之架曰棟，次棟之架曰楣。鄉射禮記曰：序則物當棟，堂則物當楣。注曰：是制五架之屋也。正中曰棟，次曰楣，前曰庪。賈氏曰：中脊爲棟，棟前一架爲楣，前接簷爲庪。今見于經者，唯棟與楣而已。棟一名阿，按士昏禮賓升，當阿致命。注曰：阿，棟也。又曰入堂深，示親親。賈氏曰：凡賓升皆當楣。此深入當棟，故云入堂深也。又案聘禮賓升亦當楣，又曰凡堂皆五架，則五架之屋，通乎上下，而其廣狹隆殺則異爾。

後以北爲室與房。後楣之下，以南爲堂，以北爲室與房，室與房東西相連爲之。案少牢饋食禮：主人室中獻祝，祝拜于席上坐受。注曰：室中迫狹。賈氏曰：棟南兩架，北亦兩架，棟北楣下爲室，南壁而開户。以兩架之間爲室，故云迫狹也。昏禮：賓當阿致命。鄭云：入堂深。明不入室，是棟北乃有室也。序之制，則無室。案鄉射禮記曰：序則物當棟，堂則物當楣。注曰：序無室，可以深也。又禮：席賓南面。注曰：不言于户牖之間者，此射于序。賈氏曰：無室則無户牖故也。釋宮曰：無室曰榭，榭即序也。

人君左右房，大夫士，東房西室而已。聘禮記：若君不見使，大夫受聘，升受，負右房而立。大射儀：薦脯醢由左房，是人君之房有左右也。公食大夫禮記：筵出自東房。注曰：天子諸侯左右房。賈氏曰：言左對右，言東對西，大夫、士唯東房西室，故直云房而已。然案聘禮：賓館于大夫士，君使卿還玉于館也。賓亦退負右房，則大夫亦有右房矣。又鄉飲酒禮·記：薦出自左房。少牢饋食禮：主婦薦自東房。亦有左房東房之稱，當考。

室中西南隅謂之奧。邢昺曰：室户不當中，而近東。西南隅，最爲深隱故謂之奧，而祭祀及尊者常處焉。

東南隅，謂之窔。郭氏曰：窔亦隱闇。

西北隅謂之屋漏。詩所云「尚不愧于屋漏」是也。曾子問謂之當室之白。孫炎曰：當室日光所漏入也，鄭謂當室之白西北隅得户明也，經止曰西北隅。

室南其户，户東而牖西。説文曰：户，半門也，牖穿壁，以木爲交牕也。月令正義曰：古者窟居，開其上取明，雨因霤之，是以後人名室爲中霤。開牖者，象中之取明也。牖一名鄉，其扇在内。案士虞禮：祝闔牖户，如食間，啓户啓牖鄉。注曰：牖先闔，後啓扇在内也。鄉，牖一名是也。

户牖之間謂之依。鄭氏曰：牕東户西也。覲禮：斧依，亦以設之于此而得依名。士昏禮注曰：户西者尊處，以尊者及賓客位于此，故又曰客位。

户東曰房户之間。士冠禮注曰：房西室户東也，寢廟以室爲主，故室户專得户名。凡言户者，皆室户。若房户，則兼言房以别之。大夫士房户之間，千堂爲東西之中。案詩正義曰：鄉飲酒義云：尊于房户之間，賓主共之。由無西房，故以房與室户之間爲中也。又鄉飲酒禮：席賓于户牖間。而義曰：坐賓于西北，則大夫士之户牖間在西，而房室間爲正中明矣。人君之制，經無明證。案釋官曰兩階間，謂之鄉。郭氏曰：人君南鄉，當階間，則人君之天之驕子正中。其西爲右房，而户牖間設依處正中矣。又案詩斯干曰：築室百堵，西南其户。箋曰：天子之寢左右房，異于一房者之室户也。正義曰：大夫唯有一東房，故室户偏東，與房相近。天子諸侯既有右房，則室當在其中，其户正中，比一房之室户爲西，當考。

房户之西曰房外。士昏禮記：母南面于房外，女出于母左。士冠禮尊于房户之間，若庶子，則冠于房外南面。注曰：謂尊東也。是房户之西，得房外之名也。房之户，于房南壁，亦當近東。案士昏禮注曰：北堂在房中半以北，南北直室東隅，東西直房户與隅間。隅間者，蓋房東西之中，兩隅間也。房中之東，其南爲夾。洗直房户，而在房東西之中，則房户在房南，壁之東偏，可見矣。

房中半以北曰北堂，有北階。士昏禮記：婦洗在北堂，直室東隅。注曰：北堂房中半以北。賈氏曰：房與室相連爲之房無北壁，故得北堂之名。案特牲饋食禮記：尊兩壺于房中西墉下南上，内賓立于其北東面南上，宗婦北堂北上。内賓在宗婦之北，乃云北堂。又婦洗在北堂，而直室東隅，是房中半以北爲北堂也。婦洗在北堂，而士虞禮主婦洗足爵于房中，則北堂亦通名房中矣。大射儀：工人士與梓人升下自北階。注曰位在北堂下，則北階者，北堂之階也。

堂之上東西有楹。楹，柱也。古之築室者，以垣墉爲基，而屋其上，唯堂上有兩楹而已。楹之設，蓋于前楣之下，案鄉射禮曰：射自楹間。注曰：謂射于庠也。又曰序則物當棟，堂則物當楣，物畫地爲物，射時所立處也。堂謂庠之堂也，又曰豫則鉤楹内，堂則由楹外，當物北面揖，豫即序也。鉤楹，繞楹也。物當棟，而升射者，必鉤楹内，乃北面就物，則棟在楹之内矣。物當楣而升射者，由楹外北面就物。又鄭氏以爲物在楹間，則楹在楣之下也。又案釋宫曰：梁上楹謂之棁，侏儒柱也。梁，楣也。侏儒柱，在梁之上，則楹在之下又可知矣。

堂東西之中，曰兩楹間。公食大夫禮：致豆實陳于楹外，簠簋于楹内。兩楹間，言楹内外矣。又言兩楹間，知凡言兩楹間者。不必與楹相當，謂堂東西之中爾。

南北之中曰中堂。聘禮：受玉于中堂，與東楹之門。注曰：中堂南北之中也，入堂深，尊賓事也。賈氏曰：後楣以南爲堂。堂凡四架，前與棟之間，爲南北堂之中。公當拜訖，更前北侵半架受玉。故曰：入堂深也。案：東楹之間，侵近東楹，非堂東西之中，而曰中堂，則中堂爲南北之中明矣。又案士喪禮注曰：中以南謂之堂。賈氏曰：堂上行事，非專一所。若近户，即言户東户西，近房則言房外房東，近楹即言東楹、西楹。近序，即言東序西序。近階，即言東階西階其堂半以南。無所繼屬者，即以堂言之，祝淅米于堂是也。

堂之東西牆，謂之序。郭氏曰：所以序别内外。

序之外，謂之夾室。公食大夫禮：大夫立于東夾南。注曰：東于堂。賈氏曰：序以西爲正堂，序東有夾室。今立于堂下，當東夾，是東于堂也。又案公食禮：宰東夾北西面。賈氏曰：位在北堂之南，與夾室相當。特牲饋食禮：豆籩鉶在東房。注曰：東房，房中之東當夾北，則東夾之北，通爲房中矣。室中之西，與右房之制，無明文。東夾之北爲房中，則西夾之北，蓋通爲室中。其有兩房者，則西夾之北，通爲右房也歟？

夾室之前曰箱，亦曰東堂西室。覲禮記注曰：東箱東夾之前，相翔待事之處。特牲饋食禮注曰：西堂，西夾之前，近南爾。賈氏曰：即西箱也。釋宫曰：室有東西箱曰廟。郭氏曰：夾室前堂是東箱，亦曰東堂，西箱亦曰西堂也。釋宫又曰：無東西箱有室曰寢。案書顧命疏：寢有東夾西夾。士喪禮死于適寢，主人降襲經于序東。注曰：序東，東夾前，則正寢亦有夾與箱矣。釋宫所謂無東西箱者，或者謂廟之寢也歟？凡無夾室者，則序以外，通謂之東堂西堂。案鄉射禮：主人之弓矢在東序東。大射儀：君之弓矢適東堂。大射之東堂，即鄉射之東序東也。此東西堂，堂各有階。案雜記：夫人奔喪，升自側階。注曰：側階旁階。奔喪曰：婦人奔喪，升自東階。注曰：東階，東面階。東面階則東堂之階，其西堂有西面階也。

東堂下、西堂下曰堂東、堂西。大射儀：賓之弓矢，止于西堂下，其將射也，賓降取弓矢于堂西，堂西即西堂下也。特牲饋食禮：主婦祝，爨于西堂下。記曰：爨在西壁，則自西壁以東，皆謂之西堂下矣。又案大射儀：執冪者升自西階。

注曰：羞膳者從而東，由堂東升自北階，立于房中。則東堂下，可以達北堂也。

堂角有坫。士冠禮注曰：坫在堂角。賈氏釋士喪禮曰：堂隅有坫，以土爲之。或謂堂隅爲坫也。

堂之側邊，曰堂廉。鄉飲酒禮：設席于堂廉。注曰：側邊曰廉。喪大記正義曰：堂廉，堂基南畔廉稜之上也。又案鄉射禮：衆弓倚于堂西，矢在其上。注曰：上西廉，則堂之四周皆有廉也。

升堂兩階，其東階曰阼階。士冠禮注曰：阼，酢也。東階，所以答酢賓客也。每階有東西兩廉，聘禮：饔鼎設于西階前堂內廉，此則西階之東廉。以其近堂之中，故曰內廉也。士之階三等，案士冠禮：降三等受爵弁。注曰：下至也。賈氏曰：匠人云：天子之堂九尺。賈、馬以爲階九等，諸侯堂宜七尺，階七等。大夫宜五尺，階五等。士宜三尺，故階三等也。兩階各在楹之外，而近序。案鄉射禮升階者，升自西階，繞楹而東。燕禮媵爵者二人，升自西階。序進東楹之西，酌散交于楹北。注曰：楹北，西楹之北，則西階在西楹之西矣。士冠禮冠于東序之筵，而記曰：冠于阼。喪禮櫕置于西序，而檀弓曰：周人殯于西階之上，故知階近序也。

堂下至門謂之庭，三分庭一在北設碑。聘禮注曰：宫必有碑，所以識日景，知陰陽也。賈氏釋士昏禮曰：碑在堂下，三分庭一在北。案聘禮：歸饔餼醯醢夾碑，米設于中庭。注曰：庭實固當中庭，言中庭者，南北之中也。列當醯醢南，外米在醯醢南，而當庭南北之中，則三分庭一在北可見矣。聘禮注：又曰設碑近如堂深，堂深謂從堂廉北至房室之壁，三分庭一在北設碑，而碑如堂深，則庭蓋三堂之深也。又案鄉射之侯，去堂三十丈，大射之侯去堂五十四丈，則庭之深可知，而其降殺之度從可推矣。

堂塗謂之陳。郭氏曰：堂下至門徑也，其北屬階，其南接門內霤。案凡入門之後，皆三揖至階，昏禮注曰：三揖者，至内霤，將曲揖。既曲北面揖，當碑揖。賈氏曰：至内霤，將曲者，至門内霤，主人將東，賓將西，賓主相背時也。既曲北面者，賓主各至堂塗北行向堂時也。至内霤而東西行趨堂塗，則堂塗接于霤矣。既至堂塗，北面至階，而不復有曲，則堂塗直階矣。又案聘禮饔鼎設于西階前，陪鼎當内廉。注曰：辟堂塗也，則堂塗在階廉之内矣。鄉飲酒禮注：三揖。曰：將進揖，當陳揖，當碑揖。陳即堂塗也。

中門屋爲門，門之中有闑。士冠禮曰：席于門中闑西閾外。注曰：闑，橜也。玉藻正義曰：闑，門之中央所豎短木也。釋宫曰：樴在地者，謂之闑。郭氏曰：即門橜也。然則闑者，門中所豎短木在地者也。其東曰闑東，其西曰闑西。

門限謂之閾。釋宫曰：柣謂之閾。郭氏曰：閾，門限。邢昺曰：謂門下横木，爲内外之限也。其門之兩旁木，則謂之棖。棖闑之間，則謂之中門。見禮記。

闔謂之扉。邢昺曰：闔，門扉也。其東扉曰左扉，門之廣狹。案士昏禮曰：納徵儷皮。記曰：執皮左首隨入。注曰：隨入爲門中阨狹。賈氏曰：皮皆横執之。門中阨狹，故隨入也。匠人云：廟門容大扃七个。大扃，牛鼎之扃，長三尺。七个，二丈一尺。彼天子廟門，此士之廟門，降殺甚小，故云阨狹也。推此則自士以上宫室之制雖同，而其廣狹則異矣。

夾門之堂，謂之塾。釋宫曰：門側之堂，謂之塾。郭氏曰：夾門，堂也。門之内外，其東西皆有塾。一門而塾四，其外塾南鄉。案士虞禮：陳鼎門外之右，七俎在西塾之西。注曰：塾有西者，是室南鄉。又案士冠禮：擯者負東塾。注曰：東塾門内東堂，負之北面，則内塾北向也。凡門之内，兩塾之間謂之宁。案聘禮：賓問卿大夫迎于外門外及廟門，大夫揖入，擯者請命。賓入，三揖並行。注曰：大夫揖入者，省内事也，既有事于宁也。凡至門内爲三揖之始，上言揖入，下言三揖並行，則俟于南門内兩塾間可知矣。李巡曰：宁，正門内兩塾間，義與鄭同。謂之宁者，以人君門外有正朝，視朝則于此宁立故耳。周人門與堂脩廣之數，不著于經。案匠人云：夏后氏世室，堂脩二七，廣四脩一。堂脩，謂堂南北之深，其廣則益以四分脩之一也。門堂三之二，室三之一，門堂通謂門與塾。其廣與脩，取數于堂，得其三之二。室三之一者，兩室與門各居一分也。以夏后氏之制推之，則周人之門，殺于堂之數，亦可得而知矣。

門之内外，東方曰門東，西方曰門西。特牲饋食禮注曰：凡鄉内以入爲左右，鄉外以出爲左右。士冠禮注又曰：出以東爲左，入以東爲右，以入爲左右，則門西爲左，門東爲右。鄉飲酒禮：賓入門左。燕禮：卿大夫皆入門右是也。以出爲左右，則門東爲左，門西爲右。士冠禮：主人迎賓出門左西面。士虞禮：側亨于廟門之右是也。闑東曰臬右，亦自入者言之也。天子、諸侯門外之制，其見于經者，天子有屏，諸侯有朝。案：覲禮：侯氏入門右，告聽事。出自屏南，適門西。注曰：天子外屏，屏謂之樹。郭氏曰：小牆當門中。曲禮正義曰：天子外屏，屏在路門之外；諸侯内屏，屏在路門之内。此侯氏出門而隱于屏，則天子外屏明矣。釋宫又曰：門屏之間，謂之宁。謂宁在門之内，屏之外，此屏據諸侯内屏而言也。諸侯路寢門外則有正朝，大門外則有外朝。案：聘禮：夕幣于寢門外。宰入告具于君，君朝服出門左南向。注曰：寢門外朝也。入告，入路門而告。賈氏曰：此路門外，正朝之處也，是正朝在寢門外也。聘禮又曰：賓死，介復命，柩止于門外。若介死，唯上介造于朝。注曰：門外，大門外也，必以柩造朝達其中心。又賓拜饔餼于朝，注曰：拜于大門外。賈氏曰：大門外，諸侯之外朝也。賓拜于朝，無入門之文，則諸侯外朝，在大門外明矣，是外朝在大門外也。諸侯三朝，其燕朝在寢，燕禮是也。正朝與外朝之制度不見于經，蓋不可得而考矣。

寢之後有下室。士喪禮記：士處適寢。又曰朔有若薦新，則不饋于下室。注曰：下室如今之内堂，正寢聽事。賈氏曰：下室燕寢也。然則士之下室，于天子諸侯，則爲小寢也。春秋傳曰：子大叔之廟在道南，其寢在廟北。其寢，廟之寢也。廟寢在廟之北，則下室其適寢之後可知矣。又案喪服傳曰：有東宫，有西宫，有南宫，有北宫，異宫而同財。内則曰：由命士以上，父子皆異宫。賈氏釋士昏禮曰：異宫者，别有寢。若不命之士，父子雖大院同居。其中亦隔别，各有門户，則下室之外，又有異宫也。

自門以北，皆周以牆。聘禮釋幣于行。注曰：喪禮有毁宗躐行，出于大門，則行神之位，在廟門外西方。檀弓正義曰：毁宗躐行，毁廟門西邊牆以出柩也。士喪禮爲垼于西牆下。注曰：西牆，中庭之西。特牲饋食禮主婦視饎爨于西堂下。記曰：饎爨在西壁。注曰：西壁堂之西牆下。案門之西有牆，則牆屬于門矣。西牆在中庭之西，則牆周乎庭矣。西壁在西牆下，則牆周乎堂矣。牆者墉壁之總名，室中謂之墉，昏禮尊于室中北墉下是也。房與夾變謂之墉，冠禮陳服于房中西墉下，聘禮西夾六豆，設于西墉下是也。堂上謂之序，房與夾謂之墉，堂下謂之壁，謂之牆，其實一也，隨所在而異其名爾。堂下之壁，闈門在焉，案士冠禮：冠者降適東壁，見于母。注曰：適東壁者，出闈門也。時母在闈門之外，婦人入廟，由闈門。士虞禮：賓出，主人送，主婦亦拜賓。注曰：女賓也。不言出，不言送，拜之于闈門之内。闈門，如今東西掖門。釋宫曰：宫中之門，設之闈。郭氏曰：謂相通小門也。是正門之外，又有闈門，而在旁壁也。

人君之堂屋爲四注，大夫士則南北兩下而已。士冠禮：設洗直于東榮。注曰：榮，屋翼也。周制自卿大夫以下，其室爲夏屋。燕禮：設洗當東。注曰：人君爲殿屋也。案考工記：殿四阿重屋。注曰：四阿，若今之四注屋。殷人始爲四注屋，則夏后氏之屋，南北兩下而已。周制，天子、諸侯得爲殿屋四注，卿大夫以下，但爲夏屋兩下，四注則南北東西皆有霤，兩下則唯南北有霤，而東西有榮，是以燕禮言東霤，而大夫士禮則言東榮也。霤者，説文曰：屋水流也。徐鍇曰：屋檐滴處。榮者，説文曰：屋梠之兩頭起者爲榮。又曰：梠齊謂之檐，楚謂之梠。郭璞注上林賦曰：南榮，屋南檐也。義與説文同。然則檐之東西起者曰榮，謂之榮者，爲屋之榮飾。謂之屋翼者，言其軒張如翬斯飛耳。士喪禮：升自前東榮。喪大記：降自西北榮，是屋有四榮也。門之屋，雖人君亦兩下爲之。燕禮之門内霤，則門屋之北霤也。凡屋之檐亦謂之宇，案士喪禮爲銘置于宇西階上。注曰：宇，梠也。説文曰：宇，屋邊也。釋宫曰：檐謂之樀。郭氏曰：屋梠。邢昺曰：屋檐一名樀，一名梠，又名宇，皆屋之四垂也。宇西階上者，西階之上，上當宇也。階之上當宇，則堂廉與坫亦當宇矣。特牲饋食禮：主婦視饎爨于西堂下。注曰：南齊于坫。其記又注曰。南北直屋梠是也，階上當宇，故階當霤。鄉射禮記磬階間縮是也。霤以東西爲從，故曰縮霤，此霤謂堂之南霤也。

此其著于經而可考者也。禮經雖亡闕。然于覲見天子之禮，于燕、射、聘、食見諸侯之禮，餘則見大夫士之禮，宫室之名制不見其有異，特其廣狹降殺不可考耳。案書顧命成王崩于路寢，其陳位也，有設黼扆牖間南嚮，則户牖間也。西序東嚮，東序西嚮，則東西序也。西夾南嚮，則夾室也。東房西房，則左右房也。賓階面，阼階面，則兩階前也。左塾之前，右塾之前，則門内之塾也。畢門之内，則路寢門也。兩階阯，則堂廉也。東堂、西堂，則東西箱也。東垂、西垂，則東西堂之宇。階上也，側階，則北階也。又曰：諸侯出廟門俟，則與士喪禮殯宫曰廟合也。然則鄭氏謂天子廟，及路寢，如明堂制者，蓋未必然，明堂位與考工記所記明堂之制度者，非出于舊典，亦未敢必信也。又案書多士傳曰：天子之堂，廣九雉，三分其廣，以二爲内，五分内以一爲高，東房、西房、北堂，各三雉。公侯七雉，三分廣，以二爲内，五分内以一爲高，東房、西房、北堂，各一雉。士三雉，三分廣以二爲内，五分内以一爲高，東房、西房、北堂各一雉。伯子男五雉，三分廣，以二爲内，五分内以一爲高，東房、西房、北堂，各一雉。士三雉，三分廣以二爲内，五分内以一爲高，有室無房堂。注曰：廣榮間相去也，雉長三丈。内堂，東西序之内也。高，穹高也，此傳説房堂及室，與經亦不合。然必有所據，姑存之以備參考。

郭先夾室論：古廟制無考，天子、諸侯之制尤闕。如今準禮三楹者，士之廟耳。廟有二門，堂有二階，室居正中，左右爲東西二房，有事于廟，則恒用東房，西房恒虚，謂室與房中分東西者非也。恒虚西房而不用，故言不及之。謂室中神位在西壁，用西房。疑于壓神之上，理或然耳。以廟言，則前半爲堂，後半爲室，亦謂之寢。以宫室言，則棲神者爲廟，生人之所居者爲寢耳。惟夾室之義，不能明。竊意左右房之外，如室之制，與堂劃半而分者，皆夾室也。室之外，又有室，故曰夾室。惟三楹者，無夾室。以左右房之外，無餘地也。廟五楹，則夾室有二。廟七楹，則夾室有四。廟九楹，則夾室有六矣。天子、諸侯之廟，必甚宏敞，尊者居中，左右房虚以用事。故左右之夾室，皆可藏主。先公之祧主，藏于后稷之夾室。先王之祧主，藏于文武之夾室。天子、諸侯有遷廟，太祖廟之夾室，即爲遷廟，非别有廟也。士無夾室，亦必廟中有藏祧主之所，但不得其詳耳。正以夾室皆面南，與尊者所處之中室無異，而室之前，皆爲堂，恢乎有餘地，稱宗廟之尊矣。解者往往亂夾室于廂廡，使人迷瞀不明，聊爲通之。惟其有夾室，不殊于正室之尊。故可以藏主而無憾，而漢以來同堂異室之制，或本諸此乎？

軾按：三代而下，人無恒産，輕去其鄉，又兵戈饑饉，轉徙流離，有不識高曾名諱者，況上而先祖始祖耶？族屬散無統紀，再從、三從，已如路人，袒免以還，無論焉。先儒以是爲世道人心憂，爰爲祠堂合祀之制，使至愚至賤之人，皆得聚族以祀其先，而自高曾以上遡始遷之祖，原原本本，瞭然在目。而餕餘致福，備言燕私。親愛之心，油然以生，豈非人心風俗所重賴乎？吾鄉雖樵牧，能言十世以上祖，三家村，必有祠堂，以祀始遷之祖。大家又立小宗祠以奉其高曾，大宗祠以族之長者主之。雖非正體，而儼然一族之長，舉十百子姓，相與仰而承之，而此族長，遂爲一族之統紀，是猶存古宗法之遺意歟？況子孫之于祖宗，世遠則情疏，祖宗之視子孫亦然。蕃衍之族，子姓有距祖宗十餘世，而族長尚在曾玄之列者，以之主祭，當亦祖宗之所樂得而享矣。小宗祠祀高曾而下，吾家亦以所屬長者主之，似覺未協。朱子曰：大宗法既立不得，亦當立小宗法。祭自高祖以下，親盡則請出高祖就伯叔位服未盡者，祭之。竊意小宗法，今時士大夫家猶有行者，本無格礙立不得處，但親盡則祧，理也。若請就伯叔位，則又與宗法謬戾矣。

司馬書儀：以桑木爲祠板。自註云：鄭康成以爲卿大夫士無神主，大夫束帛依神，士結茅爲菆。徐邈以爲公羊大夫聞君之喪攝主而往，重主道也。埋重而立主，大夫士有重，亦宜有主。蔡謨以爲今世有祠板，乃禮之廟主也。主亦有題，今板書名號，亦是題主之意。安昌公荀氏祠制，神板皆正長尺一寸，博四寸五分，厚五寸八分，大書某祖考某封之神座，夫人某氏之神座。書訖，蠟油炙令入理，刮拭之。今士大夫家，亦有用祠板者，而長及博厚，不能盡如荀氏之制。題云：某官府君之神座，某封邑夫人縣君某氏之神座，績加封贈，則先告以貼黃，羅而改題，無官則題處士府君之神座。版下有趺，韜之以囊，藉之以褥，府君夫人，只爲一匣，今從之。禮：虞主用桑，練主用栗。祠版，主道也。故於虞亦用桑，將小祥則更以栗木爲之。

伊川神主式說：作主用栗，取法于時日月辰。趺方四寸，象歲之四時。高尺有二寸，象十二月。身博三十分，象月之日，厚十二分，象日之辰。身趺皆厚一寸二分。剡上五分爲圓首，寸之下，勒前爲頷，而判之。一居前，二居後。前四分，後八分。陷中以書爵氏名行。曰：宋故某官某公諱某字某第幾神主，陷中長六寸闊一寸。合之植于趺。身去趺上一尺二寸，并趺高一尺八寸。竅其旁以通中，如身厚三分之一。謂圓徑四分。居二分之上。謂在七寸二分之上。粉塗其前，以書屬稱。屬，謂高曾祖考，稱謂官或號行。旁題主祀之名，加贈易世，則筆滌而更之，外改中不改。

何基答莊行之問主式：若主式，古無傳，只安昌公荀氏始有祠板，而温公因之。然字已舛訛，分寸不中度，難於遽從。程子創爲式，有所法象，已極精確。然陷中亦不言定寸，至高氏儀，始言闊一寸，長六寸。朱文公又云：當深四方，若亡者官號字多，則不必拘六寸之制。温公儀，韜以囊，考紫。妣緋者，亦是以意裁之。所謂府君夫人，則自漢以來爲尊神之通稱。文公説漢人碑，已如此云。

敖英東谷贅言：古人祠堂，或祀木主，或祀小影。程伊川、朱晦庵以主，司馬温公吕東萊以影。蓋主者神之棲也，影者神之象也。我朝劉文安公，則止用一軸，大書三代考妣之靈，此又一見也。

先侍御公著存堂録：堂三間，廣二丈八尺，高一丈七尺，深二丈二尺。前爲廊，深五尺，通深二丈七尺，扁爲著存堂，惣立神龕，高九尺，廣八尺，神主爲屏，廣四尺高一尺八寸。書始遷祖而下凡十二世，合二百餘人于上，其不得正而斃者不與。軾按：合族之死者統書一屏。所以會萃生者，爲雍睦計耳，屏之高廣於義無取，族姓日蕃，死者日益，書不勝書，可奈何？今擬大宗祠仍爲屏，中書某氏始祖妣，左書歷世先祖，右書先祖妣之靈，祭則以紙另爲牌位。此雖非古制，于義無礙。至小宗四世之祀，從伊用式作主，無疑也。

五宗

別子爲祖。 諸侯之庶子，別與後世爲始祖也。謂之別子者，公子不得禰先君。又若始來在此國者，後世亦以爲祖也。○疏曰：別子謂諸侯適子之弟。蓋諸侯之適子適孫，繼世爲君，而第二子以下，不得禰先君，別於正適，故稱別子也。爲祖者，謂此別子子孫，爲卿大夫立此別子，爲其後世之始祖也。又云又若始來在此國者，此謂其君之親，或是異姓。始來此國者，故亦謂之別子，以其別於在本國不來者。**繼別爲宗。** 別子之世長子，爲其族人爲宗。所謂百世不遷之宗，又曰別子之世適也。族人尊之，謂之大宗，是宗子也。○疏曰：謂別子之世世長子，恒繼別子，與族人爲百世不遷之大宗，族人雖五世外與之絶族者，皆爲之齊衰三月。**繼禰者爲小宗。** 別子庶子之長子，爲其昆弟爲宗也。謂之小宗者，以其將遷也。○疏曰：禰謂別子之庶子，以庶子所生長子。繼此庶子，與兄弟爲小宗，服之以本親之服，以其五世則遷，比大宗爲小，故云小宗。然則小宗所繼非一，獨云繼禰者。蓋小宗雖四，初皆繼禰爲始，據初爲元，故云繼禰也。**有百世不遷之宗，有五世則遷之宗。** 遷，猶變易也。○疏曰：百世不遷，謂大宗也。五世則遷，謂小宗也。

傳曰：百世不遷者，別子之後也。宗其繼別子之所自出者，百世不遷者也。五世而遷者，繼高祖者也。宗其繼高祖者，五世則遷者也。 繼別子，別子之世適也。繼高祖者，亦小宗也。小宗有四，皆至五世則遷，與大宗凡五。○今按之所目出四字，疑衍。注中亦無其文，至作疏時，方誤爾，今不取。○疏曰：別子之世適，謂是別子之適子適孫，世世繼別子者也。五世者，謂上從高祖，下至玄孫之子。此玄孫之子，則合遷徙，不得與族人爲宗，故云有五世則遷之宗。但記又要略，唯云繼高祖，其實是繼高祖者之子也。鄭云皆至五世則遷者，是皆五世不復與四從兄弟爲宗，各自隨近而相宗也。先云繼禰者，文承上繼別爲大宗之下，則從別子言之。別子子者，別子之適子。弟之子者，別子適子之弟所生子也。弟則是禰，其長子是小宗，故云繼禰爲小宗，因別子而言也。繼高祖者，與三從兄弟爲宗。或有繼曾祖者，與再從兄弟爲宗。或有繼禰者，與親兄弟爲宗。族人一身，凡事四宗，與大宗爲五宗也。是故祖遷於上，宗易於下。尊祖故敬宗，敬宗所以尊祖禰也。宗者，祖禰之正體。○疏曰：四世之時，尚事高祖。至五世之時，謂高祖之父，不爲加服，是祖遷於上。四世之時，仍宗三從族人，至五世不復宗四從族人，各曰隨近爲宗，是宗易於下。宗是先祖正體，尊崇其祖，故敬宗子。所以敬宗子者，尊崇祖禰之義也。

庶子不祭，明其宗也。庶子、適子，俱是人子，並宜供養。而適子烝嘗，庶子獨不祭者，正是推本崇適，明有所宗也。庶子不得爲長子斬，不繼祖與禰故也。解見喪期。庶子不祭殤與無後者，殤與無後者，從祖祔食。不祭殤者，父之庶也。不祭無後者，祖之庶也。此二者，當從祖祔食而已。不祭祖，無所食之也。共其牲物，而宗子主其禮焉。○疏曰：云不祭殤者父之庶也者，以己是父庶，不合立父廟，故不得自祭其子殤也。殤尚不祭，成人無後，不祭可知。云不祭無後者祖之庶也者，己是祖庶，不合立祖廟。故兄弟無後者，不得祭之，己若是曾祖之庶，亦不得祭諸父無後者。諸父無後，當於曾祖之廟而祭，己是曾祖庶，不合立曾祖之廟，故不祭之。此不云曾祖者，兼之也。此無後者，身並是庶。若在殤而死，則不合祭也。殤與無後者，當從死者之祖而祔食祖廟在宗子之家，故己不得祭祖，無處食之。故但令殤者之親，共其牲物，而宗子掌其禮，四時皆隨宗子之家而祭。有小宗而無大宗者，有大宗而無小宗者，有無宗亦莫之宗者，公子是也。公子有此三事也。公子謂先君之子，今君昆弟。○疏曰：有小宗而無大宗者，謂君無適昆弟，遣庶兄弟一人爲宗，領公子，禮如小宗是也。有大宗而無小宗者，君有適昆弟，使之爲宗以領公子，更不立庶昆弟爲宗是也。有無宗亦莫之宗者，公子唯一，無他公子可爲宗，是有無宗，亦無他公子來宗於己是亦莫之宗也。言唯公子有此三事，他無之也。公子有宗道，公子之公，爲其士大夫之庶者，宗其士大夫之適者，公子之宗道也。公子不得宗君，君命適昆弟爲之宗，使之宗之，是公子之宗道也。所宗者適，則如大宗死，爲之齊衰九月，其母則小功也。爲其妻齊衰三月，無適而宗庶，則如小宗死，爲之大功九月。其母妻無服，公子唯己而已，則無所宗，亦莫之宗。○疏曰：公子之公，公君也，是適兄弟爲君者也。爲其士大夫之庶者，蓋君之庶兄弟爲士大夫，所謂公子者也。宗其士大夫之適者，言君爲此公子士大夫庶者，立此公子士大夫適者爲宗也。此適者，君之同母弟，適夫人所生也。

○白虎通義曰：宗者何謂也？宗，尊也，爲先祖主也。宗，人之所尊也。古者所以必有宗何也？所以長和睦也。大宗能率小宗，小宗能率群弟，通其有無，所以統理族人者也。宗其爲始祖後者爲大宗，此百世不遷之宗也。宗其爲高祖後者，五世而遷者也。高祖遷於上，宗則易於下。宗其爲曾祖後者，爲曾祖宗。宗其爲祖後者，爲祖宗。宗其爲父後者，爲父宗。以上至高祖宗，皆爲小宗，以其轉遷別於大宗也。別子者，自與其子孫爲祖。繼別者，各自爲宗。小宗有四，大宗有一。凡有五宗，人之親所以備矣。

軾按：戊乙，庶子也。其子二，長己巳，次己庚。己庚宗己巳，此繼禰之宗也。己巳、己庚，又同宗其世父戊甲之長子己戊，此繼祖之宗也。祖亦庶也，則己戊己巳己庚，共宗其伯祖丁丁之適孫己丁，此繼曾祖之也。曾祖亦庶也，己丁以至己庚，俱宗其曾伯祖丙丙之適曾孫己丙，曾伯祖丙丙之適孫，高祖乙甲之適玄孫也，此繼高祖之宗也。至己丙之子庚庚，則高祖乙甲當祧矣。祖遷于上，則宗易于下，諸己之子，各以其親爲宗，不復以庚庚爲宗矣。繼禰、繼祖、繼曾、繼高爲四宗，合之大宗爲五。凡此五宗者，不獨昆弟輩宗之，即諸父以上，莫不宗之。

又按：大傳：別子爲祖，繼別與宗。此自諸侯大夫之有世爵者言之，武爲文之適，周公則別子也。周公不得繼文王，故自爲祖。繼別者魯公，不獨凡蔣邢茅宗之，即管蔡郕霍，凡屬文昭，莫不以爲宗也。然則刊晉應韓，武之穆也，將母又以成王之適弟爲別子，而繼之者爲宗與？曰：不然。同姓大宗一也，雖武王、成王之子，亦必以魯爲宗。然則不曰別子爲宗，而曰繼別爲宗何也？曰：繼別云者，謂繼別子者，世世爲大宗也。爲祖即爲宗，非至第二世乃爲宗也。凡此皆爲世爵者言之，若今始遷始貴而爲祖者，即以始遷始貴者之適長爲宗，而世世繼之爲大宗焉。

支子不祭，祭必告於宗子。不敢自專，謂宗子有故，支子當攝而祭者也。五宗皆然。

傳：曾子問曰：宗子爲士，庶子爲大夫，其祭也如之何？孔子曰：以上牲祭於宗子之家。祝曰：孝子某，爲介子某薦其常事。若宗子有罪居于他國，庶子爲大夫，其祭也。祝曰孝子某，使介子某，執其常事。攝主不厭祭不旅，不假，不綏，祭不配。皆辟正主。厭，厭飫神也，厭有陰有陽。迎尸之前，祝酌奠奠之。且饗，是陰厭也。尸謖之後，徹薦俎敦，故於西北隅，是陽厭。此不厭者，不陽厭也。不旅，不旅酬也。假讀嘏，不嘏，不嘏主人也。不綏者，綏，當從周禮，作隋，滅毁之名也。尸與主人，俱有隋祭。主人滅黍稷牢肉而祭于豆間，尸則取菹，及黍稷肺而祭于豆間，所謂隋祭也。今尸自隋祭，主人是攝主，故不隋祭也。不配者，祝辭不言以某妃配某氏，不敢備禮也。布奠於賓，賓奠而不舉。疏曰：特牲禮云：受嘏之後，主人獻賓，賓酢主人。主人又獻衆賓訖，主人酌西方之尊，以酬賓。主人奠爵于賓之薦北，賓取爵東而奠于薦西，後乃舉之以酬兄弟也。今攝主，故主人布奠，賓直奠之，而後不復舉以酬兄弟。此即不旅酬之事，而别言者，以上文是主人之事，此論賓禮有闕也。止旅，謂止旅酬之事而不爲也。不歸肉。肉，俎也。諸與祭者，留之共燕。其辭于賓曰：宗兄宗弟宗子在他國，使某辭。辭，猶告也。宿賓之辭，與宗子爲列，則曰宗兄。若宗弟，昭穆異者，曰宗子而已。其辭若云宗兄某在他國，使某執其常事，使某告。○曾子問曰：宗子去在他國，庶子無爵而居者，可以祭乎？孔子曰：祭哉！請問其祭如何？孔子曰：望墓而爲壇，以時祭。若宗子死，告於墓而後祭於家。疏曰：宗子既死庶子無所可辟，當云告于墓而後祭于宗子之家。今直云祭於家，是或宗子無爵其家無廟，而祭于庶子之家。宗子死稱名，不稱孝，身没而已。吕大鈞曰：此宗子死，庶子尚在。雖有宗子之適子，未得主祭，故庶子主之。祝辭止曰：子某薦其常事而已，不言介，明無所助也。若庶子皆死，則宗子之子乃主之，故曰身没而已。今之無宗子者，宜亦倣此。子游之徒，有庶子祭者以此。以，用也。

適子、庶子，祗事宗子、宗婦，雖貴富，不敢以貴富入宗子之家。雖衆車徒，舍於外，以寡約入。入，謂入宗子家。子弟猶歸器衣服裘衾車馬，則必獻其上，而后敢服用其次也。猶，若也。子弟若有功德，以物見饋賜，當以善者與宗子也。若非所獻，則不敢以入於宗子之門。謂非宗子之爵所當服也。不敢以貴富加於父兄宗族。加，猶高也。若富，則具二牲，獻其賢者於宗子。賢，猶善也。○疏曰：善者獻宗子使祭之，不善者私用自祭也。夫婦皆齊而宗敬焉。當助祭于宗子之家。終事而后敢私祭。祭其祖禰。○疏曰：此文雖主事大宗子。其大宗之外，事小宗子者亦然。

《傳》：孔子曰：宗子雖七十無無主婦。非宗子，雖無主婦可也。疏曰：宗子，大宗子也。凡人年六十無妻者，不復娶，以陽道絶故也。而宗子領宗男於外，宗婦領宗女於内，昭穆事重，不可廢闕，故雖年七十，亦猶娶也。然此謂無子孫，及有子而幼者。若有子孫，則傳家事于子孫，故曰七十老而傳也。○上治祖禰，尊尊也。下治子孫，親親也。旁治昆弟，合族以食，序以昭繆，别之以禮義，人道竭矣。治，猶正也。繆讀爲穆，聲之誤也。○疏曰：上主尊敬，故云尊尊。下主恩愛，故云親親。旁治昆弟之時，合會族人以食之禮，又次序族人以昭穆之事也。言此三事，皆分别之以禮義，使人之道理，竭盡於此矣。四世而緦，服之窮也。五世祖免，殺同姓也，六世親屬竭矣。四世，共高祖。五世，高祖昆弟。六世以外，親盡無屬名。○疏曰：四世謂上至高祖，下至己兄弟，同承高祖之後，爲族兄弟也。爲親兄弟期，一從兄弟大功，再從兄弟小功，三從兄弟緦麻，而服盡也。五世謂共承高祖之父者也，服祖免而無正服，減殺同姓也。六世謂共承高祖之祖者也，不復祖免，同姓而已，故云親屬竭矣。親親以三爲五，以五爲九。上殺、下殺、旁殺，而親畢矣。己上親父下親子，三也。以父親祖，以子親孫，五也。以祖親高祖，以孫親玄孫，九也。殺謂親益疏者，服之則輕。○疏曰：上殺者，服父三年，服祖期，曾祖宜大功，高祖宜小功，以遠而恩疏，故略從三月一等，又不可以大功、小功、旁親之服加至尊，故爲齊衰也。下殺者，謂父服子，宜執以三年，而首足不宜一等，故降服期，而孫九月，曾孫、玄孫一等三月也。旁殺者，世父、叔父宜九月，以加而爲期也。從世父叔父小功五月，族世父叔父緦麻三月也。祖期，而祖之兄弟小功五月，族祖緦麻三月也。又曾祖本應五月，其兄弟爲族曾祖，故三月也。又兄弟期，同堂兄弟九月，從祖兄弟小功五月，族之昆弟緦麻三月。此外無服，是發兄弟而旁殺也。又父爲子期，而兄弟之子以報而加爲期，同堂兄弟之子五月也，族兄弟之子緦也。又爲孫大功，兄弟之孫小功，同堂兄弟之孫緦麻，其外無服矣。曾祖爲曾孫三月，爲兄弟曾孫亦服三月，皆旁殺也。自此以外，悉無服矣，故云親畢。且五屬之親，若同父則期，同祖則大功，同曾祖則小功，同高祖則緦麻。高祖外無服，亦是畢也。自仁率親，等而上之，至于祖。自義率祖，順而下之，至于禰，是故人道親親也。言先有恩。○疏曰：自，用也。仁，恩也。率，循也。親，謂父母也。等，差也。義，主斷割也。親親故尊祖，尊祖故敬宗，敬宗故收族，收族故宗廟嚴，宗廟嚴，故重社稷。重社稷，故愛百姓。愛百姓，故刑罰中。刑罰中，故庶民安。庶民安，故財用足。財用足，故百志成。百志成，故禮俗刑。禮俗刑，然後樂。收族，序以昭穆也。嚴，猶尊也。《孝經》曰：孝莫大於嚴父。百志，人之志意所欲也。刑，猶成也。《詩》云：不顯不承，無斁於人斯，此之謂也。斁，厭也。言文王之德不顯乎？不承成先人之業乎？言其顯且承之，人樂之無厭也。

五廟之孫，祖廟未毁。雖爲庶人，冠取妻必告，死必赴，練祥則告，族之相爲也。宜弔不弔，宜免不免，有司罰之，至于賵賻承含，皆有正焉。承讀爲贈，聲之誤也。正，正禮也。○疏曰：賵賻含襚，皆贈喪之物。賵，車馬。賻，財帛。含，珠玉。襚，衣服。總謂之贈，贈，送也。公於其有死罪，則磬于甸人。不於市朝者，隱之也。甸人，掌郊野之官。縣縊殺之曰磬。其刑罪，則纖剸，亦告于甸人。纖讀爲殲，刺也。剸，割也，宫割臏墨劓刖，皆以刀鋸刺人體也。告讀爲鞠，讀書用法曰鞠。○疏曰：謂族人犯刑罪者，欲纖刺剸割之時，亦鞠讀刑法之書於甸人之官也。公族無宫刑。宫，割淫刑。獄成有司讞于公，其死罪，則曰：某之罪在大辟。其刑罪，則曰某之罪在小辟。成，平也。讞之言白也。辟亦罪也。公曰宥之。宥，寬也。有司又曰：在辟。公又曰：宥之。有司又曰：在辟。及三宥，不對，走出致刑于甸人。對，答也。每言宥，則答之，以將更寬之。至於三，罪定不復答，走往刑之，爲君之恩無已。公又使人追之曰：雖然，必赦之。有司對曰：無及也。反命于公。白已刑殺。公素服不舉，爲之變。如其倫之喪無服。素服於凶事爲吉，於吉事爲凶，非喪服也。君雖不服臣，卿大夫死，則皮弁錫衰以居，往弔當事，則弁絰。於士蓋疑衰，同姓則緦衰以弔之。今無服者，不往弔也。倫謂親疏之比也，素服亦皮弁矣。○今按傳文此素服下，脱居外不聽樂五字。親哭之。不往弔，爲位哭之而已。君於臣，使有司哭之。今按傳文此亦脱於異姓之廟五字，當補之。

軾按：此篇所引文王世子，專爲公族言之。然天子、諸侯，禮絶期功，而所以厚其族人者如是，況大夫以下，可不講于睦友之道耶？

傳曰：五廟之孫，祖廟未毁。雖及庶人，冠取妻必告，死必赴，不忘親也。親未絶，而列於庶人，賤無能也。疏曰：既與君有親，而有爲庶人者，賤其無能也。敬弔臨賻賵，睦友之道也。疏曰：言君敬重弔臨賵賻，不使闕失者，是君親睦和友之道也。公族之罪，雖親，不以犯有司正術也，所以體百姓也。犯，猶干也。術，法也。○疏曰：有司，獄官也。術，法也。公族之親有罪，公宜赦之，而猶在五刑者。國立有司之官，以法齊治一切。今不可以私親之罪，而干壞有司之正法也。刑于隱者，不與國人慮兄弟也。疏曰：隱，隱僻之處，謂甸師也。弗弔，弗爲服，哭于異姓之廟，爲忝祖，遠之也。疏曰：爲其犯罪，忝辱先祖。於公法，合疏遠之也。素服居外，不聽樂，私喪之也。骨肉之親，無絶也。疏曰：骨肉之親。雖犯刑戮，無斷絶之理也。公族無宫刑，不翦其類也。○魯人有同姓死而弗弔者，人曰：在禮當免，不免當弔，不弔有司罰之，如之何子之無弔也？答曰：吾以其疏遠也。子思聞之曰：無恩之甚也。昔者季孫問於夫子曰：百世之宗有絶道乎？子曰：繼之以姓，義無絶也。故同姓爲宗合族爲屬，雖國子之尊，不廢其親，所以崇愛也。是以綴之以食，序列昭穆，萬世婚姻不通，忠篤之道然也。

天子建德。立有德以爲諸侯。因生以賜姓。因其所由生以賜姓，謂若舜生嬀汭，故陳爲嬀姓。胙之土，而命之氏。報之以上，而命氏曰陳。○疏曰：胙訓報也。有德之人，必有美報，報之以土，謂封之以國。名以爲之氏，則國名是也。周語曰：帝嘉禹德。賜姓，曰姒氏，曰有夏。胙四岳國賜姓曰姜，氏曰有吕，亦與賜姓曰嬀，命氏曰陳，其事同也。諸侯以字爲謚，因以爲族。諸侯位卑，不得賜姓，故其臣因氏其王父字。○疏曰：以守爲族者，謂公之曾孫，以王父之守爲族也。官有世功，則有官族，邑亦如之。謂取其舊官舊邑之稱以爲族，皆稟之時君。

傳曰：黄帝之子，二十五人，其同姓者二人而已。唯青陽與夷鼓，皆爲己姓。此二人，相與同德，故俱爲己姓。青陽，金天氏帝少皞也。青陽，方雷氏之甥也。夷鼓，彤魚氏之甥也。方雷，西陵氏之姓。彤魚，國名。帝繫曰：黄帝娶於西陵氏之子，曰嫘祖，實生青陽。姊妹之子，曰甥。其同生而異姓者，四母之子，别爲十二姓。得姓，以德居官而賜之姓也。謂十四人，而二人爲姬，二人爲己，故十二姓。凡黄帝之子二十五宗，其得姓者十四人，爲十二姓。二十五宗，唯青陽與蒼林，德及黄帝，同姓爲姬也。姬、酉、祁、巳、滕、箴、任、荀、僖、姞、儇、依是也。唯青陽與蒼林氏，同于黄帝，故皆爲姬姓。○今按上言青陽與夷鼓皆爲己姓，後又言青陽與蒼林皆爲姬姓。青陽一人而二姓，殊不可曉。疑蒼林即夷鼓，己蓋指黄帝言。與黄帝同爲姬姓，非下文十二姓中之己氏也。然與其後十四人之數，又不同，不知何故牴牾如此？要之此等傳記之言，皆難盡信。今存於此，聊廣異聞耳。○衛公使其大夫求婚於季氏，桓子問禮於孔子。子曰：「同姓爲宗，有合族之義。故繫之以姓而弗別，綴之以食而弗殊，雖百世婚姻不得通，周道然也。」桓子曰：「魯衛之先，雖寡兄弟，今已絶遠矣。可乎？」孔子曰：「固非禮也。夫上治祖禰，以尊尊也；下治子孫，以親親也；旁治昆弟，所以敦睦也，此先王不易之教也。」○白虎通義：有云族所以九何？九之爲言究也，親疏恩愛究竟也，人所以有姓者何？所以崇恩愛、厚親親、遠禽獸、别婚姻也。故世别類使，生相愛，死相哀。同姓不得相娶者，皆爲重人倫也。姓，生也，人所稟天氣所以生者也。所以有氏者何？所以貴功德、賤伎力，或氏其官、或氏其事，問其氏。即可知其德，所以勉人爲善也。或氏王父字何，所以别諸侯之後，爲興滅國繼絶世也。諸侯之子稱公子，公子之子稱公孫。公孫之子，各以其王父字爲氏。故魯有仲孫季孫叔孫，楚有昭屈景，齊有高國崔也。人必有名何？所以吐情自紀，尊事人者也。子生三月，則父名之於祖廟，於祖廟者，謂子之親廟也。明當爲宗廟主也。一説名之於燕寢。名者，幼少卑賤之親也，寡略，故燕寢。人所以有字何？冠德明功，敬成人也。所以五十乃稱伯仲者，長幼之序也。稱號，所以有四何？法四時用事，先後長幼兄弟之象也。故以時長幼，號曰伯仲叔季也。適長稱伯，伯禽是也，庶長稱孟，魯大夫孟氏是也。男女異長，各自有伯仲，法陰陽各自有終始也。婦姓以配字何？明不娶同姓也。

昭穆

陳祥道禮書：宗廟有迭毁，昭穆則一成而不可易。春秋傳：言太王之昭，王季之穆，又言文之昭，武之穆。此世序之昭穆，不可易也。周官冢人掌公墓之地，先王之葬居中，以昭穆爲左右。此葬位之昭穆，不可易也。儀禮曰：卒哭明日，以其班祔。禮記曰：祔必以其昭穆，亡則中一以上。此祔位之昭穆，不可易也。司士：凡祭祀賜爵，呼昭穆而進之。祭統：凡賜爵，昭爲一，穆爲一。昭與昭齒，穆與穆齒。此賜爵之昭穆，不可易也。大傳曰：合族以食，序以昭穆。此合食之昭穆，不可易也。生而賜爵合食，死而葬祔，皆以世序，而不可易，則廟之昭穆可知矣。其制蓋祖廟居中，而父昭在左，子穆在右。始死者昭耶，則毁昭廟；始死者穆耶，則毁穆廟。昭與昭爲列，而無嫌乎子加于父；穆與穆爲列，而無嫌乎父屈於子。猶之賜爵也，子與祖齒，而無嫌乎卑者先；父與孫齒，而無嫌乎尊者後。猶之立尸也，子無嫌乎南面而坐，父無嫌乎北面而事之，則昭穆之不互易，不足怪也。先儒謂周藏先公木主於后稷廟，先王木主，穆在文王廟，昭在武王廟，於理或然。

軾按：太祖居室之奥，東向，北一昭，昭者何？向明也；南一穆，穆者何？向幽也。父子不並列，父昭則子穆，父穆則子昭，有如昭一位爲高，則穆一位爲曾；昭二位爲祖，則穆二位爲考。高曾，父子也；祖考，父子也，是昭皆父，穆皆子也。易世則高入祧室，遷祖于高廟，而新死者入祖廟，其穆位不動，而高曾祖考之名易矣。向之曾，今高也；向之考，今祖也。是穆一位爲高，昭一位爲曾，穆二位爲祖，昭二位爲考，又穆皆父，昭皆子也。蓋昭常爲昭，穆常爲穆，而父子之爲昭爲穆無定也，詳見圖。

儀禮節略第十七卷

祭禮

四時祭

時祭，用仲月，前旬卜日。

司馬温公曰：孟詵家祭儀，用二至二分。然今仕宦者，職業既繁，但時至事暇，可以祭，則卜筮亦不必亥日，及分至也，若不暇卜日，則止依孟儀用分至，於事亦便也。

問舊常收得先生一本祭儀，時祭皆用卜日。今聞用二至二分祭，是如何？朱子曰：卜日無定，慮有不虔，司馬公云只用分至亦可。

前期三日齊戒。

前期三日，主人率衆丈夫致齊于外，主婦帥衆婦女致齊于内，沐浴更衣，飲酒不得致亂，食肉不得茹葷。不弔喪，不聽樂。

凡凶穢之事，皆不得預。

司馬温公曰：主婦，主人之妻也。禮：舅没則姑老不與於祭。主人主婦，必使長男長婦爲之。若或自欲與祭，則特位於主婦之前。參神畢，升立于酒壺之北，監視禮儀。或老疾不能久立，則休於他所。俟受胙，復來受胙辭神而已。

前一日，設位陳器。

主人帥衆丈夫及執事，洒掃正寢，洗拭椅卓，務令蠲潔。設高祖考妣位於堂西北壁下南向，考西妣東，各用一椅一卓，而合之。曾祖考妣，祖考妣考妣，以次而東，皆如高祖之位，世各爲位，不屬，祔位皆於東序西向北上。或兩序相向，其尊者居四。妻以下，則於階下。設香案於堂中，置香爐香盒，於其立聚沙於香案前，及逐位前地上，設酒架於東階上。别置卓子於其東，設酒注一，酹酒盞一，盤一受胙盤一，匕一〔一〕，巾一，茶盒，茶筅，茶盞托，鹽楪，醋瓶於其上。火爐湯瓶香匙火筯於西階上，别置卓子於其西。設祝版於其上，設盥盆帨巾各二於阼階下之東。其西者有臺架，又設陳饌大牀於其東。○問今人不祭高祖如何？程子曰：高祖自有服，不祭甚非。某家祭高祖，又曰自天子至於庶人，五服未嘗有異，皆至高祖。服既如是，祭祀亦須如此。○朱子曰：考諸程子之言，則以爲高祖有服，不可不祭。雖七廟五廟，亦止於高祖。雖三廟一廟，以至祭寢，亦必及於高祖，但有疏數之不同耳，疑此最爲得祭祀之本意。今以祭法考之，雖未見祭必及高祖之文。然有月祭享嘗之别，則古者祭祀以遠近爲疏數，亦可見矣。禮家又言大夫有事，省於其君，于祫及其高祖。此則可爲立三廟而祭及高祖之驗。○古人宗子承家主祭，仕不

〔一〕「匕」，原作「七」，據家禮改。

出鄉。故廟無虛主，而祭必於廟，惟宗子越在他國，則不得祭，而庶子居者代之。祝曰孝子某，使介子某執其常事。然猶不敢入廟，特望墓爲壇以祭，蓋其尊祖敬宗之嚴如此。今人主祭者，游宦四方，或貴仕於朝，又非古人越在他國之比，則以其田禄，修其薦享，尤不可闕不得以身去國，而使支子代之也。泥古則闊於事情，狥俗則無所品節，必欲酌其中制，適古今之宜。則宗子所在，奉二主以從之，於事爲宜。蓋上不失萃聚祖考精神之義，二主常相從，則精神不分矣。下使宗子得以田禄薦享祖宗，處禮之變，而不失其中。所謂禮雖先王未之有，可以義起者。蓋如此，但支子所得自主之祭，則當留以奉祀，不得隨宗子而徙也。或謂留影於家，奉祠版而行，恐精神分散，非鬼神所安，而支子私祭，上及高曾，又非所以嚴大宗之正也。〇兄弟異居，廟初不異，只合兄祭而弟與執事，或以物助之爲宜，而相去遠者，則兄家設主，弟不立主。只於祭時旋設位，以紙榜標題逐位，祭畢焚之。如此，似亦得禮之變也。

軾按：虛廟而以主從者，謂宗子仕宦，庶子不得祭其祖禰也。無論傳舍湫隘，不足以妥神，即祖考之靈，亦安肯舍其故居。及人子孫，以相從乎？庶子代祭，祝曰：孝子某，使介子某，薦其常事，此古禮之不可易者。仕宦之宗子，以禄入共犧牲粢盛，以致其誠。春露秋霜之感，有不能已於中，設位而祭可耳。然獨子仕宦，又不得不以主從，猶之生有衆子，可不就長子於官。其老無他子者，欲不就養可得乎？

省牲。滌器。器饌。

主人帥衆丈夫，深衣，省牲蒞殺。主婦帥衆婦女，背子，滌濯祭器，潔釜鼎，具祭饌。每位果六品，蔬菜及脯醢各三品，肉魚饅頭糕各一盤，羹飯各一椀，肝各一串，肉各二串，務令精潔。未祭之前，勿令人先食，及爲貓犬蟲鼠所污之也。

朱子嘗書戒子塾曰：吾不孝，爲先公棄捐，不及供養，事先妣四十年，然愚無識知，所以承顔順色，甚有乖戾。至今思之，常以爲終天之痛，無以自贖。惟有歲時享祀，致其謹潔，猶是可著力處。汝輩及新婦等，切宜謹戒。凡祭肉臠割之餘，及皮毛之屬，皆當存之，勿令殘穢褻慢，以重吾不孝。○劉氏璋曰：往者士大夫家，婦女皆親滌祭器，造祭饌，以供祭祀。近來婦女驕倨，不親入庖廚。雖家有使令之人效役，亦須身親監視，務令精潔。按古禮有省牲陳祭器等儀，今人祭其先祖，未必皆殺牲。司馬公祭儀，用時蔬時果，各五品，膾今生肉。炙今乾肉。羹今炒肉。殽今骨頭。軒讀獻，今之白肉也。脯今乾肉。醢今肉醬。庶羞豬羊之外其他珍異之味。麵食如薄餅、油餅、鐵頭之類。米食如粢糕團粽之類。共不過十五品。今先生品饌異同者，蓋恐一時不能辦集，或家貧，則隨鄉土所有，惟蔬果肉麵米食數器亦可。祭器簠簋籩豆鼎俎罍筅之類，豈私家所有？但用平日飲酒之器，滌濯嚴潔，竭其孝敬之心，亦足矣。

厥明，夙興。設蔬果酒饌。主人以下深衣，及執事者，詣祭所，盥手，設果楪於逐位卓子南端。蔬菜脯醢相間次之，設盞盤醋楪於北端，盞西楪東，匙筯居中。設玄酒及酒各一瓶於架上，玄酒，其日取井花水充，在酒之西，熾炭於爐，實水於瓶。主婦背子，炊煖祭饌，皆令極熱，以盒盛出置東階下大床上。質明奉主就位。主人以下各盛服，盥手帨手詣祠堂前，衆丈夫叙立，如告日之儀。主婦西階下，北向立。主人有母，則特位於主婦之前，諸伯叔母諸姑繼之。嫂及弟婦姊妹在主婦之左，其長於主母主婦者，皆少進。子孫婦女内執事者，在主婦之後，重行，皆北向東上，立定。主人升自阼階，搢笏，焚香，出笏，告曰：孝孫某，今以仲春之月，有事于高祖考某官府君，高祖妣某封某氏，曾祖考某官府君，曾祖妣某封某氏祖考某官府君，祖妣某封某氏，考某官府君，妣某封某氏，以某親某官府君，某親某封某氏祔食，取請神主。出就正寢，恭伸奠獻，告辭。仲夏秋冬各隨其時，祖考有無官爵封謚，皆如題主之文。祔食謂旁親無後者，及早逝先亡者，無即不言。告訖，搢笏，斂櫝。正位、祔位各置一笥，各以執事者一人捧之。主人出笏，前導，主婦從後，卑幼在後。至正寢，置于西階卓子上，主人搢笏，啓櫝，奉諸考神主出就位。主婦盥帨升，奉諸妣神主，亦如之。其祔位，則子弟一人奉之。既畢，主人以下皆降，復位。**參神**。主人以下叙立，如祠堂之儀，立定，再拜。若尊長老疾者，休於他所。

司馬温公曰：古之祭者，不知神之所在，故灌用鬱鬯，臭陰達于淵泉，蕭合黍稷，臭陽達于牆屋，所以廣求神也。今此禮既難行於士民之家，故但焚香酹酒以代之。○北溪陳氏曰：廖子晦廣州所刊本，降神在參神之前。不若臨漳傳本，降神在參神之後爲得之。蓋既奉主於其位，則不可虚視其主，而必拜而肅之，故參神宜居於前，至灌則又所以爲將獻而親享其神之始也。故降神宜居於後，然始祖先祖之祭，只設虚位而無主，則又當先降而後參，亦不容以是爲拘也。

降神。主人升，焚香，少退立。執事一人，開酒，取巾拭瓶口，實酒于注。一人取東階卓子上盤盞，立主人之左；一人執注，立于主人之右。主人跪，奉盤盞者亦跪。進盤盞，主人受之。執注者，亦跪，斟酒于盞。主人左手執盤，右手執盞，灌于茅沙，以盤盞授執事者，俯伏，興，再拜，降，復位。

問既奠之酒，何以置之？程子曰：古者灌以降神，故以茅縮酌，謂求神於陰陽有無之間，故酒必灌於也。若謂奠酒，則安置在此，今人以澆在地上甚非也。既獻，則徹去可也。○張子曰：奠酒，奠安置也，若言奠摯奠枕是也，謂注之於地非也。○朱子曰：酹酒有兩説，一用鬱鬯灌地以降神，則惟天子諸侯有之；一是祭酒，蓋古者飲食必祭。今以鬼神自不能祭，故代之祭也。今人雖存其禮，而失其義，不可不知。○問酬酒是小傾，是盡傾？曰：降神是盡傾。○楊氏復曰：此四條，降神酬酒，是盡傾；三獻奠酒，不當傾之於地。家禮初獻取高祖妣盞祭之茅上者，代神祭也。禮祭酒少傾於地，祭食於豆間，皆代神祭也。

進饌。主人升，主婦從，執事一人以盤奉魚肉，一人以盤奉米麵食，一人以盤奉羹飯從，升至高祖位前。主人奉肉奠于盤盞之南，主婦奉米食奠于魚東，主人奉羹奠于醋楪之東，主婦奉飯奠于盤盞之西。主人以次設諸正位，使諸子弟婦女設祔位，皆畢。主人以下皆降，復位。

初獻。主人升詣高祖位前，執事一人，執酒注立其右，冬月即先煖之。主人奉高祖考盤盞位前東向立，執事者西向，斟酒于盞，主人奉之，奠于故處。次奉高祖妣盤盞亦如之，位前北向立，執事者一人，奉高祖考妣盤盞立于主人之左右，主人跪，執事者亦跪。主人受高祖考盤盞，左手取盞祭之茅上，以盤盞授執事者，反之故處，受高祖妣盤盞亦如之，俛伏，興，少退立。執事者炙肝于爐，以楪盛之，兄弟之長一人，奉之，奠于高祖考妣前。匙筯之南，祝取版立於主人之左，跪讀曰：維年歲月朔日子孝玄孫某官某，敢昭告于高祖考某官府君高祖妣某封某氏。氣序流易，時維仲春，追感歲時，不勝永慕，敢以潔牲柔毛。粢盛醴齊，祗薦歲事。以某親某官府君某親某封某氏祔食，尚饗。畢，興，主人再拜，退。詣諸位獻祝如初。每逐位讀祝畢，即兄弟衆男之不爲亞終獻者，以次分詣本立所祔之位，酌獻如儀，但不讀祝。獻畢，皆降，復位。執事者，以他器徹酒及肝，置盞故處。○曾祖前，稱孝曾孫，考前稱孝子，改不勝永慕，爲昊天罔極。○凡祔者，伯叔祖父祔於高祖，伯叔父，祔於曾祖，兄弟祔於祖，子孫祔於考，餘皆放此。如本位無，即不言以某親祔食。○祖考無官，及改夏秋冬字皆已見上。

補註：丘氏曰：按家禮四代各一祝文，今併一祝文，以從簡便。

亞獻。主婦爲之。諸婦女奉炙肉。及分獻。如初獻儀。但不讀祝。

朱子曰：祭禮：主人作初獻，未有主婦，則弟得爲亞獻，弟婦爲終獻。○楊氏復曰：按亞獻如初儀。潮州所刊家禮：云惟不祭酒于茅，潮本所云不祭酒于茅是乎？曰：所謂祭酒于茅者，爲神祭也。古者飲食必祭，及祭祖考，祭外神，亦爲神祭。少牢饋食禮：主人初獻尸，尸祭酒，而后啐酒，卒爵，主婦亞獻尸。尸祭酒，而后卒爵。賓長三獻尸，尸祭酒，而后卒爵，士虞特牲禮亦然。凡三獻尸，畢，祭酒，爲神祭也。鄉射大射獲者獻侯，先右箇，次中，次左箇，皆祭酒，爲侯祭也。以此觀之，三獻皆當祭酒于茅，潮本蓋或者以意改之，故與他本不同，失之矣。

終獻。兄弟之長，或長男，或親賓爲之。衆子弟奉炙肉，及分獻，如亞獻儀。**侑食。**主人升，執注，就斟諸位之酒，皆滿，立於香案之東南，主婦升，極匙飯中，西柄，正筯，立於香案之西南，皆北向，再拜，降，復位。**闔門。**主人以下皆出，祝闔門，無門處，即降簾可也。主人立于門東西向，衆丈夫在其後，主婦立于門西東向，衆婦女在其後，如有尊長，則少休於他所，此所謂厭也。

楊氏復曰：士虞禮：無尸者，祝闔牖户如食間。註：如尸一食九飯之類也。又曰：祝聲三，啓户。註：聲者，欬噫也。今祭既無尸，故須設此儀。

啓門。祝聲三噫歆，乃啓門。主人以下，皆入。尊長先休他所者，亦入，就位。主人、主婦奉茶，分進于考妣之前，祔位使諸子弟婦女進之。**受胙。**執事者，設席於香案前，主人就席北面，祝詣高祖考前，舉酒盤盞，詣主人之右，主人跪，祝亦跪。主人受盤盞，祭酒，啐酒，祝取匙并盤，抄取諸位之飯，各少許，奉以詣主人之左，嘏于主人曰：祖考命工祝，承致多福于汝孝孫，來汝孝孫，使汝受禄于天，宜稼于田，眉壽永年，勿替引之。主人置酒于席前，俛伏，興，再拜，跪受飯，嘗之，取酒，啐飲，執事者受盞，自右置注旁，受飯，自左，亦如之。主人俛伏，興，立於東階上，西向。祝立於西階上，東向，告利成，降，復位，與在位者，皆再拜。主人不拜，降，復位。

劉氏璋曰：韓魏公家祭云：月祭飲福受胙之禮，久已不行。今但以祭餘酒饌，命親屬長幼分飲食之可也。○補註本註：祝嘏于主人，爲尸致福於主人之辭也。

辭神。主人以下再拜。納主。主人、主婦，皆升，各奉主納于櫝。主人以笥斂櫝，奉歸祠堂，如來儀。徹。主婦還監徹酒之在盞，注他器中者，皆入于瓶，緘封之，所謂福酒，果蔬肉食，並傳于燕器。主婦，監滌祭器而藏之。餕。是日主人監分祭胙品，取少許置于盒，并酒皆封之，遣僕執書歸胙於親友，遂設席，男女異處，尊行自爲一列，南面。自堂中東西分首，若止一人，則當中而坐，其餘以次相對，分東西向，尊者一人先就坐，衆男叙立，世爲一行，以東爲上，皆再拜。子弟之長者一人，少進立，執事者一人，執注立于其右，一人執盤盞立于其左，獻者跪。弟獻，則尊者起立，子姪則坐受。注：斟酒，反注，受盞。祝曰：祀事既成，祖考嘉顧某親，備膺五福，保族宜家，授執盞者，置于尊者之前長者出笏，尊長舉酒畢，長者俛伏，興，退，復位，與衆男皆再，尊者命取注。及長者之盞，置于前自斟之，祝曰：祀事既成，五福之慶，與汝曹共之。命執事者，以次就位斟酒，皆徧。長者進，跪受，飲畢，俛伏，興，退立，衆男進，揖，退立飲。長者與衆男皆再拜，諸婦女獻女尊長於内，如衆男之儀。但不跪，既畢，乃就坐，薦肉食，諸婦女詣堂前獻男尊長壽。男尊長酢之，如儀，衆男詣中堂獻女尊長壽，女尊長酢之如儀，乃就坐，薦麵食。内外執事者，各獻内外尊長，壽如儀而不酢，遂就斟在坐者徧，俟皆舉，乃再拜。退遂薦米食，然后泛行酒，間以祭饌。酒饌不足，則以他酒他饌益之。將罷，主人頒胙于外僕，主婦頒胙于内執事者，徧及微賤。其日皆盡，受者皆再拜，乃徹席。

楊氏復曰：司馬公書儀曰：禮，祭事既畢，兄弟及賓迭相獻酬，有無算爵，所以因其接會，使之交恩定好，優勸之。今亦取此儀。

凡祭主於盡愛敬之誠而已，貧則稱家之有無，疾則量筋力而行。財力可及者，自當如儀。

初祖

惟繼始祖之宗得祭。

問始祖之祭。朱子曰：古無此。伊川先生以義起，某當初也祭，後來覺得似僭，今不敢祭。○始祖之祭似禘，先祖之祭似祫，今皆不敢祭。

冬至祭始祖。程子曰：此厥初生民之祖也。冬至一陽之始，故象其類而祭之。○補註：丘氏曰：禮經別子法，乃三代封建諸侯之制，於今人家不相合，以始遷及初有封爵者爲始祖。準古之別子，又以始祖之長子，準古繼別之宗。雖非古制，其實則古人之意也。**前期三日，齋戒。**如特祭之儀。**前期一日設位。**主人衆丈夫深衣，帥執事者灑掃祠堂，滌濯器具。設神位於堂中間北壁下，設屏風於其後，食牀於其前。○補註：設於墓所，以義推之，只恐當設初祖考一位而已，而妣不在其内，世遠在所略也，祭先祖亦然。**陳器。**設火爐於堂中，設炊烹之具于東階下盥東，炙具在其南。束茅以下，並同時祭。主婦衆婦女背子，帥執事者，滌濯祭器，潔釜鼎具果楪六盤三，盂六，小盤三，醆盤匙筯各二，脂盤一，酒注酹酒盤醆一，爰胙盤匙一。○按：此本合用古祭器，今恐私家或不能辨，且用今器，以從簡便。神位用蒲薦如草席，皆有緣，或用紫褥，皆長五尺，闊二尺有半，屏風如枕屏之制，足以圍席三面，食牀以版爲面，長五尺，闊三尺餘，四圍亦以版，高一尺二寸二寸之下，乃施版，皆黑漆。**具饌。**晡時殺牲，主人親割毛血爲一盤，首心肝肺爲一盤，脂雜以膋爲一盤，皆腥之。左胖不用，右胖前足爲三段爲三叚，脅爲三段，足爲三段，末近竅一節不用，凡十二體。飯米一秤，置于一盤，蔬果各六品，切肝一小盤，切肉一小盤。○補註：本註：主人親割毛血爲一盤，國語曰：毛以示物，血以告殺，接誠拔取以獻具爲齊敬也。韋氏注云：接誠於神也，接毛取血，獻其備物也，齊潔也。**厥明，夙興，設蔬果酒饌。**主人深衣，帥執事者，設玄酒瓶，及酒瓶于架上，酒注，酹酒盤盞，受胙盤匙，各一，於東階卓子上。祝版及脂盤于西階卓子上，匙筯各一，於食牀北端之東西，相去二尺五寸，盤盞各一於筯西，果在食床南端，蔬在其北。毛血腥盤，切肝肉，皆陳於階下饌牀上，米實階下炊具中，十二體，實烹具中，以火爨而熟之，盤一盂六，置饌牀上。○補註：按家衆叙立之儀，在小宗家之祭四親廟，則男在主人之右，女在主婦之左，世爲一列，前爲昭，而後爲穆也。在大宗家之祭始先祖，則一世居左，二世居右，三世居左，四世居右。左爲昭，而右爲穆也。而女不在内者，蓋祭四親廟，則四親之子孫皆在，世近屬親，男女會於一堂，自不爲嫌。若祭始祖祖，則自始祖先祖以下，子孫皆在，世遠屬疏，又人數衆多。故女不得在内列者，莫非自然之理也。**質明盛服就位。**如時祭義。**降神，參神。**主人盥升，奉脂盤詣堂中，爐前跪告曰：孝孫某，今以冬至，有事於始祖考始祖妣，敢請尊靈，降居神位，恭伸奠獻。遂燎脂於爐炭上，俛伏，興，少退立，再拜。執事者，開酒，主人跪酹酒于茅上，如時祭之儀。

劉氏璋曰：茅盤用甆，匾盂廣一尺餘，或黑漆小盤，截茅八寸餘作束，束以紅，立于盤内。

進饌。主人升詣神位前，執事者奉毛血腥肉以進，主人受，設之于蔬北西上。執事者，出熟肉置于盤，奉以進，主人受，設之腥盤之東，執事者以盂二盛飯，盂二盛肉湆不和者，又以盂二盛肉湆以菜者，奉以進。主人受，設之，飯在盞西，太羹在盞東，鉶羹在太羹東，皆降，復位。○補註：本註肉湆不和者，即太羹。肉湆菜者，即鉶羹也。**初獻。**如時祭之儀，但主人既俛伏，興，祝爲炙肝加鹽實于小盤以從。祝詞曰：維年歲月朔日，孝子孫姓名，取昭告于初祖考初祖妣，今以仲冬陽至之始，追惟報本，禮不敢忘。謹以潔牲柔毛，粢盛醴齊，祗薦歲事，尚饗。**亞獻。**如時祭之儀，但衆婦炙肉加鹽以從。**終獻。**如時祭及上儀。**侑食闔門，啟門，受胙，辭神，徹餕。**並如時祭之儀。○補註：祭畢而餕，設大席于堂，東西二向，東向爲昭，西向爲穆，世爲一席，各以齒而坐，所以會宗族而篤恩義也。

夏桂州云：始祖之祭，朱熹以爲僭而廢之，亦過矣。臣愚以爲三代而下，禮教衰，風俗敝。程頤爲是緣情而設教者也，且禘五年一舉，其禮最大，此所謂冬至祭始祖者，乃一年一行，酌不過三，物不過魚黍羊豕，隨力所及，特時享常禮焉耳。禮不與禘同，臣前面奏，蒙聖諭人皆有所本之祖，情無不同。惟禮樂名物，不可僭擬，大哉皇言，伏望詔令天下臣民，得祭始祖，但不許立廟踰分，愚夫愚婦，得盡報本追遠之誠矣。上是之。○方合山曰：貴賤之別，在于儀章度數，禘祫之禮，與塒栖之下牲，相去霄壤。朱子何以爲僭而去之，使始先之祖，不得比于馬醫夏畦之神，無乃不情乎？五祀百神鄉厲里社，莫不有祭，豈其恝然于士庶之始先，不許依而血食？此令甲之所不禁，顧人自致何如耳。○軾按：冬至祭始祖，取一陽初生之義，立春祭先祖，取立春始生物之義，季秋祭禰，取成物之始之義。朱子曰：古無此，程子以義起。某當初也祭，後來覺得似僭，故不祭。又曰始祖之祭，似禘，先祖之祭似祫，今皆不敢祭。愚謂報本追遠之情，聖王所不禁，始祖之祭，未可廢也。若先祖，不可以已乎。凡祭皆祭禰也，季秋特祀，不已贅與？若夫春禴秋嘗，霜露之所感觸，烏能已已。然有正元寒食等俗節之薦，以及生日忌辰月朔因事之祭，何莫非感時動念，所以致其怵惕悽愴之誠，非僅拘循四孟故事已也。吾家冬至祭始祖，以始祖而下諸毀廟祖配之，統設二位書紙爲牌。曰歷世祖考，歷世祖妣，即程子所謂先祖也。其有德業著聞，及科第仕宦，特設一位，是又賢賢貴貴之意與？往時牲用太牢，近惟豕一羊一，籩豆隨宜，庶幾近是。至除日各祭其高曾祖父，牲用特豕，儀節視冬至少殺，正元寒食等俗節，隨所當食設而薦之。朔望，焚香，陳酒果，斟茶，四拜而已。

先祖

繼始祖高祖之宗得祭，繼始祖之宗，則自初祖而下，繼高祖之宗，則自先祖而下。

立春祭先祖。程子曰：初祖以下，高祖以上之祖也。立春生物之始，故象其類而祭之。○補註：大宗之家，其第二世以下祖親，及小宗之家，高祖親盡，所謂先祖也。前三日，齋戒。如祭始祖之儀。前一日，設位，陳器。如祭初祖之儀，但設祖考神位于堂中之西，祖妣神位于堂中之東，蔬果楪各二，大盤六，小盤六，餘並同。

問祭禮立春云：祭高祖而上，只設二位，若古人祫祭，須是逐位祭。朱子曰：本是一氣，若祠堂中，各有牌子，則不可。○諸侯有四時之祫畢，竟是祭有不及處，方如此，如春秋有事于太廟，太廟便是群祧之主，皆在其中。○補註：設于墓所，初祖祠堂中，東西向，設東向爲昭，西向爲穆，略如天子太始之儀也。

具饌。如祭初祖之儀，但毛血爲一盤，首心爲一盤，肝肺爲一盤，脂膏爲一盤，切肝兩小盤，切肉四小盤，餘並同。厥明，夙興，設蔬果酒饌。如祭初祖之儀，但每位匙筯各一，盤盞各二，置階饌牀上，餘並同。質明，盛服，就位，降神，參神。如祭始祖之儀，但告辭改始爲先，餘並同。進饌。如祭初祖之儀，但先詣祖考位瘞毛血，奉首心，前足上二節，春三節，後足上一節，次詣祖妣位，奉肝肺。前足一節，脅三節，後足下一節，餘並同。初獻。如祭初祖之儀，但獻兩位，各俛伏，興，當中少立，兄弟炙肝兩小盤以從，祝詞改初爲先，仲冬陽至，爲立春生物餘並同。亞獻。如祭初祖之儀，但從炙肉各二小盤。終獻，侑食，闔門，啓門，受胙，辭神，徹餕。並如祭初祖儀。

禰

繼禰之宗以上，皆得祭，惟支子不祭。

季秋祭禰。程子曰：季秋成物之始，亦象其類而祭之。前一月下旬卜日。如時祭之儀，惟告辭改孝孫爲孝子，又改祖考妣爲考妣。若母在，則止云考，而告於本龕前，餘並同。前三日，齋戒，前一日，設位陳器。如時祭之儀，但止於正寢，合設兩位於堂中西上，香案以下並同。具饌。如時祭之儀，二分。厥明夙興，設蔬果酒饌。如時祭之儀。質明盛服，詣祠堂，奉神主出就正寢。如時祭于正寢之儀。但告詞云：孝子某，今以季秋成物之始。有事于考某官府君，妣某封某氏。參神，降神，進饌，初獻。如時祭之儀。但祝詞云：孝子某官某，敢昭告于考某官府君，妣某封某氏。今以季秋成物之始，感時追慕，昊天罔極，餘並同。亞獻，終獻，侑食，闔門，啓門，受胙，辭神，納主，徹餕。並如時祭之儀。

朱子曰：某家舊時，時祭外，有冬至、立春、季秋三祭，後以冬至、立春二祭似僭，覺得不安，遂已之。季秋依舊祭禰，而用某生日祭之，適值某生日在季秋。○補註：丘氏儀節云：徹餕，止會食，而不行慶禮。

墓祭

補註：伊川曰：嘉禮不野合，故生不野合，則死不墓祭。蓋燕享祭祀，乃宮室中事，後世習俗廢禮，故墓亦有祭，如禮望墓爲壇，并家人爲墓祭之尸，亦有時爲之，非經禮也。南軒曰：墓祭非古也。然考之周禮，則有家人之官。凡祭於墓爲尸，是則成周盛時，固亦有祭於其墓者。雖非制禮之本經，而出於人情之所不忍，而其義理不至於甚害，則先王亦從而許之。其必立之尸者，乃亦所以致其精神，而示享之者，非體魄之謂，其爲義，亦精矣。

三月上旬，擇日，前一日齋戒。如家祭之儀。具饌。墓上每分如時祭之品，各設魚肉米麪食，各一大盤，以祭后土。厥明灑掃。主人深衣，帥執事者，詣墓所，再拜畢，行塋域內外，環繞哀，省三周，其有草棘，即用刀斧鉏斬芟夷，灑掃訖，復位再拜，又除地于墓左以祭后土。布席陳饌。用新潔貢，陳於墓前，設饌如家祭之儀。參神，降神，初獻。如家祭之儀。但祝祠云：某親某官府君之墓，氣序流易，寸露既濡，瞻掃封塋，不勝感慕。餘並同。亞獻，終獻。並以子弟親朋薦之。辭神，乃徹，遂祭后土，布席陳饌。四盤于席南端，設盤盞匙筯于其北，餘並同上。降神，參神，三獻。同上。但祝祠云：某官姓名，敢昭告乎后土氏之神。某恭修歲事，于某親某官府君之墓，惟時保佑，實賴神休，敢以酒饌，敬伸奠獻，上享。辭神，乃徹退。

宋子曰：祭儀以墓祭節祠爲不可。然先正皆言墓祭不害義理，又節物所尚，古人未有，故止於時祭。今人時節隨俗宴飲，各以其物，祖考生存之日，蓋嘗用之。今子孫不廢此，而能恝然祖宗乎？○改葬須告廟而后告墓，方啓墓以葬，葬畢，奠而歸，又告廟，哭，而后畢事，方穩當。行葬更不必出主，祭告時，出主於寢。○祭祀之禮，亦只得依本子做，誠敬之外，別未有著力處也。○籩豆簠簋之器，乃古人所用，故當時祭享皆用之。今以燕器代祭器，常饌代俎肉，楮錢代幣帛。是以平生所用，是謂從宜也。○嘗書戒子云：比見墓祭土神之禮，全然滅裂，吾甚懼焉。既爲先公託體山林，而祝其主者，豈可如此？今后可與墓前一樣，菜果鮓脯飯茶湯各一器，以盡吾寧事親神之意，勿令其有降殺。劉氏璋曰：周元陽祭録曰：唐開元敕許寒食上墓，同拜掃禮。若拜掃非寒食，則先期十日。古者宗子去他國，庶子無廟，孔子許望墓祭壇，以時祭祀。即今之寒食上墓，義有憑依，不十日耳。今或羇宦寓於他邦，不及此時拜掃松檟，則寒食在家，亦可祠祭。○夫人死之后，葬形於原野之中，與世隔絶。孝子追慕之心，何有限極？當寒暑變移之際，益用增感，是宜省謁墳墓，以寓時思之敬。今寒食之墓祭，雖禮經無文，世代相傳，以成俗。上自萬乘，有上陵之禮，下逮庶人，有上墓之祭。田野道路，士女徧滿，皂隸庸丐之徒，皆得以登。父母丘壟，馬醫夏畦之鬼，無不受其子孫追養。凡祭祀品味，亦稱人家貧富，不貴豐腆，貴在修潔，馨極誠慤而已。事亡如事存，祭祀之禮，此心致敬，常在乎祖宗，而祖宗洋洋如在，安得不格我之誠，而歆氏之祀乎？○黄氏瑞節曰：南軒張氏，次司馬公、張子、程子三家之書，爲冠昏祭禮五卷，家禮蓋參三家之説，酌古今之宜，而大意隱然以宗法爲主，不可以弗講也。然禮家之備，有儀禮經傳集解，亦朱子所輯次云。

祭名

爾雅：春祭曰祠。祠之言食。夏祭曰礿。新菜可汋。秋祭曰嘗。嘗新穀。冬祭曰烝。進品物也，此皆周禮也。自殷以上，則礿禘烝嘗，王制文是也。至周公則去夏禘之名，以春礿當之，更名春曰祠，故禘祫志云：王制記先王之法度，宗廟之祭。春曰礿，夏曰禘，秋曰嘗，冬曰烝。祫爲大祭，於夏於秋於冬。周公制禮，乃改夏爲礿，禘又爲大祭。祭義注云：周以禘爲殷祭，更名春曰祠，是祠礿嘗烝之名，周公制禮之所改也。祭天曰燔柴。既祭，積薪燒之。大宗伯云：以禋祀祀昊天上帝，以實柴祀日月星辰，以槱燎祀司中、司命、飌師、雨師。鄭注云：禋之言煙，周人尚臭。煙，氣之臭聞者。槱，積也。詩曰：芃芃棫樸，薪之槱之。三祀皆積柴實牲體焉，或有玉帛，燔燎而升煙，所以報陽也。然則祭天之禮，積柴以實牲體玉帛而燔之，使煙氣之臭，上達於天，因名祭天曰燔柴也。祭地曰瘞貍。既祭，埋藏之。祭神州地祇於北郊，瘞繒埋牲，因名祭地曰瘞貍。祭山曰庪縣。或庪或縣，置之於山。庪謂埋藏之，縣謂縣其牲幣於山林中，因名祭山曰庪縣。祭川曰浮沈。投祭水中，或浮或沈。祭星曰布。布散祭於地，既祭布散於地，似星布列也。祭風曰磔。祭風曰磔謂披磔牲體，象風之散物，因名云。是禷是禡，師祭也。師出征伐，類於上帝，禡於所征之地。禡祭造兵爲軍法者，爲表以祭之。既伯既禱，馬祭也。伯，祭馬祖也。將用馬力，必先祭其先。疏毛傳云：重物慎微，將用馬力。必先爲之禱其祖，馬國之大用，王者重之。故夏官校人春祭馬祖，夏祭先牧，秋祭馬社，冬祭馬步。注云：馬祖天駟，先牧始養馬者，馬社始乘馬者。馬步，神爲災害馬者。禘大祭也。五年一大祭，經傳之文，稱禘非一，其義各殊。論語云「禘自既灌」，及春秋禘于大廟，謂宗廟之祭也。喪服小記云：王者禘其所自出也。及大傳云：禮，不王不禘。謂祭感生之帝於南郊也。祭法云「周大禘嚳而郊稷」，謂祭昊天於圜丘也。以此比餘處爲大祭，總得稱禘。宗廟謂之禘者，禘，諦也，言使昭穆之次審諦而不亂也。祭天謂之禘者，亦言使典禮審諦也。繹又祭也。祭之明日，尋繹復祭。周曰繹，商曰肜。肜者，相尋不絶之意。夏曰復胙。

尸

郊特牲：尸，神象也。士虞禮：男，男尸。女，女尸。必使異姓，不使賤者。異姓，婦也。賤者，謂庶孫之妾也。曲禮：君子抱孫不抱子，此言孫可以爲王父尸，子不可以爲父尸。○杜祐曰：古人用尸者。蓋上古朴陋之禮，至聖人時尚未改，相承用之。至今世則風氣日開，不可復用。而世之迂儒，乃欲復尸，可謂愚矣。○軾按：今人刻像繪影，猶嫌慢褻，況可人扮耶？拜而答，酳而酢，詔侑武方，命工致福，人與？鬼與？人也。何與祖考事？鬼耶？是生死相狎，不寐而夢也，其與師巫扶鑾降體何異？且旅酬六尸，滿場傀儡，打諢廝纏，成何禮與？曲禮曰：祭祀不爲尸。註：爲失子道也。顧尸非一尸，安所得無父之子而用之，況從于猶子，南面端坐，諸父羅拜而事之，于理安乎？禮有古不如今者，此類是也。

時日卜筮

左傳：凡祀，啓蟄而郊。言凡祀，通下三句，天地宗廟之事也。啓蟄，夏正建寅之月，祀天南郊。龍見而雩。龍見，建巳之月。蒼龍宿之體，昏見東方，萬物始盛，待雨而大，故祭天遠爲百穀祈膏雨。始殺而嘗。建酉之月，陰氣始殺，嘉穀始熟，故薦嘗於宗廟。閉蟄而烝。建亥之月，昆蟲閉户，萬物皆成，可薦者衆，故烝祭宗廟。過則書。卜日有吉否，過次節，則書以譏慢也。○周禮筮人：凡國之大事，先筮而後卜。當用卜者先筮之，即事有漸也，於筮之凶，則止不卜。○大史：大祭祀，與執事卜日。○龜人：若有祭事，則奉龜以往，旅亦如之。旅謂祈禱天地及山川。○大卜：大祭祀，則眡高命龜。命龜，告龜以所卜之事。不親作龜者，大祭祀輕於大貞也。○肆師：凡祭祀之卜日，宿爲期詔相其禮，眡滌濯亦如之。疏云：祭祀之卜日，宿爲期，則是卜前之夕，與卜者，及諸執事者，以明旦爲期也。云詔相其禮者，謂肆師詔告相助其卜之威儀，及齋戒之禮。云眡滌濯亦如之者，謂祭前之夕，視滌濯祭器，亦詔相其禮。○表記：子言之，昔三代明王，皆事天地之神明，無非卜筮之用，不敢以其私褻事上帝。是故不犯日月，不違卜筮，卜筮不相襲也。襲，因也。大事則卜，小事則筮。大事有時日。大事有事於大神，有常時常日也。小事無時日。有筮，有事於小神，無常時常日，有筮，臨有事筮之。外事用剛日，內事用柔日。順陰陽也。陽爲外，陰爲內，事之外內，別乎四郊。四郊之外爲外事，四郊之內爲內事。不違龜筮。子曰：牲牷禮樂齊盛，是以無害乎鬼神，無怨乎百姓。○曲禮：凡卜筮日。旬之外，曰遠某日。旬之內，曰近某日。喪事先遠日，吉事先近日。孝子之心，喪事葬與練祥也，吉事祭祀冠娶之屬也。曰：爲日，假爾泰龜有常，假爾泰筮有常。命龜筮辭，龜筮於吉凶有常。大事十，小事筮。爾，謂指蓍龜也。泰，大中之大也。欲褒美此龜筮，故謂爲大龜大筮也。有常者，言汝泰龜泰筮，決判吉凶分明有常也。卜筮不過三，求吉不過三，魯四卜郊，春秋譏之。王肅云：禮以三爲成也。上旬中旬下旬，三卜筮不吉，則不舉也。卜筮不相襲，卜不吉，則又筮，筮不吉，則又卜，是瀆龜筴也。○疏曰：襲，因也。前卜不吉，則止，不得因更筮，若前筮不吉則止，不得因更卜，是不相襲也。若相因不止，是瀆龜筮，則神不告也。龜爲卜，筴爲筮。卜筮者，先聖王之所以使民信時日，敬鬼神，畏法令也。所以使民決嫌疑，定猶與也，故曰疑而筮之，則弗非也，日而行事，則必踐之。弗非，無非之者。日，所卜筮之吉日也。踐，讀曰善。○禮器：子路爲季氏宰。季氏祭，逮闇而祭，日不足，繼之以燭。謂舊時也。雖有強力之容，肅敬之心，皆倦怠矣。有司跛倚以臨祭，其爲不敬大矣。他日祭，子路與，室事交乎户，堂事交乎階，質明而始行事，晏朝而退。室事，謂正祭之時，事尸在室，故云室事。交乎户，外人將饌至户，內人於户受饌，設於户前，相交承接在於户也。堂事交乎階者，謂正祭之後，儐尸之時，事尸於堂，故云堂事交乎階。謂在下之人送饌至階，堂上之人在階受取，是交乎階。孔子聞之曰：誰謂由也，而不知禮乎？

朱子語類：問時祭用仲月清明之類，或是先世忌日，則如之何？曰：不量思到，古人所以貴于十日也。軾按：

本朝上辛上戊之祭，如遇忌日，則改次辛次戊。竊意士大夫家祭，亦當如是。古人薦用首月，祭用仲月，士無田不祭，只是薦耳，當以首月爲正。

齊戒

周禮太宰：前期十日，帥執事而卜日，遂戒。祭統：及時將祭，君子乃齊，散齊七日，致齊三日。君致齊于外，夫人致齊於内。齊之爲言齊也，齊不齊以致齊者也。防其邪物，訖其嗜欲，耳不聽樂，心不苟慮，必依於道，手足不苟動，必依于禮，專致其精明之德，然後可以交於神明也。祭義：齊之日，思其居處，思其笑語，思其志意，思其所樂，思其所嗜。齊日，乃見其所爲齊者。論語：齊必變食，居必遷坐，齊必有明衣布。吕叔簡曰：祭思敬，齊戒致敬也，家衆不暇齊，外宿三日，變食一日。○戒，備也，慎也。備辦一切祭事，謹慎一切凶穢。齊，齊也，一心惟在所祭之神，一毫雜念不起，一切外事不聞，惟主人得以專之。衆子婦奔走祭務，勢不能行，但三日戒，一日不飲酒茹葷可也。

省視

周禮小宗伯：大祭，省牲眡滌濯。祭之日，逆齍省鑊。逆，迎也。小祝于廟門外，迎人之齍也，鑊所以亨者。省，省其腥熟也。告時于玉，告備于王。時，薦陳之晚早。備，謂饌具。○宰夫：從大宰而眡滌濯。○肆師：眡滌濯，詔相其禮。謂祭前之夕，視滌濯祭器。詔告相助其禮。祭之日，表粢盛告潔，展器陳告備。表，徽識也，識于六粢之上，以告潔。陳，陳列也。

特牲饋食：宗人視牲告充，雍正作豕。充，肥也。雍正，官名。雍正之視牲，如豕視，周禮：豕望視而交睫。○家禮：前一日主人帥衆子弟省牲涖殺，主婦帥衆婦女滌祭器，洗釜鼎，具餚饌，務令清潔。未祭之前，勿令人先食，及爲貓犬蟲鼠所污。

容貌

周禮保氏：教國子六儀。一曰祭祀之容。○少儀：祭祀之美，齊齊皇皇。美當爲儀。○疏曰：齊齊皇皇者，讀爲歸往之往。皇氏云：謂心所繫往。孝子祭祀，威儀嚴正，心有繫屬，故齊齊皇皇然。其言語及威儀，皆當如此。○容經：祭祀之志，諭然思以和。祭祀之容，遂遂然，粥粥然，敬以婉，祭祀之視，視如有將。祭祀之言，文言有序。曲禮：臨祭不惰。疏：臨祭不惰者。祭如在，故臨祭須敬，不得怠惰。○祭事不言凶。○玉藻：凡祭容貌顔色，如見所祭者。如覩其人在此。○祭義：仲尼嘗，奉薦而進，其親也慤。其行也，趨趨以數。嘗，秋祭也。親謂身親執事時也。慤與趨趨，言少威儀也。趨讀如促，數之言速也。謂仲尼奉薦進尸之時，其身就事，其形貌慤質少威儀，其行步促促速疾少威儀，舉足而數也。已祭。子贛問曰：子之言祭，濟濟漆漆然。今子之祭，無濟濟漆漆何也？子曰：濟濟者容也，遠也。漆漆者，容也，自反也。容以遠，若容以自反也。夫何神明之及交？夫何濟濟漆漆之有乎？漆漆，讀如朋友切切，自反猶言自脩整也。容以遠，言非所以接親親也。容以自反，言非孝子所以事親也。及，與也，此皆非與神明交之道。反饋樂成，薦其薦俎，序其禮樂，備其百官。君子致其濟濟漆漆，夫何慌惚之有乎？天子諸侯之祭，或從血腥始至反饋，是進孰也？薦俎豆與俎也。慌惚，思念益深之時也，言祭事既備使百官助己祭，然而見其容而自反，是無慌惚之思念。夫言豈一端而已，夫各有所當也。豈一端，言不以一也，禮各有所當行。祭宗廟者，賓客濟濟漆漆，主人慤而趨趨。

灌

祭統：祭有三重，獻之屬莫重於祼。周禮大宗伯：以肆獻祼享先王。註：祼之言灌也，灌以鬱鬯，謂始求神時也。郊特牲：周人尚臭灌用鬯臭，鬱合鬯臭，陰達於淵泉，灌以圭璋，用玉氣也。既灌，然後迎牲，致陰氣也。周人尚氣臭，而祭必先求諸陰，故牲之未殺，先酌鬯酒，灌地以求神，以鬯有芳氣也，故曰灌用鬯臭。又擣鬱金香草之汁，和合鬯酒，使香氣滋甚，故云鬱合鬯也，以臭而求諸陰，其臭下達于淵泉矣。灌之禮以圭璋爲瓚之柄，用玉之氣，亦是尚臭也。灌後乃迎牲，是欲先致氣于陰以求神，故云致陰氣也。白虎通云：天子鬯，諸侯薰，大夫芑蘭，士兼庶人艾。○毛大可曰：鬯本酒名，先釀黍以爲酒，其氣條暢，因以名鬯，然後築鬱以和之。鬱者，香草也。築者，擣也，其氣亦香，故暢臼以柏，杵以梧。灌爲祭禮之最先者，自安主之後，即當灌以降神，灌必在地也。○軾按：家禮：降神在參神之前，陳北溪謂既奉主于其位，不可虛視其主，必拜而肅之。至灌，則將獻而親享其之始也，故降神宜居後。又云：始祖先祖之祭，虛位無主，又不可不先降神。愚意先祖非一，應設虛位，始祖即無主，當以紙書牌，至灌以降神。神未降，何參之有？焫蕭求之陽，灌地求之陰。今之焚香，即焫蕭也，豈有先拜而後焚香者乎？參，見也。將欲見之，故先求之，未求何見焉？

獻

郊特牲：郊血，大饗腥，三獻爓，一獻熟。註：血腥，爓祭用氣。○疏周禮之法，郊天以燔柴爲始，宗廟以祼地爲始，社稷以血爲始，小祀以副辜爲始。此云大饗腥，三獻爓，一獻熟者，謂正祭之時薦于尸坐之前也。又曰：天神尊貴，事宜極敬。極敬，不褻近，故用血也。用血，是貴氣而不重味，而宗廟敬降于天，故用腥。腥稍近味，社又降于宗廟，故用爓，爓又稍近味。○爓者，沉肉于湯，其色略變。副，披胸也。辜，磔也。○禮器：一獻質。謂祭群小祀最卑，但一獻而已，其禮質也。三獻文。祭社稷五祀，其神稍尊，比群小祀禮儀爲文飾也。五獻察。祭四望山川，其神既尊，神靈亦爲明察。七獻神。祭先公之廟，禮又轉尊，神靈尊重也。周禮：天子上公俱九獻，侯伯七獻，子男五獻，大夫士三獻。鄭正則云：宜以主婦爲亞獻，庶合禮經之義。孟馮翊云：主婦爲亞獻，長子爲終獻。自晉以來，婦不復獻爲非禮。呂東萊曰：主人初獻，亞獻終獻，以諸弟爲之。○軾按：會典：郊廟俱三獻，而家禮所載大小祭，亦皆三獻，似宜分别酌减。凡祭上神，及因事之祭，一獻可也。又古禮初獻以幣從，今以紙錢代亦得。

祝

周禮太祝：掌六祝之辭，以事鬼神示。祈福祥，求永貞。一曰順祝，二曰年祝，三曰吉祝，四曰化祝，五曰瑞祝，六曰筴祝。註：永，長也。貞，正也。求多福，歷年得正命也。鄭司農云：順祝，順豐年也。年祝，求永貞也。吉祝，祈福祥也。化祝，弭災兵也。瑞祝，道時雨，寧風旱也。筴祝，遠罪疾。○疏曰：云掌六祝之辭者。此六辭，皆是祈禱之事，皆有辭説以告神，故云六祝之辭。云以事鬼神示者，此六辭者所以事人鬼、天神、地示。云祈福祥求永貞者，祈禱者，皆所以祈福祥，求永貞之事。祈福祥，即三曰吉祝是也。求永貞，二曰年祝是也。特取此二事爲總目者，欲見餘四者，亦有此福祥、永貞之事故也。作六辭，以通上下親疏遠近，一曰祠，二曰命，三曰誥，四曰會，五曰禱，六曰誄。祠當爲詞，謂詞令也。命，論語所謂爲命，兩國相通之詞命也。誥如康誥、洛誥。會，諸侯會同盟誓，如束牲載書之五命是也。禱如趙文子成室，張老美輪美奂，歌斯哭斯之頌是也。誄，哀公之誄孔子是也。辨六號，一曰神號，二曰鬼號，三曰示號，四曰牲號，五曰齍號，六曰幣號。號謂尊其名，更爲辨號焉。神號，若云皇天上帝。鬼號，若云皇祖伯某。祇號，若云后土地祇。牲號，若玉云嘉玉，幣云量幣。鄭司農云：牲號，謂犧牲皆有名號。曲禮曰：牛曰一元大武，豕曰剛鬣，羊曰柔毛，雞曰翰音。粢號，謂黍稷皆有名號也。曲禮曰：黍曰香合，粱曰香萁，稻曰嘉蔬。少牢饋食禮曰：敢用柔毛剛鬣。士虞禮曰：敢用絜牲剛鬣香合。左傳：隋季梁曰：夫民神之主也。是以聖王先成民，而後致力于神，故奉牲以告曰：博碩肥腯，謂民力之普存也，謂其畜之碩大蕃滋也，謂其不疾瘯蠡也，謂其備腯咸有也。博碩，言其形狀大，蕃滋言其生乳多。碩大蕃滋，皆複語也。瘯蠡，畜之病。不疾者，猶言不患此病也。奉盛以告曰：絜粢豐盛，謂其三時不害，而民和年豐也。奉酒醴以告曰：嘉栗旨酒。嘉，善也。栗，敬謹也。謂其上下皆有嘉德而無違心也，所謂馨香無讒慝也，故務其三時，脩其五教，親其九族，以致其禋祀，于是乎民和而神降之福。楚子木問于趙孟曰：范武子之德何如？對曰：夫子之家事治，言于晉國，無隱情。其祝史陳信于鬼神，無愧辭。子木歸以語王曰：尚矣哉？能歆神人，宜其光輔五君，以爲盟主也。〇毛西河曰：祝者，職事之名。古以祝官，且以祝氏，如衛祝是也。讀祝者，祝讀也。祝讀，應在獻前，今初獻而後讀誤也。

拜

周禮太祝：辨九拜，一曰稽首，二曰頓首，三曰空首，四曰振動，五曰吉拜，六曰凶拜，七曰奇拜，八曰褒拜，九曰肅拜。以享右祭祀。享，獻也，謂朝獻饋獻也。右讀爲侑，侑勸尸食而拜。九拜詳冠禮。

陳祥道禮書：拜，伏也。稽首，伏之甚也。拜稽顙，哀戚之至隱也。稽顙，隱之甚也。荀卿曰：平衡曰拜，下衡曰稽首，至地曰稽顙。許慎曰：頓，下首也。然則書稱拜手稽首，則拜手，手拜也。稽首，首至地也，荀子所謂下衡曰稽首足也。稽顙則首至地矣，荀卿所謂至地曰稽顙是也。太祝言禮之重者，則先稽首，而繼之以頓首、空首、振動。言禮之輕者，則先奇拜而繼之以褒拜。肅拜，則頓首、空首、振動，重禮之漸殺者也。褒拜、肅拜，輕禮之尤殺者也。然則稽首，拜手而稽留焉。頓首，則首頓于手而已。空首不至于手，空其首而已。奇拜，一拜也，儀禮鄉飲、鄉射、聘禮、士相見凡禮之殺者，皆一拜是也。肅拜，俯其手而肅之也，婦人與介者之拜也。少儀曰：婦人雖有君賜肅拜，爲尸坐則不手拜肅拜。爲喪主，則不手拜。然則所謂手拜者，手至地也。士婚禮：婦拜扱地是也。褒拜，介于一拜、肅拜之間，則禮固殺矣，其詳不可考也。記曰：大夫之臣不稽首，避君也。孟武伯曰：非天子，寡君無所稽首。知武子曰：天子在，君稽首，寡君懼矣。是稽首者，諸侯于天子，大夫士于其君之禮也。然君於臣有所稽首，書稱太甲稽首于伊尹，成王稽首于周公是也。大夫於非其君亦有所稽首，儀禮：公勞賓，賓再拜稽首，勞介，介再拜稽首是也。蓋君子行禮，于其所敬者，無所不用其至，則君稽首于其臣得，尊德也。大夫士稽首于非其君者，尊主人也。春秋之時，晉穆嬴抱太子頓首于趙宣子，魯季平子頓首于叔孫，則頓首非施于尊者之禮也。鄭氏謂稽首頭至地，頓首頭叩地，空首頭至手。褒讀爲報，再拜也。又引書曰王動色變，爲振動之拜，此不可考。○吕叔簡四禮疑：拜成于八，極于十二。過則瀆，生死一情也，何以多爲？家禮儀節，參神四拜，降神再拜，讀祝再拜，侑食再拜，飲福再拜，受胙再拜，告利成再拜，辭神四拜，而十二俯伏不與焉，煩碎極矣。今制文廟之祭，迎神四拜，飲福再拜，送神四拜。余家祠堂四祭參神四拜，三獻三俯伏，辭神四拜，冬至遷主于客位，忌日遷主于正寢，迎主再拜，參神四拜，飲福再拜，辭神四拜，送主于祠堂再拜。○既祭，主人升堂，家衆四拜，致祝畢。四拜，主人告諭畢。四拜，古未之聞也。旦夜罷筋力，徹餕設燕，冗劇極矣，是亦不可已矣乎？○飲福再拜，受胙再拜，何僕僕也？與祭者不拜福胙，主人不拜利成，何屑屑也？○軾按：祭有吉凶，吉祭吉拜。凶祭凶拜，有一拜。有再拜，有平衡，有下衡，肅拜揖也，稽首、頓首，俯伏也。是祭之拜，兼有九焉，故周禮太祝辨九拜，總歸之享右祭祀云。至拜煩則瀆，誠有如呂先生言。

毛血

毛大可曰：禮，祝告毛血，名告幽全，以其血備。名告幽，以其色純。名告全，全者，毛色不雜也。所謂祝詔于室者，正詔此也。今祭牲無赤白黑三色之辨，無純雜之分，則持其毛以進，將誰告乎？故毛血隨地瘞埋可也。○軾按：祭牲未有不選純色者，但毛血之告則誠可省。

噫歆

毛大可曰：儀禮既夕與士虞，皆有聲三啓户之文，謂啓殯之際，與葬畢歸祭，魂無所依，故祝先闔户，使男女踊哭户外。至升堂，止哭，然後聲三啓户。鄭注：聲者，噫歆也，謂將啓户，警覺鬼神也，則此是喪祭之禮，與祭禮並無干涉。而家禮屬吉祭，萬萬不可行者。又曾子問：君薨，而世子生，則于祝告時，亦止哭，作聲三，而鄭注亦云爲噫歆之聲三，以警神聽，然後入告，此亦凶喪之禮。君初薨時，魂無所依，與啓殯葬歸偯偯正同。今堂堂盛祭，有廟有祏，可憑可依，而忽作此不祥之禮何也？且噫歆二字，出自鄭注，經文無有，此必齊俗鄉語，如春秋登來，論語文莫之類。今欲行此禮，而噫歆之聲，作何欬吐耶？○軾按：曾子問：君薨而世子生，祝聲三，告曰：某之子生。既夕記：商祝免袒，執功布，入，升自西階，盡階不升堂，聲三啓三，命哭。聲三者，三噫歆也。啓三者，三以啓告也，與世子生而聲三告同。蓋將告而先覺之使聽也，獨士虞禮闔門啓門，不無疑義。主人哭出復位，祝闔牖户，降位于門西。男女拾踊三，如食間。祝升，止哭，聲三啓户。註：如食間者，隱之如尸，一食九飯之頃也。家禮此所謂厭也，敖繼公曰：闔户如食間，像神之食之也，此謂陰厭，聲者噫歆也。將啓户，警覺神也。疏：警覺者，曲禮所謂將上堂，聲必揚也。據此解，是神食必于隱晦，故哭出闔門，俾食而飽飫，聲三啓户，令聞而廻避也。此無論施之吉祭不可，即施之喪祭，亦大不合，或謂洋洋如在之象，無在無不在也，無不在無在也。以孝子之心之惝怳，想見靈之傍徨，警而覺之，庶在者之真在也，其亦愛存慤著之義歟？

飲福受胙

少牢嘏詞：皇尸命工祝：承致多福，無疆于爾孝孫云云。韓魏公曰：飲福受胙之禮，私家久已不行。今但以祭餘酒饌，命親屬長幼分食之可耳。○軾按：祭則受福，理也。私家行飲福禮，亦復何害？

告利成

毛大可祭禮通俗譜：家禮于受胙後，有告利成一節。按：儀禮告利成者，利訓養，成訓備。謂祭畢而養已備，可以起矣。此是諷尸使起，而難以明言，故托爲告主人以諷之。○軾按：毛先生好逞臆説，此爲尤謬。尸何所貪於飲食乎？必待諷而後起乎，尸以像神，諷之可乎？告利成者，告主人也。自始祭至此，竭誠盡敬，無所不至，告之曰：祭畢矣，所以舒主人之敬也。

祭服

穀梁：王后親蠶，以供祭服，國非無工女也，以爲人之所盡，事其祖禰，不若以已所自盡者也。儀禮：主人朝服玄冠緇帶緇韠，主婦纚笄宵衣，祝佐玄端玄裳黄裳雜裳可也。曲禮：有田禄者，先爲祭服祭器，衣服不假。雖寒不衣祭服，祭服敝則焚之。○軾按：古人朝祭各有服，今即以朝服爲祭服，無頂帶者，或衣深衣或鮮明盛服。

祭器

禮記月令：孟冬，命工師效功，陳祭器，案度程，毋或作爲淫巧，以蕩上心，必功致爲上。霜降而百工休，至此物皆成也。工師，工官之長也。效功，録陳百工所作器物也。主於祭器，祭器尊也。度，謂制大小也。程，謂器所容也。淫巧，謂奢僞怪好也。蕩，謂摇動，生其奢淫。物勒工名以考其誠。勒，刻也。刻工姓名於其器，以察其信，知其不功致。功有不當，必行其罪，以窮其情。功不當者，取材美而器不堅也。○大夫祭器不假，祭器未成，不造燕器。疏曰：皇氏云：此謂有地大夫，故祭器不假。若無地大夫，則當假之，故禮運云：大夫祭器不假，聲樂皆具，非禮也，謂無地大夫也。○大夫士去國，祭器不踰竟。此用君禄所作，取以出竟，恐辱親也。大夫寓祭器於大夫，士寓祭器於士。寓，寄也，與得用者言寄，覬已後還。○君子雖貧，不粥祭器。雖寒不衣祭服，爲宫室，不斬於丘木。○君子敬則用祭器。謂朝聘待賓客。崇敬，不敢用燕器也。○祭服敝，則焚之。祭器敝，則埋之。龜筴敝，則埋之，牲死則埋之。此皆不欲人褻之也。○凡家造祭器爲先，犧賦爲次，養器爲後。大夫稱家，謂家始造事。犧賦，以税出牲。無田禄者，不設祭器。有田禄者，先爲祭服。祭器猶可假，祭服宜自有。鬻明得造祭器，此明不得造者，不同也。禮運：大夫具官，祭器不假，聲樂皆具，非禮也。○泰，有虞氏之尊也。山罍，夏后之尊也。著，殷尊也。犧象，周尊也。虞尊用瓦，名泰。罍，猶雲雷也，書爲山雲之形也。著，無足而底著地，故謂爲著也。然殷尊無足，則其餘泰罍犧，並有足也。犧象，畫沙羽，及象骨飾尊也。爵，夏后氏以琖，殷以斝，周以爵。疏曰：此一經，明魯有三代爵，並以爵爲形，故并標名於其上。夏后氏以琖者，夏爵名也，以玉飾之，故前云爵用玉，琖仍雕是也。殷以斝者，殷亦爵形，而畫爲禾稼，故名斝。斝，稼也。周以爵者，皇氏云：周人正用爵形，而不畫飾。案：周禮：大宰贊玉几、玉爵。然則周爵或以玉爲之，或飾之以玉。皇氏云：周爵無飾，失之矣。灌尊，夏后氏以雞夷，殷以斝，周以黄目。其勺，夏后氏以龍勺，殷以疏勺，周以蒲勺。夏后氏以雞夷者，夷即彝。彝，法也，與餘尊爲法，故稱彝。雞彝者，或刻木爲雞形，而畫雞於彝。殷以斝者，鄭司農云：畫爲禾稼。周以黄目者，以黄金爲目。夏后氏以龍勺者，勺爲龍頭。殷以疏勺者，疏謂刻鏤，通刻勺頭。周以蒲勺者，皇氏云：蒲謂合蒲，當刻勺爲鳧頭。其口微開，如蒲草本合，而末微開也。有虞氏之兩敦，夏后氏之四璉，殷之六瑚，周之八簋。皆黍稷器，制之異同未聞。○疏曰：簋是黍稷之器，敦與瑚璉共，簠簋連文，故云黍稷器也。案鄭注周禮舍人云：方曰簠，圓曰簋。此云未聞者，謂瑚璉之器與簋異同未聞也。鄭注論語云：夏曰瑚，殷曰璉。不同者，皇氏云：鄭注論語誤也。此言兩敦四璉六瑚八簋者，言魯之所得唯此耳。俎，有虞氏以梡，夏后氏以嶡，殷以椇，周以房俎。梡，斷木爲四足而已。嶡之言蹷也，謂中足爲橫鉅之象，周禮謂之距。椇之言枳椇也，謂曲橈之也。房，謂足下跗也，上下兩間，有似於堂房。魯頌曰：籩豆大房。○疏曰：知梡斷木爲四足者，以虞氏尚質，未有餘飾，故知但有四足而已。云謂中足爲橫距之象者，以言嶡謂足以橫蹷，故鄭讀嶡爲蹷，謂足橫不正也。今俎足間有橫，似有橫蹷之象，故知足中央爲橫距之象。言雞有距，以距外物，今兩足有橫而相距也。云周禮謂之距者，非周禮正文，言周代禮儀，謂此俎之横者爲距，故少牢禮腸三胃三，長者及俎距是也。云椇之言枳椇也，謂曲橈之也者，椇枳之樹，其枝多曲橈，故陸玑草木疏云：椇曲來巢，殷俎似之，故云曲橈之也。云房謂足下跗也，上下兩間，有似於堂房者。案詩注云：其制足間有横，下有柎，似乎堂後有房然。如鄭此言，則俎頭各有兩足，足下各别爲跗，足間横者似堂之壁，横下一柎，似堂之東西頭，各有房也。夏后氏以楬豆，殷玉豆，周獻豆。楬，無異物之飾也。獻，疏刻之，齊人謂無髮爲楬。○明堂位。圭璧金璋，不粥於市。宗廟之器，不粥於市。尊物，非民所宜有。粥，賣。王制。

酒

明堂位：夏后氏尚明水，殷尚醴，周尚酒。註：明水取于月之水也。秋官以鑒取明水于月。周禮辨五齊之名：一曰泛齊，二曰醴齊，三曰盎齊，四曰緹齊，五曰沈齊。辨三酒之物：一曰事酒，二曰昔酒，三曰清酒。凡祭祀，以法共五齊三酒，以實八尊。註：泛，滓浮在上。醴，上下一體，汁滓相將。盎，蔥白色。緹，紅赤色。沈，滓沉酒清也。事酒，酌有事者之酒，今之醳酒也。昔酒，遠久色白，所謂舊醳也。清酒，冬釀夏成，更久于昔也。禮運：玄酒在室，醴醆在户，粢醍在堂，澄酒在下。太古無酒，用水行禮，後王重古，故尊之，名爲玄酒。醴醆即周禮醴齊、盎齊。粢醍即醍齊，以粢爲之，故曰粢緹。澄酒即沈齊。此五者，各以等降設之。左傳：奉酒醴以告曰：嘉栗旨酒。謂其上下皆有嘉德，而無違心也，所謂馨香無讒慝也。

犧牲

禮記：天子以犧，諸侯以肥牛，大夫以索牛，士以羊豕。犧，純毛也。肥，養於滌也。索，求得而用之。○天子社稷皆太牢，諸侯社稷皆少牢，大夫士宗廟之祭。有田則祭，無田則薦。有田者，既祭又薦新。祭以首時，薦以仲月。士薦牲用特牲，大夫以上用羔。所謂羔豚而祭，百官皆足。詩曰：四之日其蚤，獻羔祭韭。庶人春韭，夏薦麥，秋薦黍，冬薦稻。韭以狼，麥以魚，黍以豚，稻以雁。庶人無常牲，取與新物相宜而已。○疏曰：言相宜者，謂四時之間，有此牲穀兩物俱有，故云相宜，非謂氣味相宜。其相宜者，若牛宜稌，羊宜黍之屬是也。祭天地之牛，角繭栗。宗廟之牛，角握。賓客之牛，角尺。握，謂長不出膚。○疏曰：公羊傳曰：膚寸而合。鄭注：投壺禮云：四指曰扶，扶則膚也。諸侯無故不殺牛，大夫無故不殺羊，士無故不殺犬豕，庶人無故不食珍，庶羞不踰牲。祭以羊，則不以牛肉爲羞。○按：看下文庶羞，當是燕享之羞。燕衣不踰祭服，寢不踰廟。○夏后氏尚黑。以建寅之月爲正，物生黑色。牲用玄。玄，黑類也。殷人尚白。以建丑之月爲正，物牙，色白。周人尚赤。以建子之月爲正，物萌，色赤。牲用騂。騂，赤類。○毛大可曰：古有生牲入俎者，如豚肩不掩豆類；有熟牲入俎者，如熟其殽類；有炙肉，如薦其燔炙類；有烹肉，如毛炰胾羹類，但其制有先後，而器之大小因之。蓋殺牲、煮牲、炙牲、烹牲，皆在廟中。故自殺牲後，先以生肉入俎，所謂薦腥也。然後將生肉煮之于鑊，後入俎薦之，所謂薦熟也。但其肉未爛，復將熟肉投之于鼎而烹之，所謂鼎也。又將鼎肉以出之，而陳之木梡之上，所謂俎也。又將鼎肉入之小鼎，而和菜作羹，所謂鉶羹也。今五鼎之數，用羊、豕、雁、翰、鱗。羊豕者，毛牲也。雞鵝者，羽牲也。魚者，鱗牲也。然古殺牲必當日，今先一日者，蓋祭貴精潔臨時刳滌恐難精，腥血滿庭，未必潔也。至古進腥之時，斷割牲肝以祭神于室，又祭時，有加肺、離肺、嚌肺諸儀，則副以肺肝，甚爲得當。若副炙，則詩有或燔或炙，周禮註熟物有炙有濡，儀禮有從燔、羞燔，皆是炙肉，亦副俎也。○王復禮曰：古解牲凡二十一體，除兩髀不用，只十九體。髀，股肉也。肩臂臑合左右爲六，臑，前肘下也。膞胳合左右爲四，膞，髀下也。短脅、長脅、代脅合左右爲六，正脡横爲三，吉祭神俎用右體，實十一體，大夫祭用之。其左體，則有以下，及主賓之俎用之。蓋右體事神，左體待人也。髀不升，近竅賤也。去蹄甲，踐地穢惡也。鼎中用舉肺一，祭肺三，不用腸胃，以豕食穀，其糞有似于人，君子不食溷腴也。若羊鼎，則用腸三胃三以羊食草也。十一體之中，除脡代脅不用，實九體，士祭用之。至喪祭乃凶禮，用左體，避吉也。婚姻乃嘉禮，用左右體，取胖合也。于九體中，又除横長脅不用實七體，士喪禮、婚禮用之，故周禮有内饔掌割烹辨體，正辨其牲之前後左右横直棄取也。今祭雖不同于古，而古人嚴事其祖，與古禮精義所存，可不知乎？況髀胃蹄甲，祭享皆當禁用，尤不可不知也。但祭統云：殷人貴髀，周人貴肩。蓋殷尚質，貴腴之厚；而周尚文，貴肩之顯。且前貴于後，上貴于下，周禮可謂盡善盡美。然晉元帝時，項上一臠，臣下不敢食，呼爲禁臠。至今北方請上客，最重者，爲哈兒巴，正兩肩也。誰謂古禮不存于世耶？○吕叔簡四禮疑：牲，卿大夫五祀皆豕羊，士冬至豕羊，四時三俎，每龕饌腥蔬各六，果六，酒食每主三，卿大夫士一也。庶人豐儉視家。

籩豆

周禮：籩人掌四籩之實。籩，竹器，如豆者，其容實皆四升。朝事之籩，其實䵂，蕡，白，黑，形鹽，膴，鮑魚，鱐。蕡，枲實也。鄭司農云：朝事謂清朝未食，先進寒具口實之籩。熬麥曰䵂，麻曰蕡，稻曰白，黍曰黑，築鹽以爲虎形，謂之形鹽。故春秋傳曰：鹽虎形，玄謂以司尊彝之職參之。朝事，謂祭宗廟薦血腥之事。形鹽，鹽之似虎者。膴，牒生魚爲大臠。鮑者，於楅室中糗乾之，出於江淮也。鱐者，析乾之，出東海，王者備物，近者腥之，遠者乾之，因其宜也。今河間以北，煑穜麥賣之，名曰逢。燕人膾魚方寸，切其腴以咍所貴。○按：火焙乾曰鮑，日暴乾曰鱐。膴以腥薦，鮑以乾薦也。朝事，清朝之事，疏謂二灌之後，祝延尸于户外時，蓋初薦事也。饋食之籩，其實棗，栗，桃，乾䕩，榛實。饋食，薦孰也。今吉禮存者，特牲少牢，諸侯之大夫士祭禮也。不祼，不薦血腥，而自薦孰始，是以皆云饋食之禮。乾䕩，乾梅也。有桃諸命諸，是其乾者，榛似栗而小。○疏曰：此謂朝踐薦腥後，堂上更體，其犬豕牛羊烹孰之時，后先謂之饋食之籩也。其八籩者，其實棗一也，栗二也，桃三也，乾䕩四也，榛實五也，少三未詳。加籩之實，菱芡㮚脯。加籩，謂尸既食，后亞獻尸所加之籩。羞籩之實，糗餌粉餈。羞籩，少牢所謂主人酬尸，宰夫羞房中之羞是也。○醢人掌四豆之實，朝事之豆，其實韭菹，醓醢，昌本，麋臡，菁菹，鹿臡，茆菹，麇臡。醢，肉汁也。昌本，昌蒲根，切之四寸爲菹，三臡亦即醢也。作醢及臡者，必先膊乾其肉，乃後莝之，雜以粱麴及鹽，漬以美酒，塗置甀中百日則成矣。鄭司農云：麋臡，麋骭髓醢，或曰麋臡醬也。有骨爲臡，無骨爲醢。菁菹，韭菹。鄭大夫讀茆爲茅，茅菹茅初生，或曰茆水草，杜子春讀茆爲卯，玄謂菁蔓菁也。茆，鳧葵也。凡菹醢皆以氣味相成，其狀未聞。饋食之豆，其實葵菹蠃醢脾析，蠯醢，蜃，蚳醢，豚拍，魚醢。蠃，螔蝓。蜃，大蛤蚳，蛾子。鄭司農云脾析者，牛百葉也。蜃，蛤也。鄭大夫、杜子春皆以拍爲膊，謂脅也，或曰豚拍肩也。按：葵爲百菜之長，故他菹莫配。蠃，古螺字，蚌狹而長曰蠯。蚳，亦螺屬。豚拍，脅也，與脾析皆細切之，和以醢醬，而爲齏也。加豆之實，芹菹，兔醢，深蒲，醓醢，箈菹，雁醢，筍菹，魚醢。芹，楚葵也。鄭司農云：深蒲蒲蒻入水深，故曰深蒲，或曰深蒲桑耳。醓醢，肉醬也。○疏：箈菹者，謂以箈箭萌爲菹也。云筍菹者，謂竹萌爲菹也。羞豆之實，酏食，糝食。鄭司農云：酏食以酒酏爲餅。糝食，菜餗蒸。○王制：庶羞不踰牲。祭以羊，則不以牛肉爲羞。○水草之菹，陸産之醢，小物備矣。三牲之俎，八簋之實，美物備矣。昆蟲之異，草木之實，陰陽之物備矣。○祭統：凡天之所生，地之所長。苟可薦者，莫不咸在。○穀梁子曰：四時之田，皆爲宗廟之事也。春曰田，取獸於田。夏曰苗，因爲苗除害，故曰苗。秋曰蒐，蒐擇之，舍小取大。冬曰狩。狩，圍狩也。冬物畢成，獲則取之，無所擇。四時之田用三焉，唯其所先得：一爲乾豆，二爲賓客，三爲充君之庖。○左傳：鳥獸之肉，不登於俎，則公不射。國語：宣公夏濫於泗淵。濫，漬罟也。里革斷其而棄之，曰：古者大寒降，土蟄發，水虞於是乎講罛罶，取名魚，登川禽，而嘗之寢廟，行諸國人，助宣氣。水虞，漁師也，掌川澤之禁令。講，習也。罛，漁網也。罶，笱也。名魚，大魚也。川禽，鼈蜃之屬。是時陽氣起，魚陟負水，故令國人取之，所以助宣氣也。鳥獸孕，水蟲成，獸虞於是乎禁罝羅，矠魚鼈以爲夏槁。獸虞，掌鳥獸之禁令。罝，兔罟。羅，鳥罟也。禁，禁不得施也。矠，擉也。槁，乾也，夏不得取，故於此時擉刺魚鼈以爲夏儲。助生阜也。阜，長也。鳥獸方孕，故取魚鼈，助生物也。鳥獸成，水蟲孕，水虞於是乎禁罝罜麗，設穽鄂。罝，當爲罜。罜麗，小網也。穽，陷也。鄂作格，所以誤獸也，謂立夏鳥獸已成，水蟲方孕之時，禁魚鼈之網，設取獸之具也。以實廟庖，畜功用也。且夫山不槎蘖，澤不伐夭，魚禁鯤鮞。鯤，魚子。鮞。未成魚也。獸長麑䴠。鹿子曰：麑麋子曰䴠。鳥翼鷇卵。翼，成也。生哺曰鷇，未乳曰卵。蟲舍蚳蝝。蚳，螘子也，可以爲醢。蝝，蝠蝮也，可食，舍，不取也。蕃庶物也，古之訓也。今魚方別孕，不教魚長，又行網，貪無也。○毛大可曰：今祭定以八籩，而分作兩羞。槁核如榛實栗脯荔肉榧胎之類，鮮蒂如櫻蓮芡柰梨棗之類，總名菓羞。以乾餎如餅餡炊炙之類，蒸餌如饘粉糕糗之類，總名飱羞，此籩之實也。定以八豆而分作脯腊菹醢，如羊豕之拍折，雞鴨之膈脝，雉兔獐鹿之醢膾，魚蛤之鮓醬，笱脯，菰豉，芹絲，菭髮，菌餅，薯腓，種種皆可取用。禮云：不取用味而貴多品，此豆之實也。若加籩加豆，則奇物異珍，有即用之。趙岐註：獺較，謂異珍難得，得則雖較而不禁正謂是耳。○軾按：古今食品不同，祭物從時宜，呂成公云：古祭牲體，非惟時人不識，亦非先尊平生所食。朱子謂以燕器代祭器，常饌代俎肉楮錢代常帛，是亦平生所用，是謂從宜也。

粢盛

月令：孟春擇元辰，天子親載耒耜，措之于參保介之御間，帥三公九卿諸侯大夫，躬耕帝籍，天子三推，三公五推，卿、諸侯九推。○季秋乃命冢宰，農事備收。百穀皆斂也。舉五穀之要。定其租稅之簿。藏帝籍之收于神倉，祇敬必飭。○國語：王后必舂其粢，夫人必自舂其盛。周禮：凡王之饋食則六穀，飲用六清。六穀，黍稌稷粱麥苽。六清，水漿醴醇醫酏。○軾按：祭祀所重莫如犧牲粢盛，愚民崇尚淫祀，于此二者，必加敬慎。芻羊豢豕，許獻某神。雖有他急，不敢更。又有因佛事供飯，至不敢糞其田者，至于祖考之祭，則苟簡塞責，不大惑與？今擬先數月購純色牲養之，務期碩大，祭田所入，擇其上者，潔治以共粢盛，庶幾報本之誠與？

茅沙

毛大可曰：家禮：凡謁儀，皆豫設茅沙盆，酹酒于上以降神。夫茅沙之名，古並無有，郊特牲縮酌用茅，左傳爾貢包茅不入，此謂時祭用濁酒，以茅泲之，所以去滓。今用清酒，不必藉此。若鄭興謂沃酒其上，有似神飲，此是妄説。且祭啐酬酢，所以厭神，並非降神，而公然立一儀注，可乎？況沙是何物也？〇軾按：降神必灌酒于地，即代神祭，亦不必傾于茅沙。茅沙之設，信不可解。

樂器

易云：先生王以作樂崇德，殷薦之上帝，以配祖考。周禮大司樂以六律六同五聲八音六舞，大合樂，以致鬼神示，以和邦國，以諧萬民，以安賓客，以説遠人，以作動物。又云大師掌六律六同，以合陰陽之聲。陽聲，黄鐘，太簇，姑洗，㽔賓，夷則，無射；陰聲，大吕，夾鐘，仲吕，林鐘，南吕，應鐘，皆文之以五聲，宫商角徵羽；皆播之八音，金石土革絲木匏竹。又云：凡祭祀百物之神，鼓兵舞、帗舞者。註：兵，干戚也。帗，列五色繒爲之。有秉，皆舞者所執，山川用兵舞，社稷用帗舞。詩云：鐘鼓喤喤，磬筦將將。樂記：文以琴瑟，從以蕭管。明堂位：夏后氏之鼓足，殷楹鼓，周縣鼓。女媧氏笙簧。○毛大可曰：三代之制，必先奏樂，且必三闋，六樂九變，無單奏者。周官：六律六同，律者竹管，同者銅管。鄭註云：以銅爲管曰同。大同即漢晉銅角之製，小同，叭喇也。樂部有大横吹，小横吹，是名銅吹，即今灑捺也，名爲響樂。若簫笛管笙絃，即古絲竹匏三音，而琴瑟煩重，代以提琴絃子，而拍板代木，亦隋唐器也。然祭禮堂上用清歌，堂下用管樂，此是恒禮，如虞書堂上琴瑟以詠，堂下管鼗笙鏞，明堂位升歌清廟，下管象舞，皆是。至于儀禮工歌，笙入，合樂。工歌者，清歌也。笙入，即笙管樂也。合樂者，合琴瑟笙管上下之樂，而總爲之也。今以清樂代清歌，以管樂代下管，以絃管笙笛代合樂，此亦去古不遠者。○軾按：祭祀莫重於樂，樂非士夫所得用也。然今之樂，非古之樂，考鐘伐鼓，聊以娱神，不可謂樂，何僭之有？

擇執事

何氏云：宗廟中以有事爲榮，以嚴肅爲事。擇族中子弟數人，習學唱禮，不惟使卑者得伸其敬，而冥頑者有所感發，雖幼稚者亦可漸知禮儀矣。故凡祭時，各宜虔誠端肅，儼如祖考之臨其上，聽贊禮者唱聲静，方下，聲静方起，庶不致參差，此宜先期演習也。○軾按：古者天子試士于射宫，其容體比于禮，節比于樂，而中多者乃得與于祭。蓋祭祀大典，惟賢者能者執其事，中庸所謂序事所以辨賢也。今私家祭祀，止用子弟，不必皆嫻于禮，必先期演習，使無臨事失儀，但贊獻陳設，所需非止一二人。有期功之喪者，又不得與。士庶家或不備數，奈何？吕叔簡謂予家之祭，主婦、介婦親自烹調，二三子弟，盥濯拂拭，陳設揮守，至于奠獻，余嘗自爲，祝辭余嘗自致，主婦祭畢，點茶四拜而已，此可爲法。

主婦

祭統：國君娶夫人之辭曰：請君之玉女，與寡人共有敝邑，事宗廟社稷，此求助之本也。夫祭也者，必夫婦親之，所以備外内之官也。禮器云：君親制祭，夫人薦盎。君親割，夫人薦酒，卿大夫從君，命婦從夫人。洞洞乎其敬也，屬屬乎其忠也。詩云：于以奠之，宗室牖下。誰其尸之，有齊季女。按：家禮：主人初獻，主婦亞獻。又俗節因事祝告，皆主人斟酒，主婦點茶，未有祭無主婦者。今擬祠堂祭始祖，既不立大宗，可不用主婦，小宗四世之祭，則主婦之獻不可缺也。

祭田

王制云：大夫士，有田則祭。孟子曰：卿以下，必有圭田，圭田五十畝。注：圭，潔也，所以奉祭祀也。寶要云：凡仕有祿食，居有餘貲，宜置祭田，以供歲祀，多寡隨宜，但給祭用可耳。立約聞官，不許典賣。世世共守，推宗之賢能長者主之，或各房輪掌亦可。

薦新

檀弓曰：有薦新如朔奠。王制：大夫士，宗廟之祭，有田則祭，無田則薦。庶人春薦韭，夏薦麥，秋薦黍，冬薦稻。韭以卵，麥以魚，黍以豚，稻以雁。月令：仲春，天子乃鮮羔開冰，先薦寢廟。鮮當爲獻，獻羔以祭司寒，乃出冰以薦于寢廟。○季春，天子始乘舟，薦鮪于寢廟。○孟夏，天子乃以彘嘗麥，先薦寢廟。○仲夏，天子乃以雛嘗黍，羞以含桃，先薦寢廟。○孟秋，農乃登穀，天子嘗新，先薦寢廟。○少儀：未嘗，不食新。嘗，謂薦新物于寢廟。○周禮䱷人：春獻王鮪。詩七月：四之日其蚤，獻羔祭韭。漢惠帝時，叔孫通曰：古者有春嘗果，方今櫻桃熟，可獻，遂獻宗廟。諸果之獻，由此興。魏初高堂隆按舊典，天子諸侯月有祭事，其孟月則四時之祭也。三牲黍稷，時物咸備，其仲月季月，皆薦新之祭也。大夫以上，將之以羔，或加以犬而已，不備三牲也。士以豚，庶人則惟其時宜，魚雁可也。

俗節

張南軒答朱子書云：示以所定祭禮，其間未免有疑，更共酌之。時祭之外，冬至祭始祖，立春祭先祖，季秋祭禰，義則精矣。元日履端之祭，亦當然也。而所謂歲祭節祠者，亦有可議乎？若夫其間如中元甚無謂也，此端出于釋氏之説，何爲狥俗至此乎。○軾按：俗節薦也，非祭也，舉世皆薦，我獨否于心安乎？且今士庶知行時祭者絶少，俗節之薦，無分賢愚貴賤皆然。若并此去之，尚得謂有人道乎？

影堂展拜

朱子語類：問昔侍先生，見早晨入影堂，焚香展拜，而昏暮無復再入，未知尊意如何？曰：向見今趙丞相，日于影堂行昏定之禮，或在燕集之後，竊疑未安，故每常只循舊禮晨謁而已。○

軾按：晨昏展事死如事生之意也。然幽明隔絶，數則瀆矣，況人事紛錯，心志弗肅，徒循故事何爲？

妾母世祭

朱子語類：問子之所生母死，不知題主當何稱？祭於何所？祔於何所？曰：今法五服年月篇中，母字下。注云：謂生己者，則但謂之母矣。若避適母，則止稱亡母而不稱妣以别之，可也。又問禮記曰：妾母不世祭，于子祭，于孫止。又曰：妾祔于妾祖姑，既不世祭，至後日。子孫有妾母，又安有妾祖姑之可祔耶？不知今祭幾世而止？曰：此條未詳，舊讀禮，亦每疑之，俟更改也。又問：妾母若世祭，其孫異日祭妾祖母宜何稱？自稱云何？曰：世祭與否，未可知。若祭則稱之爲祖母，而自稱孫無疑矣。○軾按：妾母不世祭，謂慈母也。若所生之母，則直謂母，何得云妾母？禮：妾祔于妾祖姑，亡則中一以上。是奉祀迄玄孫，直至親盡而後祧也。語類世祭與否未可知，必非朱子語。未有非所生而世祭者，亦未有所生而不世祭者，此不待智者而知已。

外家

程正叔公作上谷郡君家傳，云：先妣夫人侯氏，享年四十九，未終前一日，命頤曰：今日爲我祀父母，明年不復祀矣。○軾按：上谷郡君父母，果無後，則當祀之別室。今曰明年不復祀，是非無後可知。禮：支子不祭禰，況嫁女耶？吾家母妻族無大功以上親者，立主祀之別室。母族一世，妻族再世而止。清明墓祭，則世世相繼無異，其里居若墓，在數舍之者，則望而祭，或竟置之，以是知死徙無庸出鄉，而婚姻亦以近爲貴也。

豐儉隨宜

程子曰：豺狼皆知報本，今士大夫家，多忽此，厚于奉養，而薄于先祖，甚不可也。左仰山云：人子事先追遠崇報，祭祀爲重，如草草脩故事而已，褻瀆莫甚焉。世俗多謟誠于非分之鬼神，而忽略于本宗之祖先，不思之甚也。況一切人事交際，俱欲從厚，而獨祖先不爲之盡心致享，仁人孝子，固所深痛。程汝諧曰：孝子事親，生前一菽一水，既可以承歡，殁後一飯一羹，亦可設祭。

但辦一片誠心，祖考自能見諒，貧士不能具祭享之儀，竟有經年不祭者，豈禮也哉？○軾按：祭物豐儉隨宜，惟其誠而已。朱子云：貧則稱家之有無，疾則量觔骨而行之。財力可及者，則當如儀。

遭喪廢祭

曾子問曰：大夫之祭，鼎俎既陳，籩豆既設，不得成禮，廢者幾？孔子曰：九。請問之。曰：天子崩，后之喪，君薨，夫人之喪，君之大廟火，日食，三年之喪，齊衰，大功，皆廢。外喪自齊衰以下，行也。其齊衰之祭也，尸入三飯不侑，酳不酢而已矣，大功酢而已矣。小功緦，室中之事而已矣。士之所以異者，緦不祭。所祭於死者無服，則祭。母兄弟姊妹妻父母，已雖有服而已，所祭者與之無服，則可祭。

喪服小記：爲父後者，爲出母無服。無服也者，喪者不祭故也。

應鏞曰：祭，吉禮也。喪，凶服也，凶服不可行吉禮。子爲父後，則有祭祀之責。以宗廟爲重，故寧奪母服，而不敢廢祖父之祀也。

儀禮喪服：庶子爲父後者，爲其母。傳曰：何以緦也？傳曰：與尊者爲一，不敢服其私親也。然則何以服緦也？有死於宮中者，則爲之三月不舉祭，因是以服緦也。

通典喪廢祭議：晉武帝咸寧五年十一月己酉，弘訓羊太后崩，宗廟廢一時之祀，天地明堂去樂，且不上胙。孝武太元十一年九月皇女亡，應烝祠，中書侍朗范甯奏：案喪服傳，有死宫中者，三月不舉祭，不别長幼之與貴賤也，皇女雖在嬰孩，臣竊以爲疑，於是尚書奏使三公行事。

賀循祭議云：禮在喪者不祭，祭吉事故也。其義不但施於生人，亦祖禰之情，同其哀戚。故云於死者無服，則祭也。今人若有服祭祀如故，吉凶相干，非禮意也。

旁親喪不廢祭議：東晉穆帝太和六年，五月九日，安平王薨。博士孫欽議：禮有死於宫中者，闕一時之祀。又案魏高堂隆議：平原公主薨，二月春祠，不宜闕祭。臣聞伯叔父，同産昆弟，庶子庶孫，及次妃以下，天子諸侯則降而不服，於四時之祭無闕廢，禮也。漢文帝前代盛德之君也，猶不忍以三年之喪妨廢孝享，割損年月，蚤葬速除，追思祖考，念在烝嘗，所以重宗廟也。且宫中有死者，三月不舉祭，傳發於緦麻三月之章，天子諸侯，貯存器大功皆降而不服，何緦麻之有乎？誠亦儒者之迷誤也。

二程全書：禮言唯天地之祭，爲越紼而行事，此事難行。既言越紼，則是猶在殯宫，於時無由致得齋，又安能脱喪服，衣祭服？此皆難行，縱天地之祀爲不可廢，只宜使冢宰攝爾。昔者英宗初即位，有人以此問。先生答曰：古人居喪百事皆廢，今人居喪與古人異，百事如常，獨於祭祀廢之，則不若無廢爲愈也。子厚正之曰：父在爲母喪，則不敢見其父，不敢以非禮見也。今天子爲父之喪，以此見上帝，是以非禮見上帝也，故不如無祭。○禮云：唯祭天地社稷，爲越紼而行事。似亦太蚤，雖不以卑廢尊，若既葬而祭之，宜可也。蓋未葬時，哀戚方甚，人有所不能祭爾。

張子曰：居喪廢祭，禮有緦不祭之文。方喪之初，雖功緦如何可祭，又豈可三年廢祖先之祭，久而哀殺，則便可祭。以人情酌之，三年之喪，期可祭。期之喪，既葬可祭；緦功之喪，踰月可祭，當服祭服祭之，各以其盛服祭，祭罷反喪服。至如古者卒哭練乃祔，似有喪服入廟之禮。然今則不可，須三年除喪乃祔。

吕大臨曰：人事之重，莫重於哀死，故有喪者之毁，如不欲生。大功之喪，業猶可廢，喪不貳事，如此則祭雖至重，亦有所不可行。蓋祭而誠至則忘哀，祭而誠不至，不如不祭之爲愈。後世哀死不如古人之隆，故多疑如此。

朱子曰：古人居喪，衰麻之衣不釋於身，哭泣之哀不絕於口。出入居處言語飲食皆與平日絶異，故宗廟之祭雖廢，而幽明之間，兩無憾焉。今人居喪，與古人異，卒哭之後，遂墨其衰。凡出入居處言語飲食，與平日之所爲，皆不廢也，而獨廢此一事，恐有所未安。竊謂欲處此義者當自省所以居喪之禮，果能一一合於古禮，即廢祭無可疑。若他事不免墨衰出入，或其他有所未合者尚多，即卒哭之前，不得已準禮且廢，卒哭之後遇四時祭日，以衰服特祀於几筵，用墨衰常祀於家廟可也。但卒哭之期，須既葬三虞之後，十日而祭以成事方可爾。若神柩猶在，而以百日爲斷，墨衰出入，則決然不可。

吴澄曰：朱子謂卒哭後，遇四時祭日，以衰服特祀於几筵，墨衰常祀於家廟。案：凶服不可以接神，況墨衰，乃世俗非禮之服，豈可服之以祀家廟，且喪禮卒哭而祔之後，直至小祥，方有祭，豈容中間又於四時祭日而特祀几筵者乎？此説亦與家禮不合，蓋一時未定之言也。

朱子語類：伊川謂三年喪，古人盡廢諸事，故并祭祀亦廢。今人諸事不廢，如何獨廢祭祀？故祭祀可行。朱子曰：亦須百日外方可。然奠獻之禮，亦行不得，只是排列祭物，使主祭者拜。若百日之後，從伯叔兄弟可代行，以孫行之亦得。○喪三年不祭，蓋孝子居倚廬堊室，只是思慕哭泣，百事皆廢故不祭耳。然亦疑當令族人攝祭，但無明文，不可考耳。○問妻喪未除服，當祭否？祭宜何服？朱子答云：恐不當祭，熹家則廢四時正祭，而猶存節祠日，用深衣涼衫之屬，亦以義起，無正禮可考也，節祠見韓魏公祭式。○先生以子喪，不舉盛祭，就影堂前致薦，用深衣幅巾，薦畢反喪服，哭奠于靈，至慟。

何基與友人書：伏承示諭以亡者之故，欲輟春祭此，在曾子問誠可考者。曾子問：士緦不祭，謂主者，己身有緦服，則不當行祭也。又曰：所祭於死者，無服則祭。鄭注謂若舅、舅之子、從母昆弟，以己身於舅有小功，於舅之子及從母昆弟有緦，然在所祭者而言，於是死者皆無服，又皆外服也。神明之情，自無阻也，則己雖有服，是私義也。何可以己之私義，而廢祖先正統之常祀也？此於不可祭之中而有可祭者焉，固不得而屈也。若今之亡者，在主祭者己身，則謂之堂弟之婦，固無服阻礙，而上自二代言之，一謂孫婦，有緦麻；一謂親子妻有大功，於死者分明有服，又皆内服也。冥冥之間，必無安焉享祭之情，則己雖無服可祭，是私禮，恐亦難以己之私禮，而通祖先必享之情也。此於可祭之中而有不可祭者焉，又不可得而申也。二者其義固一無可疑也，若疑一代廢祭，而餘代并廢者。蓋自三年及齊衰大功而下，其例皆然，不復分别，豈不以四代精神則一，祖祔合高，禰祔合曾，祔合不分，則難以獨享歟？

喪不助祭

曾子問：曾子問曰：相識有喪服，可以與於祭乎？孔子曰：緦不祭，又何助於人？

曾子問曰：廢喪服，可以與於饋奠之事乎？孔子曰：説衰與奠，非禮也，以擯相可也。

吴澄曰：曾子既知有服之人，不分重輕，皆不可爲人祭矣，遂疑新除喪服之後，或可與人饋奠，孔子亦以爲不可，而但許其可以擯相，謂之可也者，略許之，而不深許之，則不若并擯相亦不爲之爲得。孔疏以廢喪爲大祥除服，是專主斬衰重服而言。然凡喪服皆謂之衰，則説衰云者，疑是兼重輕之服言也。今詳酌人情禮義，緦功之喪，除服後踰月可與人祭。齊斬之喪，則須自己行吉祭畢，乃可爲人執事也。

雜記：大夫士將與祭於公，既視濯，而父母死，則猶是與祭也。次於異宫，既祭，釋服，出公門外，哭而歸。其他如奔喪之禮，如未視濯，則使人告。告者反而后哭。如諸父昆弟姑姊妹之喪，則既宿則與祭，卒事，出公門，釋服，而后歸。其他如奔喪之禮，如同宫，則次于異宫。

陳澔曰：視濯，監視祭器之滌濯也。猶是與祭者，猶是在吉禮之中，不得不與祭，但居次于異宫耳，以吉凶不可同處也。候告者反，而後哭，不敢專也，哭則不與祭也。

徐健庵曰：視濯乃祭前一日之事，當此時而遭親喪，五内崩裂，自以親喪爲急。豈有從容晏處别室，至次日祭畢，而後釋服奔喪之禮乎？此事之大不近人情者，恐非先王之禮也。且身爲祭主而遭喪，尚當廢祭，況與祭者乎？若爲尸，受宿而有齊衰内喪，則情事與此不同，蓋爲尸則止己一人，非與祭者比。齊衰則哀痛稍輕，非父母之喪比，故可以輟哀從事也。若此所云，則拂逆人情之至者，不敢以載於禮經而輕信之也。

社

祭法：王爲群姓立社，曰大社。王自爲立社，曰王社。諸侯爲百姓立社，曰國社。諸侯自爲立社，曰侯社。大夫以下，成群立社，曰置社。疏：太社在庫門之内，右。王社在籍田。王所自祭，以供粢盛。國社亦在公宮之右，侯社在籍田。置社者，大夫以下包士庶，成群聚而居，滿百家以上，得立社。爲衆特置，故曰置社。○按置社，即里社也。○厲山氏之有天下也，其子曰農，能殖百穀。夏之衰也，周棄繼之，故祀以爲稷。共工氏之霸九州也，其子曰后土，能平九州，故祀以爲社。疏：國語云：神農之名柱，作農官，因名農。夏末湯遭大旱七年，欲變置社稷，故廢農祀棄。農及棄，皆祀之以配稷之神。共工後世之子孫，爲后土之官。后，君也，爲君而掌土，能治九州五土之神，故祀以爲配社之神。○社祭土，而主陰氣也。地秉陰，則社乃陰之主。○日用甲，用日之始也。甲爲十干之者。○社，所以神地之道也。聖人知地道之大，故立社以祭，所以神而明之也。地載萬物，天垂象，取財于地，取法于天，是以尊天而親地也。

故教民美報焉。○郊特牲：唯爲社事單出里，唯爲社田，國人畢作，唯社。丘乘共粢盛。疏：社事，祭社事也。單，盡也。里，居也。社既爲國之本，故若祭社，則合里之家，並盡出，故云單出里也。此惟每家出一人，不人人出也。唯爲社田，國人畢作者。田，獵也。畢，盡也。作，行也。既人人得社福，故若祭社，先爲社獵，則國中之人，皆盡行，無得住家也。丘乘者，都鄙井田也。九夫爲井，四井爲邑，四邑爲丘，四丘爲乘。唯祭社，使丘乘共粢盛也。○周禮・大司徒：設其社稷之壝而樹之，田主各以其野之所宜木，遂以名其社與野。○州長若以歲時祭祀州社，則屬其民而讀法。月令：仲春擇元日，命民社。詩：以我齊明，以我犧羊，以社以方。秋祭四方，報成萬物也。衍義補社：所以祭五土之祇。稷，所以祭五穀之神。稷非土無以生，土非稷無以見生之之效，故祭社必及稷。以其同功均利，而養人故也。丘光庭曰：五土者，山林川澤丘陵墳衍原隰也。方丘之祭，祭大地之神。社之所祭，祭邦國鄉原之土神也。五穀者，麻黍稷麥豆也。今稱社稷者，以稷屬土，而爲諸穀之長也。明會典：凡鄉村人民，每里一百户内，封土爲壇一所，祀五土、五穀之神。每歲一户輪當會首，遇春秋二社，豫期率辦祭物，約衆祭祀，其祭用一羊一豕，酒果香燭隨用，務在恭敬神明，和睦鄉里，以厚風俗。

王復禮家禮辨定儀節：前期各齋戒一日，執事掃除壇所，爲瘞坎于壇之西北，洗滌廚房鑊器，至晚宰牲，執事以楪取毛血，與祭器，俱寘饌所。祭日，未明，執事廚中烹牲，設五土五穀神位于壇上，五土居東，五穀居西。設祝告所于壇上，居中間，設會首拜位于壇下，預祭人拜位于其後，執事實祭物于器内。解牲體，置于二俎，置酒于尊。書祝文于紙，祭物畢備，捧設于神位前，燃香明燭，自會首以下，各服常服，盥手入就拜位，立定。執事者，執壺，于尊中取酒，立于五土神位之左，贊唱鞠躬拜興，拜興，平身，會首以下皆拜，執事取毛血瘞于坎中。贊禮引會首，詣五土神位，唱跪。會首跪，舉杯，執壺者斟酒，贊唱，三獻酒，會首獻訖，贊唱俯伏興平身，會首興。執壺者詣五穀神位之左，贊禮引會首詣五穀神位前，唱跪。會首跪舉杯，執壺者斟酒，贊唱三獻酒，會首獻訖。贊唱俯伏興平身，會首興，贊唱就祝告位。祝告者，取文立于位左，會首詣祝告所，贊唱跪，會首跪，贊唱讀祝文。祝告者，跪讀祝文，曰：維康熙幾年歲次甲子，某月乙丑朔，越七日壬申，某府某縣某里某人等，謹致祭于五土之神，五穀之神。曰：惟神參贊造化，發育萬物。凡我庶民，悉賴生殖，時維仲春，東作方興。謹具牲醴，恭申祈告，伏願雨暘時若，五穀豐登，官賦足供，民食充裕，神其鑒知，尚饗。讀訖，興，置祝文于案，贊唱俯伏。興，平身，會首興，贊唱復位，會首復位。贊唱鞠躬拜興拜興平身，會首以下皆拜，執事徹祭物。祝告者，取祝文焚瘞于坎所，禮畢，如秋祭。祝文改時維仲秋，歲事有成，謹具牲禮，恭申報祭。

軾按：降神參神，辭神三節，似不可缺。又讀祝應在獻酒之前。

蜡

郊特牲：天子大蜡八，伊耆氏始爲蜡。蜡也者，索也，歲十二月，合聚萬物而索饗之也。蜡祭八神，先嗇一，司嗇二，農三，郵表畷四，貓虎五，坊六，水庸七，昆蟲八。伊耆氏，堯也。索，求求索其神也。合，猶閉也，閉藏之月，萬物合已歸根復命。聖人欲報其神之有功者，故索而祭之。蜡之祭也，主先嗇，而祭司嗇也，祭百種以報嗇也。先嗇，神農也，主八神之主也。司嗇，上古后稷之官百種，司百穀之種之神也。饗農及郵表畷禽獸，仁之至，義之盡也。農，古之田畯，有功于民者。郵，郵亭之舍也，標表田畔相連畷處，造爲郵舍，田畯居之，以督耕者，故謂之郵表畷。禽獸，貓虎之屬也。古之君子，使之必報之，迎貓，爲其食田鼠也，迎虎爲其食田豕也，迎而祭之也。祭坊與庸，事也。坊，隄也，以蓄木，亦以障木。庸，溝也，以受水，亦以洩水，皆農事之備，故曰事也。蘇氏曰：迎貓則爲貓之尸，迎虎則爲虎之尸，尸近于倡優所爲，是以子貢言一國之人皆若狂也。曰：土反其宅，水歸其壑，昆蟲毋作，草木歸其宅。此祝詞也。宅，安也。土安，則無崩圮。水歸，則無泛溢。昆蟲，螟蝗之屬害稼者，草木各歸根于藪宅，不得生于耕稼之所。◯年不順成，八蜡不通，以謹民財也。周禮：籥章，國祭蜡，則龡豳頌，擊土鼓，以息老物。求萬物而祭之者，萬物助天成歲事，至此爲其老而勞，乃祀而老息之，于是國亦養老焉。月令孟冬勞農以休息之是也。豳頌亦七月也，七月又有穫稻作酒、躋堂稱觥之事，是亦歌其類也。疏：土鼓羽籥，伊耆氏之樂也。◯黨正：國索鬼神而祭祀，則以禮屬民，而飲酒于序，以正齒位。何異孫曰：蜡之名起于伊耆之代，夏謂之嘉平，商曰清祀，周曰大蜡，秦更曰臘，後曰嘉平。漢曰臘，魏晉因之，隋唐復名曰蜡，周以建亥十一月，漢以季冬，隋用孟冬丁亥，唐用季冬臘日。

玉燭寶典：臘者，祭先祖。蜡者，報百神，同日異祭也。

風俗通：臘者，獵取禽獸以祭先祖也。或曰：臘，接也，新故交接押，獵大祭以報功也。

五祀

祭法：王爲群姓立七祀，曰司命，曰中霤，曰國門，曰國行，曰泰厲，曰户，曰竈。王自爲立七祀，諸侯爲國立五祀，曰司命，曰中霤，曰國門，曰國行，曰公厲。諸侯自爲立五祀，大夫立三祀，曰族厲，曰門，曰行。適士立二祀，曰門，曰行。庶士、庶人立一祀，或立户，或立竈。司命，宫中小神。司察，人之小過者。中霤，室中也，古人陶復陶穴，中有透光處，故至今稱室中爲中霤。國門，城門。國行，謂行神在國外之西。泰厲，古帝王之無後者。公厲、族厲，諸侯大夫之無後者。○曲禮：天子、諸侯、大夫祭五祀，歲遍。○周禮：分禱五祀。儀禮：乃行禱于五祀。通典：五行之官，祭于門、户、行、竈、中霤，土神也。陳祥道云：門户，人所資以出入者也。中霤，人所資以居者也。竈、井，人所資以養者也，此所以祀而報之也。中霤，土之所用事，故祀于季夏。竈，火之所用事，故事於立夏。井，水之所用事，故祀于立冬。户在内而奇，陽也，故祀于立春。門在外而偶，陰也，故祀于立秋。兩漢魏晉之立五祀，井皆與焉。馬端臨云：吉者五祀不言所祭之地，若門若竈，各祭其所，即其地也。○月令：春祀户，祭先脾。注：春陽氣出，祀之于户内，陽也。先祭脾者，春爲陽，中于藏道脾，脾爲尊，故先祭脾。夏祀竈，祭先肺。夏陽氣盛熱于外，祀之于竈，從熱類也。先祭肺者，陽位在上，肺亦存上也。中央祀中霤，祭先心。祭先心者，五藏之次，心次肺，至此心爲尊也。秋祀門，祭先肝。秋陰氣出，祀之于門外，陰也。先祭肝者，秋爲陰，中于藏，直肝也。冬祀行，祭先腎。冬陰盛寒于木，祀之于行，從辟除之類也。先祭腎者，陰位在下，腎亦在下，腎爲尊也。白虎通：祭五祀，天子諸侯以牛，卿大夫以羊。又云：户以羊，竈以雉，中霤以豚，門以犬，井以魚。鄭康成云：禮：中霤，設主于牖下，祭物心肺肝各一。祀户，設主于户内之西，祭物脾一腎二，黍稷醴各三。祀竈，祭物肺心肝各一，黍稷醴各三。明會典：凡王國祭祀，正月初四日祭司户，四月初一日祭司竈，六月土王戊日祭中霤，七月一日祭司門，十月一日祭司井。

祭先蠶并祝告

王草堂曰：黄帝元妃西陵氏螺祖，始教民育蠶治絲，以供衣服，後世祀爲先蠶。故周官内宰：詔皇后蠶于北郊，齋戒享先蠶。及禮記皇妃祭先蠶西陵氏是也。漢儀：皇后親蠶桑東郊苑中蠶室，祭蠶神。曰：范窊婦人寓氏公主祠，用少牢，秦觀蠶書云：卧種之日，升香以禱天駟。先蠶也，割雞設醴以禱婦人寓氏公主，蓋蠶神也，毋治堰，毋誅草，毋沃灰，毋室入外人，四者，神實惡之。唐開元禮祀先蠶，祝文云：維某年月日，昭告于先蠶氏，維神肇興蠶織，功濟黔黎，爰擇嘉時，式遵令典。謹以制幣牲齊粢盛庶品，陳其明薦，尚饗。

祭馬祖并祝告

周禮校人：春祭馬祖，天駟星也。夏祭先牧，始養馬者。秋祭馬社，始乘馬者。冬祭馬步，厲神爲灾，能害馬者。詩云：吉日維戊，既伯既禱。註：宣王田獵，將用馬力，故以吉日祭馬祖而禱之。然始云維戊，而既云庚午，則是戊辰日矣，蓋馬祖房星也。孝經説：房爲龍，爲馬，辰屬龍，宜用辰日祭房也。午屬馬，故用庚午擇馬也。唐開元禮祀馬祖祝文云：維某年月日，昭告于馬祖天駟之神，爰以春季，遊牝于牧，祇將制幣牲齊粢盛庶品，式陳明薦，尚饗。

餘論

程子曰：宗子繼别爲宗。言别，則非一也。如别子五人，五人各爲大宗，所謂兄弟宗之者，謂别子之子。繼禰者之兄弟，宗其小宗子也。

軾按：管、蔡、郕、霍、魯、衛、毛、聃、郜、雍、曹、滕、畢、原、酆、郇，文之昭也。孟子曰：吾宗國，魯先君，亦莫之行。凡屬文昭，莫不宗魯者，程子各爲大宗之説，未確。

宗子無法，則朝廷無世臣，立宗子，則人知重本，朝廷之勢自尊矣。古者子弟從父兄，今也父兄從子弟，由不知本也。人之所以順從而不辭者，以其有尊卑上下之分而已，苟無法以聯屬之可乎？○凡人家法，須令每有族人遠來，則爲一會以合族。雖無事，亦當每月一爲之，古人有花樹韋家會法可取也。然族人每月吉凶嫁娶之類，更須相與爲禮，使骨肉之意常用道。骨肉日疏者，只爲不相見，情不相洽耳。

張子曰：宗子之法不立，則朝廷無世臣，且如公卿，一日崛起于貧賤之中，以至公相，宗法不立，既死遂族散，其家不傳。宗法若立，則人人各知來處，朝廷大有所益。或問朝廷何所益？曰：公卿各保其家，忠義豈有不立？忠義既立，朝廷之本，豈有不固？今驟得富貴者，止能爲三四十年之計，造宅一區，及其所有。既死則衆子分裂，未幾蕩盡，則家遂不存，如此則家且不能保，又安能保國家？○夫所謂宗者，以己之旁親兄弟，來宗己，所以得宗之名，是人來宗己，非己宗于人也。所以繼禰則謂之繼禰之宗，繼祖則謂之繼祖之宗，曾高亦然。

又曰：事親奉祭，豈可使人爲之。

朱子曰：喪禮自葬以前，皆謂之奠，其禮甚簡。蓋哀不能文，而於死者未忍遽以鬼神之禮事之也。自虞以後，方謂之祭，故禮家又謂奠爲表祭，而虞爲吉祭，蓋漸趨于吉也。

朱子語類：伊川時祭，止於高祖。高祖而上，則于立設二位統祭之，而不用主，此説是也。又云祖父豈可厭多，苟其可知者，無遠近多少，須當盡祭之，疑是初時未曾討論，故有此説。

吕坤四禮疑：大宗之祭，小宗之子孫從之。明日祭小宗，又明日祭私室。小宗之祭，宗子拜而不與，私室之祭，不拜。○大宗所祀，皆小宗之祖考也。故衆宗之子孫，皆從而陪祭助祭執百事焉。是日也，小宗子無祭時，故明日各祭其小宗。私室，子弟之别祀，不得附食者也，故又明日，乃得祭。大宗子不祭小宗，非本祀也。拜于未祭之先，尊伯叔祖也。私室褻矣，大宗子不入焉。

困學記曰：取蕭祭脂，曰其香始升。爲酒爲醴，曰有飶其香。古所謂香者如此。韋彤五禮精義云：祭祀用香，今古之禮並無其文。隋志曰：梁天監初，何佟之議鬱鬯蕭光，所以達神。與其用香，其義一也。考之殊無依據，開元、天寶禮不用。

王草堂人鑑：蜀太子賓客李鄲，年七十餘享祖考必親滌器，人或代之不從，以爲無以達追慕之意。許魯齋年七十三，疾革，聞家人祭祀，曰：吾一日未死，寧不有事於祖考，扶而起，奠獻如儀。家人餕，怡怡如也，已而卒。王草堂云：李公年邁，文正臨終，尚盡其誠敬不苟，矧平素乎？追遠者當鑑此。

舊唐書：李藩云：漢文帝每有祭祀，使有司敬而不祈，其見超然，可謂盛德。若使神明無知，安見降福必有其知，則私己求婚之事，君子尚不可悅也，況於神明乎？虢公求神以致危亡，王莽祈天以速漢兵，古今明鑒。又新唐書穆宗問所以禳災邀福者，韋綬對曰：宋景公以善言，退法星三舍。漢文除秘祝，敕有司祭而不祈。此二君，皆受自然之福，書美前史，如失德以却災，媚神以丐助，神而有知，且因以譴也。王卿堂云：諂媚鬼神，而動輒祈求者，當鑑此。

屈到嗜芰有疾，召其宗老而屬之曰：祭我必以芰，及祥。宗老將薦芰，屈建命去之。宗老曰：夫子屬之。建曰：不然，祭典有之。不羞珍異，不陳庶侈。夫子不以其私，欲千國之典，遂不用。毛西河云：周禮庖人：共祭祀之好羞。謂生時所好者，如文王嗜菖歜，曾皙嗜羊棗。生好之，則死羞之，此是恒理。而屈建以非儀却之，不孝甚矣。況周禮加籩，原有菱芰，不知建何以言非薦品也。王艸堂云：背親遺言，而不學無術者，當鑑此。

魯公索氏，將祭而亡其牲。孔子聞之曰：公索氏不及二年將亡，後一年而亡。門人問曰：夫子何以知其然？孔子曰：祭之爲言索也，索也者盡也，乃孝子所以自盡于其親也。將祭而亡其牲，則其餘所亡者多矣。若此而不亡者，未之有也。王艸堂云：怠忽祭祀，而獲罪神明者，當鑑此。

管仲鏤簋而朱紘，旅樹而反坫，山節而藻棁，賢大夫也，而難爲上也。晏平仲祀其先人，豚肩不掩豆，賢大夫也，而難爲下也。君子上不僭上，下不偪下。王艸堂云：僭侈與嗇吝，皆非事親之道也。夫子垂誡，過中失正者，當鑑此。

楚昭王有疾，卜曰河爲祟。大夫請祭諸郊，王曰：三代命祀，祭不越望江漢睢漳，楚之望也。禍福之至，不是過也。不穀雖不德，河非所獲罪也，遂弗祭。季氏旅於泰山，子謂冉有曰：女弗能救與？對曰：不能。子曰：嗚呼！曾謂泰山，不如林放乎？王艸堂云：昭王有疾，不惑于妄占，季氏無端，希求于瀆祀。愚哲相去天淵，世之好祭非其鬼者，當鑑此。

唐代宗大曆三年七月，内出盂蘭盆，賜章敬寺設七廟神座書，尊號于幡上。百官進謁于光順門，自是歲以爲常。楊炯盂蘭盆賦云：上可以薦元符于七廟，下可以納群動于三車。陸放翁云：俗以七月望日，具素饌，享先。織竹作盆盎，貯紙錢焚之，謂之盂蘭盆。嗚呼！代宗爲此，以七廟神靈爲安在耶？王艸堂云：中元之祭爲非禮，予已辨之于前矣。然盂蘭惑世，自唐已然。楊炯因之入賦，其作孔子廟碑，乃引儒童菩薩以爲美，則佞佛悖理孰甚焉。陸放翁昌言巨識，明斥其非，足爲吾道生色。世之信異端而用釋典者，當鑑此。

唐王珪通貴漸久，不營私廟，四時猶祭于寢，爲有司所彈，文皇優容之，特置廟于永樂坊。宋仁宗時嘗詔聽太子少傅以下皆立家廟，而有司終不爲之定制度，惟文潞公立廟于西京。王艸堂云：富貴之家，吝惜財物而不爲祖宗立廟者，當鑑此。

魯襄公二十有九年，春王正月，公在楚。左傳云：公在楚，釋不朝正于廟也。唐元宗于别殿安置太宗高宗宗御容，每日侵蚤具服朝謁。明太祖建奉先殿于禁中，旦夕薦獻，四更時拜天後，往拜奉先，然後臨朝。王艸堂云：世之不能事死如生，亡如存，出不告，反不面者，當鑑此。

樓護使郡國過齊，上書求上先人冢，因會宗族故人，班伯上書願過故郡，上祖父冢，有詔太守都尉以下會。王艸堂云：遺骸所在，而忘祭掃，親故委棄，而同路人者，當鑑此。

孔子卒，葬魯城北泗上，弟子及魯人往從冢而家者百有餘室，世世相傳，以歲時奉祠孔子冢。岳武穆學射于周同，盡得其傳，同以二弓贈之。及同死，武穆每朔望鬻衣設卮酒鼎肉，泣祭其墓，引所遺弓，發三矢酹酒瘞肉而還。王艸堂云：武穆以一藝猶不忘其師，矧洙泗傳道者乎？世之師死而遂背之者，當鑑此。

附家傳祭儀

一諏吉。

按：古者祭祀必於前一月，豫擇吉日。朱子又曰：十日無定，慮有論説，參差不虔。司馬温公亦云：只從分至亦可，至冬至爲始祖，原取一陽初生之義，合于本日應節順時，方爲切當。

一擇士。

按：禮經祭論生者之爵，須從衆推論端方正直行尊而有德有望者充主祭，分祭亦然。至通贊二人一堂祀事，全係其身，必要閑習典故，聲韻嘹喨。其餘大引二人，分引四人，致告辭一人，陳誓詞二人，讀祝一人，嘏詞二人，宣家範二人，歌詩二人，司饌、司爵、司羹各二人。當知宗廟之中，以有事榮。務必温巷朝夕，執事有恪，一切疾聲厲色，氣質粗暴者，概不許入。

一齊戒。

按：禮經及時將祭，君子乃齊散齋七日以定之，致齋三日以齊之。散齋于外，所以防其物，不飲酒之類是也。致齋于内，所以愼其心，思其居處之類是也。又曰君致齋于外，夫人致齋于内，此雖諸侯之禮，推之士庶之家，亦莫不然。謝上祭云：三日齋，七日戒，求諸陰陽上下，只是團聚自家精神。蓋我之精神，即祖考之精神，祖考之所具以爲祖考者，蓋具于我而未嘗亡也。吾能致精竭誠以求之，此氣既純一而無所雜，此理自昭著而不可揜，即是祖考之來格也。

一設位。

按：時祭高曾而下，有一定之位，冬至則專祭始祖。程子謂始祖以下，高祖以上之祖。高祖以下，四時常祭者，不復與也。今擬併高曾祖考祭之，蓋爲合族以居者設也。凡其子孫在序拜奔走之列者，其祖考皆在焉。不分遠近親疏，合享於一堂。祭没者，所以萃聚生者也。庶幾累世不分者，得以攝合衆志，敬宗收族於永久焉。至設位始祖正中南面，其他無神主者，皆爲紙牌，以次列于東西兩旁。

一冠服。

按：禮經衣服不備，不敢以祭。仲尼亦曰：使天下之人，齋明盛服，以承祭禮。蓋既潔其內，必潔其外，稍稍不謹，是褻吾祖靈也。務宜沐浴浣濯，整齊鮮明以將祀事。

一犧牲。

按：禮經犧牲不成，不敢以祭。詩曰：「秋而載嘗，夏而楅衡。」凡以夙戒也，故爲首者，必於先數月，豫先買辦猪羊，蓄養在家。不至臨時倉皇苟且，至祭禮前一日午後，設香案於兩堦間，令執事者牽牲于案前，主人省牲，以盞酒各澆過宰之。宰後，主人親看，割毛血爲二盤，毛以示物，血以告殺也。

一備物。

按：家禮將祭，具物不可以不備。凡猪首心肝肺爲一盤，脂雜以香蒿爲一盤，皆取腸之右胖，不用左胖，餅定，果品，餅，麵粉，茶，醬，醋，玄酒，即井花水也。醴酒，大羹。肉汁不和。鉶羹。肉汁有香菜和者。檀香經紙，白錢，蠟燭，硝磺紅紙。

一陳器。

按：家禮：豫備合用之器，于祠堂上面居中一席，兩邊各五席。中間用桌二張爲香案，上置香鑪香盤，燭臺一對，旁配享等各桌。香案及各席下，皆置茅沙。又于香案之東堦上，設玄酒架，次設酒架，别設桌于酒架東，上設酒盤。又於香案之西南堦下，置火鑪香匙火筯，又設桌于火鑪西，上盛祝版。又于東堦上設盥洗帨巾二，又設陳饌大桌于其東，酒盃茶鐘匙筯，照位鋪設。

一陳饌。

按：家禮：所具之饌，亦非三代以前之禮。只是當時所用之物，今世俗宴用桌面，且吾先祖平生所用者，從之亦可。每桌分爲四行，近主邊一行，中置匙筯，醋楪列其東。二行空以俟行禮進饌，三行果品五樣，四行餅定五楪。每獻，或進饌一次，進飯一次，進羹一次，如世俗宴會之禮，庶幾事死如事生之意。

一撤餕。

按：禮廢徹不遲，此祭終以疾爲敬，亦不留神惠之意也。備言燕私，以盡私恩，又親愛骨月之義也。且祭有餕餘，餕者，祭之末也。古人有言曰：善終者如始，餕之禮是已。飲福受胙之禮，久矣不行。今但以祭餘酒饌，分親屬長幼，送相獻酬。所以因其接會，使之交恩定好，優勸之也。司馬温公書儀，亦取此義。

一儀節。

通唱：執事者各司其事，與祭者各就位，分祭者各就位。東西分引皆唱：就位。通唱：主祭者就位。引唱：就位。通唱：誦誡辭。誦誡辭禮生，正立南向誦。祭祀祖宗，務在孝敬，恭伸報本之誠，恪盡追遠之意。其或行禮不恭，離席自便，與夫欠呻跛倚，噦噫唾咦，一切失容之事，俱係不孝不敬。詩曰：神之格思，不可度思，矧可射思，戒之戒之。否則家規有罰，諭衆咸知，謹戒謹戒。通唱：請神。大引唱：詣神寢前。引主祭至神寢請神。揖，平身。通唱：致告辭。請神，禮生祝曰：孝元孫某等，今以某月某日，有事於我祠堂，始祖及高曾祖考妣神位前，敢請尊神出赴祠堂，降居神位，恭伸獻奠。祝畢執事者，捧土出置各席，通唱：奏樂，迎神。大引唱：妥神主，復位。引主人復立原位。通唱：瘞毛血。執事者由東階入廟，取毛血盤自西階下，置于地。通唱：參神，鞠躬拜。主人以下皆拜。興，拜。興，拜。興，拜，平身，降神，詣盥洗所。引主人至盥洗所。執事者酌酒，詣香案前。司爵者酌酒一盞，隨主人至香案前。跪主人以下皆跪。大引唱：上香，再上香，三上香。進酒，酹酒。傾酒于茅沙上，求神于陰也。通唱：捧脂盤，燎脂膏。以羊膏火上燎之，求神于陽也。引唱：俯伏，興，平身，復位。通唱：陳誓詞。禮生二人，跪香案前，高聲朗誦。先王制禮，嚴祀宗先，修陳祀事，靡不恭虔，媿我愚庸，職專司過，慄慄兢兢，罔敢怠惰。凡諸不謹，舉罰至公，阿私曲順，罪在渺躬。惟我祖之明明，鑒誓詞之諄諄，謹誓。

通唱：行初獻禮。大引唱：詣酒尊所。司爵者捧酒隨主人。詣始祖考妣神位前，跪，進酒，進饌，進帛，俯伏，興，平身，復位。通唱：行分獻禮。分引唱：詣酒尊所。分引引分祭至各席。東西配享。獻如主祭。復位。通唱：詣讀祝位。主祭分祭俱至香案前跪，以下皆跪，通唱：讀祝文。禮生跪誦于主人之右，祝云：

維皇清康熙某年歲次月朔越祭日某，孝元孫某等謹以牲醴庶羞之儀，敢昭告于我祠堂始祖以及歷代高曾祖考妣老幼列泒靈位前而言曰：除日祭，則云歲序流易，除日復臨，追感歲時，不勝哀慕。冬至，則云時序流易，天行復初，亞歲迎祥，履長應節，陽升於下，日永於空，候至晷遷，景移度改。感獻禴之無從再效，痛添線之哀與俱長，俱云謹以常饌，用伸獻奠，伏惟我祖宗侑食，尚饗。通唱：俯伏，興，拜，興，拜。主祭復位，分祭詣東西袝食神位前，跪，進酒，進饌，進帛，俯伏，興，平身，復位。通唱：歌詩：承惟宗祖，生我異常，撫摩鞠育，飫我乳漿我心念之，意驟神馳，歆此祭祀，靈其鑒之。奏樂。

通唱：行亞獻禮。大引唱：詣酒尊所。司爵者捧酒隨主人。詣始祖考妣神位前跪，進酒，進饌，進帛，俯伏，興，平身，復位。通唱。行分獻禮。分引唱：詣酒尊所。分引引分祭至各席。詣東西配享，以及祔食。獻如前。復位。通唱：歌詩：承惟宗祖，肯搆肯堂，不寧惟是，教以義方。我心不忘，怵惕悽愴。歆北祭祀，來享來彰。奏樂。

通唱。行終獻禮。大引唱。詣酒尊所。司爵者捧酒隨主人。詣始祖考妣神位前跪。進酒進饌。進帛。俯伏。興。平身。復位。通唱。行分獻禮。分引唱。詣酒尊所。分引引分祭至各席。詣東西配享以至祔食。獻如前。復位。通唱。歌詩：承惟宗祖，蔭祚彌長。十世十年，永發其祥。神兮洋洋，我兮愴愴。歆此祭祀，圖報無疆。奏樂。

通唱。侑食。大引唱。侑食。司爵者，執瓶隨主人，逐席酌酒週，引主人立香案前。參神，拜，興。拜，興。主人以下皆二拜，平身，復位。通唱。主人以下皆出前廳，闔門。無門則垂簾幕，少長依昭穆齊立，少休食頃。祝噫歆，背門北，向大作欬聲者三。啓門，主人以下各復位。

通唱：行飲福受胙禮。大引唱：詣飲福位，主人跪香案前。祝詣始祖席，取盞授主人，主人受酒，少許傾于茅沙上。啐酒。略嘗。

通唱：嘏辭。禮生二人立神主後朗誦。祖宗命工祝：承致多福無疆于汝孝孫，賚汝孝孫，俾汝受禄于天，宜稼于田。眉壽萬年，勿替引之。

受胙。祝以胙授主人，主人跪受胙。

通唱。宣家範。主祭分祭俱跪香案前，以下皆跪，二禮生朗誦：祖宗家訓，箴汝子孫。小心翼翼，聽諭諄諄。思汝先世，創業不易。鼓勵自強，克光門第。男孝父母，婦敬翁姑。和鄰睦族，範彼聖謨。神其眷佑，汝其聽受。有子有孫，多福多壽。則有冥頑，出乎大閑。內生嫉妒，外肆兇奸。弗供祭祀，違禁越度。戕害宗支，毀傷墳墓。神不汝賚，天不汝將。若能遷善，轉咎爲祥。俯伏，四拜。平身。通唱。主人退，立於東階西向，讀祝者立於西階東向，告利成。祝云：利成。對揖。平身，復位。通唱：奏樂。主人以下皆四拜，興。通唱。焚祝文，送主，撤饌，退前廳，謝主祭。

一交謝儀節。

尊長命長幼依昭穆序立，長者一人捧盃詣主祭前跪。若子侄則坐受，弟則起立。祝曰：祀事既成，祖考嘉享。惟尊親備膺五福，保族宜家。祝畢，以盞置於主人之前，俱鞠躬，四拜，平身，畢。退班，受祝宗餘惠私宴。

此吾家世傳祭祀儀節也。愚爲表祭以誠爲主，儀文太繁，則爲時久而精力倦，祭如不祭矣，故有戒詞，誓詞可删，又每獻歌詩亦可省。

一朔日祭。

雞初鳴，家童繫鼓二十四聲，老幼男女皆起繫磬一聲，老幼盥洗整衣，幼者先詣祠堂，燃燭，布席。繫磬兩聲,男女畢集。繫磬三聲,老幼班定。主人主婦詣香案前,跪,以下皆跪。焚香,酬酒,詣神位前。主人斟酒,薦新。主婦點茶,拜,凡四,平身。主人側立祠堂之左,主婦側立祠堂之右。主人以下,男子立於阼階北向;主婦以下,女子立於西階北向,再拜主人、主婦。若主人有等輩,則立主人之下,少退。行輩多,則以次拜。拜畢,男子于阼階西向,女子于西階東向,僕男女,又向北叩主人。叩畢,執事者一人,于香案前,南面正立,而訓詞曰:惟我祖考,克孝克仁。禔禔孜孜,啓我後人。凡我後人,毋替先德。德無常主,惟善是則。讀書必戒游蕩,務農必戒偷安。服食從其儉素,禮文從其簡便。多事不如省事,多言不如少言,聽之哉!勿聽婦言,而間同氣,勿比匪類而毁良善,勿事豪俠而薄名誼,勿羡富貴而輕貧賤,勿侈玩好而招罪戾,勿務紛華而長過愆。聽之聽之,持身須敦廉潔,處鄉須崇仁讓,居家須篤孝弟,出仕須凛官常,下則貽子孫之慶,上則增祖考之光。聽之聽之,能聽斯訓,永膺多福。訓畢,老幼男女詣香案前。拜,興,凡四,退。

祭義

祭不欲數,數則煩,煩則不敬。祭不欲疏,疏則怠,怠則忘。是故君子合諸天道,春禘,秋嘗,霜露既降,君子履之。必有悽愴之心,非其寒之謂也。春,雨露既濡,君子履之,必有怵惕之心，如將見之，樂以迎來，哀以送往。故禘有樂，而嘗無樂。禘，俱讀禴。致齊於内，散齊於外。齊之日，思居處，思其笑語，思其志意，思其所樂，思其所嗜。齊三日，乃見其所爲齊者。祭之日，入室僾然必有見乎其位，周還出户，肅然必有聞乎其容聲。出户而聽，愾然必有聞乎其歎息之聲。僾，髣髴見也。是故先王之孝也，色不忘乎目，聲不絶乎耳，心志嗜欲不忘乎心，致愛則存，致慤則著，著存不忘乎心，夫安得不敬乎？君子生則敬養，死則敬享，思終身弗辱也。君子有終身之喪，忌日之謂也。忌日不用，非不祥也。言夫日志有所至，而不敢盡其私也。夫此也。唯聖人爲能饗帝，孝子爲能饗親。饗者，鄉也，鄉之然後能饗焉。是故孝子臨尸而不怍，君牽牲。夫人奠盎，君獻尸。夫人薦豆，卿大夫相君，命婦相夫人，齊齊乎其敬也，愉愉乎其忠也，勿勿諸其欲其饗之也。色不和曰怍。奠盎，設盎齊之奠也。此時君牽牲，將薦毛血。君獻尸，夫人薦豆，謂繹日也。儐尸，主人獻尸，主婦自東房薦韭菹醢。勿勿，猶勉勉也，慤愛之貌。文王之祭也，事死者如事生。思死者如不欲生。忌日必哀，稱諱如見親。祀之忠也，如見親之所愛，如欲色然，其文王與？思死如不欲生者，言文王思念死者，意欲隨之而死，如似不復欲生，稱諱如見親者。言文王在廟中，上不諱下，於祖廟稱親之諱，如見親也。祀之忠者，言文王祭祀之盡忠誠也，如見親之所愛；如欲色然者，言齊時思念親之平生嗜欲，如似真見親所愛在於目前。又思念親之所愛之甚，如似凡人貪欲女色然也。詩云：明發不寐，有懷二人。文王之詩也。祭之明日，明發不寐，饗而致之，又從而思之。祭之日，樂與哀半，饗之必樂，已至必哀。〇孝子將祭，慮事不可以不豫，此時具物，不可以不備，虚中以治之。

宫室既脩，牆屋既設，百物既備。夫婦齊戒沐浴盛服奉承而進之，洞洞乎，屬屬乎，如弗勝。如將失之，其孝敬之心至也與？薦其薦俎，序其禮樂，備其百官，奉承而進之，於是諭其志意，以其慌惚以與神明交，庶或饗之，孝子之志也。孝子之祭也，盡其慤而慤焉，盡其信而信焉，盡其禮而不過失焉。進退必敬，如親聽命，則或使之也。按：慤而慤者，慤而又慤也。〇孝子將祭祀，必有齊莊之心，以慮事，以具服物，以脩宫室，以治百事。及祭之日，顔色必温，行必恐，如懼不及愛然。其奠之也容貌必温，身必詘，如語焉而未之然。奠之，謂酌奠酒奠之。及酳之屬也，如語焉而未之然，如有所以語親而未見答。宿者皆出，其立卑静以正，如將弗見然。宿者皆出，謂賓助祭者事畢出去也。如將弗見然，祭事畢，而不知親所在，思念之深，如不見出也。乃祭之後，陶陶遂遂，如將復入然。思念既深，如覩親將復入也。陶陶遂遂，相隨行之貌。是故慤善不違身，耳目不違心，思慮不違親。結諸心，形諸色，而術省之，孝子之志也。慤善不違身，周旋升降無非敬也，得以亂其心之所存也。結者，不可解之意。術與述同，述省，猶循省也，謂每事循省。〇祭義。〇凡治人之道，莫急於禮。禮有五經，莫重於祭。夫祭者，非物自外至者也，自中出生於心也，心怵而奉之以禮。是故唯賢者能盡祭之義，賢者之祭也。必受其福，非世所謂福也。福者，備也。備者，百順之名也。無所不順者之謂備，言内盡於己，而外順於道也。忠臣以事其君，孝子以事其親，其本一也。上則順於鬼神，外則順於君長，内則以孝於親，如此之謂備，唯賢者能備。能備然後能祭，是故賢者之祭也，致其誠信，與其忠敬，奉之以物，道之以禮，安之以樂，參之以時，明薦之而已矣。不求其爲，此孝子之心也。祭者，所以追養繼孝也。孝者，畜也，順於道，不逆於倫，是之謂畜。夫祭也者，必夫婦親之，所以備外内之官也。官備則具備，水草之菹，陸産之醢，小物備矣。三牲之俎，八簋之實，美物備矣。昆蟲之異，草木之實，陰陽之物備矣。凡天之所生，地之所長，苟可薦者，莫不咸在，示盡物也。外則盡物，内則盡志，此祭之心也。是故天子親耕於南郊，以共齊盛；王后蠶於北郊，以共純服。諸侯耕於東郊，亦以共齊盛；夫人蠶於北郊，以共冕服。天子諸侯，非莫耕也；王后夫人，非莫蠶也。身致其誠信，誠信之謂盡，盡之謂敬，敬盡然後可以事神明，此祭之道也。及時將祭，君子乃齊，齊之爲言齊也。齊不齊，以致齊者也。是故君子非有大事也，非有恭敬也，則不齊，不齊，則於物無防也。嗜欲無止也，及其將齊也，防其邪物，訖其嗜欲，耳不聽樂，故記曰：齊者不樂，言不敢散其志也。心不苟慮，必依於道，手足不苟動，必依於禮。是故君子之齊也，專致其精明之德也。故散齊七日以定之，致齊三日以齊之。定之之謂齊，齊者，精明之至也，然後可以交於神明也。是故先期旬有一日，宫宰宿夫人，夫人亦散齊七日，致齊三日。君致齊於外，夫人致齊於内，然後會於大廟，君純冕立於阼，夫人副褘立於東房，君執圭瓚祼尸，大宗執璋瓚亞祼。及迎牲，君執紖，卿大夫從，士執芻，宗婦執盎從，夫人薦涗水。君執鸞刀羞嚌，夫人薦豆，此之謂夫婦親之。祭統。〇宰我曰：吾聞鬼神之名，不知其所謂？子曰：氣也者，神之盛也。魄也者，鬼之盛也。合鬼與神，教之至也。衆生必死，死必歸土，此之謂鬼。骨肉斃于下，陰爲野土，其氣發揚于上，然昭明焄蒿悽愴，此百物之精也，神之著也。朱子曰：如鬼神之露光處，是昭明，其氣蒸上處，是焄蒿，使人精神悚然，是悽愴。又曰：昭明是光耀底，焄蒿是衮然底，悽愴是凜然底。又曰：昭明乃光景之屬，焄蒿，氣之感觸人者。悽愴，如漢書所謂神君至，其風肅然之意。又曰：焄蒿，是鬼神精氣交感處。○軾按：昭明、焄蒿、悽愴，總形容發揚之象。自其散見者言之，爲昭明。自其疑聚者言之，爲焄蒿。悽愴，則其慘怛之象也。因物之精，制爲之極，明命鬼神，以爲黔首則。百衆以畏，萬民以服，聖人以是爲未足也。築爲宮室，設爲宗祧，以別親疏遠邇，教民反古復始，不忘其所由生也。衆之服自此，故聽且速也。二端既立，報以二禮，建設朝事，燔燎羶薌見以蕭光，以報氣也，此教衆反始也。薦黍稷，羞肝、肺、首、心，見間以俠甒，加以鬱鬯，以報魄也。教民相愛，上下用情，禮之至也。二端，謂氣者神之盛，魄者鬼之盛也。二禮，謂朝餞之禮與饋熟之禮也。朝事，謂祭之日，早朝所行之事也。燔燎羶薌，謂取膟膋燎於爐炭，使羶薌之氣上騰也。見讀爲覸，雜也，以蕭蒿雜膟膋而燒之，故曰覸以蕭光。光者，煙上則有照映之光彩也，此是報氣之禮，所以教民反古復始也。至饋熟之時，則以黍稷爲薦，而羞進肝、肺、首、心四者之饌焉。見間即覸字誤分也。俠甒，兩甒也。當此薦與羞，而雜以兩甒醴酒，故曰覸以俠甒也。加以鬱鬯者，魄降在地，用鬱鬯之酒以灌地，本在祭初，而言於薦羞之下者，謂非獨薦羞二者爲報魄，初加鬱鬯，亦是報魄也。此言報魄之禮，教民相愛，上下用情者，饋熟之時，以酬酢爲禮。祭之酒食，徧及上下，情義無間，所以禮之極至也。君子反古復始，不忘其所由生也。是以致其敬，發其情，竭力從事以報其親，不敢勿盡也。是故昔者天子爲藉千畝，冕而朱紘，躬秉耒。諸侯爲藉百畝，冕而青紘，躬秉耒，以事天地山川社稷先古，以爲醴酪齊盛，於是乎取之，敬之至也。古者天子、諸侯必有養獸之官，及歲時齊戒沐浴而躬朝之，犧牷祭牲必於是取之，敬之至也。君召牛，納而視之，擇其毛而卜之，吉，然後養之。君皮弁素積，朔月月半，君巡牲，所以致力，孝之至也。古者天子、諸侯，必有公桑蠶室，近川而爲之，築宮仞有三尺，棘牆而外閉之。及大昕之朝，君皮弁素積，卜三宮之夫人，世婦之吉者，使入蠶于蠶室，奉種浴于川，桑于公桑，風戾以食之，歲既單矣。世婦卒蠶，奉繭以示于君，遂獻繭于夫人。夫人曰：此所以爲君服與？遂副禕而受之，因少牢以禮之。古之獻繭者，其率用此與？及良日，夫人繅三盆手，遂布于三宮夫人世婦之吉者，使繅，遂朱綠之，玄黃之，以爲黼黻文章。服既成，君服以祀先王先公，敬之至也。◯祭之日，君牽牲，穆答君，卿大夫序從。既入廟門，麗於碑，卿大夫袒而毛牛尚耳，鸞刀以刲，取膟膋乃退，爓祭祭腥而退，敬之至也。尚耳，以耳毛爲上。膟膋，血與腸間脂。爓祭祭腥，祭爓肉、腥肉也。湯肉曰爓。◯祭義。◯夫禮之初，始諸飲食，其燔黍捭豚，汙尊而抔飲，蕢桴而土鼓，猶若可以致其敬於鬼神。燔黍者，以水洮釋黍米，加於燒石之上以燔之，故云燔黍。或捭析豚肉，加於燒石之上而孰之，故云捭豚。汙尊而抔飲者，謂鑿池汙下而盛酒，故云汙尊。以手掬之而飲，故云抔飲。蕢桴者，又摶土爲桴。皇氏云桴謂繫鼓之物，故云蕢桴土鼓。築土爲鼓，故云土鼓，猶可致敬於鬼神者。言非但事生，亦可致其恭敬於鬼神。及其死也，升屋而號，告曰皋某復，然後飯腥而苴孰。皋，引聲之言。某，謂死者名。故天望而地藏也，體魄則降，知氣在上。疏曰：

天望，謂始死望天而招魂，地藏謂葬地以藏尸也。體魄則降，知氣在上者，覆釋所以天望地藏之意。所以地藏者，由體魄則降故也。所以天望，招之於天，由知氣在上故也。故死者北首。首，陰也。生者南鄉。疏曰：故死者北首，生者南鄉者，體魄降於地爲陰，故死者北首，歸陰之義。死者既歸陰，則生者南鄉歸陽也。皆從其初。昔者先王，未有宫室。冬則居營窟，夏則居橧巢，未有火化，食草木之實。鳥獸之肉，飲其血，茹其毛。未有麻絲，衣其羽皮。後聖有作，然後脩火之利。范金疏曰：范金者，謂爲形范，以鑄金器。合土，以爲臺榭宫室牖户，以炮以燔，以亨以炙，以爲醴酪，治其麻絲以爲布帛，以養生送死，以事鬼神上帝，皆從其朔。朔，亦初也，亦謂今行之然。故玄酒在室，醴醆在户，粢醍在堂，澄酒在下，陳其犧牲。其鼎俎，列其琴瑟管磬鍾鼓，脩其祝嘏，以降上神與其先祖，以正君臣，以篤父子，以睦兄弟，以齊上下，夫婦有所，是謂承天之祐。作其祝號，玄酒以祭，薦其血毛，腥其俎，孰其殽，與其越席，疏布以冪，衣其澣帛，醴醆以獻，薦其燔炙。君與夫人交獻，以嘉魂魄，是謂合莫。此謂薦上古、中古之食也。周禮：祝號有六，一曰神號，二曰鬼號，三曰祇號，四曰牲號，五曰齍號，六曰幣號。號者，所以尊神顯物也。腥其俎，謂豚解而腥之，及血毛，皆所以法於大古也。孰其殽，謂體解而爓之，此以下皆所以法於中古也。越席，翦蒲席也。冪，覆尊也。澣帛，練染以爲祭服。嘉，樂也。莫，虚無也。孝經説曰：上通無莫。然後退而合亨，體其犬豕牛羊，實其簠簋籩豆鉶羹。祝以孝告，嘏以慈告，是謂大祥。此謂薦今世之食也。體其犬豕羊牛，謂分别骨肉之貴賤，以爲衆俎也。祝以孝告，嘏以慈告，各首其義也。祥，善也。今世之食，於人道爲善也。此禮之大成也。禮運。

儀禮節略第十八卷

圖上

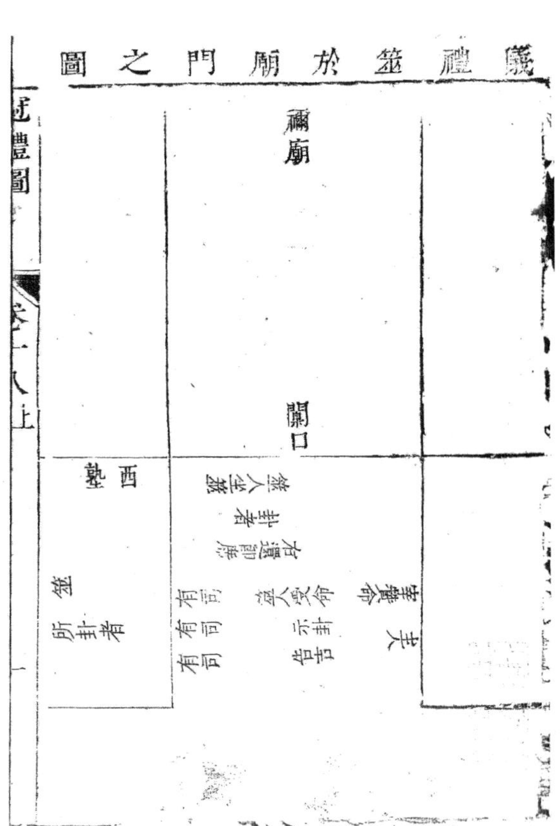

儀禮未冠陳設之圖

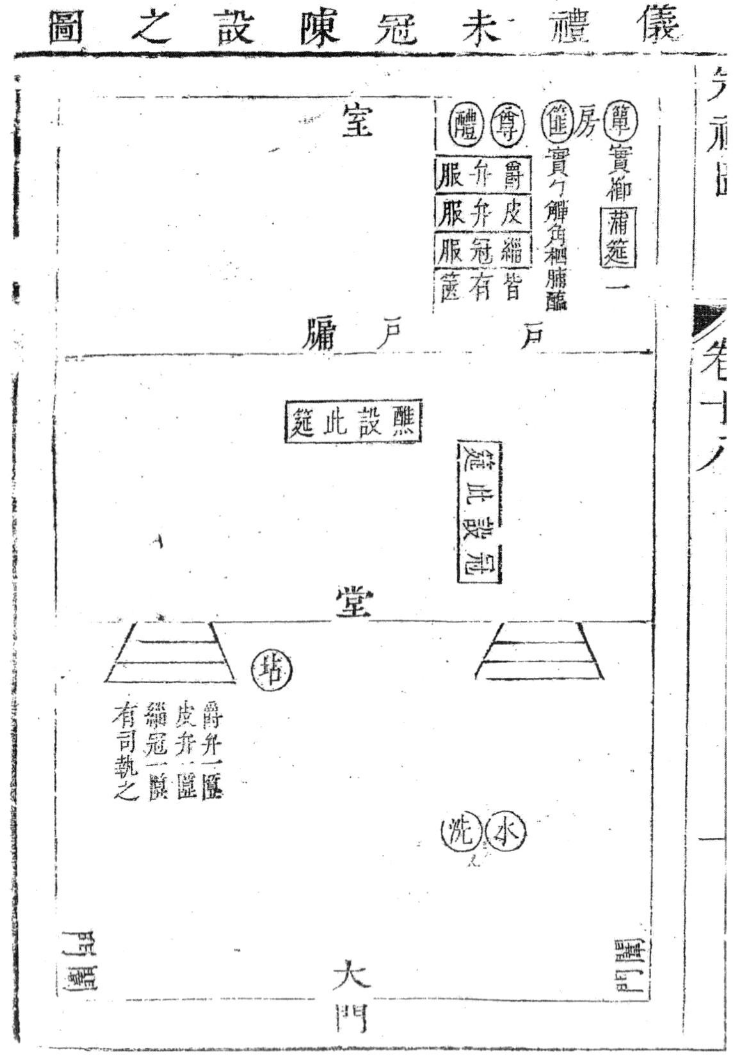
室
房
簞實櫛蒲筵一
篚實勺觶角柶脯醢
尊
醴
爵弁服
皮弁服
緇冠服
皆有篋
牖
戶
戶
醮設此筵
冠設此筵
堂
坫
爵弁一匴
皮弁一匴
緇冠一匴
有司執之
水
洗
大門

儀禮將冠序立之圖

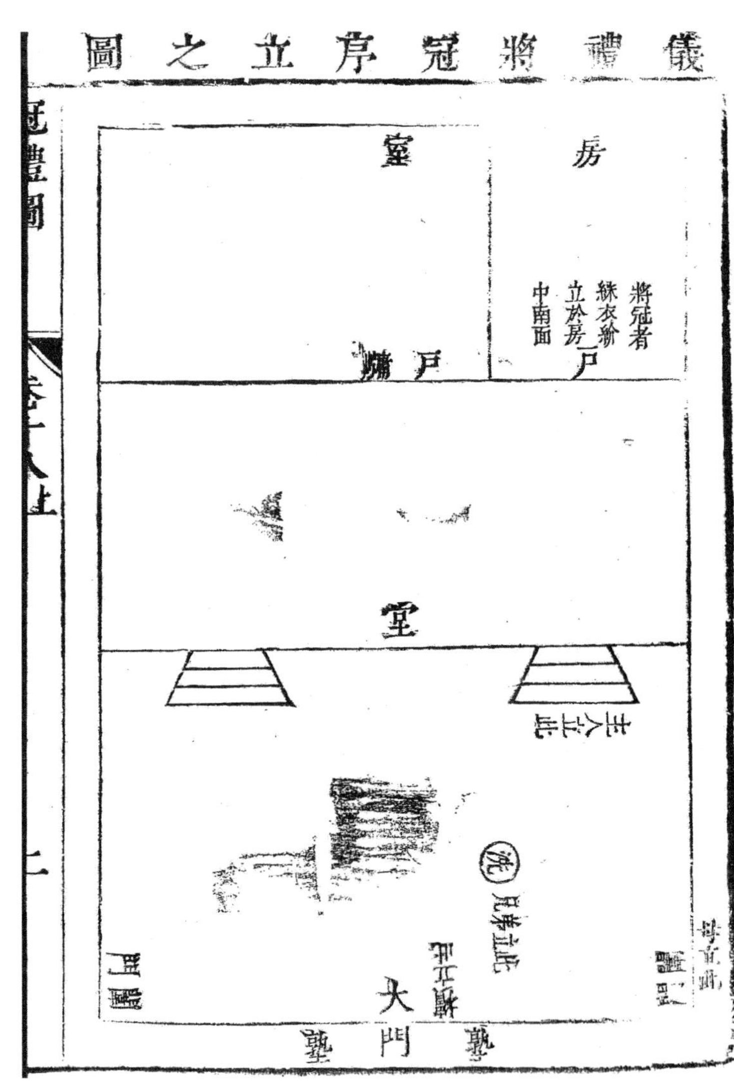

儀禮主人揖賓之圖

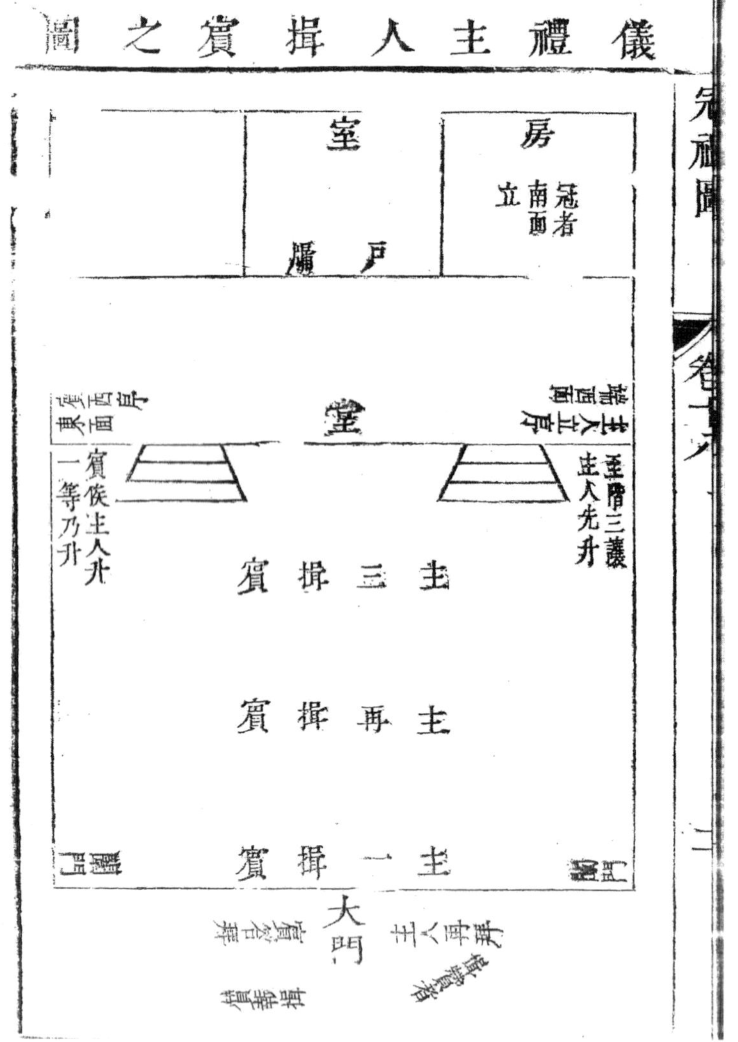

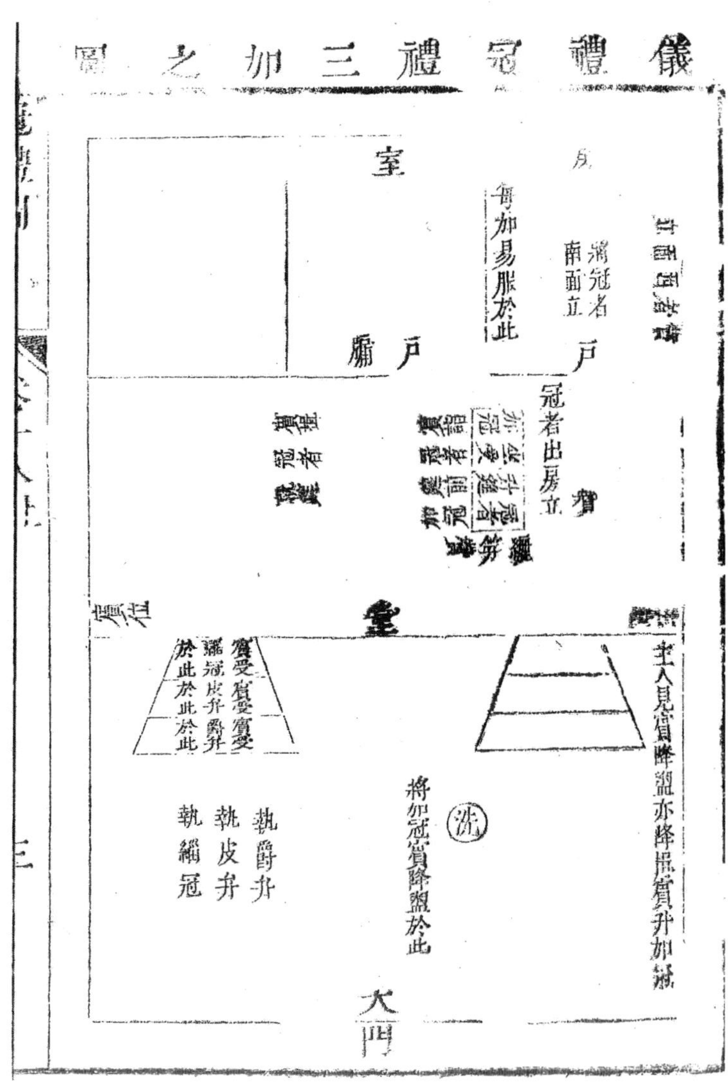
儀禮冠禮三加之圖
室
房
每加易服於此
將冠者南面立
牖
戶
戶
冠者出房立
堂
主人見賓降盥亦降俟賓升加冠
洗
將加冠賓降盥於此
賓受緇冠於此
賓受皮弁於此
賓受爵弁於此
執爵弁
執皮弁
執緇冠
大門

儀禮冠畢三醮之圖

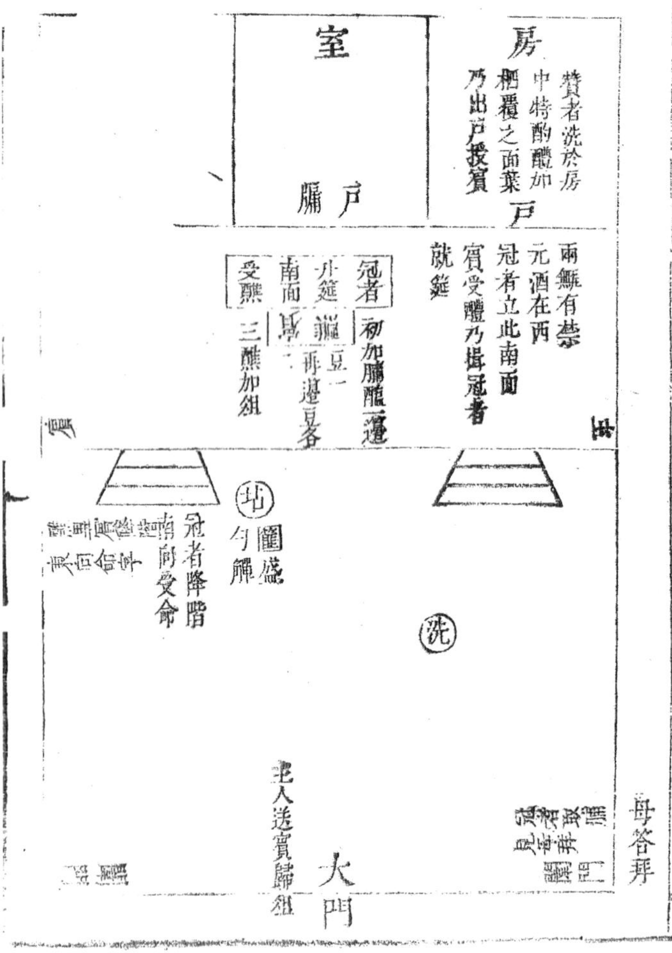

房

贊者洗於房中，特酌醴，加柶覆之，面葉，乃出戶授賓

室

戶　牖

戶

兩甒有禁，元酒在西

冠者立此南面

賓受醴乃揖冠者就筵

冠者升筵南面受醮

初加脯醢一籩豆一

再醮攝酒，再邁豆各一

三醮加俎

坫

闈盛勺觶

冠者降階南向受命

東面命字

洗

冠者取脯見母拜

闈門

母答拜

主人送賓歸俎

大門

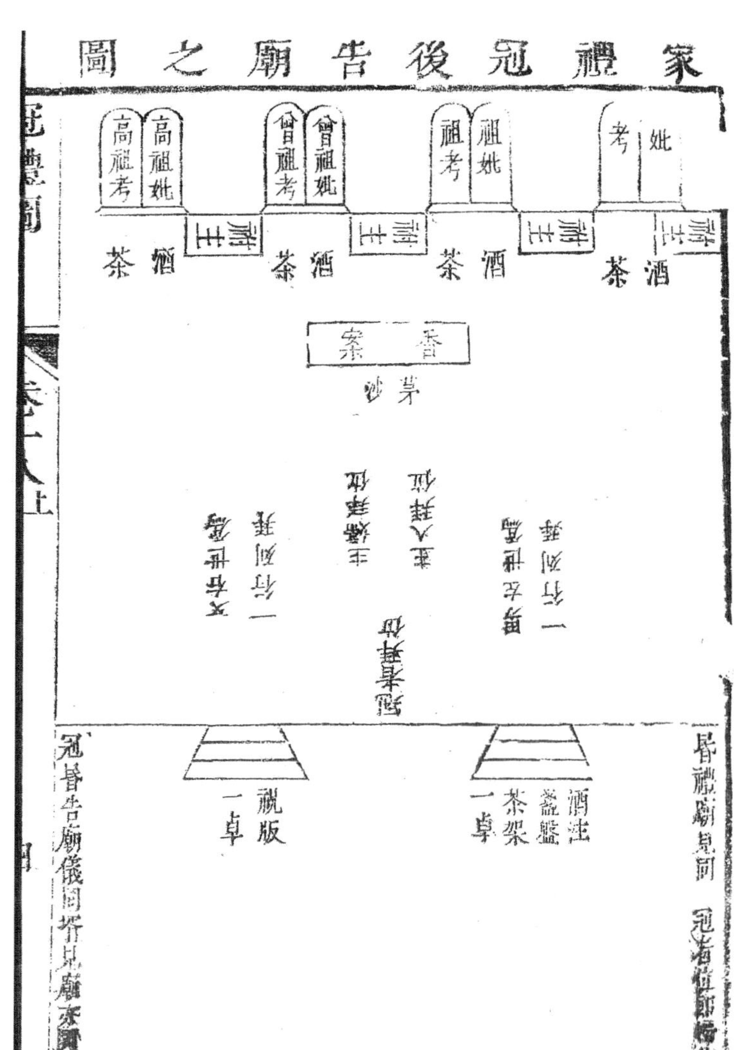
家禮冠後告廟之圖
高祖考
高祖妣
曾祖考
曾祖妣
祖考
祖妣
考
妣
酒
茶
香案
茅沙
主人拜位
主婦拜位
冠者拜位
酒注
盞盤
茶架
一卓
祝版
一卓

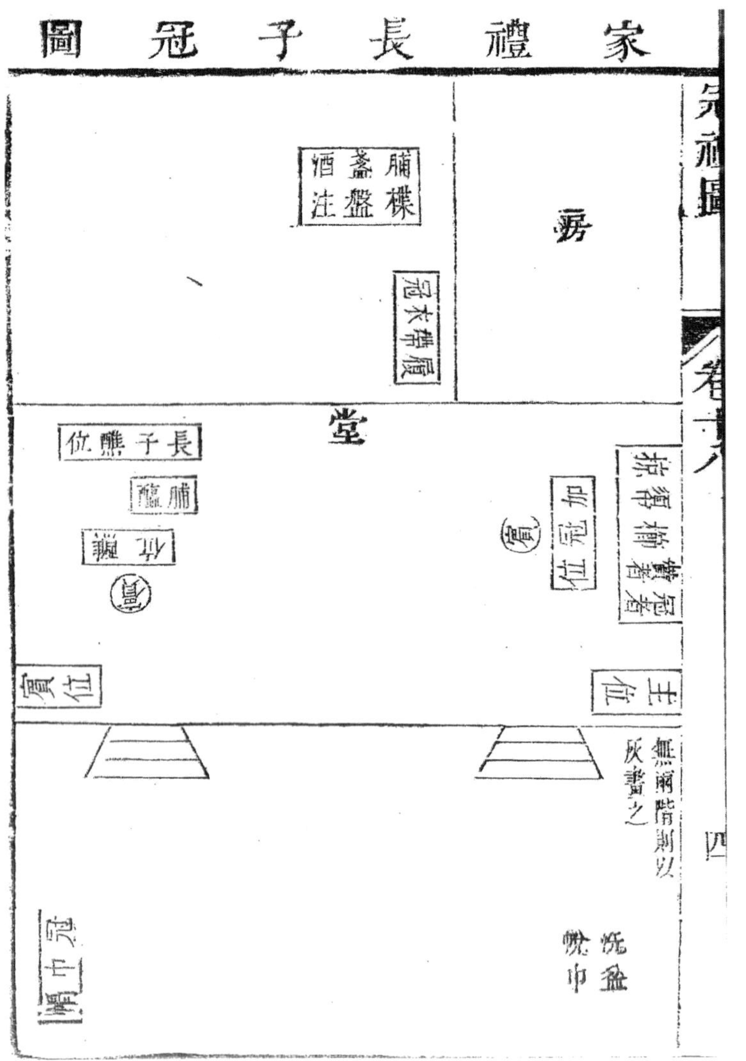
家禮長子冠圖
冠禮圖
卷十八
四
房
脯楪
盞盤
酒注
冠衣帶履
堂
長子醮位
脯醢
醮位
賓
主
賓位
主位
盥盆
帨巾

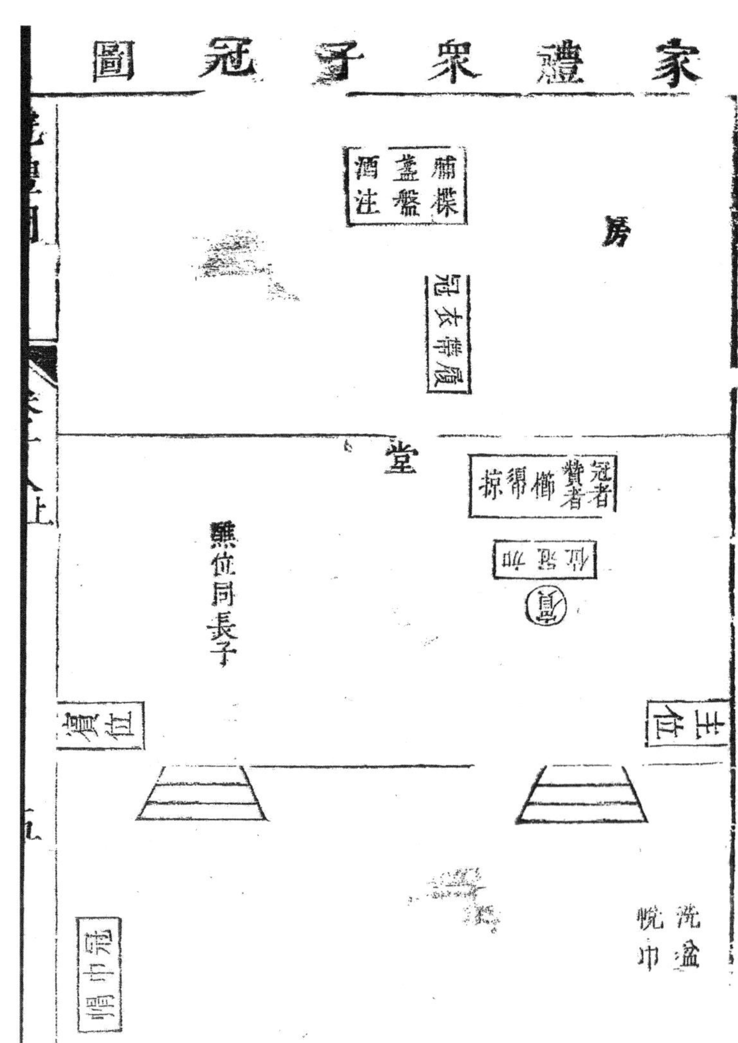
家禮衆子冠圖
房
脯楪 盞盤 酒注
冠衣帶履
堂
冠者 贊者 櫛 纚 掠
加冠位
賓
衆子位同長子
主位
賓位
洗盆 帨巾

儀禮孤子冠圖

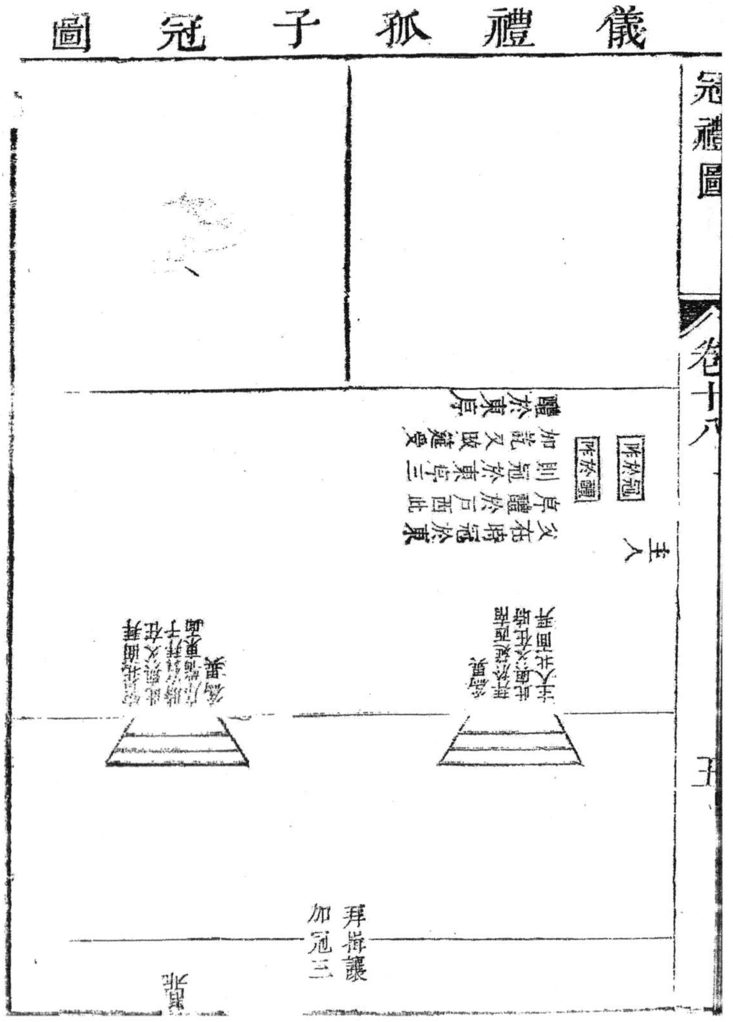

主人元冠朝服之圖
士冠禮主人元冠朝服緇帶素韠注云元冠委貌也
冠禮圖
卷十八上

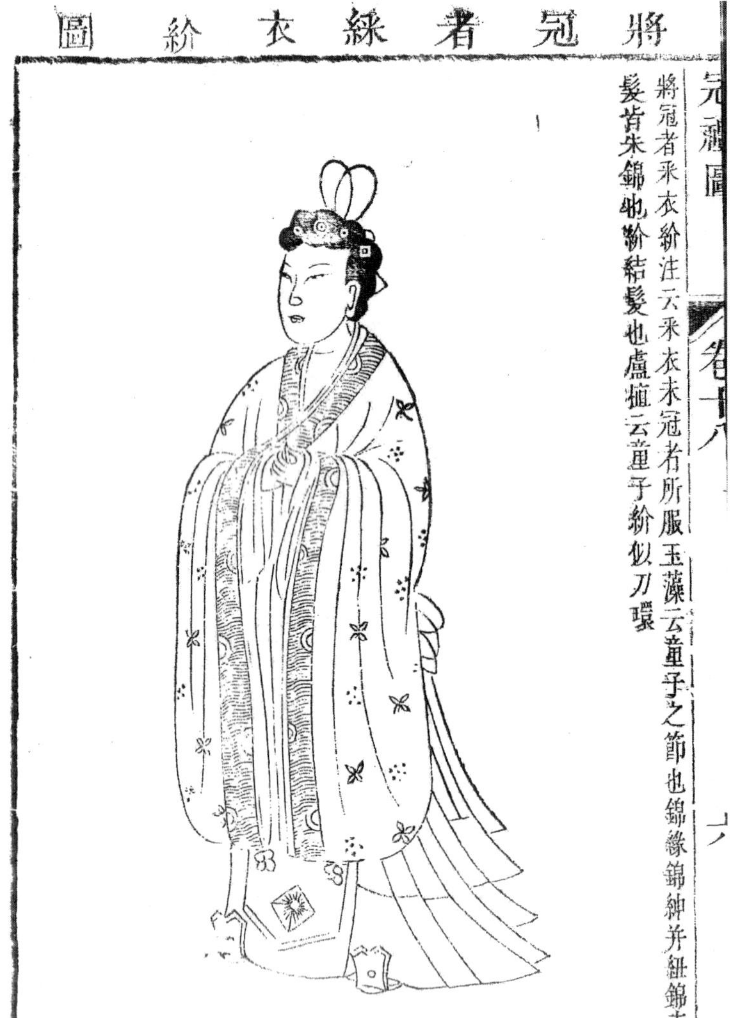

將冠者綵衣紒圖

將冠者釆衣紒注云釆衣未冠者所服玉藻云童子之節也錦緣錦紳并紐錦束髮皆朱錦也紒結髮也盧植云童子紒似刀環

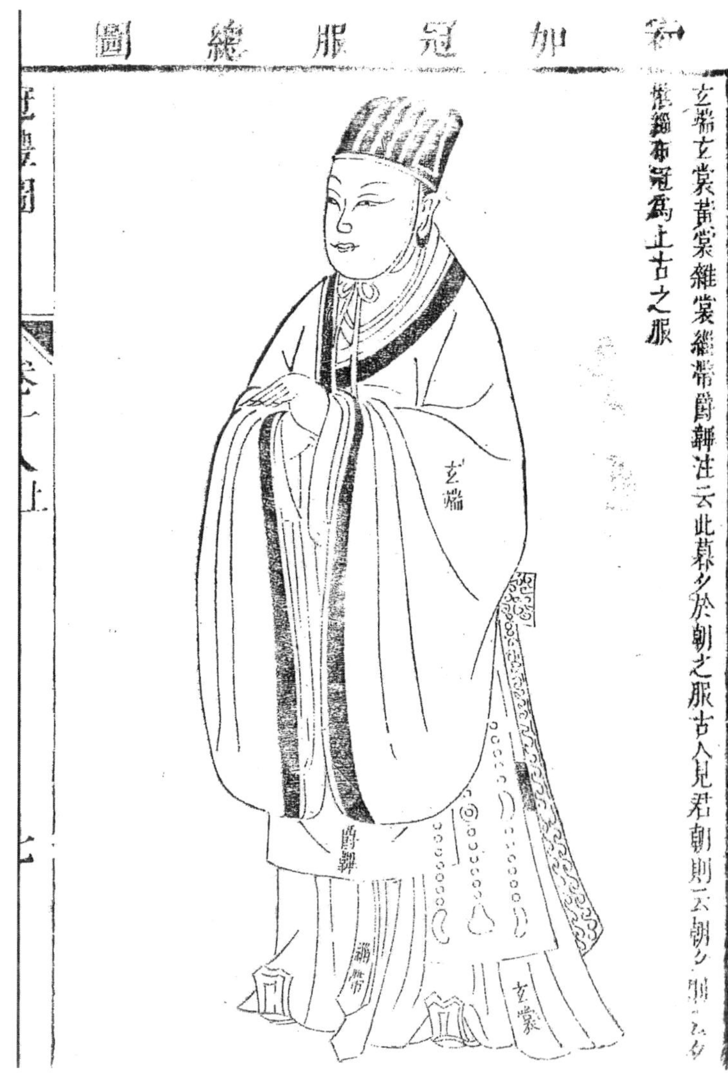
初加冠服總圖
玄端玄裳黃裳雜裳緇帶爵韠注云此莫夕於朝之服古人見君朝則云朝夕則云夕
緇布冠爲上古之服
玄端
爵韠
緇帶
玄裳

再加冠服總圖

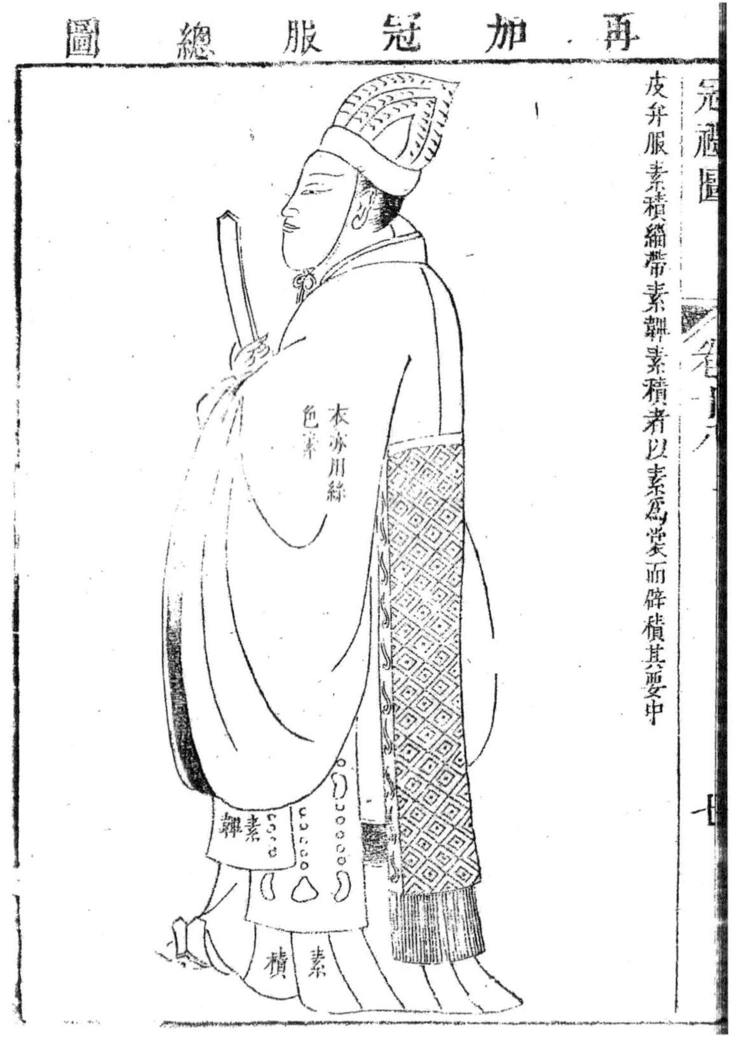
皮弁服素積緇帶素韠素積者以素爲裳而辟積其要中
衣亦用絲
色素
素韠
素積
冠禮圖
七

三加冠服總圖

緇布冠圖

太古緇縫之冠

初加古服

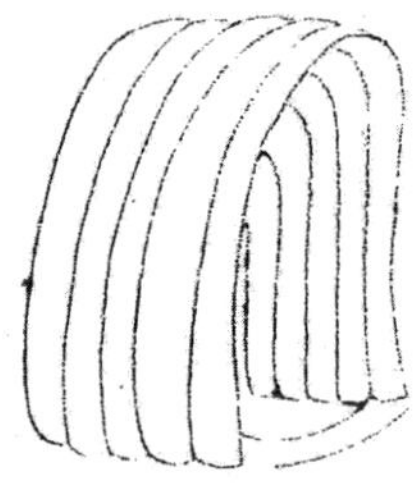

周制衡縫之冠

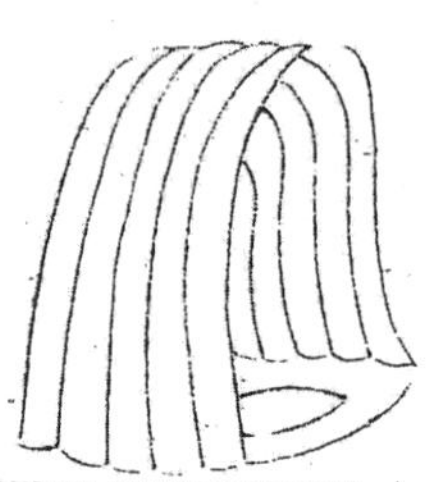

家禮緇冠

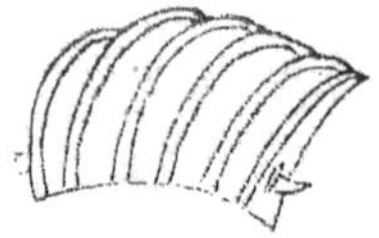

太古之時吉凶冠皆直縫直縫者辟積少故一一前後直縫之其冠廣三寸落頂前後兩頭皆在武下向外出反屈之縫於武辟積三皆厭伏

周尚文多辟積不復一一作縫但多䙝并横縫之故周古冠多辟䙝而横縫

已上二冠見聶氏圖與吾師論不合姑存之以備考

按緇布冠有青組纓而無笄此圖有笄疑誤

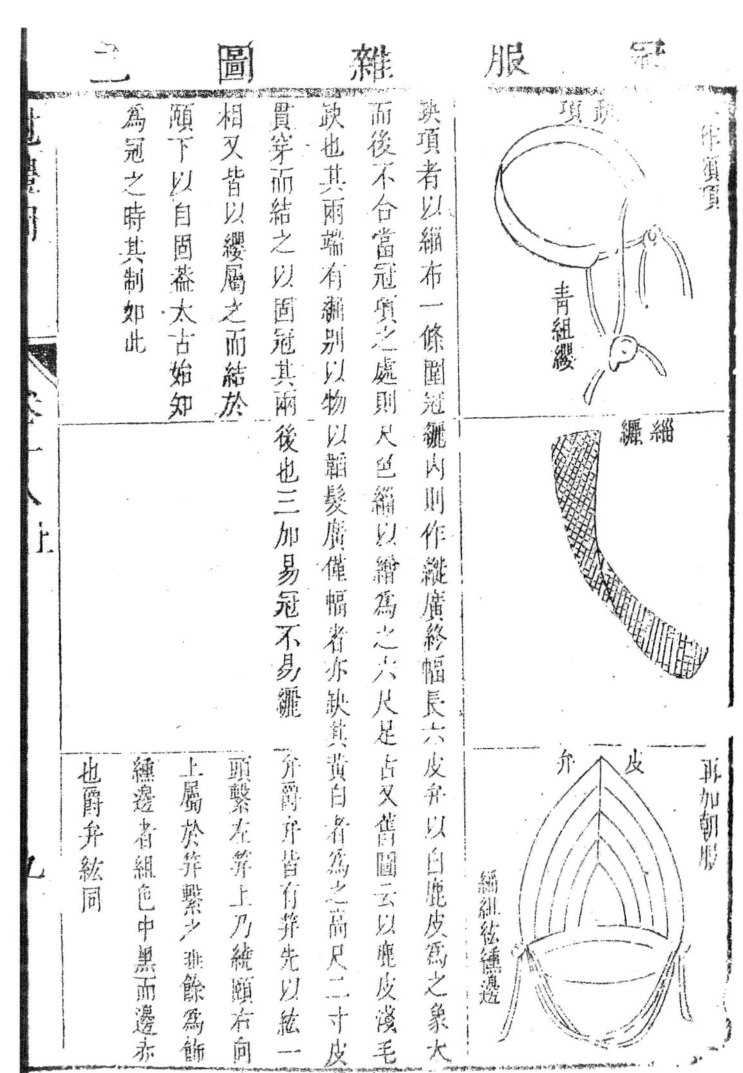

缺項者以緇布一條圍冠而後不合當冠頍之處則缺也其兩端有組別以物貫穿而結之以固冠其兩相又皆以纓屬之而結於頤下以自固蓋太古始知爲冠之時其制如此

纚內則作縰廣終幅長六尺色緇以繒爲之六尺足以韜髮廣僅幅者亦缺其後也三加易冠不易纚

皮弁以白鹿皮爲之象太古又舊圖云以鹿皮淺毛黃白者爲之高尺二寸皮弁爵弁皆有笄先以紘一頭繫左笄上乃繞頤右向上屬於笄繫之垂餘爲飾纁邊者組色中黑而邊赤也爵弁紘同

冠服辨圖三

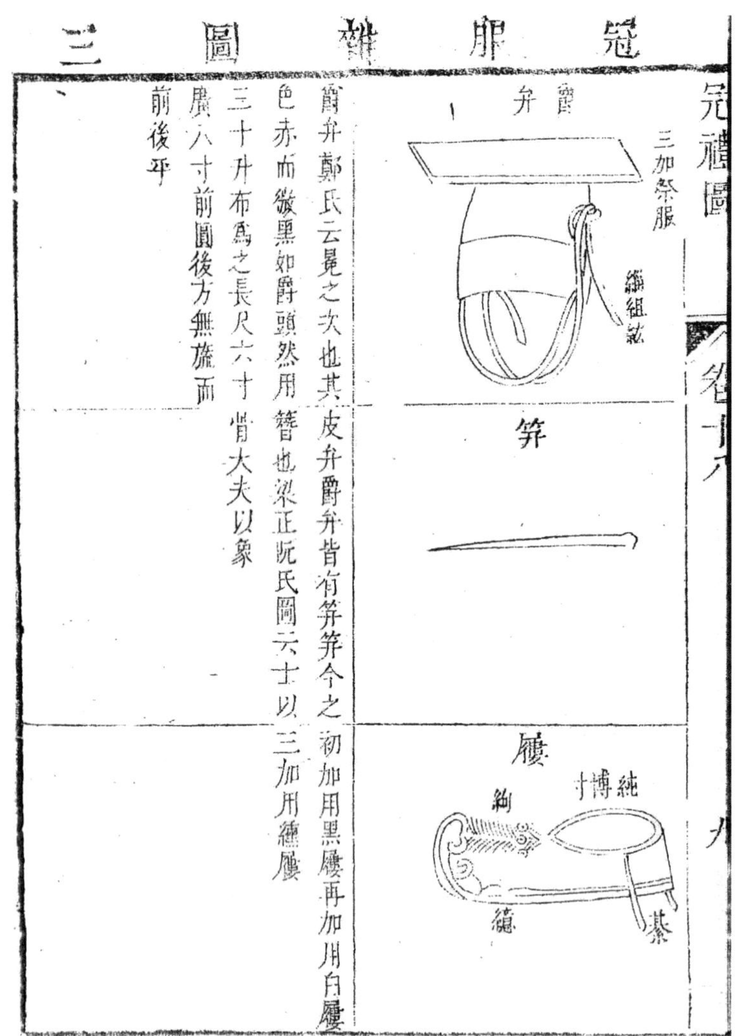

爵弁鄭氏云冕之次也其色赤而微黑如爵頭然用三十升布為之長尺六寸廣八寸前圓後方無旒而前後平

皮弁爵弁皆有笄笄今之簪也梁正阮氏圖云士以骨大夫以象

初加用黑屨再加用白屨三加用纁屨

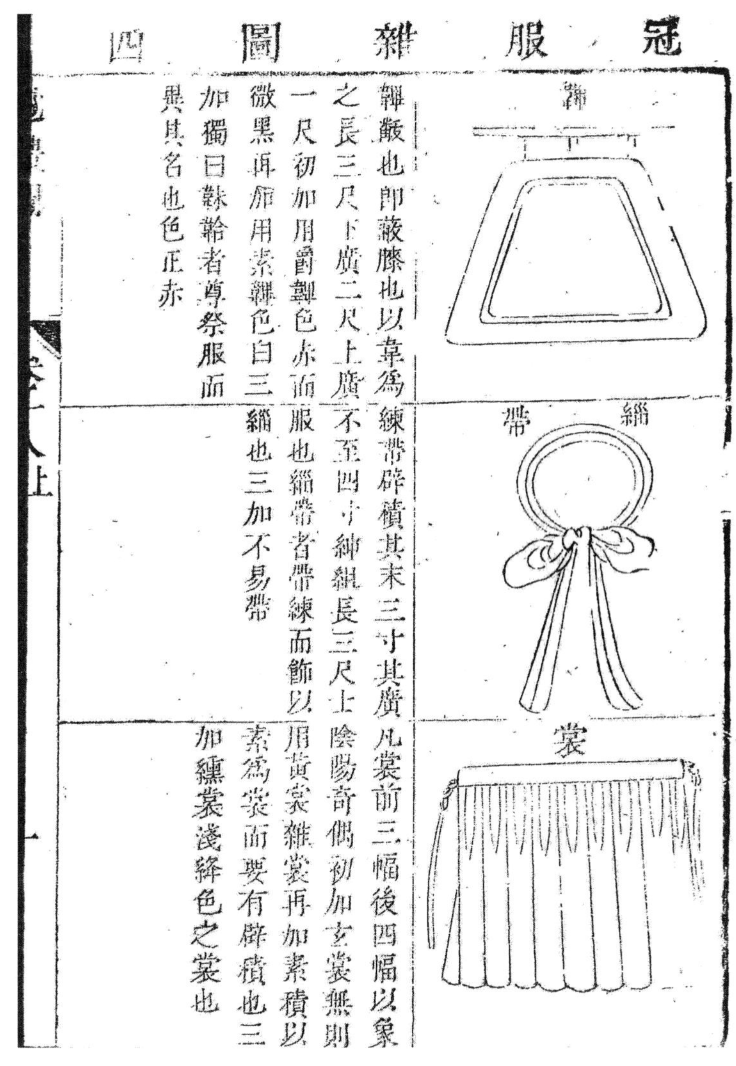

冠服雜圖四

韠韍也即蔽膝也以韋爲之長三尺下廣二尺上廣一尺初加用爵韠色赤而微黑再加用素韠色白三加獨曰韎韐者尊祭服而異其名也色正赤

練帶辟積其末三寸其廣不至四寸紳組長三尺上服也緇帶者帶練而飾以緇也三加不易帶

凡裳前三幅後四幅以象陰陽奇偶初加玄裳無則用黃裳雜裳再加素積以素爲裳而要有辟積也三加纁裳淺絳色之裳也

元端服圖

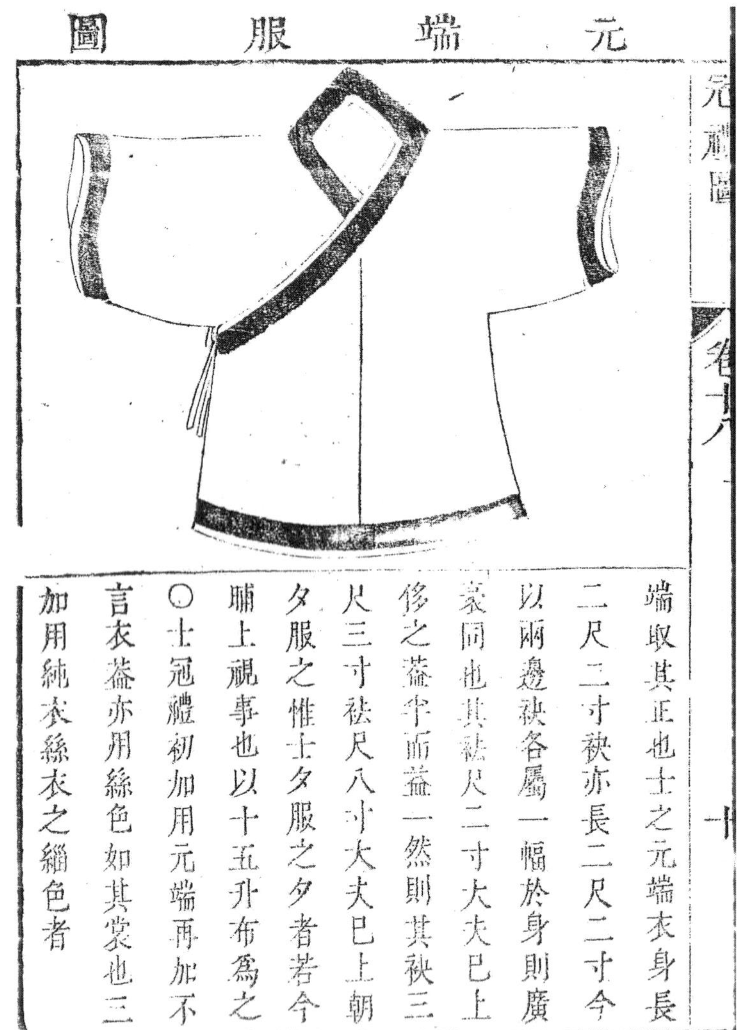

端取其正也士之元端衣身長二尺二寸袂亦長二尺二寸今以兩邊袂各屬一幅於身則廣袤同也其袪尺二寸大夫已上侈之蓋半而益一然則其袂三尺三寸袪尺八寸大夫已上朝夕服之惟士夕服之夕者若今晡上視事也以十五升布爲之

○士冠禮初加用元端再加不言衣蓋亦用緇色如其裳也三加用純衣絲衣之緇色者

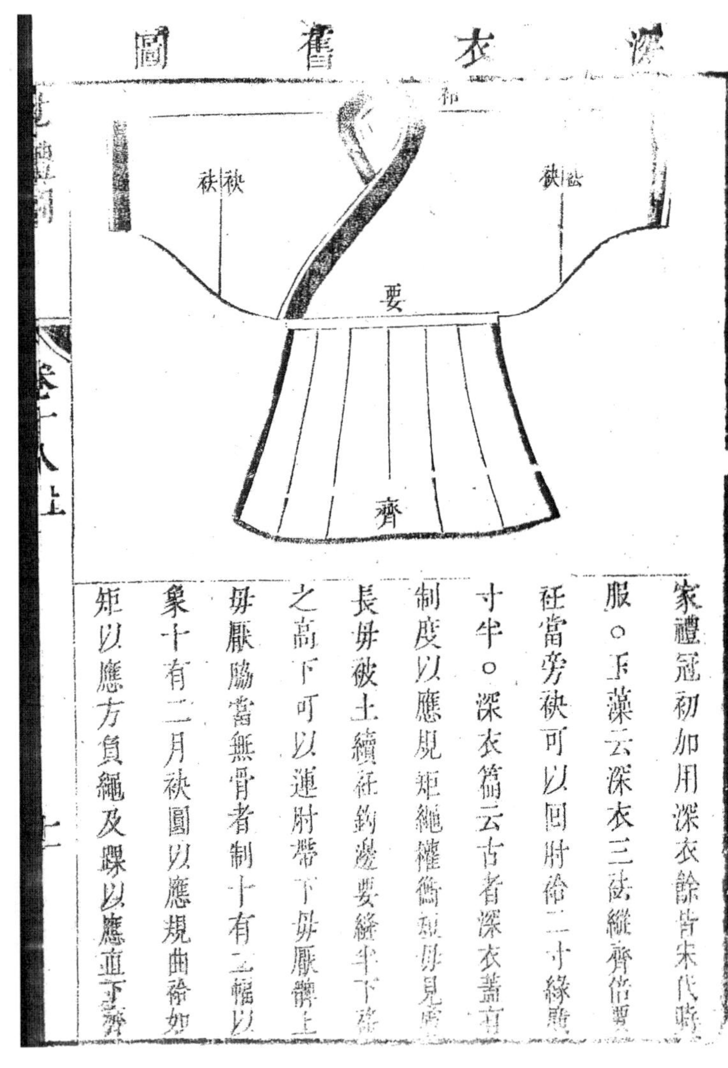

家禮冠初加用深衣餘皆宋代時服。玉藻云深衣三袪縫齊倍要衽當旁袂可以回肘袷二寸緣廣寸半。深衣篇云古者深衣蓋有制度以應規矩繩權衡短毋見膚長毋被土續衽鉤邊要縫半下袼之高下可以運肘帶下毋厭髀上毋厭脇當無骨者制十有二幅以象十有二月袂圓以應規曲袷如矩以應方負繩及踝以應直下齊

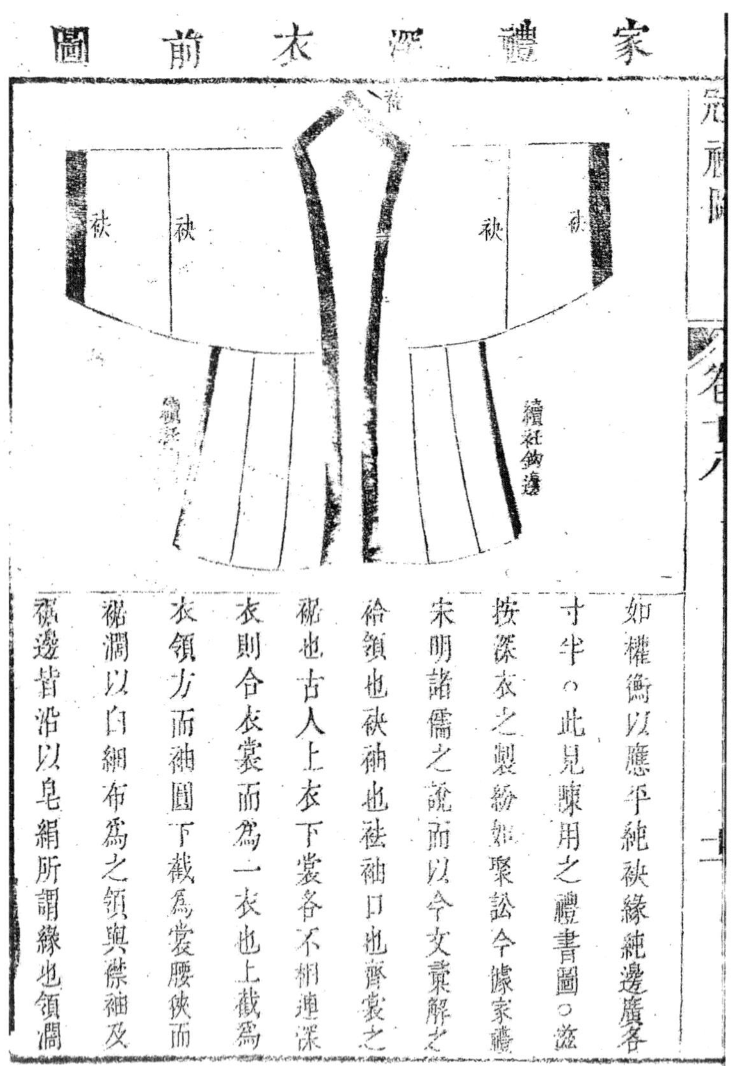

如權衡以應平純袂緣純邊廣各寸半。此見陳用之禮書圖。滋按深衣之製紛如聚訟今據家禮宋明諸儒之說而以今文彙解之袷領也袂袖也袪袖口也齊裳之緝也古人上衣下裳各不相連深衣則合衣裳而爲一衣也上截爲衣領方而袖圓下截爲裳腰狹而裾濶以白細布爲之領與襟袖及裾邊皆沿以皂絹所謂緣也領濶

家禮深衣後圖

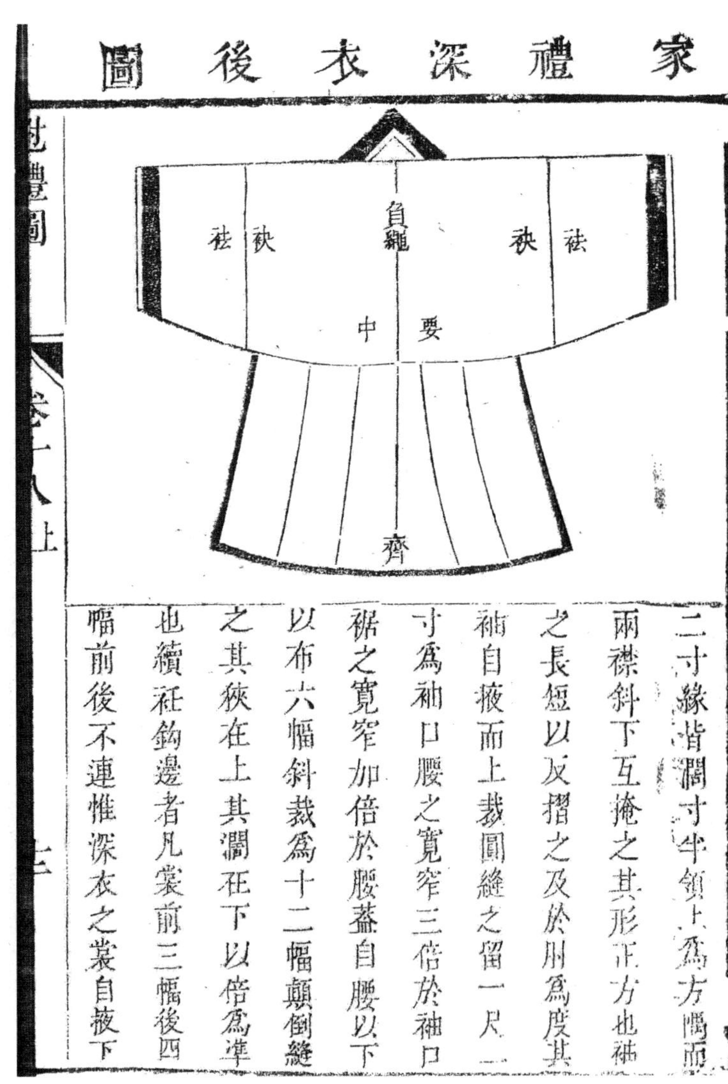

二寸緣皆濶寸半領上爲方襟而兩襟斜下互掩之其形正方也袖之長短以反摺之及於肘爲度其袖自掖而上裁圓縫之留一尺二寸爲袖口腰之寬窄三倍於袖口裙之寬窄加倍於腰蓋自腰以下以布六幅斜裁爲十二幅顛倒縫之其狹在上其濶在下以倍爲準也續衽鉤邊者凡裳前三幅後四幅前後不連惟深衣之裳自掖下

家禮深衣掩袷圖

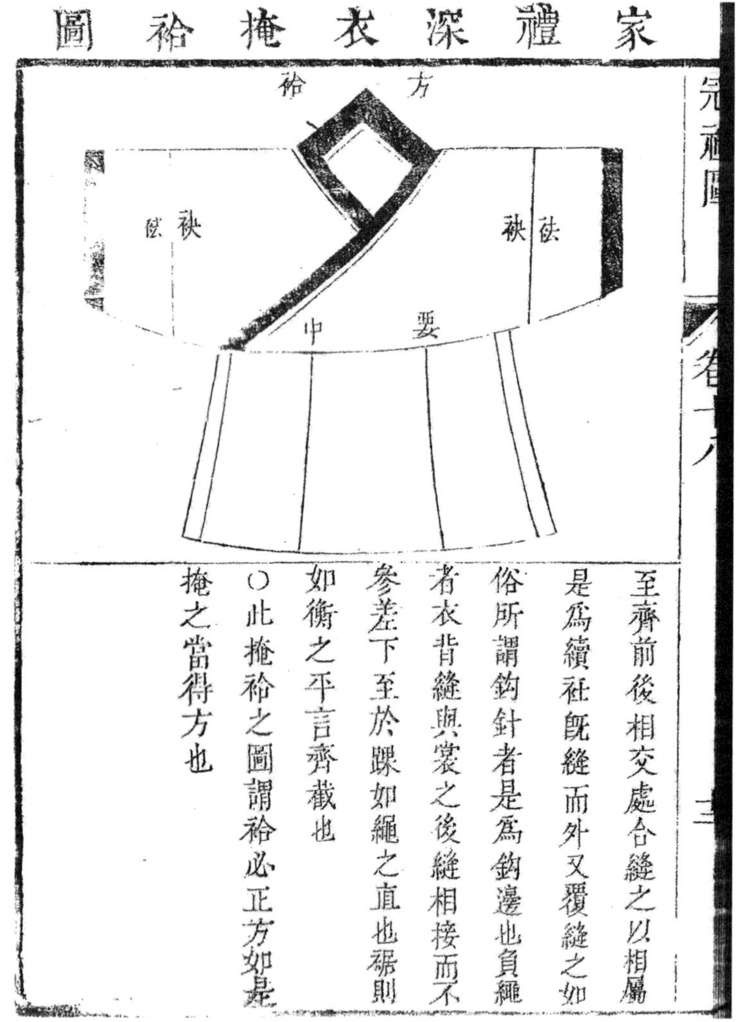

至齊前後相交處合縫之以相屬是爲續衽旣縫而外又覆縫之如俗所謂鉤針者是爲鉤邊也負繩者衣背縫與裳之後縫相接而不參差下至於踝如繩之直也裾則如衡之平言齊截也

○此掩袷之圖謂袷必正方如是掩之當得方也

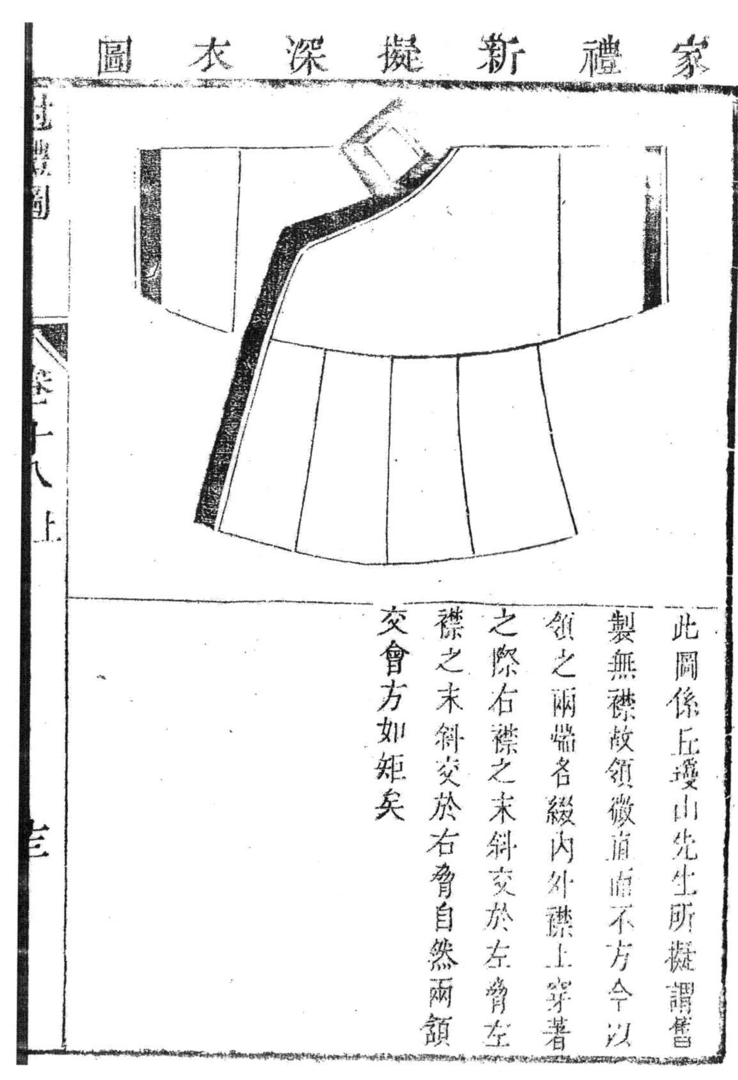

家禮新擬深衣圖

此圖係丘瓊山先生所擬謂舊製無襟故領微廣而不方今以領之兩端各綴內外襟上穿著之際右襟之末斜交於左脅左襟之末斜交於右脅自然兩領交會方如矩矣

冠禮器用圖一

篋

三加衣服各一篋陳於房中西墉下

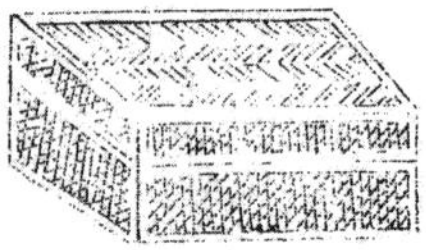

匴

匴竹器冠箱也有司執之立於西階坫南

冠弁各一匴

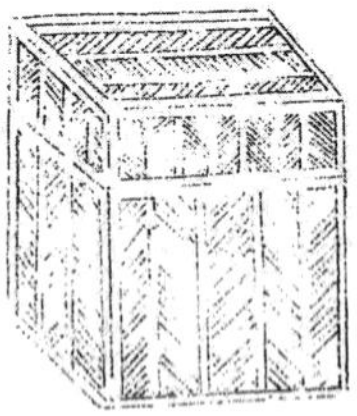

簞

櫛實於簞

篚

篚實勺觶角柶脯醢

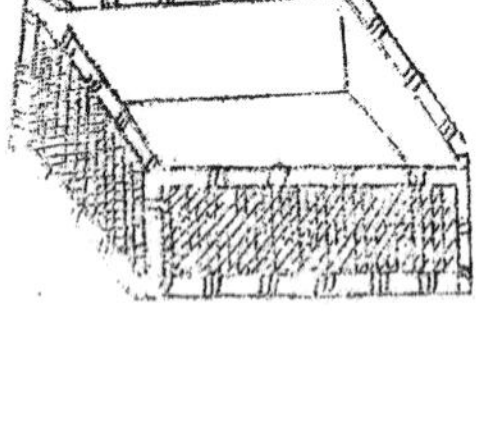

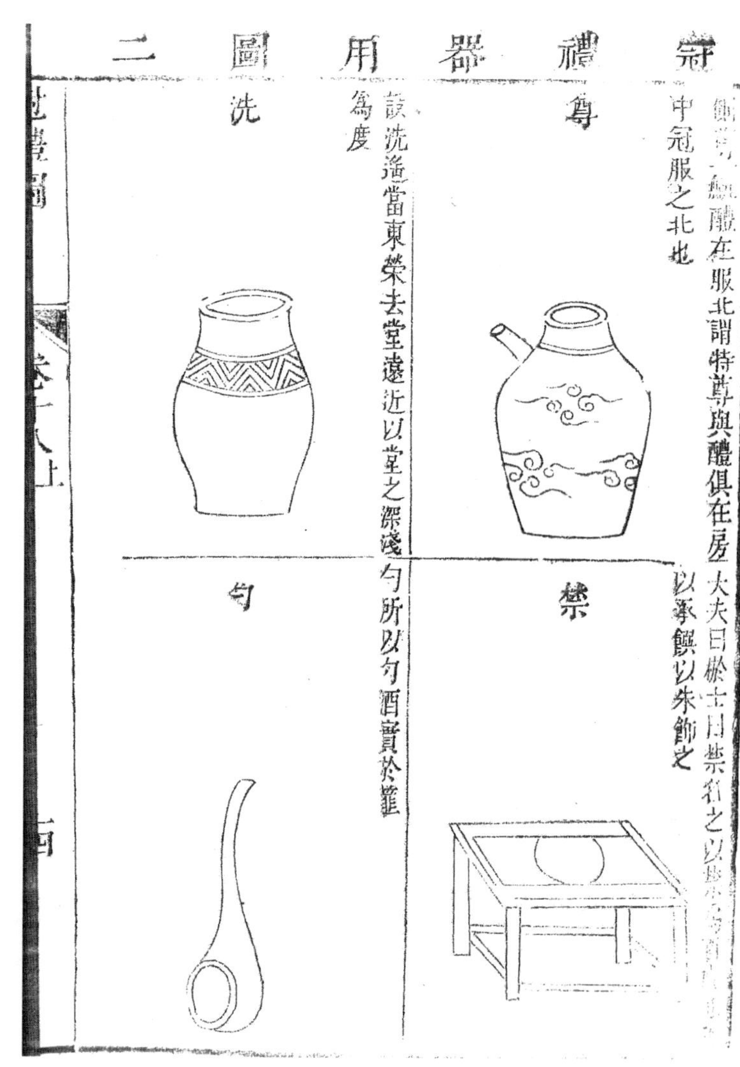
冠禮器用圖二
尊
醴在服北謂特尊與醴俱在房中冠服之北也
洗
設洗遥當東榮去堂遠近以堂之深淺爲度
禁
大夫曰棜士曰禁名之以
以承饌以朱飾之
勺
勺所以勺酒實於篚
儀禮圖
卷十八上
四

冠禮器用圖三

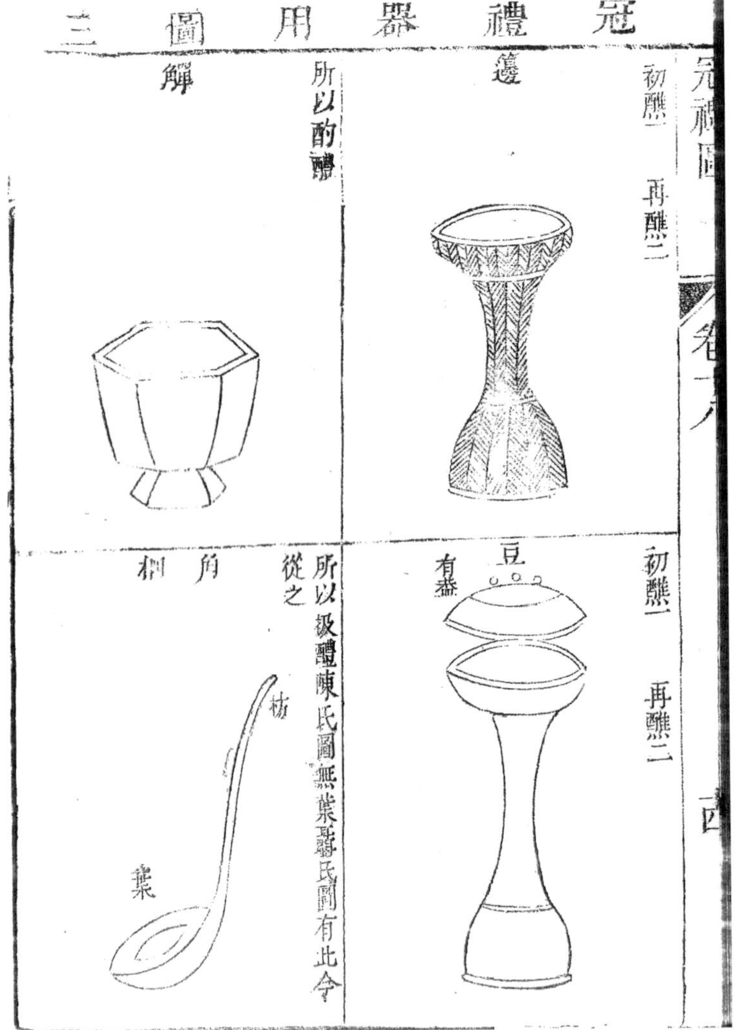

冠禮器用圖四

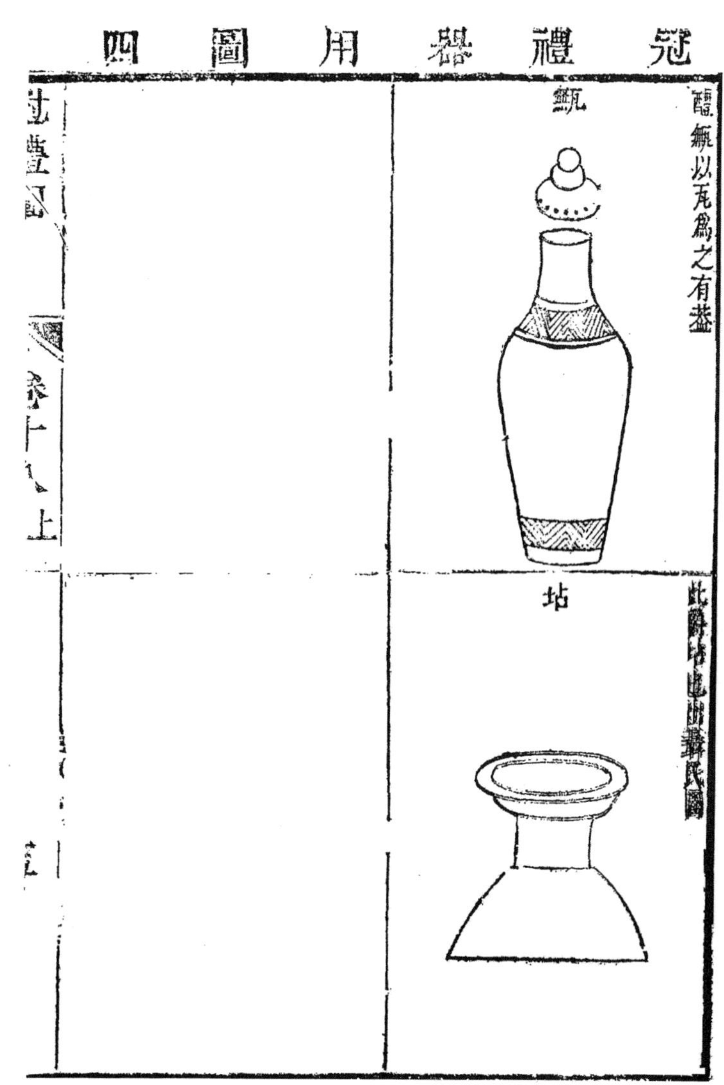

學則器用雜圖二

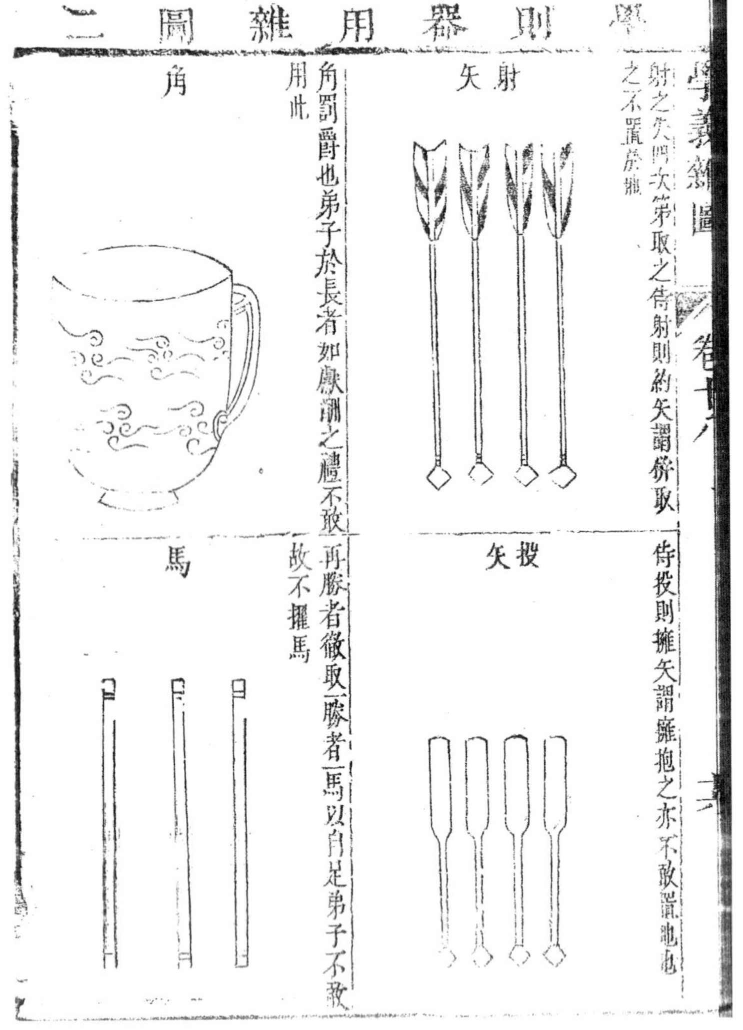
射矢
射之矢四次第取之侍射則約矢謂幷取之不置於地
投矢
侍投則擁矢謂擁抱之亦不敢置地也
角
角罰爵也弟子於長者如獻酬之禮不敢用此
馬
再勝者徹取一勝者一馬以自足弟子不敢故不擢馬

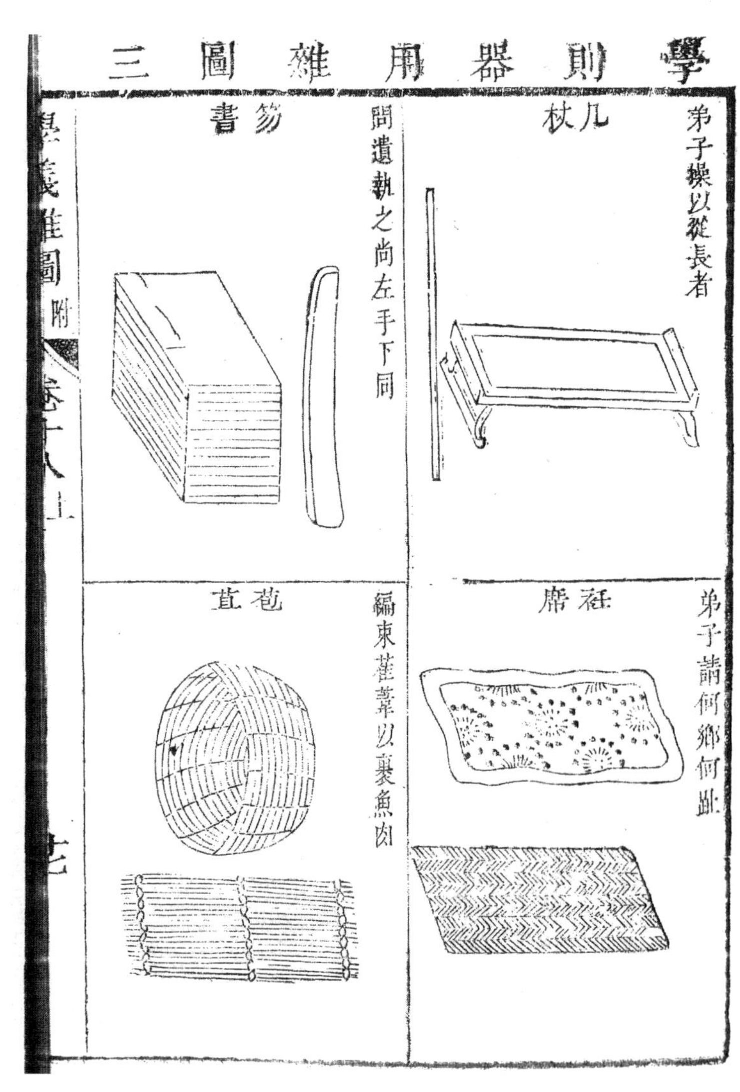
學則器用雜圖三
几杖
弟子操以從長者
笏書
問遺執之尚左手下同
衽席
弟子請何鄉何趾
苞苴
編束萑葦以裹魚肉
經儀雜圖 附 卷十八上

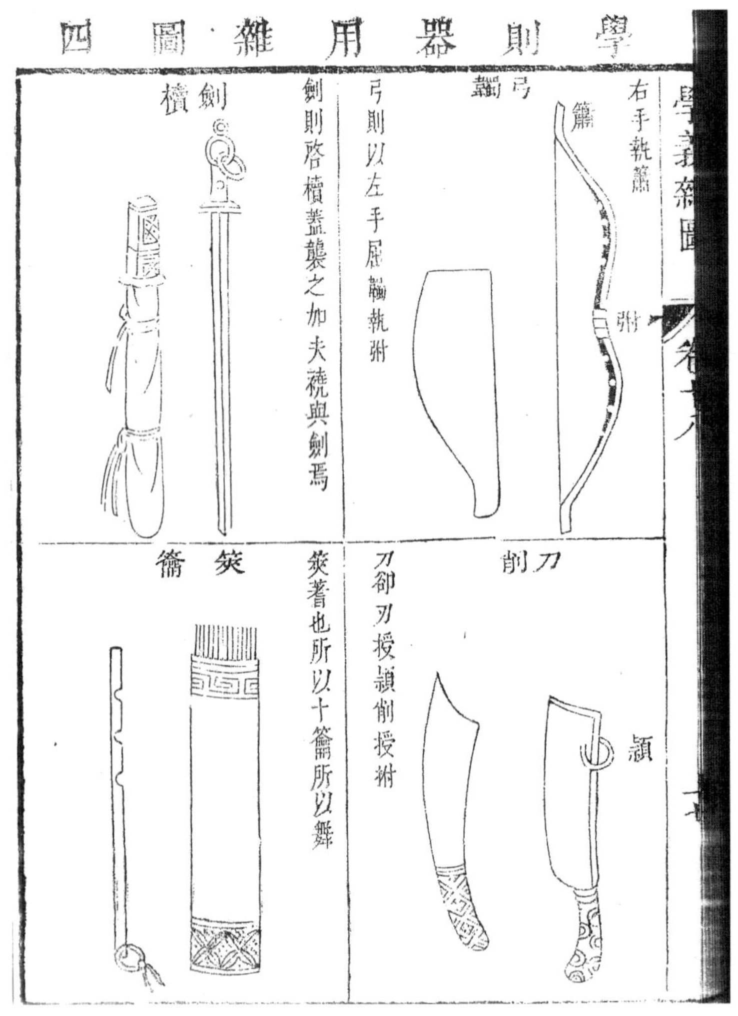
學則器用雜圖　四
弓韜
右手執簫
簫
弣
弓則以左手屈韜執弣
劍櫝
劍則啓櫝蓋襲之加夫襓與劍焉
刀削
穎
刀卻刃授穎削授拊
筴籥
筴蓍也所以十籥所以舞

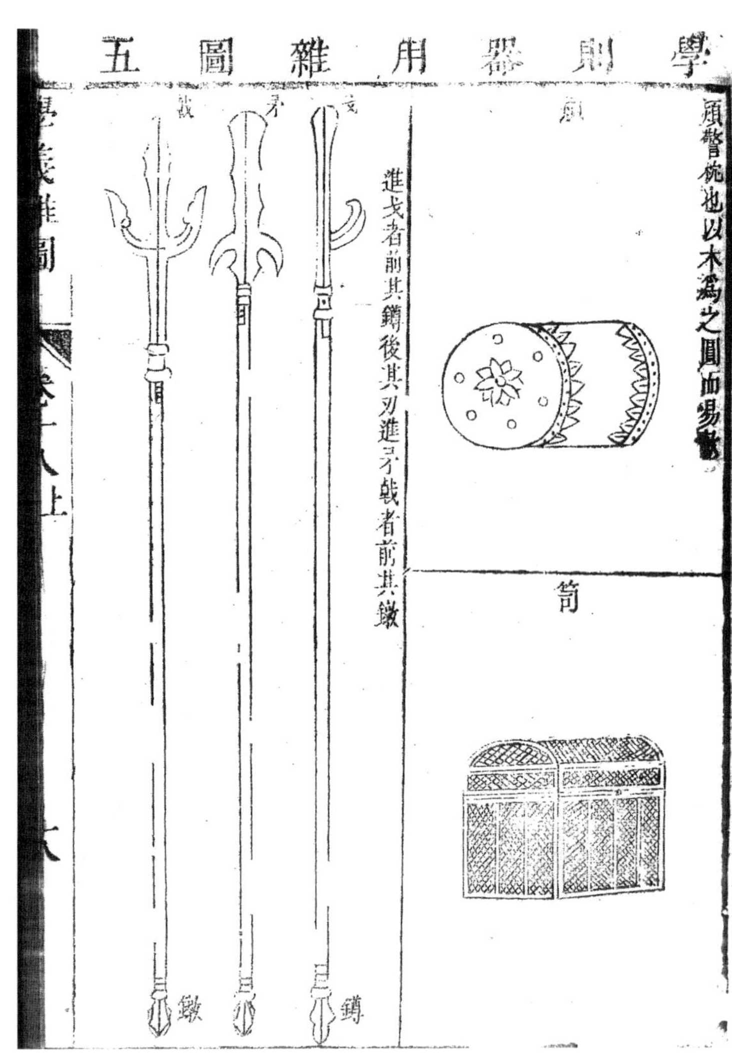
學則器用雜圖五
頍
頍䇾所以束髮也以木爲之圓而易轉
笥
戟
矛
戈
進戈者前其鐏後其刃進矛戟者前其鐓
鐓
鐓
鐏

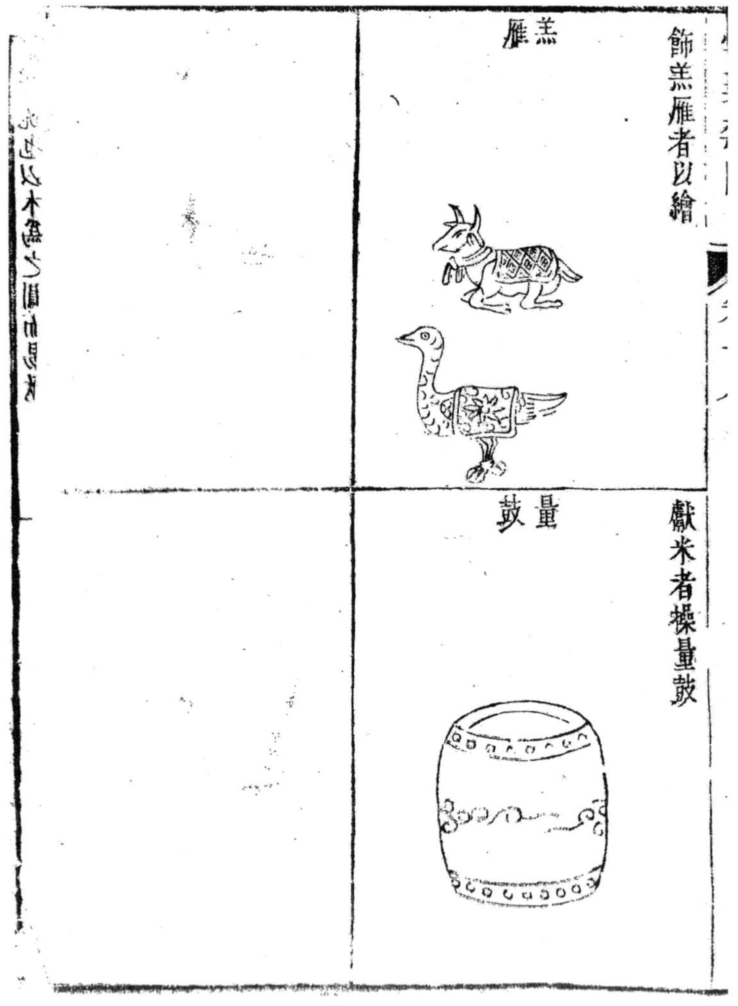
飾羔雁者以繢
羔雁
獻米者操量鼓
量鼓

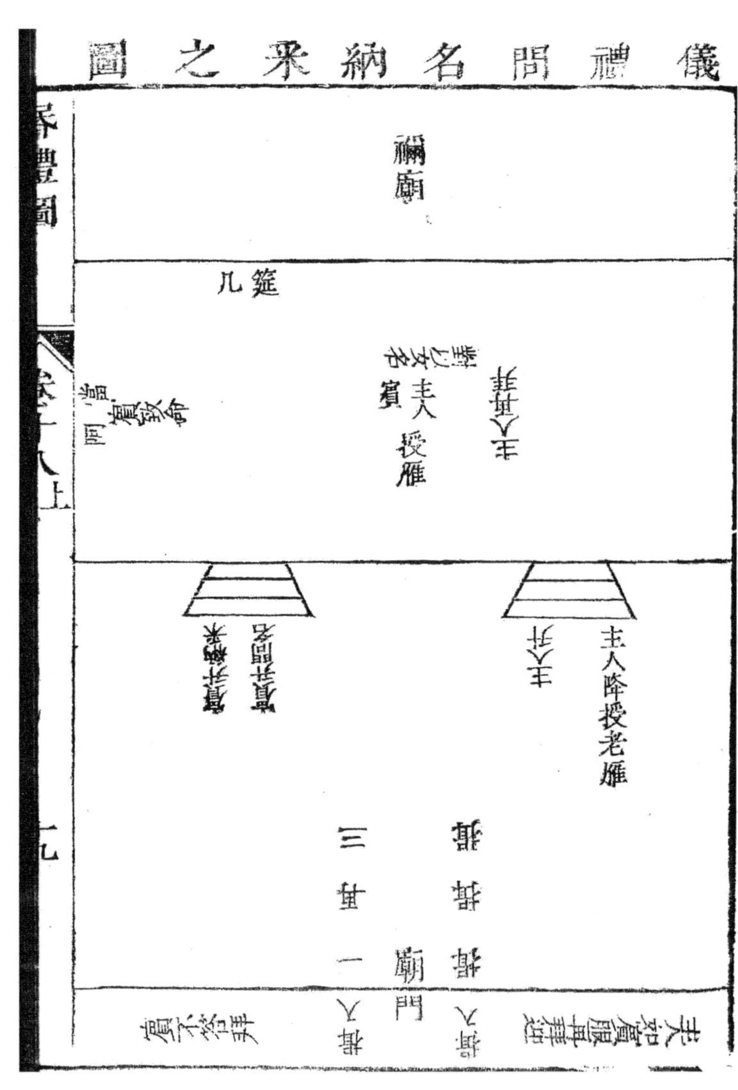

儀禮問名納采之圖
禰廟
筵几
主人再拜
主人授雁
主人升
主人降授老雁
揖
揖
揖
三
再
一
廟門
昏禮圖
卷十八上
七

儀禮醴賓之圖

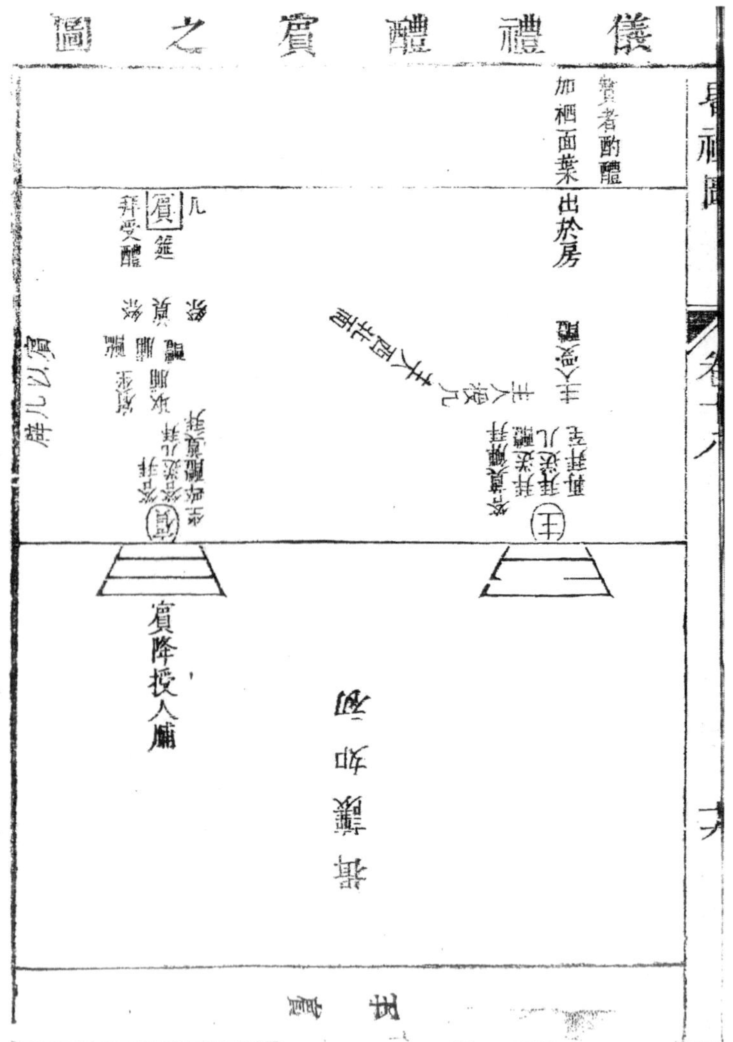

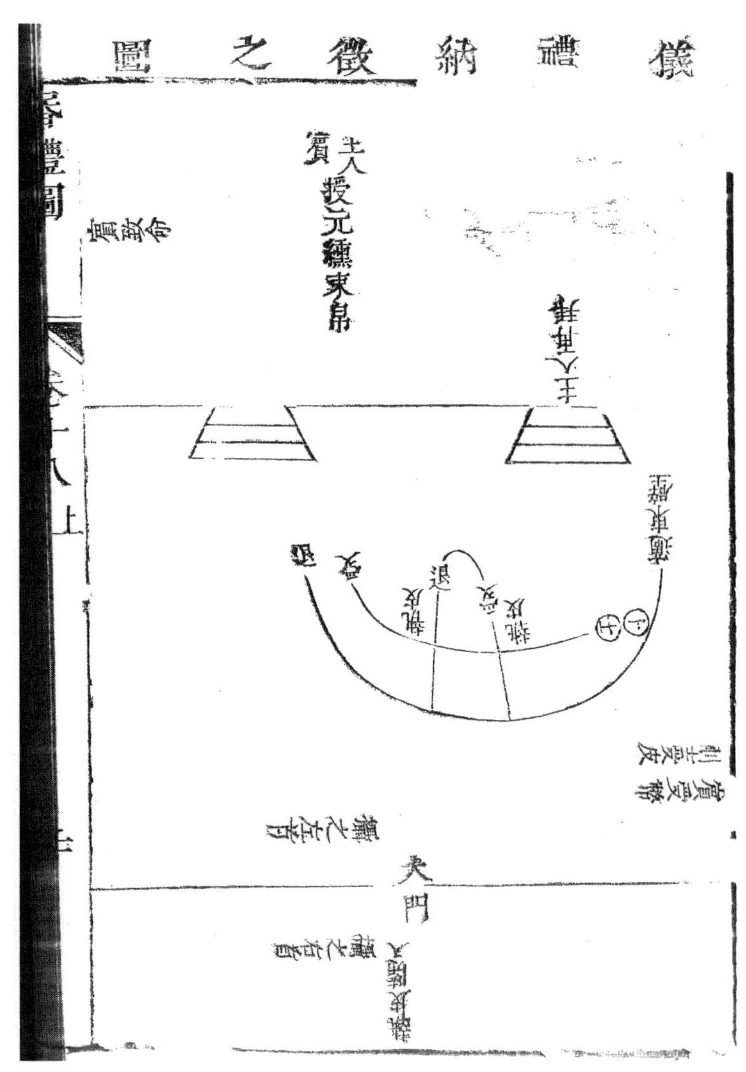

儀禮納徵之圖
主人授元纁束帛
賓
賓致命
主人再拜

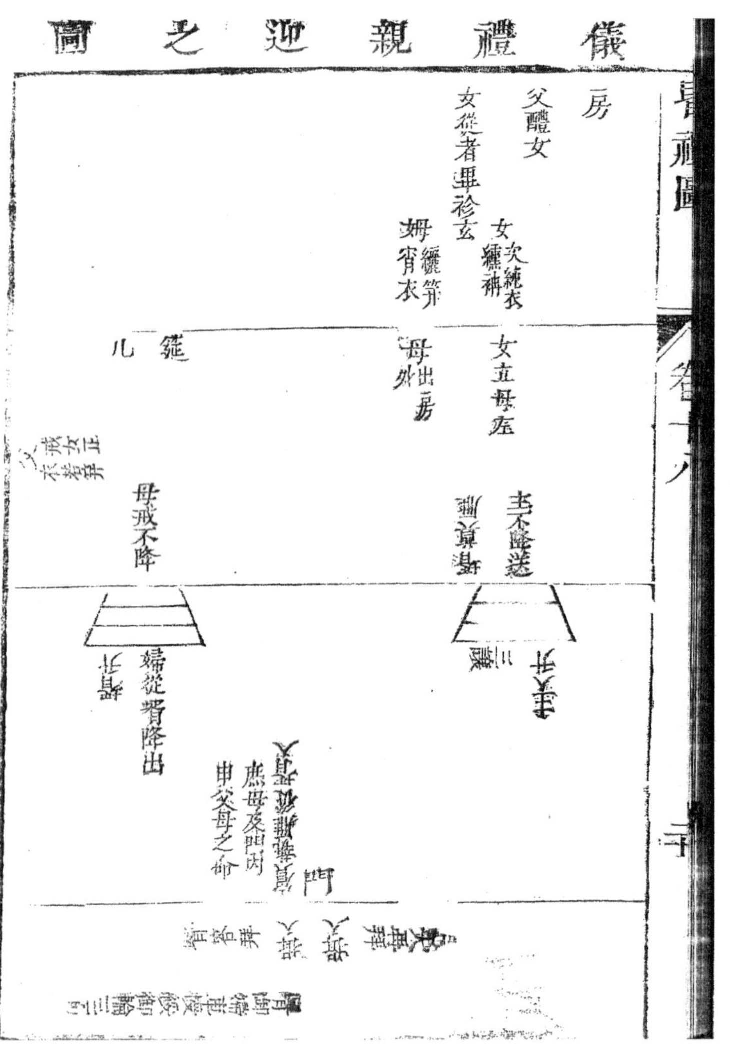
儀禮親迎之圖
房
父醴女
女從者畢袗玄
女次純衣纁袡
姆纚笄宵衣
筵
几
母戒不降
婦從壻降出

儀禮節略第十八卷

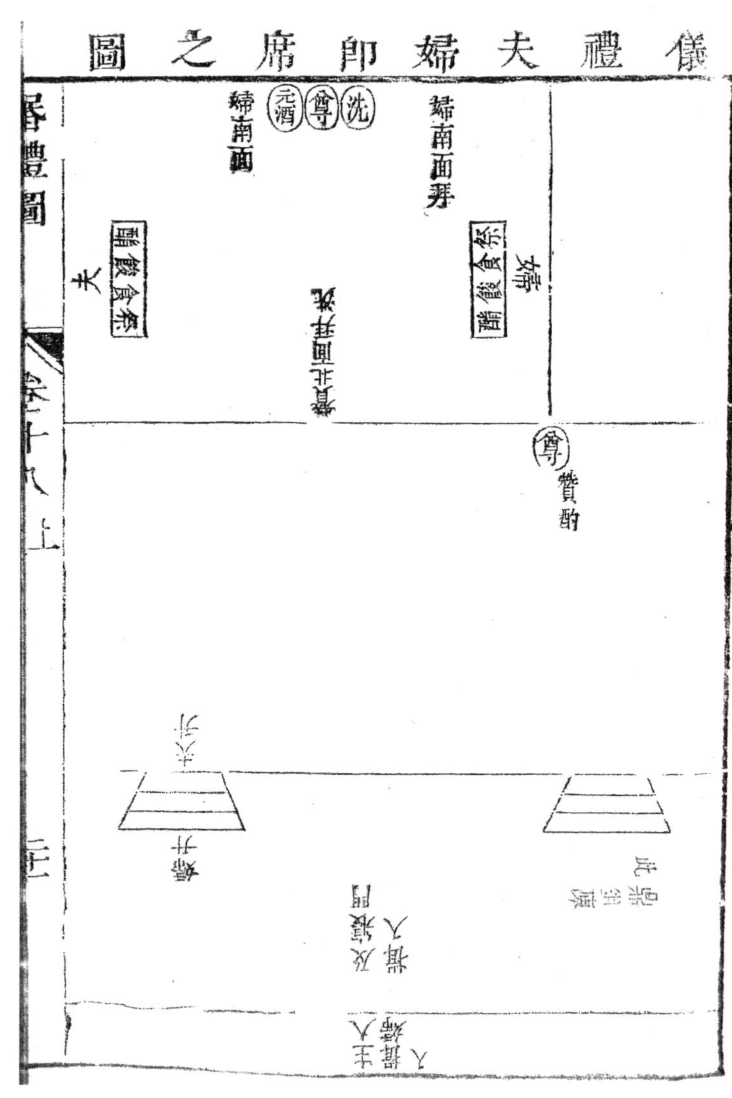

儀禮徹饌成禮之圖

徹于房中如設于室媵御餕之尊否

主人説服于房媵受

主人親説婦之纓婦説服於室御受婦復位

尊

贊酌醑媵侍

儀禮婦見舅姑及醴婦圖

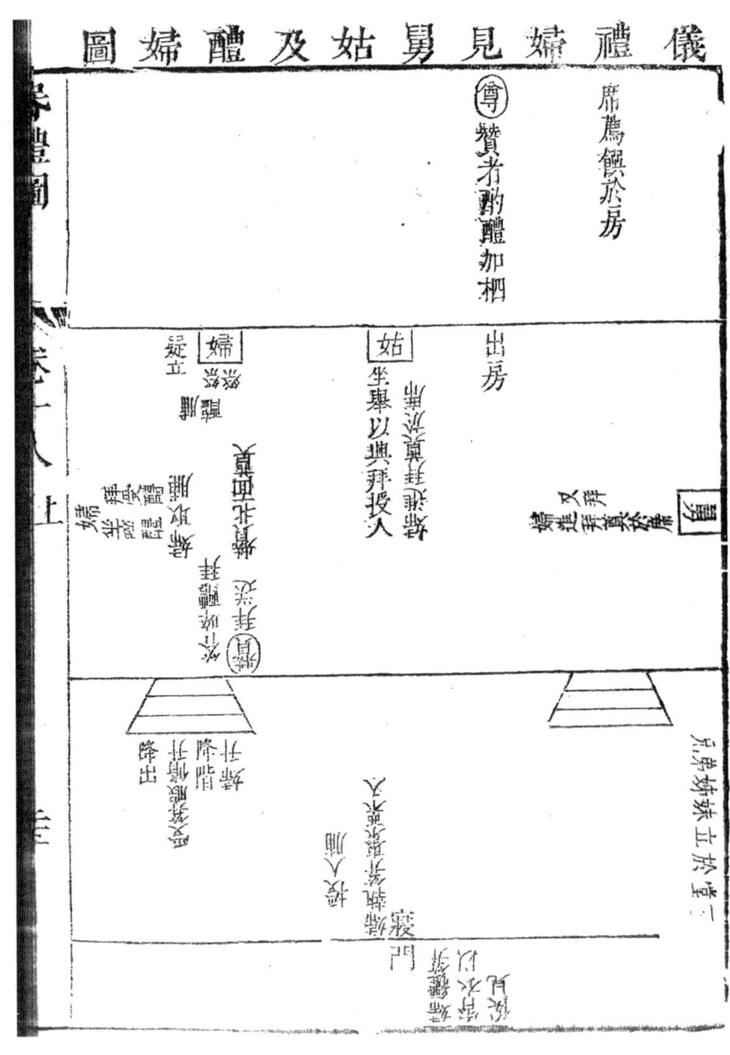

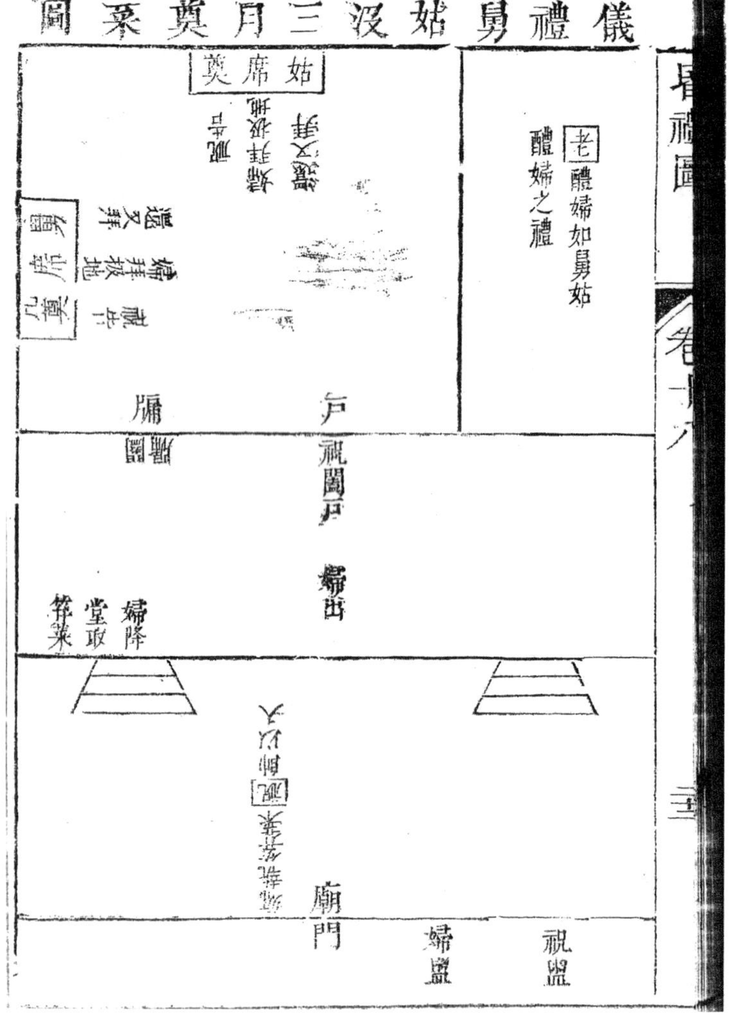
儀禮舅姑没三月奠菜圖
昏禮圖
姑席奠
老醴婦如舅姑醴婦之禮
戶
牖
祝闔戶
婦出
婦降堂取笲菜
婦執笲菜祝帥以入
廟門
婦盥
祝盥

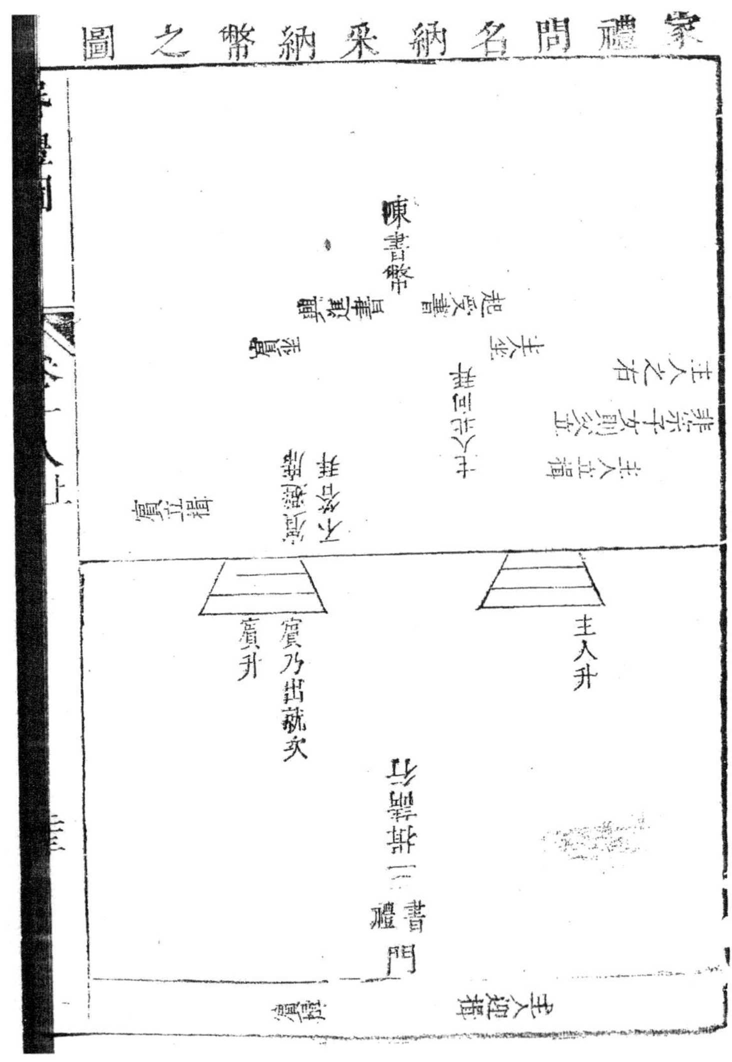
家禮問名納采納幣之圖
主人升
賓升
賓乃出就次

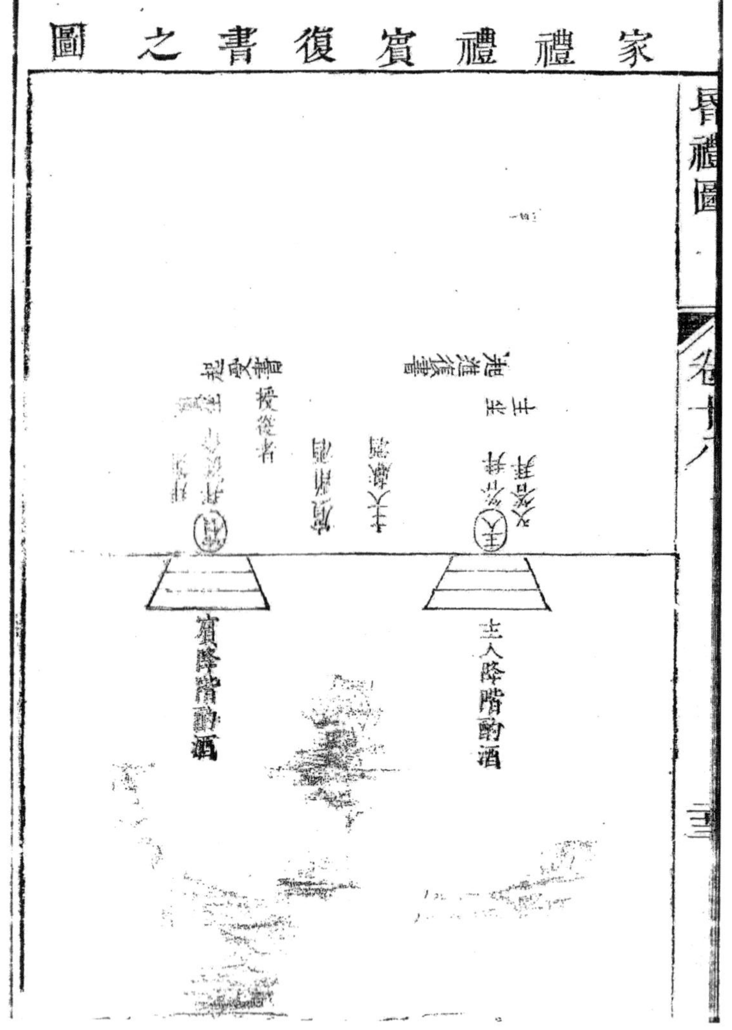
家禮禮賓復書之圖
昏禮圖
主人降階酌酒
賓降階酌酒

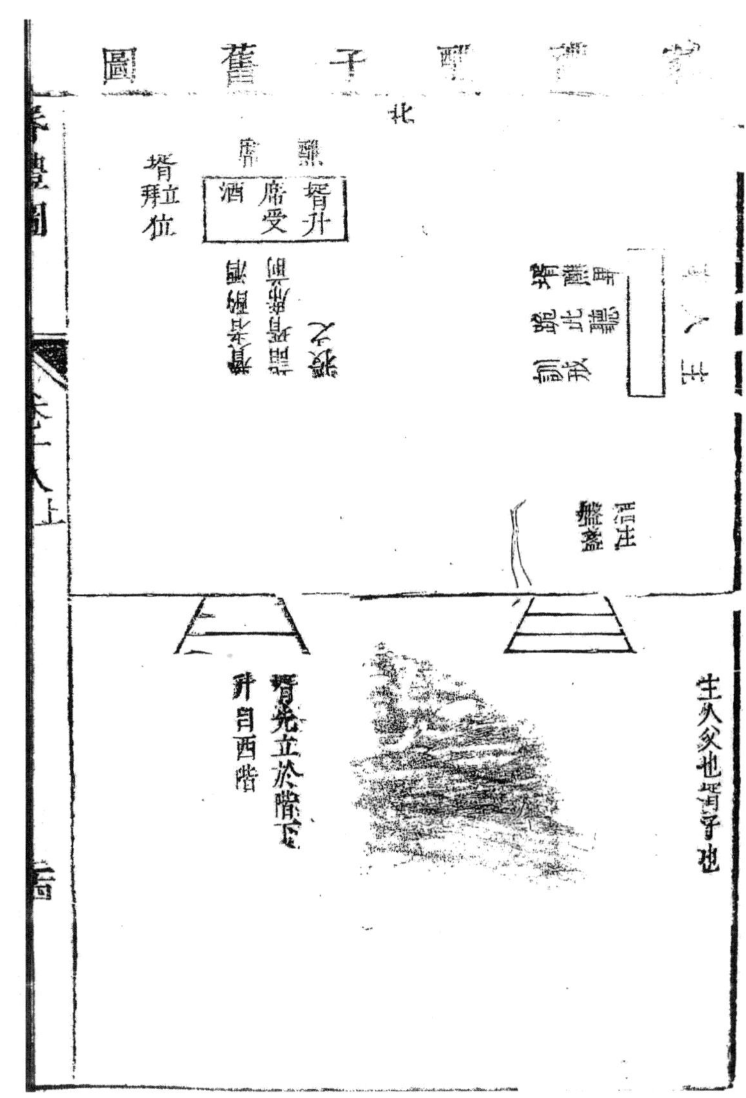

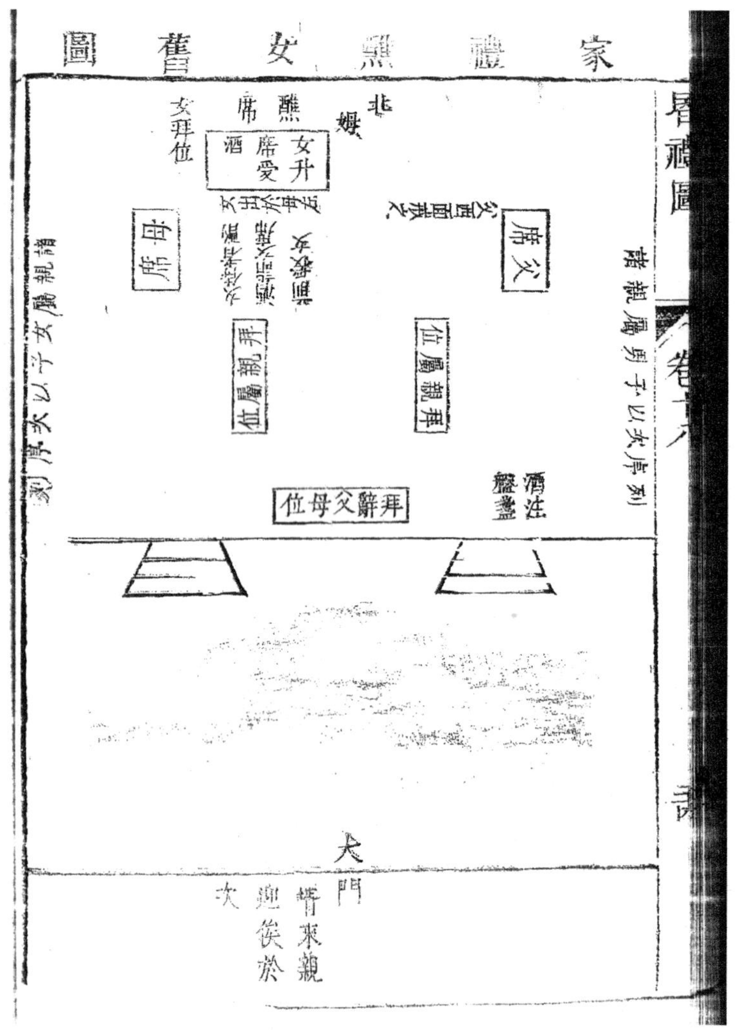
家禮醮女舊圖
父席
母席
女升席受酒
拜辭父母位
拜親屬位
大門

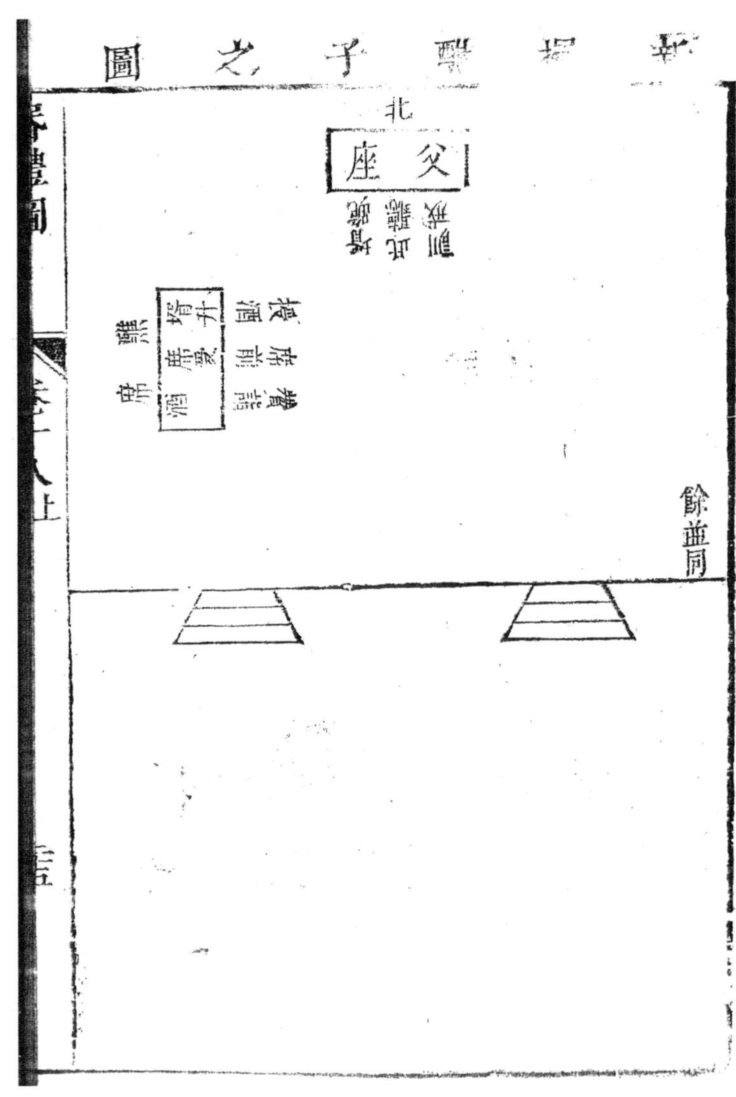
北
父座

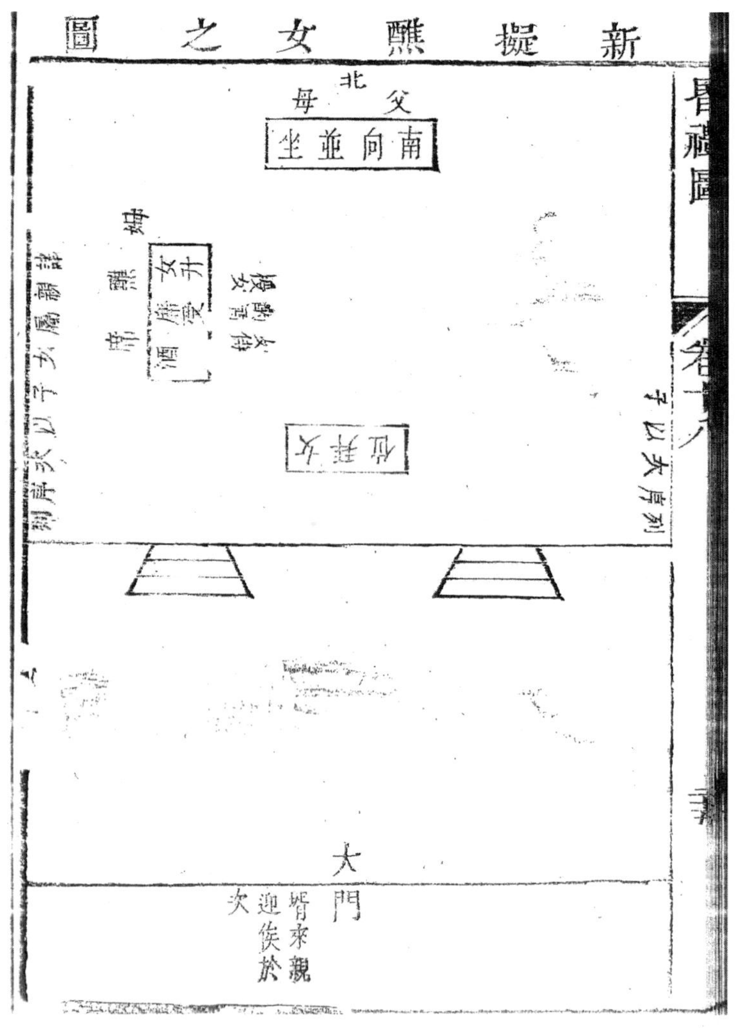
新擬醮女之圖
昏禮圖
北
父　母
南向並坐
女拜位
大門
婿來親迎俟於次

家禮親迎之圖

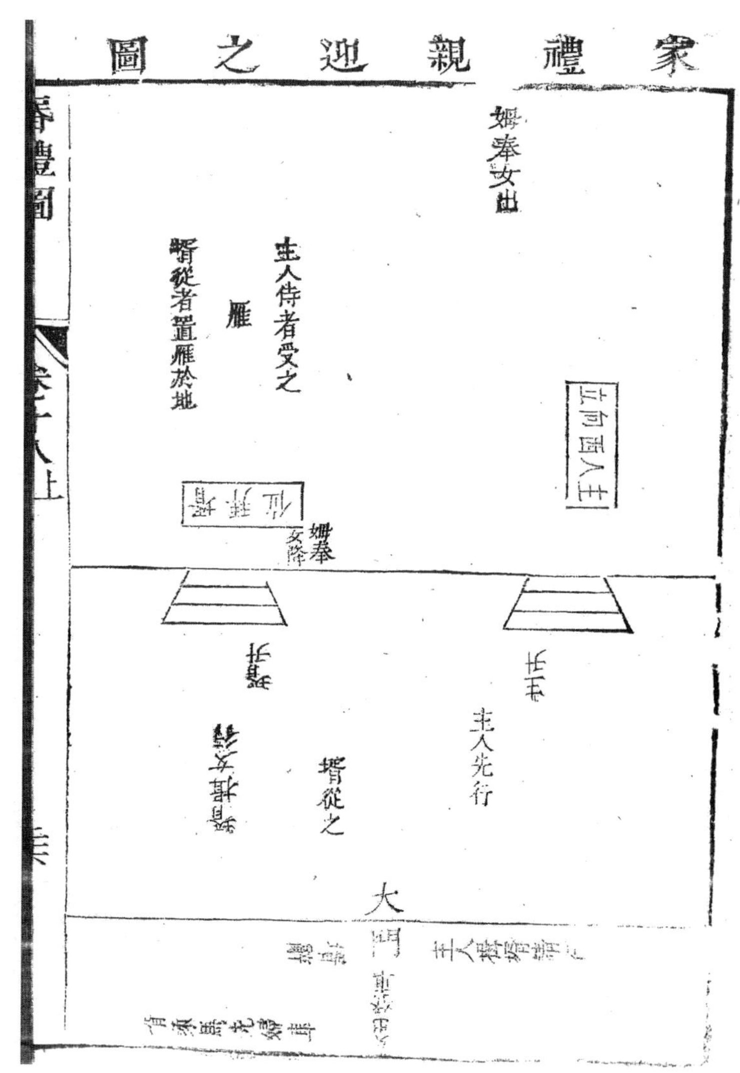

家禮合巹之圖

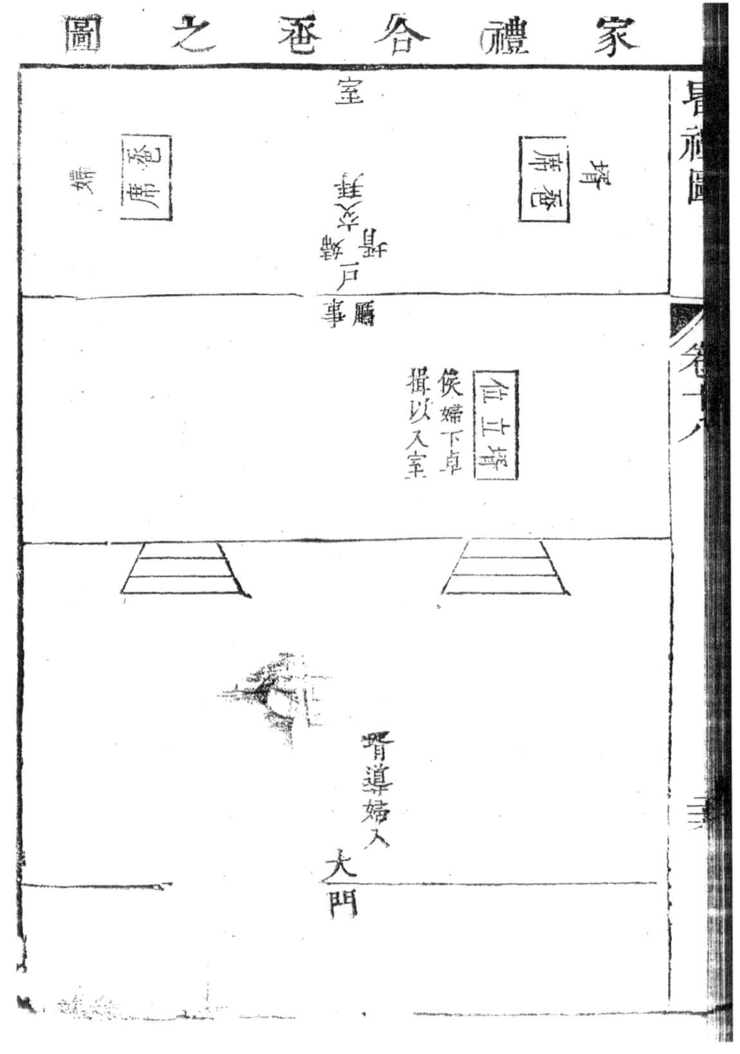

家禮舅姑禮婦之圖

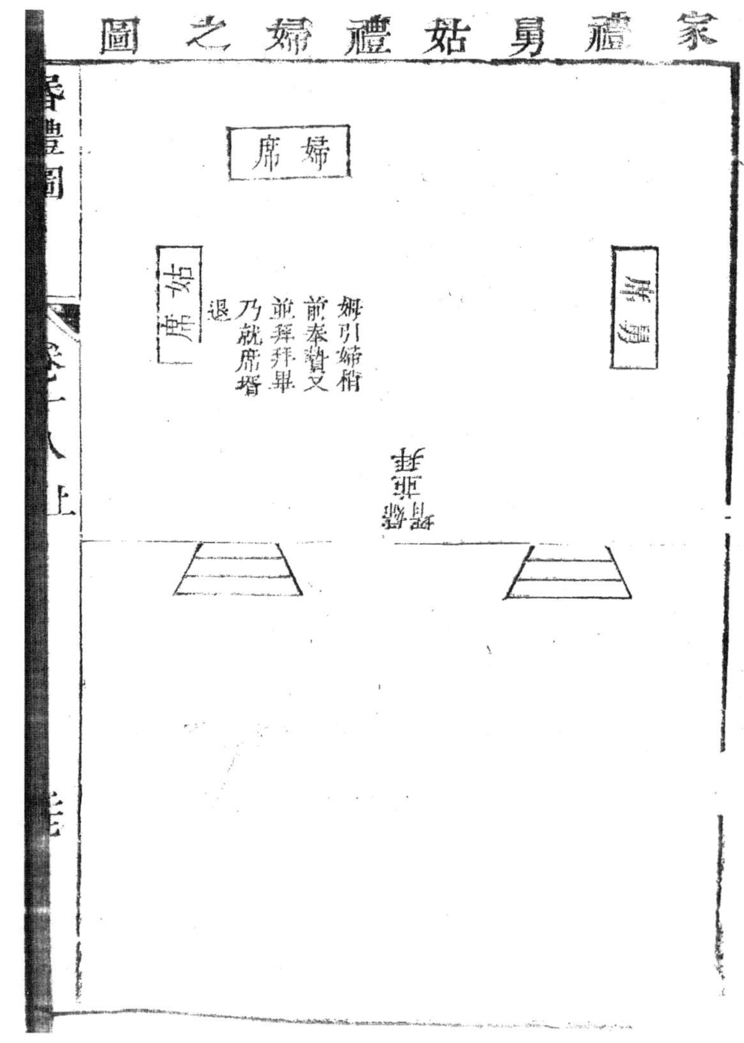

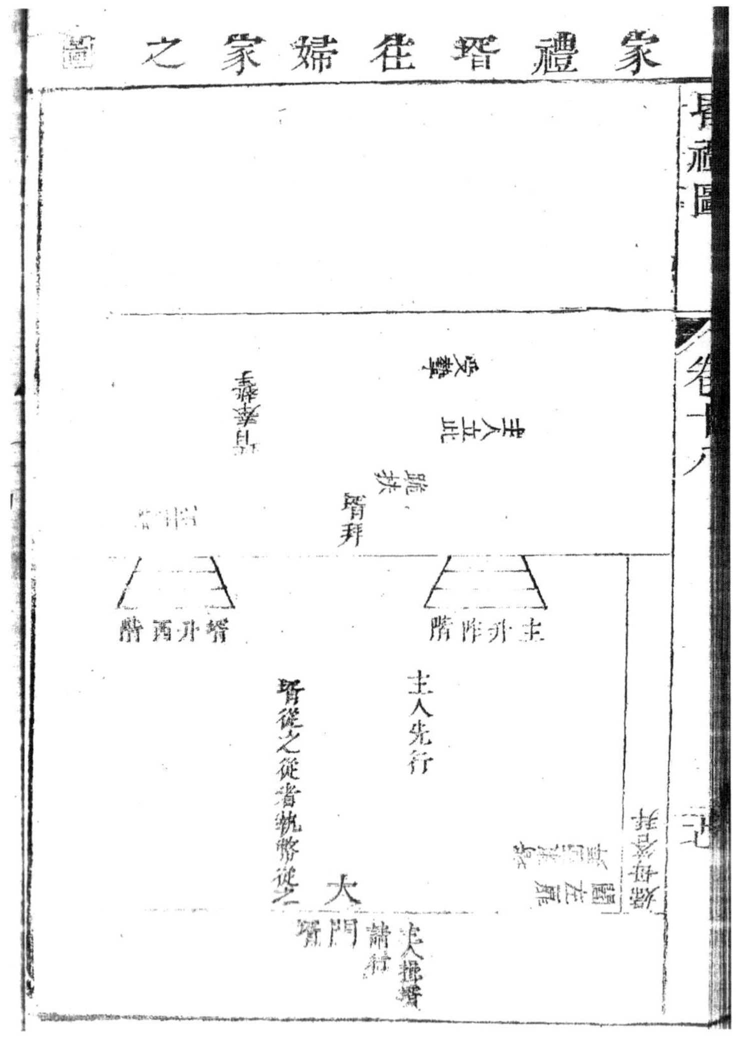
家禮壻往婦家之圖
受摯
主人立此
壻奉摯
跪扶
壻拜
主升阼階
壻升西階
主人先行
壻從之從者執幣從之
大門
主人揖壻
請行

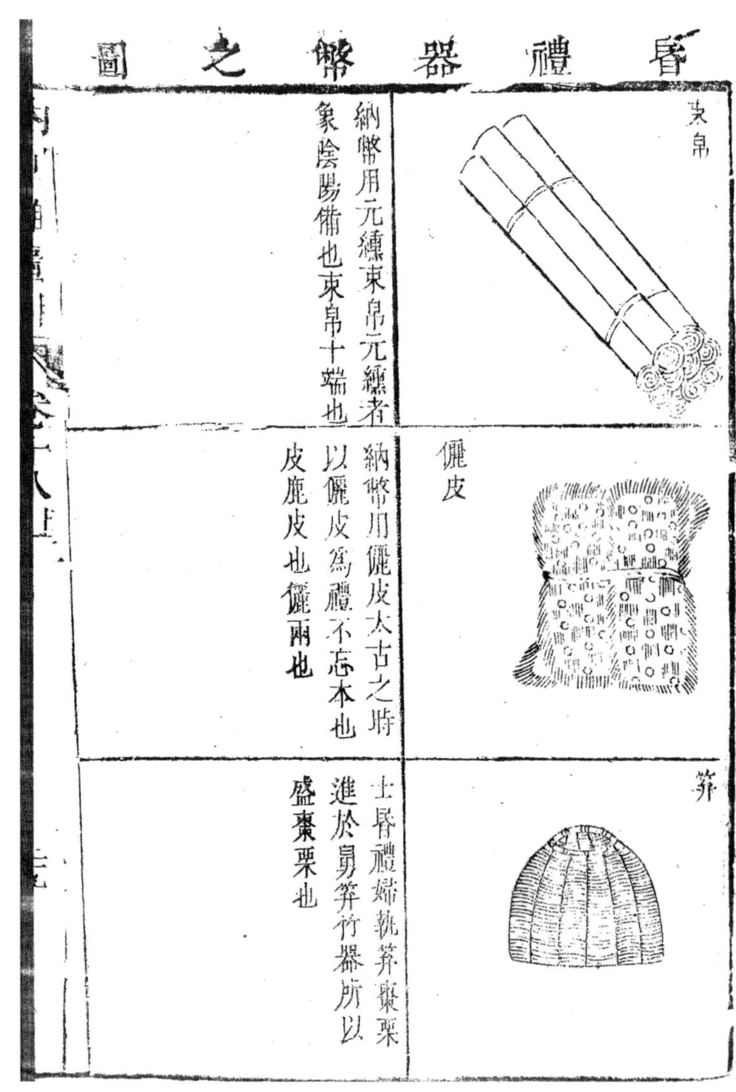

昏禮器幣之圖

束帛

納幣用元纁束帛元纁者象陰陽備也束帛十端也

儷皮

納幣用儷皮太古之時以儷皮爲禮不忘本也皮鹿皮也儷兩也

笲

士昏禮婦執笲棗栗進於舅笲竹器所以盛棗栗也

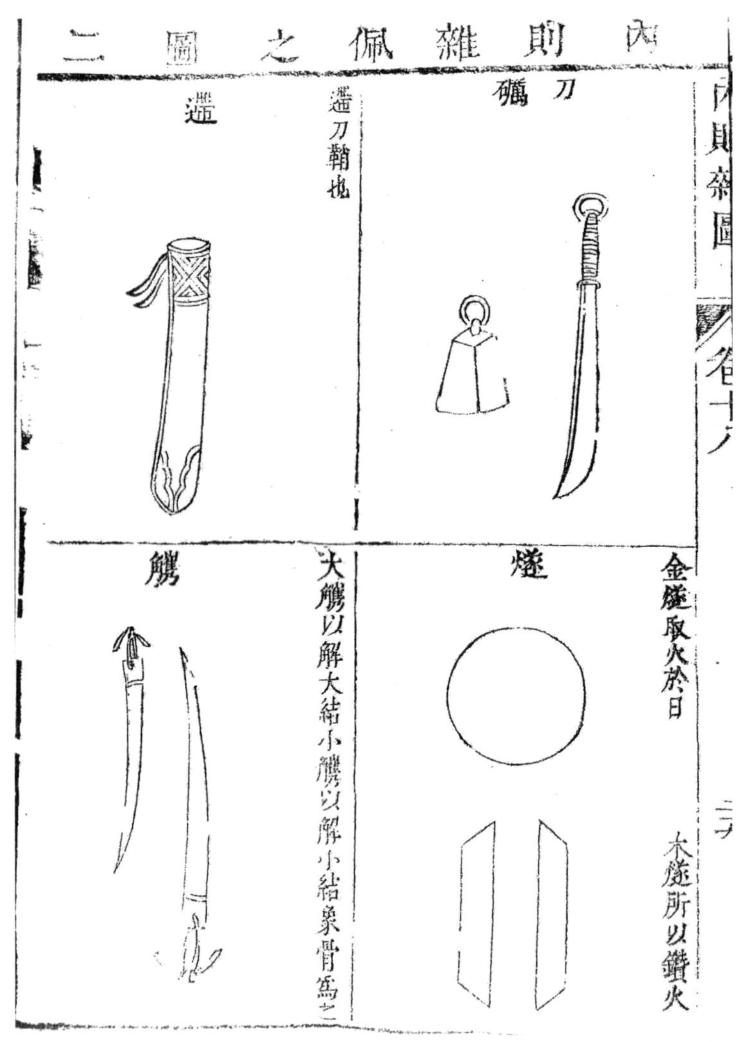
內則雜佩之圖二
刀
礪
鞞
鞞刀鞘也
鐩
金鐩取火於日
木鐩所以鑽火
觿
大觿以解大結小觿以解小結象骨爲之
內則雜圖
卷十八
三十

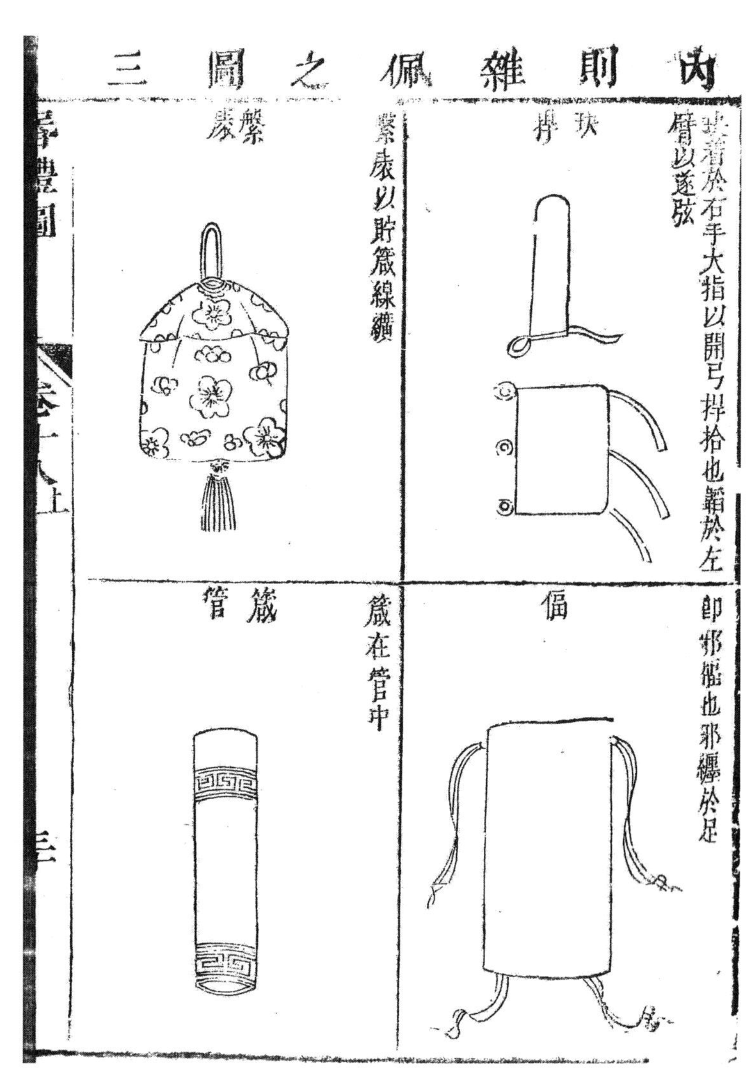
內則雜佩之圖三
抉 捍
決著於右手大指以開弓捍拾也韝於左
臂以遂弦
鞶 袠
鞶袠以貯箴線纊
偪
卽邪幅也邪纒於足
箴 管
箴在管中
禮圖 卷十八上 三

內則器用之圖四

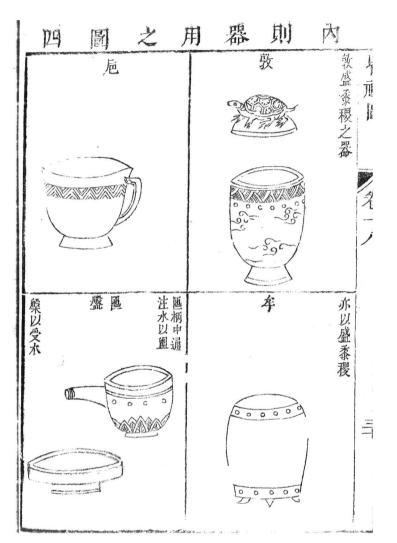

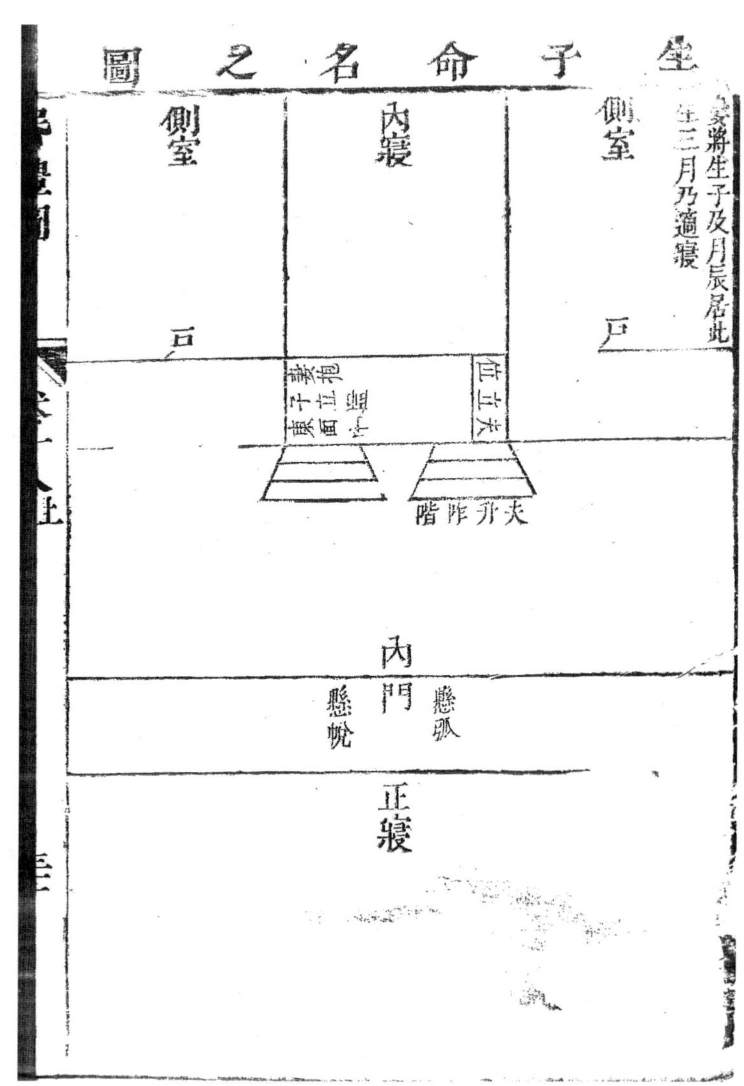
生子命名之圖
側室
內寢
側室
妻將生子及月辰居此
生三月乃適寢
戶
戶
夫立位
內門
懸弧
懸帨
正寢

幼別男女之圖

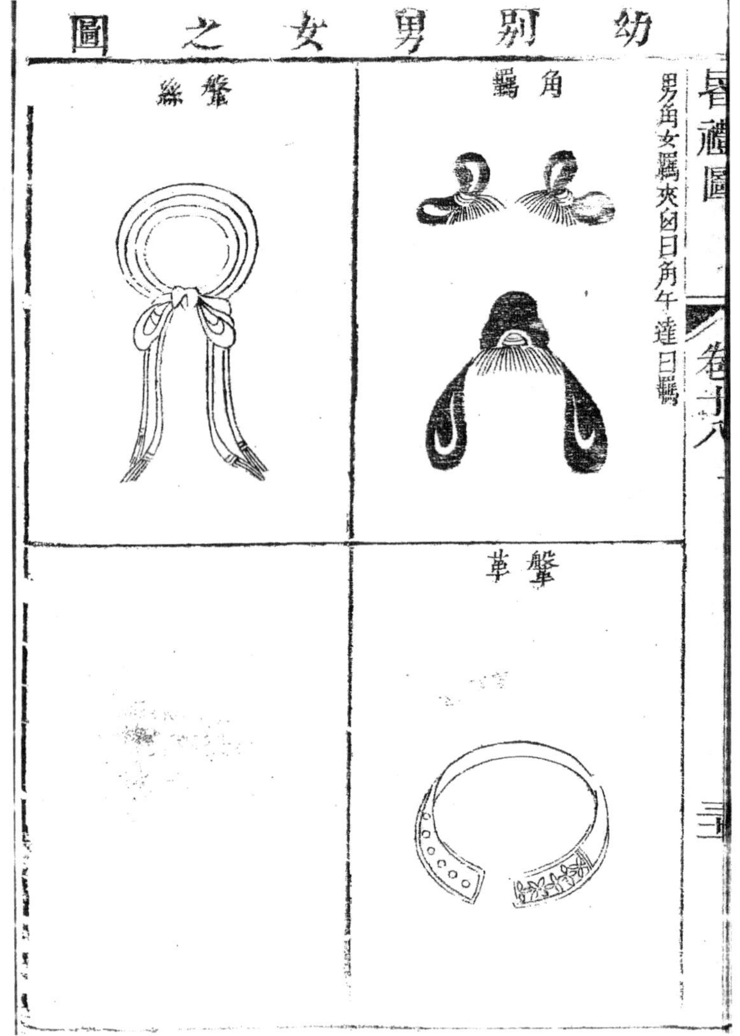

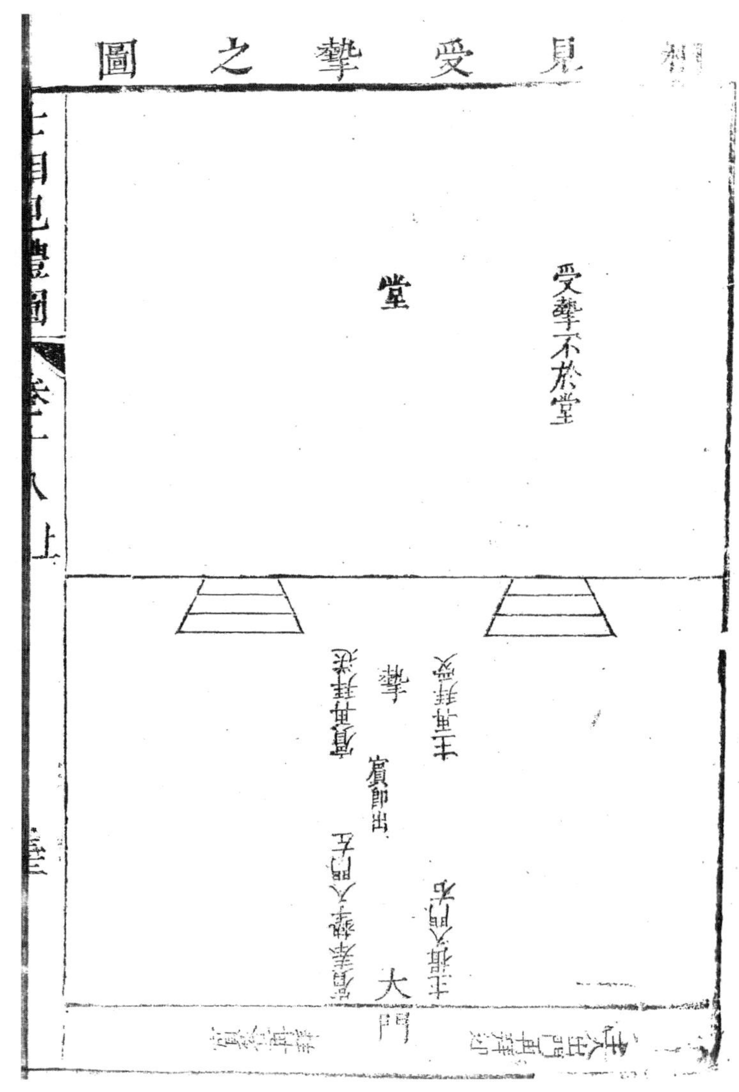

見受摯之圖
士相見禮圖 卷十八上
堂
受摯不於堂
主人再拜受
摯
賓再拜送
賓即出
主人揖入門右
賓奉摯入門左
大門

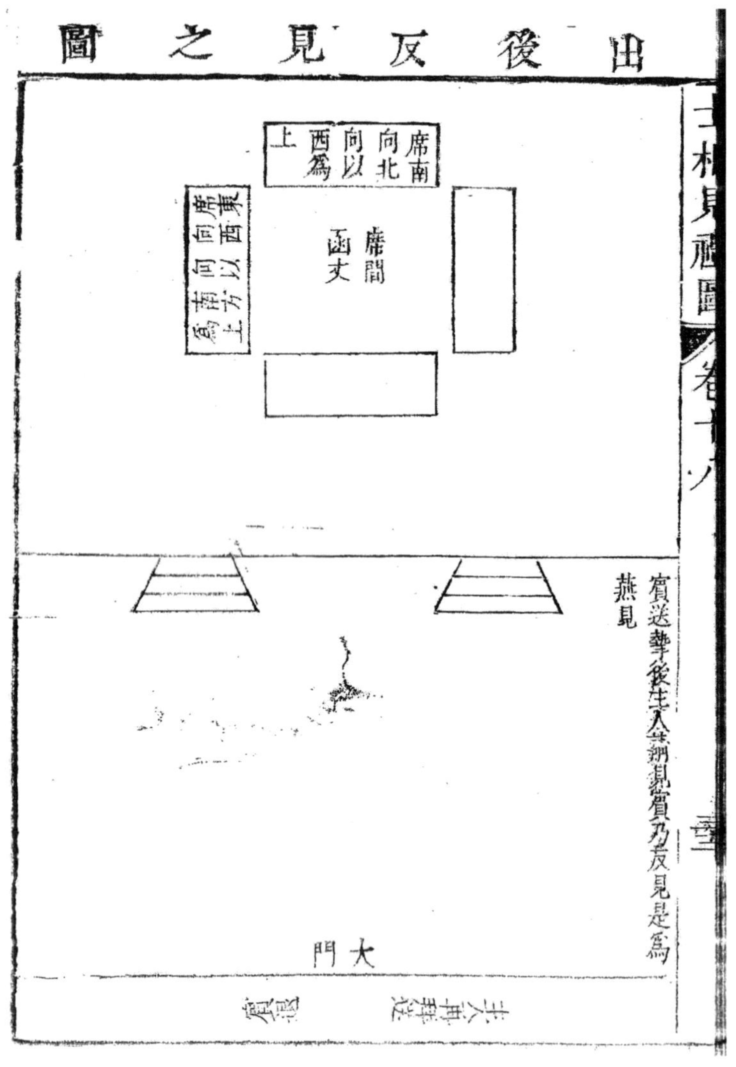
出後反見之圖
席南向北向以西爲上
席東向西向以南方爲上
席間函丈
賓送摯後主人
見賓乃反見是爲
燕見
大門
主人再拜送

士見大夫之圖

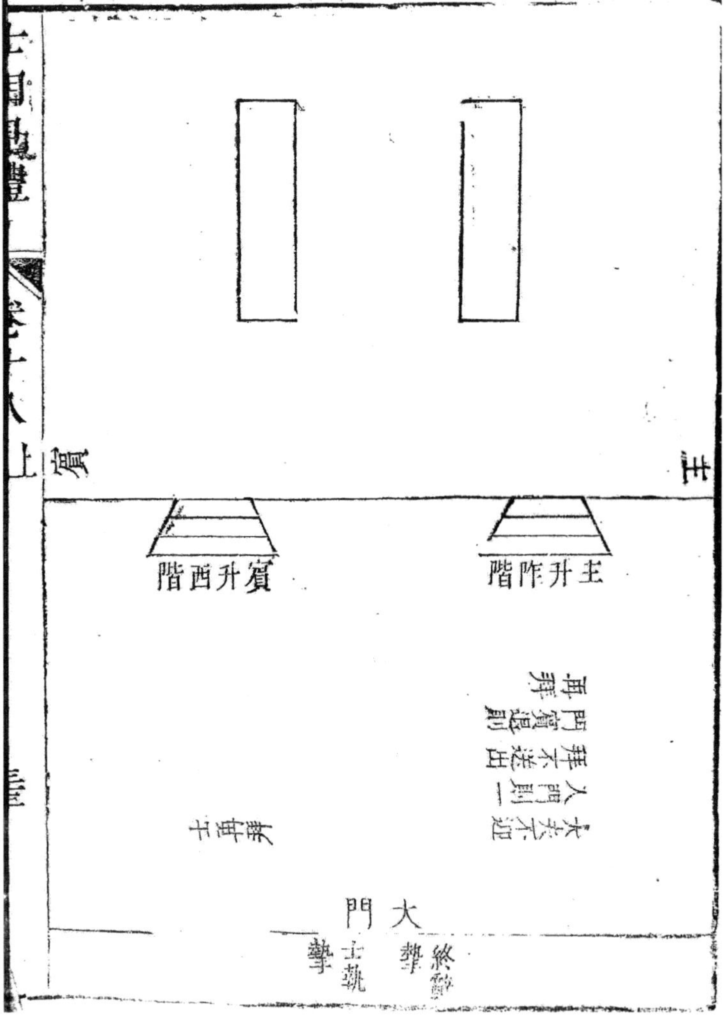

主

賓

主升阼階

賓升西階

大夫不迎入門則一拜不送出門賓退則再拜

士再拜

大門

終辭摯

士執摯

嘗爲臣者見大夫之圖

大夫不迎不送

奠摯

大夫答一拜

賓再拜

大門

使擯者還其摯

賓答再拜

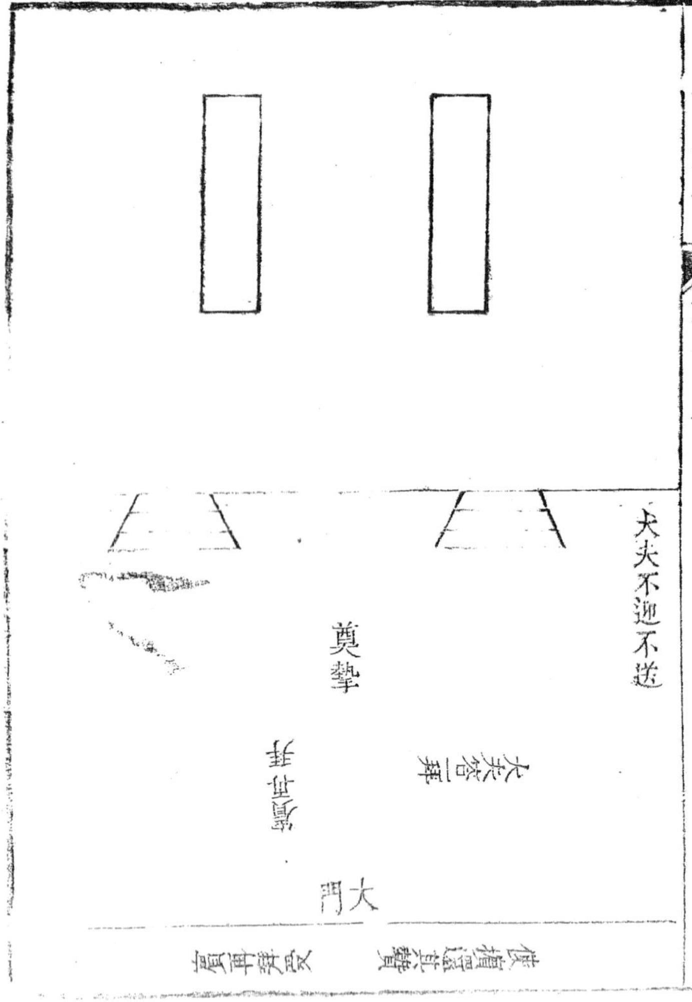

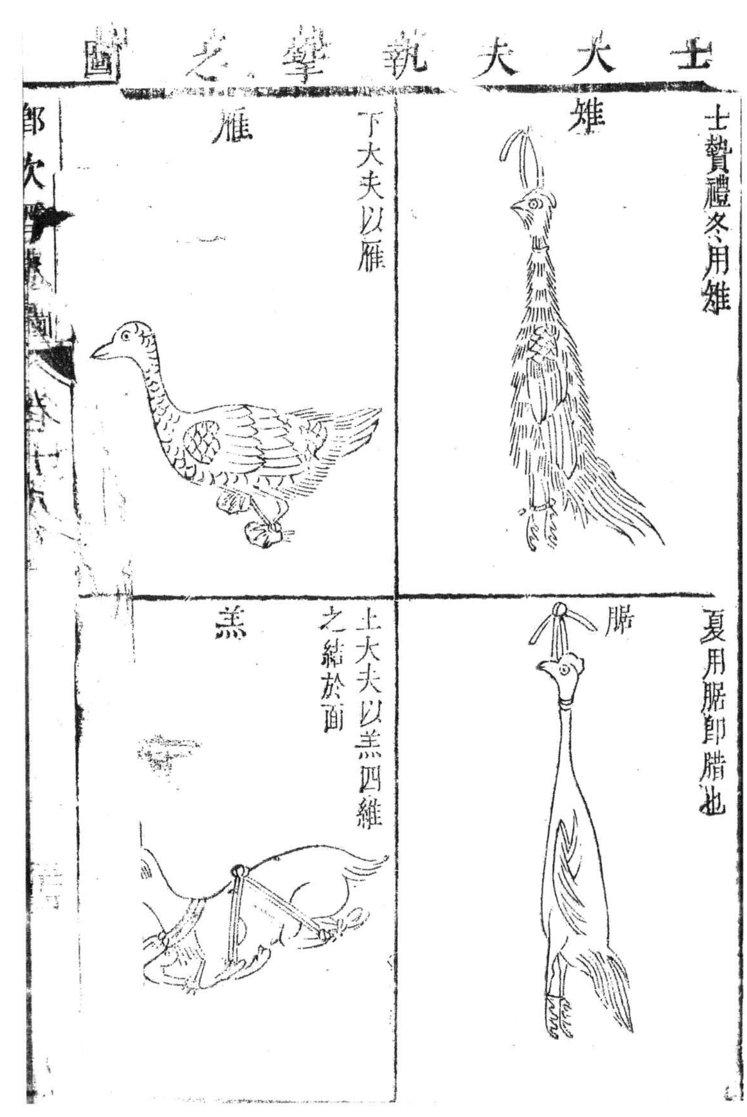
士大夫執摯之圖
士贄禮冬用雉
雉
下大夫以雁
雁
夏用腒腒即腊也
腒
上大夫以羔四維之結於面
羔

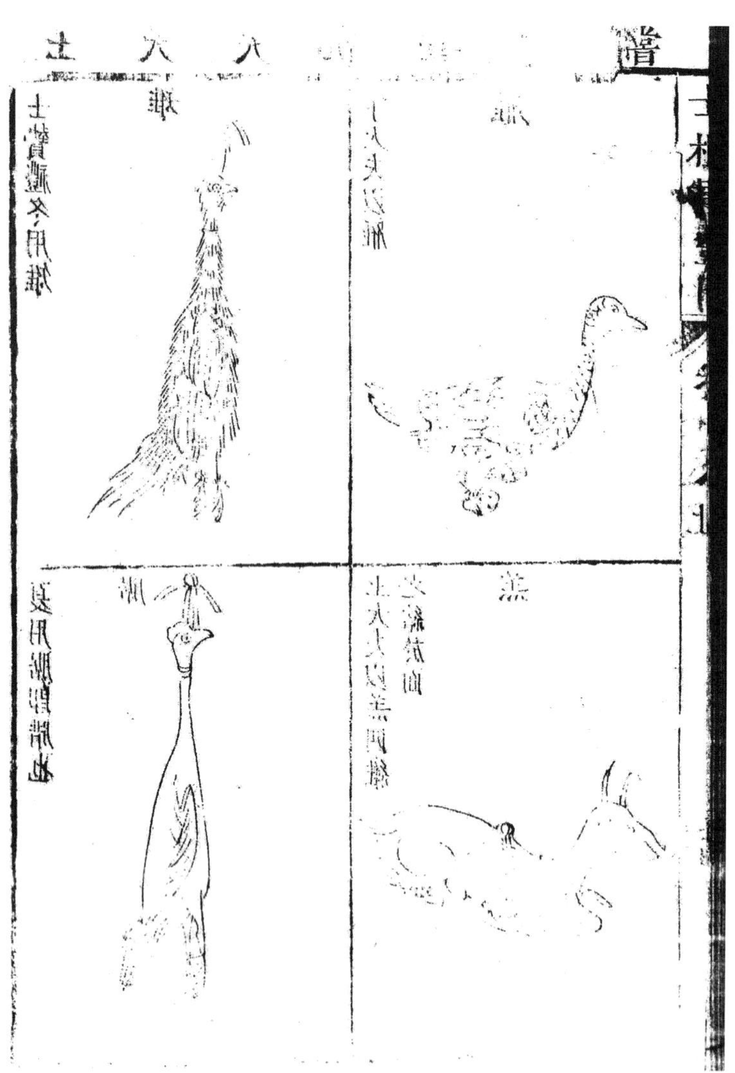

鄉飲陳器設席之圖

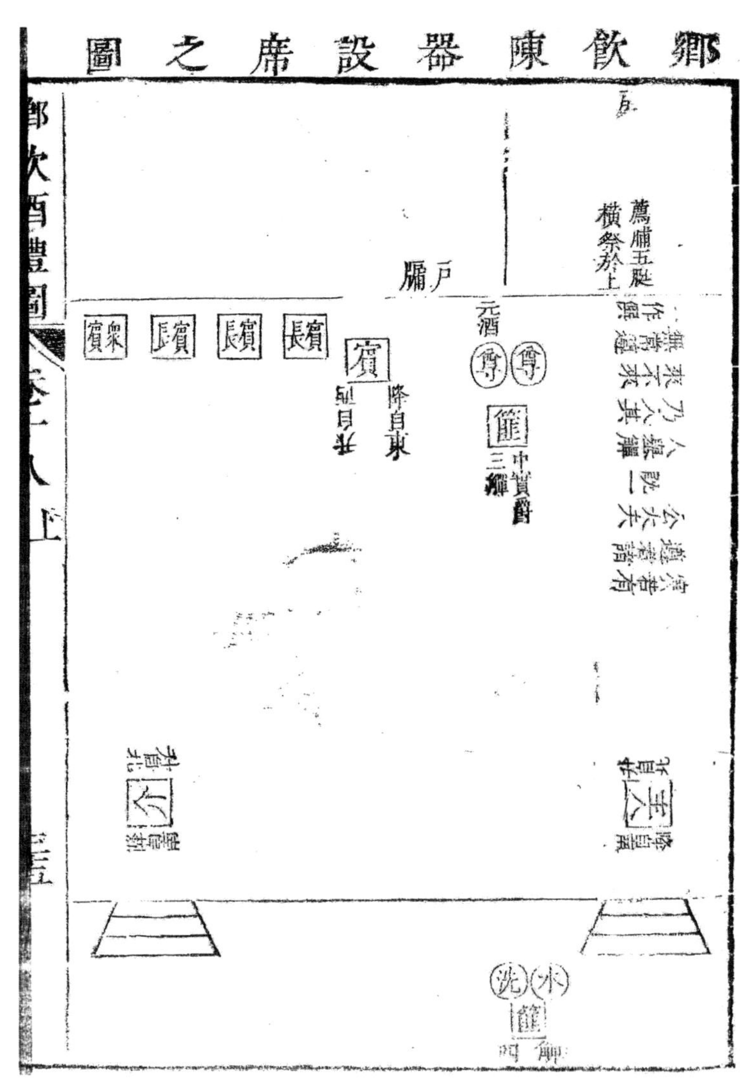

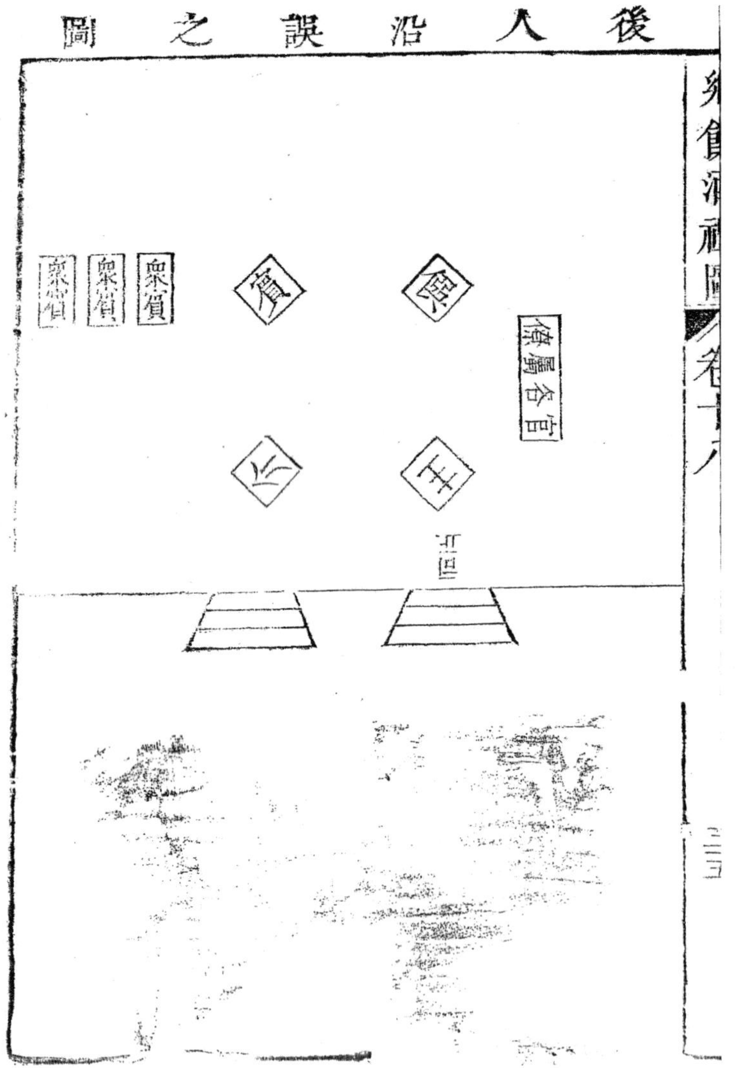
後人沿誤之圖
衆賓
衆賓
衆賓
賓
僎
僎屬各官
介
主

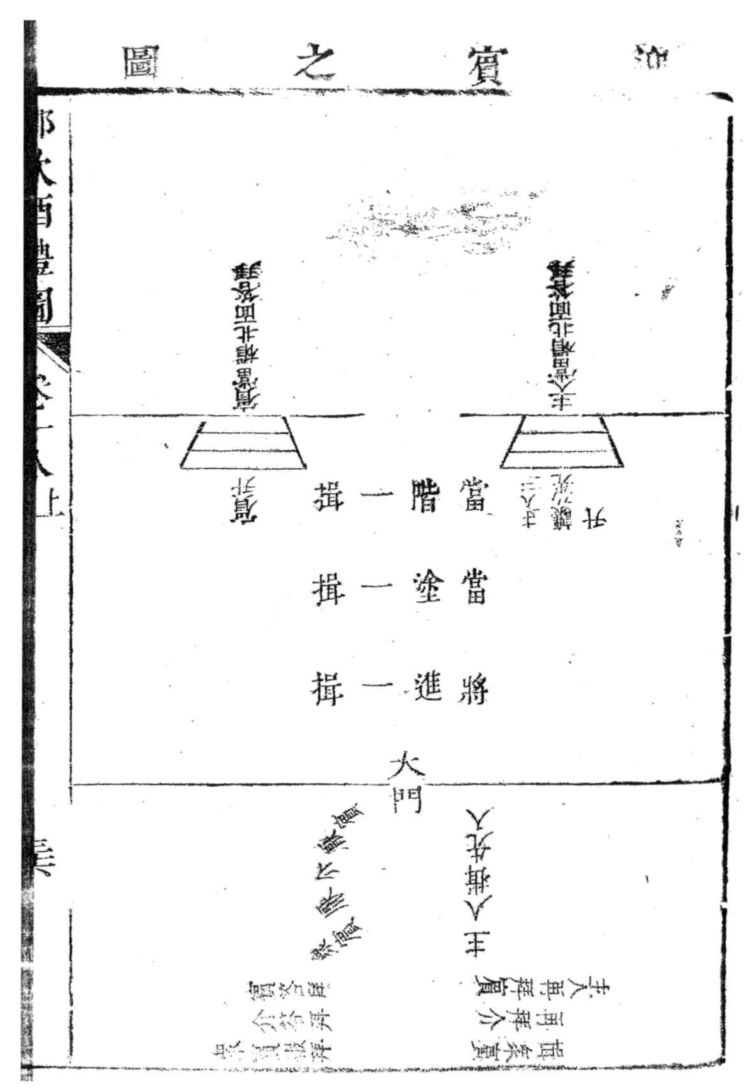
迎賓之圖
當階一揖
當塗一揖
將進一揖
大門

主人獻賓之圖

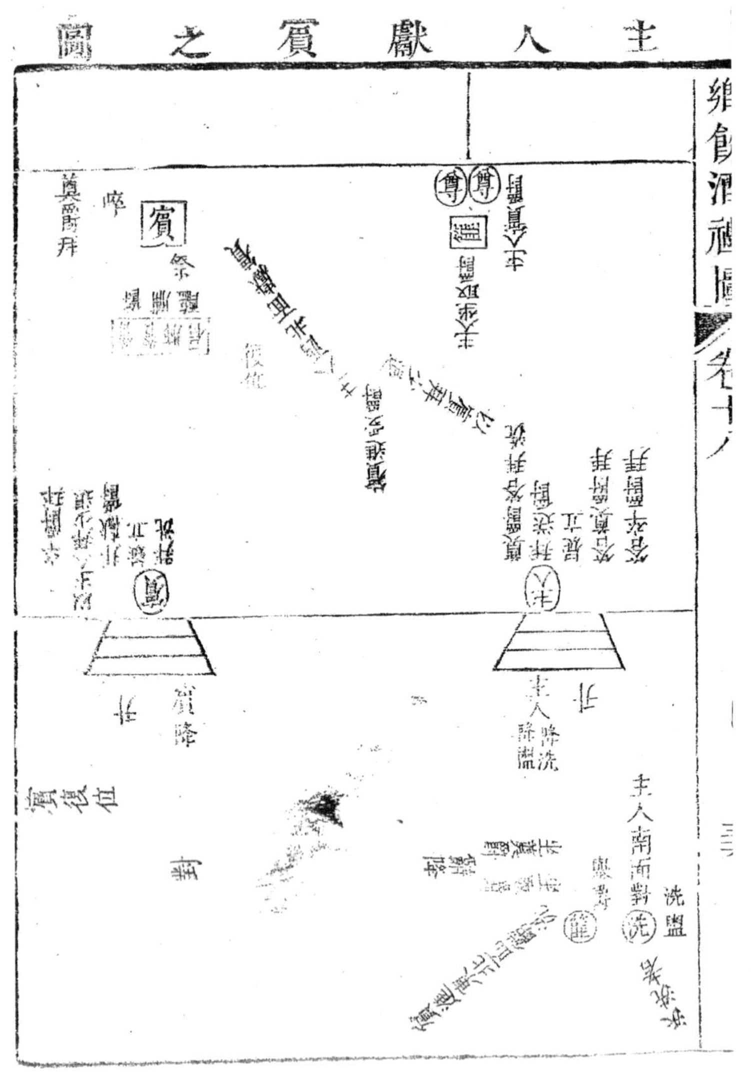

賓酢主人之圖

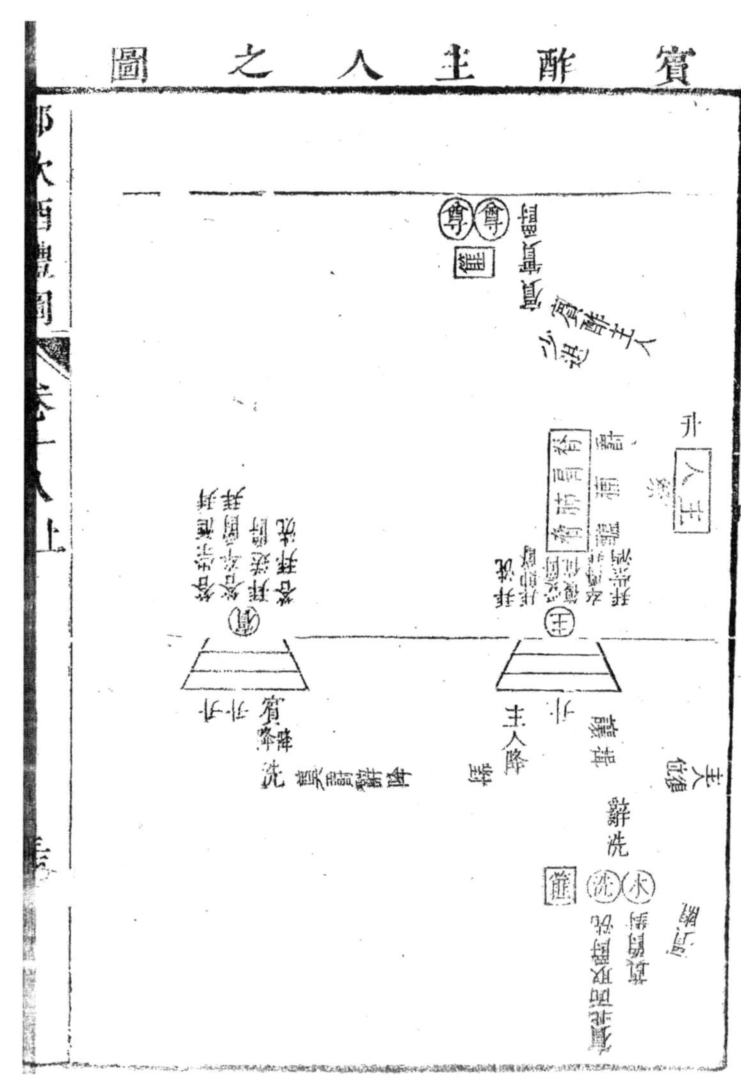

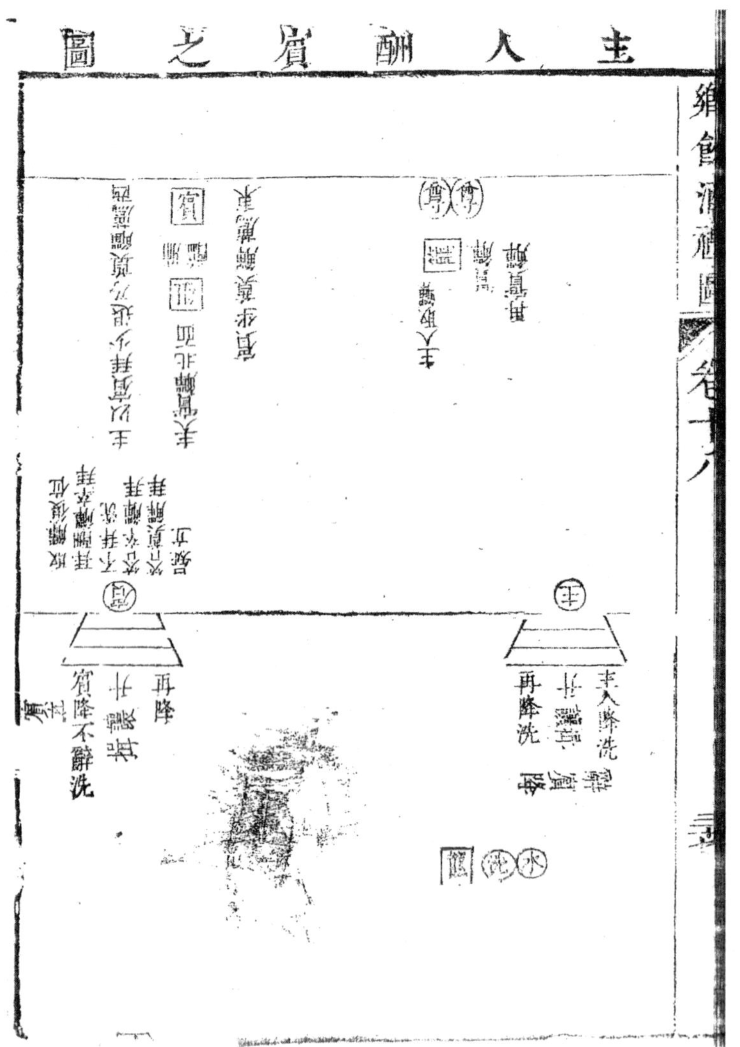
主人酬賓之圖
主人降洗
再降洗

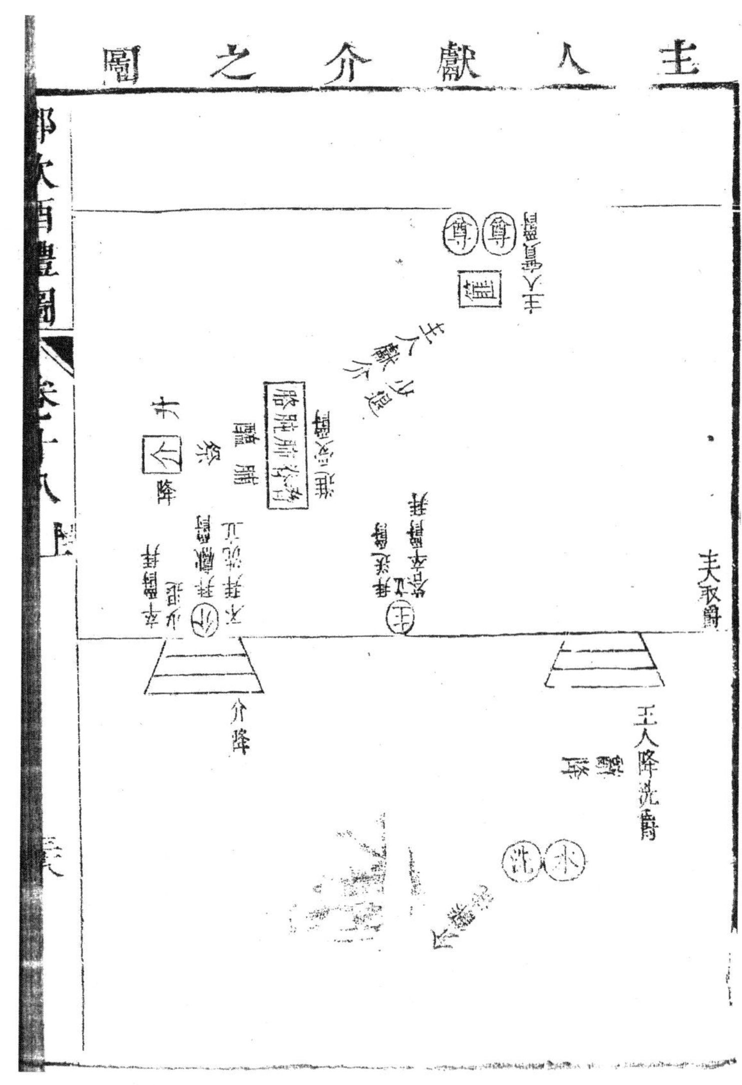
主人獻介之圖
主人獻介
介降

介酢主人之圖

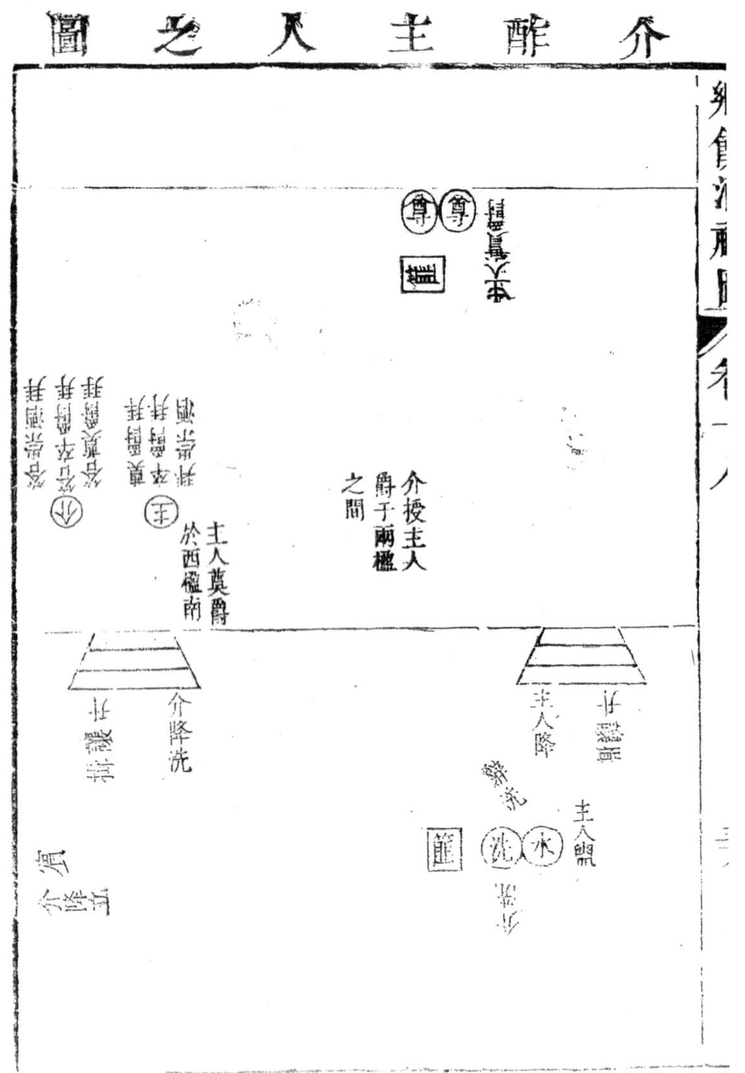

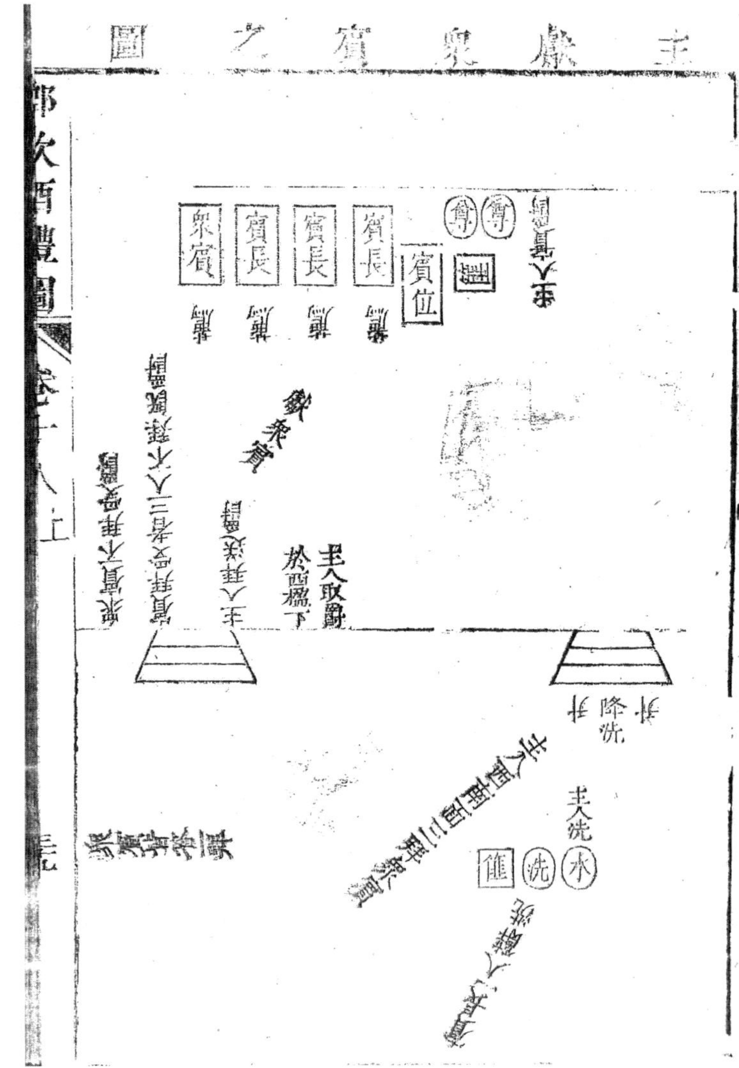
主獻眾賓之圖
鄉飲酒禮圖
尊
尊
篚
賓位
賓長
賓長
賓長
眾賓
主人洗
水
洗
篚

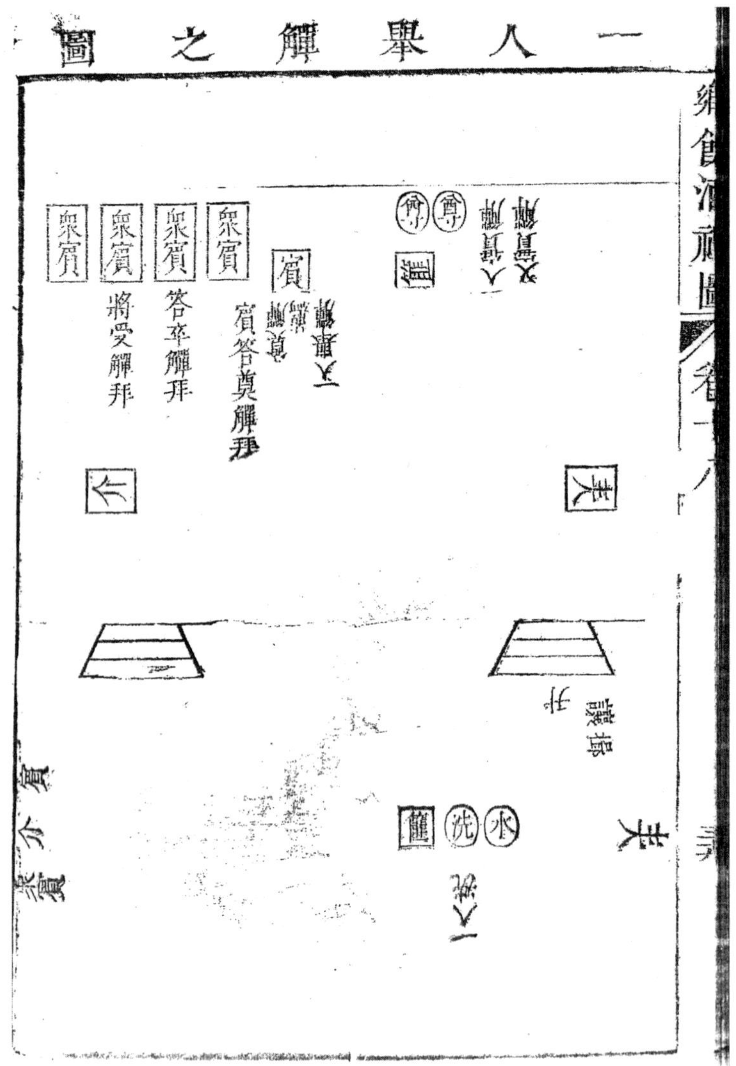
一人舉觶之圖
主人
眾賓
眾賓
眾賓
眾賓
賓
賓答奠觶拜
答卒觶拜
將受觶拜
介
主人
水
洗
篚

主人迎遵獻遵之圖

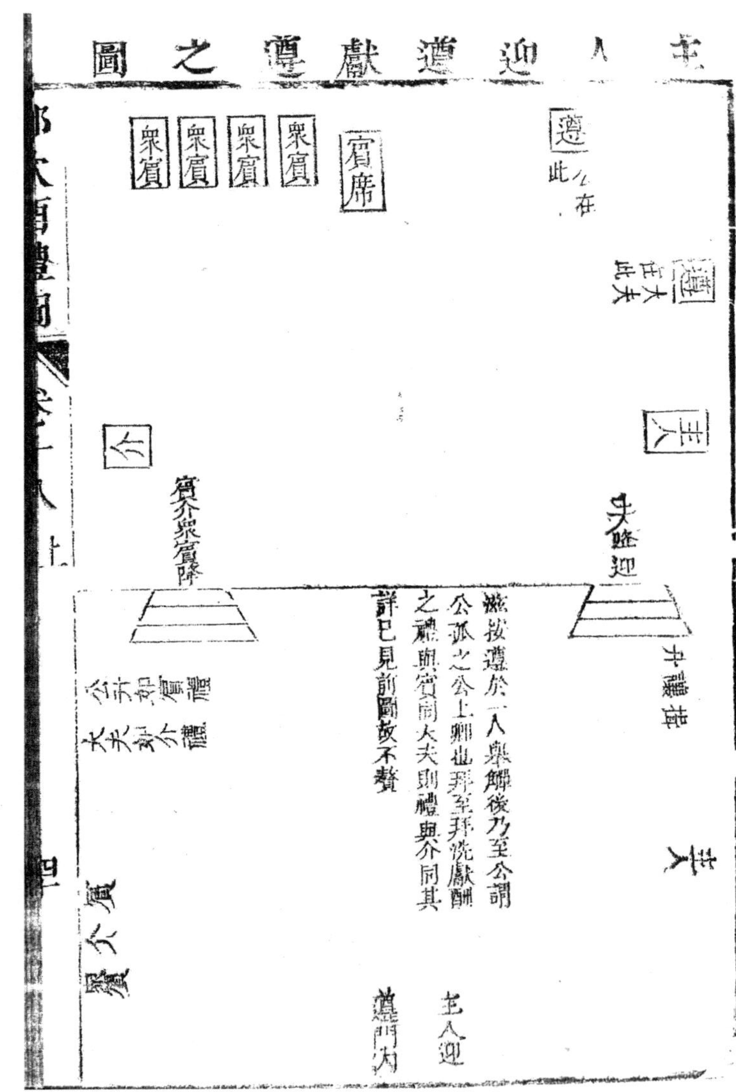
遵 公在此
遵 大夫在此
賓席
衆賓
衆賓
衆賓
衆賓
主人
介
主人降迎
賓介衆賓降
升讓揖
主人
謹按遵於一人舉觶後乃至公謂公孤之公上卿也拜至拜洗獻酬之禮與賓同大夫則禮與介同其詳已見前圖故不贅
公升如賓禮
大夫升如介禮
主人迎
遵門内
賓
介
衆賓

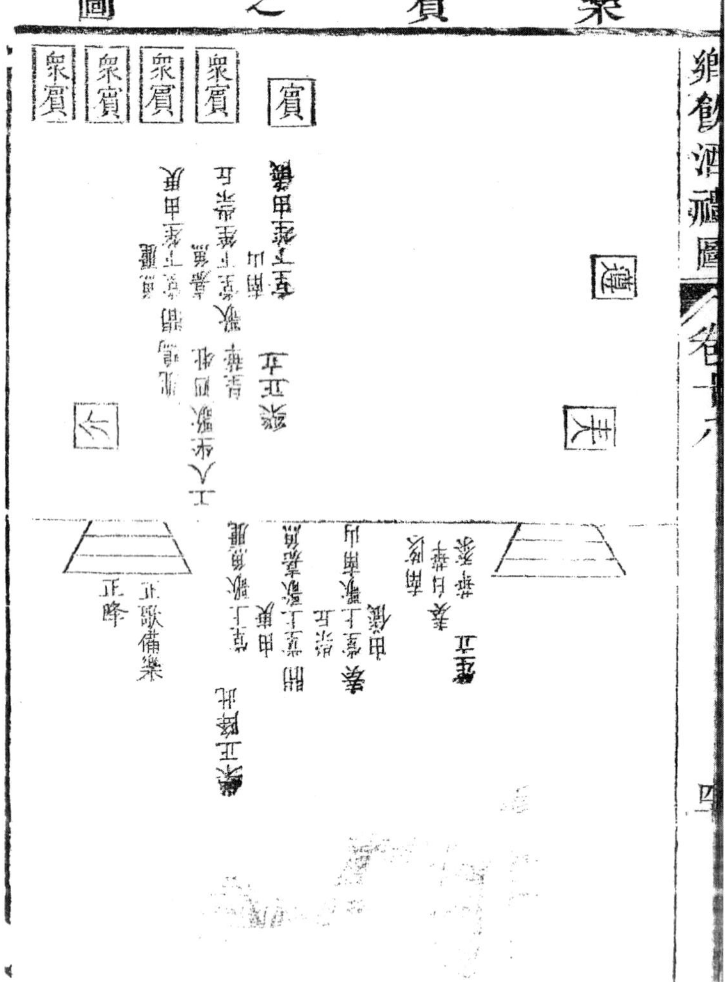

樂賓之圖
鄉飲酒禮圖
四
遵
賓
衆賓
衆賓
衆賓
衆賓

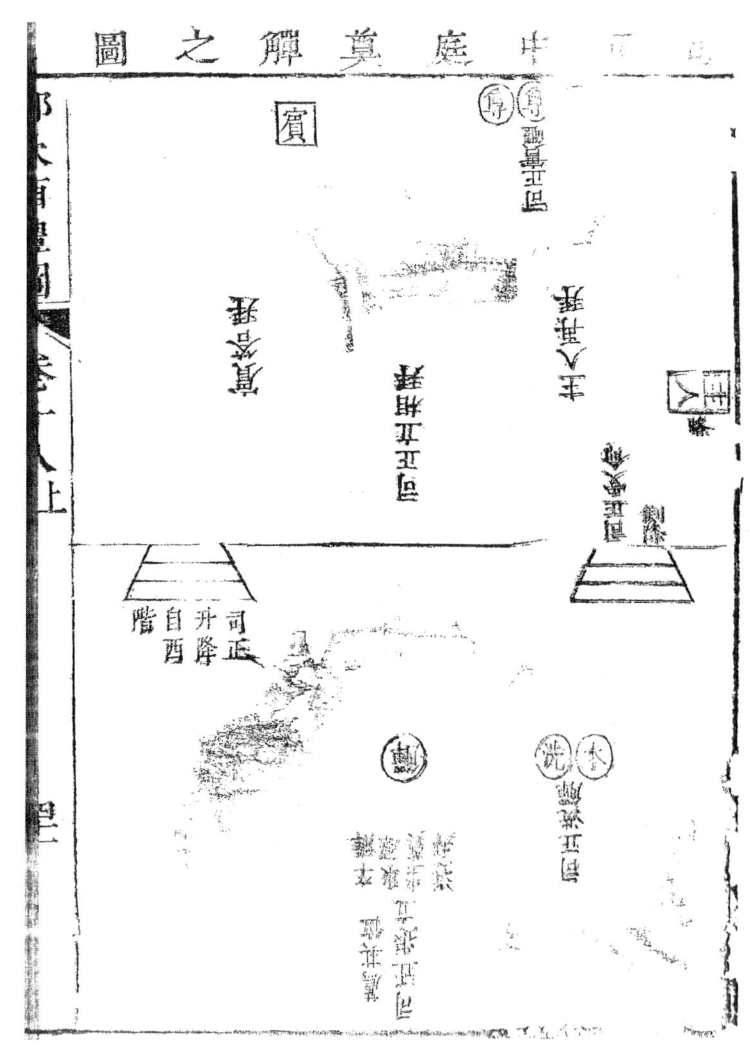

司正中庭奠觶之圖
賓
司正升降自西階

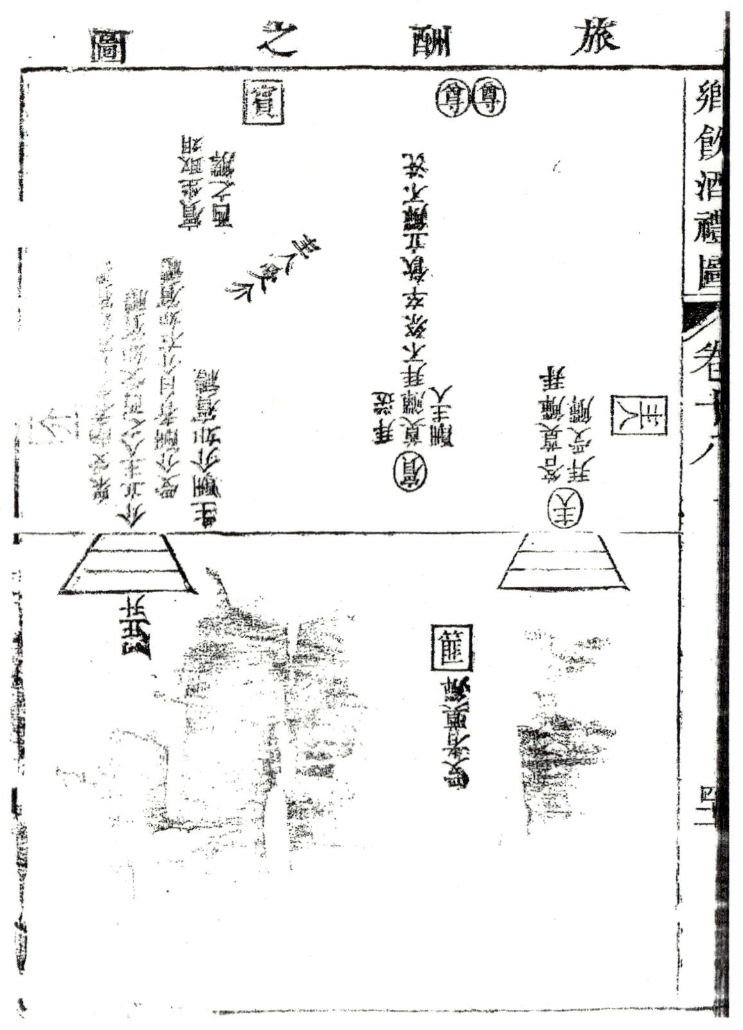
旅酬之圖
鄉飲酒禮圖

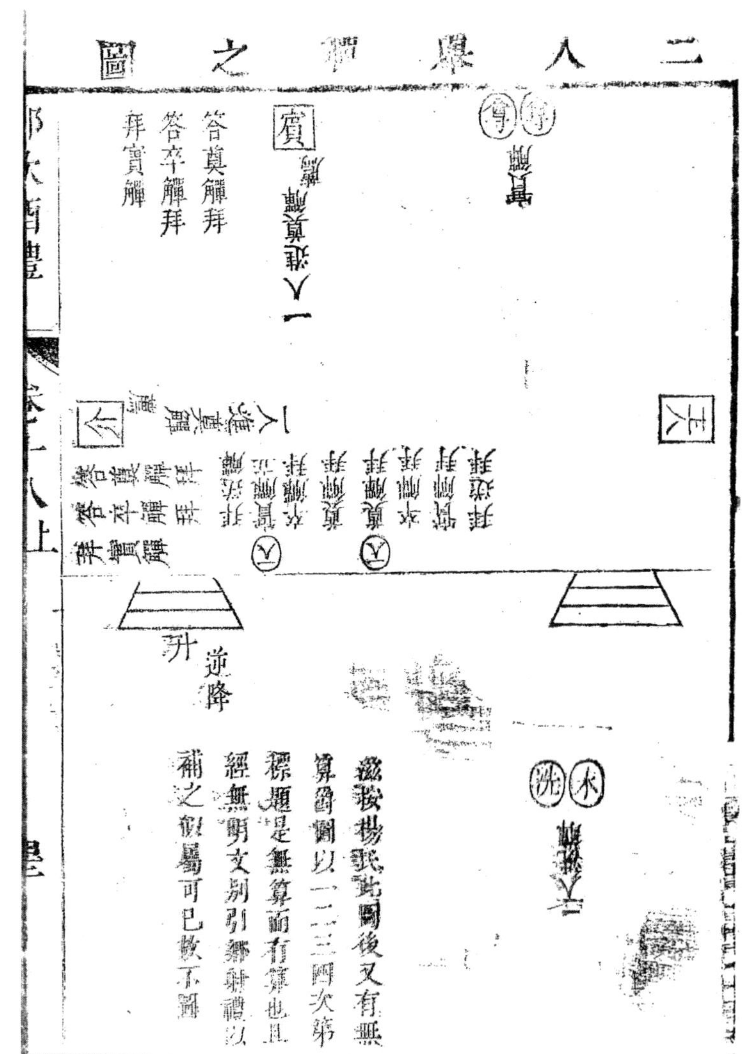
二人舉觶之圖
賓
一人進奠觶
答奠觶拜
答卒觶拜
拜賓觶
主人
介
一人進奠觶
逆降
洗
水
敖按楊氏此圖後又有無算爵圖以一二三四次第標題是無算而有算也且經無明文別引鄉射禮以補之似屬可已故不圖

爵

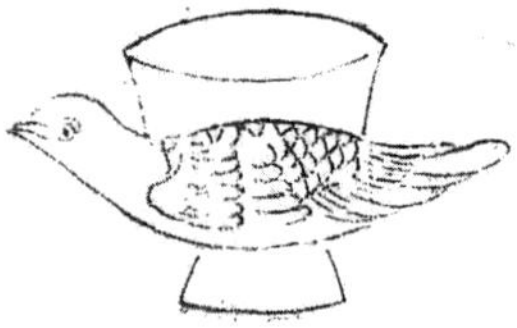

觶

儀禮節略第十九卷

圖中

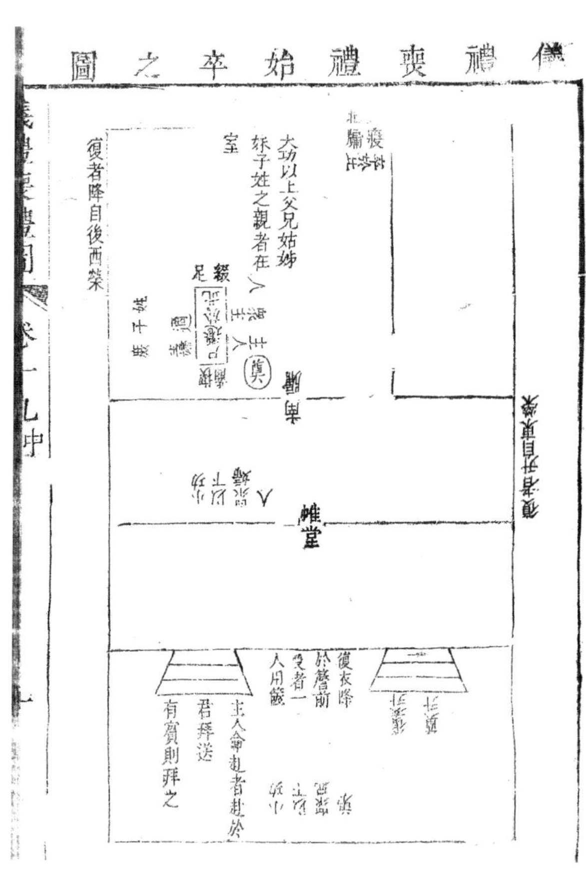
儀禮喪禮始卒之圖
大功以上父兄姑姊妹子姓之親者在室
復者降自後西榮
主人
衆主人
綴足
堂
君拜送
有賓則拜之
復衣降
受者一人用篋

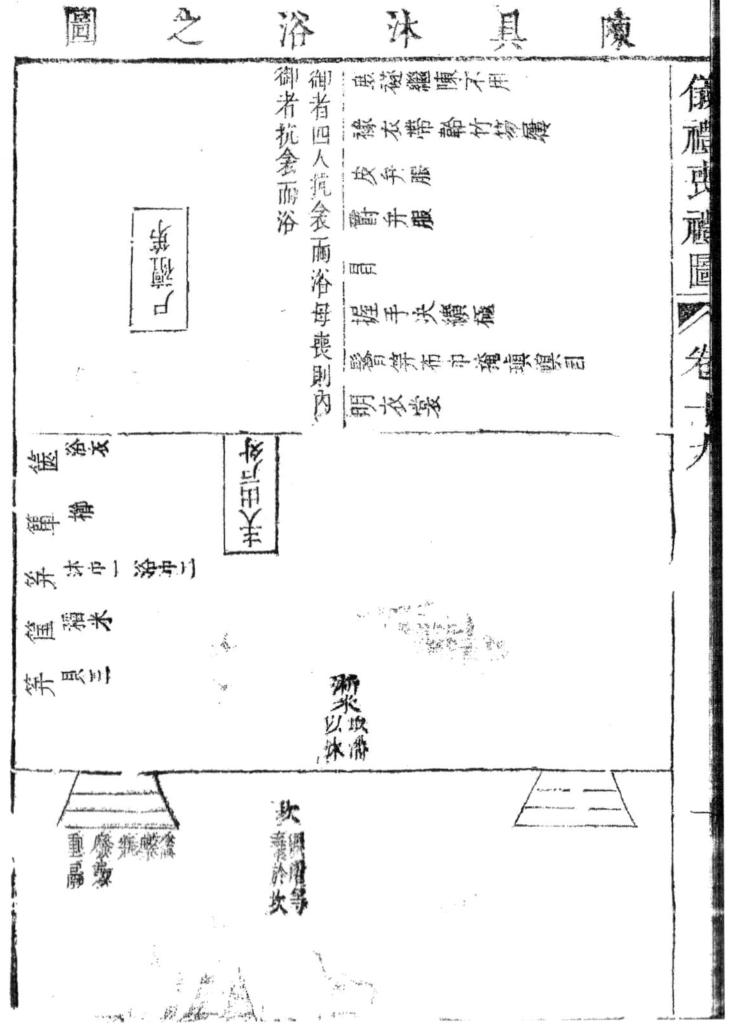
陳具沐浴之圖
儀禮喪禮圖
御者四人抗衾而浴母喪則內
御者抗衾而浴

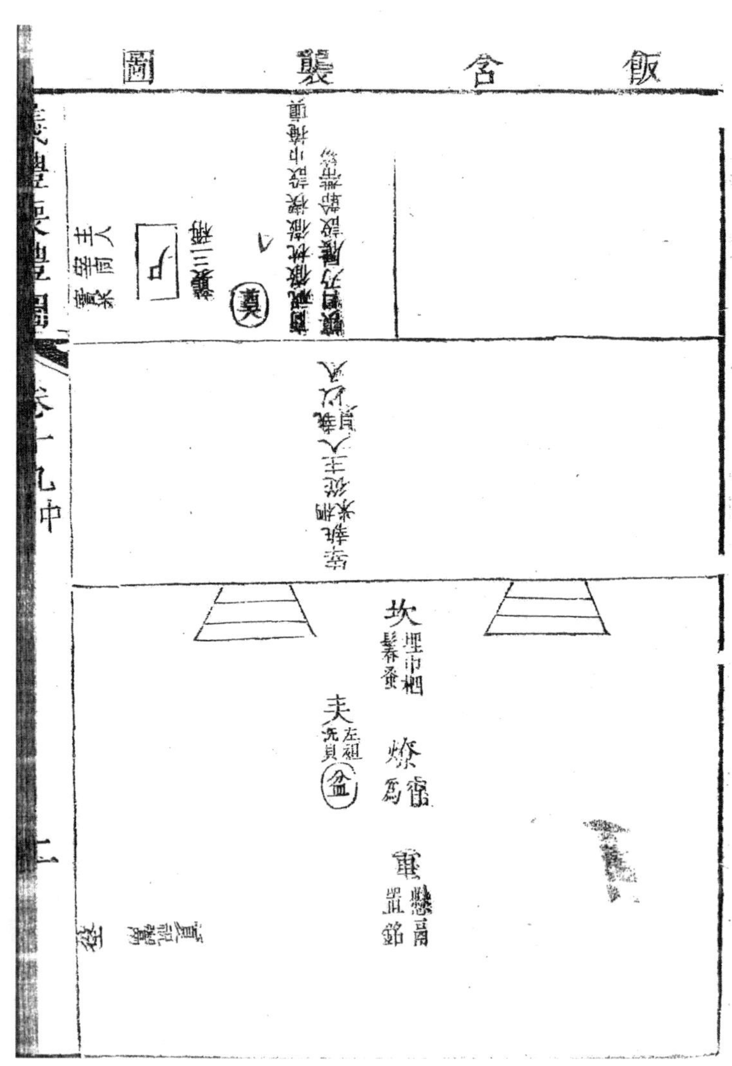
飯含襲圖

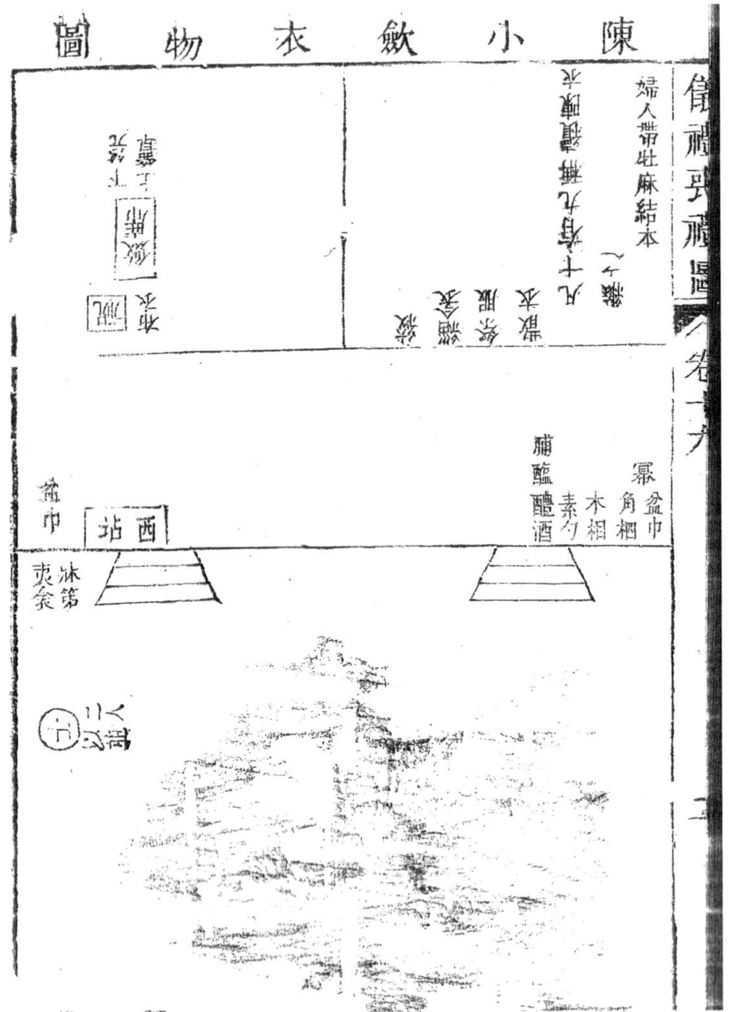
陳小斂衣物圖
盆巾
西坫
牀第
夷衾
素勺
醴酒

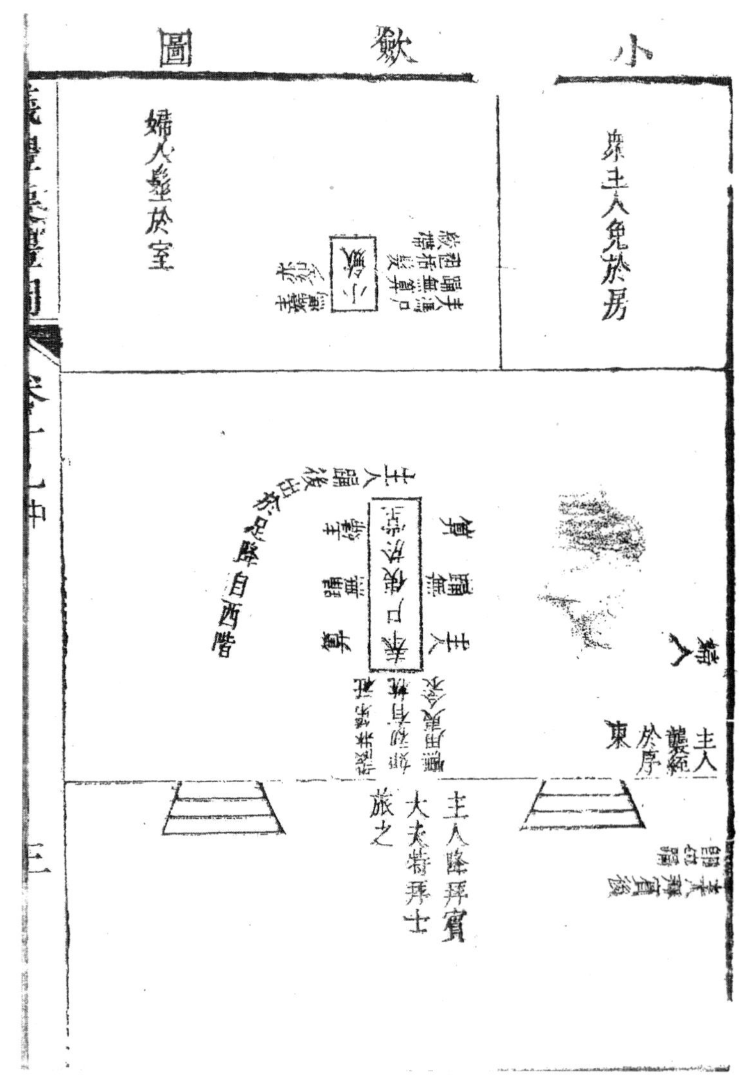
小斂圖
婦人髽於室
主人免於房
主人襲絰於序東
主人降拜賓
大夫特拜士
旅之
主人踊後出於足降自西階

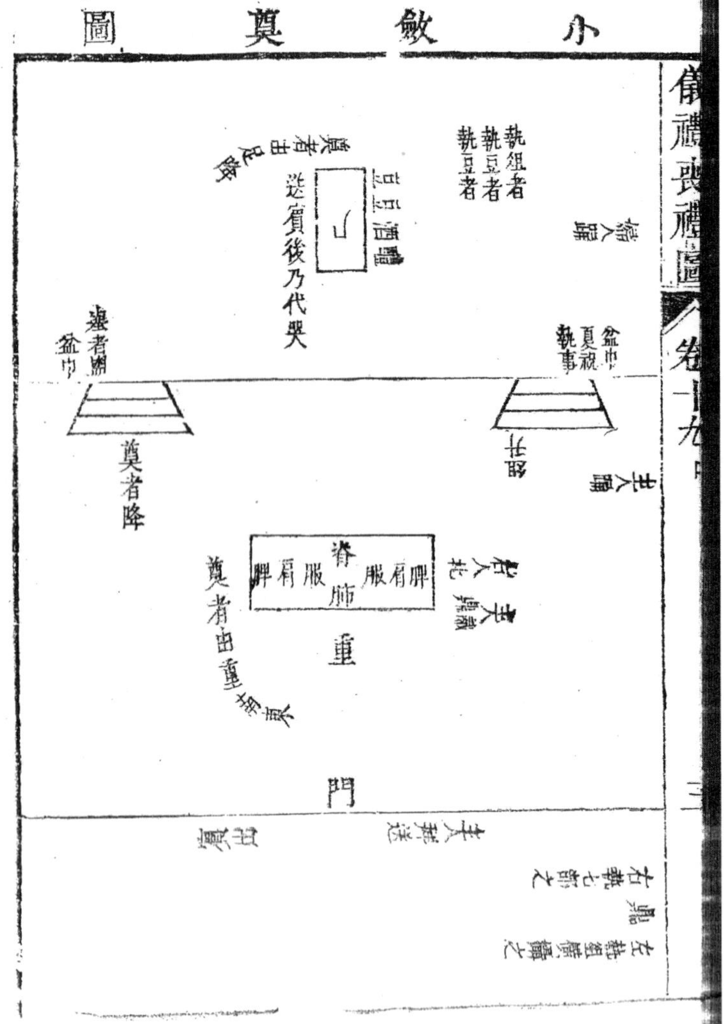
小斂奠圖
儀禮喪禮圖　卷十九
執俎者
執豆者
執豆者
婦人踊
奠者由足降
主人踊
重
奠者降
門
右執匕卻之
左執俎横攝之

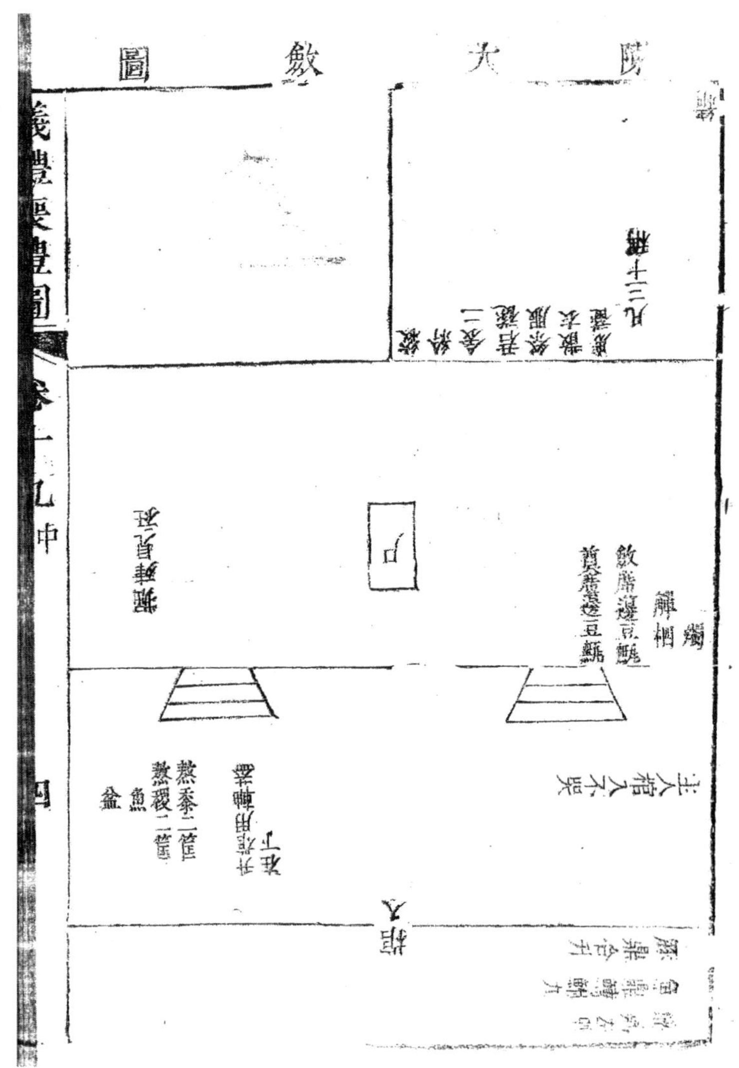
陳大斂圖

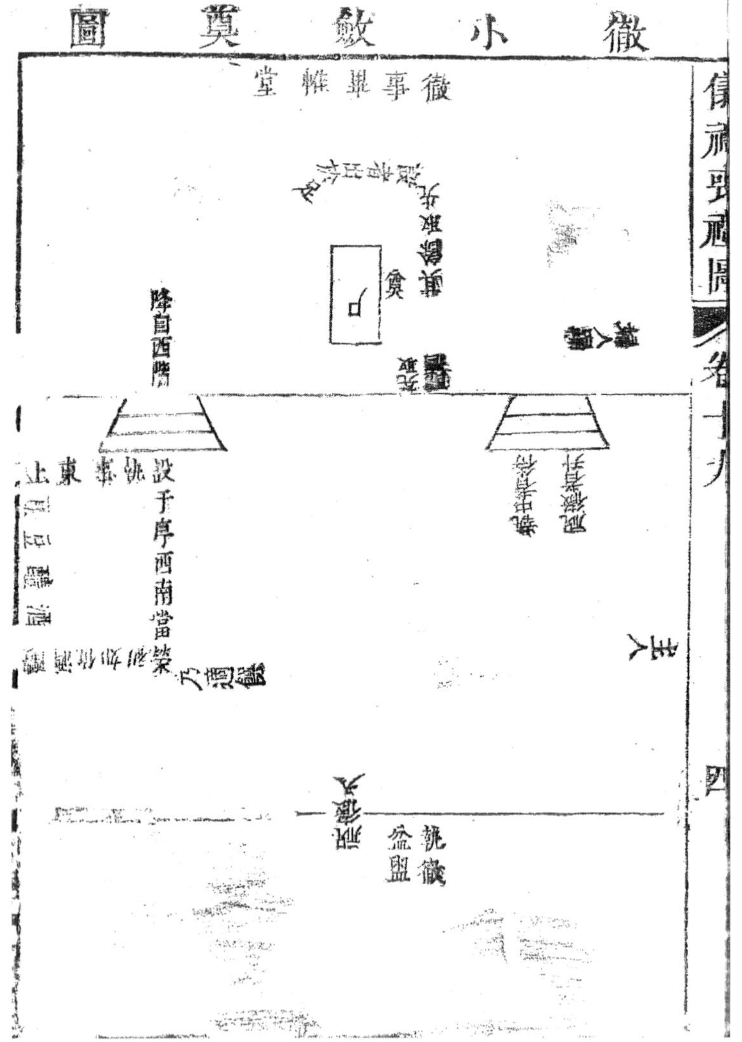
徹小斂奠圖
降自西階
主人

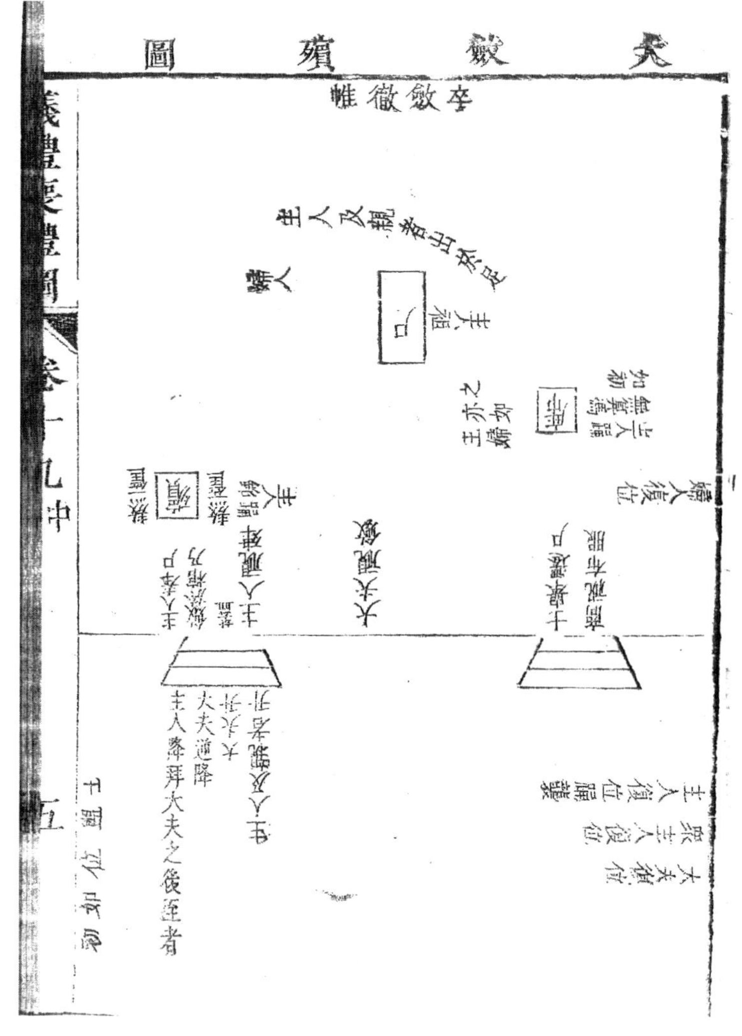
大斂殯圖
卒斂徹帷
婦人復位
大夫視斂
大夫復位
衆主人復位
主人復位踊襲

儀禮喪禮圖　卷十八

大斂奠圖

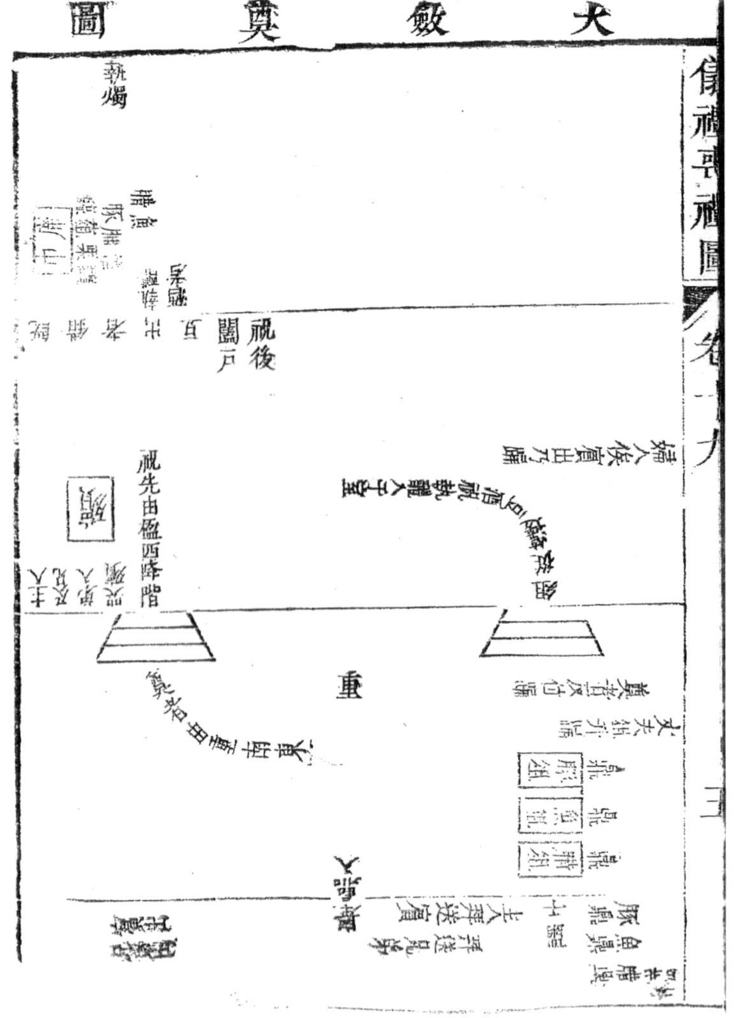

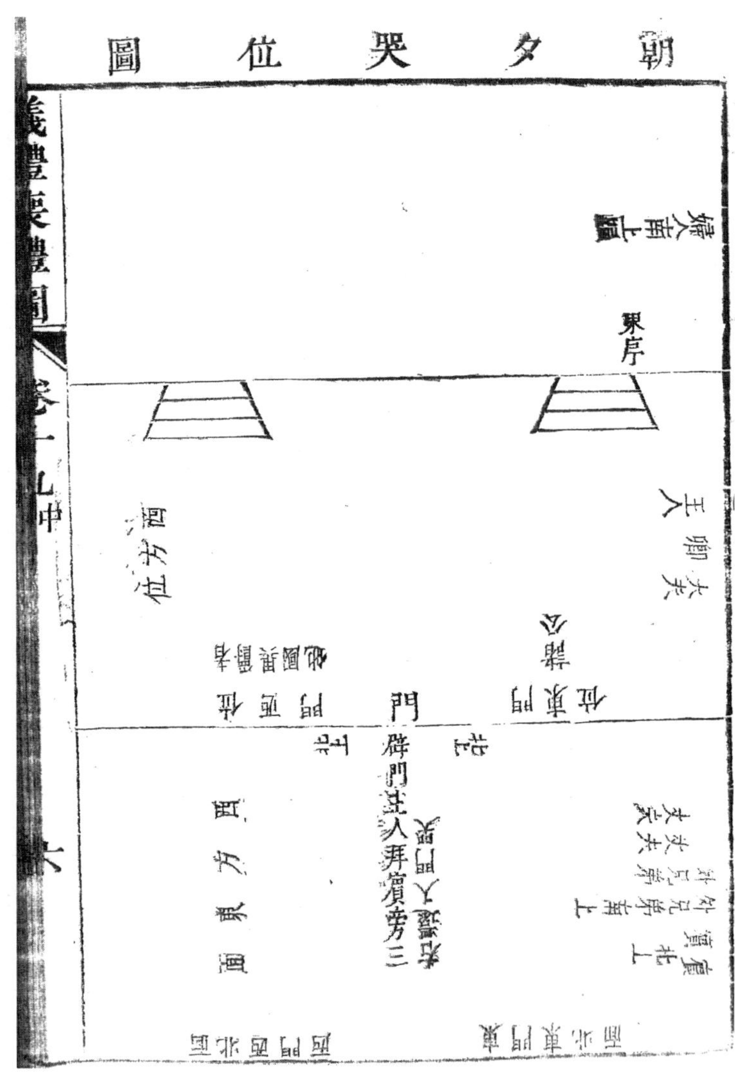
朝夕哭位圖

徹大斂奠圖

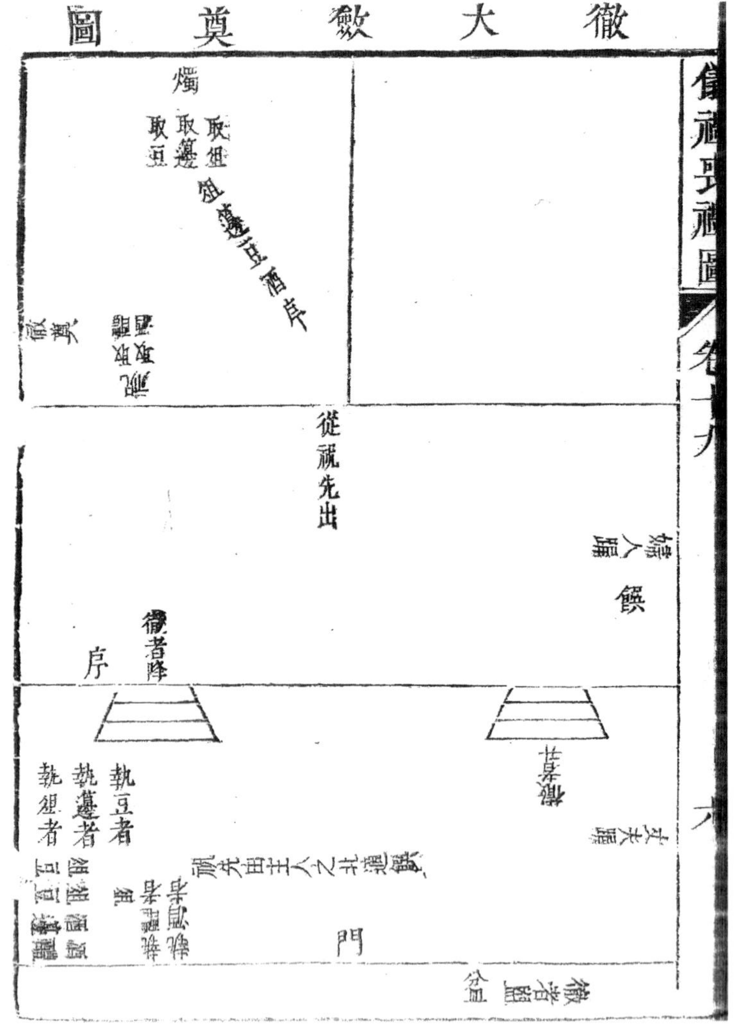

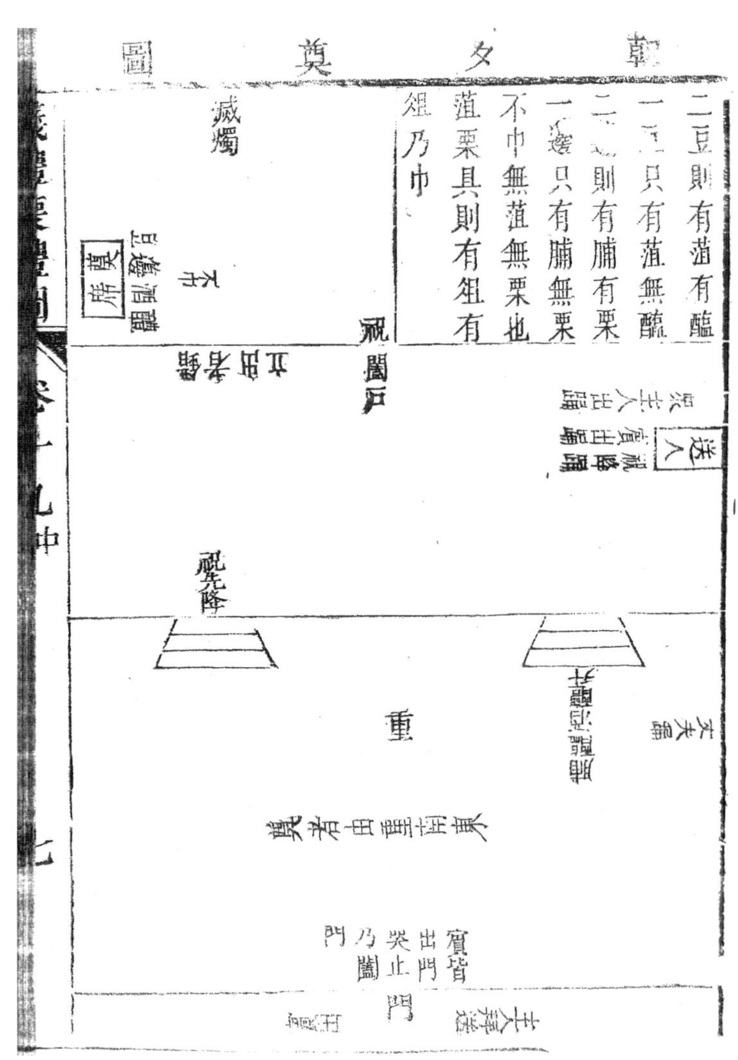
朝夕奠圖
二豆籩有菹有醢
二豆只有菹無醢
二籩則有脯有栗
一籩只有脯無栗
不巾無菹無栗也
菹栗具則有俎有
俎乃巾
滅燭

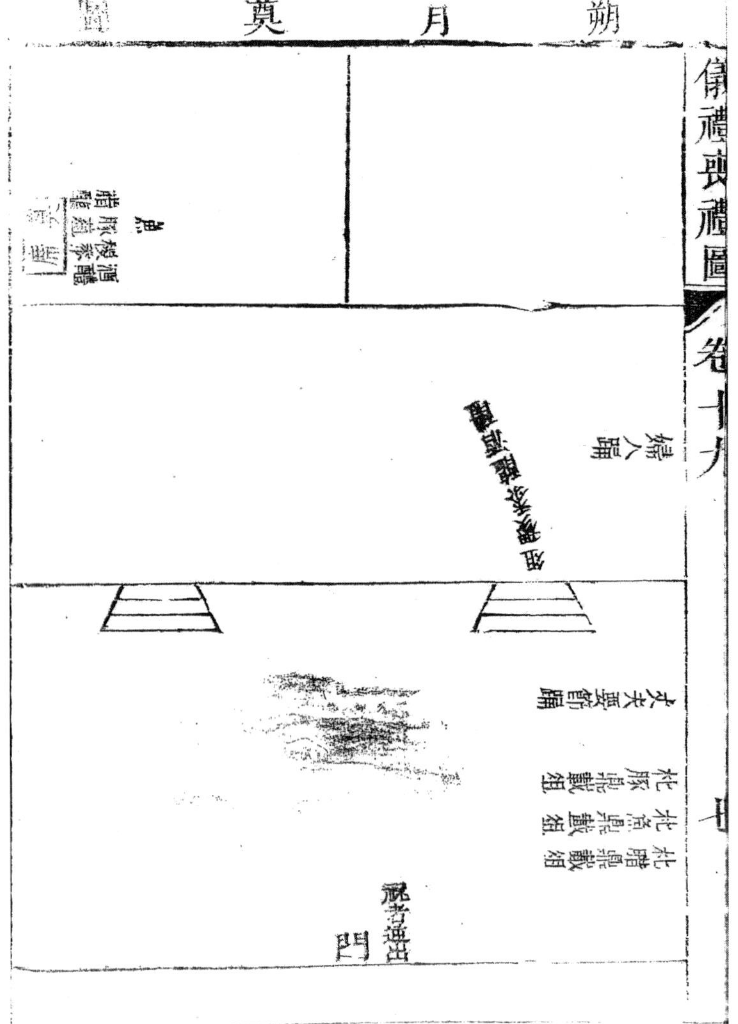
朔月奠圖
儀禮喪禮圖　卷十八
婦人踊
大夫要節踊
門

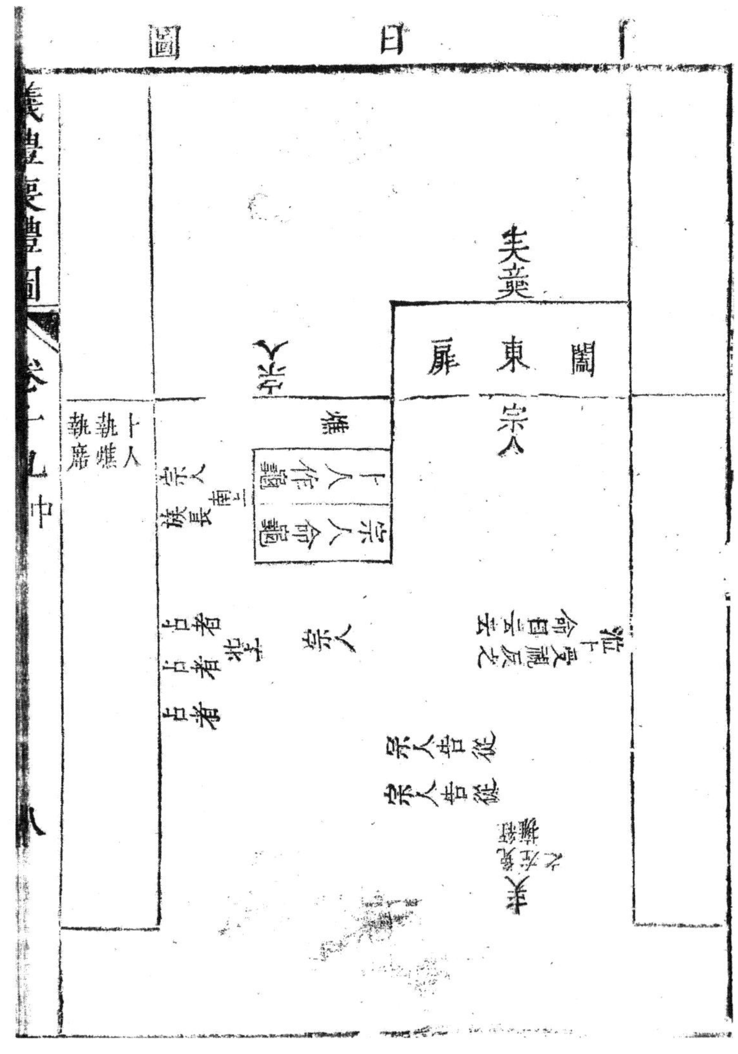

啓殯圖

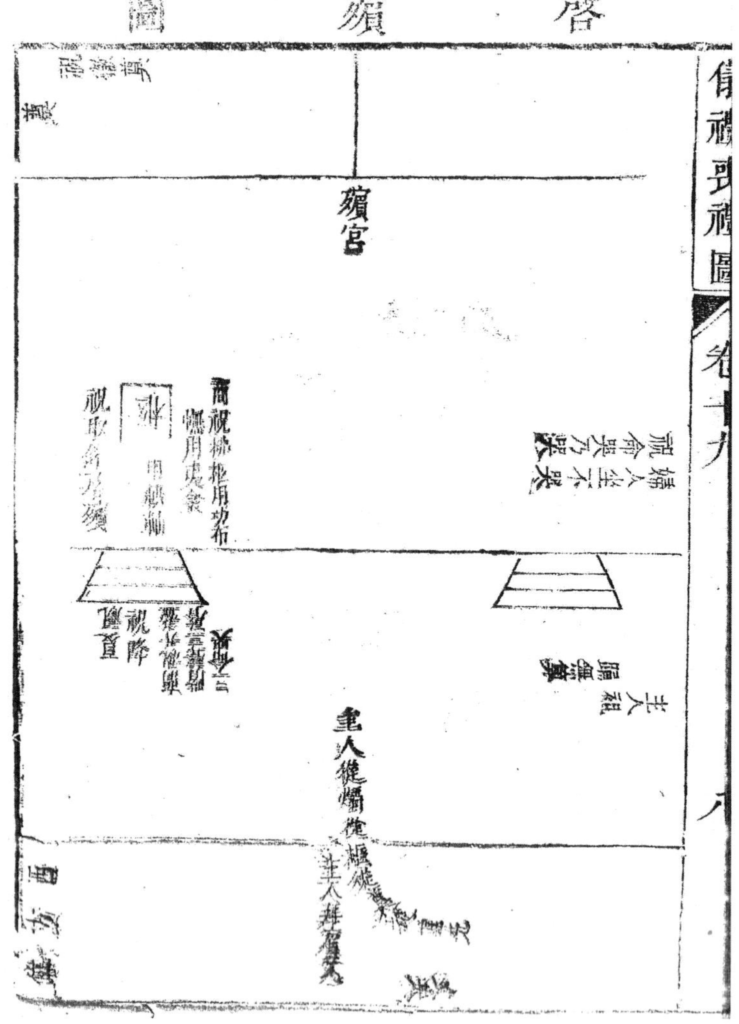

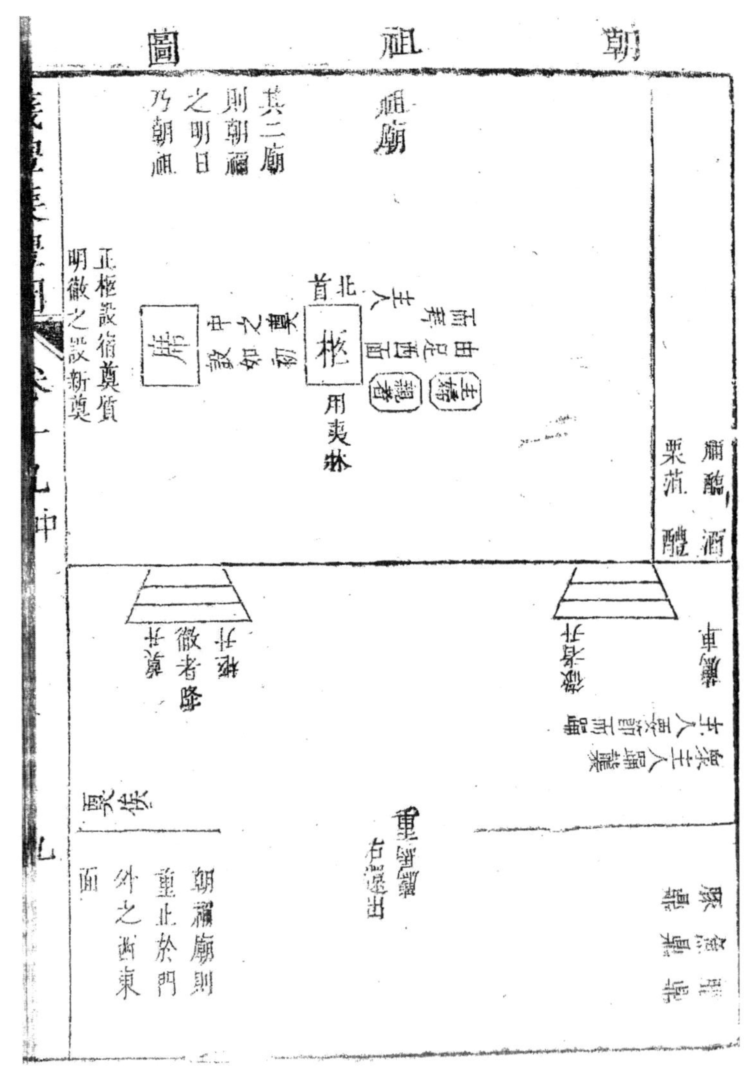
朝祖圖
祖廟
其二廟則朝禰之明日乃朝祖
柩
用夷牀
主人
北首

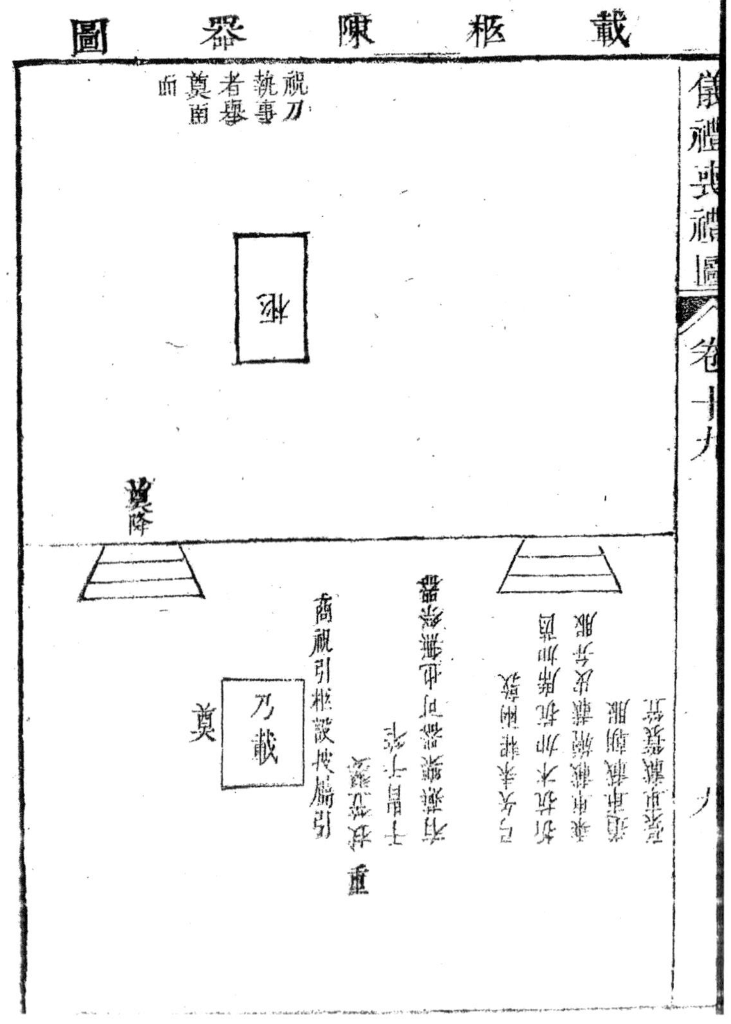
載柩陳器圖
儀禮喪禮圖
柩
乃載
奠

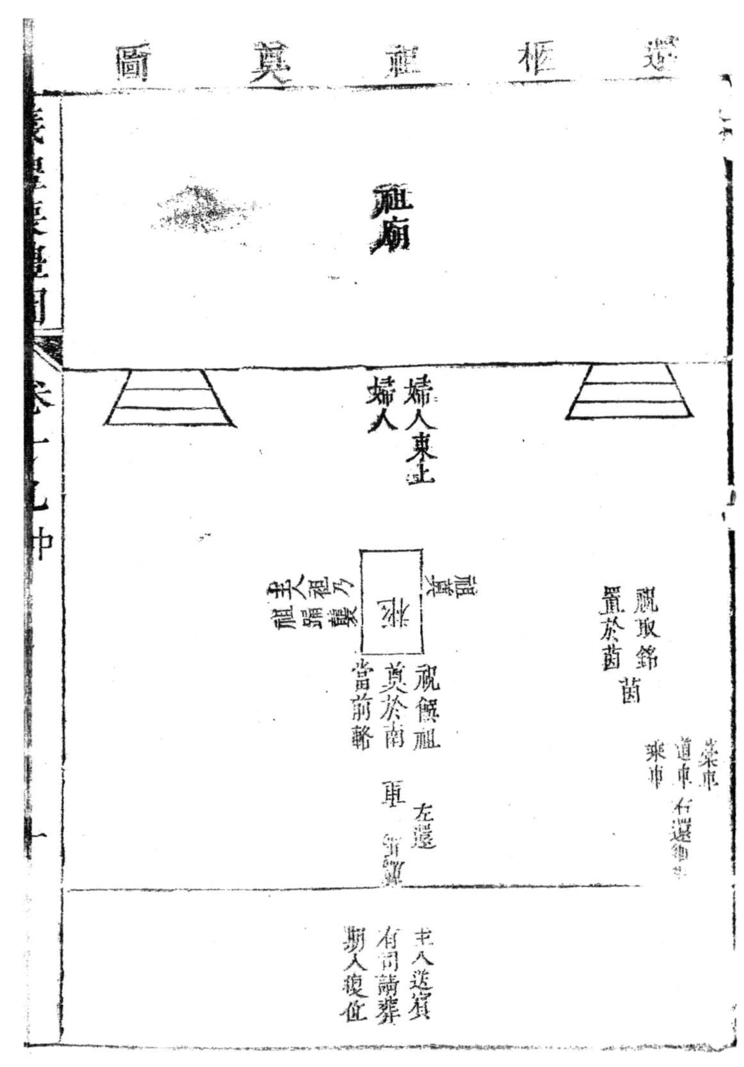
遷柩朝祖奠圖
祖廟
婦人東上
婦人
祖奠
柩
乃祖
主人踊襲
祖
柩取銘
置於茵
茵
柩無祖
奠於南
當前輅
車
左還
南前
槀車
道車
乘車
右還御
主人送賓
有司請葬
期入復位

遣奠圖

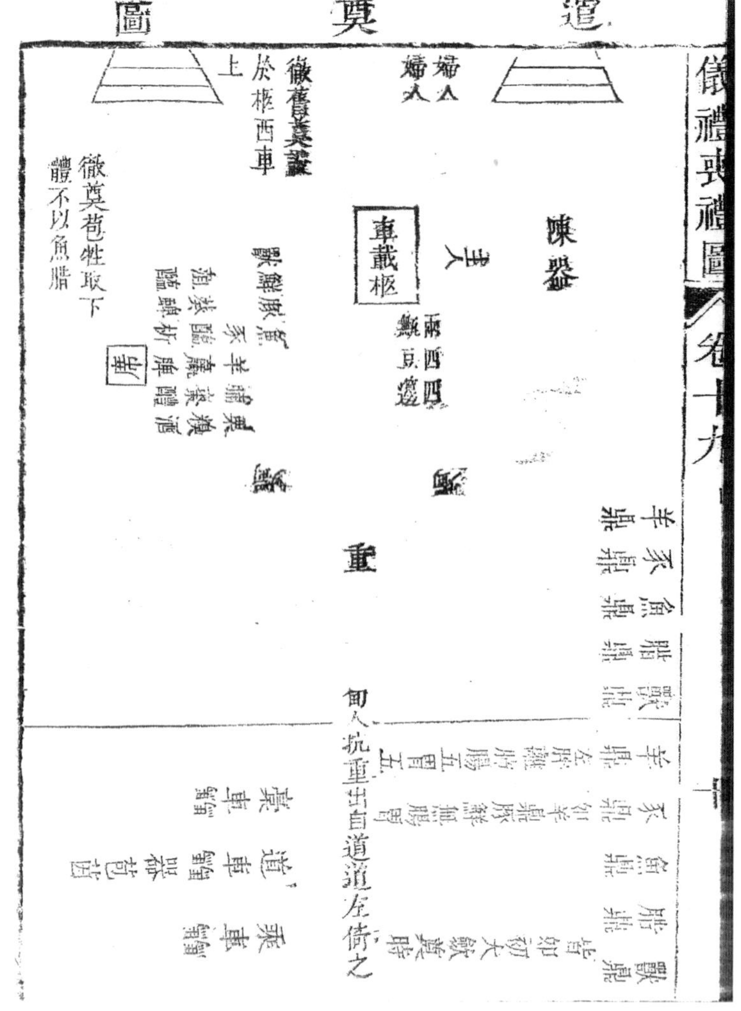
羊鼎　豕鼎　魚鼎　腊鼎　鮮獸鼎
羊鼎　豕鼎　魚鼎　腊鼎　鮮獸鼎
陳器
主人
婦人
車載柩
重
徹舊奠於柩西車上
徹奠苞牲取下體不以魚腊
甸人抗重出自道道左倚之
藁車　道車　乘車

反哭於祖廟

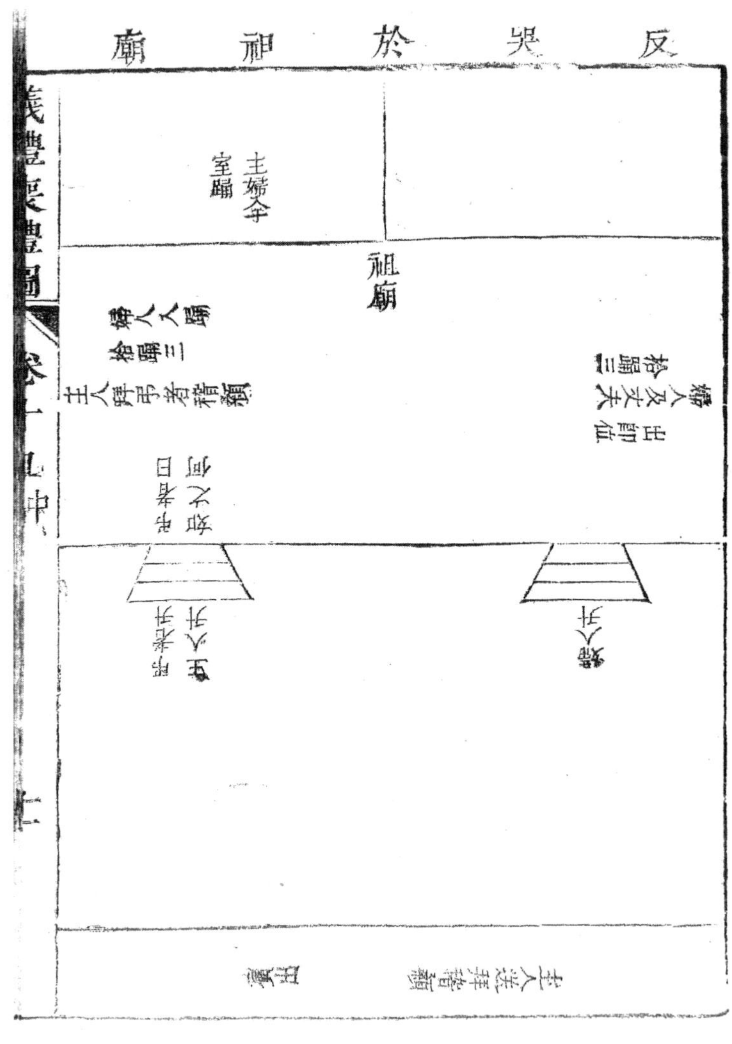

遂適殯宮圖

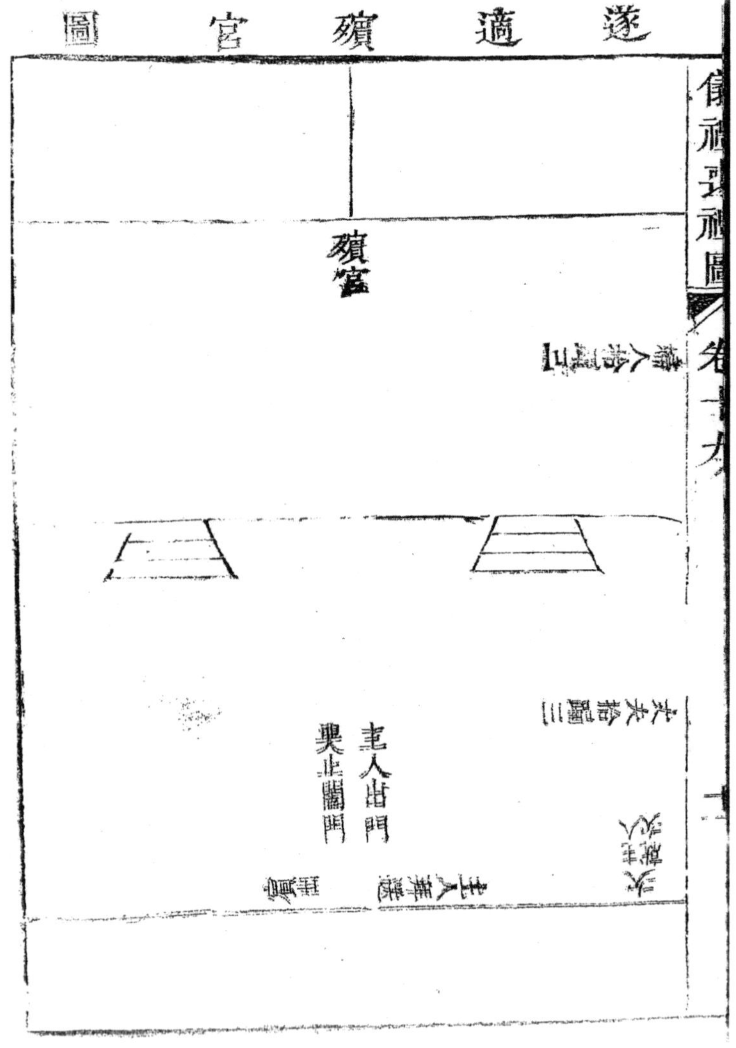

虞祭陳牲及器圖

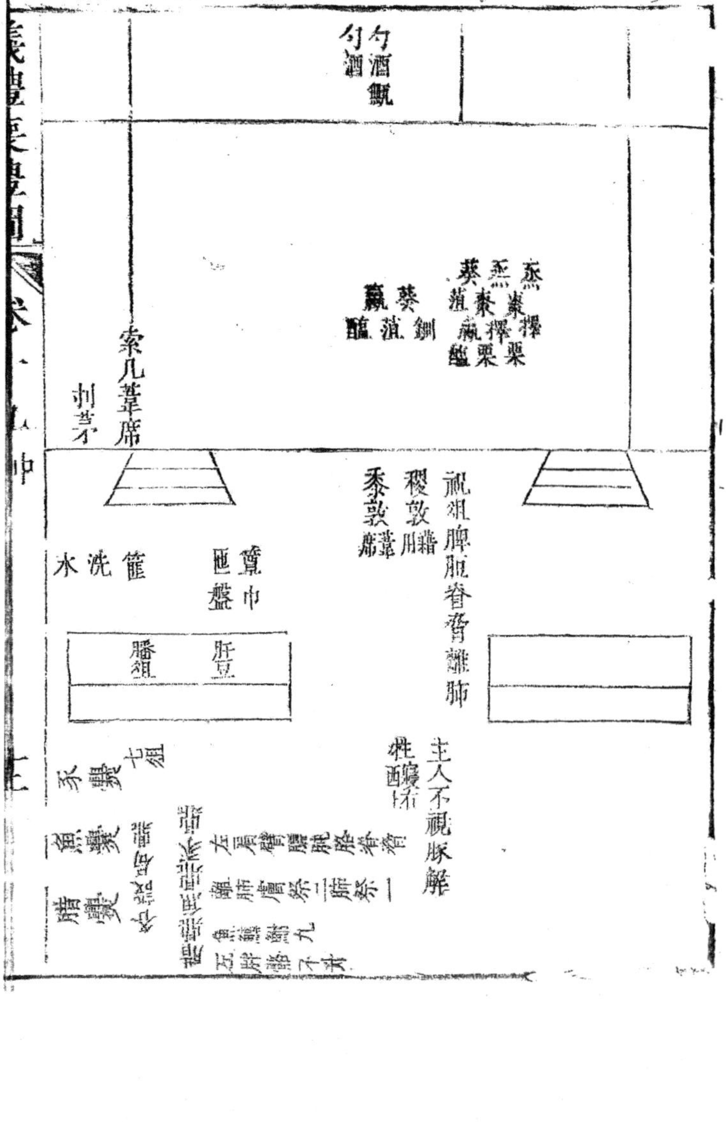

勺酒甒
勺酒

葵菹 蠃醢 鉶
黍 稷 棗 擇 栗
葵菹 蠃醢

索几葦席
刌茅

祝俎 脾 脡脊 脅 離肺
稷 敦用藉 黍 敦 藉用葦

水 洗 篚
簞巾 匜盤

膳 俎
豆 肝

主人不視豚解
牲 腥 不

七俎
豕 鼎
魚 鼎
腊 鼎

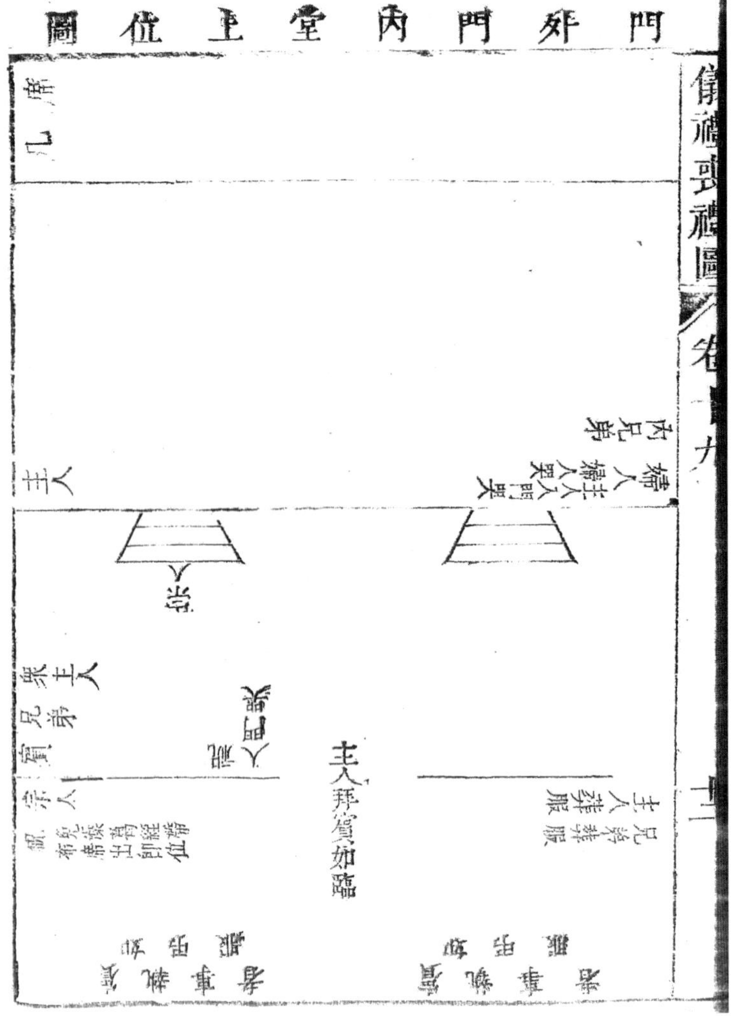
門外門內堂上位圖
儀禮喪禮圖　卷十
内兄弟
主人
衆主人
兄弟
賓
主人拜賓如臨

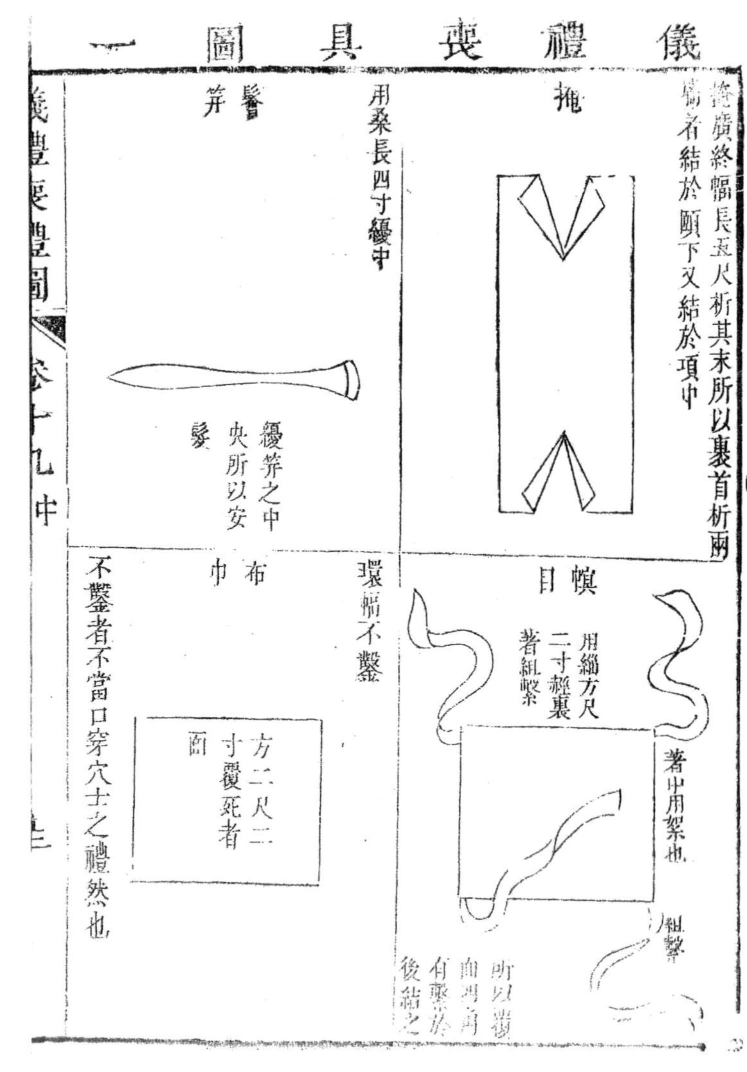
儀禮喪具圖一
儀禮喪禮圖 卷十九中
掩
掩廣終幅長五尺析其末所以裹首析兩端者結於頤下又結於項中
鬠笄
用桑長四寸纋中
纋笄之中央所以安髮
幎目
用緇方尺二寸赬裏著組繫
著中用絮也
組繫
所以覆面四角有繫於後結之
布巾
環幅不鑿
方二尺二寸覆死者面
不鑿者不當口穿穴士之禮然也

儀禮喪具圖二

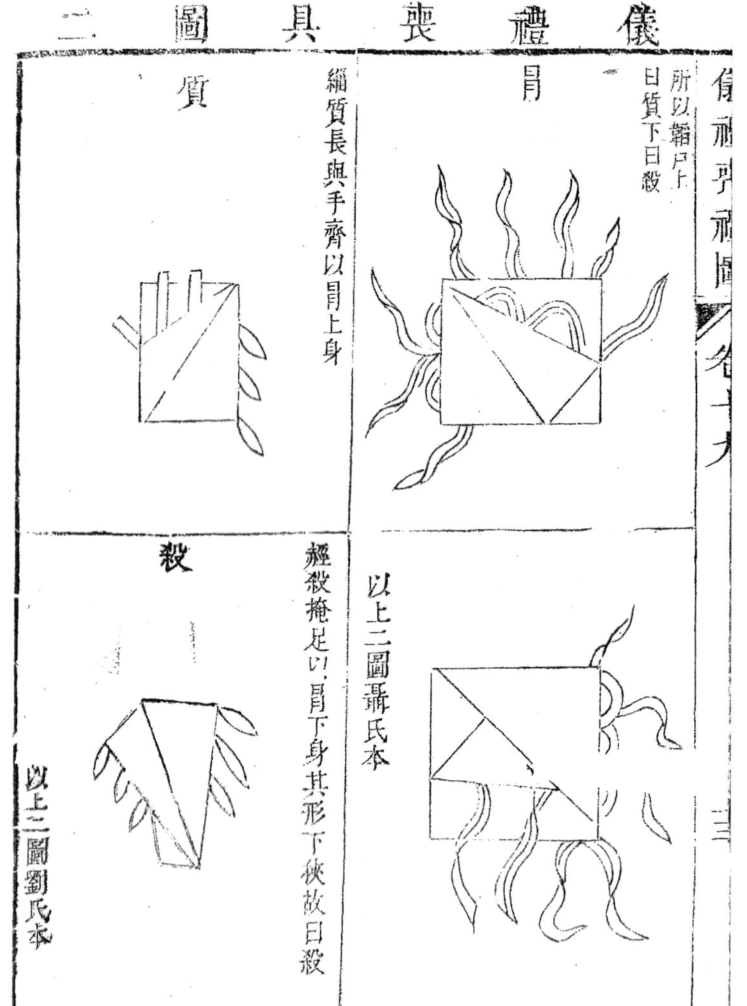
冒
所以韜尸上曰質下曰殺
質
緇質長與手齊以冒上身
以上二圖聶氏本
殺
經殺掩足以冒下身其形下狹故曰殺
以上二圖劉氏本
儀禮喪禮圖　卷十六
三

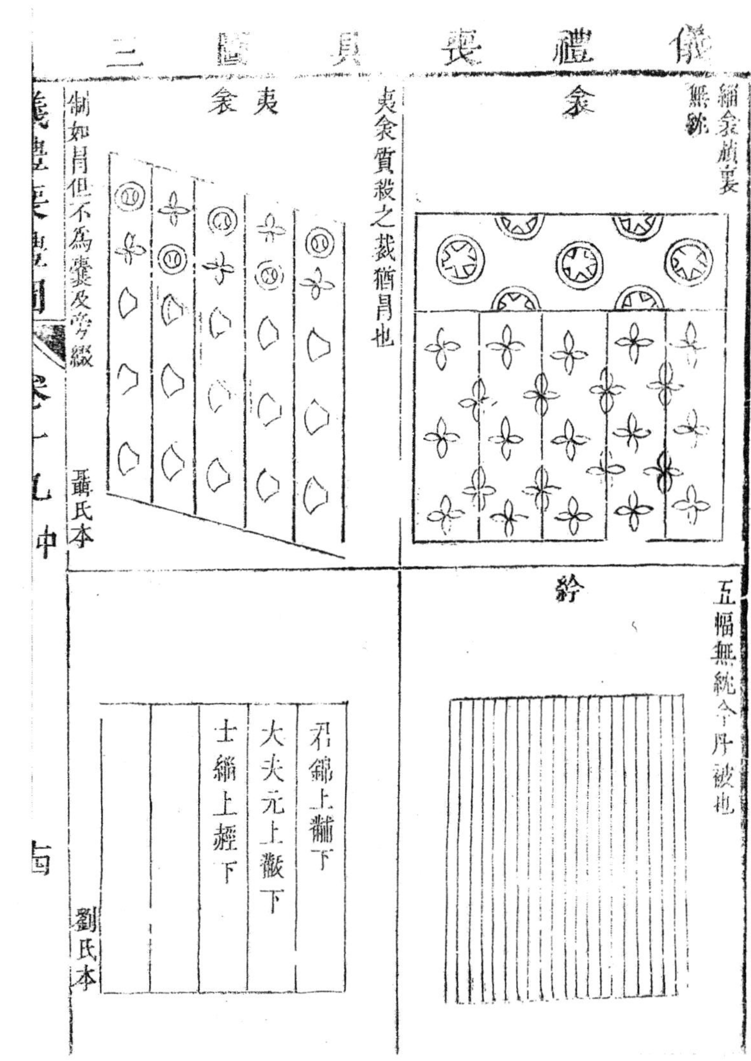
儀禮喪服圖三
衾
緇衾赬裏無紞
夷衾
夷衾質殺之裁猶冒也
制如冒但不爲囊及旁綴
聶氏本
紟
五幅無紞今丹被也
君錦上黼下
大夫玄上黻下
士緇上赬下
劉氏本

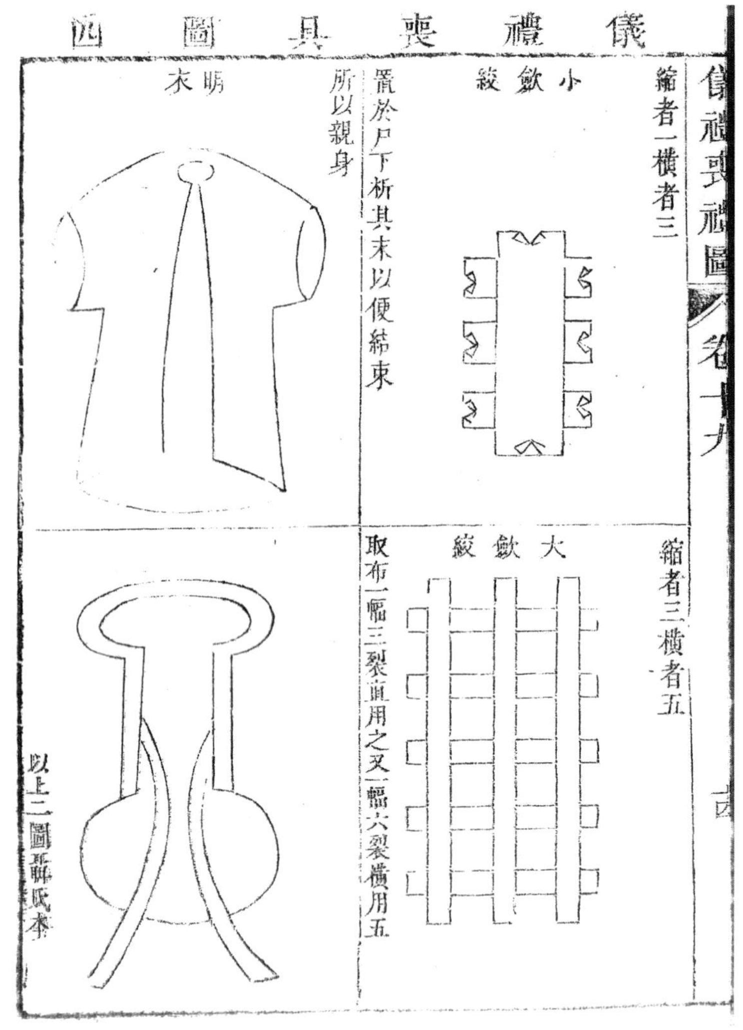
儀禮喪具圖四
儀禮喪禮圖　卷十六
十四
小斂絞
縮者一横者三
置於尸下析其末以便結束
明衣
所以親身
大斂絞
縮者三横者五
取布一幅三裂直用之又一幅六裂横用五
以上二圖聶氏本

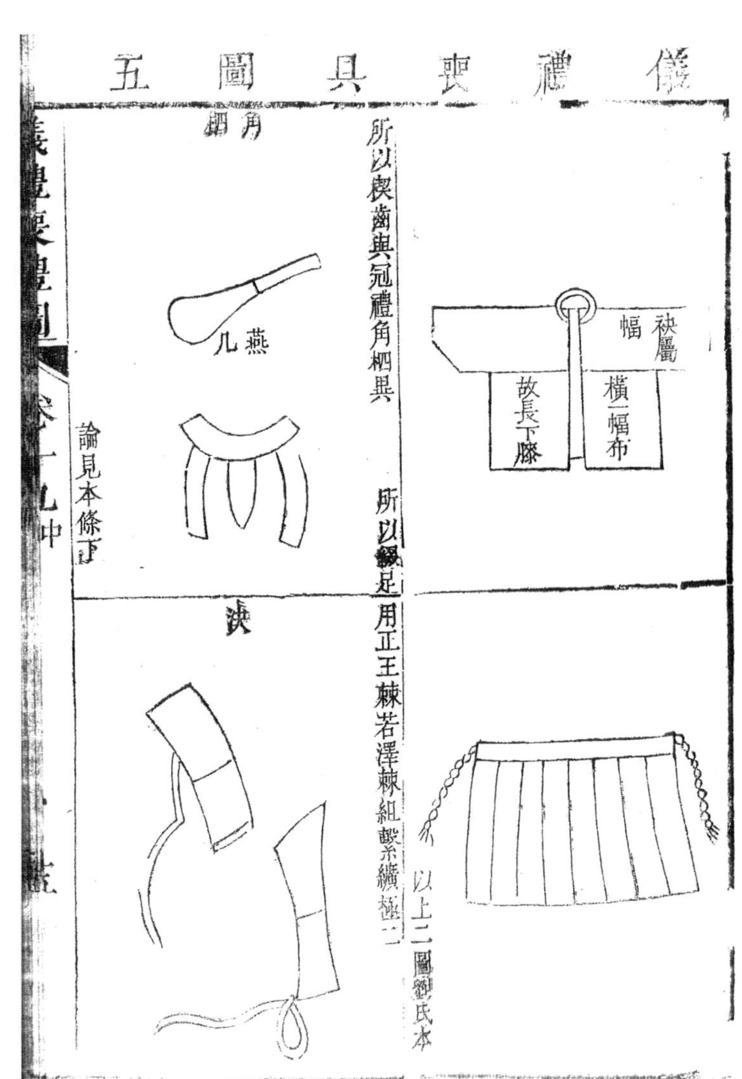
儀禮喪服圖五
角柶
燕几
所以楔齒與冠禮角柶異
論見本條下
袂屬幅
横一幅布
故長下膝
決
所以綴足用正王棘若擇棘組繫纊極二
以上二圖劉氏本
儀禮喪禮圖 卷十九中

儀禮喪具圖六

決與極皆所以射用於右手象生時所有事也

用元纁長二寸廣五寸牢中旁寸著組繫

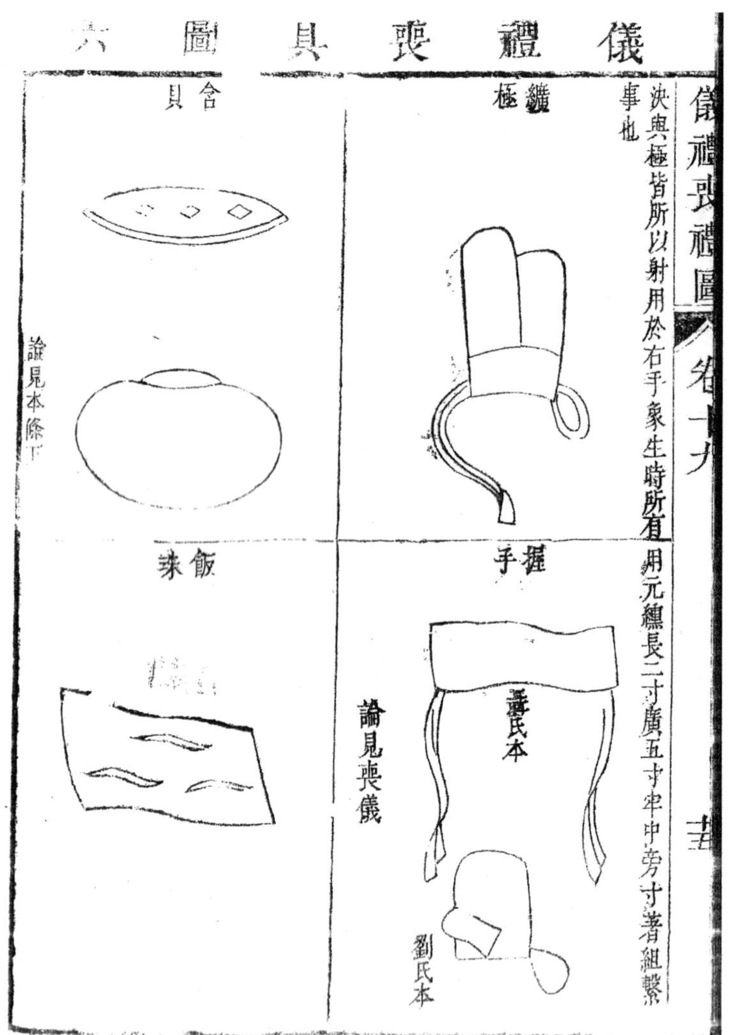

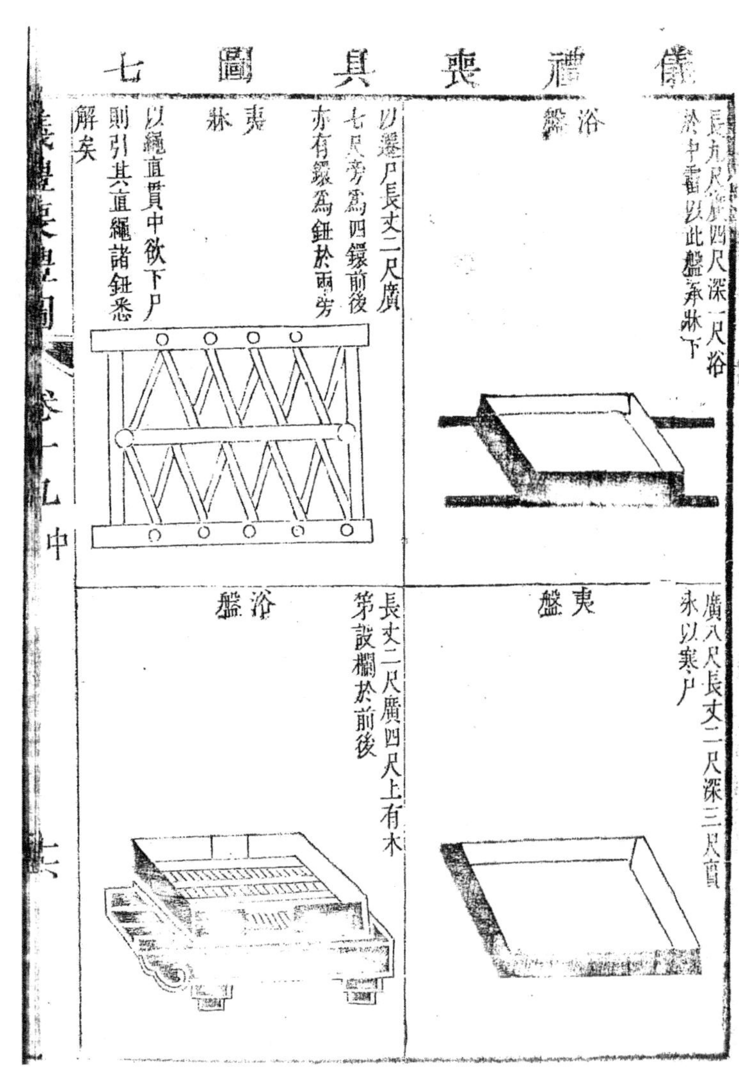
儀禮喪具圖七
浴盤
長九尺廣四尺深一尺浴於中霤以此盤承牀下
夷牀
以遷尸長丈二尺廣七尺旁爲四鐶前後亦有鐶爲鈕於兩旁以繩直貫中欲下尸則引其直繩諸鈕悉解矣
夷盤
廣八尺長丈二尺深三尺實氷以寒尸
浴盤
長丈二尺廣四尺上有木笫設欄於前後
儀禮喪具圖　卷十九中

儀禮喪具圖八

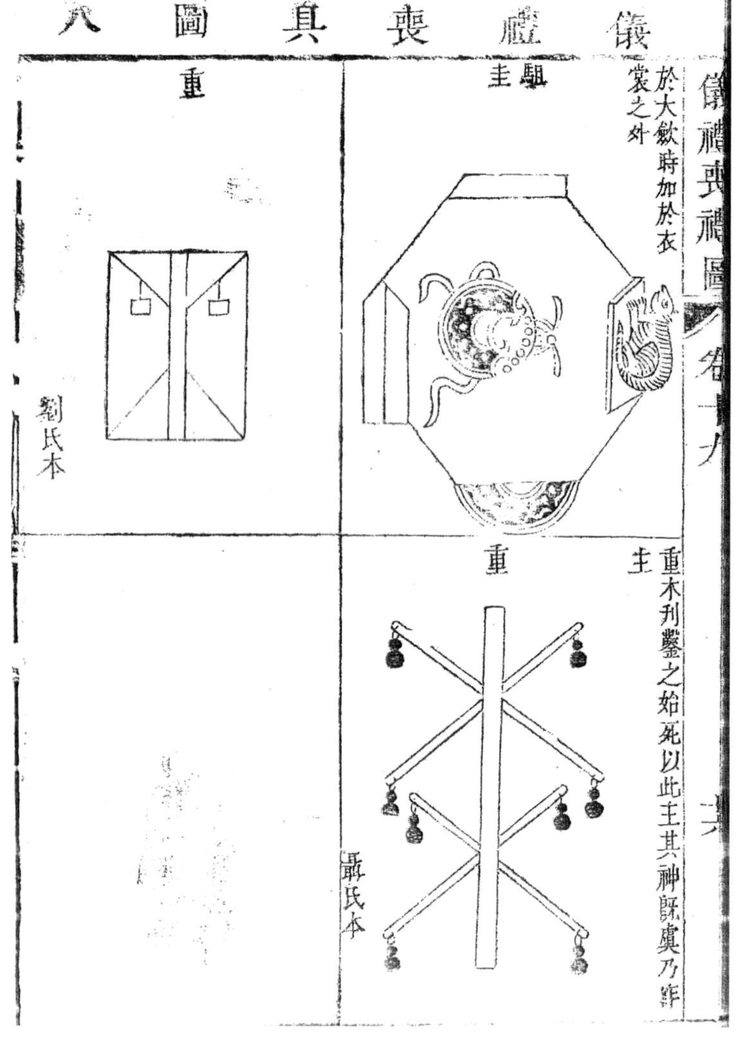

儀禮喪具圖九

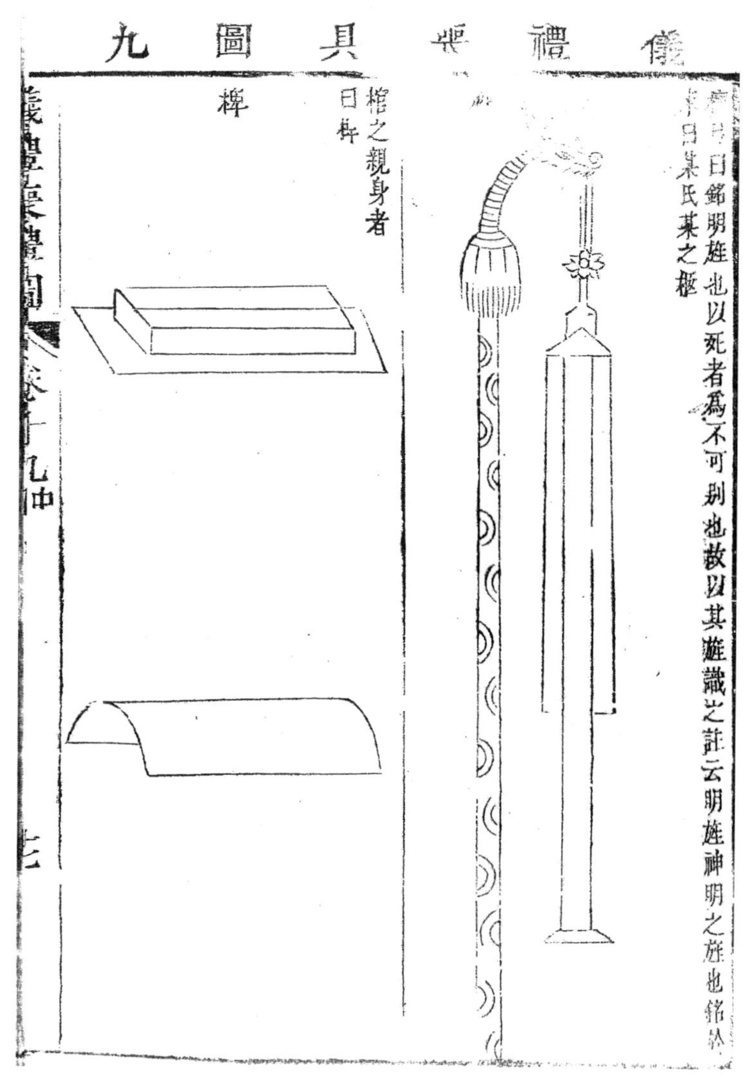

曰銘明旌也以死者爲不可别也故以其旗識之註云明旌神明之旌也銘於
曰某氏某之柩
棺之親身者曰椑
椑

儀禮喪具圖十

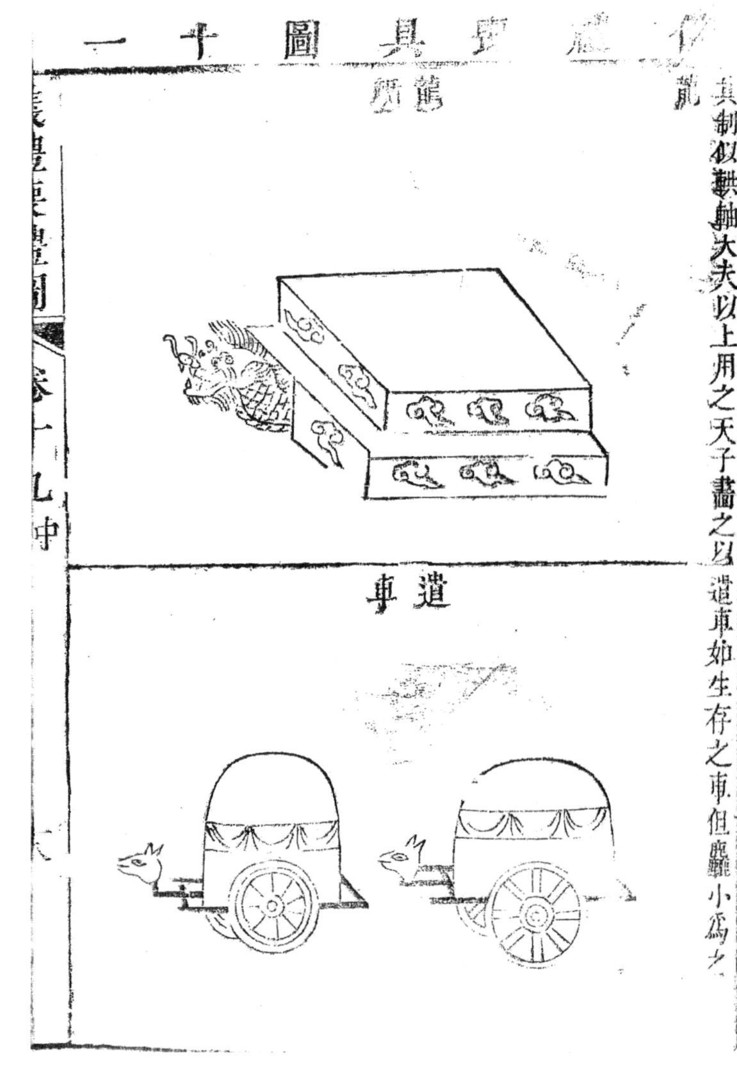
儀禮喪具圖十一
龍輴
輴其制似轉軸大夫以上用之天子畫之以龍
遣車
遣車如生存之車但麤小爲之
儀禮喪禮圖
卷十九中

儀禮喪具

儀禮喪禮圖　卷十

圖 十 二
車
儀禮喪禮圖
大

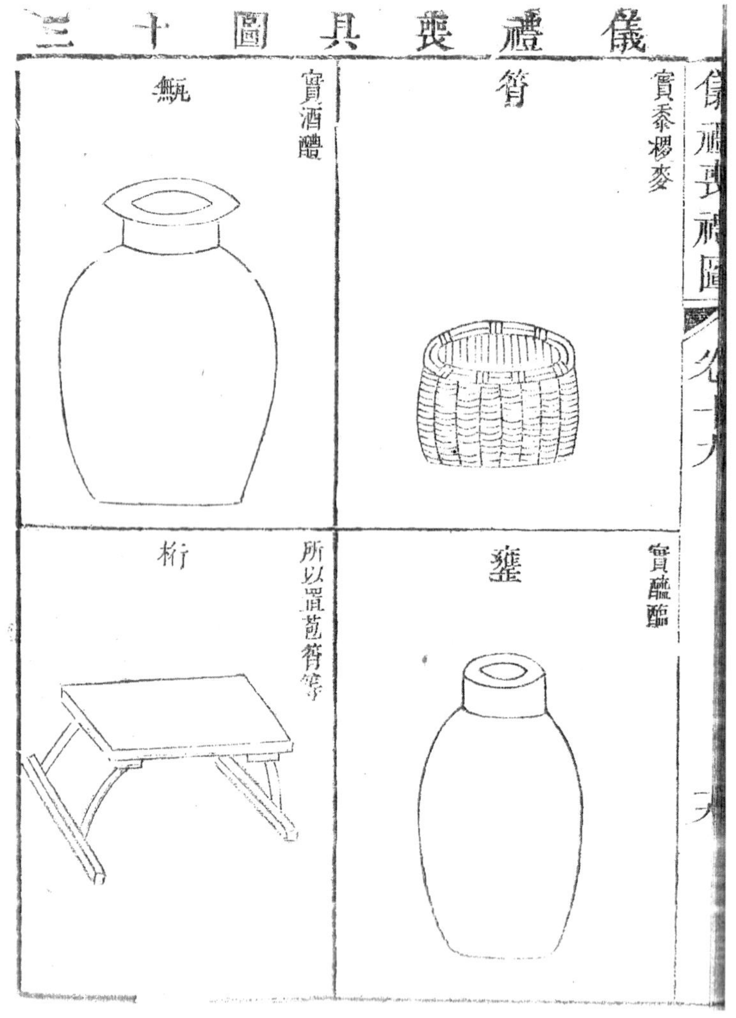
儀禮喪具圖十三
筲
實黍稷麥
甒
實酒醴
甕
實醯醢
桁
所以置苞筲等

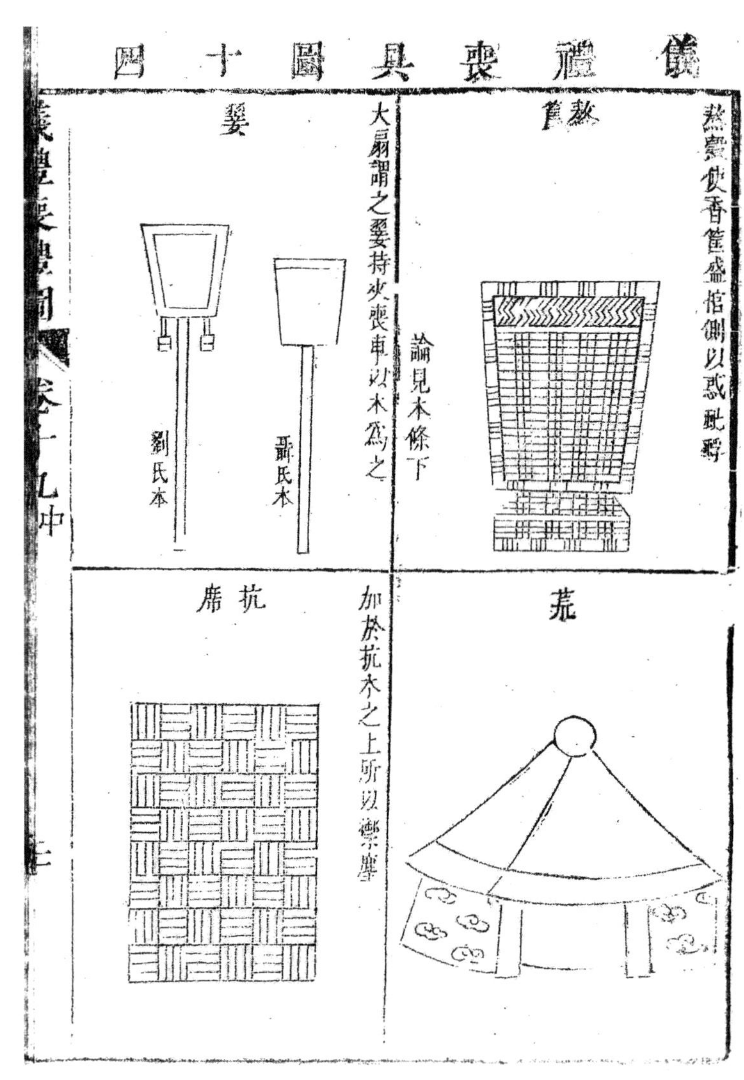
儀禮喪具圖十四
熬筐
熬穀使香筐盛置棺側以惑蚍蜉
論見本條下
翣
大扇謂之翣持夾喪車以木爲之
劉氏本
聶氏本
抗席
加於抗木之上所以禦塵
荒

儀禮喪具圖十五

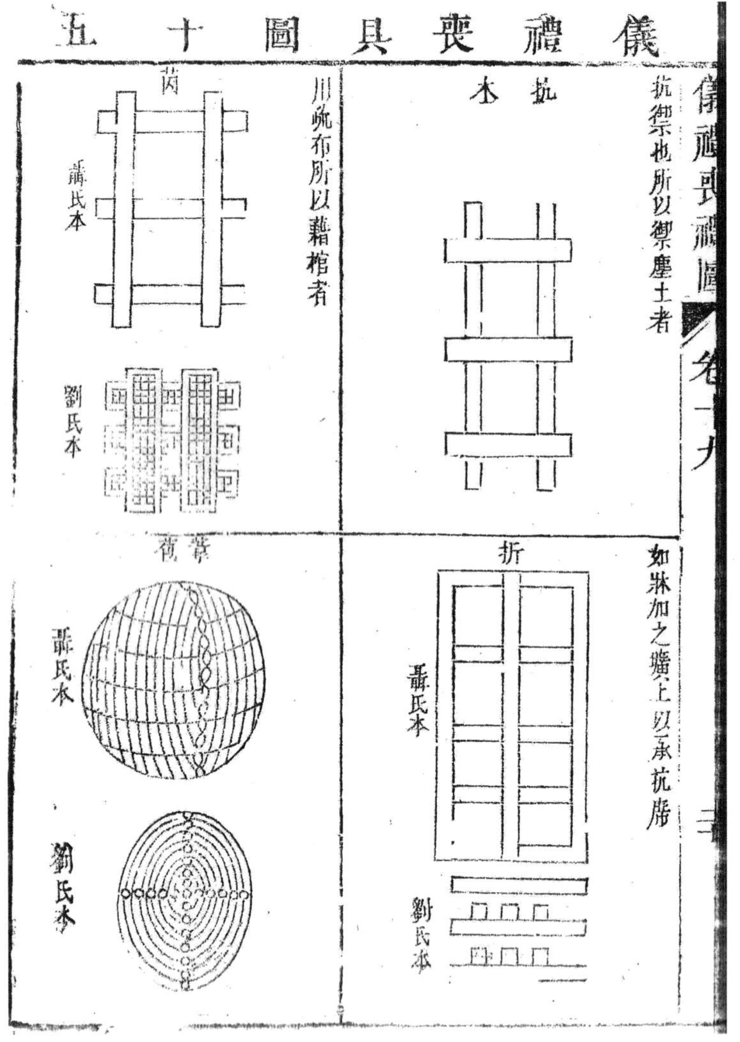
抗木
抗禦也所以禦塵土者
茵
用疏布所以藉棺者
聶氏本
劉氏本
折
如牀加之壙上以承抗席
聶氏本
劉氏本
葦苞
聶氏本
劉氏本

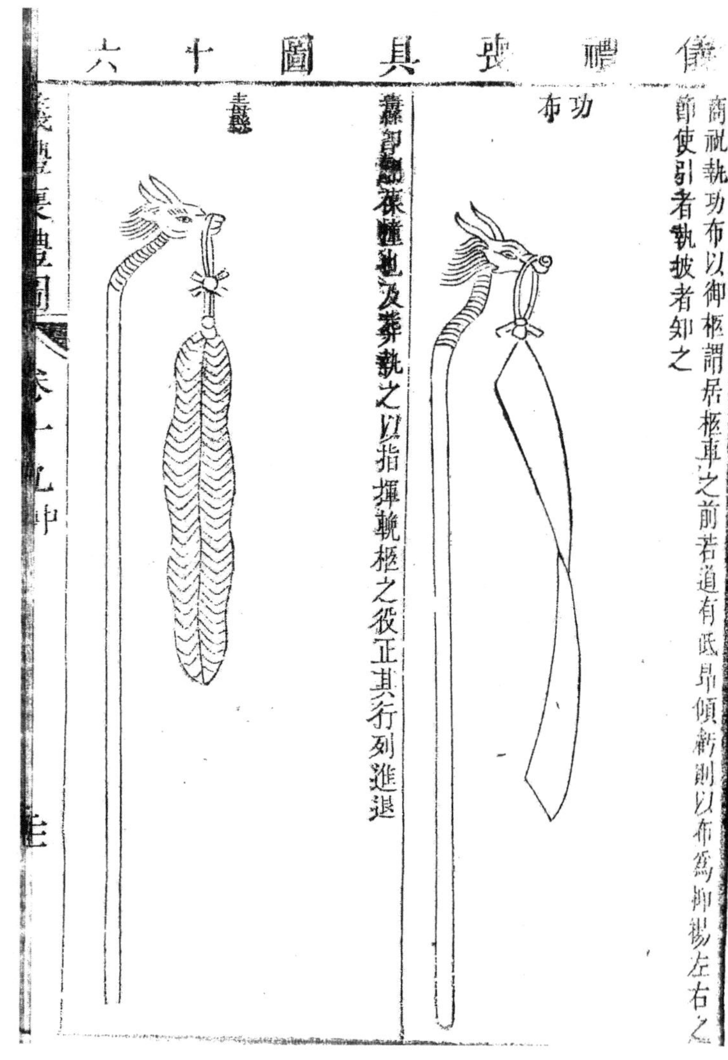

儀禮喪具圖十六

功布

商祝執功布以御柩謂居柩車之前若道有低昂傾虧則以布為抑揚左右之節使引者執披者知之

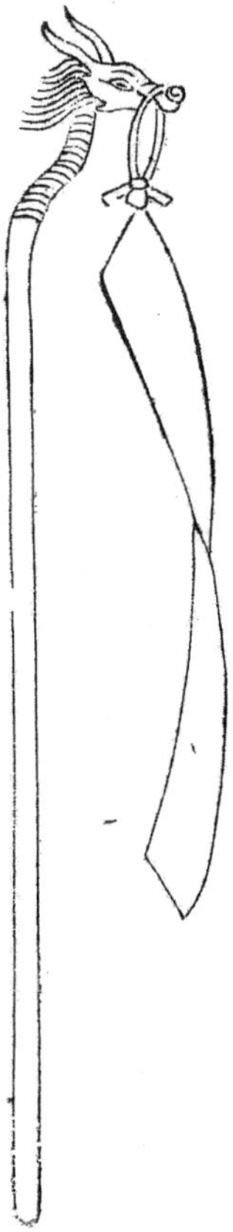

翿

翿羽葆幢也及葬執之以指揮執柩之役正其行列進退

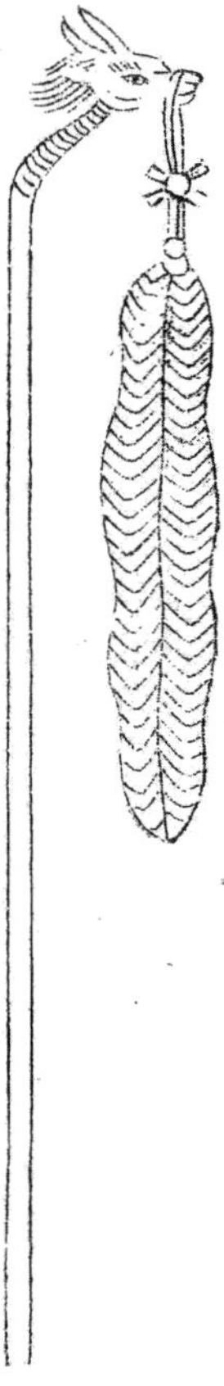

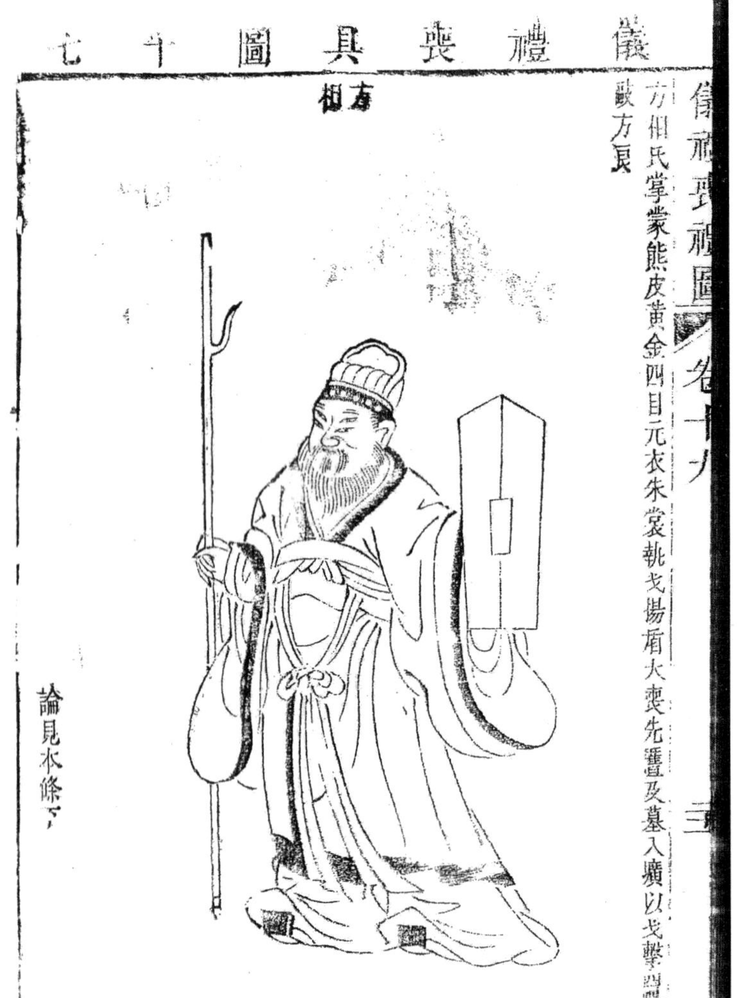

儀禮喪具圖十七

方相

方相氏掌蒙熊皮黄金四目元衣朱裳執戈揚盾大喪先匶及墓入壙以戈擊四隅毆方良

論見本條下

儀禮喪具圖十八

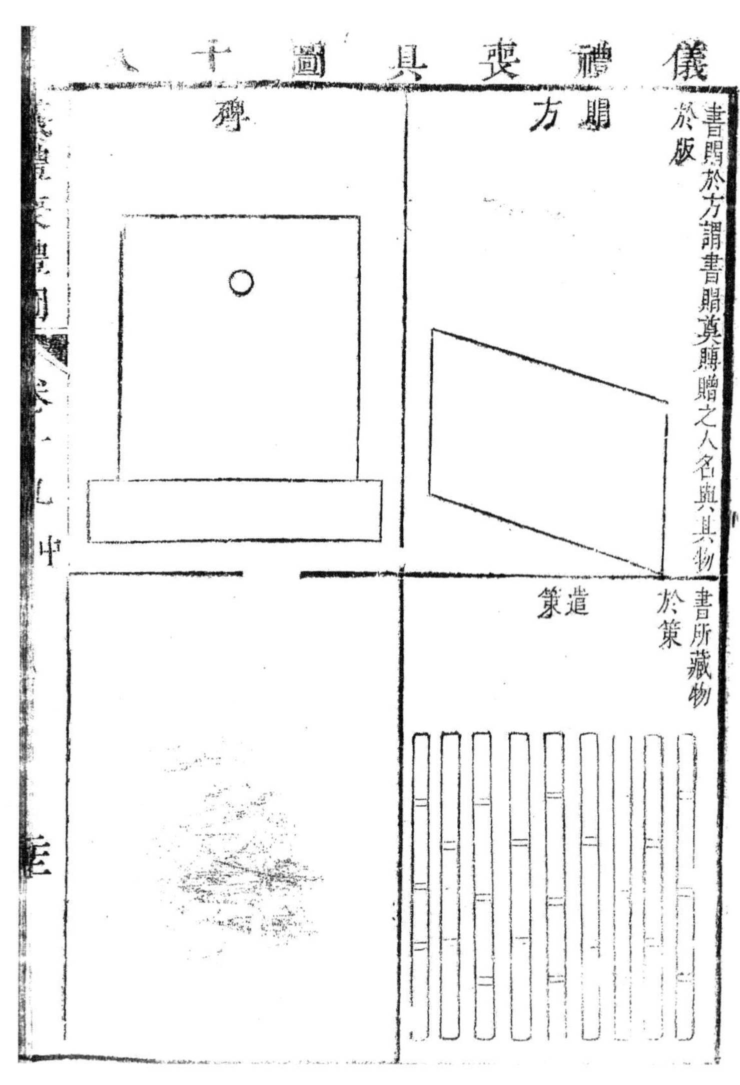

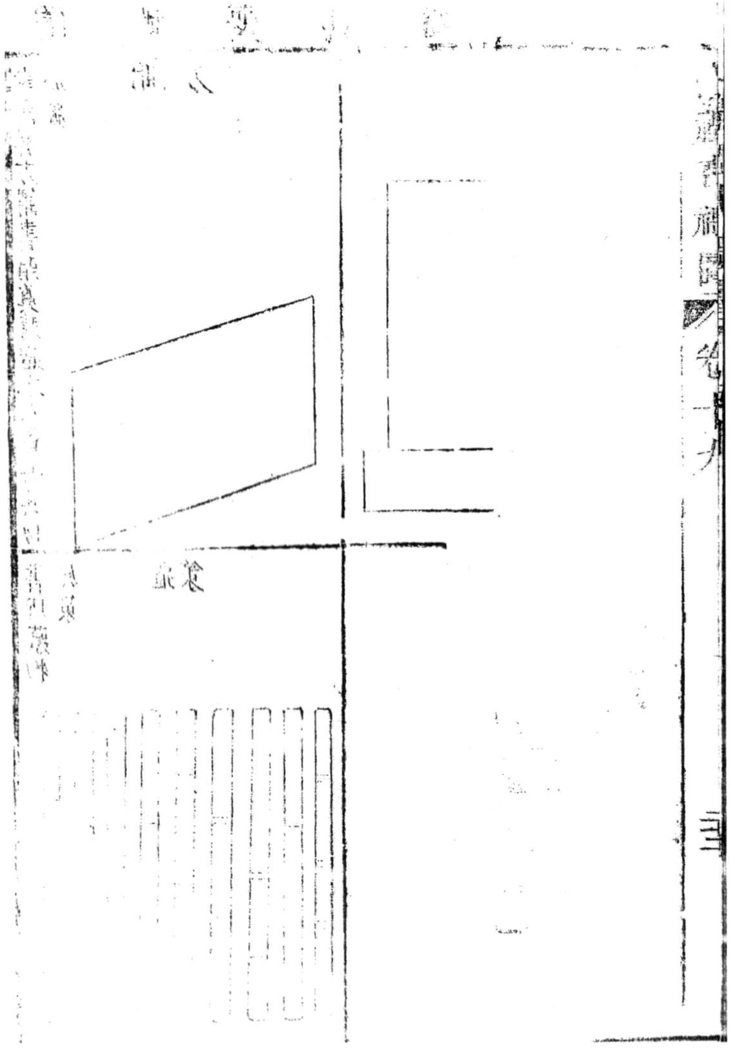

家禮始卒之圖

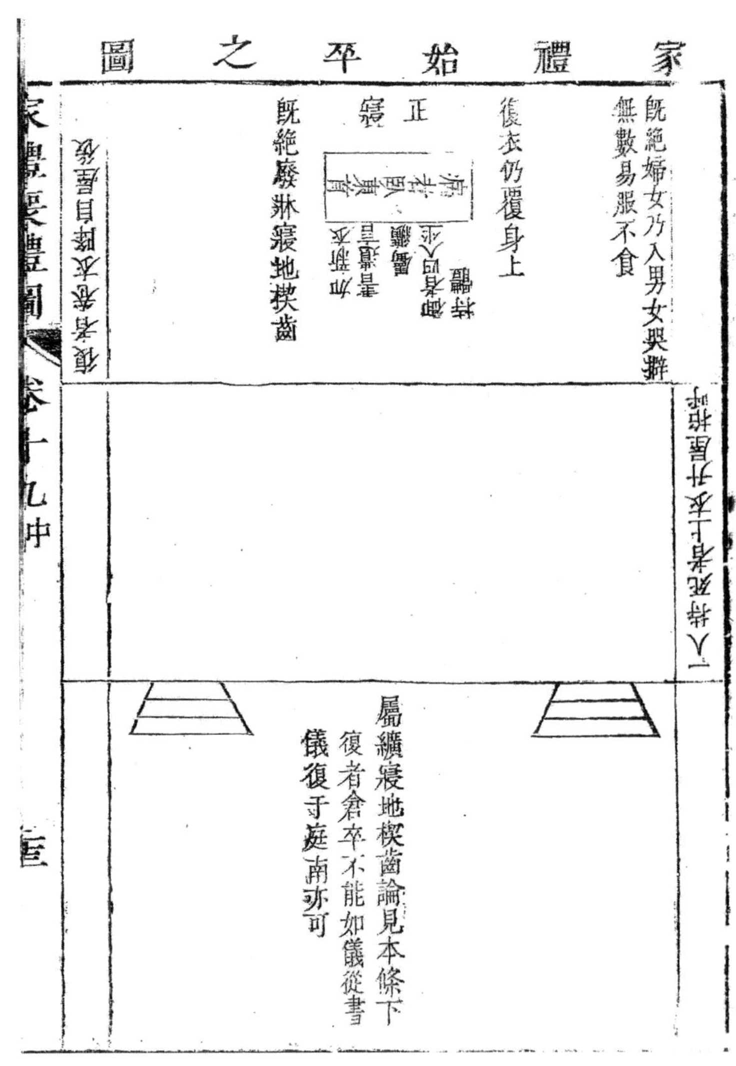
既絕婦女乃入男女哭擗無數易服不食
復衣仍覆身上
正寢
病者頭東首
持纊
御者四人坐
屬纊
書遺言
加新衣
既絕廢牀寢地楔齒
復者降衣自屋後
入持死者上衣升屋招魂
屬纊寢地楔齒論見本條下
復者倉卒不能如儀從書儀復于庭南亦可

家禮遷尸之圖

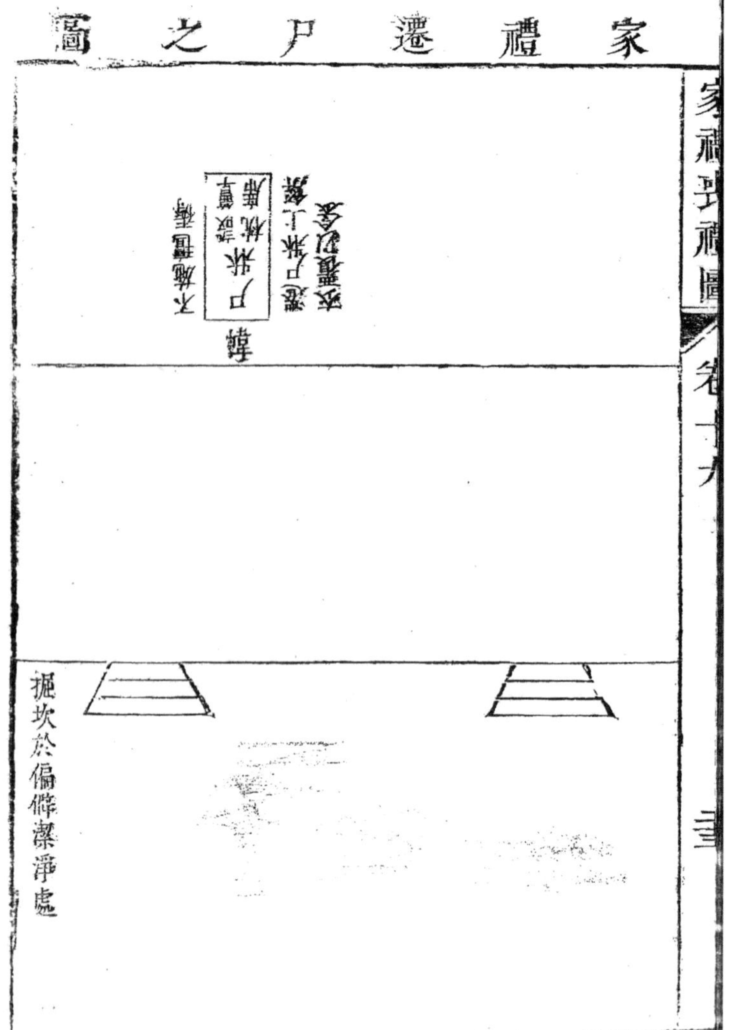

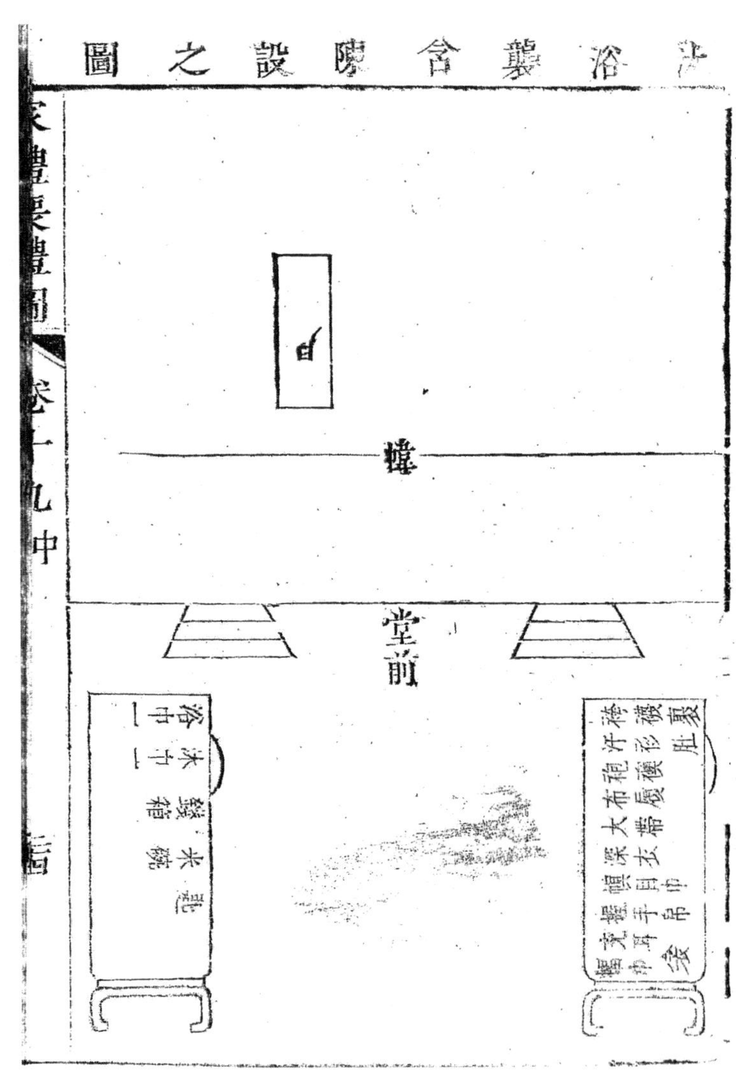
沐浴襲含陳設之圖
家禮喪禮圖
卷十九中
堂前

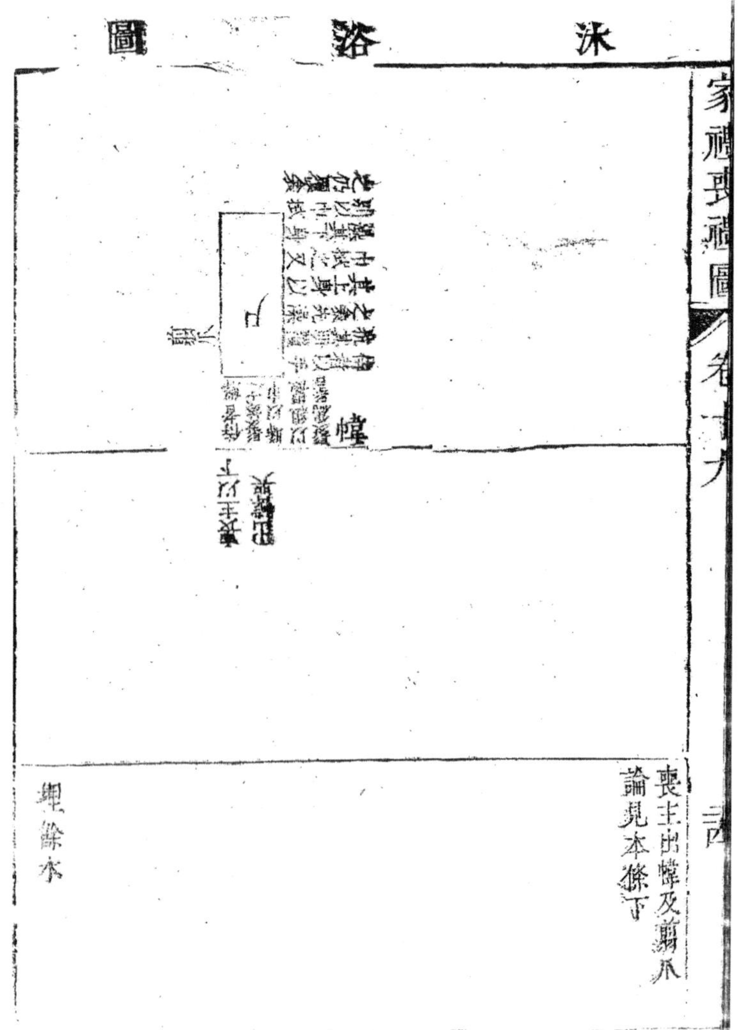

沐浴圖
家禮喪禮圖
喪主出幃及薦爪論見本條下
埋餘水

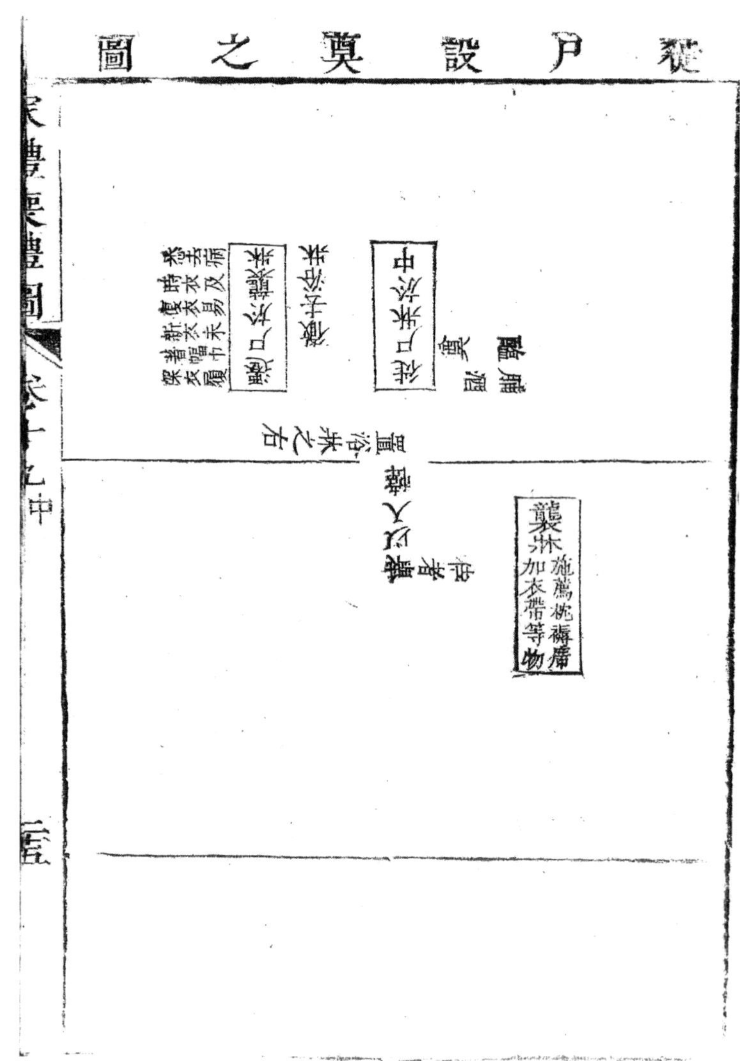
襲尸設奠之圖

家禮喪禮圖　卷一

主人以下爲位哭圖

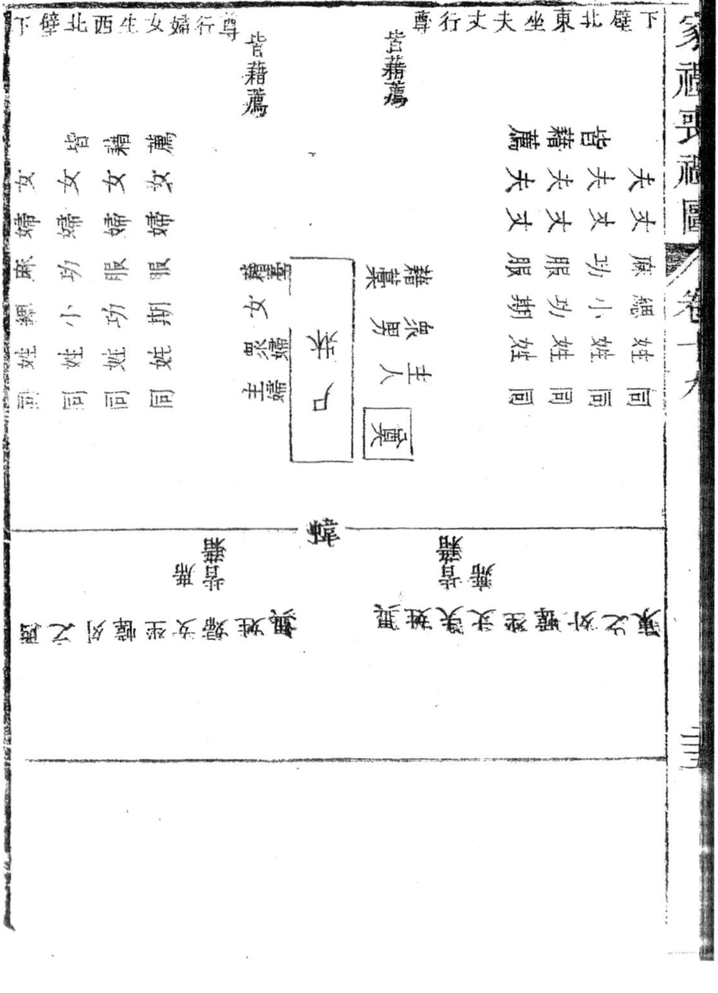

尊行丈夫坐東北壁下

皆藉薦

同姓緦麻丈夫
同姓小功丈夫
同姓功服丈夫
同姓期服丈夫
皆藉薦

主人
衆男
藉藁

奠

尸
牀

主婦
衆婦女
藉藁

尊行婦女坐西北壁下

皆藉薦

同姓期服婦女
同姓功服婦女
同姓小功婦女
同姓緦麻婦女
皆藉薦

帷

異姓丈夫坐於帷外之東
皆藉席

異姓婦女坐於帷外之西
皆藉席

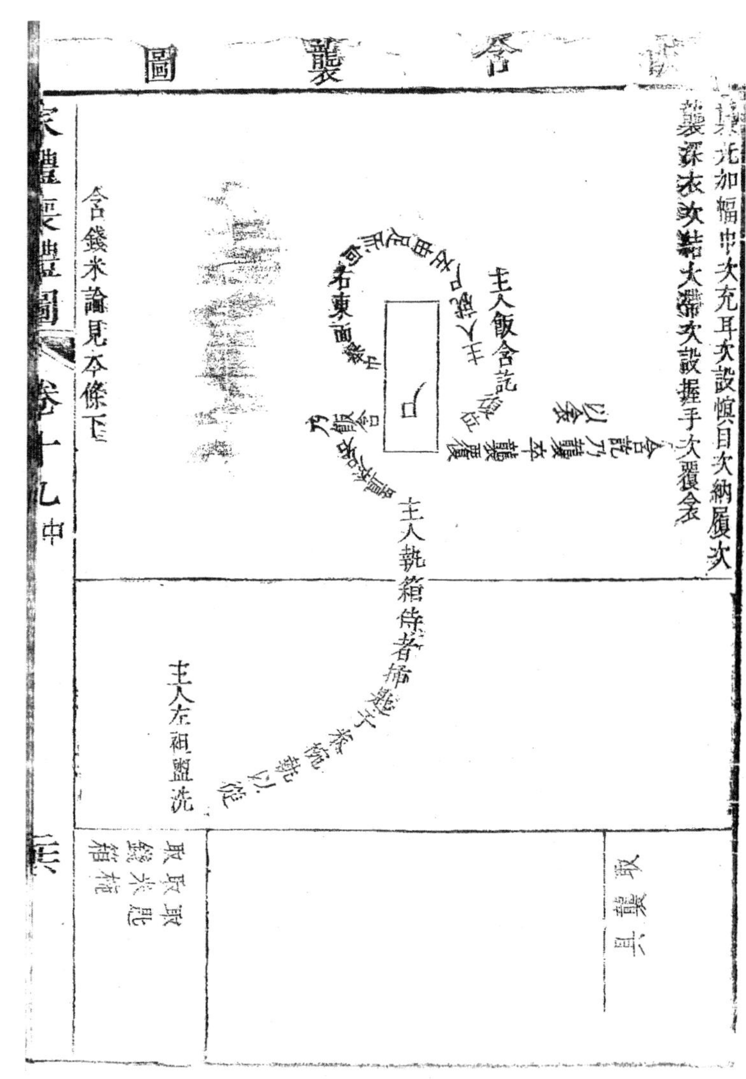
襲含圖
先加幅巾次充耳次設幎目次納履次
襲深衣次結大帶次設握手次覆衾
以衾
主人飯含訖復位
含錢米論見本條下
主人左袒盥洗
取錢
取米
取匙
取箱

弔者入哭圖

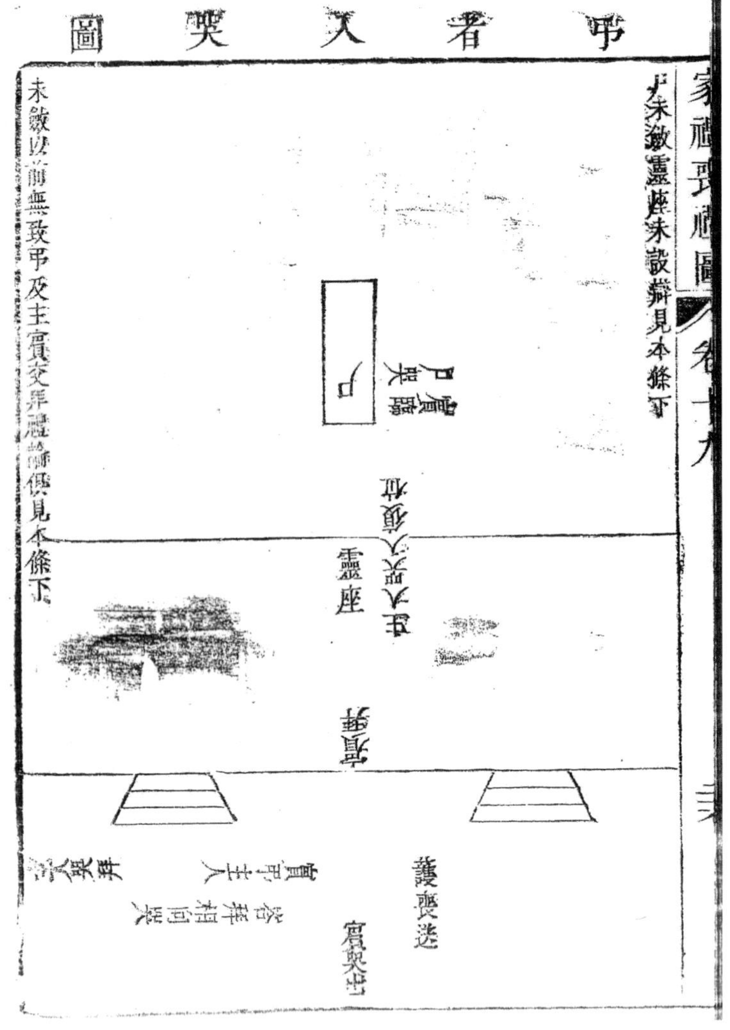

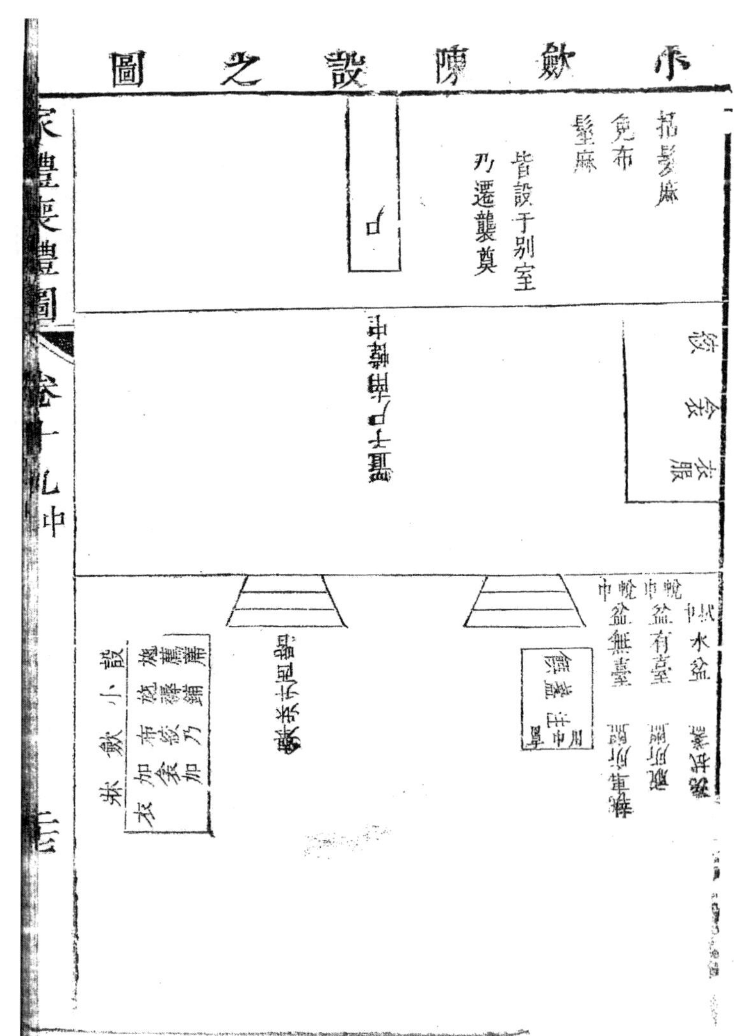
小斂陳設之圖
家禮喪禮圖
括髮麻
免布
髽麻
皆設于別室
乃遷襲奠
衣服
設小斂牀
布絞衾
加衣

小斂圖

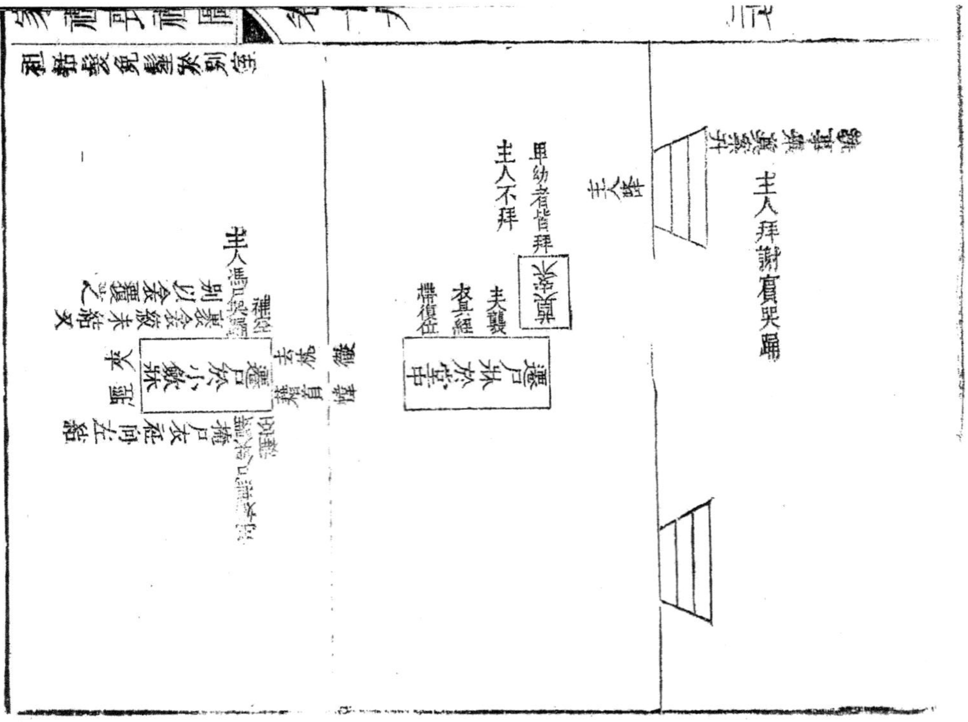

袒括髮免髽於別室

執事者徹襲奠升

主人拜謝賓哭踊

主人去

卑幼者皆拜

主人不拜

設奠

夫襲

衣絰

帶復位

遷尸牀於堂中

主人馮尸哭擗

裹以衾未結又別以衾覆之

遷尸於小斂牀

舉手

舉首

掩首結絞

尸衣左衽不紐

大斂陳設之圖

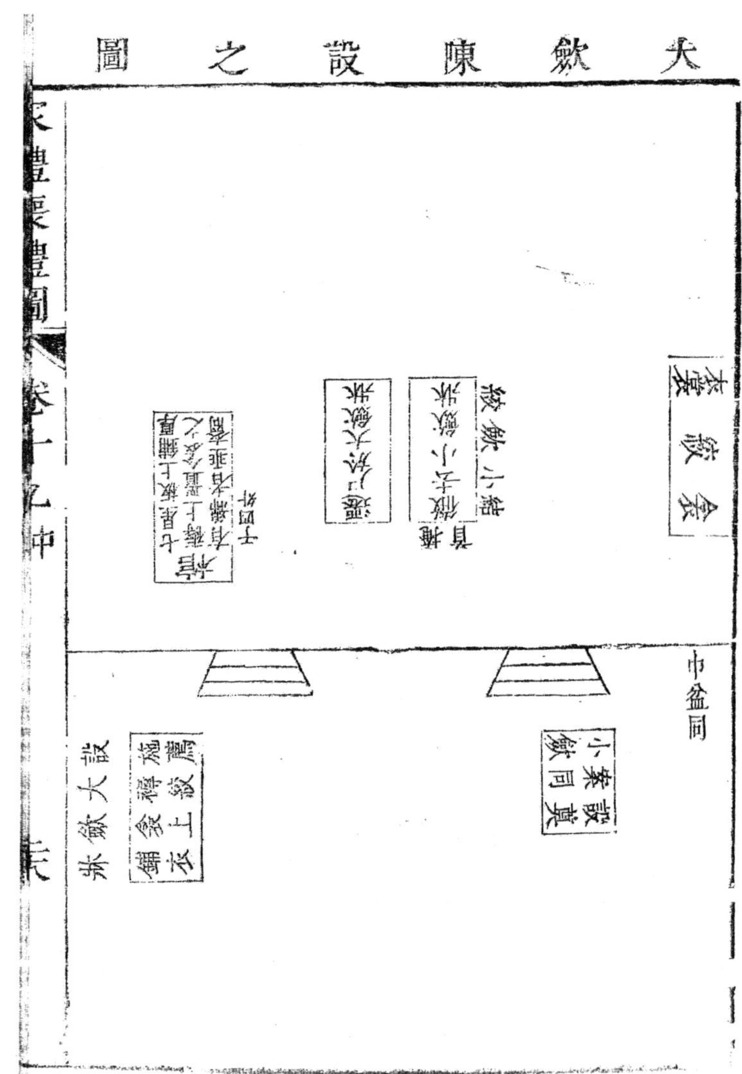

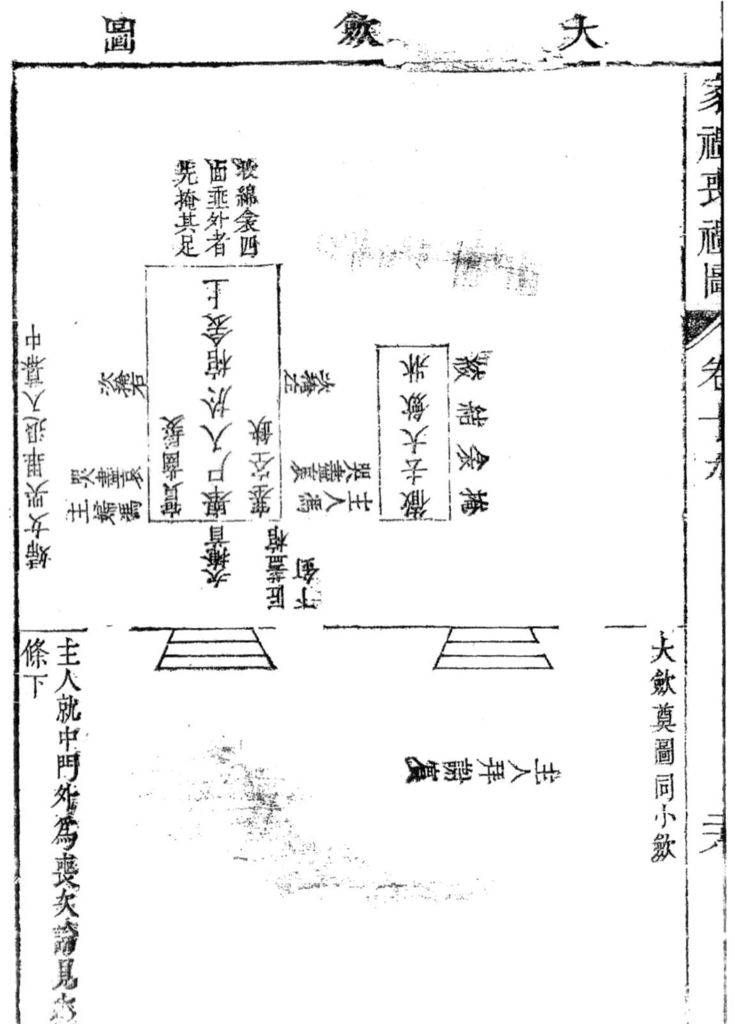
大斂圖
家禮喪禮圖　卷十六
大斂奠圖同小斂
主人拜謝賓
主人就中門外爲喪次大論見於
條下

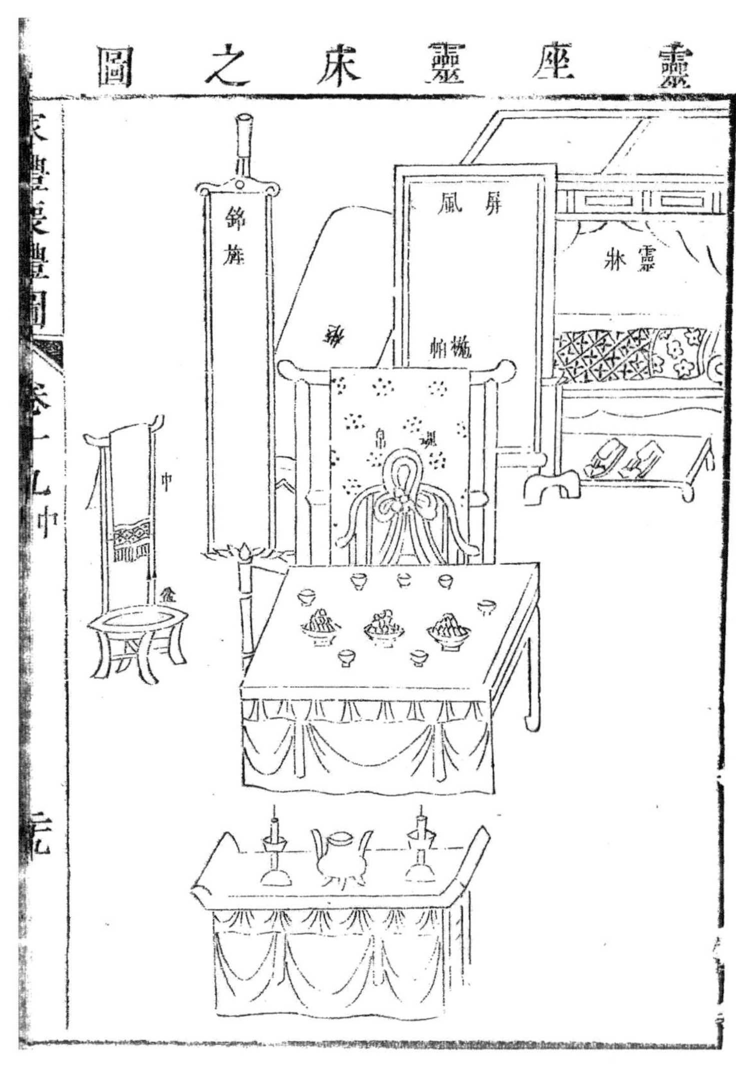
靈座靈床之圖
銘旌
屏風
靈牀
魂帛
巾
盆

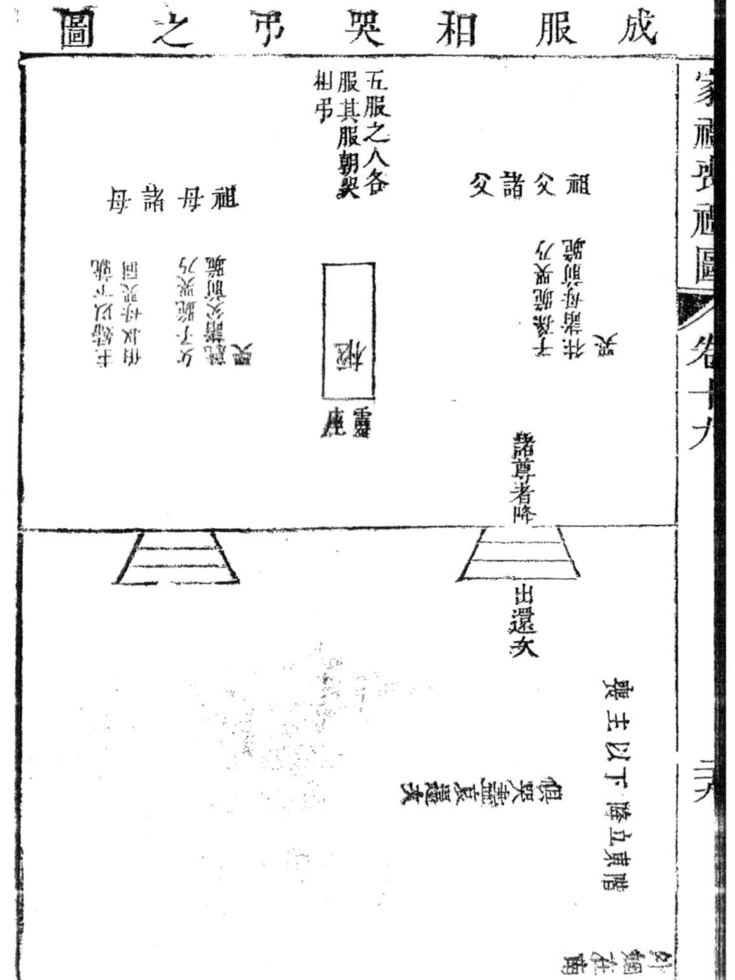
成服相哭弔之圖
家禮喪祭禮圖
五服之人各服其服朝哭相弔
祖父　諸父
祖母　諸母
柩
靈座
出還次

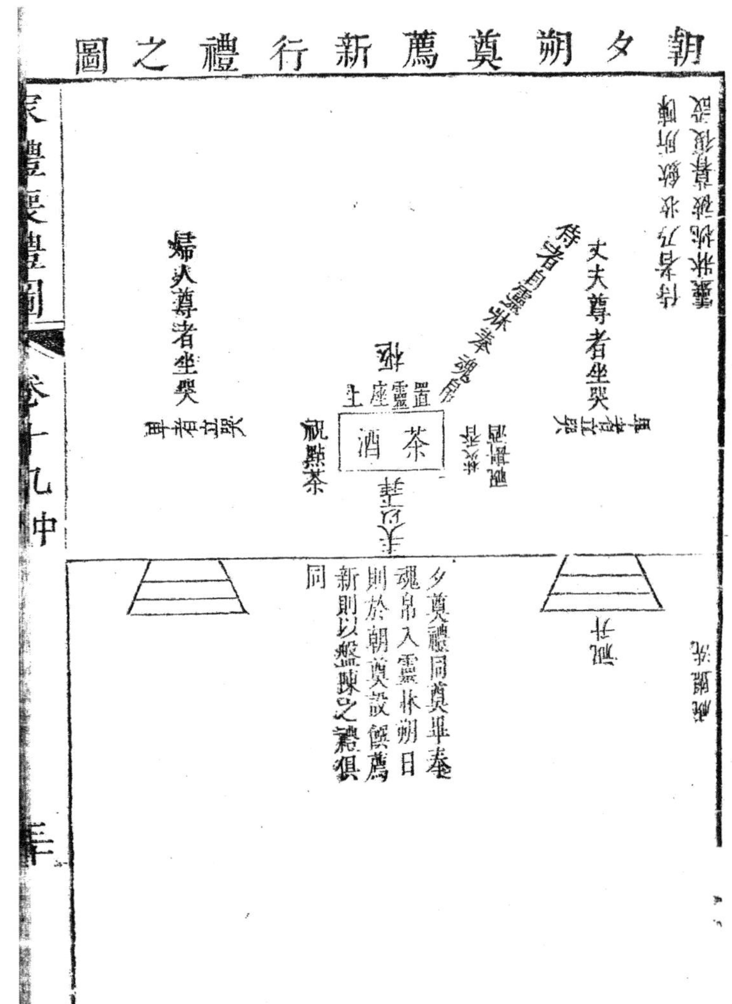
朝夕朔奠薦新行禮之圖
丈夫尊者坐哭
婦人尊者坐哭
置靈座上
茶
酒
夕奠禮同奠畢奉魂帛入靈床朔日則於朝奠設饌薦新則以盤盛之禮俱同

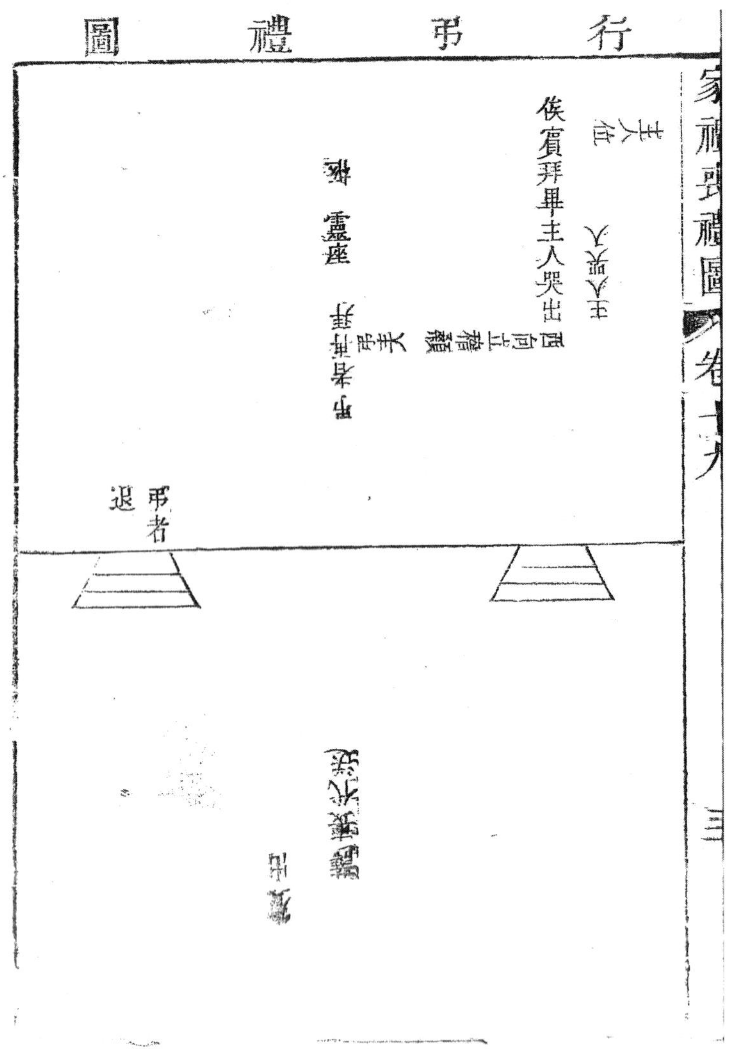
行弔禮圖

開域祠土之圖

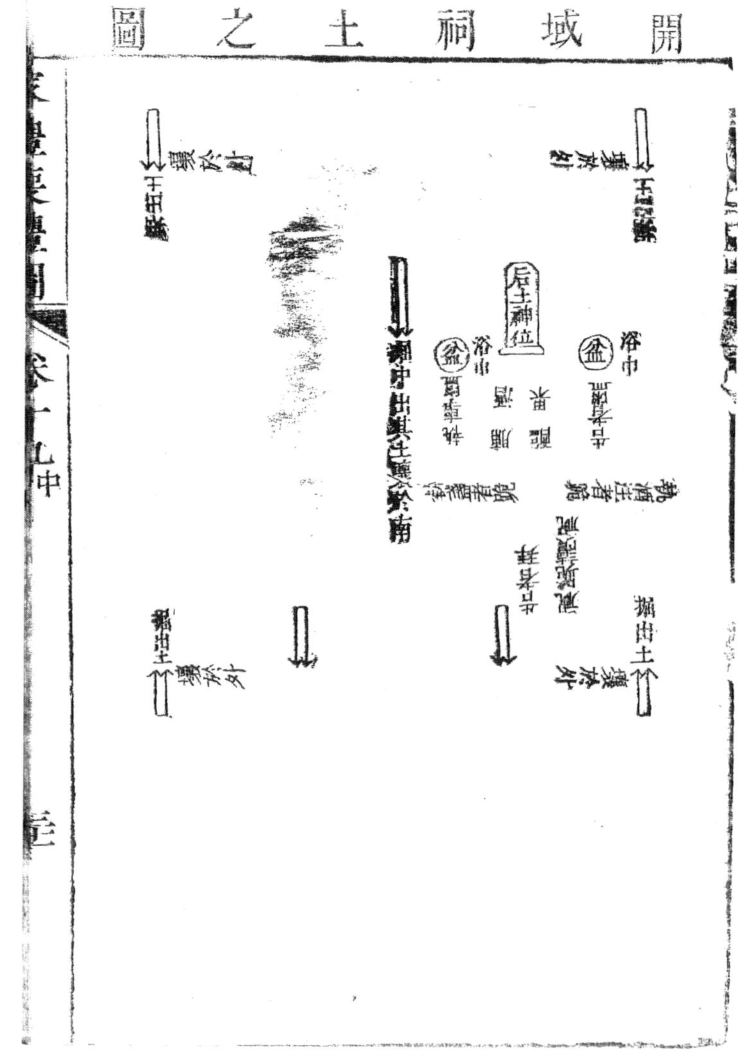

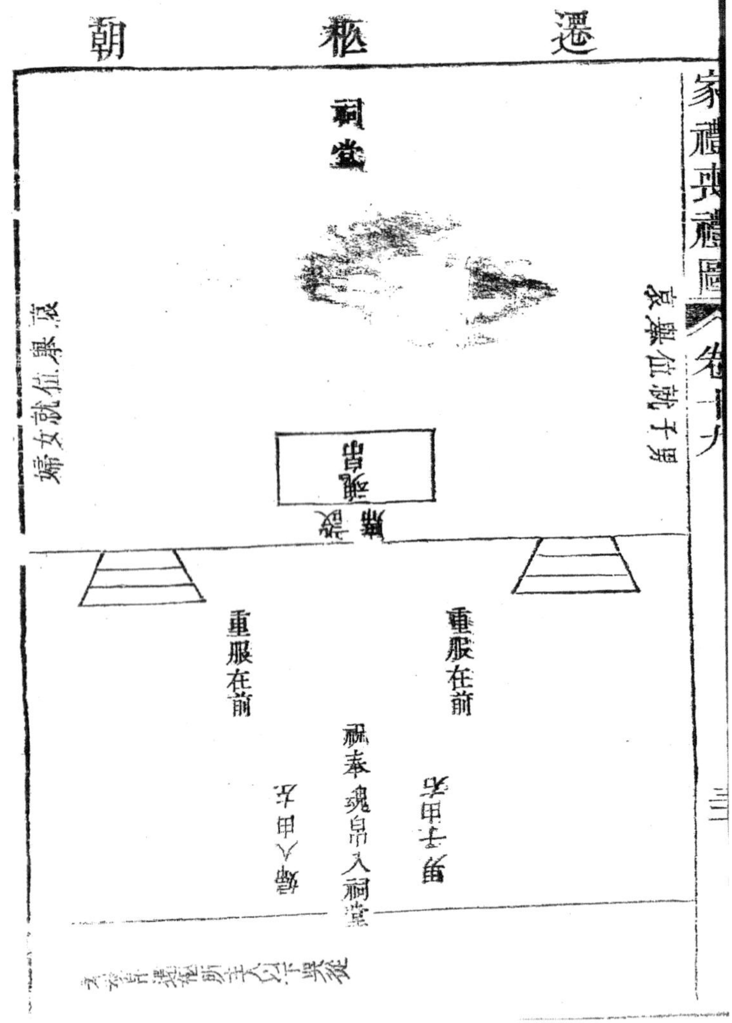

遷柩朝
祠堂
家禮喪禮圖
男子就位舉哀
婦女就位舉哀
魂帛
重服在前
重服在前
祝奉魂帛入祠堂
男子由右
婦人由左

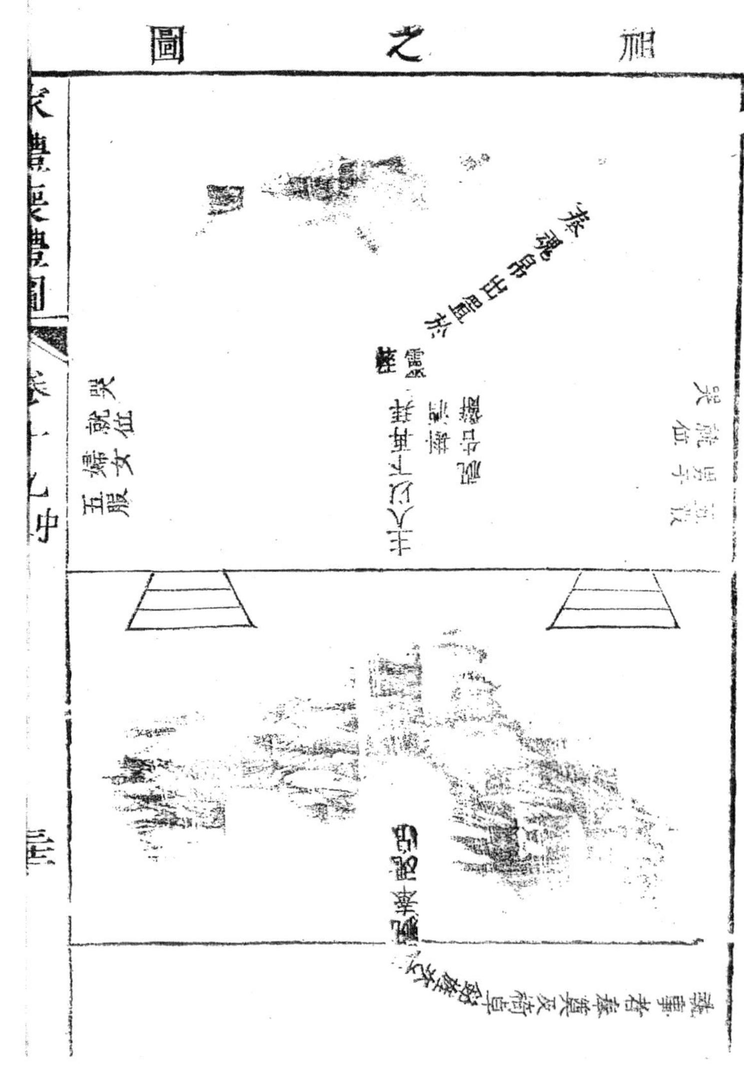

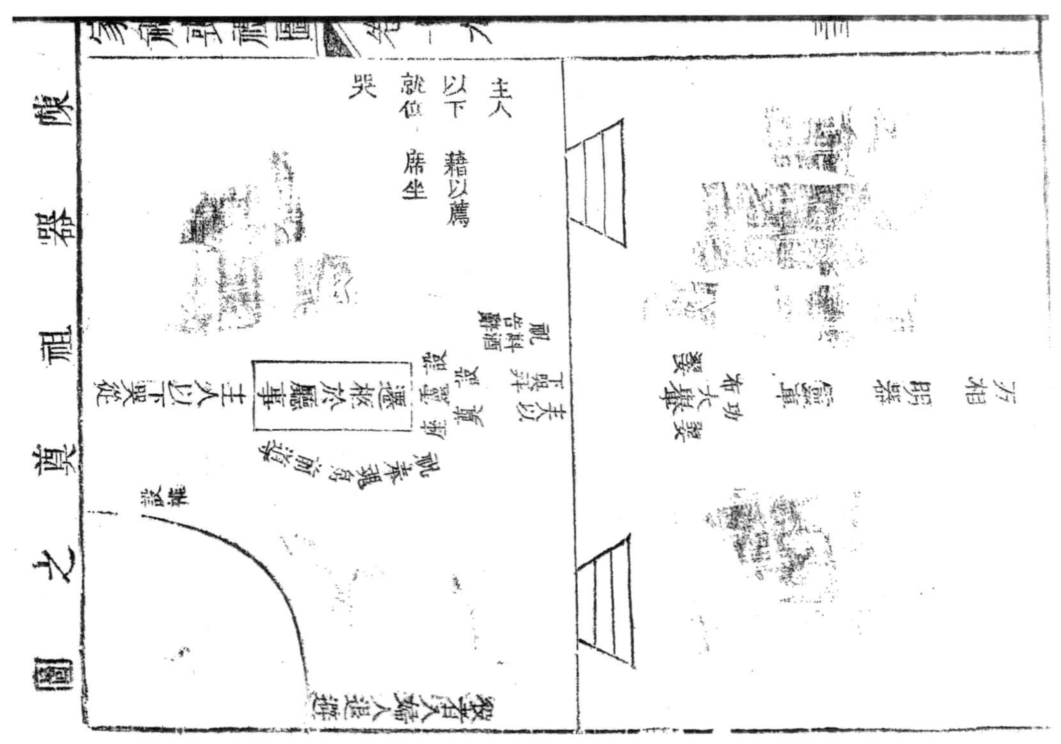
陳器祖奠之圖
主人以下就位哭
藉以薦席坐
遷柩於廳事
主人以下哭從
方相
明器
靈車

遷柩就轝設奠之圖

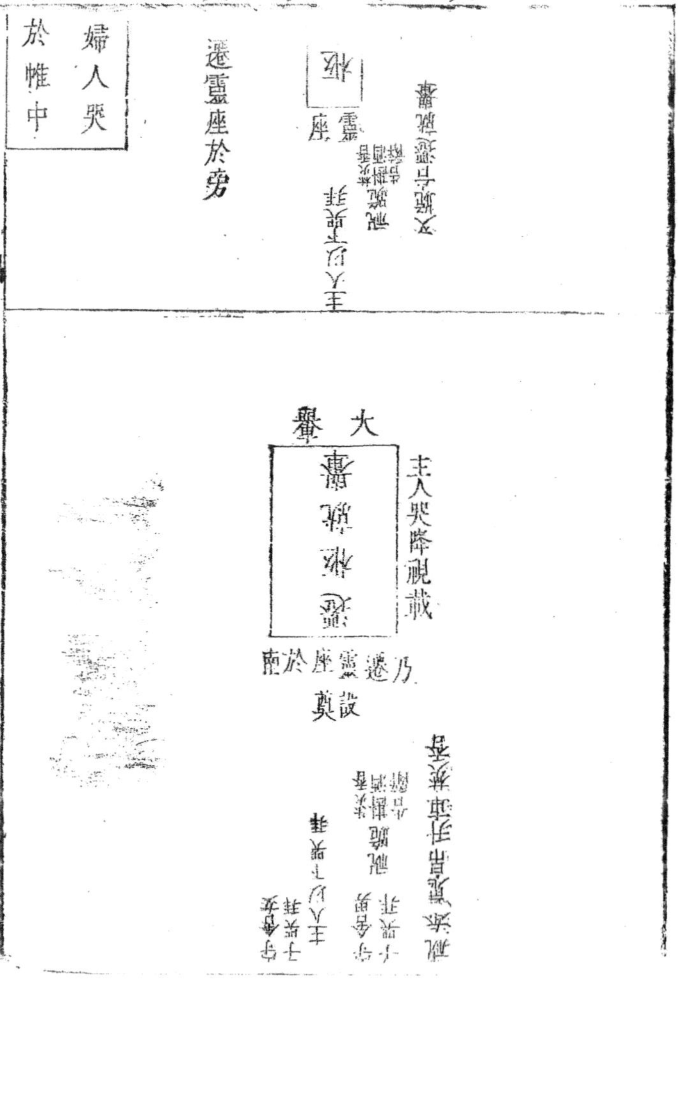

婦人哭於帷中

遷靈座於旁

柩

靈座

又祝告遷就轝

祝跪告 焚香斟酒

主人以下哭拜

大轝

遷柩就轝

主人哭降視載

乃遷靈座於柩前

設奠

祝遂奉魂帛升車焚香

祝跪告 焚香斟酒

主人以下哭拜

守舍者哭辭

子孫婦女守舍者哭拜

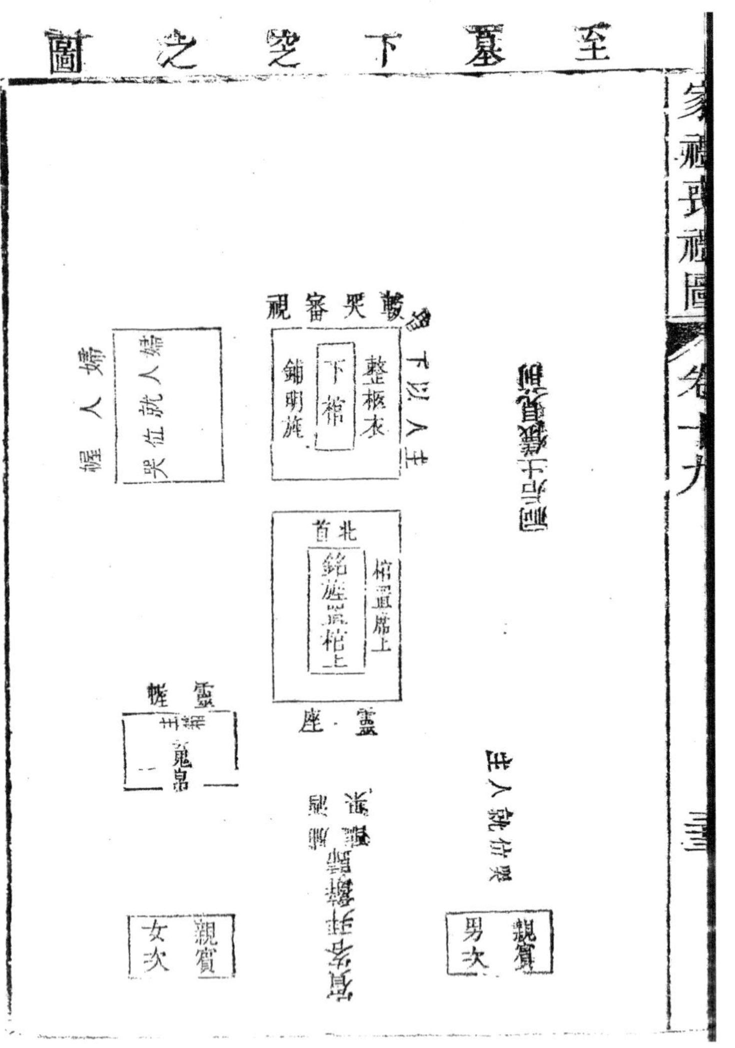
至墓下窆之圖

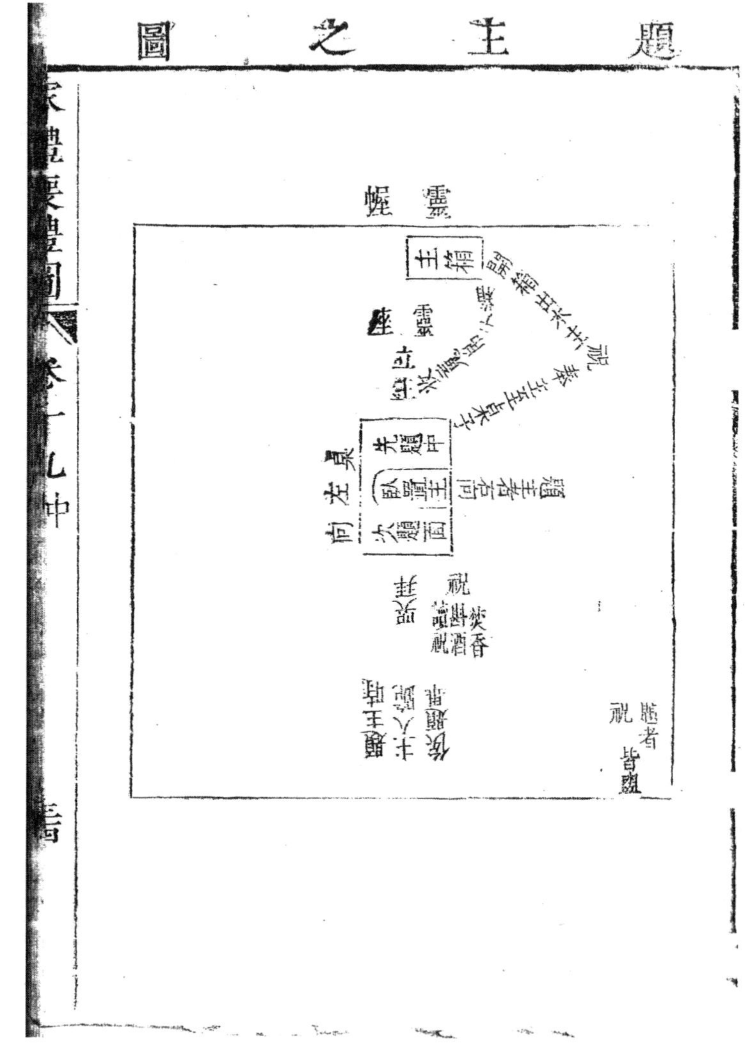
題主之圖

反哭之圖

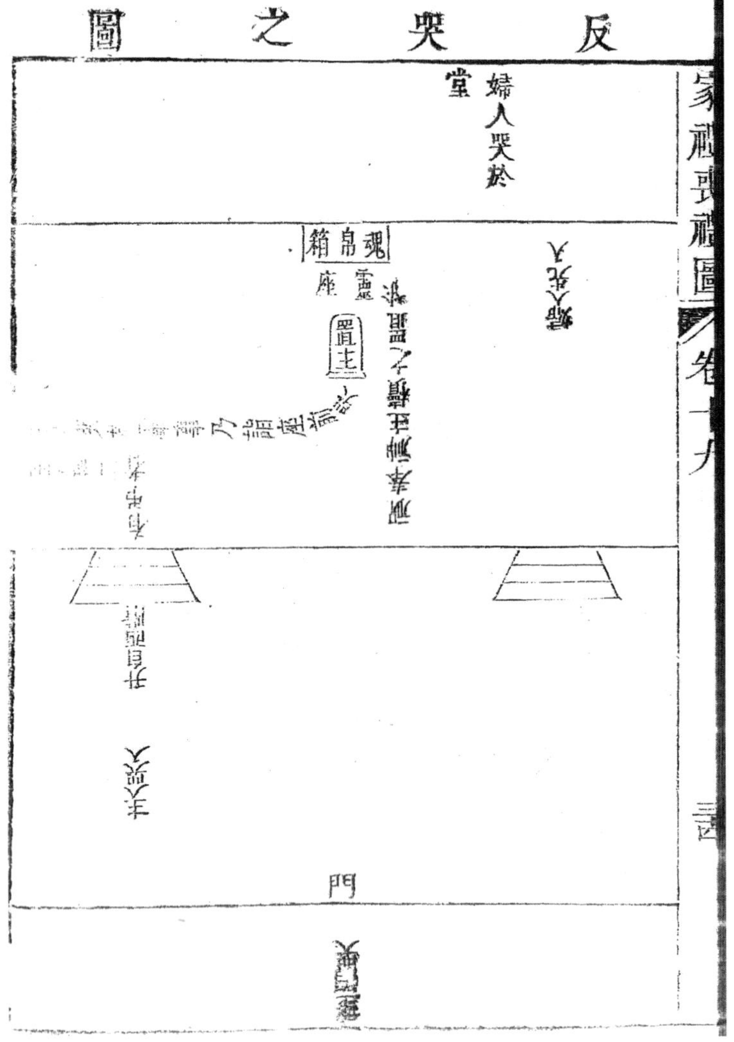

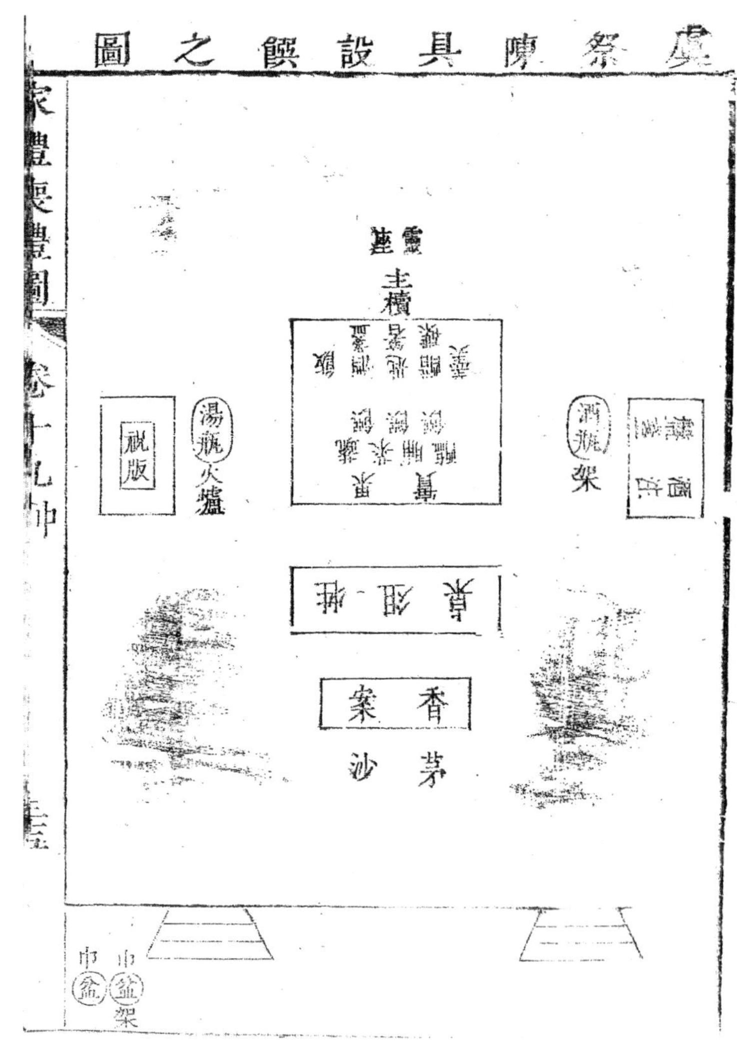
虞祭陳具設饌之圖
家禮喪禮圖
卷十九
靈座
主櫝
祝版
湯瓶
火爐
酒瓶
架
香案
茅沙
盆
巾
架

虞祭降神進饌之圖

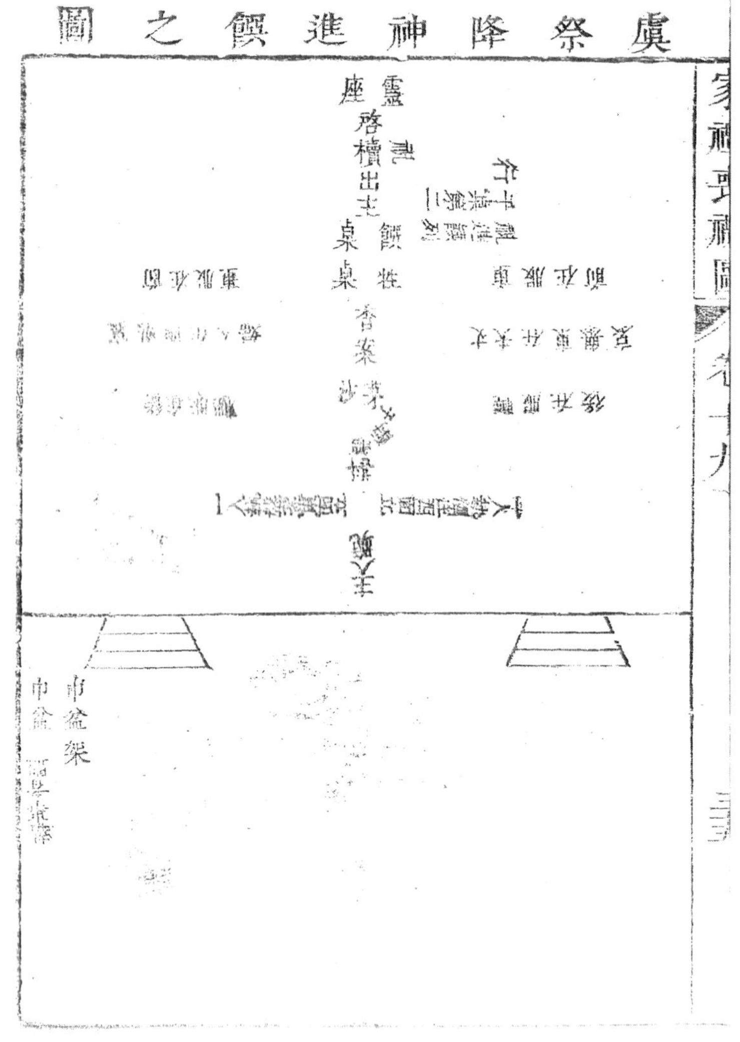

虞祭三獻行禮之圖

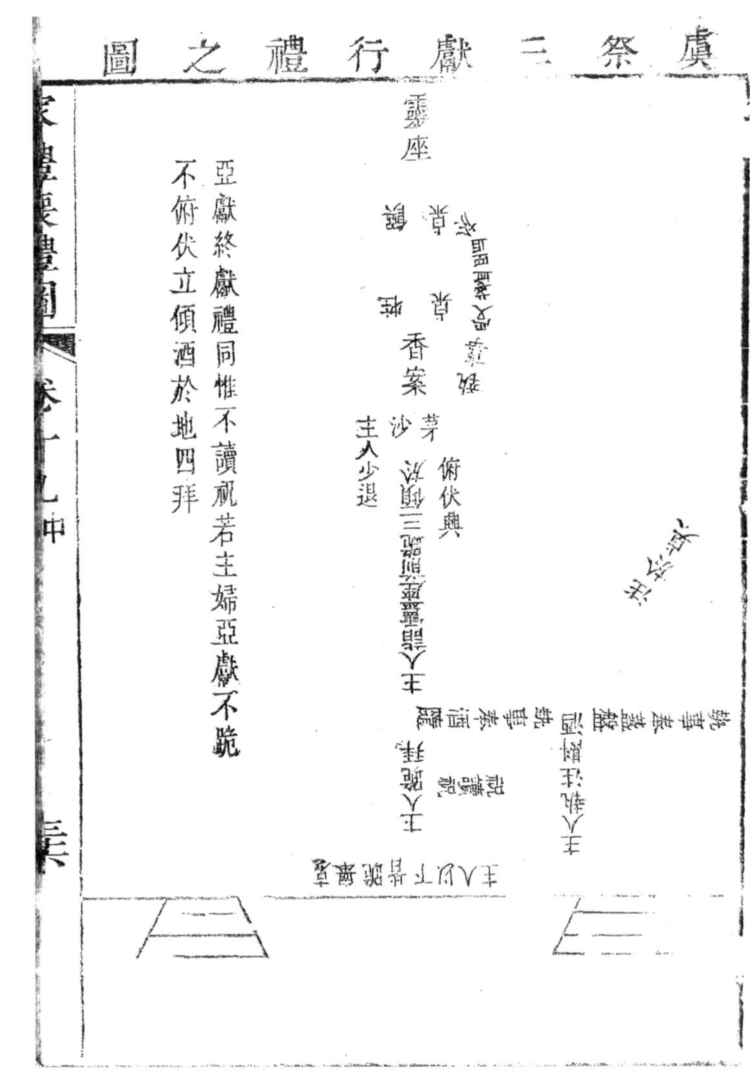

虞祭侑食辭神之圖

尊長休於他所

主人以下皆出

子弟執注添盞中一酒

闔門

主人以下哭拜辭神

噫歆

靈座

納主於櫝

焚祝文徹饌

祝取主櫝後箱內魂帛帥執事者

埋於屏處潔地

卑幼丈夫在其後

主人立門東西向

祝噫歆啓門

主婦立門西東向

卑幼婦女在其後

以後再虞三虞卒哭大祥小祥祭儀並同惟卒

哭設玄酒小祥易練服大祥易禫服

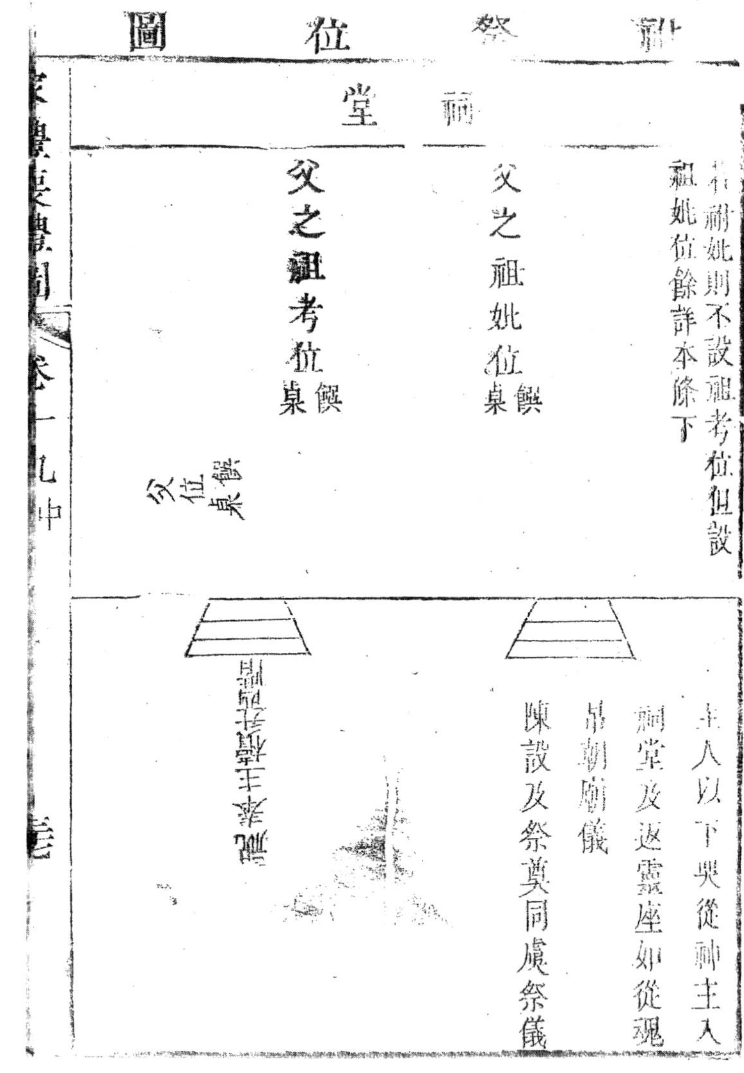
祔祭位圖
祠堂
若祔妣則不設祖考位但設祖妣位餘詳本條下
父之祖妣位
饌桌
父之祖考位
饌桌
父位
饌桌
主人以下哭從神主入祠堂及返靈座如從魂帛謁廟儀
陳設及祭奠同虞祭儀

告遷於祠堂之圖

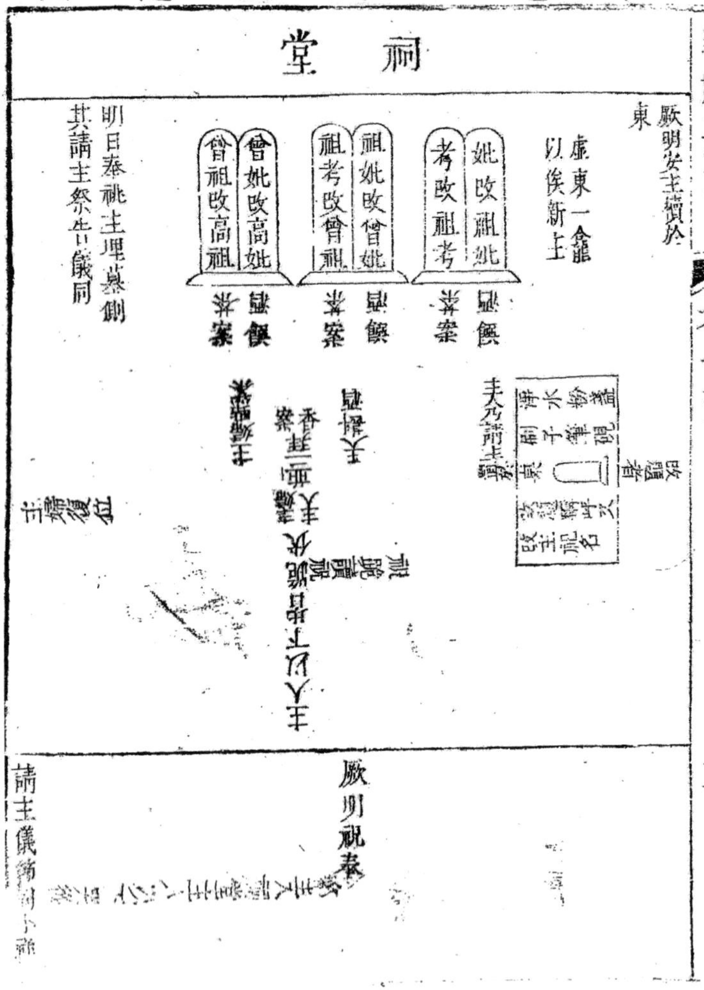

祠堂

厥明安主櫝於東

虛東一龕以俟新主

妣改祖妣	考改祖考

祖妣改曾祖妣	祖考改曾祖

曾祖妣改高祖妣	曾祖考改高祖

酒饌　茶案

酒饌　茶案

酒饌　茶案

明日奉祧主埋墓側

其請主祭告儀同

改題者

盞　粉　水　淨

硯　筆　子　刷

卓

改題訖主人詣

主人斟酒

主人焚香再拜

主婦點茶

主人以下皆跪伏

祝讀祝

主婦復位

厥明祝奉

請主儀節同[illegible]

家禮覆目巾用熟絹方尺二寸夾縫之內充以棉四角有帶於後繫之畧同古制

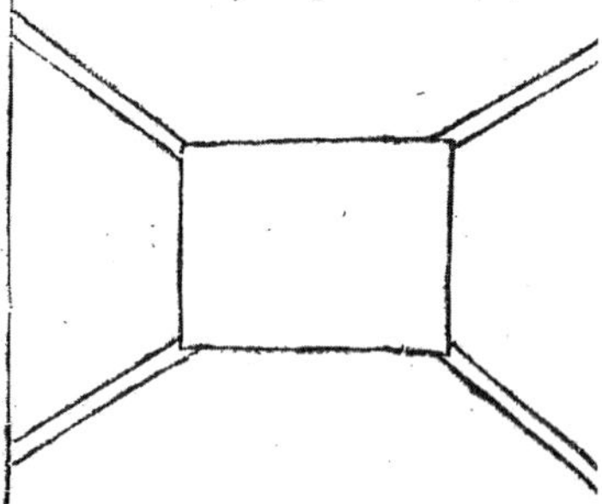

束帛

用絹一疋兩端捲起至中間相湊所以依神

家禮握手帛用熟絹二幅每幅長尺二寸內充以綿兩端皆有帶繫

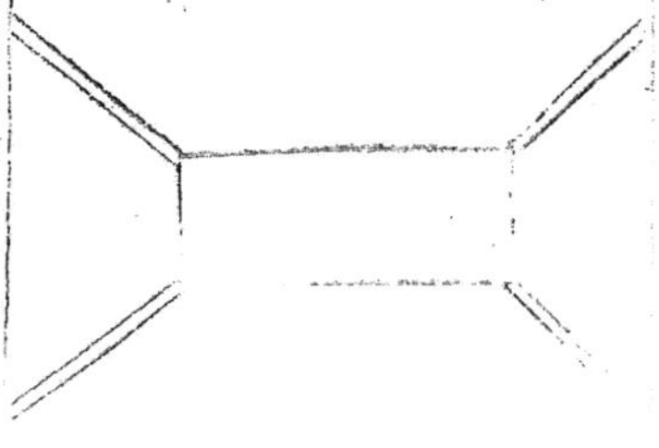

結帛

用白絹一疋結如世俗所謂同心結者是爲魂帛以代束帛

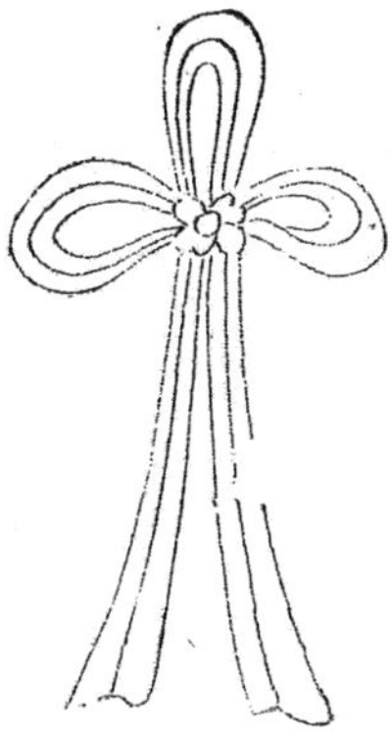

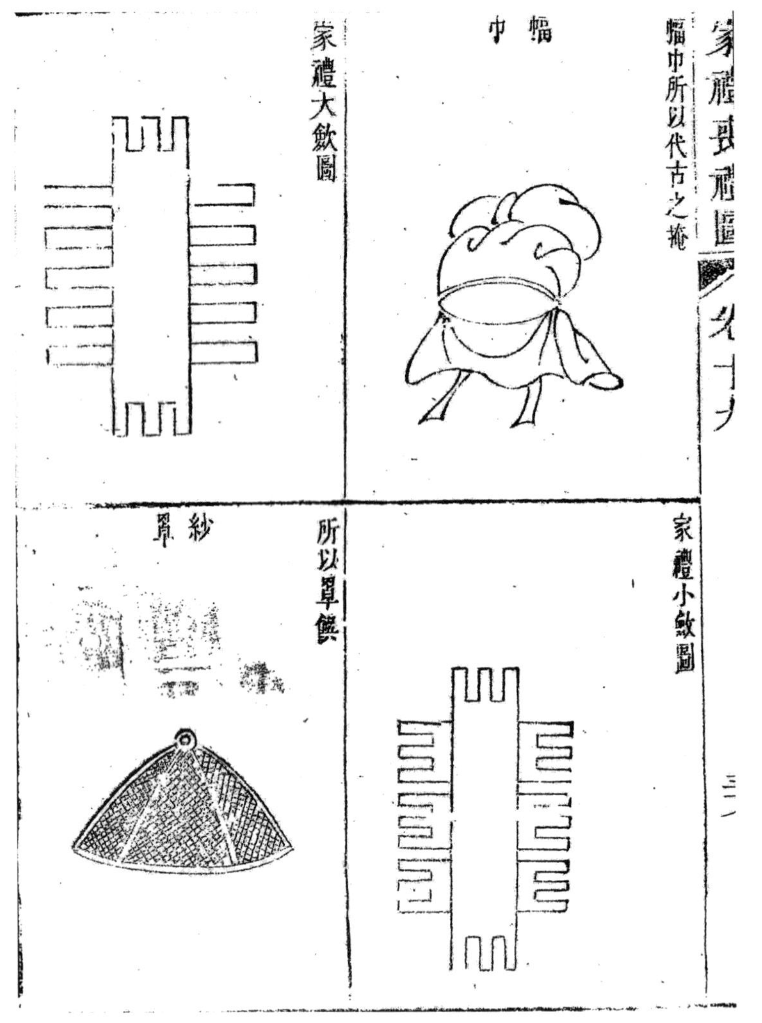
幅巾
幅巾所以代古之掩
家禮大斂圖
家禮小斂圖
紗罩
所以罩饌

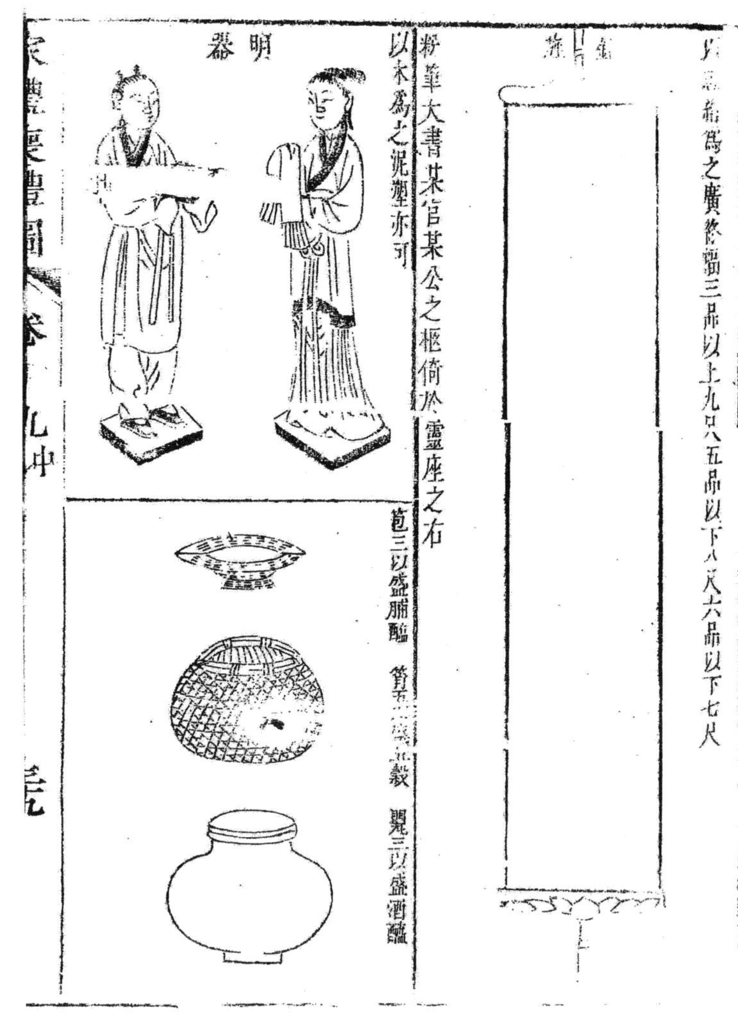

銘旌
帛為之廣終幅三品以上九尺五品以下八尺六品以下七尺
粉筆大書某官某公之柩倚於靈座之右
明器
以木為之泥塑亦可
苞三以盛脯醢
甖三以盛酒醯

柩行到墓儀仗圖一
有官者用此方相
無官者用此

柩行到墓儀仗圖二
香案

柩行到墓儀仗圖三

明器案

柩行到墓儀仗圖四
食案

柩行到墓儀仗圖
靈車
銘旌

柩行到墓儀仗圖六
功布
翣

主人扶柩送葬之圖

婦女送葬之圖
白布幃

家禮大轝舊圖

大轝之制，用兩長杠，杠上加伏兎，附杠處爲圓鑿，别作小方牀以載柩，足高二寸，旁立兩柱，柱外施圓枘，令入鑿中，長出其外。枘鑿之間須極圓滑，以膏塗之。兩柱近上加横扃，扃兩頭出柱外者，更加小扃。杠兩頭施横杠，横杠上施短杠，短杠上更或加小杠。

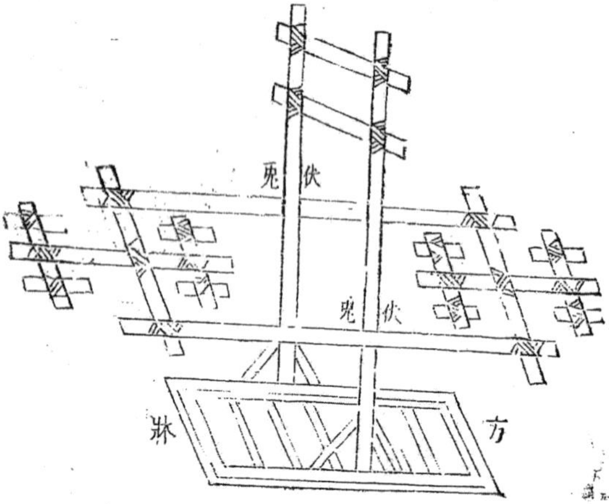

伏
兎
伏
兎
方
牀

丘氏大轝新圖

丘氏曰前治棺下註棺制勿爲高大則其廣不過二尺外而已若如舊圖四人於中並行實難轉動今擬施橫杠出兩長杠之外庶幾寬敞又棺中斂物不無多寡枘鑿轉動多致偏重須用他物稱墜可以適平今擬於方牀四隅各加一鐵鐶而兩長杠上亦如之繫繩於下鐶而貫於上隨其低昂而操縱之無不適平矣

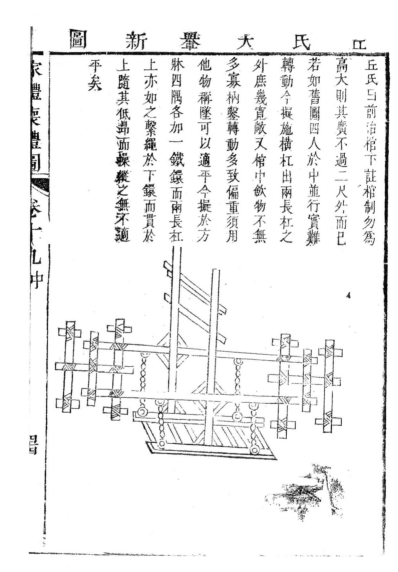

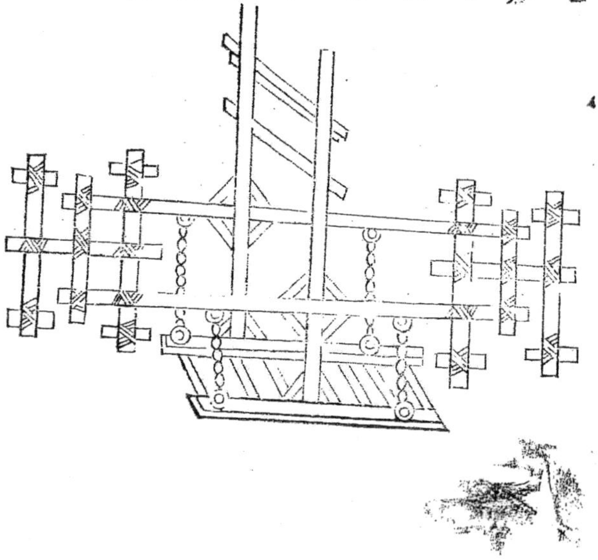

丘氏新製遠行轝圖

丘氏曰：前轝只可行於近地寬平之處，不可行遠。今別爲新式，以便遠行。其長杠截去兩頭，每頭出棺首尾各留尺五六寸，就於兩頭各施橫杠，從杠頭量入寸許，又施橫杠，却于分中處加一直杠，俱用綿繩扎縛，然後加以短杠如舊式，或八人或十六人，各隨其宜。以此行遠，庶幾窄隘之處無所妨礙矣。

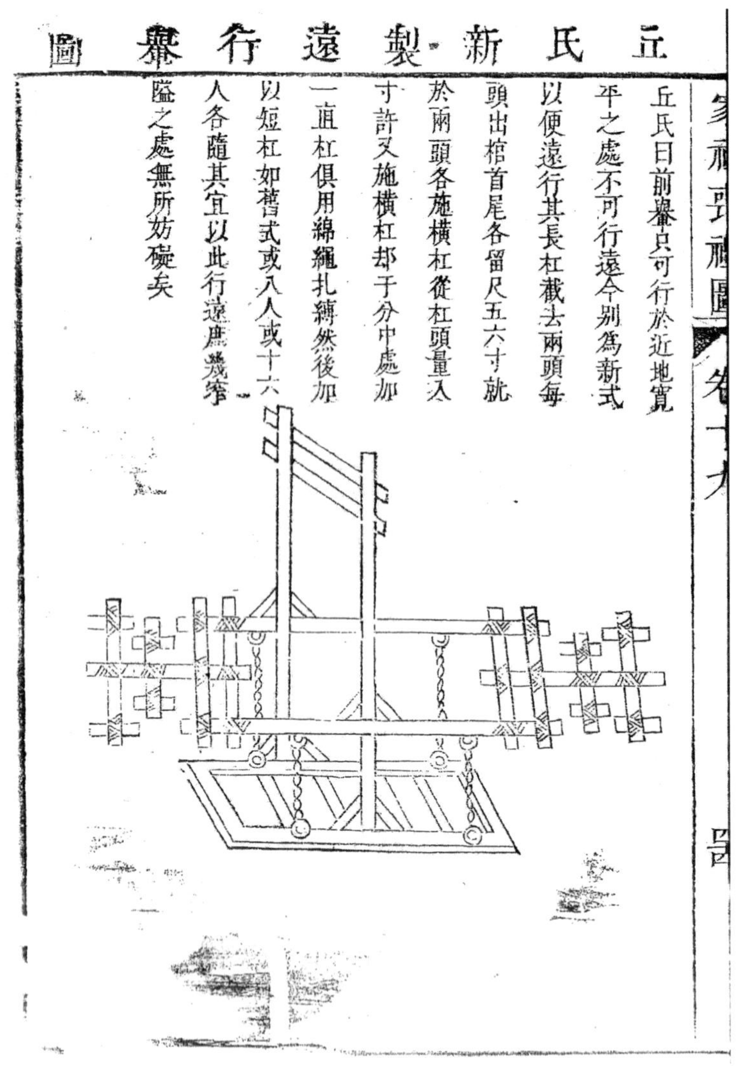

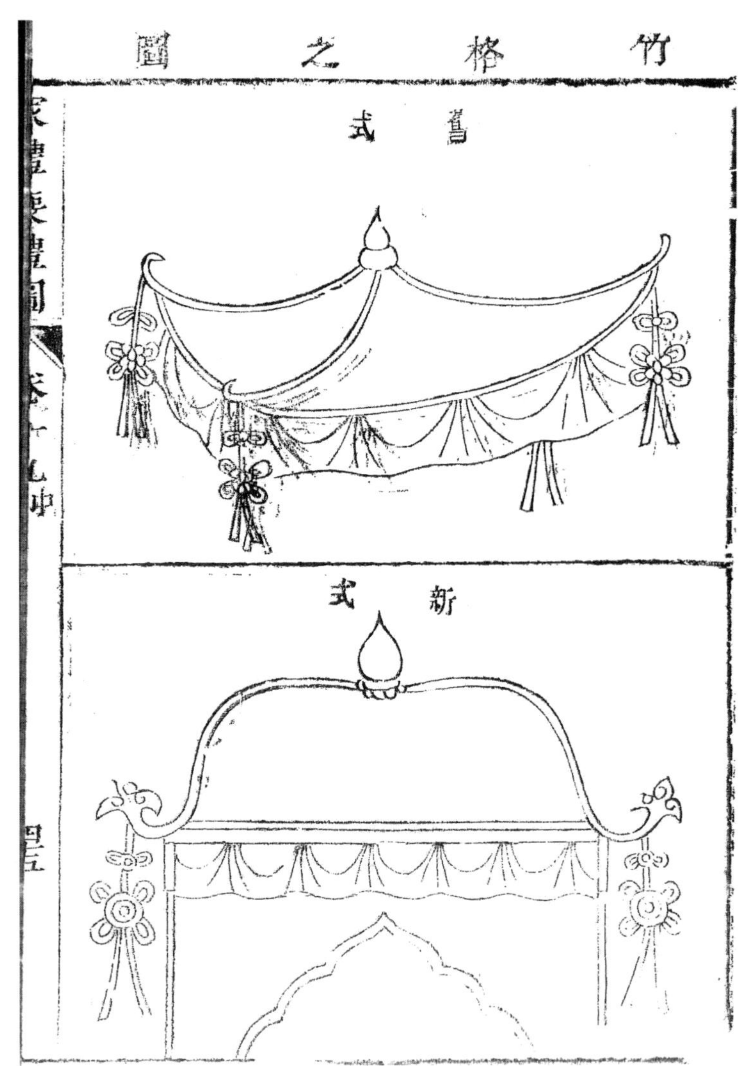
竹格之圖
舊式
新式
家禮喪禮圖
卷十九中
四三

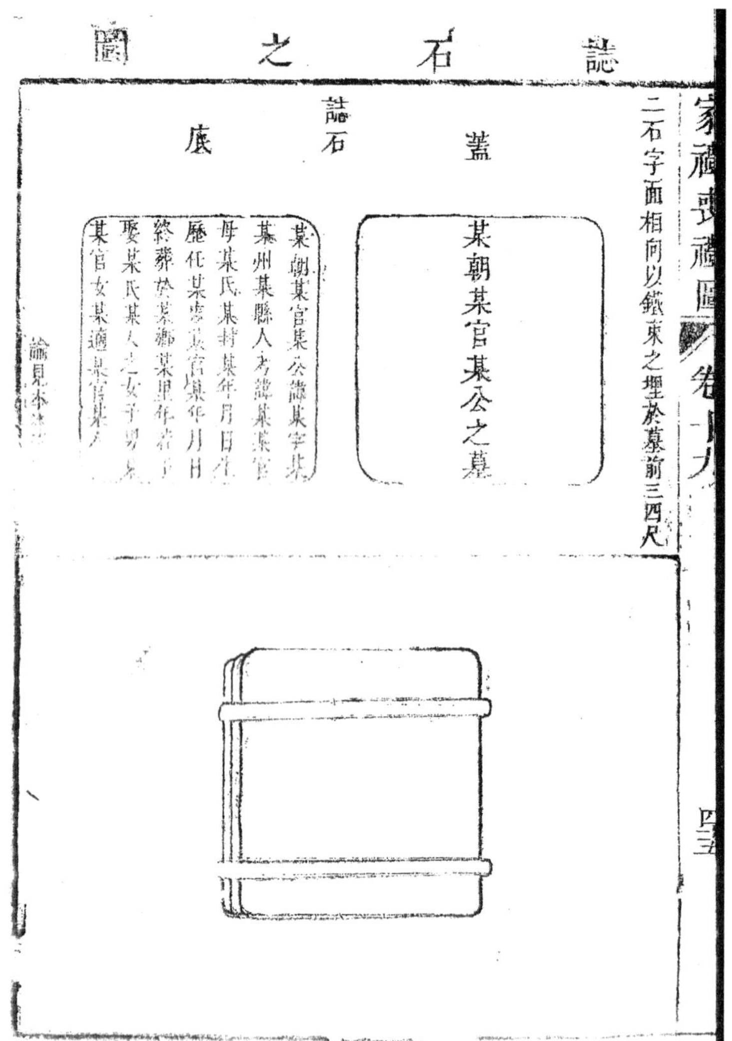
誌石之圖
二石字面相向以鐵束之埋於墓前三四尺
誌石
蓋
底
某朝某官某公之墓
某朝某官某公諱某字某
某州某縣人考諱某某官
母某氏某封某年月日生
歷任某官某官某年月日
終葬於某鄉某里某
娶某氏某人之女子男某
某官女某適某官某人
論見本條

神主全圖

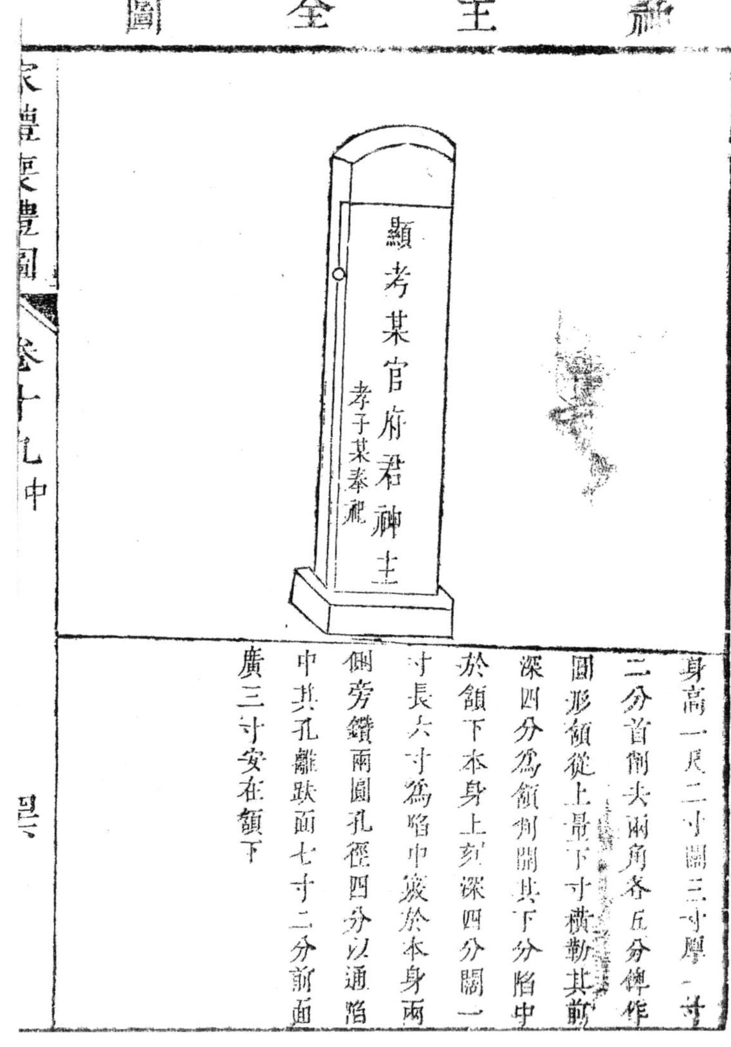

身高一尺二寸闊三寸厚一寸二分首削去兩角各五分俾作圓形頷從上量下寸橫勒其前深四分爲頷判開其下分陷中於頷下本身上刻深四分闊一寸長六寸爲陷中竅於本身兩側旁鑽兩圓孔徑四分以通陷中其孔離趺面七寸二分前面廣三寸安在頷下

神主分圖

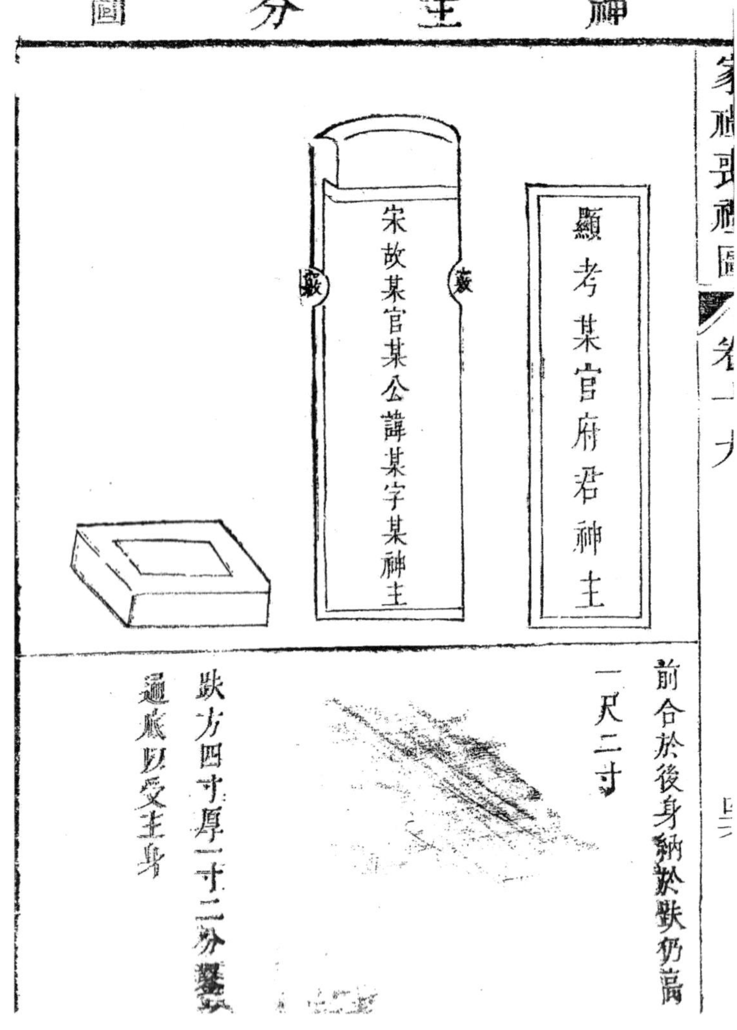
顯考某官府君神主
宋故某官某公諱某字某神主
前合於後身納於趺仍高一尺二寸
趺方四寸厚一寸二分鑿
通底以受主身

神主座蓋之圖

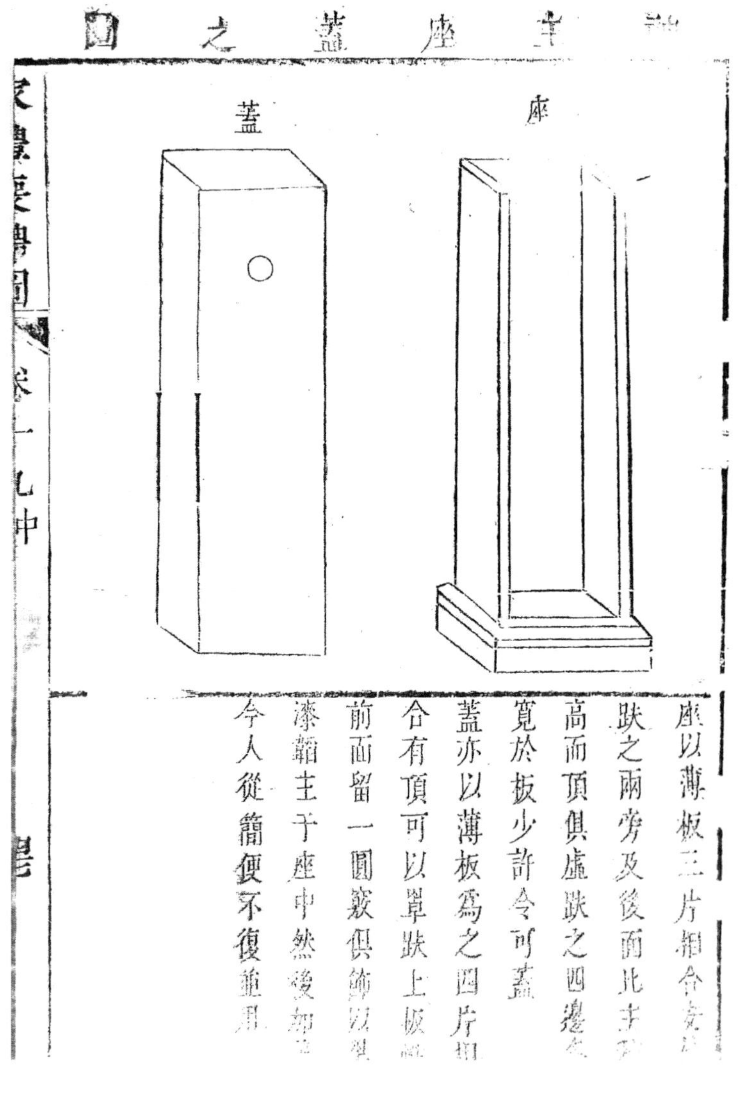

座以薄板三片相合安於趺之兩旁及後面比主趺高而頂俱虛趺之四邊各寬於板少許令可蓋

蓋亦以薄板爲之四片相合有頂可以罩趺上板縫前面留一圓竅俱飾以黑漆韜主于座中然後加蓋

令人從簡便不復並用

主櫝式

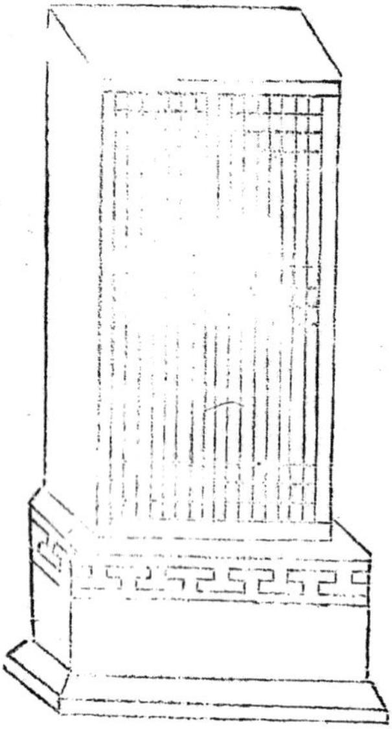

丘氏曰：祠堂本章下止云為四龕，每龕內置一卓，于其上置櫝，龕外各垂小簾，無有韜藉之説。其説蓋出温公書儀，朱子雖已不取，然今人家往往遵之，故仍列圖於前，而此復為櫝式，有力者如制為之，亦無不可。

儀禮節略第二十卷

圖下

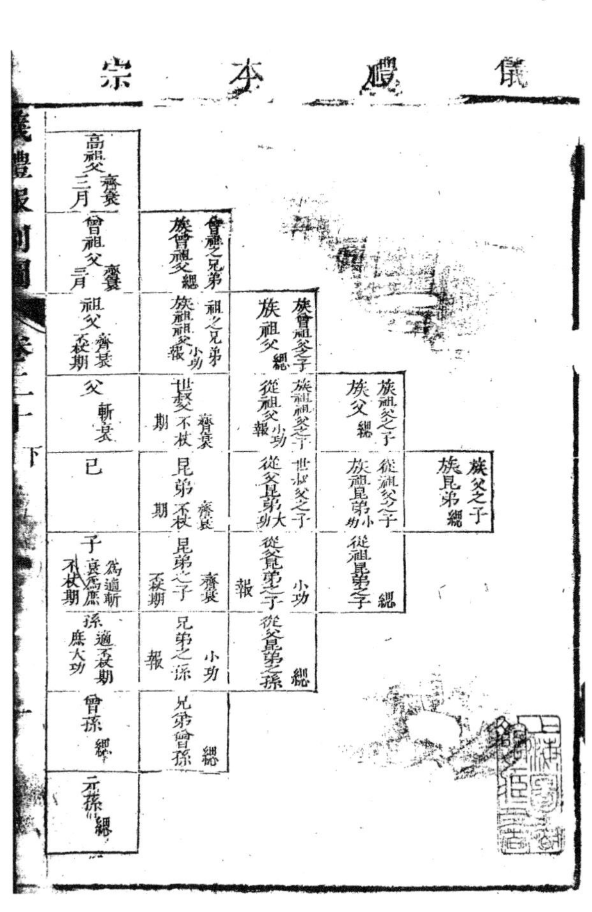

五服之圖

高祖母　齊衰三月

族曾祖母　緦
曾祖母　齊衰三月

族祖母　緦
從祖祖母　小功　報
祖母　齊衰杖期

族母　緦
從祖母　小功　報
世叔母　齊衰不杖期
母　三年　父亡齊衰　父在杖期

族昆弟之妻
從祖昆弟之妻
從父昆弟之妻　緦
昆弟婦
妻　齊衰杖期

從祖昆弟子婦
從父昆弟子婦
昆弟子婦　小功
婦　適大功　庶小功

從父昆弟孫婦
兄弟孫婦　緦　報
孫婦　適小功　庶緦

兄弟曾孫婦
曾孫婦　無服

玄孫婦

姑姊妹女子子在室服並與男子同嫁反者適人無主者亦同

已爲母黨服圖

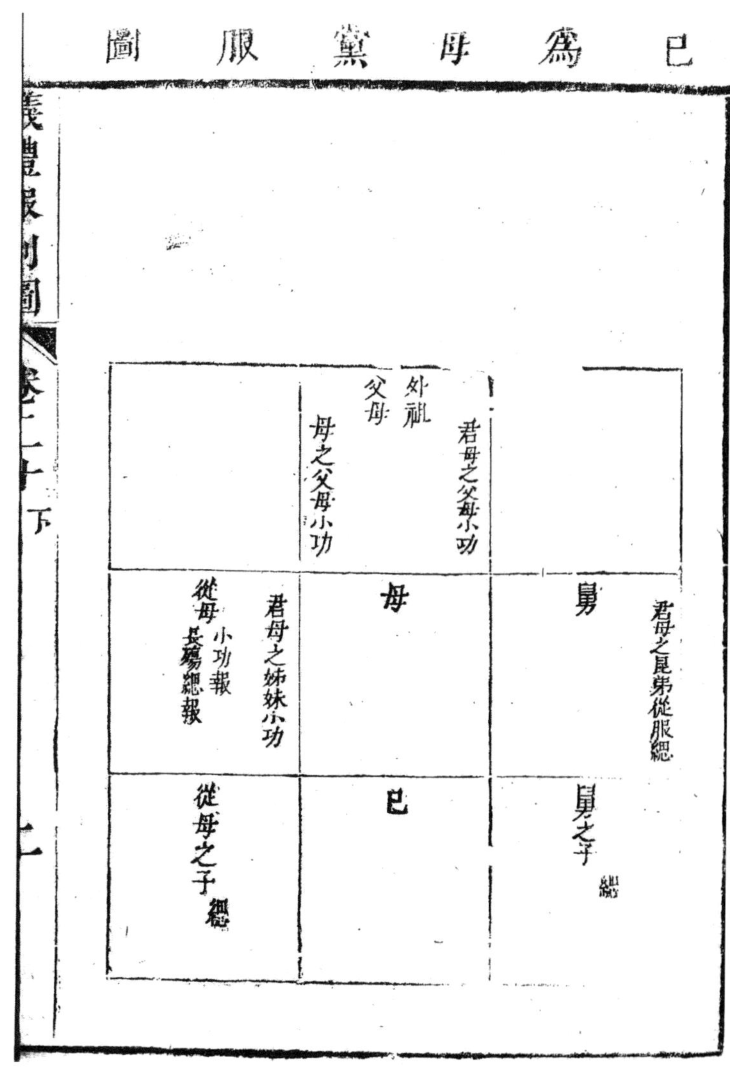
外祖父母
君母之父母小功
母之父母小功
舅
君母之昆弟從服緦
母
君母之姊妹小功
從母小功報
從母長殤緦報
舅之子緦
已
從母之子緦

母黨爲己服圖

	外祖父母	
從母之子	母	舅之子
	己 外祖爲外孫緦 舅報甥緦 從母報姊妹之男小功 舅之子報姑之子緦 從母昆弟緦	

爲夫黨服圖

夫之曾祖父 緦麻

夫之曾祖母 緦

夫之諸祖父 報緦

夫之祖父 大功

夫之祖母 大功

夫之諸祖母 報緦

夫之從祖父 緦

夫之世叔父 大功 長殤小功中下殤緦

舅 齊衰不杖期

姑 齊衰不杖期

夫之世叔母 小功報

夫之從祖母 緦

夫之從祖父 緦

夫之昆弟

夫之姑小功報長殤緦

夫之姊妹小功報長殤緦

夫 斬衰

已

娣姒婦 小功報

夫之從父昆弟之妻 緦

夫從父昆弟之子 夫從父昆……

夫之昆弟之子 齊衰期 子女子子長中殤大功下殤小功 女子適人者大功

子 長子斬衰三年

婦

夫昆弟之子婦 緦

夫從父昆弟之子婦

夫之昆弟之孫 緦

夫昆弟之孫婦 緦

夫從父昆弟之孫婦

已與妻黨相為服圖

妻父 緦	妻母 緦	妻父 為婿緦	妻母 為婿緦
已	妻	已	妻

妾服圖

妾爲君之黨服與女君同女君服見前妻爲夫黨圖

君 妾爲君 斬衰

女君 妾爲女君 不杖期

妾從女君而出則不爲女君之子服

女君死則妾爲女君之黨服攝女君不爲先女君之黨服

凡妾爲私兄弟如邦人

爲君之長子三年與女君同

公妾大夫之妾爲其子期

自爲其子期妾不得體君爲其子得遂也

士之妾爲君之衆子亦期

君之子

爲君之庶子適士者小功 出降與女君同

大夫之妾爲君之庶子大功 降庶子與女君同

大夫之妾爲君之庶子長殤 殤庶子與女君同

大夫之妾爲庶子適人者小功

今服制圖

凡嫡孫父卒爲祖父母承重服斬衰三年若爲曾高祖父母承重服亦同祖在爲祖母止服杖期

同宗九族五

高祖
- 高祖

曾祖
- 曾祖
- 曾祖兄弟：族曾祖父母緦

祖
- 祖父
- 祖親兄弟：伯叔祖父母小功
- 祖堂兄弟：族伯叔祖父母緦

父
- 父 斬衰
- 父親兄弟：伯叔父母期年
- 父堂兄弟：堂伯叔父母小功
- 父再從兄弟：族伯叔父母緦

己
- 己
- 己親兄弟：兄弟期年；兄弟妻小功
- 同祖：堂兄弟大功；堂兄弟妻緦
- 同曾祖：再從兄弟小功；再從兄弟妻緦
- 同高祖：族兄弟緦；族兄弟妻無服

子
- 子期年；長子婦期年；衆子婦大功
- 兄弟之子：姪期年；姪婦大功
- 堂兄弟之子：堂姪小功；堂姪婦緦
- 再從兄弟之子：再從姪緦；再從姪婦無服

孫
- 適孫期年；適孫婦小功
- 兄弟之孫：姪孫小功；姪孫婦緦
- 堂兄弟之孫：堂姪孫緦；堂姪孫婦無服

曾孫
- 孫之子：曾孫緦
- 兄弟曾孫：曾姪孫緦；曾姪孫婦無服

玄孫
- 曾孫之子：玄孫緦

凡男爲人後者爲本生親屬孝服皆降一等惟本生父母降服不杖期父母報服同

服正服之圖

父母 齊衰三月

父母 齊衰五月

母 齊衰不杖期

母 三年

身

女 期年 出嫁大功

衆孫 大功 衆孫婦 緦

曾孫 曾孫婦 無服

玄孫 玄孫婦 無服

曾祖姊妹 族曾祖姑 在室緦麻 出嫁無服

祖親姊妹 從祖祖姑 在室小功 出嫁緦麻

已親姊妹 姑 在室期年 出嫁大功

已親姊妹 姊妹 在室期年 出嫁大功

兄弟之女 姪女 在室期年 出嫁大功

兄弟孫女 姪孫女 在室小功 出嫁緦麻

兄弟曾孫女 曾姪孫女 在室緦麻 出嫁無服

祖堂姊妹 族祖姑 在室緦麻 出嫁無服

父堂姊妹 堂姑 在室小功 出嫁緦麻

同祖 堂姊妹 在室小功 出嫁緦麻

同祖兄弟之女 堂姪女 在室小功 出嫁緦麻

同祖兄弟之孫女 堂姪孫女 在室緦麻 出嫁無服

父再從姊妹 族姑 在室緦麻 出嫁無服

同曾祖 再從姊妹 在室小功 出嫁緦麻

再從兄弟之女 再從姪女 在室緦麻 出嫁無服

同高祖 族姊妹 在室緦麻 出嫁無服

凡姑姊妹女及孫女在室或已嫁被出而歸服並與男子同出嫁而無夫與子者爲兄弟姊妹及姪皆不杖期

凡同五世祖族屬在緦麻絕服之外皆爲袒免親遇喪葬則服素服尺布纏頭

妻爲夫

今服制圖　卷二十

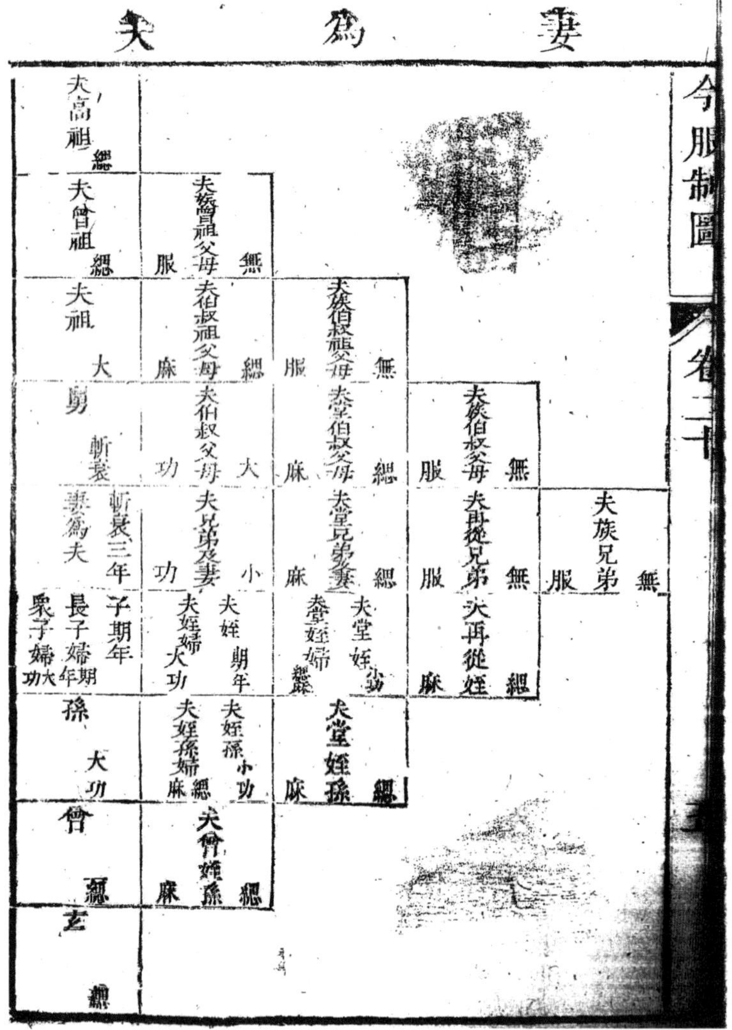
夫高祖緦
夫曾祖緦
夫族曾祖父母 無服
夫祖大功
夫伯叔祖父母 緦麻
夫族伯叔祖父母 無服
夫舅斬衰
夫伯叔父母 大功
夫堂伯叔父母 緦麻
夫族伯叔父母 無服
妻爲夫斬衰三年
夫兄弟及妻 小功
夫堂兄弟及妻 緦麻
夫再從兄弟 無服
夫族兄弟 無服
子期年
長子婦期年
衆子婦大功
夫姪 期年
夫姪婦 大功
夫堂姪 小功
夫堂姪婦 緦麻
夫再從姪 緦麻
孫大功
夫姪孫 小功
夫姪孫婦 緦麻
夫堂姪孫 緦麻
曾緦
夫曾姪孫 緦麻
玄緦

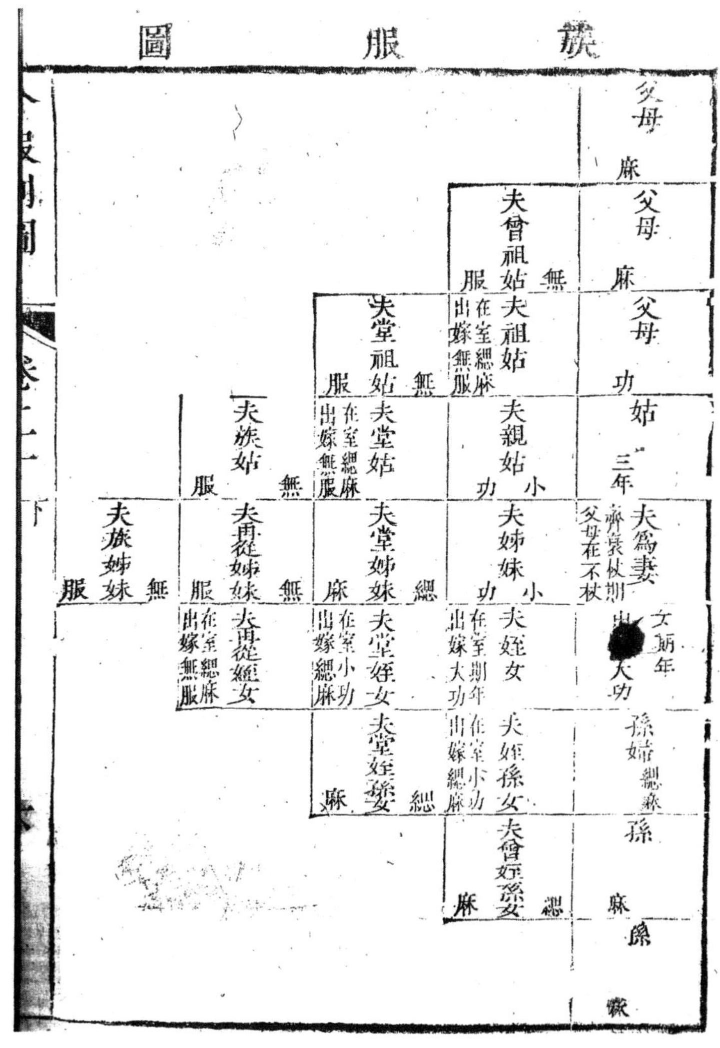

族服圖
父母
麻
父母
麻
父母
功
姑
三年
夫為妻
齊衰杖期
父母在不杖
女
期年
出
大功
孫婦
緦麻
孫
麻
孫
夫曾祖姑
無服
夫祖姑
在室緦麻
出嫁無服
夫親姑
小功
夫姊妹
小功
夫姪女
在室期年
出嫁大功
夫姪孫女
在室小功
出嫁緦麻
夫曾姪孫女
緦麻
夫堂祖姑
無服
夫堂姑
在室緦麻
出嫁無服
夫堂姊妹
緦麻
夫堂姪女
在室小功
出嫁緦麻
夫堂姪孫女
緦麻
夫族姑
無服
夫再從姊妹
無服
夫再從姪女
在室緦麻
出嫁無服
夫族姊妹
無服

妾爲家長族服之圖

家長父母 期年

家長 斬衰三年

正妻 期年

家長衆子 期年

家長長子 期年

爲其子 期年

出嫁女為本宗降服之圖

		高祖父母 齊衰三月		
		曾祖父母 齊衰五月		
	祖姊妹 在室緦麻 出嫁無服	祖父母 期年	祖兄弟 緦麻	
父堂姊妹 在室緦麻 出嫁無服	父姊妹 大功	父母 期年	伯叔父母 大功	父堂兄弟 小功
堂姊妹 在室小功 出嫁緦麻	姊妹 大功	已身	兄弟 大功	堂兄弟 小功
堂姪女 緦麻	兄弟女 大功		兄弟子 大功	堂姪 緦麻

外親服圖

		母之祖父母　無服		
	母之姊妹　即姨　小功	外祖父母　小功	母之兄弟　即舅　小功	
堂姨之子　無服	姨之子　爲兩姨兄弟　緦麻	己	舅之子　爲內兄弟　緦麻	堂舅之子　無服
	姨之孫　無服	姑之子　爲外兄弟　緦麻	舅之孫　無服	
		姑之孫　無服		

妻親服圖

	妻之祖父母 無服	
妻之姑 無服	妻父母 緦麻	妻伯叔 無服
妻之姊妹 無服	己身 爲壻 緦麻	妻兄弟及妻 無服
	女之子 外孫 緦麻	
	女之孫 無服	

三父八母服圖

養母　斬衰三年
謂自幼過房

同居繼父
繼父與己兩無大功以上親爲服期年
若兩有大功以上親服齊衰三月

不同居繼父
先與繼父同居今不同居齊衰三月
自來不曾同居者無服

從繼母嫁　齊衰杖期
謂父死繼母再嫁隨去者

嫡母　斬衰三年
妾所生子爲父之正妻

繼母　斬衰三年
父娶後妻

慈母　斬衰三年
謂所生母死父令別妾撫育者

嫁母　齊衰杖期
親母因父死再嫁

出母　齊衰杖期
親母被父出

庶母
父有子之妾嫡子衆子齊衰杖期
所生子斬衰三年

乳母　緦麻
父妾乳哺者即奶母

徐健庵擬訂五父十三母服圖

同居繼父 兩無大功親齊衰不杖期 兩有大功親齊衰三月	所後父 斬衰 三年 爲人後者爲所後父	父 斬衰 三年	本生父 齊衰 杖期 爲人後者爲本生父	不同居繼父 齊衰 三月 先同居今不同居 元不同居則無服
所後母 斬衰 三年 爲人後者爲所後母	嫡母 斬衰 三年 妾所生子爲父正室	母 斬衰 三年	繼母 斬衰 三年 父之繼室同親母	本生母 齊衰 杖期 爲人後者爲本生母
養母 斬衰 三年 自幼過房	慈母 斬衰 三年 妾子無母父命他妾無子者養之	生母 斬衰 三年 庶子爲所生母	庶母 齊衰 杖期 嫡子庶子爲父妾有子者	
從繼母嫁 齊衰 不杖期 前夫之子從繼母嫁爲改嫁繼母	嫁母 齊衰 杖期 親母因父死改嫁者	出母 齊衰 杖期 親母被父出者	乳母 緦麻 即奶母	

本生父　期

繼母　三年　斬衰

所後父　三年　斬衰

為人後者為所後父

嫡母　三年　斬衰

妾所生子為父正室

所後母　三年　斬衰

為人後者為所後母

生母　三年　斬衰

慈母　三年　斬衰

養母　三年　斬衰

自幼過房

出母　杖期　齊衰

嫡子被父出者

嫁母　杖期　齊衰

謂母因父死改嫁者

儀禮五服圖 一

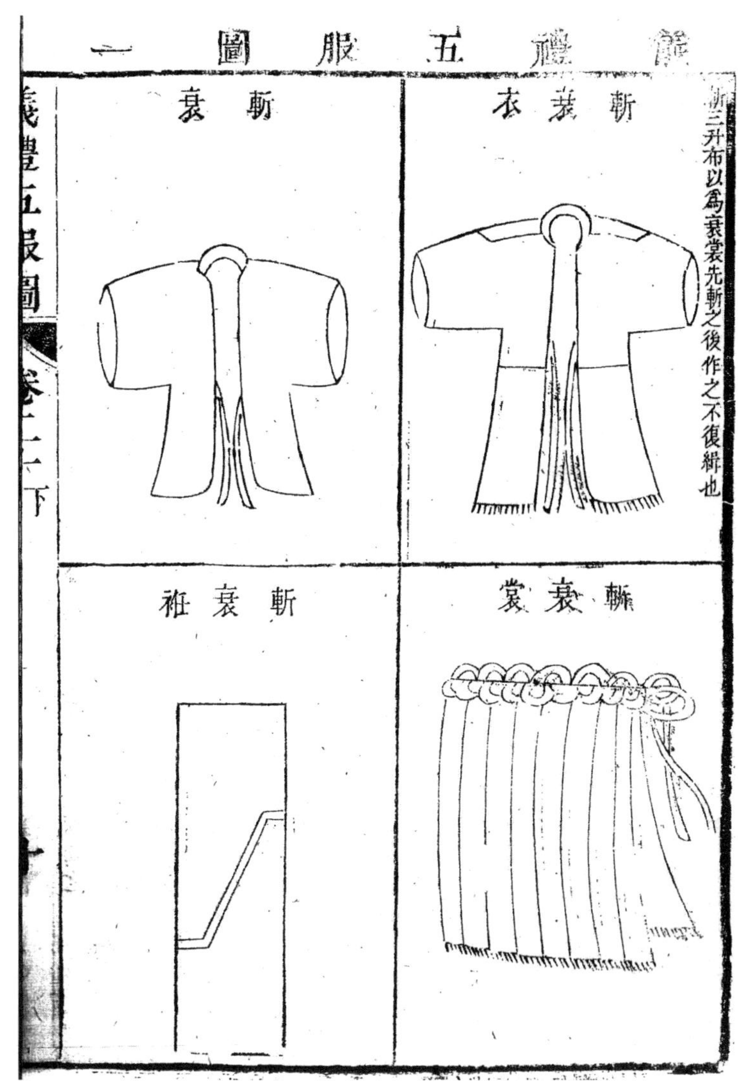
斬衰衣
斬衰
斬衰裳
斬衰衽
斬三升布以爲衰裳先斬之後作之不復緝也
儀禮五服圖 卷二十下

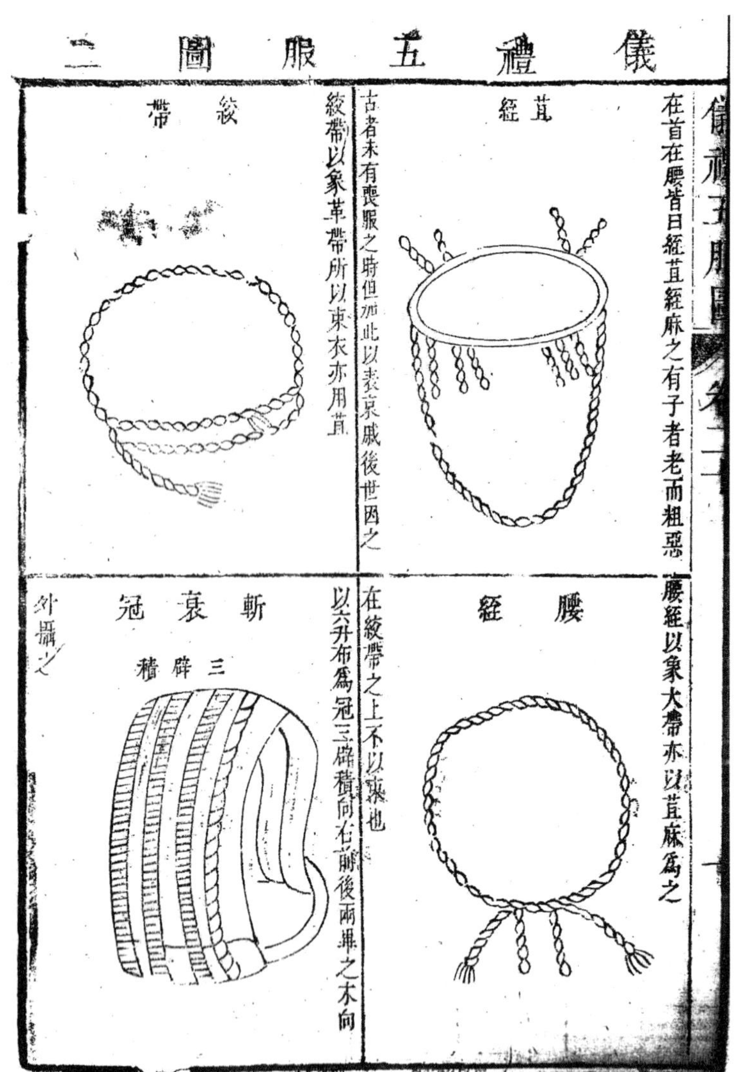
儀禮五服圖二
苴絰
在首在腰皆曰絰苴絰麻之有子者老而粗惡
古者未有喪服之時但加此以表哀戚後世因之
絞帶
絞帶以象革帶所以束衣亦用苴
腰絰
腰絰以象大帶亦以苴麻爲之
在絞帶之上不以束也
斬衰冠
三辟積
以六升布爲冠三辟積向右前後兩畢之末向
外縪之

儀禮五服圖三

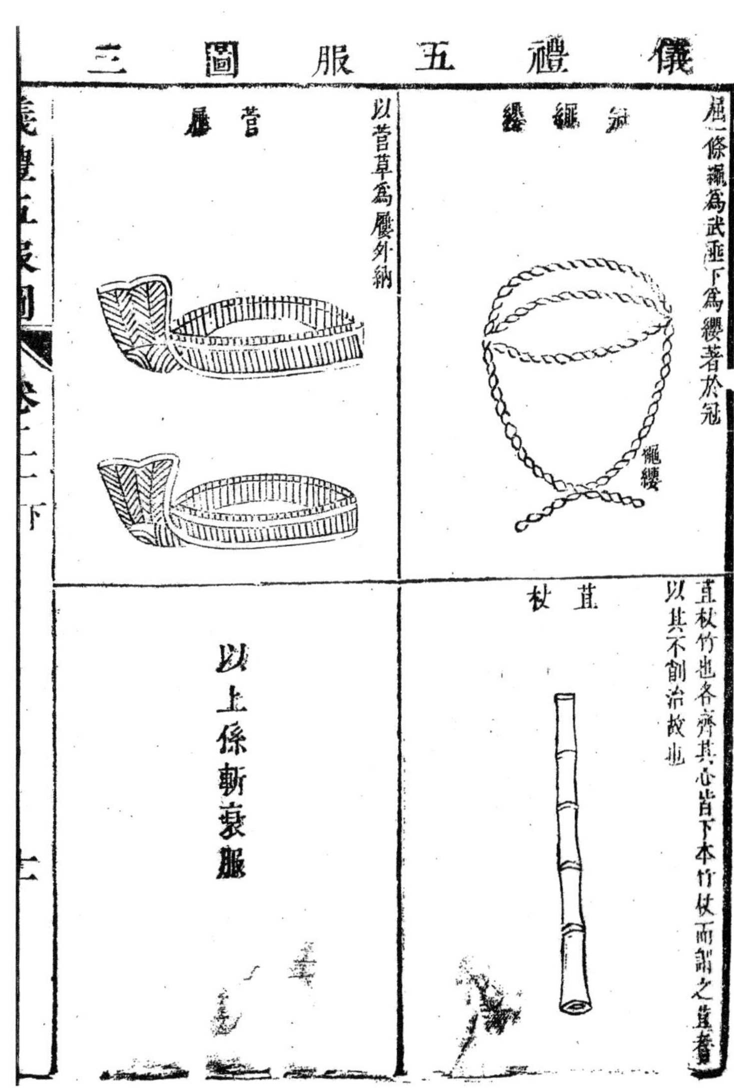
屈一條繩爲武垂下爲纓著於冠
冠繩纓
繩纓
以菅草爲屨外納
菅屨
苴杖竹也各齊其心皆下本竹杖而謂之苴者
以其不削治故也
苴杖
以上係斬衰服

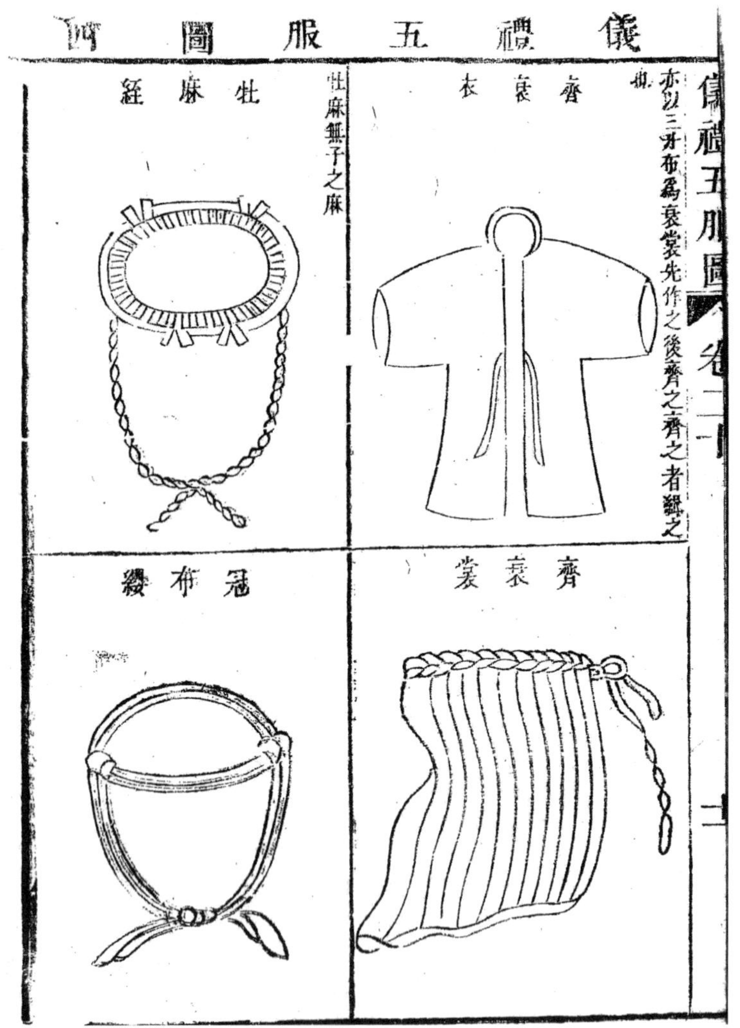
牡麻絰
牡麻無子之麻
齊衰衣
亦以三升布爲衰裳先作之後齊之齊之者緝之也
冠布纓
齊衰裳

儀禮五服圖五

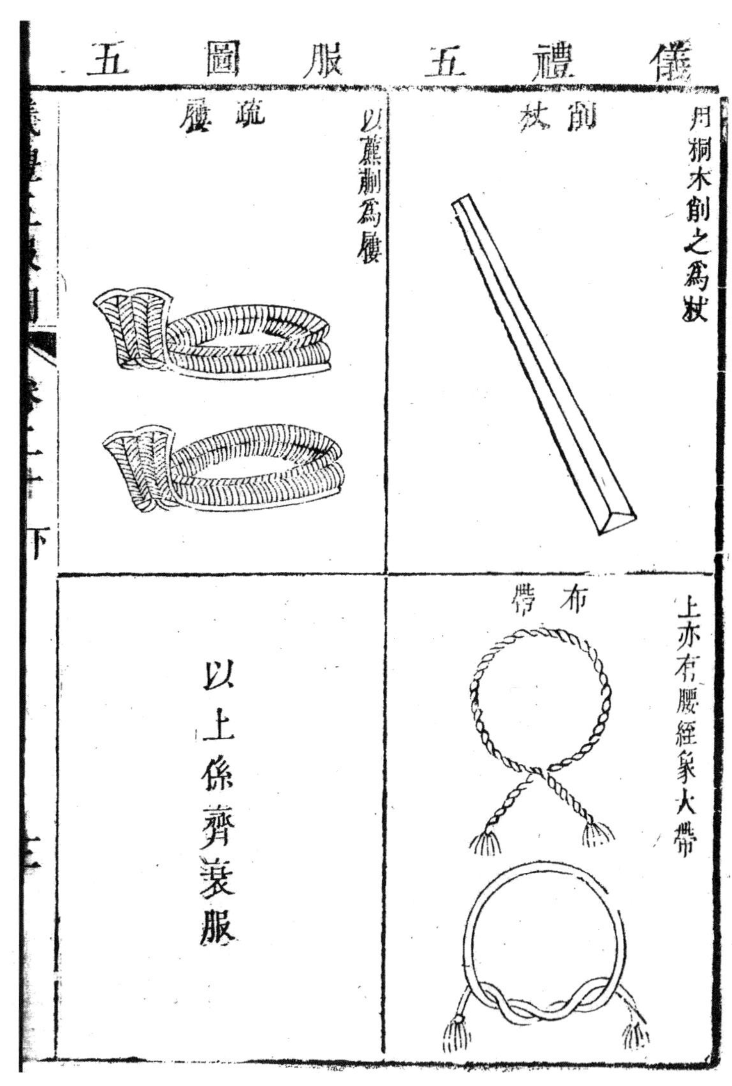

儀禮五服圖　六

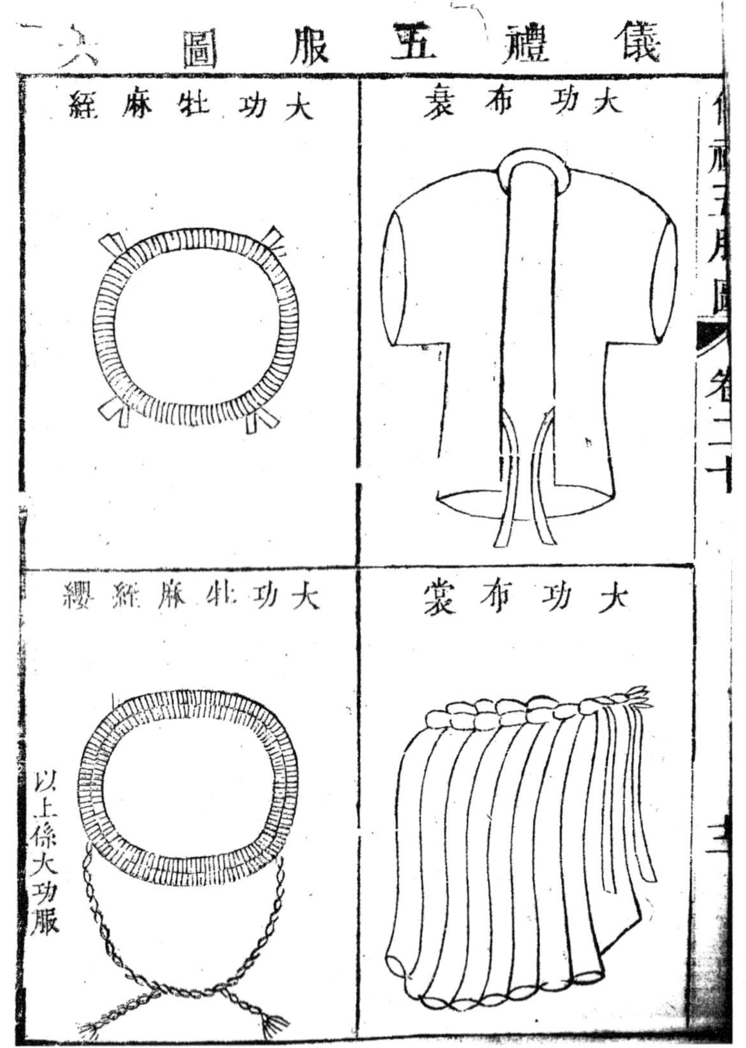
大功布衰
大功牡麻絰
大功布裳
大功牡麻絰纓
以上係大功服

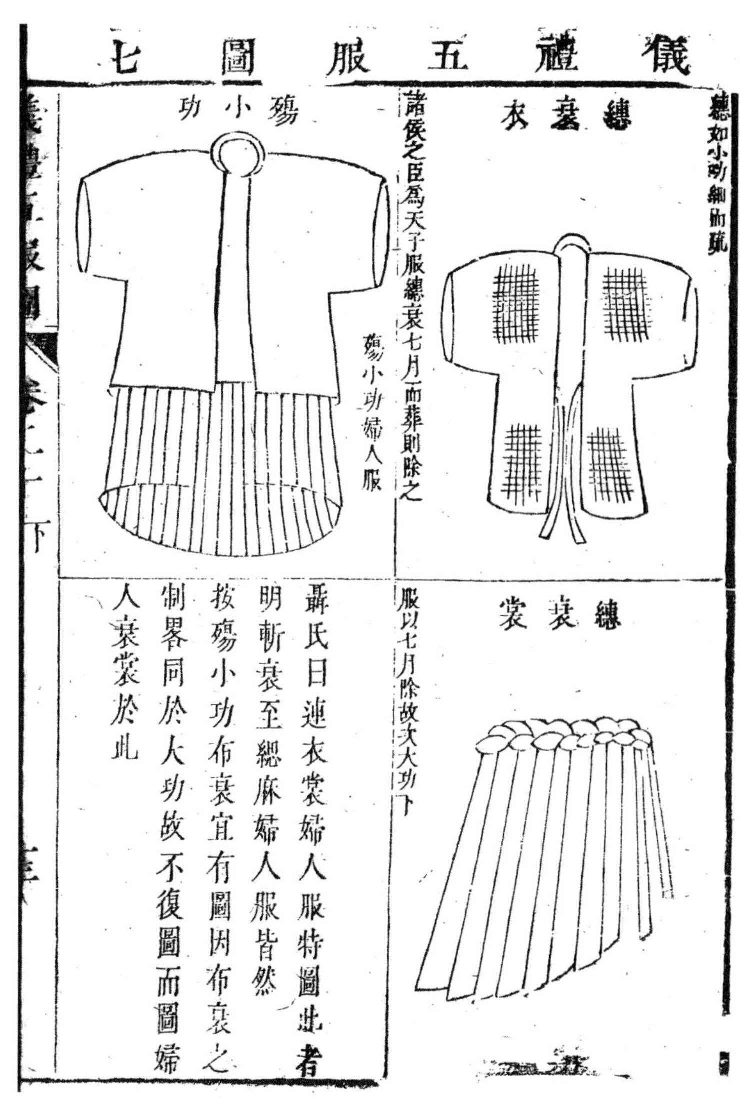

儀禮五服圖七

繐如小功細而疏

繐衰衣

諸侯之臣爲天子服繐衰七月而葬則除之

殤小功

殤小功婦人服

繐衰裳

服以七月除故次大功下

聶氏曰連衣裳婦人服特圖此者明斬衰至緦麻婦人服皆然按殤小功布衰宜有圖因布衰之制畧同於大功故不復圖而圖婦人衰裳於此

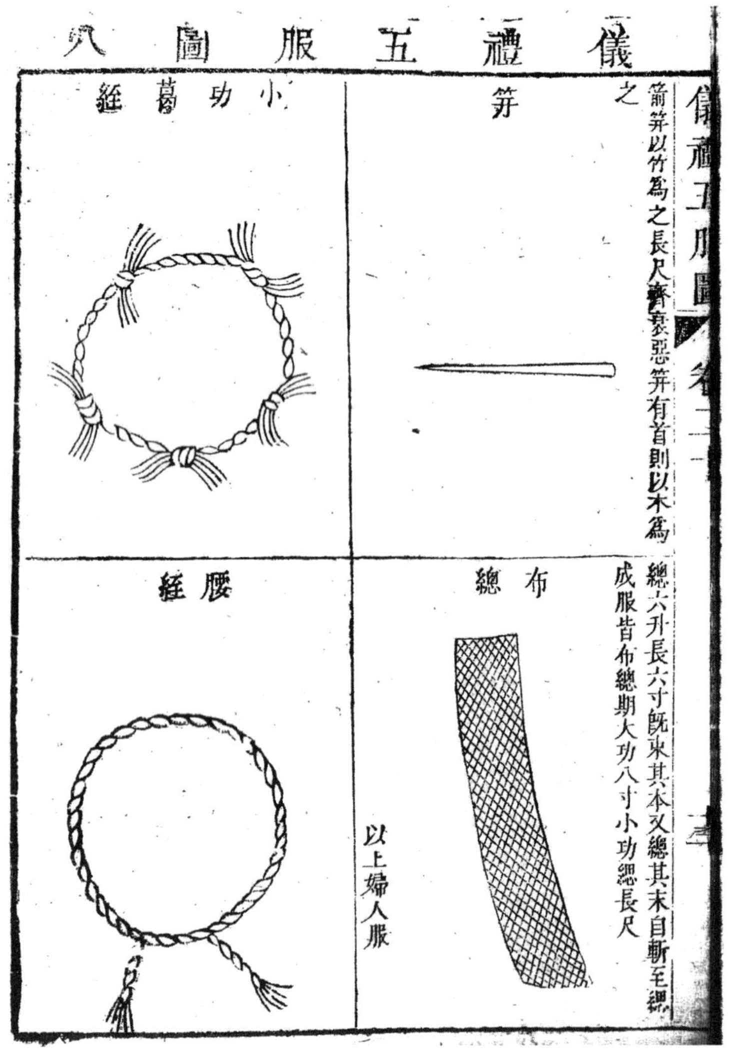

儀禮五服圖八

笄

箭笄以竹爲之長尺齊衰惡笄有首則以木爲之

小功葛絰

布總

總六升長六寸旣束其本又總其末自斬至緦成服皆布總期大功八寸小功緦長尺

腰絰

以上婦人服

儀禮五服圖

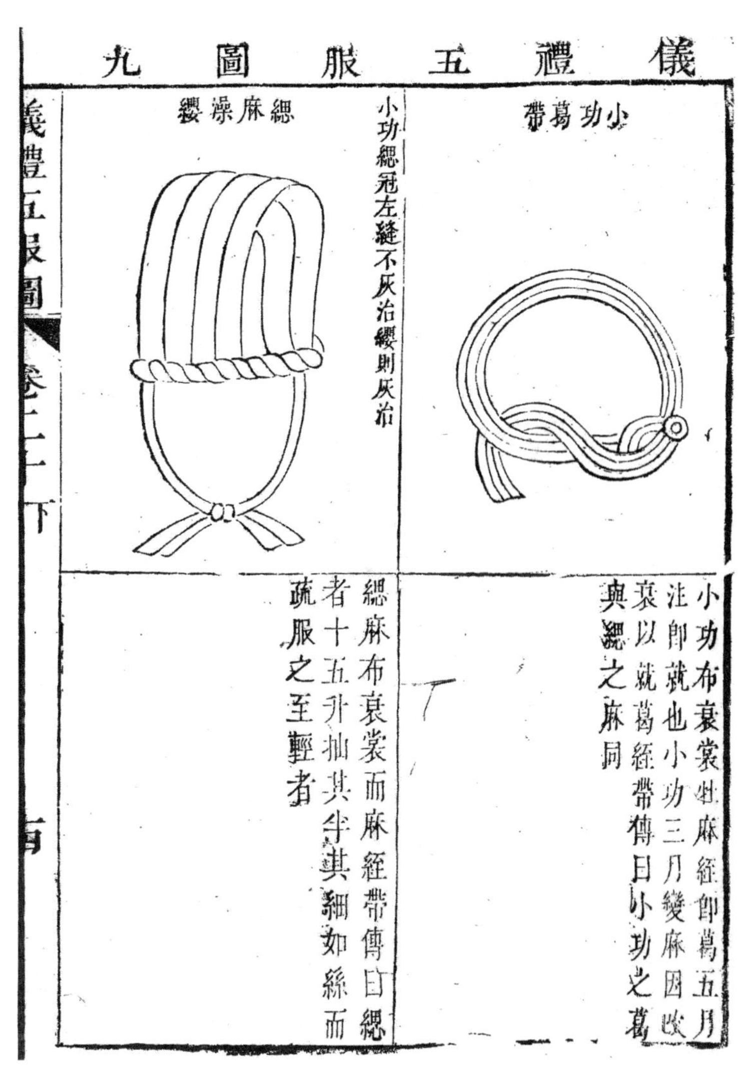

儀禮五服圖九

小功布衰裳牡麻絰即葛五月 注即就也小功三月變麻因故衰以就葛絰帶傳曰小功之葛與緦之麻同

緦麻布衰裳而麻絰帶傳曰緦者十五升抽其半其細如絲而疏服之至輕者

儀禮裁喪服圖

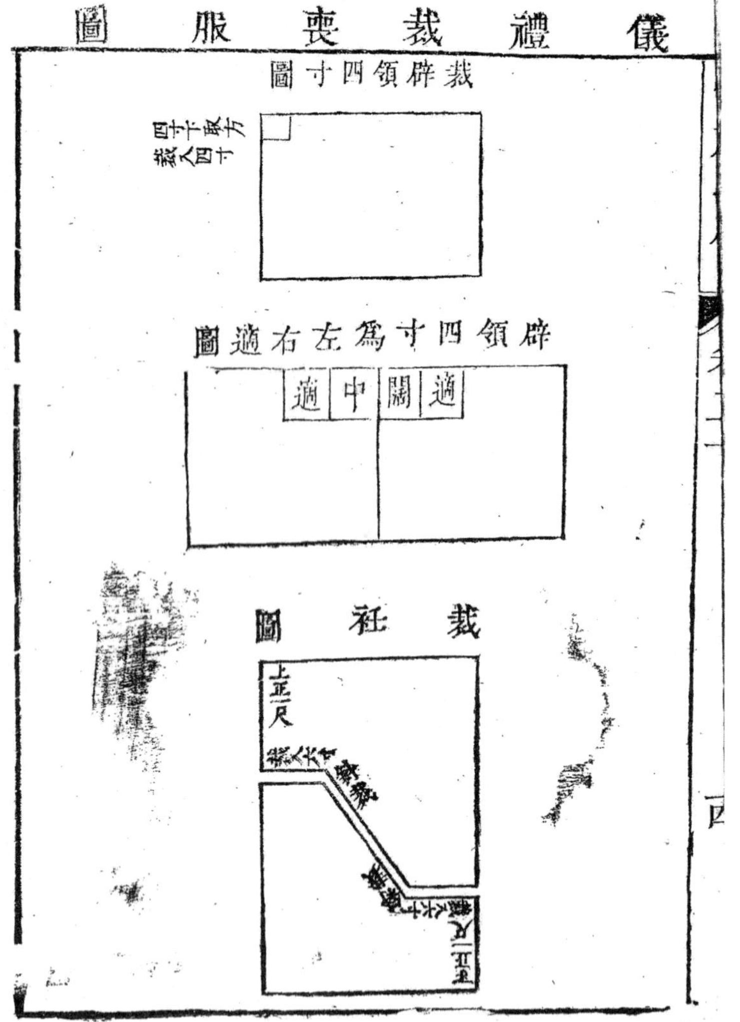

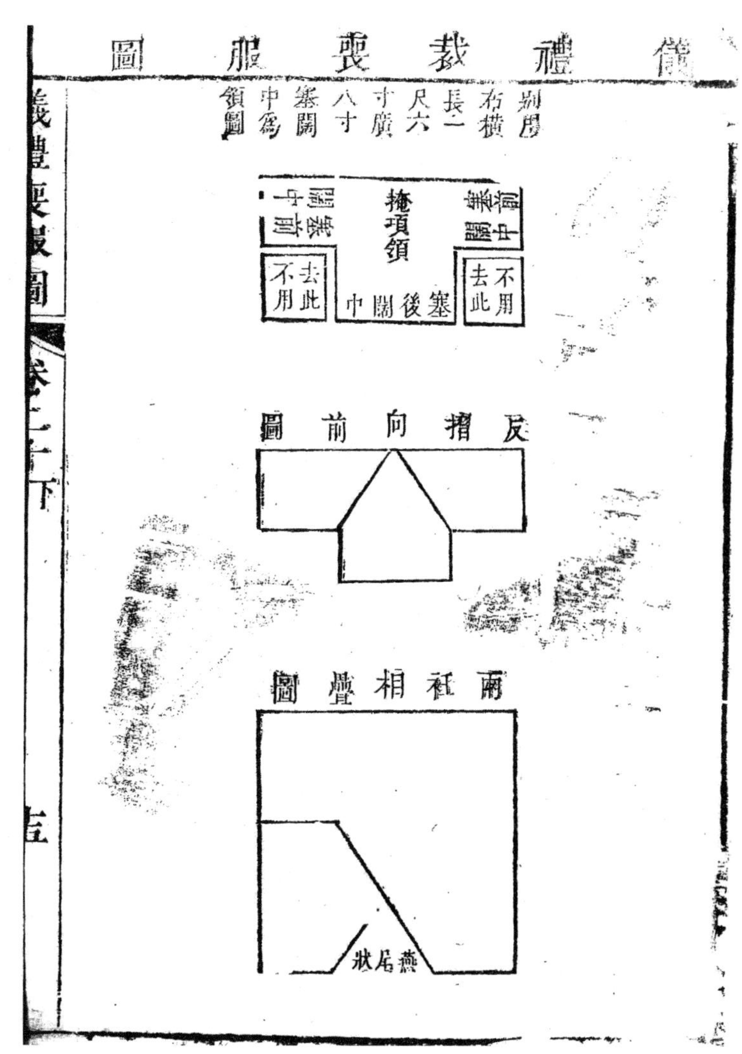
儀禮裁喪服圖
別用布橫長二尺六寸廣八寸塞闕中為領圖
掩項領
去此不用
塞後闕中
去此不用
反摺向前圖
兩衽相疊圖
燕尾狀

儀禮喪絰帶旁通圖

横列五服 直下一服	斬衰男子	斬衰婦人	齊衰男子
首絰	以苴麻爲之圍九寸不去莩斬下本在左	同前	以牡麻爲之圍七寸二分右本在上雖齊衰三年亦同
要絰 象大帶者	苴麻爲之圍七寸二分散垂至三日絞之惟年五寸不散垂	亦苴麻爲之但初即絞之仍結其本不散垂	牡麻爲之圍五寸七分有奇散垂
絞帶 象革帶者	亦苴麻爲之王肅以爲其大如要絰雷氏以爲比要絰又五分去一	同前	布爲之降齊衰布七升正齊衰八升義齊衰以及三月皆九升

儀禮喪服絰帶旁通圖

[illegible]婦人	大功男子	大功婦人	小功男子婦人同
同前	以牡麻爲之圍五寸七分有奇右本在上	同前	正服義服以牡麻爲之惟殤服以澡治莩垢之麻爲之圍皆四寸六分有奇
牡麻爲之圍同前但郎結本耳	牡布爲之圍四寸六分有奇散垂	牡麻及圍同前但結本耳大功以上絰帶有本小功以下斷本爲緦小功帶不絕本	正服義服牡麻殤服澡麻不絕本詘而反以報之圍三寸五分有奇並不散垂
同前	布爲之降大功十升正大功布十升義大功十一升	同前	布爲之降小功布十升正小功十一升義小功十二升

儀禮喪服圖　卷二十下　二六

緦麻男子婦人同	澡麻爲之圍三寸五分有奇	澡麻爲之圍二寸八分有奇	布爲之十五升抽其半
大功婦人	同前	[illegible]大功以上婦人[illegible]本不絞以牡麻爲之圍同前但結本耳	同前
大功男子	以牡麻爲之圍七寸七分有奇右本在上	以牡麻爲之圍四寸六分有奇散垂	大功布九升或八升十一升布爲之降大功十升正

家禮衰衣全圖

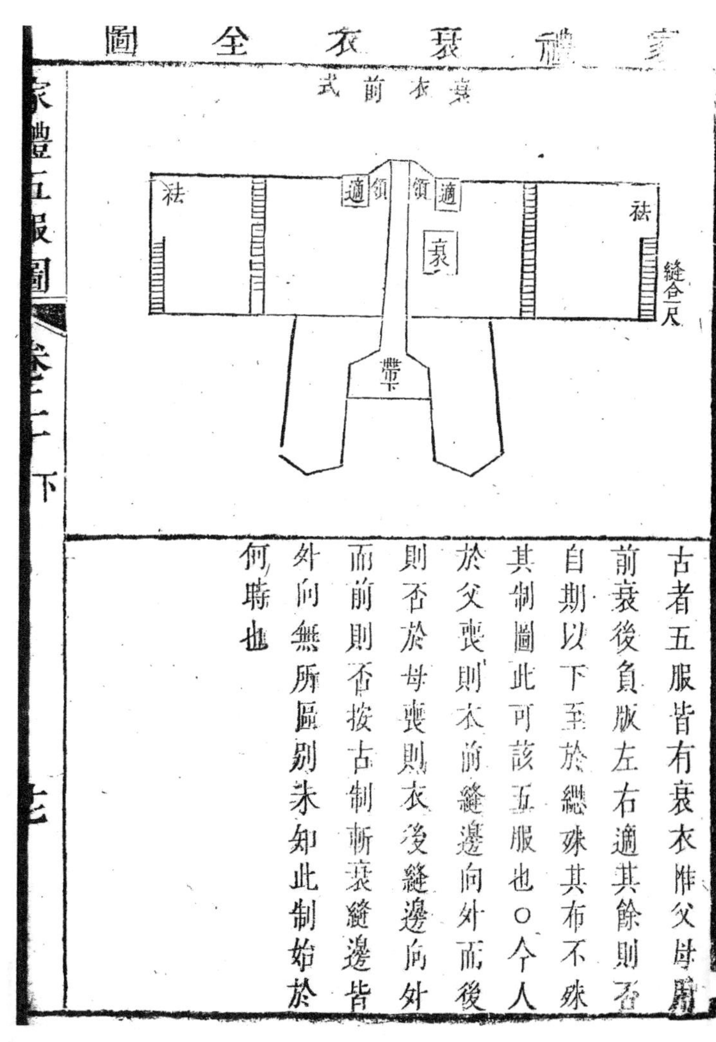

古者五服皆有衰衣惟父母喪前衰後負版左右適其餘則否自期以下至於緦殊其布不殊其制圖此可該五服也○今人於父喪則衣前縫邊向外而後則否於母喪則衣後縫邊向外而前則否按古制斬衰縫邊皆外向無所區別未知此制始於何時也

家禮衰衣全圖

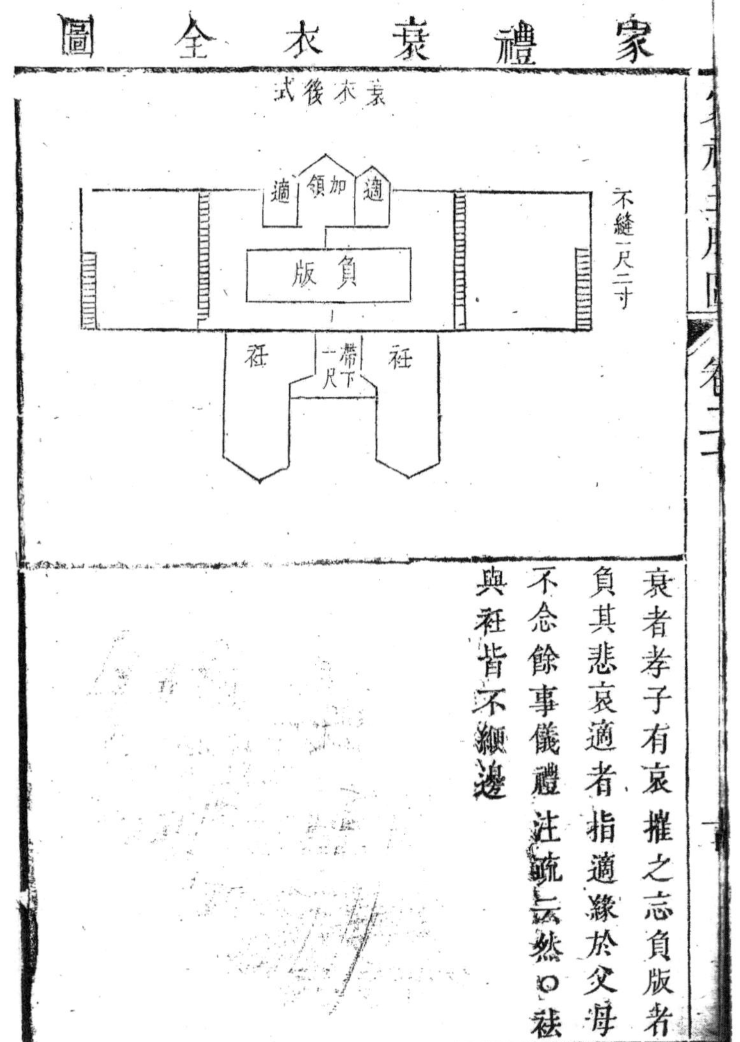

衰者孝子有哀摧之志負版者負其悲哀適者指適緣於父母不念餘事儀禮注疏云然○袪與衽皆不緶邊

家禮丘氏裁衰服圖一

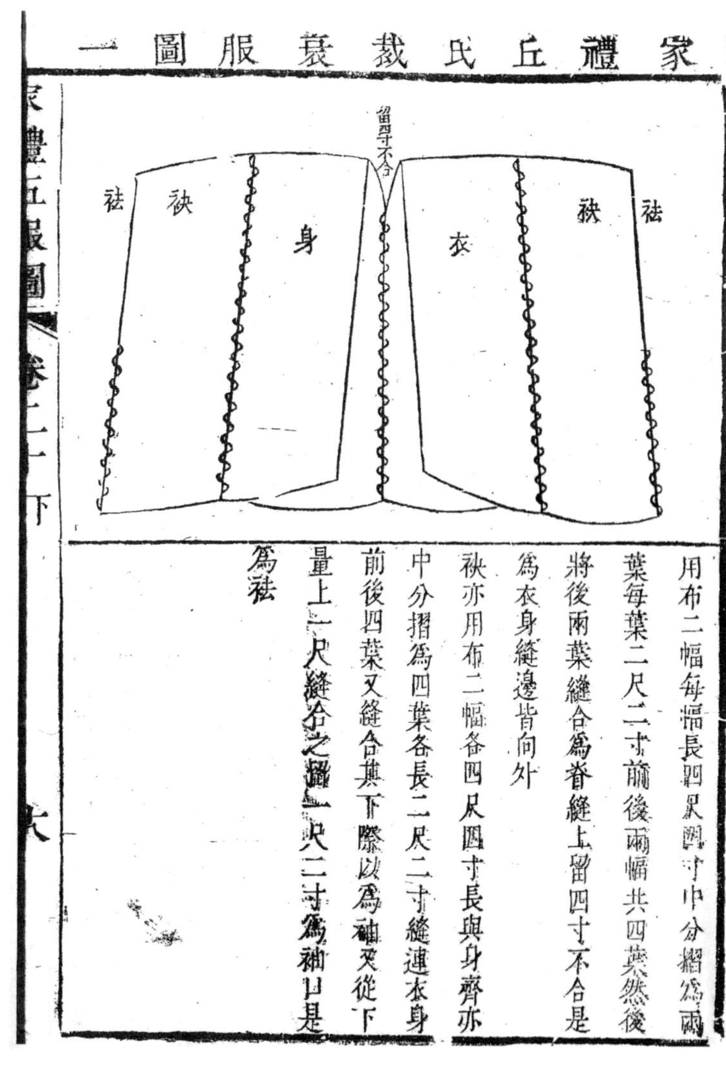

用布二幅每幅長四尺四寸中分摺爲兩葉每葉二尺二寸前後兩幅共四葉然後將後兩葉縫合爲脊縫上留四寸不合是爲衣身縫邊皆向外

袂亦用布二幅各四尺四寸長與身齊亦中分摺爲四葉各長二尺二寸縫連衣身前後四葉又縫合其下際以爲袖又從下量上一尺縫合之留上一尺二寸爲袖口是爲袪

家禮丘氏裁衰服圖　二

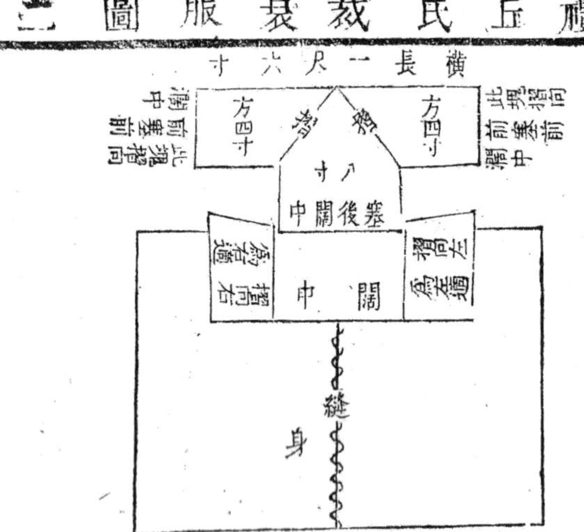

適卽所謂辟領也從衰身中分摺處直量下四寸卽後兩葉脊縫原留不合處前後四葉各横裁入四寸裁訖分摺所裁者向外兩肩上爲左右適旣摺轉所裁向外其間空闊處前後俱名爲闊中

領别用布一幅横長一尺六寸闊八寸横摺爲兩長條分上下條將下條兩頭各裁去四寸不用留其中間八寸以塞後闊中旣綴定又將上條分中斜摺以塞前闊中綴在前兩葉空處

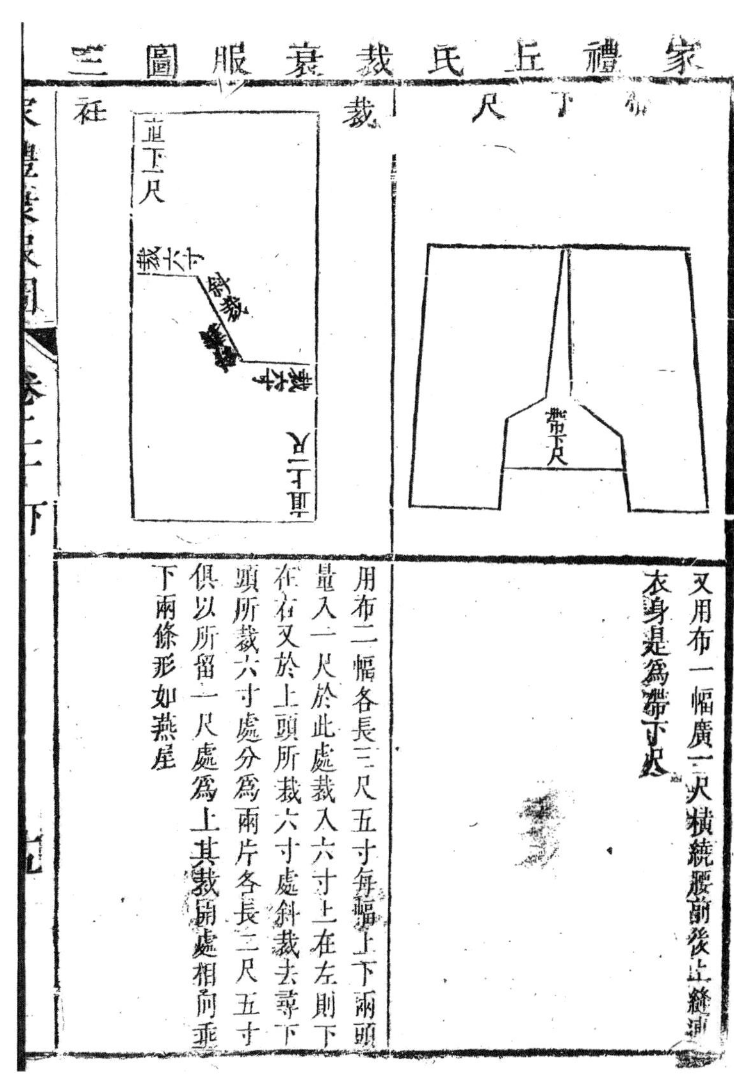

家禮丘氏裁衰服圖三

又用布一幅廣一尺横繞腰前後上綴連衣身是爲帶下尺

用布二幅各長三尺五寸每幅上下兩頭量入一尺於此處裁入六寸上在左則下在右又於上頭所裁六寸處斜裁去尋下頭所裁六寸處分爲兩片各長三尺五寸俱以所留一尺處爲上其裁開處相向垂下兩條形如燕尾

家禮丘氏裁衰服圖三

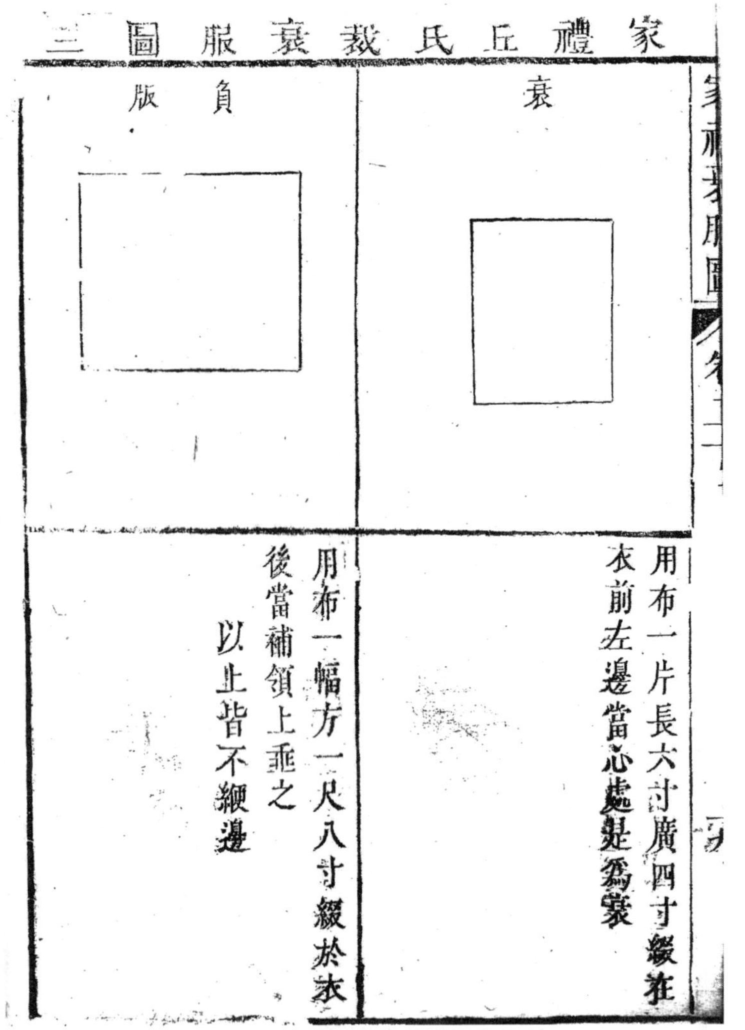
衰
負版
用布一片長六寸廣四寸綴在衣前左邊當心處是爲衰
用布一幅方一尺八寸綴於衣後當補領上垂之
以上皆不緶邊

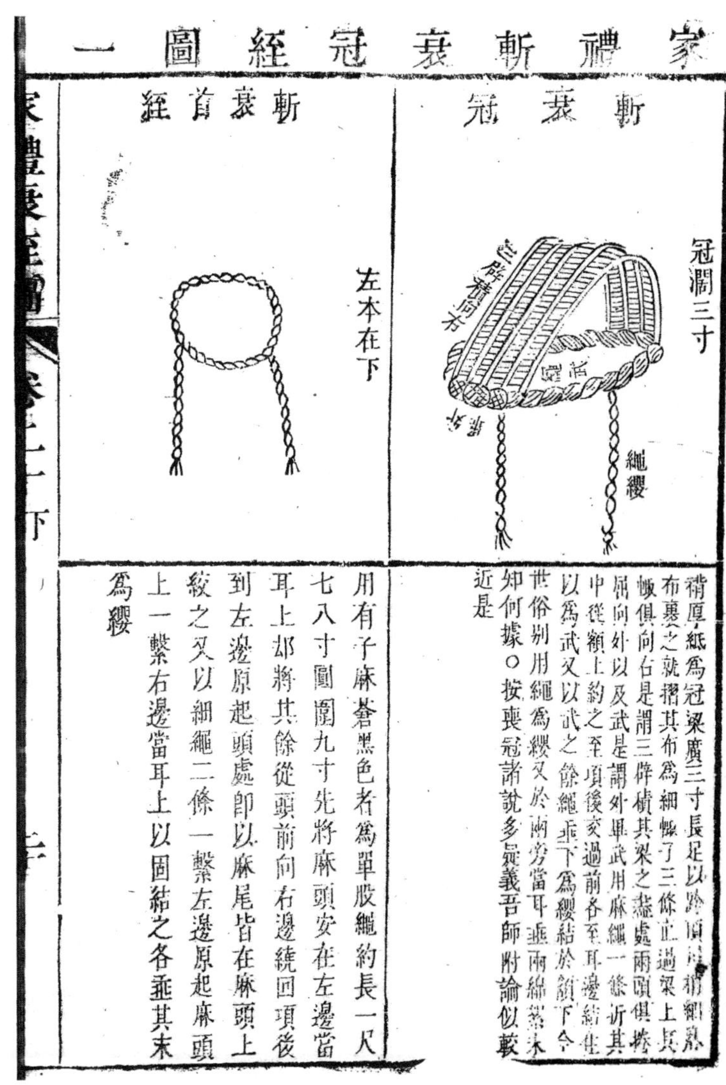

稍厚紙爲冠梁廣三寸長足以跨頂前後細熟布裹之就摺其布爲細幅了三條直過梁上其幅俱向右是謂三辟積其梁之盡處兩頭俱攢屈向外以及武是謂外畢武用麻繩一條近其中從額上約之至項後交過前各至耳邊結住以爲武又以武之餘繩垂下爲纓結於頤下今世俗別用繩爲纓又於兩旁當耳垂兩綿絮未知何據○按喪冠諸說多疑義吾師附論似較近是

用有子麻蒼黑色者爲單股繩約長一尺七八寸圓圍九寸先將麻頭安在左邊當耳上却將其餘從頭前向右邊繞回項後到左邊原起頭處即以麻尾皆在麻頭上絞之又以細繩二條一繫左邊原起麻頭上一繫右邊當耳上以固結之各垂其末爲纓

家禮斬衰冠絰圖二

斬衰腰絰

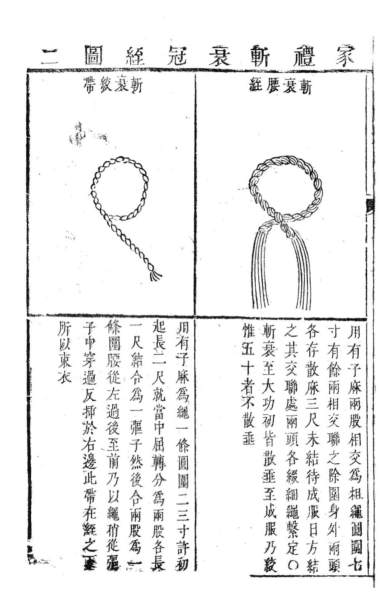

用有子麻兩股相交爲粗繩圓圍七寸有餘兩相交聯之除圍身外兩頭各存散麻三尺未結待成服日方結之其交聯處兩頭各綴細繩繫定○斬衰至大功初皆散垂至成服乃絞惟五十者不散垂

斬衰絞帶

用有子麻爲繩一條圓圍二三寸許初起長二一尺就當中屈轉分爲兩股各長一尺結合爲一彄子然後合兩股爲一條圍腰從左過後至前乃以繩梢從彄子中穿過反插於右邊此帶在絰之下所以束衣

家禮衰裳圖

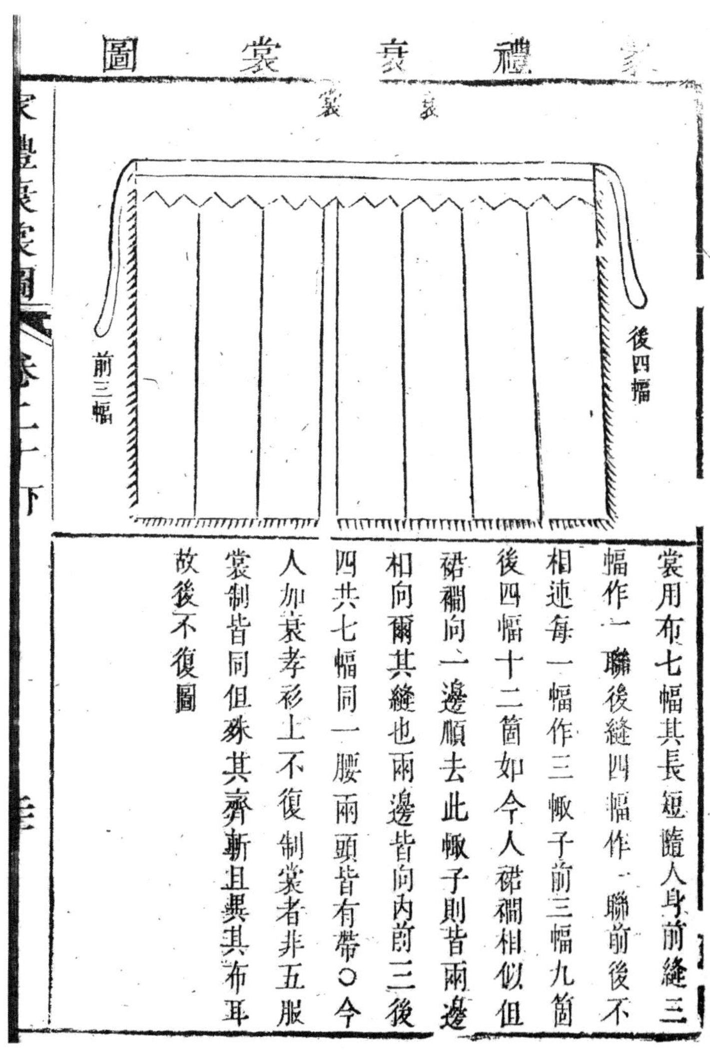

裳用布七幅其長短隨人身前縫三幅作一聯後縫四幅作一聯前後不相連每一幅作三㡇子前三幅九箇後四幅十二箇如今人裙𧝓相似但裙𧝓向一邊順去此㡇子則皆兩邊相向爾其縫也兩邊皆向内前三後四共七幅同一腰兩頭皆有帶○今人加衰孝衫上不復制裳者非五服裳制皆同但殊其齊斬且異其布耳故後不復圖

家禮杖屨圖

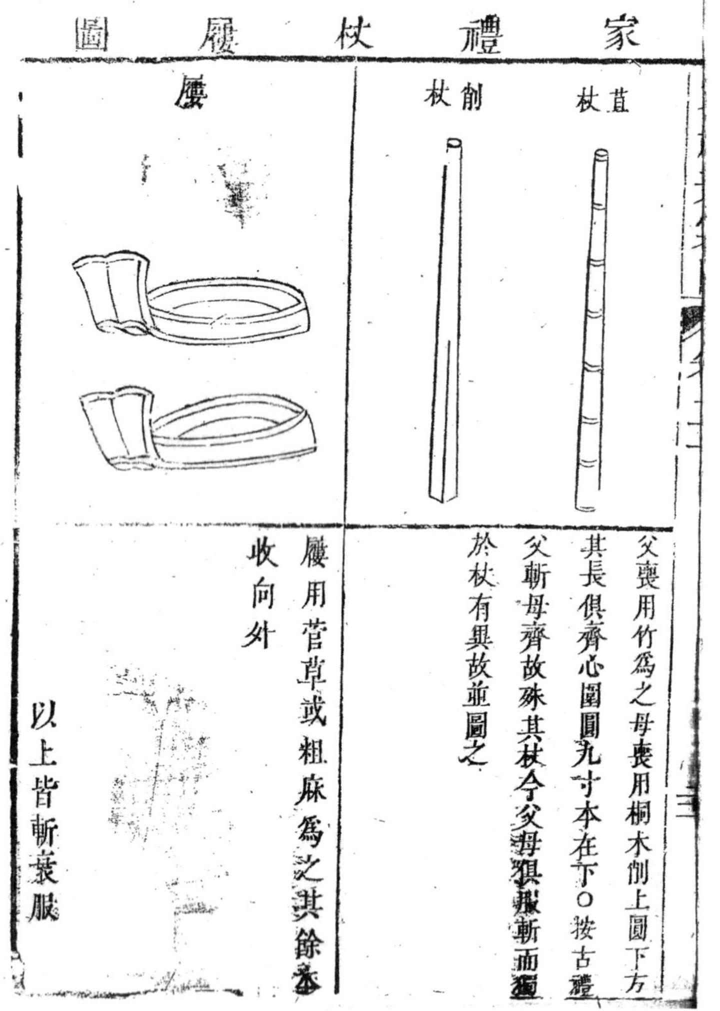

父喪用竹爲之母喪用桐木削上圓下方其長俱齊心圍圓九寸本在下○按古禮父斬母齊故殊其杖今父母俱服斬而獨於杖有異故並圖之

屨用菅草或粗麻爲之其餘本收向外

以上皆斬衰服

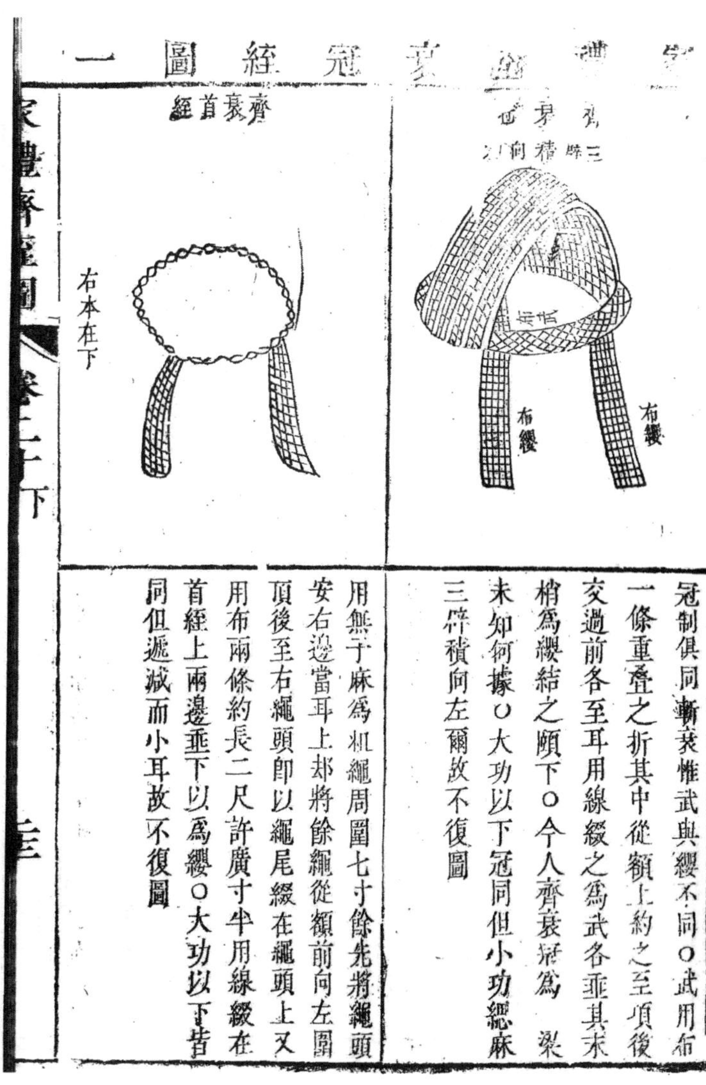

冠制俱同斬衰惟武與纓不同○武用布一條重疊之折其中從額上約之至項後交過前各至耳用線綴之爲武各垂其末梢爲纓結之頤下○今人齊衰冠爲梁未知何據○大功以下冠同但小功緦麻三辟積向左爾故不復圖

用無子麻爲粗繩周圍七寸餘先將繩頭安右邊當耳上却將餘繩從額前向左圍項後至右繩頭即以繩尾綴在繩頭上又用布兩條約長二尺許廣寸半用線綴在首絰上兩邊垂下以爲纓○大功以下皆同但遞減而小耳故不復圖

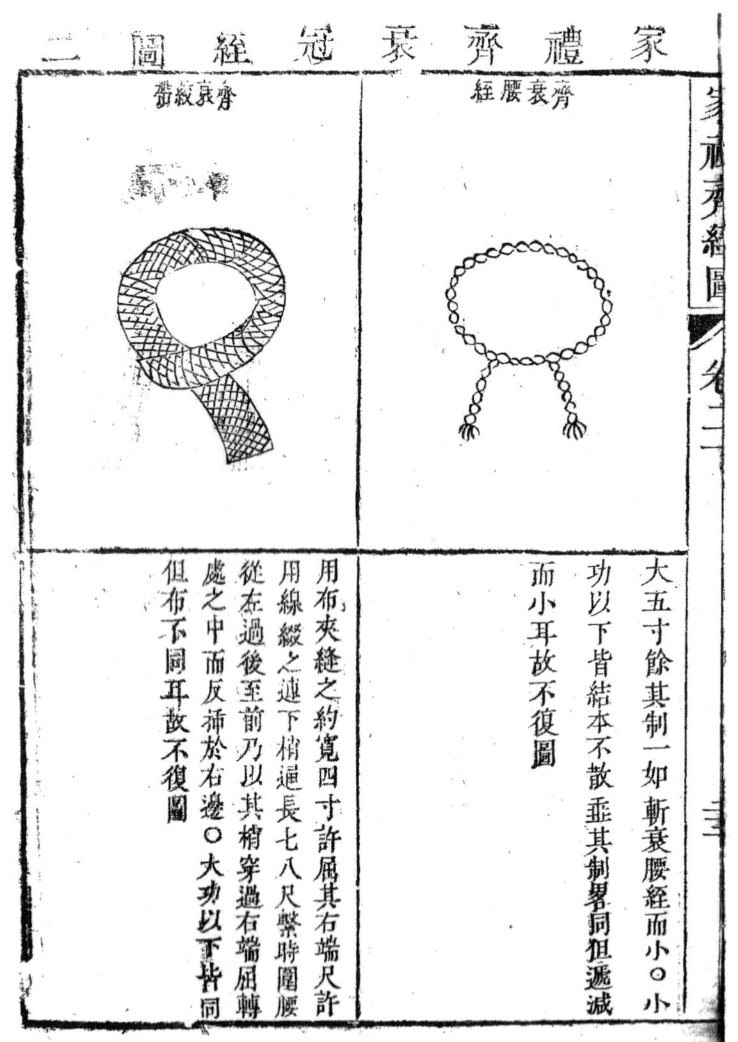

家禮齊衰冠絰圖二

大五寸餘其制一如斬衰腰絰而小○小功以下皆結本不散垂其制畧同但遞減而小耳故不復圖

用布夾縫之約寬四寸許屈其右端尺許用線綴之遞下梢通長七八尺繫時圍腰從左過後至前乃以其梢穿過右端屈轉處之中而反插於右邊○大功以下皆同但布不同耳故不復圖

家禮婦人服制圖一

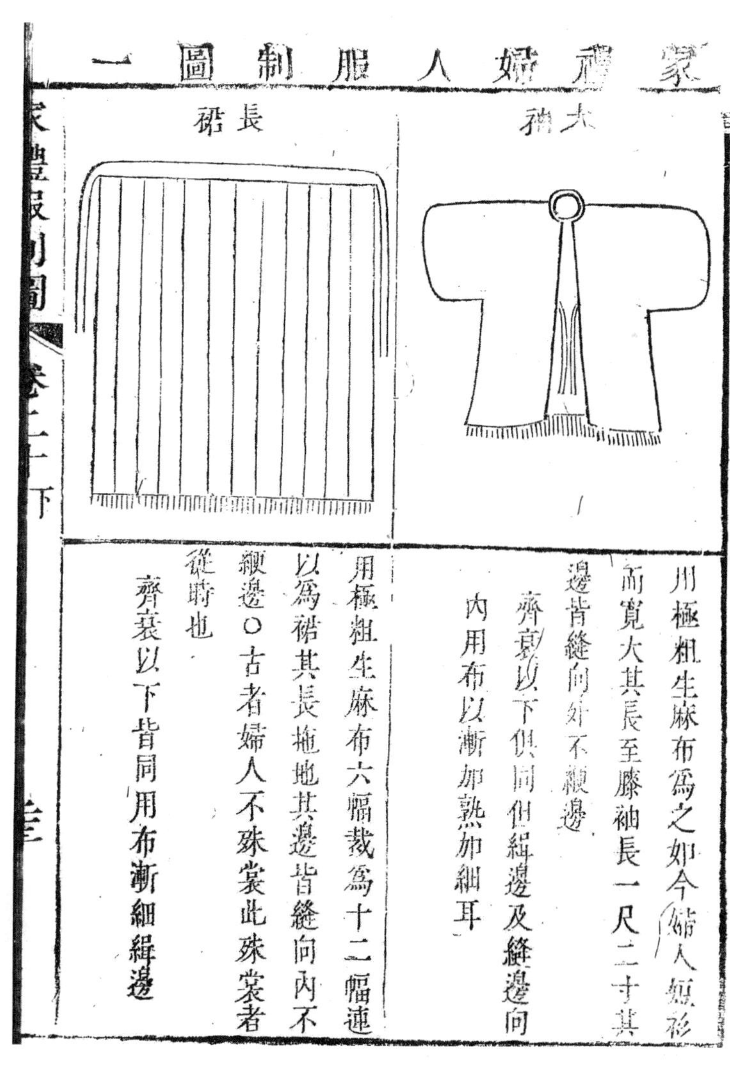

用極粗生麻布爲之如今婦人短衫而寬大其長至膝袖長一尺二寸其邊皆縫向外不緝邊

齊衰以下俱同但緝邊及縫邊向內用布以漸加熟加細耳

用極粗生麻布六幅裁爲十二幅連以爲裙其長掩地其邊皆縫向內不緝邊○古者婦人不殊裳此殊裳者從時也

齊衰以下皆同用布漸細緝邊

家禮婦人服制圖三

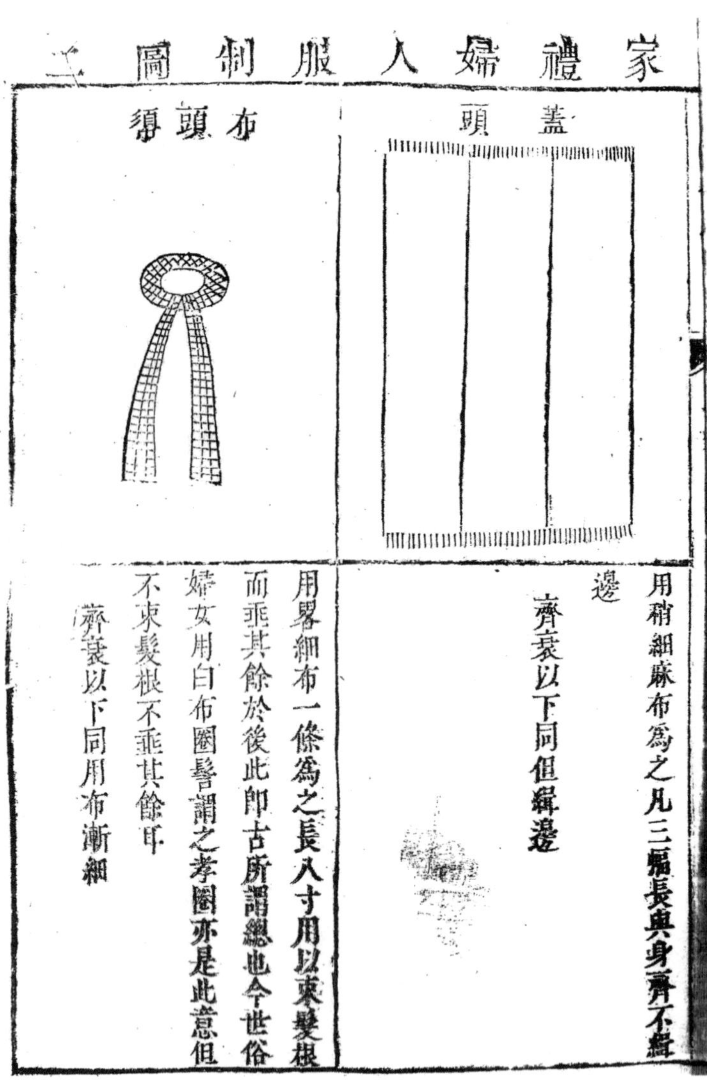
蓋頭
用稍細麻布爲之凡三幅長與身齊不緝邊
齊衰以下同但緝邊
布頭𦄘
用畧細布一條爲之長八寸用以束髮根而垂其餘於後此即古所謂總也今世俗婦女用白布圈髻謂之孝圈亦是此意但不束髮根不垂其餘耳
齊衰以下同用布漸細

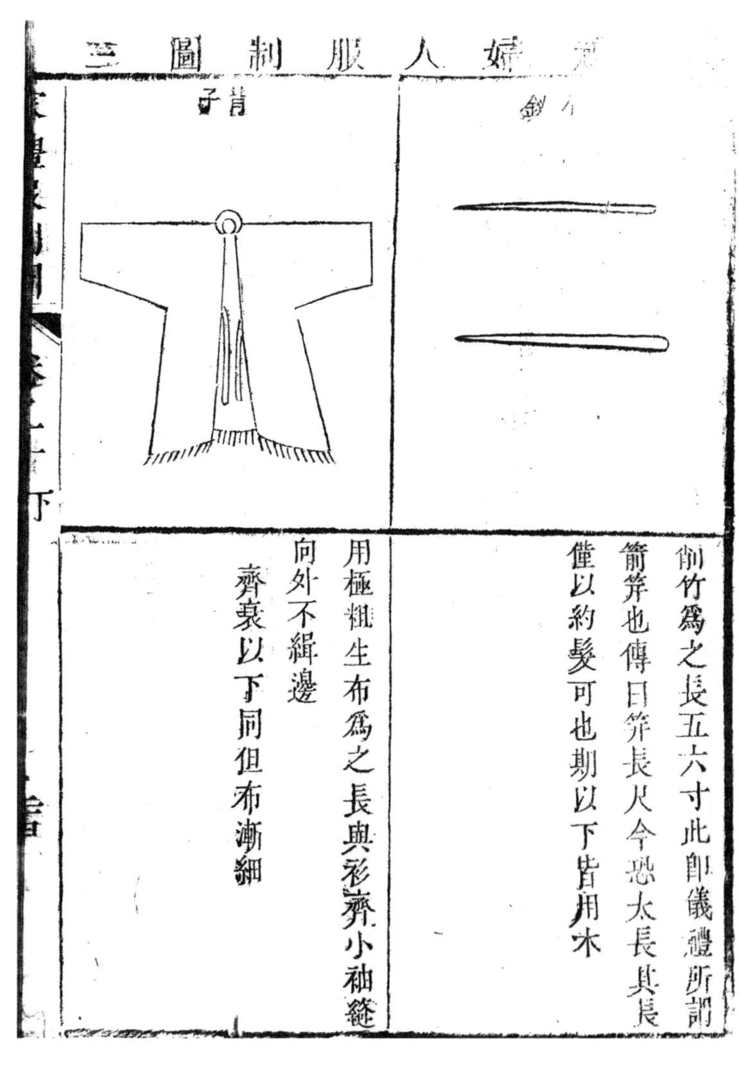

婦人服制圖三

削竹爲之長五六寸此即儀禮所謂箭笄也傳曰笄長尺今恐太長其長僅以約髮可也期以下皆用木

用極粗生布爲之長與衫齊小袖縫向外不緝邊

齊衰以下同但布漸細

腰絰

用有子麻爲之制如男子繫於大[illegible]
衣之上未成服亦不散垂
齊衰以下同但遞減[illegible]
書儀所無今從丘氏[illegible]

雖以紛髮可也期以下皆用木
[illegible]
[illegible]

楊氏諸侯五廟圖

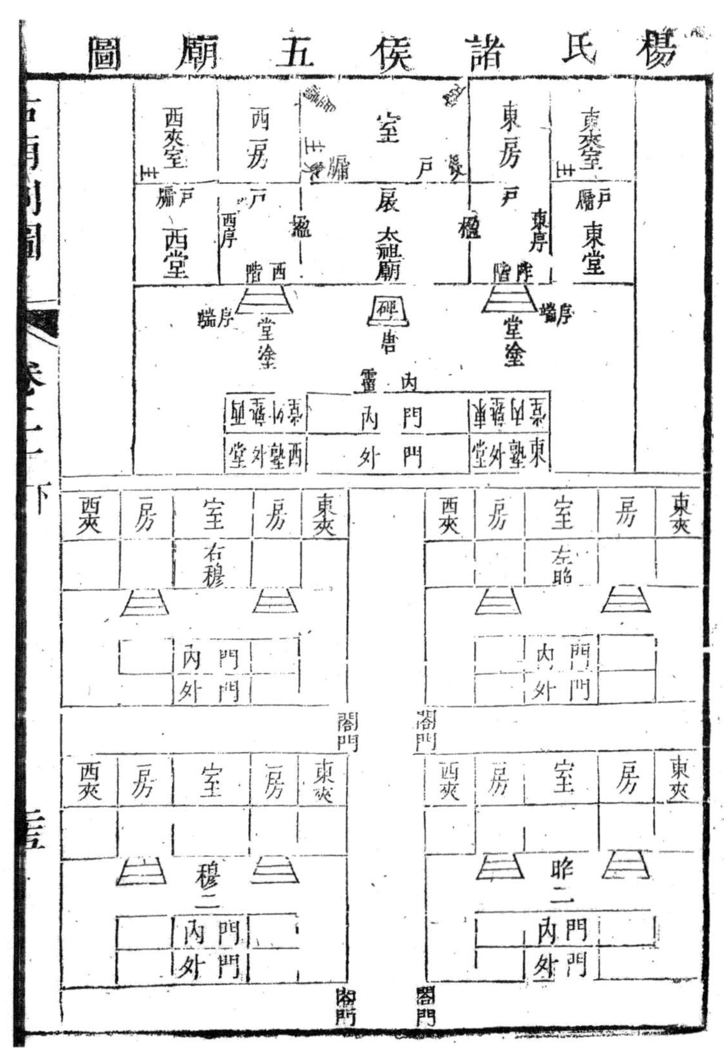
西夾室
西房
室
東房
東夾室
西堂
西序
太祖廟
東序
東堂
西階
阼階
碑
堂塗
門內
門外
西夾
房
室
房
東夾
右穆
左昭
閤門
穆二
昭二

鄭氏大夫三廟圖

按陳氏禮書圖謂大夫士廟制同于天子諸侯亦有西房鄭氏則云但有東房未詳孰是然漢代近古必有所據故圖從鄭氏

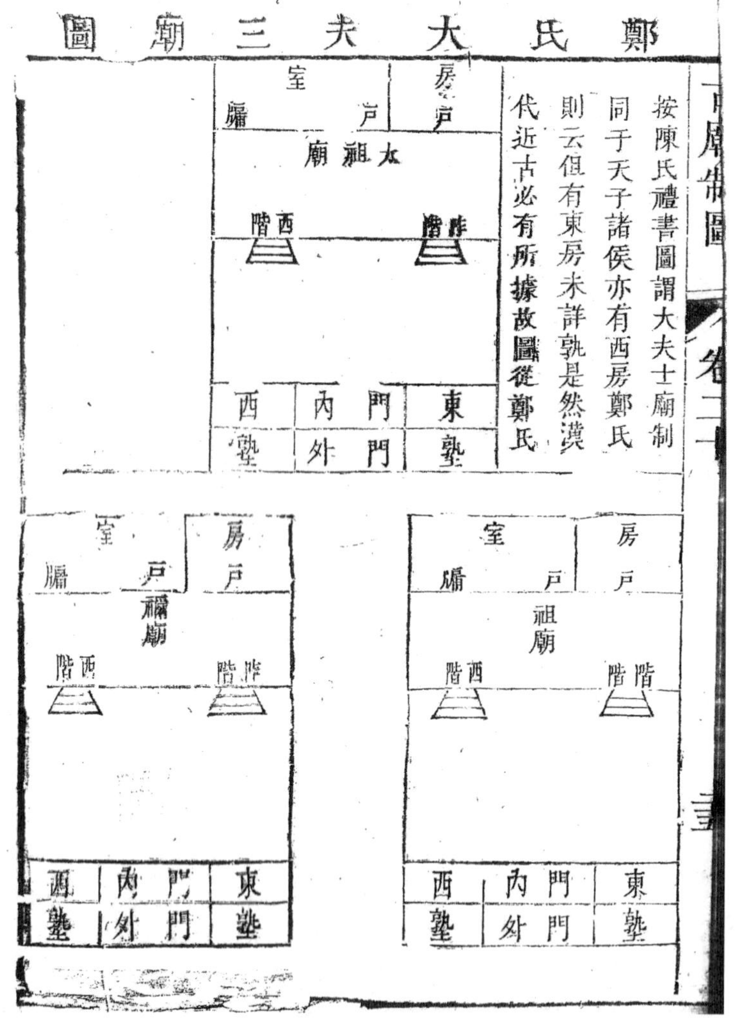

廟中昭穆定位之圖

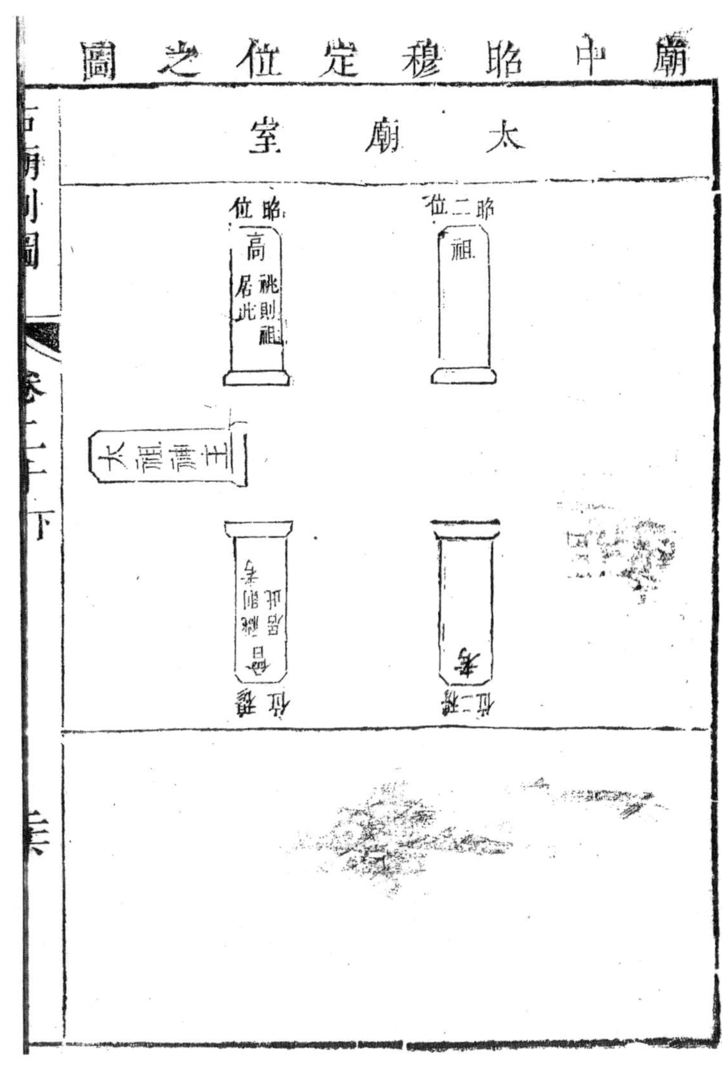

廟中昭穆遞遷之圖

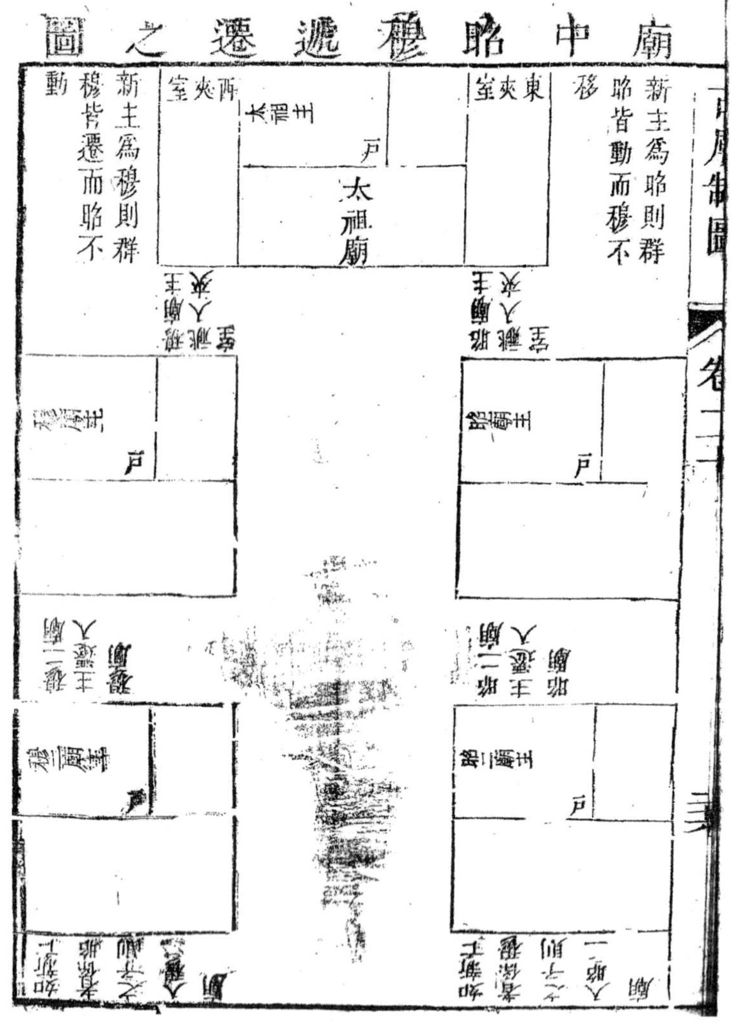

大夫士寢廟五架圖

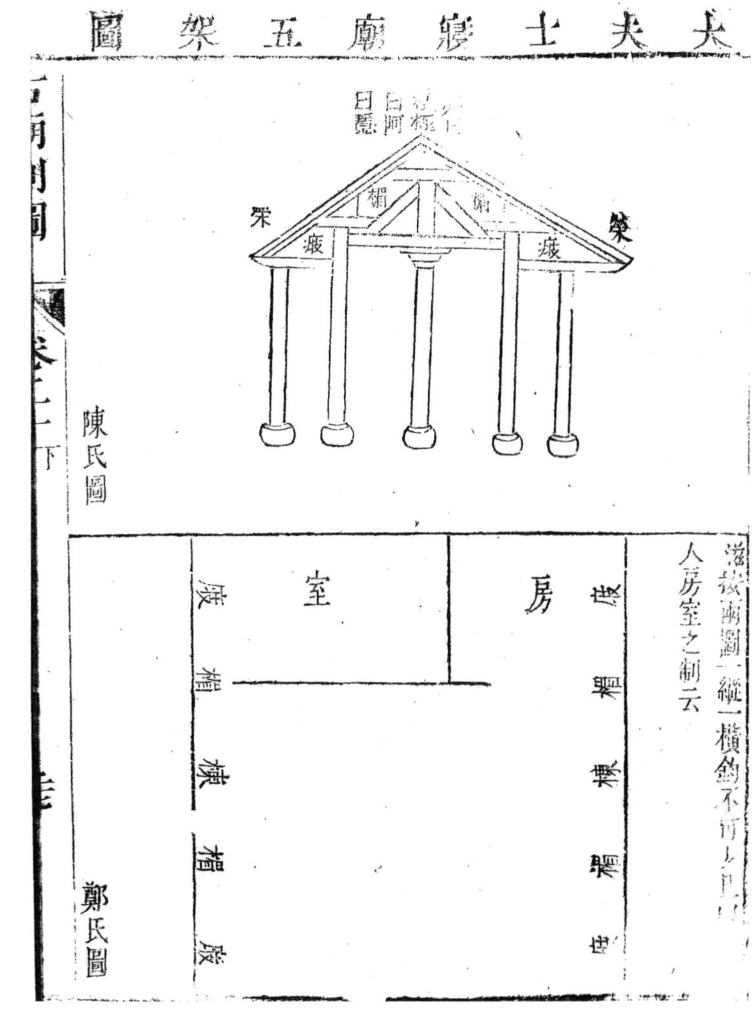

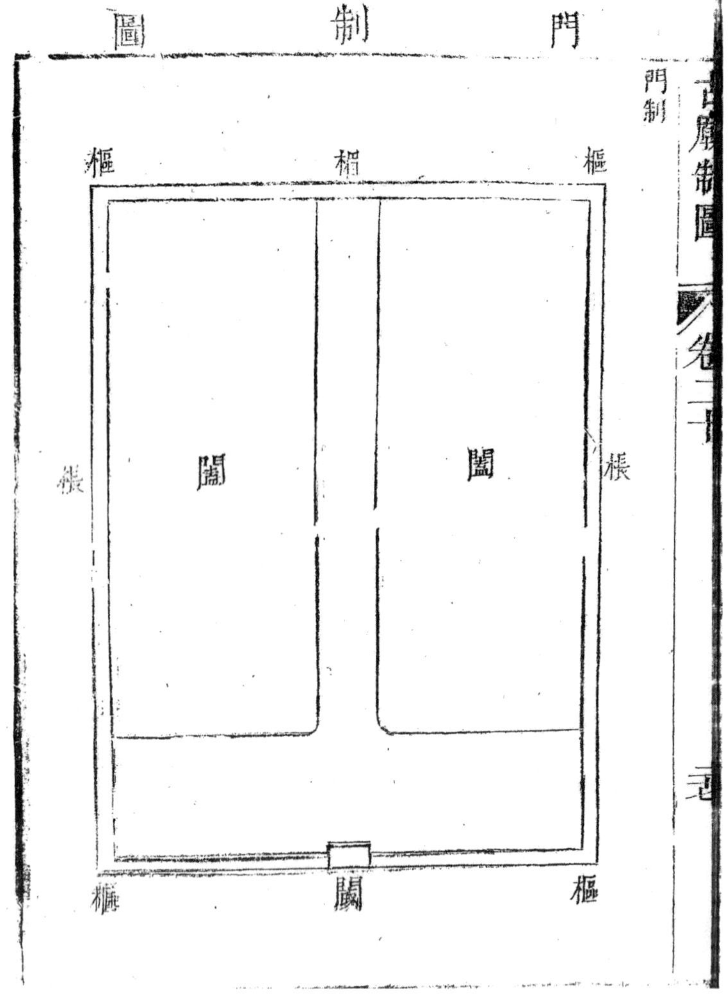
門制圖
門制
樞
楣
樞
棖
闔
闔
棖
樞
閾
樞

廟堂碑圖

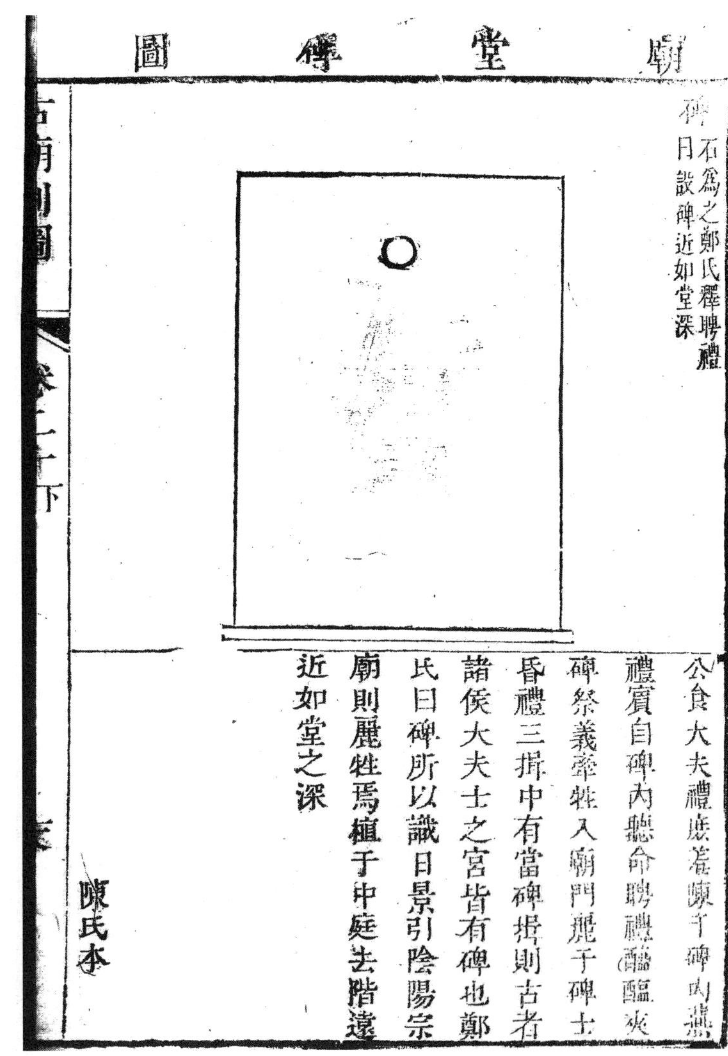
石爲之鄭氏釋聘禮
碑日設碑近如堂深
公食大夫禮庶羞陳于碑內燕禮賓自碑內聽命聘禮醯醢夾碑祭義牽牲入廟門麗于碑士昏禮三揖中有當碑揖則古者諸侯大夫士之宮皆有碑也鄭氏曰碑所以識日景引陰陽宗廟則麗牲焉植于中庭去階遠近如堂之深
陳氏本
卷二十下

寢廟辨名圖

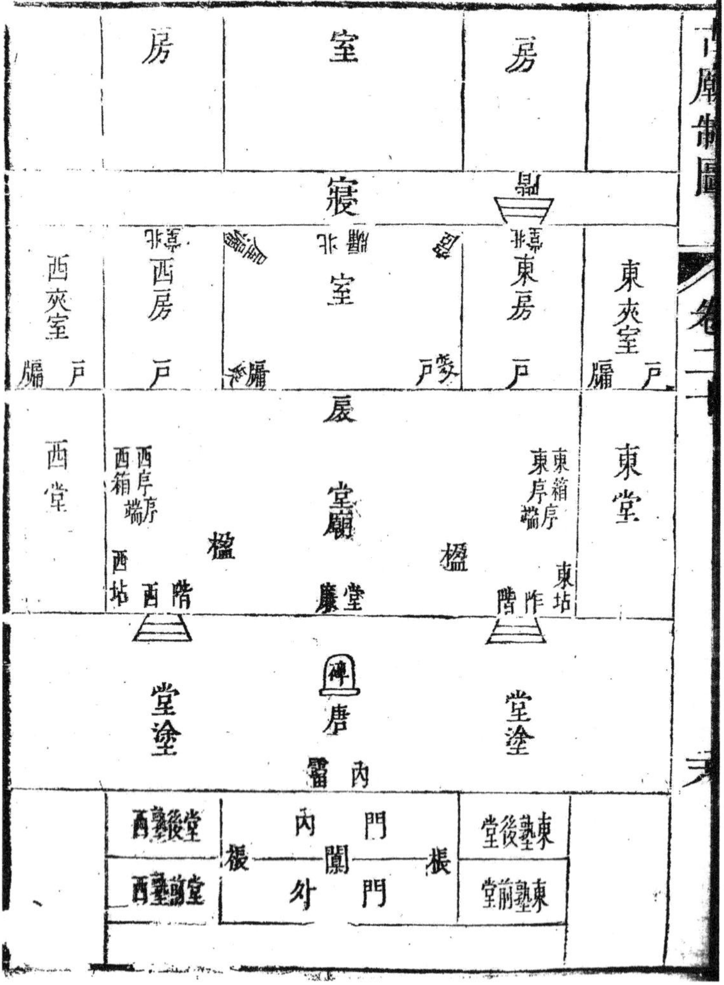

房
室
房
寢
階
北堂
北牖
北堂
西夾室
西房
室
東房
東夾室
牖　戶
戶
牖
戶
戶
牖　戶
扆
西堂
西序
西箱
序端
堂
廟
東序
東箱
序端
東堂
楹
楹
西坫
西階
堂廉
阼階
東坫
碑
堂塗
唐
堂塗
內霤
西塾後堂
內
門
東塾後堂
棖
闑
棖
西塾前堂
外
門
東塾前堂

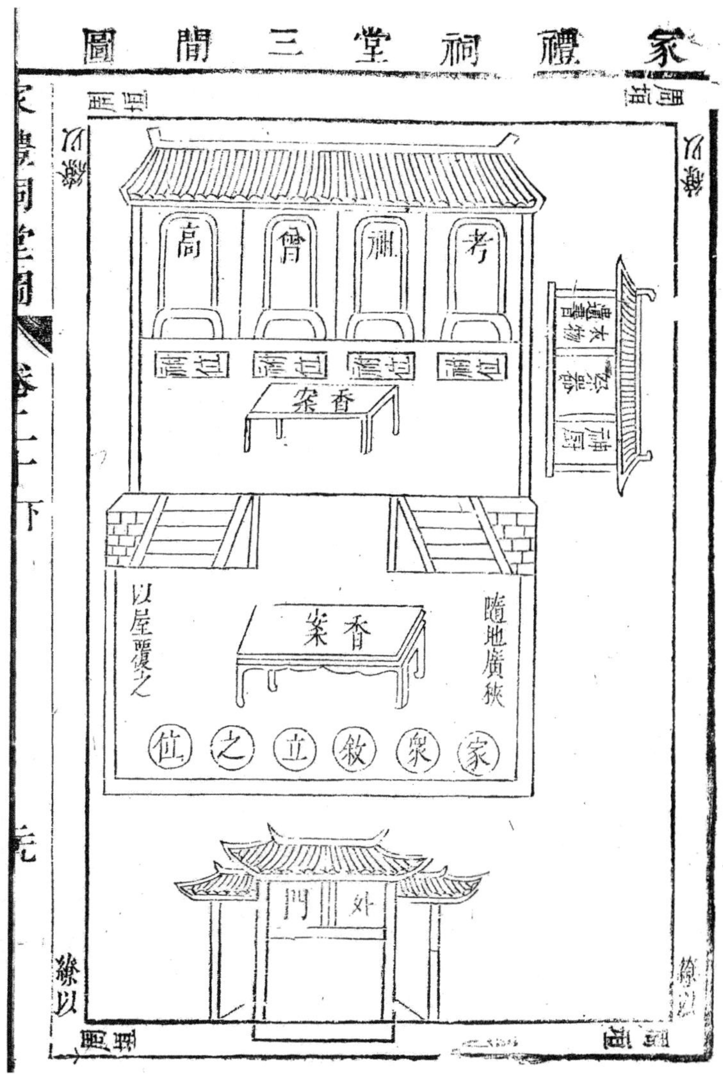
家禮祠堂三間圖
高
曾
祖
考
香案
香案
以屋覆之
隨地廣狹
家衆敘立之位
外門
遺書
衣物
祭器
神厨

家禮祠堂一間圖

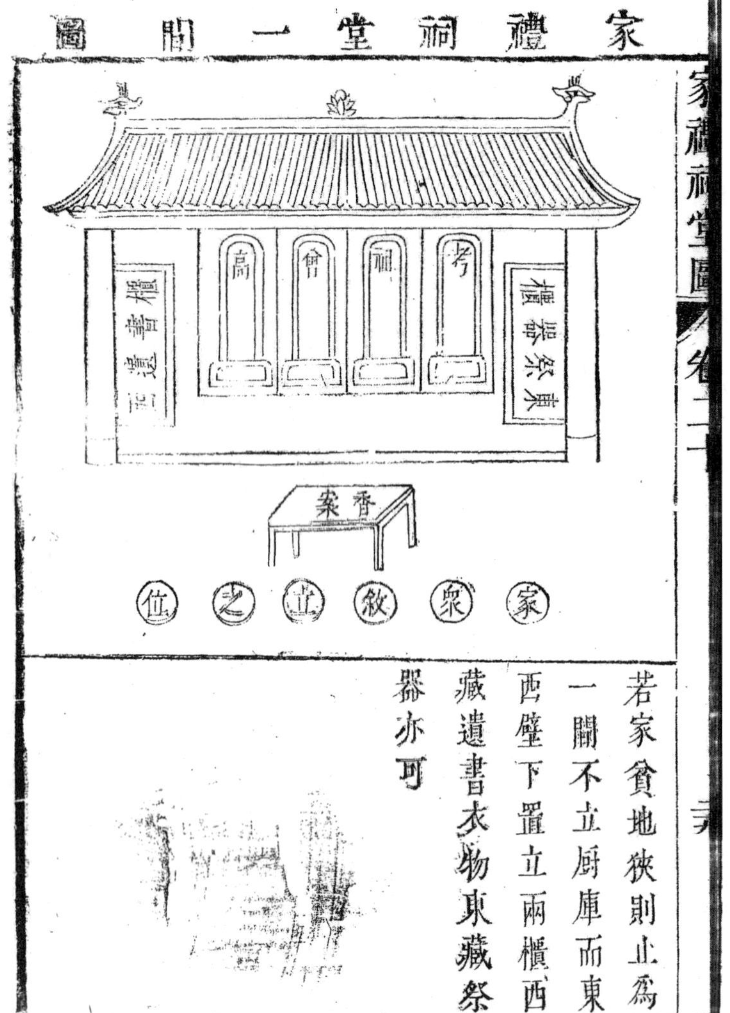

若家貧地狹則止爲一間不立厨庫而東西壁下置立兩櫃西藏遺書衣物東藏祭器亦可

五宗圖

諸侯 — 適子

大宗子

別子爲祖

小宗子

繼別爲宗　別子庶子

大宗　繼禰爲小宗　庶子

大宗　繼祖者　繼禰者　庶子

大宗　繼曾祖者　繼祖者　繼禰者　庶子

繼高祖者　繼曾祖者　繼祖者　繼禰者　庶子

百世不遷謂常宗之不改易也

五世則遷謂六世服絶則不復宗之而宗近屬五服內之宗子

凡始來在此國者後世亦以爲祖而宗其大宗百世不遷一如諸侯之別子○宗子爲祭主故先圖此

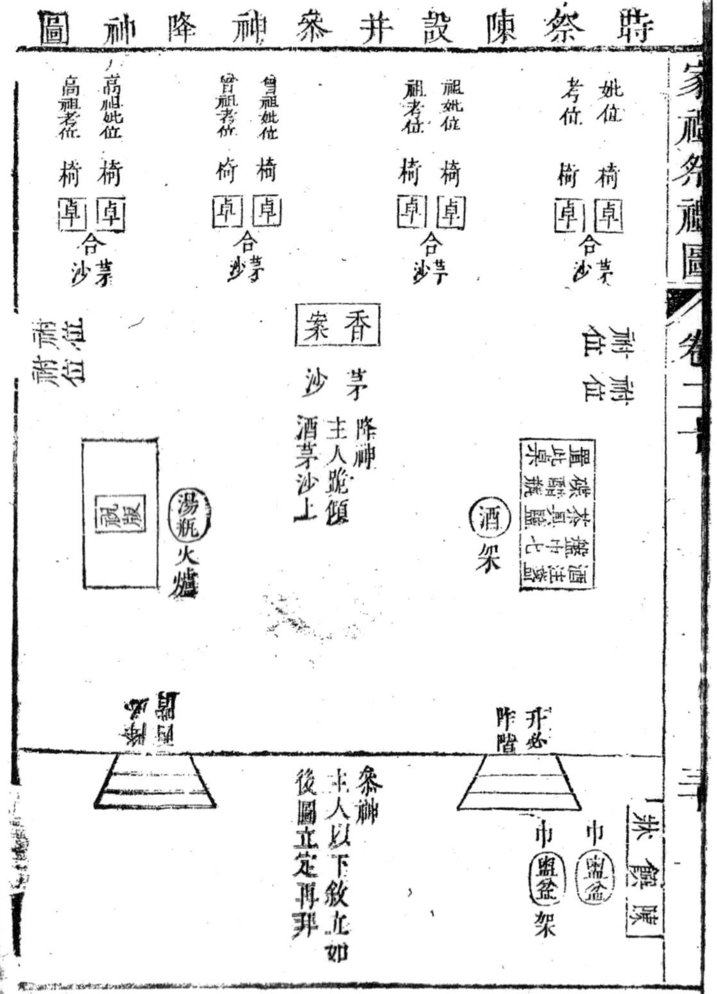
時祭陳設并祭神降神圖
家禮祭禮圖　卷二十
妣位
考位
椅
卓
茅沙
祖妣位
祖考位
曾祖妣位
曾祖考位
高祖妣位
高祖考位
香案
茅沙
降神
主人跪傾
酒茅沙上
祔位
酒
架
湯瓶
火爐
阼階
西階
參神
主人以下敘立如
後圖立定再拜
巾
盥盆
架
陳饌床

家衆敘立之圖

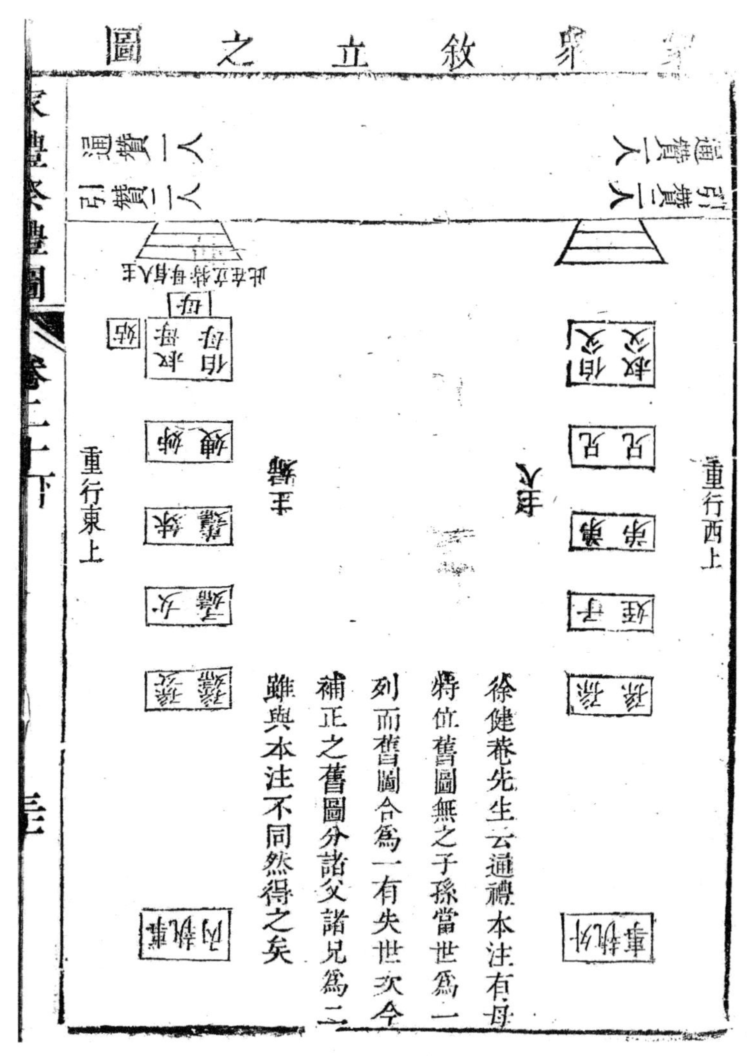

徐健菴先生云通禮本注有母特位舊圖無之子孫當世爲一列而舊圖合爲一有失世次今補正之舊圖分諸父諸兄爲二雖與本注不同然得之矣

每位設饌舊圖

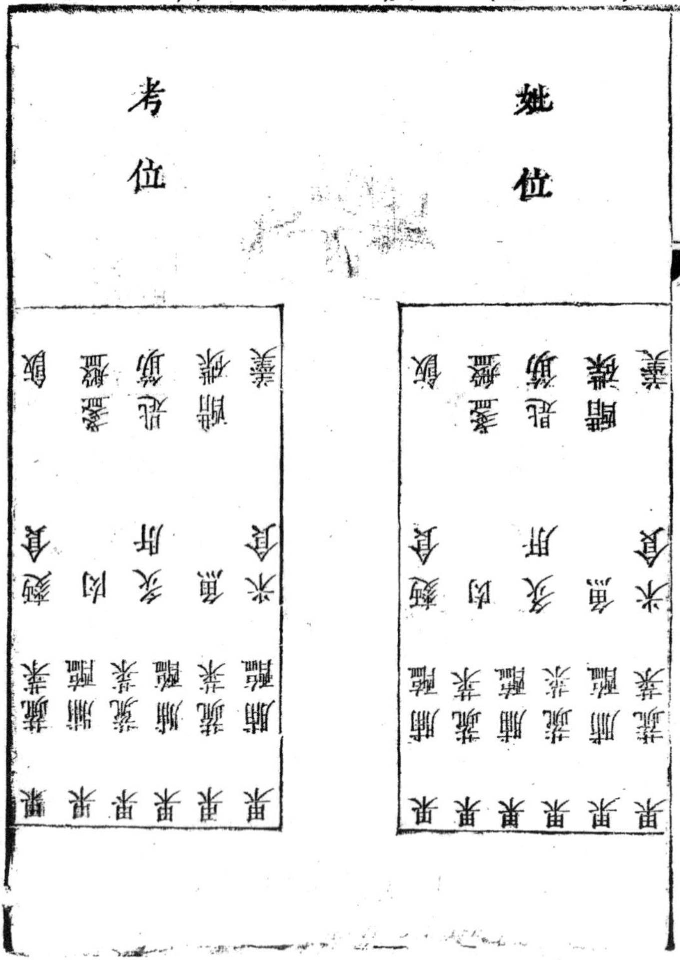

妣位

考位

羹　醋楪　匙筯　盞盤　飯

米食　魚　炙肝　肉　麵食

蔬菜　脯醢　蔬菜　脯醢　蔬菜　脯醢

果　果　果　果　果　果

羹　醋楪　匙筯　盞盤　飯

米食　魚　炙肝　肉　麵食

脯醢　蔬菜　脯醢　蔬菜　脯醢　蔬菜

果　果　果　果　果　果

丘氏擬兩位並設饌圖

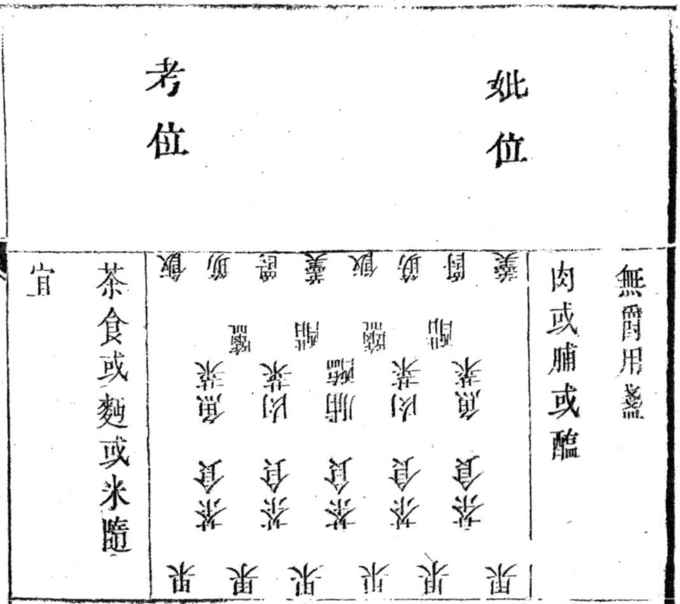

妣位　　考位

無爵用盞

肉或脯或醢

羹　醋　匙　飯　羹　醋　匙　飯

醢　醢　醢　醢

蔬菜　肉菜　脯醢　肉菜　魚菜

茶食　茶食　茶食　茶食　茶食

果　果　果　果　果　果

茶食或麵或米飯

宜

丘氏云舊圖每位設饌則四代該八卓矣今人家廳事多狹隘恐不能容今擬考妣兩位共一卓設饌如世俗所謂卓面者庶幾可行若夫地寬可容者自當如禮

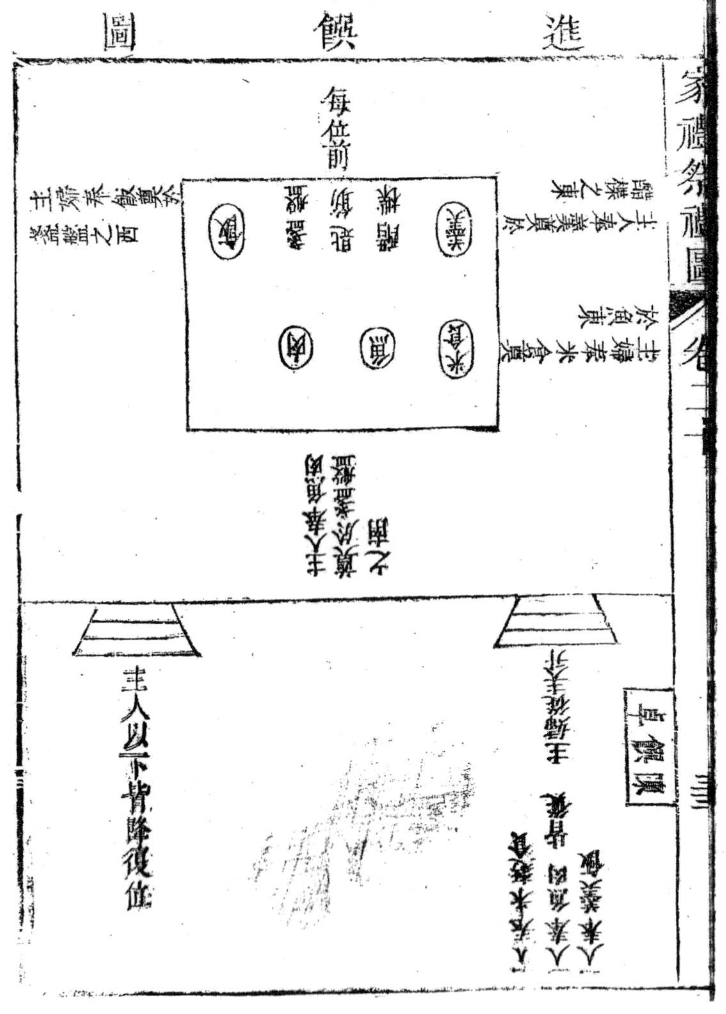

進饌圖
每位前
主人奉羹奠於醋楪之東
主婦奉米食奠於魚東
主人以下皆復位

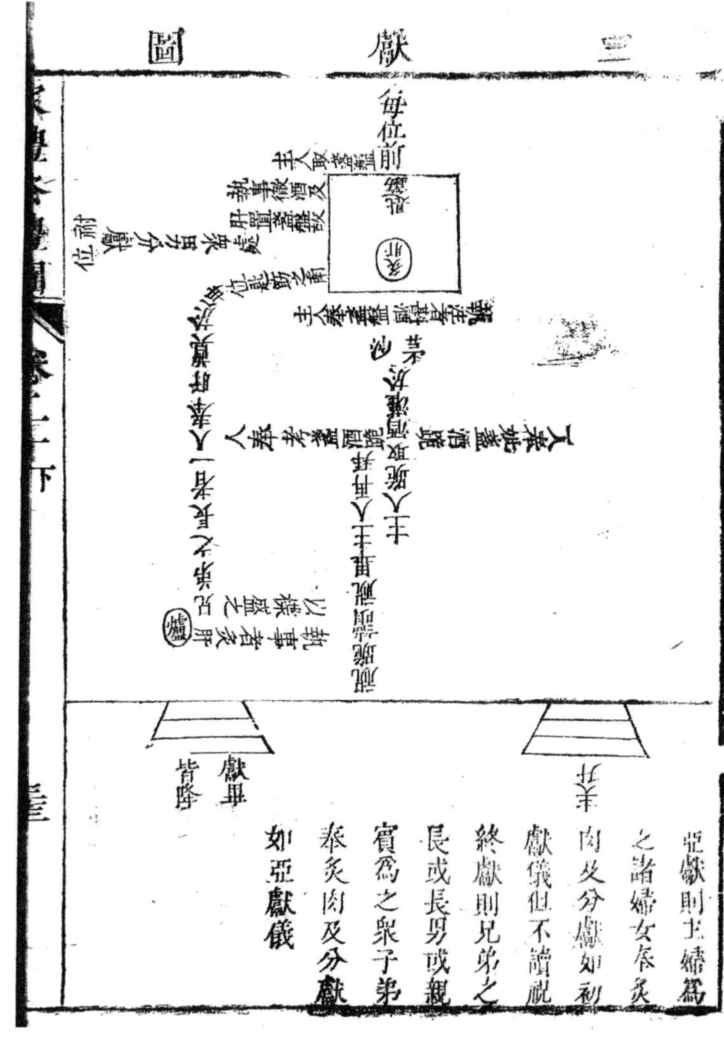
亞獻圖
亞獻則主婦爲之諸婦女奉炙肉及分獻如初獻儀但不讀祝
終獻則兄弟之長或長男或親賓爲之衆子弟奉炙肉及分獻如亞獻儀

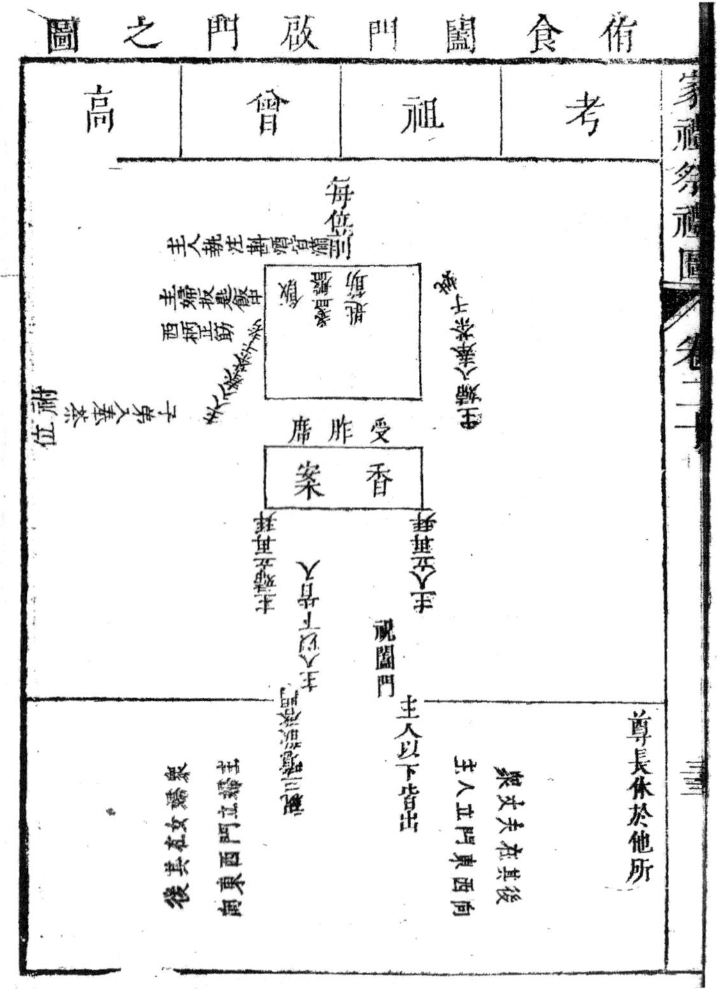
侑食闔門啓門之圖
考
祖
曾
高
受胙席
香案
尊長休於他所
衆丈夫在其後
主人立門東西向
主婦立門西東向
衆婦女在其後
主人以下皆出
祝闔門

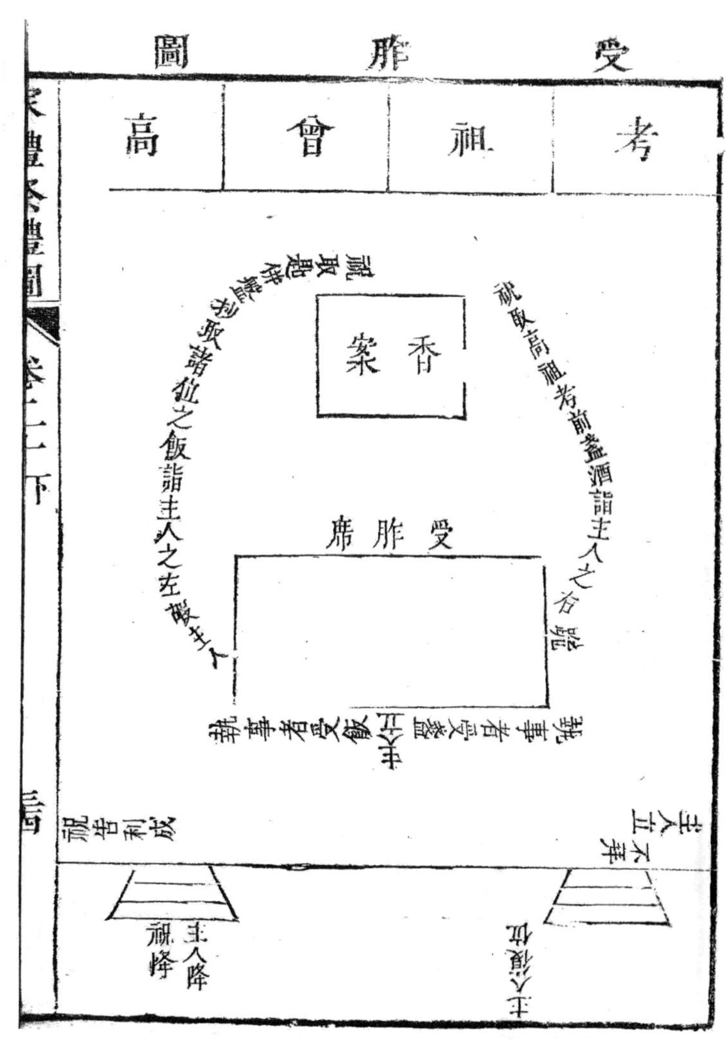
受胙圖
考
祖
曾
高
香案
受胙席
主人立不拜
主人降
祝降

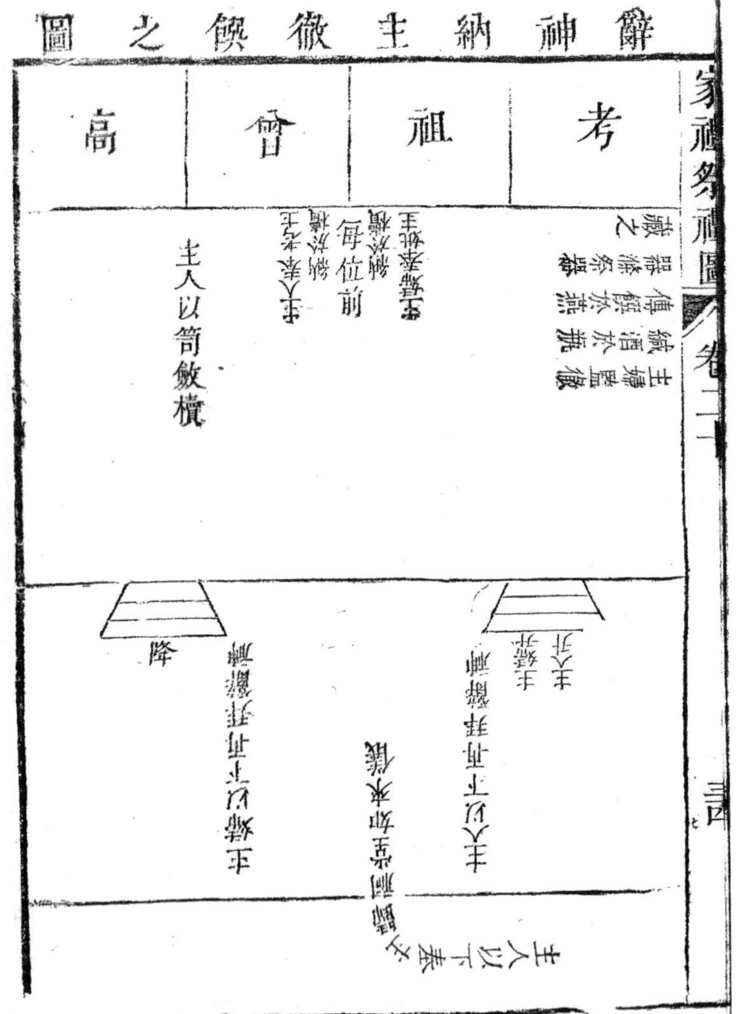
辭神納主徹餕之圖
家禮參通圖　卷二十
考
祖
曾
高
主婦監徹　執事者徹酒於　酒傳餕於祭器　盞藏之
主人奉主　納於櫝　祝請主前
主人以笥斂櫝
降
主人以下再拜辭神
主婦以下再拜辭神
主人以下奉主　歸祠堂如來儀

餕餘圖

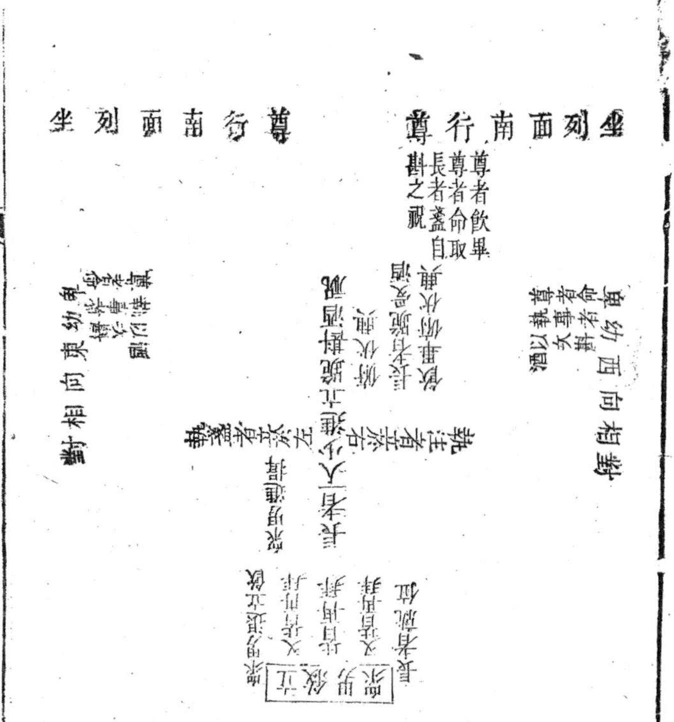

男女異處諸婦女獻女尊長於內如男儀但不跪既畢諸婦女出獻男尊長男尊長酢之如儀衆男入獻女尊長女酢之如儀禮畢乃就坐薦麪食內外執事各獻內外尊長而不酢又獻在坐者酒皆徧乃再拜退薦米食是日祭餘皆頒賜

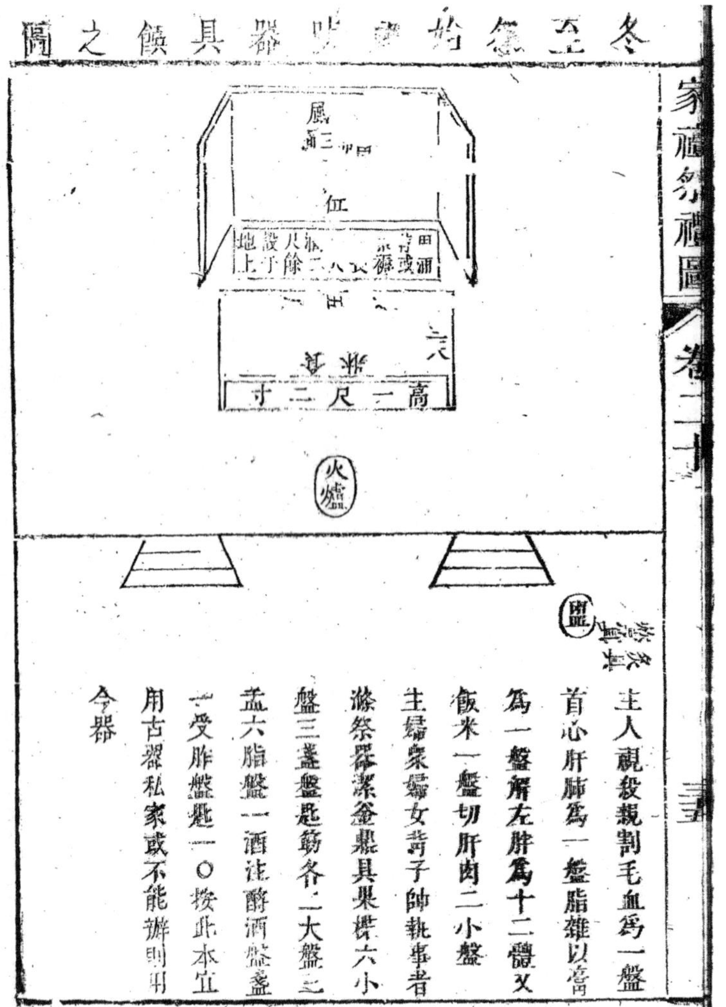

冬至祭始祖器具饌之圖

家禮祭禮圖　卷二十

主人親殺親割毛血爲一盤首心肝肺爲一盤脂雜以膏爲一盤解左胖爲十二體又飯米一盤切肝肉二小盤主婦衆婦女皆子帥執事者滌祭器潔釜鼎具果楪六小盤三盞盤匙筯各二大盤二盂六脂盤一酒注醉酒盤盞一受胙盤匙一○按此本宜用古器私家或不能辦則用今器

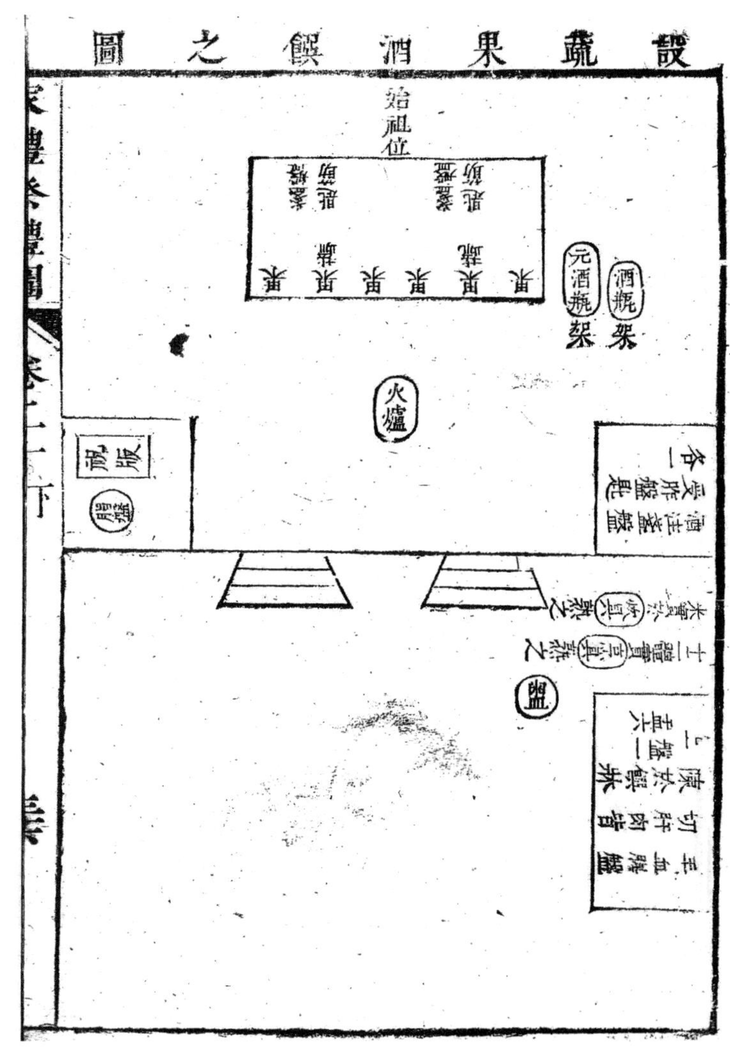
設蔬果酒饌之圖
始祖位
果
果
果
果
果
果
酒瓶架
元酒瓶架
火爐
酒注盞盤受胙盤匙各一

降神參神及進饌圖

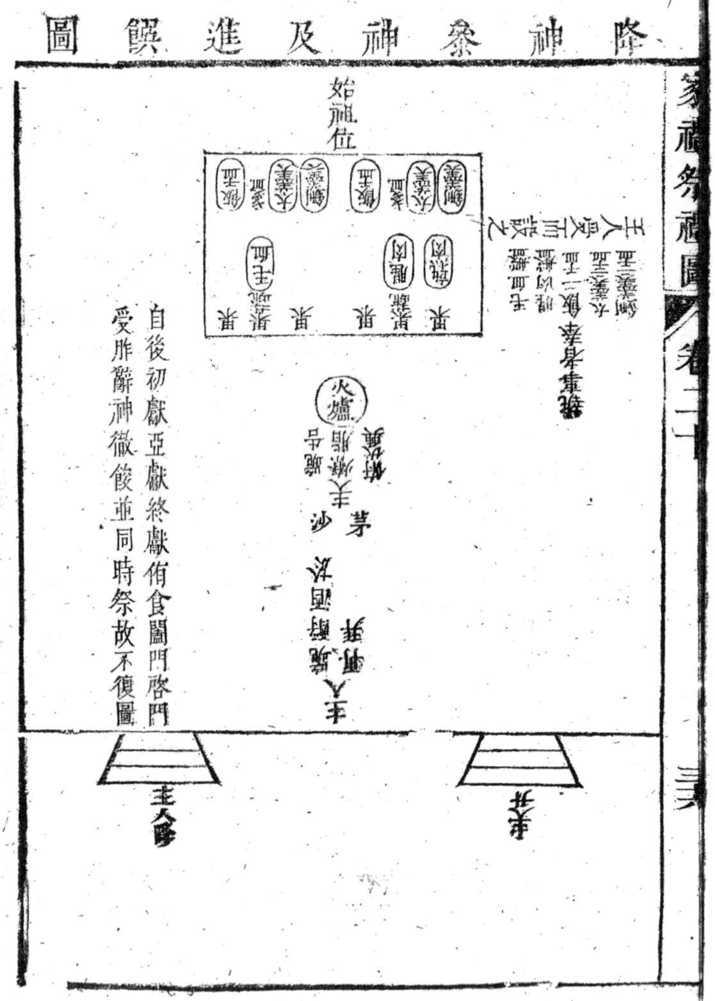
家禮祭禮圖　卷二十
始祖位
主人奉魚肉米麪羹飯以進主婦奉之
自後初獻亞獻終獻侑食闔門啓門受胙辭神徹餕並同時祭故不復圖
主人
主婦

立春祭先祖設位陳饌圖

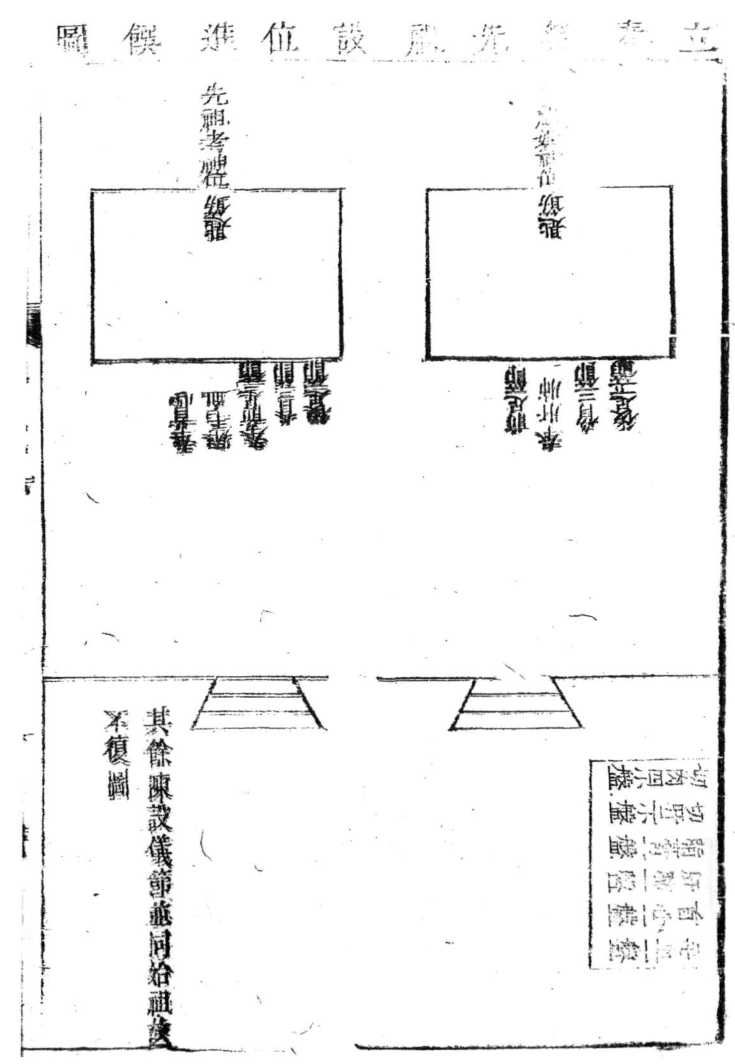

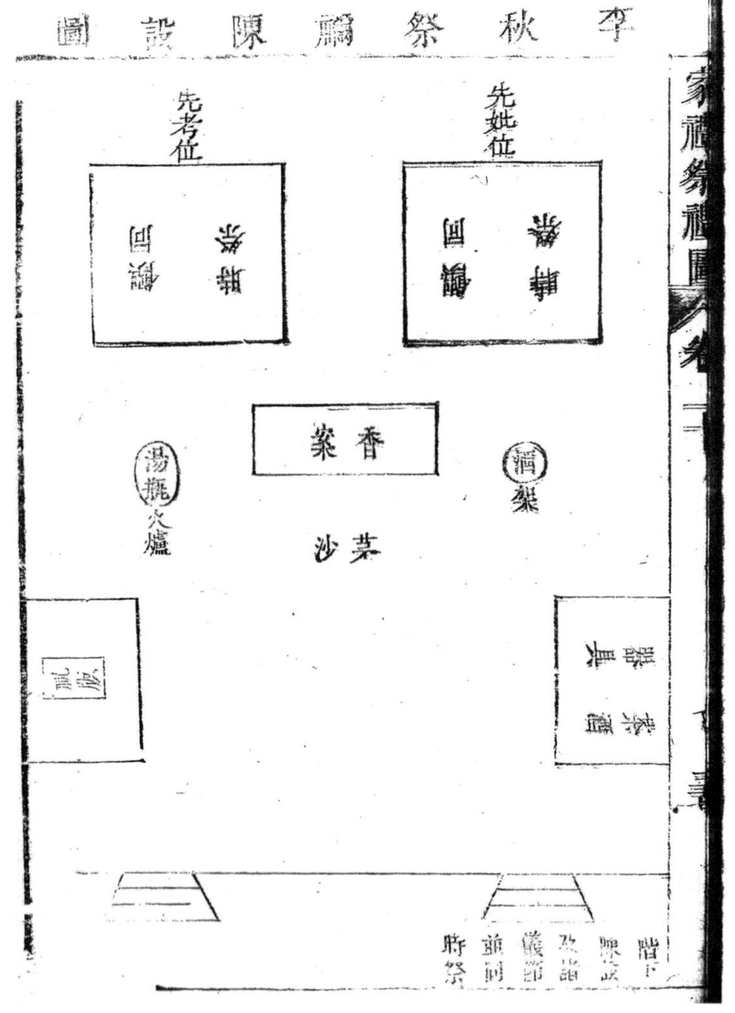
季秋祭禰陳設圖
先妣位
先考位
時祭同饌
時祭同饌
香案
酒架
湯瓶火爐
茅沙

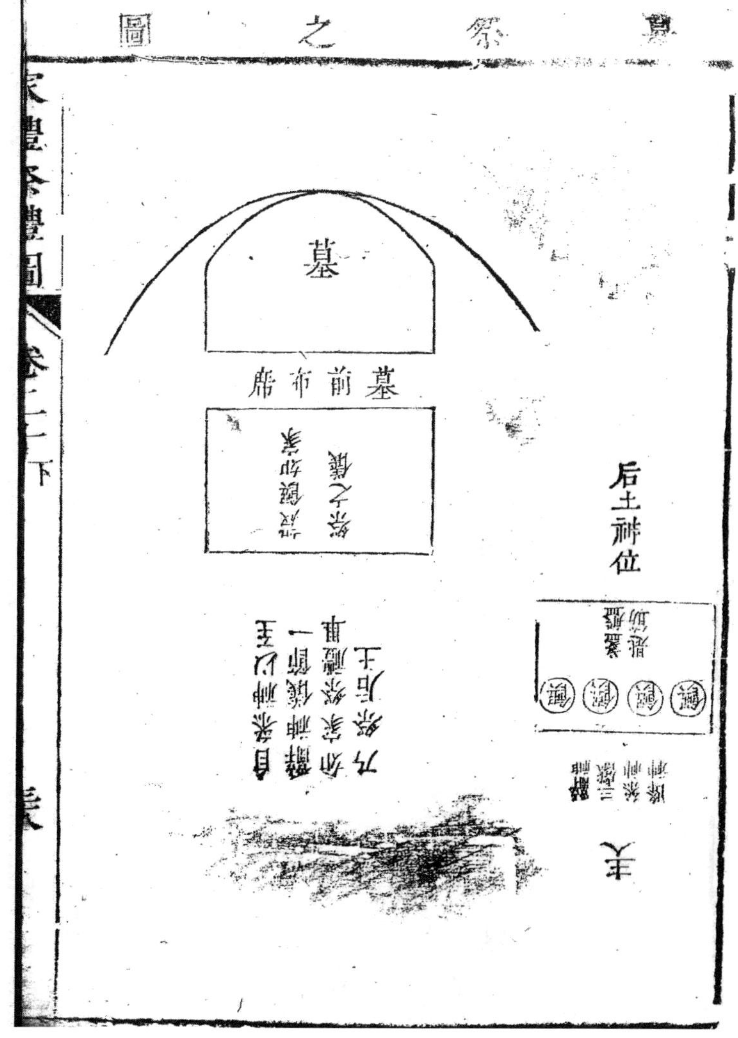
墓祭之圖
家禮祭禮圖 卷二十下
墓
墓前布席
后土神位
主

士祭廟服總圖

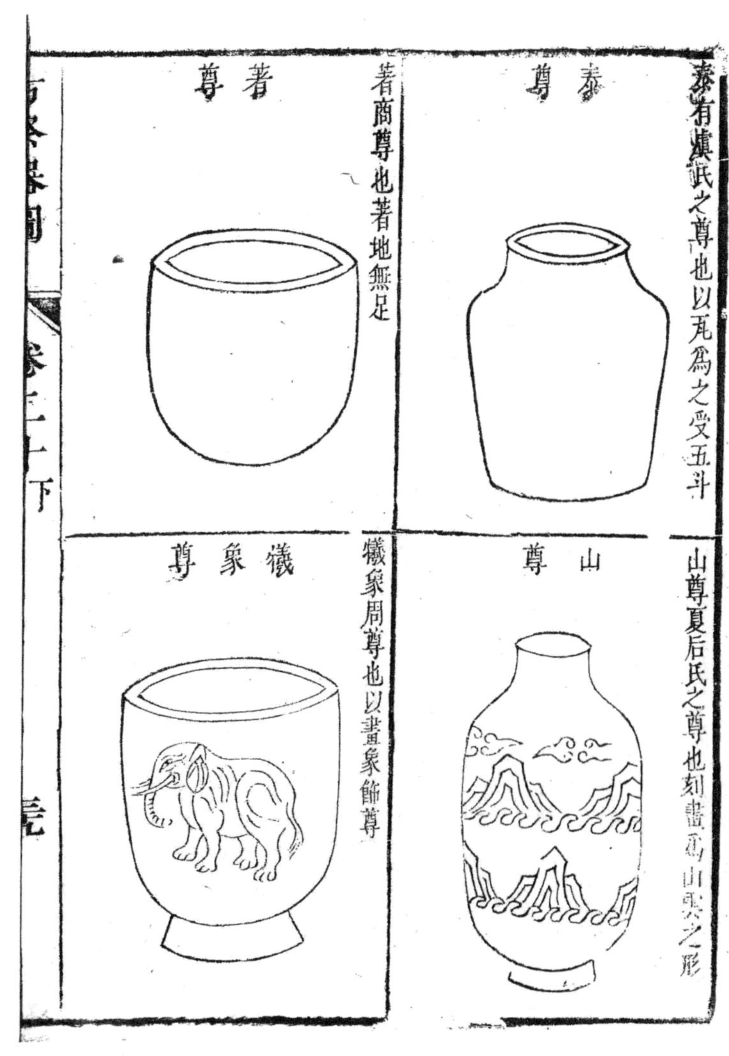
泰尊
泰有虞氏之尊也以瓦爲之受五斗
著尊
著商尊也著地無足
山尊
山尊夏后氏之尊也刻畫爲山雲之形
犧象尊
犧象周尊也以畫象飾尊

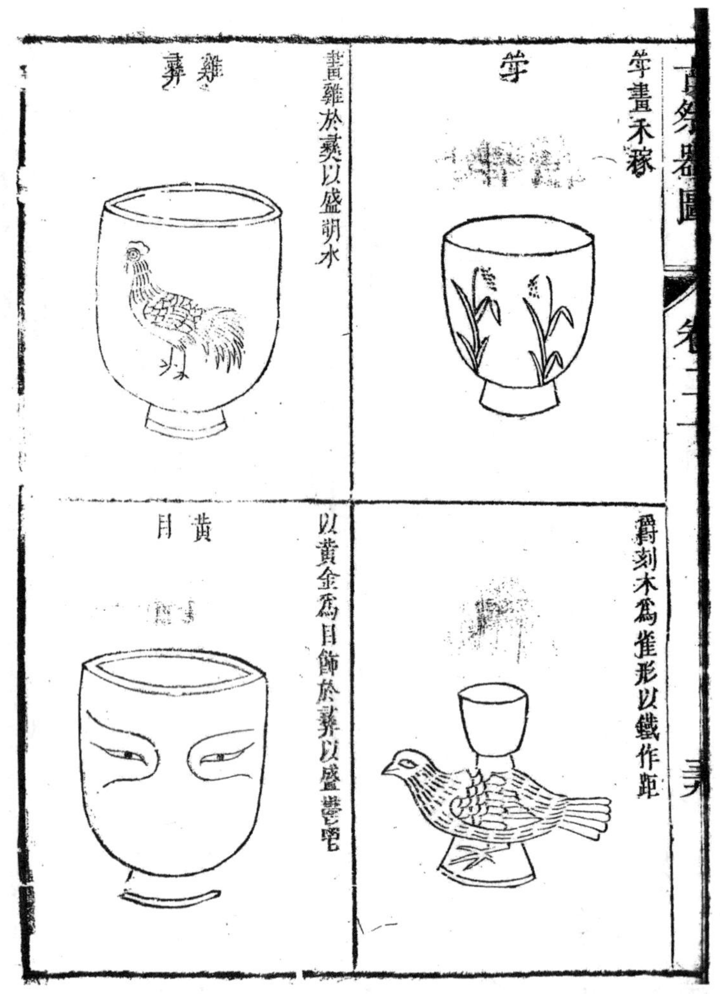

斝

斝畫禾稼

雞彝

畫雞於彝以盛明水

爵刻木爲雀形以鐵作距

黄目

以黄金爲目飾於彝以盛鬱鬯

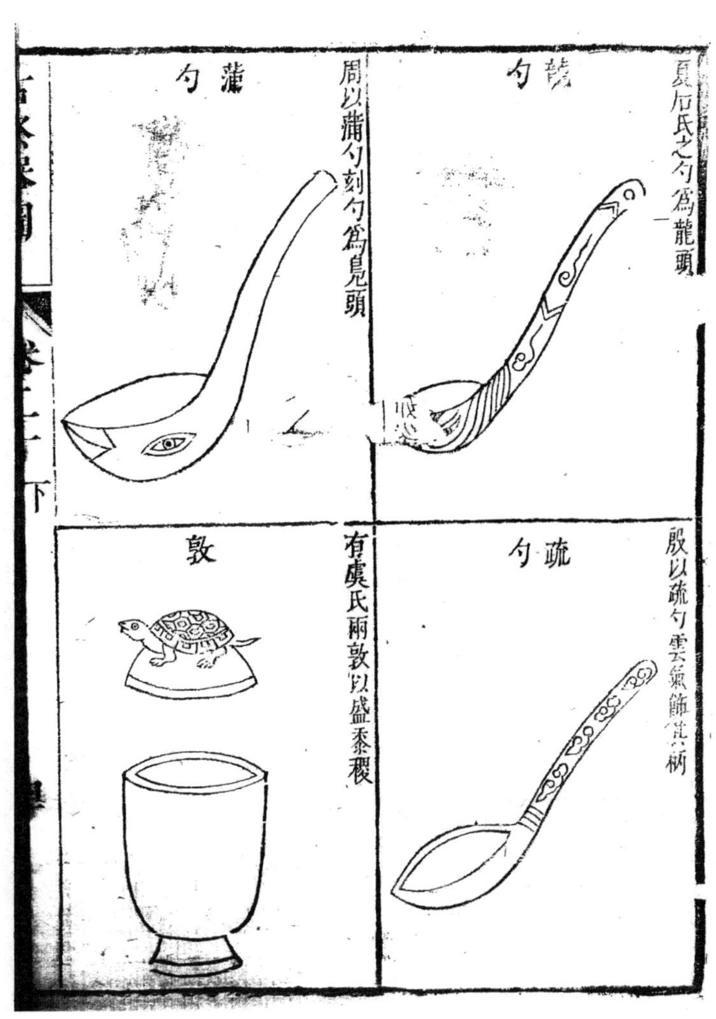
龍勺
夏后氏之勺爲龍頭
蒲勺
周以蒲勺刻勺爲鳧頭
疏勺
殷以疏勺雲氣飾其柄
敦
有虞氏兩敦以盛黍稷

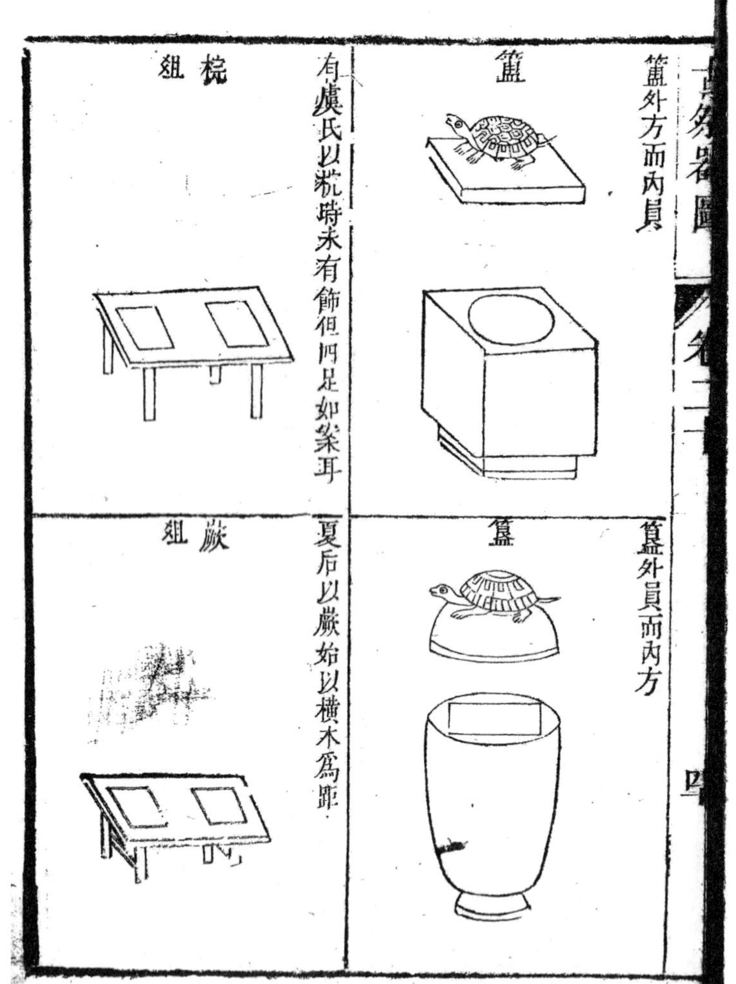
簠外方而內員
簠
簋外員而內方
簋
有虞氏以梡斷木有飾但四足如案耳
梡俎
夏后以嶡始以横木爲距
嶡俎

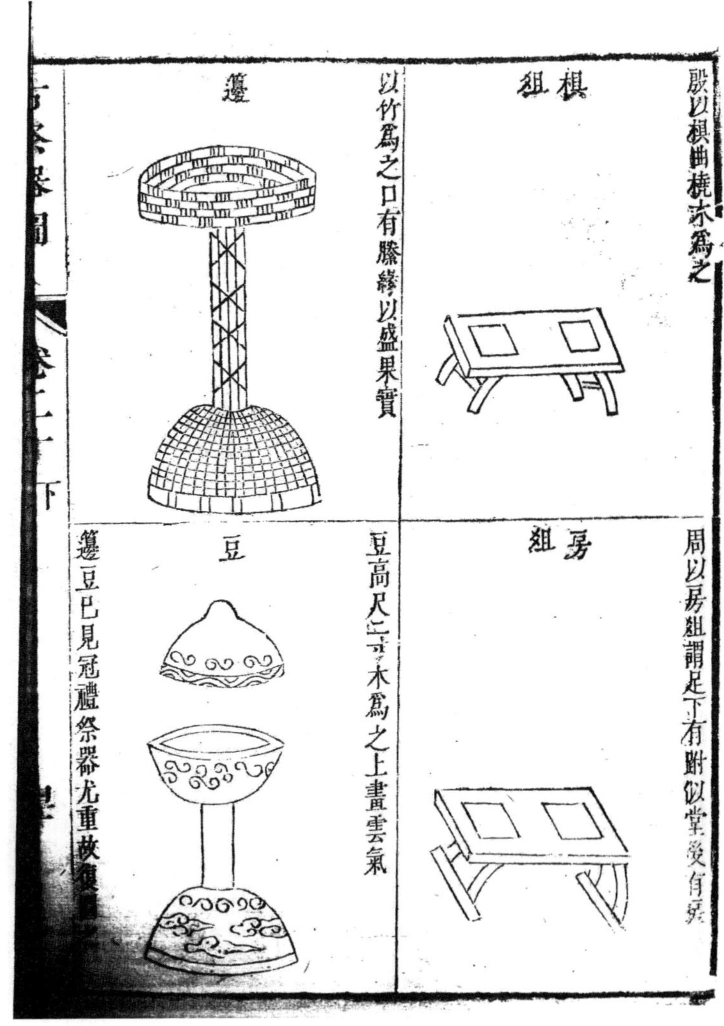
殷以椇曲橈亦爲之
椇俎
以竹爲之口有縢緣以盛果實
籩
周以房俎謂足下有跗似堂後有房
房俎
豆高尺二寸木爲之上畫雲氣
豆
籩豆已見冠禮祭器尤重故復圖

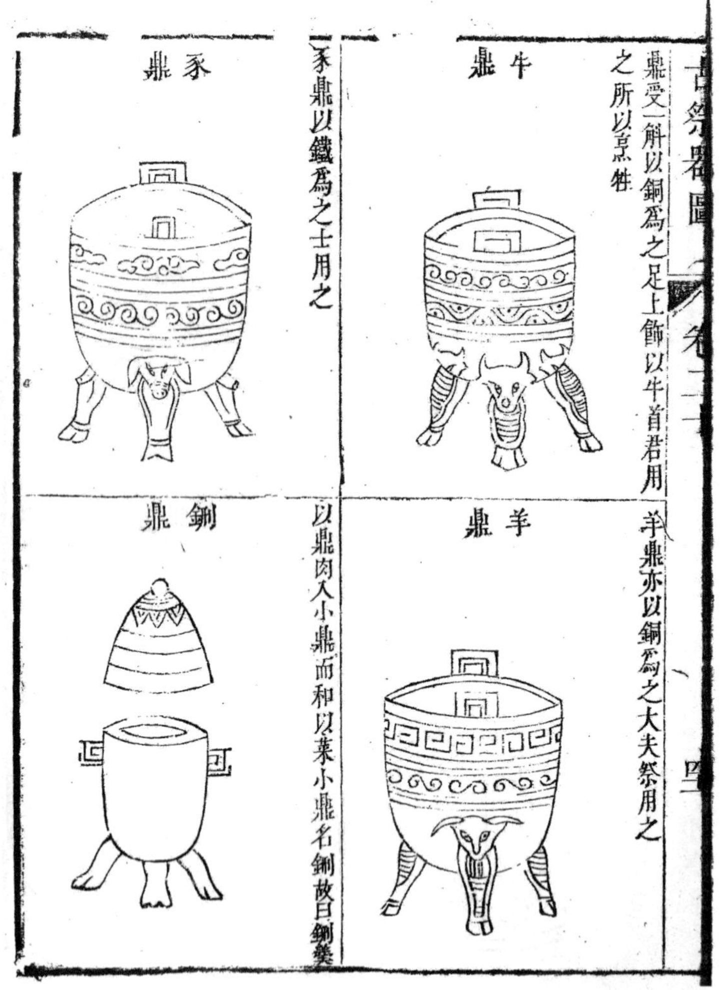
牛鼎
鼎受一斛以銅爲之足上飾以牛首君用之所以烹牲
羊鼎
羊鼎亦以銅爲之大夫祭用之
豕鼎
豕鼎以鐵爲之士用之
鉶鼎
以鼎肉入小鼎而和以菜小鼎名鉶故曰鉶羹

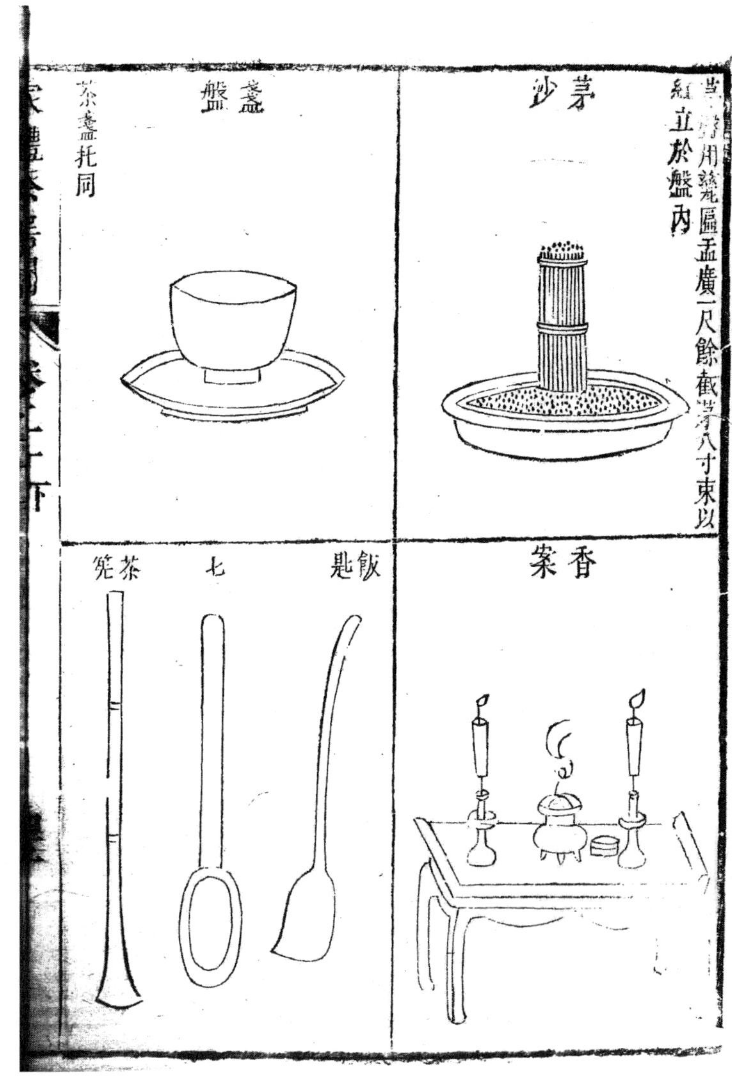
盞盤
茶盞托同
茅沙
用甆瓦區盂廣一尺餘截茅八寸束以紅立於盤內
飯匙
匕
茶筅
香案

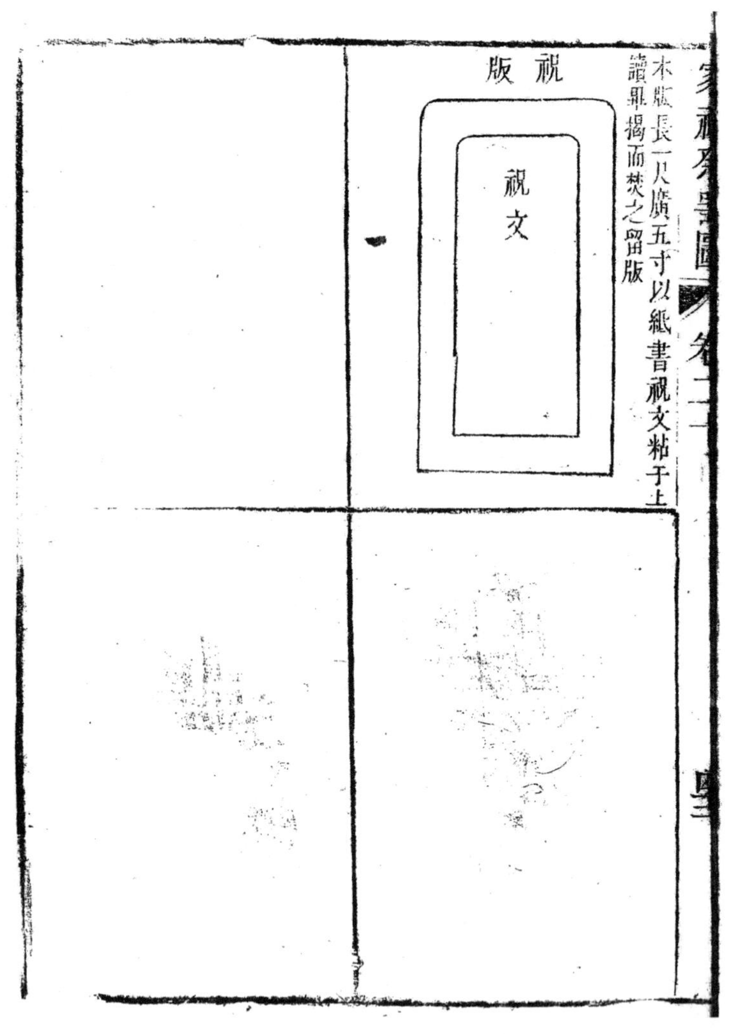
家禮圖　卷二
祝版
祝文
本版長一尺廣五寸以紙書祝文粘于上讀畢揭而焚之留版

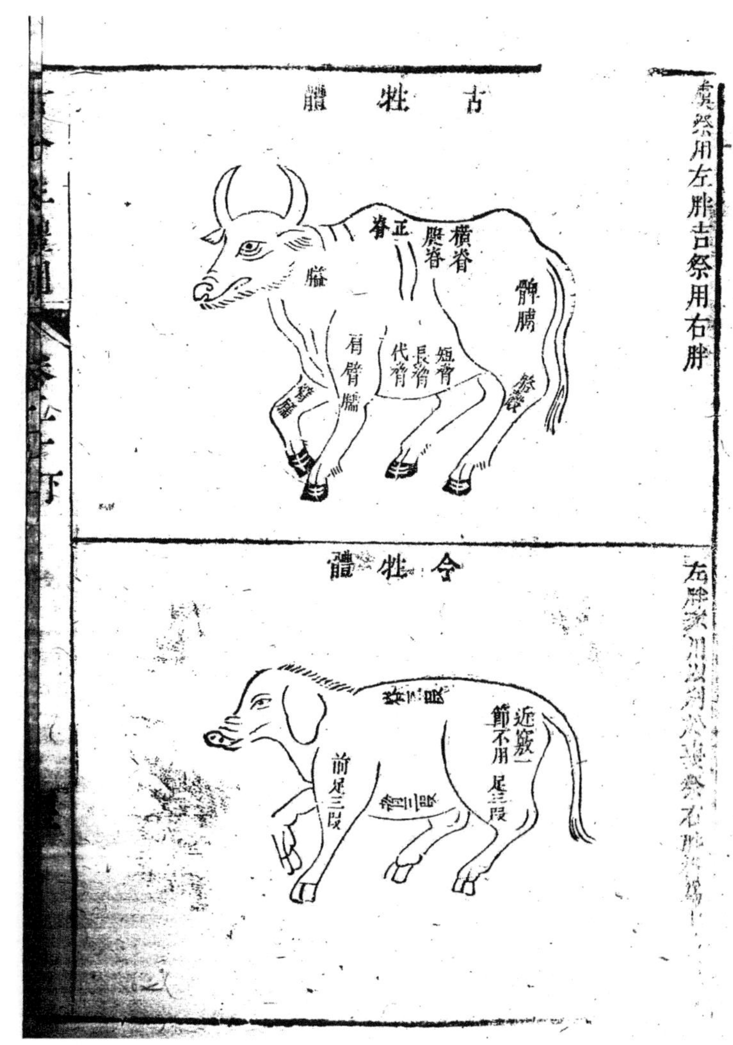
虞祭用左胖吉祭用右胖
古牲體
正脊
脡脊
橫脊
髀
膞
肩
臂
臑
代脅
長脅
短脅
今牲體
脊三段
近竅一節不用
前足三段
脅三段
後足三段

古今牲體圖　卷二十

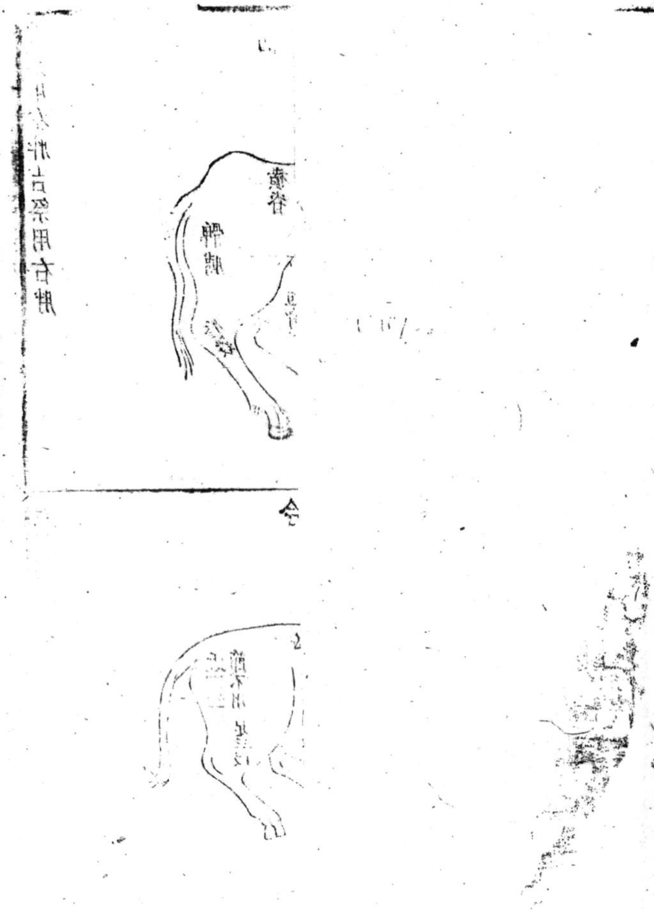

[illegible]古祭用右胖

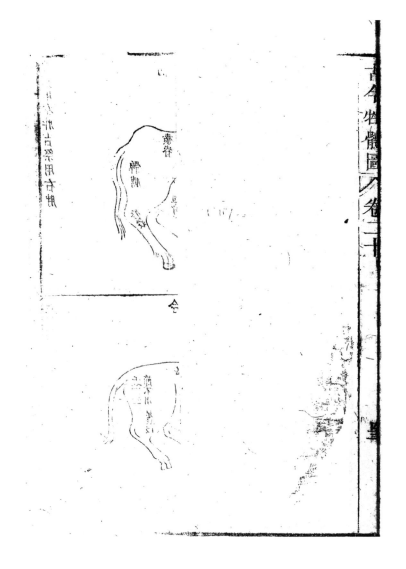

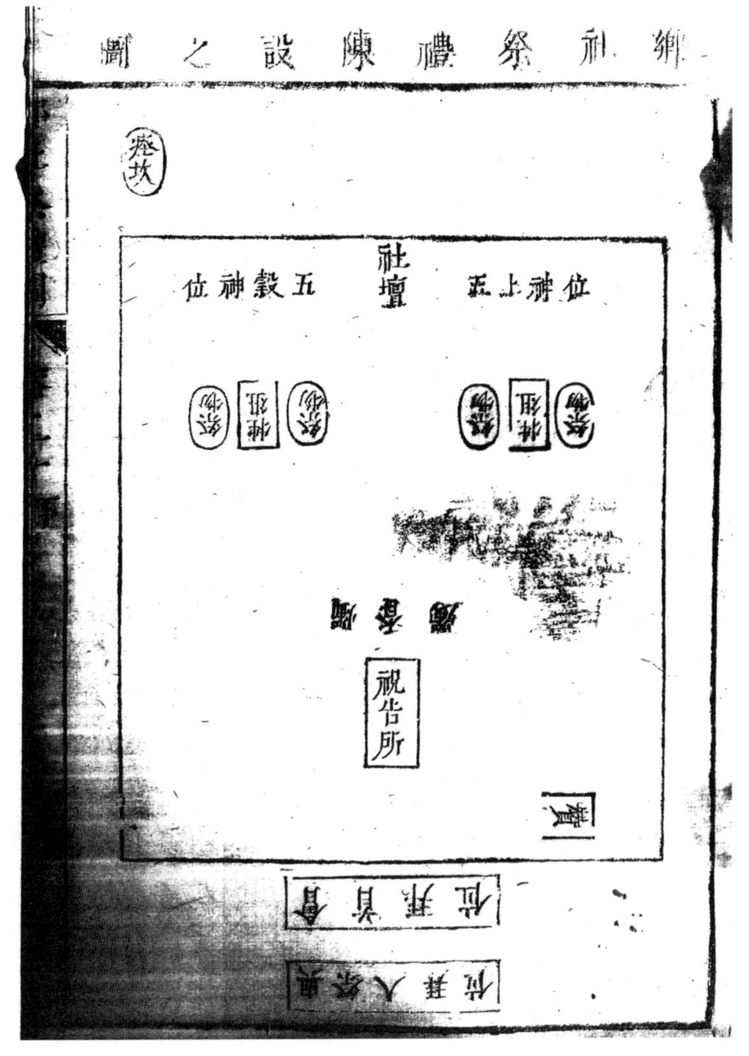
鄉社祭禮陳設之圖
瘞坎
社壇
五土神位
五穀神位
祭物
牲俎
祭物
祭物
牲俎
祭物
祝告所
贊
會員拜位
與祭人拜位